코드 2.0

나남
nanam

김정오

연세대학교 법학과 및 동대학원 졸업
미국 위스콘신대학교 로스쿨 법학박사(S. J. D)
미국 조지타운대학교 로스쿨 객원교수
현재 연세대학교 법과대학 교수
컴퓨터프로그램보호위원회 조정위원
한국법철학회 회장
주요 저서 및 역서로 《현대사회사상과 법》, 《한국의 법문화 : 인식, 구조, 변화》, *Recent Transformation in Korean Law and Society*(공저), 《현대법철학의 흐름》(공저), 《코드 : 사이버공간의 법이론》(역), 《근대사회에서의 법》(역) 등

나남신서 1386

코드 2.0

2009년 3월 25일 발행
2009년 3월 25일 1쇄

지은이_ 로렌스 레식
옮긴이_ 김정오
발행자_ 趙相浩
발행처_ (주) 나남
주소_ 413-756 경기도 파주시 교하읍
출판도시 518-4
전화_ (031) 955-4600 (代)
FAX_ (031) 955-4555
등록_ 제 1-71호(79.5.12)
홈페이지_ http://www.nanam.net
전자우편_ post@nanam.net

ISBN 978-89-300-8386-7
ISBN 978-89-300-8001-9 (세트)
책값은 뒤표지에 있습니다.

나남신서 · 1386

코드 2.0

로렌스 레식 지음 | 김정오 옮김

나남
nanam

제 2판 역자서문

초기 자본주의 체제 안에서 노동자들의 삶은 피폐해졌고, 이를 견디지 못한 노동자들의 집단투쟁으로 인해 노동법이 형성되기 시작하였다. 자본가들이 트러스트를 형성해서 상품가격을 통제하고 시장의 메커니즘을 자신들의 이해관계에 따라 콘트롤하는 관행에 대해서 서구국가들은 독점금지법제를 정착시킴으로써 경제법이라는 새로운 법 영역을 확립해왔다. 그리고 급속한 산업화로 인하여 계약관계가 체결되지 않은 채 발생하는 개인들간의 손해에 대해서 가해자에게 배상하도록 하는 불법행위법제가 형성되었다. 이처럼 법 영역은 사회체계 및 산업체계의 변화와 함께 서로 연결되며 지속적으로 확장되어왔다.

20세기 말에 들어서면서 지금까지 인류가 경험해보지 못한 새로운 공간이 테크놀로지에 의해서 열리게 되었고, 그 세계는 급격한 변화를 일으키며 거듭 진화하고 있다. 현실 세계와 사이버 세계의 공간이 공존하는 시대에 우리는 살고 있으며, 두 세계의 균형과 통제의 문제에 직면하고 있다. 사이버 세계는 더 이상 가상공간이 아니라 문화, 경제, 법률 행위가 이루어지는 현상공간이 되어가고 있다.

이 책 서두에서 레식 교수는 《코드》 2판이 오래된 고전의 새로운 번역이라고 표현하고 있다. 노동법, 경제법, 불법행위법 등 지난 세기에 새로 형성된 법 영역들은 어느 정도 장기적인 시간의 흐름 속에서 형성, 발전되어왔다. 그러나 정보혁명에 의해서 촉발된 사이버 법 영역은 단기간에 엄청난 법제정과 새로운 법이론들이 형성되는 양상을 보이고 있다. 인터넷을 기반으로 한 정보혁명의 효과는 어느 한 나라에 국한되는 것이 아니라 순식간에 전 세계로 파급되고, 급속한 기술의 발전으로 인해 그 영역에서 발생하는 법적 쟁점들이 단지 국내법과의 충돌을 일으키는 것이 아니라 국가간의 관할권 문제로까지 비화한다.

초판에서 레식 교수가 사용했던 사례들은 어떻게 보면 웹 1.0의 주류를 이루었던 텍스트 기반구조에서 나타난 현상들이었다. 2판에서도 레식 교수는 이 사례들을 중심으로 이야기를 전개해나가고 있다. 하지만 그는 웹 2.0의 주류라고 할 수 있는 위키피디아, 세컨드 라이프 등의 사례들을 수용하면서 사이버공간에서의 법적 딜레마에 대해서 논의를 전개하고 있다. 《코드》 1판에서 레식 교수의 주된 관점은 사이버공간에서 발생하는 규제의 문제에 집중되었고, 그러한 규제를 가능하게 하는 것으로 코드에 주목하라는 것이었다. 물론 시장, 사회규범, 법규범의 영향력을 함께 고려해야 하지만, 가장 중요한 것이 바로 코드라는 것이다. 사이버공간에서 우리의 행동을 제어하는 것은 코드이며, 그 코드가 어떻게 구조지어지는가는 우리의 선택에 의해서 결정된다는 것이었다.

이러한 기조는 2판에서도 유지되고 있다. 2판에서 레식 교수는 프라이버시, 표현의 자유 그리고 주권의 문제에 대해서 더욱 심층적인 분석을 하고 있다. 많은 사람들이 웹 2.0의 특징으로 "인간 친화적인 컴퓨팅"을 주장하고 있고, 네티즌들이 수동적인 위치에서 참여자의 위치로 바뀌고 있으며, 특히 UCC의 폭발적인 활성화로 인터넷에 대해서 긍정적인 입장이 주류를 이루고 있다. 하지만 레식 교수는 여전히 사이버공간에서 개인들이 처하게 될 위상에 대해서 심각한 우려를 표명하고 있다. 그것은 사이버공간에서 통제의 열쇠를 정부와 사기업들이 장악하고 있다는 데 있다. 이러한 현상에서 우려되는 가장 큰 문제점은 헌법적으로 보호되어야 할 가치들이 침식되고 이를 시정할 수 있는 정책적 대안이나 장치가 부족하다는 데 있다. 《코드》 1판에서는 레식 교수의 주안점이 사이버공간에서 어떻게 규제가 일어나는지를 총체적으로 보여주는 데 있었다면, 2판에서는 나름의 대안을 제시하고 있다. 예를 들어 개인정보 보호의 문제(인증의 문제)에 대해서는 신원확인 메타시스템에 의해서 어느 정도 해결될 수 있을 것이라고 진단하고 있으며, 프라이버시의 문제를 해결하기 위해서 "재산권으로서의 프라이버시" 개념을 제시한다. 그리고 개인의 모든 행적이 추적되고 기록되는 사이버공간에서 개인이 그러한 감시로부터 보호될 수 있는 방안을 모색하기도 한다. 특히 그는 1판에서 심도 있게 다루지 못했던 주권의 문제를 상당부분 발전시키고 있으며, 표현의 자유에 대해서도 논의를 더욱 풍부하게 하고 있다. 양적으로 보면 한 150페이지 정도 더 늘었으나, 많은 부분에서 1판의 내용이 빠지고 새로운 부분들이 상당수 추가되거나 수정되었다. 그것은 지난 10여 년 동안 급속하게 발전된 정보기술들을 수용하고, 사이버공간을 둘러싼 새로운 입법과 판결들을 수용하기 위한 것이다.

이 번역본이 출간되는데, 많은 제자들의 도움을 받았다. 2판에서 수정된 부분과 새로 삽입된 부분들을 일일이 찾아주고 초역을 해준 LL. M. 과정 대학원생들인 김태은, 신지원, 이혜진, 이정아, 이제선, 허영국 등에게 감사한다. 그리고 초역부분에서 빠진 곳과 수정작업을 해준 김정수, 이영섭, 최유진, 거의 해독 불가능할 정도로 교정한 나의 수작업을 일일이 편집해준 심우민, 재교와 색인작업을 해준 권경휘에게 감사드린다. 이들의 헌신적인 도움이 없었다면 이 번역서가 나오기 힘들었을 것이다. 그리고 이 자리를 빌려 레식 교수에게 송구한 마음을 전한다. 원래 이 번역서는 2008년 초까지 내기로 했었는데, 로스쿨 준비 등 여러 사정으로 인해 이제야 내놓게 되었다.

2판의 출판을 기꺼이 허락해주신 조상호 사장님과 방순영 편집부장님, 그리고 교정과 편집을 해준 김재호 선생께 깊이 감사드린다. 김재호 선생은 원문과 대조해가면서 오역과 누락부분을 꼼꼼하게 지적해주었고, 직접 수정까지 해주어 번역의 완성도를 높여주었다. 진심으로 감사드린다.

2009년 3월

김 정 오

* 각주에서 link로 표기된 하이퍼텍스트는 http://codev2.cc/links 사이트 참조.

제 2판 저자서문

이것은 오래된 책의 번역일지 모른다. 지금의 인터넷 시대에 비춰 보면, 이것은 고전 텍스트의 번역일 수 있기 때문이다. 이 책의 초판은 새천년이 시작되기 직전인 1999년에 출판되었다. 초판은 매우 다른 맥락에서 쓰여졌고, 여러 면에서 그 맥락과는 대립적인 관점에서 쓰여졌다. 제 1장에서 서술하겠지만, 사이버공간에 대해서 흥분했던 사람들 사이에 지배적인 생각은 사이버공간이 현실공간의 규제의 범위를 벗어날 것이라는 것이었다. 정부는 온라인상의 삶을 간섭할 수 없었다. 따라서 온라인상의 삶은 오프라인의 삶의 역동성과는 다르며, 분리될 것이다. 《코드》 1판은 이러한 공통된 견해를 반박하는 논증이었다. 이후 그러한 공통된 견해가 사라졌다. 인터넷 예외주의자들의 확신이 수그러들었다. 인터넷은 규제되어서는 안 된다는 이상, 아니면 욕구가 사라졌다. 이 책의 개정 제안을 받고서 나는 힘든 선택에 직면했다. 급격하게 변화된 시대에 맞게 고쳐서 읽을 수 있도록 새로운 책을 쓸 것인가 아니면 업데이트를 할 것인가가 그것이다.

나는 후자를 선택했다. 첫 판의 기본구조를 그대로 두었으며, 논증 역시 동일하다. 그러나 나는 서술의 명확성을 위해서 구체적인 사례들의 틀을 바꾸었다. 그리고 몇몇 부분에서는 논증을 확장했으며, 초판의 논증을 보다 잘 통합하기 위해서 이후의 작업들과 연계시켰다.

하지만 나는 이 책의 논증들을 최근 다른 사람들이 작업한 데까지 확장시키지 못하였다. 나는 나의 견해에 동의하거나 반대하는 비평가들에 대응하기 위해 책을 다시 써야 한다는 유혹에 빠지지는 않았다. 그 대신에 나는 다른 사람들이 이 책과 관련한 주장들을 보기 원하는 독자들을 위해서 이 책의 주석에 이러한 지침을 포함하였다. 하지만 이 책은 처음 출간되었을 때보다 훨씬 더 커진 논쟁의 작은 일부에 불과하다. 따라서 여러분들은 이 책을 가장 최신의 저술들까지 모두 포괄한다고 생각하면서 읽어서는 안 된다. 특히 다음의 두 책은 이미 출판되었지만 이 책에서 제기하는 주장을 아주 잘 보완한다 — 골드스미스(Goldsmith)와 우(Wu)의 《누가 넷을 통제하는가》(*Who Controls the Net?*, 2006), 벤클러(Benkler)의 《네트워크의 부》(*The Wealth of Networks*, 2006), 그리고 세 번째 책인 지트레인(Zittrain)의 《인터넷의 미래 그리고 그것을 어떻게 멈출 것인가》(*The Future of the Internet and How to Stop It*)는 거의 동일한 주장을 확장하고 있다.

나는 초판에서 범했던 실수를 일일이 열거하지는 않았다. 어떤 것들은 간단히 수정하였지만, 어떤 것들은 그대로 두었다. 왜냐하면 다른 사람들이 오류라고 지적하지만, 나는 여전히 그것들을 오류라고 생각하지 않기 때문이다. 후자의 유형 중 가장 중요한 점은 넷(*the Net*)의 하부구조가 점차적으로 디지털 신원확인기술을 통해서 통제되고 규제될 것이란 것이 나의 견해이다. 나의 친구들은 이 "오류"를 "허풍"(*whopper*)이라고 불렀다. 그렇지 않다. 내가 1999년에 미래의 어느 시점을 염두에 두고 있었는지는 확실치 않고, 그러한 예언의 일부는 아직 실현되지 않았다는 점도 인정한다. 그러나 지금은 그 당시보다 더욱 확신하게 되었다. 따라서 나는 이 "근본적 오류"(*fundamental mistake*)를 고수하기로 결정하였다. 아마도 이것은 단지 변명의 여지를 남겨두는 것과 같을 것이다. 만일 내가 옳다면, 나는 옳은 견해에 대해 보상받을 것이다. 그러나 만일 내가 틀리다면, 우리들은 그 초기 디자인의 가치들에 더욱 근접한 인터넷을 갖게 될 것이다.

이 개정판이 근거하는 수정내용의 기원은 위키(wiki)였다. 이 책의 출판사인 베이직 북스는 내가 이 책의 원본을 조트스포트(Jotspot)가 운영하는 위키에 올리도록 허락하였고, "각 장의 캡틴들"로 구성된 팀이 텍스트에 관한 논쟁을 촉발시키는 것을 도와주었다. 텍스트 그 자체에 대한 편집자들이 있었고, 많은 가치 있는 논평과 비판이 있었다.[1] 2005년 말에 나는 그 텍스트를 받았고 이 책을 출간하기 위해 내 자신의 의견을 추가했을 뿐이다. 비록 나는 음악가인 제프 트위디(Jeff Tweedy; "Half of it's you, half is me")만큼 나아가지는 못했지만, 이 작업의 주요 부분은 나의 작업이 아니다. 이 사실을 인정하여 나는 이 책의 인세를 비영리단체인 크리에이티브 커먼스(Creative Commons)에 기부하였다.

나는 《코드》 1판을 편집하는 데 사용되었던 위키와 호스팅 서비스를 제공해준 조트스포트(jot. com)에 감사한다. 그 위키는 스탠퍼드대학교의 뛰어난 학부생인 제이크 워치맨(Jake Wachman)이 운영하였으며, 그는 이 프로젝트를 위해서 자신이 갖고 있는 시간보다 더 많은 시간을 제공했다. 위키에 게시된 동안 이 책의 각 장에는 "장 캡틴"이 있었다. 그들은 자발적으로 《코드》 1판이 보다 좋게 개선되도록 많은 시간을 제공했다.

---

1) 위키는 〈http://wiki. codev2. cc〉에 남아있음.

나는 그들 모두에게 감사한다. 특히 나는 앤디 오람(Andy Oram)에게 감사한다. 이 지원자들 외에 스탠퍼드대학교는《코드》개정판에 필요한 연구를 완성하는 데 필요한 일단의 로스쿨 학생들의 도움을 얻도록 해주었다. 이 작업은 4명의 학생들—데이비드 라이언 브룸버그, 이지안, 브레트 로그, 아담 푸—과 함께 시작하였으며, 이들은《코드》1판을 토대로 쓰여졌거나 이에 대해서 비평한 모든 저술을 수집하는 데 여름을 보냈다. 2005년 가을 학기에 스탠퍼드 학생들의 세미나와 카도조(Cardozo) 로스쿨의 강의를 통해서 그들의 비판적인 반응을 추가하였다. 그러고 나서 1년 동안 존 에덴과 애비 레브 로빈슨모셔가 2판의 원고를 마무리하는 데 필요한 연구를 도와주었다. 하지만《코드》2판의 최종원고를 완성하는 데 크리스티나 개그니어만큼 기여한 학생은 없다. 이 프로젝트의 마지막 몇 달 동안 그녀는 연구를 주도했으며, 해결되지 못한 일련의 문제들을 완성하고, 18개월에 걸쳐서 나온 결과들을 출판형태로 구성하였으며, 모든 주석들을 검토해주었다. 그녀의 도움이 없었다면 아마도 이 책이 완성되지 못했을 것이다.

나는 이 책을 어떻게 수정해야 하는지 나에게 도움을 준 친구들과 동료들에게 감사한다. 특히 에드 펠텐, 데이비드 존슨, 조지 리마, 앨런 로스만, 팀 우에게 감사한다. 제이슨 랄스는 이 책의 그래픽을 디자인해 주었다. 끝으로 나는 엘레인 아돌포에게 어떤 말로도 표현할 수 없는 빚을 지고 있다. 그의 재능과 인내심은 내가 지금까지 알고 있었던 어떤 것도 미치지 못한다. 그가 없었다면 이 작업을 할 수 없었을 것이며, 지난 몇 년 동안 그 밖의 많은 일들을 할 수 없었을 것이다.

로렌스 레식

초판 역자서문

20세기 마지막 10년 동안 미국의 법학지들에 실린 논문들 중 가장 많은 지면을 차지하는 것은 사이버공간과 관련된 것들이다. 1980년대 미국 법학지의 수천 페이지를 점령했던 비판법학운동의 거대한 흐름을 바꿔놓은 것이 바로 사이버 법리학이었다. 1980년대 후반부터 서서히 발표되기 시작한 사이버 법리학의 논문들이 급속도로 확산되었으며, 기존 교수들뿐만 아니라 신진교수들의 관심이 새로운 세계로 대거 이동하였다. 비판법학의 대표적인 2세대라고 할 수 있는 제임스 보일 교수와 잭 볼킨 교수 등이 사이버공간에 관한 저서를 출판한 것을 보더라도 사이버 현상은 미국의 법학계에 엄청난 지각변동을 가져왔다고 평가할 수 있을 것이다.

초기 논문들이나 저서에서 법학자들이 사이버세계에 대해서 갖고 있었던 인식은 크게 두 방향으로 나눌 수 있다. 하나는 사이버세계를 완전히 새로운 세계의 도래로 인식하는 것이었다. 이러한 입장에서 사이버세계를 인식하는 학자들은 기존의 법개념이나 법이론이 새로운 세계에서 일어나는 현상들을 충분히 포섭하지 못할 것이기 때문에 현실공간에 적용되는 법개념들과는 다른 새로운 법개념들을 정립해야 한다고 주장하였다. 사법의 기본인 사람(人)·시간·공간의 개념을 완전히 새로 구성해야 한다고까지 주장하였다. 물론 초기에 사이버공간을 접한 사람들로서는 충분히 있을 수 있는 일이었다. 사이버인격체가 등장하고 기존의 시간과 공간의 개념을 넘어서서 펼쳐지는 사이버세계에서 이러한 문제제기는 당연한 것이기도 했다.

이러한 입장과 달리 법학자들의 또 다른 입장은 사이버세계 역시 인간의 세계이기 때문에 기존의 법개념이나 법이론을 통해서 충분히 해결해 나갈 수 있다는 것이었다. 이들은 사이버공간과 가장 관련이 많은 법영역들을 추려서 사이버법학 혹은 정보법학이라는 이름으로 저서를 내놓기도 하였으며, 기존의 법리로 사이버공간에서 발생하는 법적 문제들을 다루었다. 이들의 입장에서는 사이버세계에서 이루어지는 국적이 다른 개인들간의 거래들은 국제거래법에 의해서 해결하면 될 것이고, 범죄행위 역시 현실공간에서 발생하는 행위를 다루는 법리에서 추론해서 사이버범죄를 처리하면 될 것이라고 생각했다.

이 두 방향에서 사이버공간을 바라보는 입장들에서는 어느 진영에서건 아직까지 사이버현상 전체를 조감할 수 있는 저서가 나오지 못하고 있다. 우선 첫 번째 입장에서는 아직까지도 사이버세계에서 발생하는 법현상을 포섭할 수 있는 새로운 법개념을 설정하지 못하고 있고, 두 번째 입장에서는 기존의 법개념이나 법이론을 그대로 원용하기 때문에 사이버세계의 새로움이나 다름을 크게 중시하지 않는다. 특히 두 번째 입장에서 나오는 이론들은 현실공간의 법률문제들을 다루는 법리와 크게 차이가 없기 때문에 전혀 새로운 이론이라고 할 수 있는 것들을 제시하지 못하고 있다.

레식 교수의 저서가 갖는 의미가 바로 여기에 있다. 지금까지 출간된 사이버세계에 관한 논문이나 저서가 갖고 있는 편협한 입장을 넘어서서 사이버현상 전체를 조감하고 그러한 현상들을 가능케 하는 기술적인 문제들을 심층적으로 파헤치면서 그 속에 법리를 재배치시키는 힘든 작업을 시도하고 있다. 첫 번째 입장이 사이버세계에서 발생하는 현상들을 가능하게 하는 기술적인 문제들에 대해서 심도있게 파고들어가지 못하고 다만 그 세계에서 나타나는 표상적인 현상들을 대상으로 법적 사고를 발전시키는 것과는 달리, 레식 교수는 이러한 현상을 가능케 하는 원천으로서 '코드'에 주목하고 이 코드의 문제를 전격적으로 파헤치고 있다. 두 번째 입장이 새로운 기술에 근거하여 나타나고 있는 사이버세계의 새로움이나 다름에 대해서 특별한 관심을 보이지 않으면서 기존의 법이론을 토대로 사이버현상을 법적으로 설명해 나가는 데 반해서, 레식 교수는 역으로 사이버세계가 법의 영역에 가져오게 될 재앙적 사태를 예견하고 있다. 레식 교수는 사이버세계를 현실공간의 세계와 완전히 다른 세계라고 보지는 않지만, 그렇다고 해서 기존의 법개념이나 법이론으로 사이버공간에서 발생하는 법률문제, 아니 그 속에서 나타나는 현상 전체를 포괄할 수는 없다고 인식한다. 특히 그가 주목하고 있는 바는 사이버세계에서 발생하는 현상의 차이이다. 현실공간의 세계와 다르게 통제되고 규제될 수 있는 사이버세계에서 과연 기술들, 즉 코드가 지배하게 될 때 궁극적으로 우리 인간들은 무엇을 상실하게 될 것인가 하는 물음을 던진다.

물론 레식 교수가 사이버공간의 기술적 문제들을 심층적으로 파헤치지만, 그 탐구의 핵심에 놓인 물음은 대단히 규범적이다. 사이버세계가 어떻게 건축되어 있는가가 아니라 어떻게 건축되어야 하는가의 물음을 끊임없이 던진다. 다시 말해서 그가 사이버세계에서 제기하는 가장 궁극적인 물음은 현상학적인 탐색이나 탐구를 넘어 사이버공간의 당위의 문제인 것이다.

보다 구체적 법리의 문제로서 그는 사이버공간에서 가장 중요한 영역들이라 할 수 있는 지적 재산권, 언론의 자유, 프라이버시, 주권의 문제들을 심도있게 파헤치고 있다. 우리는 사이버공간에서 현실공간만큼 언론의 자유를 보장받을 수 있는가? 프라이버시의 권리는 충분히 보장되고 있는가? 그러한 프라이버시 권리가 침해되는 원천은 무엇이며, 최소한 현실공간에서 우리들이 누리는 프라이버시의 권리를 향유하기 위해서 우리는 어떤 기술에 근거해야 하며, 어떤 형태의 사이버세계를 구축해야 하는가? 사인(私人)의 수준에서 이뤄지고 있는 국제거래나 교류에 대해서 주권자가 할 수 있는 일은 무엇이며, 그 역할은 어떠해야 하는가? 사이버세계에서 가장 중요한 경제행위의 대상인 지적 재산권에 대해서 우리는 얼마만큼 보호해야 하는가? 지적 재산권이 현실공간의 세계에서 갖는 보호의 정도와 사이버세계에서 가져야 할 보호의 정도는 같아야 하는가, 아니면 달라야 하는가? 만일 달라야 한다면, 왜 그러한가?

이 책에서 레식 교수가 제시하는 법리적 물음들은 단지 미국사회를 대상으로 하기보다는 사이버세계가 존재하는 모든 곳을 대상으로 한다고 볼 수 있다. 물론 이러한 문제들이 가장 첨예화되고 이를 둘러싼 입법활동이 활발하게 진행되고 있는 사회가 미국 사회이고, 그 자신이 미국 사회의 문맥에서 사이버공간을 중심으로 나타나고 있는 흐름에 대해 도전하고 이의를 제기하고 있는 것은 분명하다. 그러나 미국 사회에서 입법을 통해서 권리가 확정되고 보호장치가 마련될 때, 그로부터 영향을 받는 것은 단지 미국인들만이 아니다. 사이버공간에서 살아가고 있는 모든 사람들이 영향을 받게 된다. 바로 이 점에서 우리들은 레식 교수가 던지는 물음들을 함께 공유하고 진지하게 고민해 볼 필요가 있는 것이다.

나의 관점에서 볼 때 레식 교수가 사이버공간의 법리에 대해서 접근하는 이론적, 방법론적 입장은 대단히 흥미진진하다. 그는 책의 서두에서 비판법학자들의 모토였던 '모든 것은 정치적이다', '모든 것은 가공적(*artificial*)이다' 라는 전제에서 출발한다. 그리고 이 전제들은 이 책 전반에 걸쳐서 작동한다. 그런데 사이버현상을 분석하기 위한 방법론으로서 그는 '법과 경제' 연구를 대변하는 시카고학파의 틀을 도입하고 있다. 그 자신이 이를 '신시카고학파'라고 명명하고 있는 것처럼 그는 1980년대 미국의 법리학을 대변했던 두 사상의 흐름을 포섭하면서 자신의 이론을 정립해 나가고 있는 것이다. 1980년대 치열한 경쟁관계를 견지하면서 미국 법사상의 새로운 전통을 세웠던 두 진영의 이론들로부터 자신의 이론적 구성에 필요한 명제들과 이론들을 적극적으로 수용하고 있는 그의 입장은 프라그마티즘 그 자체이다. 어떻게 보면 비판법학자들의 모토를 가장 확실하게 적용할 수 있는 대상을 그는 사이버공간에서 발견하고 있는지도 모른다.

이 책의 원제목은 "코드와 사이버공간 다른 규범들"이었는데, 읽어보고 나서 이보다는 오히려 포괄적인 표제가 더 적절할 것으로 판단되었다. 그래서 레식 교수와 상의한 뒤에 한국어판에서는 《코드: 사이버공간의 법이론》이라는 표제를 달게 되었다. 그 이유는 앞에서 설명한 것처럼 이 책의 내용이 개별적인 실정법의 이론들에 한정된 것이 아니고, 사이버공간에서 발생하는 법리의 원론적 문제들을 다룬다는 점에서 제목을 바꾸게 되었다.

이 책을 번역하게 된 계기는 연세대학교 법과대학에서 수행하고 있는 BK21 '정보법학사업팀'을 위해서 2000년 봄학기 '정보사회의 법이론'이란 주제로 대학원 세미나를 개설하였는데, 이 세미나에서 주교재로 채택한 것이 인연이 되었다. 보다 총체적으로 사이버세계와 법과의 관계를 조감하는 교재를 찾다가 윤웅기 군의 추천으로 이 책을 채택하게 되었다. 처음에 학생들과 같이 독해를 해나가다가 점차 이 책이 단순히 개별법 이론이 아닌 사이버공간에서 발생하는 법리의 근본문제들을 다룬 거의 최초의 이론서라는 점에 주목을 하게 되었다. 독자들이 읽어나가면서 알게 되겠지만, 이 책은 사이버공간의 사회적, 문화적, 테크놀로지적 현상들을 통합하면서 사이버세계의 법리에 대한 명쾌한 이해를 충족시켜 줄 것이다.

세미나에 참여하여 장별로 맡아서 번역·발표하느라 고생한 신동룡, 오태원, 손창완, 권헌영, 장원경, 정은길, 김정희, 김화중, 정영수, 서형석 등 대학원생들의 초역이 없었다면 더 많은 시간과 노고가 투자되었을 것이다. 그리고 대학원생들의 초역본을 교정해 준 이화여대 대학원 법학과 박사과정에 재학중인 이소미 양과 연세대학교에서 법학석사를 마치고 군법무관으로 복무중에 있는 윤웅기 군의 도움은 진심으로 값진 것이었다. 나의 조교인 신동룡 군은 세미나를 할 때부터 마지막 번역본이 나올 때까지 곁에서 많은 수고를 해주었다. 이 책을 같이 독해하고, 번역하고, 초역문들을 교정하고 수정하는 전과정에 참여한 학생들과 주변 사람들의 수고는 한 권의 책으로 출간하게 된 것으로 가름할 수 있을 것이다. 사이버공간과 사이버세계에 대해서 깊은 관심을 갖고 있는 독자들이 우리말로 이 책의 내용을 공유할 수 있게 된 것으로 그들의 수고에 충분한 보답이 될 것이라 믿는다. 이 자리를 빌려 이 책의 한국어판 출간을 흔쾌히 받아주신 조상호 사장님, 그리고 이 책의 출판을 적극적으로 검토해 주고 출간될 때까지 세심한 배려와 격려를 아끼지 않으신 방순영 편집부장님께도 심심한 감사를 드린다.

2001년 9월

워싱턴에서 김 정 오

초판 저자서문

1996년 봄, "컴퓨터, 자유, 그리고 프라이버시" 라는 주제로 개최된 연례 학술회의에서, 두 명의 공상과학 소설가들이 사이버공간의 미래에 관하여 발표했다. 버노 빈지(Vernor Vinge)는 "유비쿼터스적인 법의 강제"에 관해서 이야기하였다. 이것은 "아주 미세한 분배체계"에 의해 가능해지며, 그 체계 속에서 우리의 미래의 삶의 방식을 가능하게 할 기술이 데이터를 정부에 제공하고 정부로부터 명령을 받게 될 것이다. 이러한 구조는 이미 구축되어 있다. 이것이 바로 인터넷이다. 그리고 기술자들은 이미 그 확장을 꾀하고 있었다. 이러한 통제의 네트워크가 사회생활의 전 영역을 엮게 되고, 정부가 그 통제의 한몫을 정당하게 요구하게 될 것은 시간문제라고 빈지는 지적했다. 코드의 새로운 세대들은 이러한 정부의 권한을 증가시킬 것이다. 우리의 디지털 자아들, 즉 우리의 물리적 자아들은 완벽한 규제의 세상에서 살게 될 것이고, 오늘날 우리가 인터넷이라고 부르고 그 후속물들, 즉 분산적인 컴퓨팅(*distributed computing*)의 구조가 완벽한 규제를 가능하게 할 것이다.

톰 매독스(Tom Maddox)도 빈지의 견해에 동조했다. 물론 통제의 근원에 대해서는 견해가 달랐지만 그의 관점도 매우 유사하다. 정부의 권력은 단지 칩에서 나오는 것이 아니다. 권력의 진정한 근원은 정부와 상거래 간의 협력관계에 있다고 매독스는 주장하였다. 정부와 마찬가지로 상거래는 규제가 잘 정비된 세계에서 더욱 순조롭게 진행된다. 상거래는 잘 규제되는 세계를 확립하는 데 필요한 자원들을 제공하는데 직·간접적으로 조력할 것이다. 이제 사이버공간은 이 두 강력한 사회질서의 세력들이 선호하는 특성을 지니도록 바뀌게 될 것이다. 이제 갓 부화한 야생의 인터넷으로부터 책임이 등장하게 될 것이다.

코드 그리고 상거래.

두 작가가 그렇게 말했을 당시 그들이 묘사한 미래는 아직 도래하지 않았다. 사이버공간은 점차 모든 곳에 존재하게 되었지만, 그것이 정부의 목적에 따라 길들여진다고 상상하기는 힘든 상태였다. 그리고 신용카드 회사들은 여전히 넷(*Net*)을 멀리하라고 소비자들에게 주의를 주고 있었지만, 기업들이 관심을 갖고 있었던 것은 분명했다. 넷은 폭발적으로 증가하는 어떤 사회공간이었다. 그러나 그것을 사회통제의 폭발적인 공간으로 보기는 힘들었다.

나는 두 강연 모두 직접 듣지 못했다. 그들이 발표한 지 3년이나 지난 뒤에 컴퓨터를 통해서 접했다. 그들의 연설이 녹음되어 있었으며, 지금은 MIT 서버에 저장되어 있다.[1] 완벽한 통제장치를 갖춘 네트워크에 관한 그들의 연설을 재생시키는 데는 불과 몇 초밖에 걸리지 않는다. 몇 년 전에 있었던 이 강연은 넷과 ABC 뉴스를 동시에 나의 아파트까지 공급해 주는 상용 고속인터넷망을 통해서 내가 들었던 사실을 의심의 여지없이 기록한, 믿을 만하고 정리가 잘된 플랫폼에서 제

1) 컴퓨터들, 자유 그리고 프라이버시에 관한 제6차 학술대회, link #1 참조.

공된다. 이 강연을 듣는 행위는 이들이 설명하는 것을 확인하는 것이다. 청중들의 반응 속에서 작가들이 픽션을 이야기하고 있고 (이들은 공상과학 작가들이었기 때문에) 이들이 얘기하는 픽션이 끔찍한 것이라고 인식하고 있음을 알 수 있을 것이다.

10년이 지난 지금 이것은 더 이상 픽션이 아니다. 넷이 어떻게 완벽한 규제공간이 될 수 있는지, 또 상거래 뒤에 있는 세력들이 그 규제를 촉진하기 위해서 어떤 역할을 수행할 수 있는지 이해하는 것은 더 이상 어려운 일이 아니다.

P2P 파일공유에 관한 지속적인 논쟁이 이러한 역동성을 보여주는 전형적인 사례이다. (무엇보다도) 엄청난 양의 음악파일들이 P2P 응용프로그램을 통해서 무료로 (저작권법에 반하여) 이용할 수 있게 되자, 음반계가 반격을 하기 시작했다. 업계의 전략은 불법으로 음악을 다운로딩한 사람들을 혹독하게 기소하고, 자신들이 저작권을 보유한 콘텐츠에 대한 새로운 보호장치를 추가하기 위해 새로운 입법을 확보하려는 비상한 조치들, 그리고 초기 네트워크의 구조적 특성을 바꾸도록 고안된 무수한 기술적 장치들을 포함하고 있었다. 다시 말해서 넷은 콘텐츠 뒤에 서있는 저작권의 규칙들엔 아랑곳하지 않고 콘텐츠를 복제한다. 이제 이 싸움은 결합되었고, 그 결과는 단지 음악배포 이상을 의미하게 될 것이다. 이 싸움의 형태는 명백하다. 상거래와 정부는 보다 나은 통제를 가능하게 하도록 하부구조를 변경시키는 작업을 수행할 것이다.

빈지와 매독스는 제 1세대 사이버공간 이론가들이었다. 그들은 통제될 수 없는 세상에 살고 있었기 때문에 완벽한 통제에 관한 이야기를 할 수 있었다. 이들이 청중과 교감할 수 있었던 이유는 청중들도 이들이 묘사하는 미래에 저항감을 갖고 있었기 때문이다. 이러한 불가능한 세상을 상상하는 것은 하나의 재밋거리였다.

그런데 이제 그 불가능했던 일이 현실이 되고 있다. 빈지와 매독스의 이야기에서 묘사되었던 많은 통제장치들은 오웰(Orwell)의 소설처럼 상당수의 청중들에게 충격적이었지만, 지금은 매우 적절한 것처럼 보인다. 빈지가 묘사했던 완벽한 규제체제를 상상하는 것이 가능해졌고, 심지어 많은 이들은 그들이 보고 있는 것을 즐기기도 한다. 점차 인터넷의 상당한 영역이 상업화되는 것이 불가피해졌고, 대부분의 사람들은 무엇이 잘못된 것인지를 알지 못한다. 이제 "경악스러운 것"이 정상이 되었고, 역사가들(또는 이 책과 같이 고전 작가들)이나 그 차이를 파악하게 될 것이다.

이 책은 빈지와 매독스가 말한 이야기의 연장선상에 있다. 나는 넷의 미래에 관해 그들과 같은 견해를 갖고 있다. 이 책의 상당부분은 인터넷이 갖게 될 확장된 규제의 구조에 관한 것이다. 그러나 나는 1996년 녹음 당시의 상황에서 메아리쳤던 자축적인 칭송에 만족하지 않는다. 1996년에는 누가 "적"인지 명백하였다. 그러나 이제 명백한 것은 아무것도 없다.

이 책에서 나의 주장은 우리의 미래가 빈지의 예견이나 매독스의 예견 어느 하나의 모습이 아니라는 것이다. 우리의 미래는 빈지와 매독스의 예견 모두를 함께 모아놓은 형국이다. 만일 우리의 미래가 빈지가 묘사한 암흑 속에 있다면, 우리는 분명하고도 강력한 대책을 마련할 수 있을 것이다. 오웰은 우리에게 전체주의 국가에 저항할 수 있도록 도구들을 제공하였고, 스탈린은 우리에게 그 해결방안을 알려주었다. 9·11 이후 우리는 감시적이고 침투적인 넷을 보아왔다. 그러나 그러한 것조차 한계에 봉착할 것이다. 워싱턴에 의해서 통제되고, 감시적이고 침투적인 넷이 우리의 미래는 아니다. 1984년은 이미 우리의 과거이다.

만일 우리가 매독스가 묘사한 미래에 살게 된다면, 많은 시민들은 이것이 공상과학이 아니라 유토피아라고 부를 것이다. “시장”이 자유롭게 운영되고, 정부의 “약”이 패퇴하는 세상이 그들에겐 완벽한 자유의 세상을 의미할 것이다.

그러나 빈지가 묘사한 미래와 매독스가 묘사한 미래를 한데 묶을 때, 그것은 다른 모습이 된다. 그것은 상당부분 상업적 기술에 의해서 실현되며, 법의 지배원리에 의해 지지되는 통제의 미래이다.

우리 세대가 처한 도전은 이 두 세력을 조화시키는 것이다. 통제구조가 사적 영역에 의한 것 못지않게 정부에 의해 관리될 때 우리의 자유는 어떻게 보장될 수 있을까? 이더(*ether*)가 지속적으로 감시할 때 프라이버시를 어떻게 보장할 것인가? 모든 아이디어를 사유화하라는 압력이 거세질 때 사상의 자유를 어떻게 보장할 것인가? 통제의 구조가 영구적으로 다른 곳에서 결정될 때 우리는 자기결정권을 어떻게 지킬 것인가? 다시 말해서 빈지와 매독스가 함께 묘사한 것과 같은 위협들에 직면할 때 자유의 세계를 어떻게 건설할 것인가?

그 해답은 자유주의의 과거 역사인 반사적인 반정부적 수사여구 속에서 찾을 수는 없다. 현실은 허구보다 더 힘들 것이다. 비록 정부가 자유를 박탈하기에 충분하지만, 자유를 보장하기 위해선 정부가 필요하다. 그러나 루즈벨트의 뉴딜정책으로 되돌아간다고 해서 그 해결책이 발견되는 것은 아니다. 스탈린주의는 실패했다. 자유는 새로운 ‘D. C.’ 알파벳이 붙는 관료조직들(WPA, FCC, FDA …) 속에서 발견되는 것이 아니다.

제 2세대는 제 1세대의 이념을 받아들이고 새로운 환경에서 그 이념들을 실현하려고 분투하고 있다. 2세대들은 과거의 논쟁들을 익히 알고 있으며, 지난 30년 동안 지속된 막다른 논쟁들을 세밀하게 분석했다. 2세대들의 목적은 막다른 골목을 피하고 그것을 넘어서는 물음들을 제기하는 것이다.

두 세대에서 모두 위대한 업적들이 나왔다. 이스더 다이온(Esther Dyon), 존 페리 발로우(John Perry Barlow) 그리고 토드 래핀(Todd Lapin)은 여전히 영감을 주고 있으며 계속해서 추구하고 있다(다이온은 지금 CNET 네트워크의 편집장이며, 발로우는 지금 하버드에서 지내고 있다). 그리고 제 2세대 중에선 앤드류 사피로(Andrew Shapiro), 데이비드 쉥크(David Shenk) 및 스티븐 존슨(Steven Johnson)의 업적들이 이미 잘 알려져 있고 감탄을 자아낼 만한 것들이다.

나는 제 2세대를 겨냥하고자 한다. 법률가로서 내 직업에 걸맞게, 나의 기여는 두 세대가 만들어낸 걸작품들보다는 지루하고, 불분명하고, 기교적이고, 무딜 것이다. 그러나 내 직업에 맞게, 나는 어쨌든 그것을 제공할 것이다. 바로 지금 일어나는 논쟁들에 대해서 내가 말해야 하는 것은 어느 누구도 그렇게 유쾌하게 하지는 못할 것이다. 출판사에 전자우편으로 원고를 넘기기 직전에 마지막 단어들을 급히 타이핑하고 있는 지금, 나는 이미 반발하는 반응들을 들을 수 있다. “당신은 지역보안관의 권력과 월트 디즈니의 권력 사이에 아무런 차이점도 없다고 말하는 것이냐?”, “당신은 정말로 소프트웨어 코드를 규제하는 정부기관이 필요하다고 생각하느냐?” 그리고 다른 한쪽에서는, “당신은 어떻게 바람직한 일을 할 수 있는 정부의 능력을 무력화시키는 사이버공간의 구조(공개·소스·소프트웨어)를 옹호할 수 있는가?”

또한 나는 선생이기도 하다. 만일 내 저술이 분노에 찬 반응들을 불러일으킨다면 보다 균형이 잘 잡히도록 숙고하게 될 것이다. 물론 그러한 것들을 바로 세우는 데 상당한 고통의 시간이 될 것이다. 그러나 과거 논쟁에 대한 손쉬운 답변들만으로는 바로 세울 수 없을 것이다.

이 책을 집필하는 데 도움을 준 선생님들과 비평가들에게서 나는 엄청나게 많은 것들을 배웠다. 할 애블슨(Hal Abelson), 브루스 액커만(Bruce Ackerman), 제임스 보일(James Boyle), 잭 골드스미스(Jack Goldsmith) 그리고 리처드 포스너(Richard Posner)는 초고를 참을성 있게 읽어주었고 훌륭한 충고를 해주었다. 나는 그들의 인내심에 감사드린다. 그리고 그들의 조언을 얻을 수 있는 것은 정말 행운이었다. 래리 베일(Larry Bale)과 사라 와이팅(Sarah Whiting)은 구조의 영역에서 내가 참고할 서적들을 추천해 주었다. 비록 나는 참을성 있는 학생이 되지 못했지만. 소냐 미드(Sonya Mead)는 법률가가 말하려면 수천 단어를 사용해야 할 것을 몇 개의 그림으로 그릴 수 있도록 도와주었다.

학생 군단은 이 책의 초고에 대해서 엄청난 논쟁을 치렀다. 캐롤라인 베인, 레이첼 바버, 에노 챙, 벤 에델만, 티모시 엘리히, 다운 파버, 멜레니 그릭슨, 베서니 그로버, 넬린 곤잘레스, 쉐논 존슨, 캐런 킹, 알렉스 맥길리버, 마커스 마허, 데이비드 멜레프, 테레사 우, 로라 피리 및 웬디 슐츠는 광범위한 비평을 해주었다. 그리고 나의 조교인 리 홉킨스와 캐서린 조는 이 군단을 정렬시키는 데 핵심적인 역할을 해주었으며 때론 궁지에 빠지기도 했다.

특히 세 학생들은 나의 논증에 상당한 영향을 주었다. 이들을 “학생”이라고 하기엔 적절하지 않을 정도이다. 해럴드 리브스는 제 10장을 주도했다. 팀 우는 제 1부의 상당부분을 다시 생각하게끔 해주었다. 그리고 앤드류 샤피로는 내가 암울한 용어들로 묘사했던 미래에 희망이 있음을 보여주었다. 특히 캐서린 마거리트 맨리에게 많은 빚을 졌다. 작가로서 그리고 연구원으로서 그녀의 특별한 재능 때문에 이 작업을 일찍 마칠 수 있었다. 만일 그녀가 없었더라면 훨씬 오래 걸렸을 것이다. 또한 타웬 챙과 제임스 스테어의 꼼꼼한 주석 검토작업으로 주석들을 정확하게 달 수 있게 된 것에 감사한다.

이 작업은 도서관에 묻혀서 배울 수 있는 분야가 아니다. 나는 내가 아는 모든 것을 학계 및 활동가들로 구성된 전문가 공동체와 함께 나누고 지켜본 대화를 통해서 배운 것이다. 지난 5년 동안 이들은 사이버공간이 무엇인지 이해하고 이를 더 좋게 만들기 위해서 분투해 왔다. 이 공동체에는 내가 본문에서 언급한 학자들과 저자들, 특히 법률가들이 포함되어 있다. 또한 나는 비법조인들과의 대화에서 커다란 은혜를 입었다. 그러나 보다 귀중한 것은 활동가들, 특히 민주주의와 기술 센터(Center for Democracy and Technology), 전자 프런티어 재단(Electronic Frontier Foundation), 그리고 미국시민자유연대(America Civil Liberties Union)에 속한 이들과의 토론을 통해서 많은 것을 배웠다. 그들은 쟁점들을 실제적인 것으로 만들어 주었고, 내가 중요하다고 생각하는 가치들을 옹호하는 데 큰 역할을 해주었다.

하지만 이 책은 줄리안 디벨(Julian Dibbell)의 이야기, 헨리 페리트(Henry J. Perritt)가 조직한 학술대회, 그리고 데이비드 존슨과의 무수한 논쟁이 없었다면 씌어지지 못했을 것이다. 나는 세 분에게 그들이 가르쳐준 것에 대해서 진심으로 감사드린다.

나는 전문직업과 윤리에 관한 하버드 프로그램의 일원으로 이 프로젝트를 시작하였다. 그해 회의적인 격려를 해준 데니스 톰슨(Dennis Thompson)에게 감사한다. 하버드 법과대학의 버크만센터는 내 연구의 많은 부분을 가능하게 해주었다. 릴리안과 마일 버크만 부부의 지원에 특별한 감사를 드린다. 특히 센터의 행정책임자이자 때때로 공동티칭을 했던 조나단 지트레인(Jonathan Zittrain)에게 그의 지원과 보다 중요한 우정에 감사한다. 나는 이 책을 버크만센터의 공동소장인 찰리

네슨(Charlie Nesson)에게 바친다. 그는 나에게 이 작업을 수행할 수 있도록 공간을 제공하고 지원하여 주었으며, 작업이 다른 방향으로 가도록 영감을 주었다.

그러나 어떤 지원보다도 더욱 중요한 것은 내가 나의 인생을 바친 나의 아내의 인내심과 사랑이었다. 그녀의 사랑은 오래도록 맹렬하고 놀랍게 보일 것이다.

로렌스 레식

나남신서 · 1386

코드 2.0

차 례

제 5 부 대응책들

제1장

코드는 법이다

20여 년 전인 1989년 봄, 유럽의 공산주의는 마치 지지대가 뽑힌 텐트처럼 무너졌다. 전쟁이나 혁명이 공산주의를 몰락시킨 것이 아니었다. 지쳐 쓰러진 것이다. 중·동부 유럽에 새로운 정치체제, 새로운 정치사회가 탄생하였다.

나와 같은 헌법학자들에게 이 사건은 충격적이었다. 1989년에 로스쿨을 졸업한 나는 1991년부터 시카고에서 강의를 시작했다. 그 당시 시카고대학에는 중·동부 유럽에서 새롭게 시작된 신흥 민주정치에 관한 연구소가 있었다. 나는 그곳의 연구원이었다. 그 뒤 5년 동안 무수한 시간을 비행기에서 보냈고, 맛없는 모닝커피를 기억할 수 없을 만큼 수없이 마셨다.

중부유럽과 동부유럽에는 과거 공산주의자였던 사람들에게 어떻게 통치해야 하는가를 가르쳐 주려는 미국인들로 가득했다. 하지만 그들의 자문은 장황했고 어리석기까지 했다. 몇몇 미국인 방문자들은 신흥 입헌공화국에 말 그대로 번역된 헌법을 팔아먹었다. 새로운 나라를 어떻게 통치해야 하는가에 관한 설익은 생각들이 무수히 많았다. 미국인들은 이미 입헌주의가 잘 기능하는 것처럼 보이는 국가로부터 왔지만, 어떻게 가능하였는지 그 원인에 대한 실마리는 알지 못했다.

연구소의 취지는 조언을 주는 것이 아니었다. 우리가 그들을 지도하기에는 아는 것이 너무 없었다. 우리의 목적은 변화와 발전방법에 관한 자료를 모으고 관찰하는 것이었다. 우리는 변화를 이해하길 원했지, 변화의 방향을 잡아주길 원치는 않았다.

우리가 목격한 상황은 이해할 수는 있었지만 충격적이었다. 공산주의가 몰락한 이후 처음에는 국가와 국가의 규제에 대항하는 거대한 분노의 파도와 함께 정부에 대한 반감이 팽배했다. 그들은 그냥 내버려두라고 말하는 것처럼 보였다. 정부가 하던 일을 새로운 사회인 시장과 민간조직에게 맡겨라. 공산주의가 수 세대 지난 후에 발생한 이런 반발들은 충분히 이해할 만하였다. 정부는 압제자였다. 당신네들이라면 압제장치들과 어떠한 타협이 있을 수 있겠는가?

특히 자유지상주의는 이런 반발을 상당히 뒷받침하는 것처럼 보였다. 만약 시장이 지배하고 정부의 간섭이 배제된다면, 반드시 자유와 번영이 성숙할 것이다. 모든 것들은 스스로 해결될 것이다. 국가의 지나친 규제는 필요 없고, 들어설 여지도 없다. 그러나 모든 것이 저절로 해결되지 않았고, 시장이 번창하지도 않았다. 정부는 불구가 되었으며, 불구가 된 정부는 자유에 대한 만병통치약이 아니었다. 권력은 사라지지 않았고, 정부에서 마피아로 옮겨갔으며, 때로는 국가에 의해서 마피아가 조성되었다. 치안 · 사법 · 교육 · 의료 등 전통적인 국가기능의 필요성이 사라지지 않았다. 그리고 수요를 충족시키는 사적 이익들도 등장하지 않았다. 오히려 요구들이 쉽게 충족되지 않았다. 사회의 치안이 사라졌다. 지금의 무정부상태가 이전 세 세대의 온건한 공산주의를 대체하였다. 번쩍이는 네온사인은 나이키를 광고하고 있었고, 연금생활자들은 사기 주식거래로 생계비를 다 털렸으며, 은행가들이 모스크바 거리에서 훤한 백주에 살해되었다. 하나의 통제시스템이 또 다른 것으로 대체되었다. 어떤 시스템도 서구의 자유지상주의자들이 말하는 "자유체제"가 아니었다.

10여 년 전인 1990년대 중반, 포스트공산주의의 도취감이 쇠퇴해 가던 서구에서는 또 다른 "새로운 사회"가 등장했다. 그것은 포스트공산주의 유럽에서 있었던 새로운 사회에 대한 기대만큼이나 많은 사람들을 흥분시켰다. 이것이 바로 인터넷 혹은 잠시 뒤에 정의 내릴 "사이버공간"이었다. 처음에는 대학과 연구소에서, 다음엔 사회 전체에서 사이버공간은 자유지상주의적 유토피아의 새로운 목표가 되었다. 이곳에서는 국가로부터의 자유가 지배할 것이다. 모스크바나 트빌리시가 아니라면, 바로 사이버공간에서 우리는 이상적인 자유지상주의 사회를 발견하게 될 것이다.

그러나 이러한 변화를 위한 촉매제가 계획되지 않았다. 국방성의 연구프로젝트[1]에서 탄생한 사이버공간 역시 특정한 통제구조를 대체한다는 계획이 전혀 없이 등장하였다. 단일목적의 유료전화망은 다목적의 무료 패킷으로 대체되었다. 텔레비전, 라디오, 신문, 책 등 일대다(*one-to-many*)의 낡은 출판구조는 누구든 출판가가 될 수 있는 세상으로 바뀌었다. 사람들은 이전에는 불가능했던 방식으로 의사를 교환하고 결합할 수 있었다. 이곳에서는 현실공간에서 실현될 수 없었던 무질서하지 않은 자유, 정부 없는 통제, 권력 없는 합의 등이 가능한 사회를 약속하는 것처럼 보였다. 이러한 이상을 규정한 선언문의 글귀는 다음과 같이 표명하고 있다.

---

1) Katie Haftener and Matthew Lyon, *Where Wizards Stay Up Late* (New York: Simon and Schuster, 1996, p. 10. "테일러는 컴퓨터 연구를 하는 국방부의 첨단연구프로젝트의 젊은 책임자였다.… 테일러는 알파넷과 그 후손인 인터넷이 전쟁 지원이나 전쟁에서 이기는 일과는 상관이 없다는 사실을 알고 있었다."

> 우리는 거부한다, 왕과 대통령과 투표를. 우리는 믿는다, 생생한 합의와 작동하는 코드를.[2)]

공산주의 이후의 유럽에서처럼, 사이버공간에서의 자유에 관한 이러한 초기의 사고들은 자유를 국가의 소멸과 결합시켰다. 그레이트풀 데드(the Grateful Dead)의 작사자이자 전자 프런티어 재단(the Electronic Frontier Foundation)의 공동설립자인 존 페리 발로우(John Perry Barlow)는 그의 "사이버공간을 위한 독립선언문"에서 다음과 같이 선언했다.

> 산업사회의 정부들이여, 철강과 살집으로 이루어진 욕심 많은 거대한 괴물아, 나는 영혼의 새로운 고향인 사이버공간에서 왔다. 미래를 대신하여, 과거의 너에게 우리를 내버려둘 것을 요청한다. 너는 우리에게 환영받지 못한다. 우리가 모여 있는 이곳에 너는 어떠한 주권도 없다.

이처럼 자유와 정부 부재의 결합은 포스트공산주의 유럽보다 훨씬 강력했다고 말할 수 있다. 정부는 사이버공간을 규제할 수 없으며, 사이버공간은 필연적으로 자유롭다고 주장하였다. 정부는 위협할 수 있지만, 행위를 통제할 수는 없을 것이다. 법이 제정될 수 있지만, 무의미할 것이다. 어떤 형태의 정부를 세울 것인지 선택할 필요가 없다. 어느 누구도 지배할 수 없을 것이다. 사이버공간은 매우 다른 형태의 사회일 것이다. 비록 한계와 방향이 설정될 것이지만, 그것은 아래로부터의 건설일 것이다. 이 공간의 사회는 완전히 자율관리적인 실재가

---

2) Paulina Borsook, "How Anachy Works," *Wired* 110 (October 1995): 3.10, http://www.wired.com/wired/archive/3.10(1999년 5월 30일 방문), David Clark에서 인용. link #2 참조.

될 것이며, 정부관리들도 없고, 정치모리배들로부터도 자유로운 사회가 될 것이다.

1990년대 초반 나는 여름방학들을 중부 유럽에서 강의하면서 보냈다. 앞에서 언급했듯이 그곳에서 나는 학생들을 통해 공산주의에 대한 태도의 변화를 목격하게 되었다. 그리고 1995년 봄 사이버공간의 법을 가르치는 동안 이와 비슷한 느낌을 받았는데, 자유와 정부에 대한 학생들의 생각이 포스트공산주의자들과 거의 똑같았다. 자유지상주의의 열정을 경험하지 않았던 예일대학에서조차 학생들은, 후에 제임스 보일(James Boyle)이 "자유지상주의 고타 강령"(*libertarian gotcha*)[3] 이라고 불렀던 이념에 심취해 있는 것 같았다. "자유지상주의 고타 강령", 어떤 정부도 인터넷의 발전 없이는 생존할 수 없지만, 그곳에서 벌어지는 일들을 통제할 수 없을 것이다. 현실세계의 정부는 최후의 공산정권처럼 애처로운 상황에 놓일 것이다. 그것은 바로 맑스가 예언했던 국가의 소멸이었다. 사이버공간의 창공을 가로지르며 무한대에 가까운 기가바이트의 정보들이 발산하는 섬광의 강력한 충격으로 국가가 요동칠 것이다.

하지만 이러한 축복 속에서 불분명한 것은 그 이유이다. 왜 사이버공간이 규제 불가능한 것인가? 무엇이 그렇게 만드는 걸까? 그 어휘 자체도 자유가 아닌 통제를 의미한다. 사이버공간의 어원은 윌리엄 깁슨(William Gibson)의 소설 《뉴로만서》(*Neuromancer*, 1984년)를 넘어,

---

3) 제임스 보일이 워싱턴 D.C.에서 1997년 9월 28일 개최된 TPRC(Telecommunications Policy Research Conference)에서 행한 연설. 데이비드 센크는 기술과 자유지상주의 양자 모두를 포괄하는 걸출한 문화입문서에서 근본적인 시대적 문제뿐만 아니라 사이버공간이 촉발시키고 있는 자유지상주의에 대해서 서술하고 있다. 이에 대해서는, David Shenk, *Data Smog: Surviving the Information Glut* (San Francisco, Harper Edge, 1997), 특히 174~177 참조. 이 책은 기술과 자유의 관계를 보다 균형 있게 증진시킬 수 있는 대응운동, 즉 기술현실주의(*technorealism*)를 기술하고 있다.

기계장치를 통한 원거리 통제에 관한 연구인 "사이버네틱스"(*cybernetics*)의 세계에까지 거슬러 올라간다.[4] 따라서 완벽한 통제에서 탄생한 구조들을 "완벽한 자유"의 축복으로 받아들이는 것이 적어도 그 기원을 알고 있는 이들에게는 정말 이상하지 않을 수 없었다.

이미 밝혔듯이 나는 헌법학자다. 헌법에 관해서 강의하고 글을 쓴다. 나는 정부와 사이버공간에 대한 애초의 이런 시각들이 공산주의 이후의 정부에 대한 초기의 시각들과 마찬가지로 왜곡되었다고 생각한다. 사이버공간에서의 자유는 정부의 부재로부터 나오지 않을 것이다. 그곳에서의 자유란 여느 곳과 마찬가지로 특정한 유형의 국가로부터 나올 것이다. 우리는 사회로부터 모든 형태의 자기의식적 통제를 제거함으로써 자유가 번성할 수 있는 세상을 만드는 것이 아니라, 특별한 형태의 자기의식적 통제가 존재하는 공간에 자유를 정착시킴으로써 그러한 세상을 만드는 것이다. 우리의 창시자들이 그러했듯이 사회를 특정한 헌법 위에 정착시킴으로써 자유를 확립하는 것이다.

물론 나는 법률 텍스트만을 "헌법"으로 보지 않는다. 1990년대 초 동유럽에서 나의 미국인 동료들이 그랬던 것과 달리, 나는 1787년 헌법제정자들이 써놓은 문서를 팔아먹으려고 하지는 않는다. 그보다는 영국인들이 헌법을 이해하듯이, 나는 "헌법"을 단지 법률 텍스트가 아닌 삶의 방식, 즉 구조(*architecture*)로 생각한다. 그 구조는 사회적·법적 권력을 구성하고 제한함으로써 일상의 정치적 타협 저 너머에 놓

---

4) Kevin Kelly, *Out of Control: The New Biology of Machines, Social Systems, and the Economic Word* (Reading, Mass.: Addison-Wesley, 1994), 119 참조. "사이버네틱스"라는 말은 이 분야의 창시자인 노버트 위너에 의해서 명명되었다. Norbert Wiener, *Cybernetics: Or Control and Communication in the Animal and the Machine* (Cambridge, Mass.: MIT Press, 1965). Flo Conway and Jim Siegelman, *Dark Hero of the Information Age: In Search of Norbert Wiener, The Father of Cybernetics* (New York: Basic Books, 2004) 참조.

여 있는 원칙과 이념들, 즉 근본적인 가치들을 보호하기 위한 것이다(어떤 학생이 물었다. 헌법이 하나의 도구처럼 어둠 속에서 더듬거리며 찾을 필요가 없는 회중전등과 같은 것인지, 아니면 끊임없이 찾아야 할 등대 같은 것인지. 나는 헌법을 근본적인 가치들이 정착하는 것을 돕는 등대와 같다고 본다).

이런 의미에서 헌법은 발견되는 것이 아니라 건설되는 것이다. 토대는 그 저변에 놓여 있는 것이지, 마술처럼 불쑥 나타나는 것이 아니다. 혁명 이후에 나타난 무정부상태로부터 우리의 헌법제정자들이 배웠던 것처럼(우리의 최초헌법인 연합규약〔The Articles of Confederation〕이 얼마나 쓸모없었던 실패작이었는지를 기억하라), 사이버공간 상에서 토대를 만들고 구축하는 일이 결코 보이지 않는 손의 작품이 아니라는 사실을 이해할 때가 되었다. 사이버공간에서 자유의 기반이 저절로 나타날 것이라고 믿을 만한 근거는 없다. 실제로 무정부에 대한 열망은 1780년대 말 미국에서나 1990년대 예전의 동구권에서와 마찬가지로 퇴색되었다. 우리의 선각자들이 경험했듯이, 그리고 러시아인들이 목격했듯이 사이버공간을 그대로 방치할 때, 자유에 대한 약속을 충족시킬 수 없을 것이라고 믿어야 할 근거들이 많이 있다. 사이버공간이 방치된다면, 그것은 완벽한 통제의 도구로 변모할 것이다.

통제, 그것이 반드시 국가에 의한 것이거나 어떤 사악한 파시스트적 목적에 기여하는 통제일 필요는 없다. 이 책에서 나의 논점은 사이버공간의 보이지 않는 손이 초기 사이버공간의 것과는 완전히 정반대의 구조를 구축하고 있다는 것이다. 정부와 상거래에 의해서 지지되는 보이지 않는 손은 완벽한 통제, 즉 효율적인 통제를 가능하게 하는 구조를 건설하고 있다. 그 세상에서의 투쟁은 정부의 몫이 아니다. 그것은 이처럼 완벽한 통제의 환경에서도 본질적인 자유를 보장하는 것일 것이다. 시바 바이드히아나탄은 다음과 같이 말하였다.

> 개인들 스스로 재편성하고, 권한을 부여하고, 전통적인 사회적·문화적 규제의 방식을 뒤바꾸는 "네트워크 사회"의 도래를 선언하는 것이 분명하고도 손쉬운 것처럼 보이지만, 네트워크를 통한 디지털 소통이 그러한 해방의 목적에 반드시 기여하는 것이 아니라는 점은 확실해 보인다.[5]

이 책은 무정부의 사이버공간에서 통제의 사이버공간으로의 변화에 관한 것이다. 제1부에서 기술하게 될 발전과정, 즉 사이버공간이 지나온 과정을 더듬어 볼 때, 우리는 그 저변에 놓여있는 많은 "자유"가 미래에는 제거될 것이라는 점을 이해할 수 있을 것이다. 본래 근본적이라고 여겨지는 가치들이 살아남지 못할 것이다. 근본적이었던 자유가 서서히 사라질 것이다. 우리가 선택한 길을 따라 우리는 과거의 사이버공간을 개조할 것이다. 그러한 개조의 일부는 우리를 만족시킬 것이다. 그러나 그중 일부에 대해서 우리는 후회하게 될 것이라고 생각한다.

내가 언급하게 될 변화를 칭송하든 유감스럽게 생각하든, 그 변화들이 어떻게 발생하는지를 이해하는 것이 중요하다. 무엇이 사이버공간의 자유를 만들었으며, 그 자유를 변경하는 것은 무엇인가? 그 교훈이 사이버공간에서의 규제의 원천을 제시해 줄 것이다.

이러한 이해가 제2부의 목적이다. 사이버공간은 규제가 어떻게 작동하는가에 대한 새로운 이해를 요구한다. 전통적인 법조인의 시각, 법, 규제, 규범 등을 넘어서 바라볼 것을 요구하며, 새롭게 부각되는 규제자에 대한 해명을 요구한다.

그 규제자는 이 책의 제목인 코드에 숨어 있다. 현실공간에서 우리

---

5) Siva Vaidhyanathan, "Remote Control: The Rise of Electronic Cultural Policy," *Annals of the American Academy of Political and Social Science* 597, 1 (January 1, 2005): 122.

는 법규범의 규제방식을 헌법, 법률 혹은 다른 법규범들을 통해 인식한다. 그러나 사이버공간에서는 코드가 어떻게 규제하는지를 이해해야 한다. 지금의 사이버공간을 만들어내는 소프트웨어와 하드웨어, 즉 사이버공간의 코드가 바로 그 사이버공간을 어떻게 규제하는지를 이해해야만 한다. 윌리암 미첼의 표현처럼 이 코드가 바로 사이버공간의 "법"이다.[6] 조엘 라이덴버그가 처음으로 제시한 것처럼[7] "정보법"(Lex Informatica), 또는 좀더 나아가 "코드는 법이다."

하지만 내가 이 슬로건를 되풀이 할 때마다 법률가들과 법이론가들은 부담스러워한다. 다양한 형태의 규제에 수반되는 "내적 관점"에서의 적지 않은 차이점 때문에, 코드에 의해 발생된 규제의 효과와 법에 의해 발생된 규제의 효과는 다르다고 그들은 주장한다. 우리는 법적 규제의 내적 측면을 이해한다. 예를 들자면, 기업의 오염에 대해 법이 부과하는 제한들은 사회가 그 규제에 부과하는 가치들을 반영하는 자기의식적 규제의 산물이다. 이러한 시각은 코드에서 인지되기 더 어렵다. 그렇게 될 수는 있지만, 반드시 그런 것은 아니다. 이것이 "코드"와 "법" 사이의 많은 중요한 차이점들 중 단지 하나라는 것은 의심할 여지가 없다.

나는 이러한 차이점들을 부인하지는 않는다. 다만 그러한 차이점들

---

6) William J. Mitchell, *City of Bits: Space, Place, and Infobahn* (Cambridge, Mass.: MIT Press, 1995), 111. 비록 다른 저술로부터도 은유적 영감을 얻었지만, 나는 이 책의 많은 부분에서 미첼의 아이디어를 발전시켰다. 소프트웨어 세계의 개념을 논한 것으로는 Ethan Katsh, "Software Worlds and the First Amendment: Virtual Doorkeepers in Cyberspace," *University of Chicago Legal Forum* (1996): 335, 338 참조. 가장 최근의 시도는 R. Polk Wagner, "On Software Regulation," *Southern California Law Review* 78 (2005) 457, 470~471 참조.

7) 조엘 라이덴버그(Joel Reidenberg)는 "lex informatica"의 개념을 "Lex Informatica: The Formulation of Information Policy Rules Through Technology," *Texas Law Review* 76 (1998): 553에서 설명하고 있다.

을 어느 정도 무시함으로써 더 유용한 것을 배울 수 있다고 확신한다. 홈즈 판사는 "악인"(*bad man*)[8] 에 근거하여 규제의 문제를 다루었다. 그는 규제의 중심에 악인이 있다는 규제이론을 제시했다. 그의 관점은 모든 사람이 악인이라는 것이 아니었다. 대신에 그의 관심은 우리가 어떻게 규제의 구조를 가장 잘 건설할 수 있느냐에 관한 것이었다.

나의 논점도 같다. 우리가 코드의 규제에 중점을 두는 "보트맨"(*bot man*) 이론에 관해 생각해 본다면 무언가를 배울 수 있다고 생각한다. 다시 말해서, 규제대상을 최대화하는 실재를 상상해보고 그 기계를 규제해야만 하는 규제자의 도구의 범위를 고려한다면, 우리는 무언가 중요한 것을 배울 것이다.

코드는 이 분석에서 중심적인 도구일 것이다. 이 코드는 자유주의와 자유지상주의의 이념에 대한 가장 커다란 약속일 뿐만 아니라 가장 큰 위협이기도 하다. 우리가 근본적이라고 믿는 가치들을 보호하도록 사이버공간을 세우고, 구조화하고 혹은 코드화할 수 있다. 아니면 이런 가치들을 사라지게 할 수도 있다. 거기에 중간지대는 없다. 어떤 형태의 구축물도 포함하지 않는 선택이란 없다. 코드는 발견되는 것이 아니다. 그것은 단지 만들어질 뿐이며, 우리의 손으로 만들어지는 것이다. 마크 스테픽이 말했듯이, "사이버공간의 다른 버전들은 다른 종류의 꿈들을 지원한다. 그 선택은 우리가 하는 것이다. 현명한 선택이든 그렇지 못한 것이든."[9] 이보다 더 나아간다면, "어떤 사람들이 어떤 전자적 객체들에 접속할 수 있는가는 코드가 결정한다. … 그러한 설계가 인간의 상호작용을 어떻게 규제하는가는 … 선택에 달려있다."[10]

---

8) Oliver Wendell Holmes, Jr., "The Path of the Law," *Harvard Law Review* 10 (1897): 457.

9) Mark Stefik, "Epilogue: Choices and Dreams," in *Internet Dreams: Archetypes, Myths, and Metaphors*, edited by Mark Stefik (Cambridge, Mass.: MIT Press, 1996), 390 참조.

좀더 정확하게 말하자면, 사이버공간에서의 자유와 규제를 정의내리는 사이버공간의 코드가 만들어진다. 거기에 대해서는 논쟁의 여지가 없다. 그러나 누구에 의해서 그리고 어떤 가치 위에서 만들어질 것인가? 바로 이것이 우리가 결정해야 할 유일한 선택이다.

나의 논점은 하향식 통제를 옹호하려는 것이 아니다. 또한 규제자들이 마이크로소프트 사를 장악해야 한다고 주장하는 것도 아니다. 헌법은 환경을 구상한다. 홈즈 판사가 말했듯이, 헌법은 예견될 수 없는 발전을 창조한다.[11] 따라서 헌법을 논하는 것은 100일 계획을 작성하는 것이 아니다. 그보다는 어떤 공간이 보장해야 할 가치들을 확인하는 것이다. 그것은 "통치"에 관해 기술하는 것도, 상향식 통제와 하향식 통제 중에서 양자택일적으로 선택하는 것도 아니다. 사이버공간에서의 헌법을 논하면서 우리는 다만 다음과 같이 묻는 것이다. 그곳에서 어떤 가치들이 보전되어야 하는가? 특정한 생활양식을 조성하기 위해서 우리는 그 공간에 어떤 가치들을 확립해야 하는가?

이 가치들은 두 종류이다. 하나는 실질적 가치이고, 다른 하나는 구조적 가치이다. 미국의 전통에서 우리는 후자의 가치를 먼저 고려했다. 권리장전 없이 제정된 1787년 헌법의 제정자들은 정부의 구조에 초점을 맞췄다. 그들의 목적은 특정한 정부인 연방정부가 지나치게 강력해지지 않도록 보장하는 것이었다. 그래서 이들은 연방정부의 권한에 대한 견제장치와 주정부에 대한 권한행사의 한계를 정부의 설계 속에 설정하였다.

이 헌법의 반대자들은 더 많은 견제장치가 필요하며, 정부의 권한에 대한 구조적 제한뿐만 아니라 실질적 제한을 부과할 수 있는 헌법이 필요하다고 주장하였다. 이렇게 해서 권리장전이 탄생했던 것이다.

---

10) Mark Stefik, *The Internet Edge: Social, Technical, and Legal Challenges for a Networked World* (Cambridge: MIT Press, 1999), 14.

11) *Missouri v. Holland*, 252 US 416, 433 (1920).

1791년에 비준된 권리장전은 연방정부가 언론의 자유, 사생활의 자유 및 적법절차 원칙을 박탈해서는 안 된다고 천명했다. 일반적으로 정부들의 일시적인 변덕이 있겠지만, 권리장전은 이 가치들에 대한 약속의 존속을 보장하였다. 이 가치들은 실질적이든 구조적이든 우리 헌법 설계 속에 확립되었다. 이것들이 바뀔 수도 있지만, 오직 헌법의 설계를 변경시킬 때에만 가능하다.

사이버공간을 구성할 때에도 우리는 똑같은 문제에 봉착한다. 그러나 우리는 정반대의 방향에서 접근해 왔다.[12] 이미 우리는 실체에 관한 논쟁을 벌이고 있다. 사이버공간에서 기대할 수 있는 것이 프라이버시인가 접근권인가? 사이버공간은 표현의 자유를 위한 공간을 보장하고 있는가? 그것은 자유롭고 개방적인 상거래를 용이하게 하는가? 이 물음들은 실질적 가치의 선택 문제이다. 이 물음들이 이 책의 핵심 주제들이다.

그러나 비록 우리들은 자의적인 규제권력을 제한하거나 규제하는 방법을 아직 이해조차 하지 못했지만, 구조의 문제 역시 마찬가지로 중요하다. 이 공간에서 어떤 방식의 견제와 균형이 가능한가? 어떻게 권력을 분리시킬 수 있는가? 어떻게 한 규제자 또는 한 정부가 지나치게 강력해지지 않을 수 있도록 보장할 수 있는가? 그것이 충분히 강력하다고 어떻게 장담하는가?

사이버공간 이론가들은 그것이 생겨날 때부터 이 문제들에 관해서 이야기했다.[13] 그러나 하나의 문화로서 우리는 이제 막 그것을 접하

12) 이 논쟁은 미국 민주주의와 관련해서 전혀 새로운 것이 아니다. *Does Technology Drive History?: The Dilemma of Technological Determinism*, Meritt Roe Smith and Leo Marx eds. (Cambridge: MIT Press, 1994), 1~35. ("제퍼슨은 만일 거대한 규모의 기술과 산업의 문명화 과정이 극단적으로 나아가면, 손쉽게 부패할지도 모르며, 그와 동료들이 확립하기 위해서 힘들게 노력했던 도덕성과 정치경제를 붕괴시킬지도 모른다고 걱정했다").

13) 예를 들어, 리처드 스톨맨(Richard Stallman)은 MIT에서 패스워드 사용에

기 시작하였다. 사이버공간의 상이한 구조들이 어떻게 우리에게 영향을 미치는지, 다시 말해서 내가 아래에서 정의하겠지만, 그 구조가 어떻게 우리를 "규제"하는지를 깨닫게 될 때, 우리들은 이러한 구조들을 어떻게 규정해야 하는지를 묻게 된다. 이 구조들의 1세대는 연구자나 해커들과 같이 네트워크를 구축하는 데 관심을 가진 비영리부문들에 의해 형성되었다. 2세대는 영리기관들에 의해 구축되었다. 그리고 아직은 명확한 경계가 그려지지는 않았지만, 3세대는 정부의 산물일 수도 있다. 어떤 규제자를 선호할 것인가? 어떤 규제자들이 통제되어야 하는가? 사회는 사이버공간을 통제하고자 하는 이들에 대해서 어떻게 통제력을 행사하겠는가?

제 3부에서 나는 이 문제들을 심도 있게 다룰 것이다. 지적 재산권, 프라이버시, 표현의 자유와 같이 논쟁의 핵심이 되는 세 영역에 대해 살펴보고 각 영역에서 사이버공간이 변화시킬 가치들을 확인할 것이다. 이 가치들은 법률과 기술 간의 상호작용의 산물이다. 그러한 상호작용이 일어나는 방식은 종종 반(反)직관적이다. 제 3부에서의 나의 목표는 그러한 상호작용을 밝히고, 제 2부의 도구들을 이용하여 각 영역 내의 중요한 가치들을 보존하기 위한 방법을 모색하는 것이다.

제 4부는 이러한 문제들을 국제화한다. 사이버공간은 도처에 존재한다. 사이버공간에 거주하는 사람들은 세계 각처에서 들어온다. 세계의 주권자들은 이른바 사이버공간의 주권과 어떻게 병존할 수 있을 것인가? 나는 불가피하게 보이는 대응책을 제시하고, 제 1부의 결론을 강화할 것이다.

이 책의 마지막 부분인 제 5부는 암울하다. 이 책의 핵심적 교훈은

대항하는 조직을 구성하였다. 패스워드는 "공식적으로 제재 받지 않는" 사용자들을 배제함으로써 통제를 용이하게 하는 구조이다. Steven Levy, *Hackers* (Garden City, N.Y.: Anchor Press/Doubleday, 1984), 422~23 참조.

사이버공간은 선택을 요구한다는 것이다. 이 선택들 중 일부는 사적인 것이고, 그래야만 한다. 작가가 자신의 저작권을 강화하기를 원하는지, 시민이 그의 사생활을 보호받기를 원하는지 같은 것들이다. 그러나 이러한 선택들 중 일부는 집단적인 가치와 관련되어 있다. 나는 과연 우리들(미국인을 의미)이 이러한 선택들이 제기하는 도전들을 감당할 수 있는가라는 물음을 던짐으로써 글을 끝낼 것이다. 과연 우리가 합리적으로 대응할 수 있는가? 다시 말해서 (1) 우리가 비합리적인 열정 없이 대응할 수 있는가? (2) 우리가 이러한 선택들을 이해하고 대응할 수 있는 제도들을 갖추고 있는가?

적어도 지금은 이러한 도전들에 합리적으로 대응할 수 없을 것이라고 나는 확신한다. 우리는 지금 가치들에 대한 근본적인 선택을 긴급히 내려야 할 역사적 시점에 서 있다. 그러나 우리는 그러한 선택을 하는 데 어떤 국가기관도 신뢰해서는 안 된다. 법원은 그러한 선택을 할 수 없다. 왜냐하면 법문화적으로 우리는 쟁점이 되는 가치문제들을 법원이 결정하기를 원치 않기 때문이다. 의회 또한 그러한 선택을 해서는 안 된다. 왜냐하면 정치문화적으로 우리는 심각할 정도로 통상적인 이 국가기관의 활동에 회의적이기 때문이다. 우리의 역사와 전통에서 자부심을 가질 만한 것들이 많이 있다. 그러나 지금의 우리 정부는 실패작이다. 물론 모든 것이 중요하지만, 진정으로 중요한 어떤 것도 정부의 통제에 맡겨서는 안 된다.

변화는 가능하다. 나는 혁명이 우리 미래에 놓여 있음을 의심치 않는다. 그러나 나는 정부나 막강한 이익집단이 이 혁명을 너무 쉽게 제거하지 않을까 두렵다. 정부가 실제 변화를 가져오기 위해 허용할 경우, 너무 많은 것이 위태로워지지 않을까 두렵다. 정부는 이미 해커의 의미를 원래 의미와는 완전히 이질적인 의미로 전환시키면서, 이 운동의 핵심적 윤리를 범죄화하고 있다. 극단적인 저작권 규제를 통해서 해커 네트워크가 생산해낼 수 있는 핵심적인 창조성을 범죄화하고 있다. 이것은 단지 시작일 뿐이다.

사정은 달라질 수 있다. 경우에 따라 사정은 변한다. 그러나 현시점에서 나는 그것들이 어떻게 우리에게 달라질 수 있는지 알지 못한다. 분명히 나는 상상력의 한계에 봉착했다고 솔직히 고백할 수밖에 없다. 내가 틀린 것으로 증명된다면 감사해마지 않을 것이다. 과거에 공산주의 치하에 있던 시민들이 배우고 있는 것처럼, 거버넌스의 가능성들에 대한 우리의 닥다른 사고로부터 벗어날 수 있는 방법을 다시 배울 수 있기를 진심으로 기대한다. 그러나 지난 10년간, 특히 지난 5년 동안 그 어느 것도 거버넌스에 대한 나의 회의론이 잘못되었음을 납득시키지 못하였다. 실제로 여러 사건들이 나의 비관주의를 강화시키기만 해왔다.

제 2 장

사이버공간의 네 가지 퍼즐

이 책을 읽는 여러분 모두는 인터넷을 사용해본 적이 있을 것이다. 그중 일부는 "사이버공간"에 가본 적이 있을 것이다. 인터넷은 이메일을 전달하고 웹페이지를 발행하는 매개체이다. 아마존(Amazon)에서 책을 구입하거나, 팬당고(Fandango)에서 영화시간을 확인하기 위해 사용한다. 마이크로소프트의 "도움 페이지"와 같이 구글(Google)은 인터넷에 있다.

그러나 "사이버공간"은 그 이상의 것이다. 인터넷 위에 건설되었지만, 사이버공간에는 좀더 풍부한 경험이 존재한다. 채팅의 친밀함이나 대량 온라인게임(줄여서 "MMOG" 또는 "MMORPG")의 복합작용으로 인하여 사이버공간에는 당신을 끌어당기는 무언가가 있다. 사이버공간에서 일부는 그들이 공동체 안에 있다고 믿는다. 일부는 그들의 사이버공간에서의 존재와 그들의 삶을 혼동한다. 물론 인터넷과 사이버공간을 명확하게 구분할 수는 없다. 그러나 이 둘 간에는 경험이란 측면에서 중대한 차이점이 존재한다. 인터넷을 단지 전화번호부 책처럼 여기는 사람들은 사이버공간의 거주자들이 이야기하는 것을 전혀 이해하지 못할 것이다. 그들은 "사이버공간"을 매우 모호한 것으로 여긴다.

이러한 차이점의 일부는 세대 차이다. 40세가 넘은 우리들의 대부분에게 인터넷은 존재하지만, 사이버공간은 존재하지 않는다. 우리 대부분은 사이버공간의 삶이라고 부를 수 있는 온라인상의 생활을 갖고 있지 않다. 그러나 우리의 아이들에게 사이버공간은 점차 그들의 제2의 삶이 되고 있다. 사이버공간의 또 다른 세상에서 한 달에 수백 시간을 소비하는 수백만의 사람들이 있다. 후에 이러한 삶 중의 하나인 "세컨드 라이프"[1] 라 불리는 게임을 다루어 보겠다. 당신은 이 낯선 공간에 대해서 내가 있을 곳이 아니므로 걱정할 필요가 없다고 생각할지도 모른다. 그러나 다음 세대가 거주할 세상에 대해서 조금이라도 이해하면, "사이버공간"을 이해하는 데 약간의 시간은 투자해야 한다.

이것이 다음에 이어질 두 이야기들의 목적이다. 두 이야기는 사이버공간을 묘사한다. 다른 두 이야기는 인터넷을 좀더 일반적으로 묘사한다. 이 네 가지 다른 이야기들을 통해서 나는 종종 혼란스러운 것을 정리해 나가고자 한다. 나의 바람은 당신이 이 책 전반에 걸쳐 반복될 네 가지 테마를 이해하는 것이다. 이 장의 마지막 부분에서 나는 그 테마들을 명확히 하고, 전체 조감도를 제시할 것이다. 먼저 이야기들에 초점을 맞추기로 하자.

---

1) Second Life — "What is Second Life?", link #3 참조. 최근 가장 인기 있는 게임인 워크래프트 월드는 5백만 명 이상의 이용자가 있다. link #4 참조.

1. 경계들

아주 평범한 분쟁이 하나 있었다. 이 분쟁은 마서 존스(Martha Jones)와 그녀의 이웃들 사이에 발생한 다툼이었다.[2] 이 분쟁은 이웃이 형성되면 흔히 발생할 수 있는 것이었다. 분쟁은 분노에서 시작된 것이 아니라 오해에서 비롯되었다. 이 세계에서 이런 오해는 아주 흔한 일이다. 마서는 그곳에 계속 거주해야 할지 고민하면서 그 오해에 대해서 생각했다. 그녀가 이주할 수 있는 다른 곳들도 있었다. 떠난다는 것은 그녀가 지금까지 이뤄놓은 것들에 대한 포기를 의미할 것이다. 허탈감이 그녀를 엄습하기 시작했다. 아마도 그녀는 이사할 때가 되었다고 생각했을지도 모른다.

이 분쟁은 경계, 즉 마서의 땅이 어디까지인가에 관한 것이었다. 만일 오래 전부터 권력체가 권한을 행사했다면, 간단한 문제로 보일 것이다. 그러나 이곳에서는 마서와 그 이웃인 댕크(Dank)가 계속 경계선을 놓고 다투고 있었다. 그것은 모호한 경계에 관한 것이었으며, 마서의 소유물이 다른 사람의 영역을 침범한 사태에 대한 것이었다. 이 사태는 다툼이었으며, 전적으로 마서의 행위와 관련된다.

마서는 꽃을 길렀다. 평범한 꽃이 아니라, 이상한 힘을 지닌 꽃이었다. 꽃들은 아름다웠고 향기도 황홀할 정도였지만, 독을 지니고 있었다. 이는 마서의 기묘한 생각이다. 그녀는 너무 아름다워서 건드리게 되면 죽을 수 있는 꽃을 만들어야겠다고 생각했다. 그녀의 생각은 낯선 것이었지만, 그녀를 이상하다고 말하는 사람은 아무도 없었다. 이웃들이 그렇듯이 마서는 평범하지 않았다. 그러나 불행하게도 이 분쟁은 그렇지 않았다.

---

2) 이것 또한 가설이다. 나는 이 이야기를 있을 수 있는 관점에서 구성하였다. 비록 나는 법학교수이지만 이 가설들을 마치 실제처럼 구성하였다.

분쟁의 발생은 충분히 예견된 것이었다. 마서의 이웃인 댕크는 개를 한 마리 기르고 있었는데, 그 개가 죽어버렸다. 댕크의 개가 마서의 꽃잎을 먹고 죽고 만 것이다. 아름다운 꽃잎과 이미 죽어버린 개. 댕크는 이 꽃과 그 이웃에 대해서 가지고 있던 자신의 생각을 털어놓았다. 그는 불만을 털어놓으면서 아마 필요 이상으로 화를 내거나 그 상황에 적절하게 화를 냈을 것이다.

"굳이 치명적인 꽃을 기를 이유는 없지 않습니까." 댕크는 울타리 너머로 소리를 질러댔다. "그까짓 죽은 개 때문에 화낼 것까지는 없잖아요." 마서가 대답했다. "개는 언제든 다시 바꿀 수 있잖아요. 그리고 당신은 왜 죽을 때 고통스러워하는 개를 키우는 거죠? 고통을 느끼지 않는 개를 구하면 되잖아요. 그러면 내 꽃들이 전혀 피해를 주지도 않을 거예요."

이때쯤 내가 논쟁에 끼어들었다. 나는 그 공간에서 거니는 다른 사람들처럼 그 옆을 지나가고 있었다(내가 순간이동 중이었다고 말할 수도 있겠지만, 그러한 용어를 써서 괜히 이야기를 복잡하게 만들 필요는 없다. 그냥 내가 걷고 있었다고 하자). 나는 서로에 대한 분노가 점점 고조되고 있는 두 이웃을 보게 되었다. 이전에 분쟁의 원인이 된 꽃잎들이 어떻게 독을 옮기는지 들은 적이 있었다. 나에게는 간단히 해결될 수 있는 문제로 보였다. 이러한 문제가 어떻게 발생하는지 이해한다면, 당신에게도 간단한 문제로 보일 것이다.

댕크와 마서는 서로 한 치의 양보도 없었기 때문에 매우 화가 나 있었다. 두 사람 모두 이웃에 살아왔으며, 그곳에서 많은 시간을 투자했다. 둘 다 그곳의 한계도 이해하고 있었다. 이것은 평범한 상황이다. 우리들은 모두 한계를 지닌 공간에서 삶을 꾸려나가며, 때로는 실망하기도 한다. 그렇다면 댕크와 마서의 경우는 무엇이 달랐을까?

한 가지 차이점은 그들의 분쟁이 발생한 공간 혹은 배경의 성격이었다. 그곳은 "현실공간"이 아닌 가상공간이었다. 그곳은 내가 "사이버공간"라 부르는 공간의 일부였다. 그 환경은 대량 온라인 게임(MMOG, *Massively Multiplayer Online Game*)이었고, MMOG 공간은 우리가 현실이라고 부르는 공간과 매우 다르다.

현실세계는 당신이 바로 지금 있는 곳, 사무실, 서재, 어쩌면 수영장일 수도 있다. 그곳은 사람이 만든 법과 사람이 만들지 않은 법에 의해 규정되는 공간이다. 기업의 "유한책임"은 사람들이 만든 법이다. 유한책임이란 일반적으로 회사의 이사가 회사의 과실에 대해 개인적인 책임을 지지 않는 것을 의미한다. 인간의 한정된 삶은 사람이 만든 법이 아니다. 우리가 언젠가 죽을 것이라는 사실은 의회가 내린 결정이 아니다. 현실공간에서 우리의 삶은 두 가지 종류의 법에 모두 구속된다. 물론 한 종류는 바꿀 수 있지만.

그러나 현실공간에는 또 다른 형태의 법들도 존재한다. 지금 당신이 읽고 있는 이 책은 아마도 구입하였거나, 아니면 이를 구입한 다른 사람으로부터 빌렸을 것이다. 만약 이 책을 훔쳤다면, 체포여부에 관계없이 당신은 도둑이다. 우리 언어는 사회규범이고, 사회규범들은 집단적으로 결정된다. 우리의 사회규범들이 정해졌다면, 당신의 훔치는 행위가 당신을 도둑으로 규정할 것이다. 그것은 단지 당신이 어떤 것을 가졌기 때문이 아니다. 도둑이 되지 않고도 어떤 것을 가질 수 있는 다양한 방법들이 있기 때문이다. 만약 당신과 당신 친구들이 길을 가다가 우연히 바람에 날리는 지폐뭉치를 발견하였다면, 그 중 몇 달러 정도 가졌다고 해서 도둑이 되는 것은 아니다. 사실 이런 경우 돈을 줍지 않았다면 오히려 바보취급을 받을 것이다. 그러나 서점에 엄청나게 많은 책들이 쌓여 있더라도, 이 책을 훔친다면 당신은 도둑으로 낙인찍힐 것이다. 사회규범이 그렇게 만들고, 우리는 그 규범들에 얽매여 살아나간다.

어떤 사회규범들은 집단적으로 변경할 수 있다. 나는 내 징병영장을 불에 태워버릴 수 있다. 하지만 그러한 행위로 내가 영웅이 될지, 반역자가 될지는 선택할 수 있는 것이 아니다. 나는 점심식사 초대를 거절할 수 있다. 그러나 그 행동이 무례한 것인지 아닌지는 내가 택할 수 있는 것이 아니다. 현실생활에서 나는 선택할 수 있는 권한을 갖고 있다. 그러나 선택에 수반되는 결과를 회피할 것인지 여부는 나의 선택권한이 아니다. 이러한 의미에서 사회규범들은 보이지는 않지만, 매우 익숙한 방식으로 우리들을 구속하고 있다.

하지만 MMOG 공간은 다르다. 우선 이것은 (때때로 3차원을 보여주도록 만들어진) 텔레비전의 만화처럼 가상의 공간이다. 그러나 만화와 달리 MMOG 공간에서 당신은 화면 속의 캐릭터들을 실시간으로 통제할 수 있다. 적어도 당신은 당신의 캐릭터를 통제한다. 당신의 캐릭터는 이 공간에서 다른 사람들이 통제하는 많은 캐릭터들 중의 하나이다. 어떤 사람은 이 공간에서 자신이 거주하게 될 세상을 건설한다. 어릴 적에 당신은 (폭력적이지만 용서할 수 있는) 로드 러너(Road Runner)와 와일 코요테(Wile E. Coyote)의 세계를 지배하는 원리를 배우며 자랐지만, 당신의 아이들은 (여전히 폭력적이지만 아마 용서할 수 없는) 로드 러너와 와일 코요테의 세계를 만들면서 자라게 될 것이다. 그들은 그 공간을 규정할 것이고, 그러고 나서 그 이야기에 따라 살아갈 것이다. 그들의 선택이 그 공간의 규범들을 현실적인 것으로 만들 것이다.

그렇다고 MMOG 공간이 비현실적이라는 말은 아니다. MMOG 공간에도 실제적인 삶들이 있으며, 사람들이 어떻게 상호작용하는가에 따라 구성된다. 그 "공간"은 사람들이 서로 교류하는 곳이다. 그들이 현실공간에서 상호교류하는 것과 거의 유사하지만, 몇 가지 중요한 점에서 차이가 난다. 아바타 공간에서 상호작용은 가상의 매체에서 이루어진다. 상호작용은 사이버공간 내에서 존재한다. 1990년대식 용어로 사람들은 이 가상공간들 속으로 "들어간다"(*jack*). 그리고 그들은 그곳에서 무엇인가를 한다. 그리고 그들은 아주 많은 사람들임이 드러났다. 에드워드 카스트로노바(Edward Castronova)가 추정하기를 "이러한 가상의 세계에 참여하는 자들이 적어도 천만 명 정도일 것이라지만, 〔나의〕 추측으로는 2천만에서 3천만 명이다." 보통의 전형적인 사용자가 이 판타지 안에서 주당 20~30 시간을 소비한다.[3] 파워유저들은 가능한 시간을 모두 소비한다.[4] 어떤 글에서 추정하기로는 "이들 940만 명 중에서 평균적인 접속시간을 추정하면, 가상세계의 접속자들은 자신들의 가상의 삶을 구축하기 위해 주당 2억 1천 3백만 시간을 투자하고 있다"고 한다.[5]

그곳에서 사람들이 하는 일은 매우 다양하다. 어떤 이는 롤플레잉 게임(*role-playing game*)을 즐긴다. 이는 다른 게임 참가자들의 길드 안에서 최종목적을 위해 지위와 힘을 높이기 위해 일하는 것이다. 어떤 사람들은 그저 모여서 잡담한다. 그들은 (자신들이 선택한 수준 및 스스로 작성한 자기소개서를 갖고서 자신들이 선택한 방식으로) 가상의 방에 나타나서는 서로 메시지를 보낸다. 아니면 그저 사람들에게 다가가서 이야기한다. 내 친구 릭은 고양이처럼 행동한다. 그는 자신을 수고양이라고 한다. 수고양이처럼 릭은 이 공간을 돌아다니다가 관심 있는 사람에게 말을 건다. 고양이를 좋아하는 사람들은 멋있게 부각시키지만, 그렇지 않은 사람들에겐 벌을 준다고 그는 실토하였다.

어떤 사람들은 잡담보다는 다양한 일을 한다. 예를 들어, 어떤 이는 땅을 소유하고 그곳에 정착한다. 그 환경과 법에 따라 시민들은 미개척지를 제공받거나 사서 개척한다. 그들은 땅을 개척하는 동안 그 땅

3) Edward Castronova, *Synthetic Worlds: The Business and Culture of Online Games* (Chicago: University of Chicago Press, 2005), 55.

4) Ibid., 2.

5) John Crowley and Viktor Mayer-Schoenberger, "Napster's Second Life? —The Regulatory Challenges of Virtual Worlds" (Kennedy School of Government, Working Paper No. RWP05-052, 2005), 8.

을 소유하게 된다. 사람들은 그곳에서 삶의 터전을 구축하는 데 상당히 많은 시간을 투자한다(이들이 시간을 활용하는 방식이 아주 낯설지 않은가? 당신과 내가 우리 소유도 아닌 회사를 위해 일하고, 향유하게 될지도 확실치 않은 미래를 건설하는 데 매주 70시간씩 쓰는 동안, 이들은 비록 가상적이지만 무엇인가를 구상하고 건설하며 삶을 이루어간다. 창피한 일이다). 그들은 주택을 설계하고는 그 설계에 따라 짓는다. 그리고 가족이나 친구들이 이주해 올 수 있도록 주택들을 제공하기도 한다. 그리고 취미를 갖거나 애완동물을 기르기도 하며, 마서처럼 나무를 심거나 화초를 키운다.

MMOG 공간은 "머드"(MUD)나 "무"(MOO) 공간에서 생겨났다.[6] 머드와 무 역시 가상세계이지만, 그것들은 문자에 기초한 가상세계들이다. 머드나 무에는 실제 그래픽은 없고, 이야기하고 행동하는 것이 단지 문자의 형태로 나타난다. 당신은 무 공간에 객체들을 만들 수 있고, 그것들이 무엇인가를 하도록 할 수 있다. 하지만 그것들은 문자매체를 통해서만 행동할 수 있다(그들의 행동은 일반적으로 매우 단순하다. 하지만 아주 재미있다. 언젠가 나의 사이버 법 수업의 일부인 머드에

---

6) "MUD"는 다양한 의미들을 가지고 있다. 원래는 Multi-User Dungeon 또는 Multi-User Domain을 의미한다. 무는 일종의 '객체 지향적인 머드'이다. 머드나 무의 삶을 분석한 고전으로서는 Sherry Turkle, *Life on the Screen: Identity in the Age of the Internet* (New York: Simon & Schuster, 1995) 참조. 또한 Elizabeth Reid, "Hierarchy and Power: Social Control in Cyberspace," in *Communities in Cyberspace*, edited by Marc A. Smith and Peter Kollock (New York: Routledge, 1999), 107 참조. 람다무(LamdaMOO)라고 불리는 머드의 아버지 또는 신은 파벨 커티스(Pavel Curtis)이다. 다음에 실린 그의 설명을 참조하라, "Mudding: Social Phenomena in Text-Based Virtual Realities," in Stefik, *Internet Dreams*, 265~92. 머드의 역사에 관한 두 링크 페이지 참조, Lauren P. Burka, "The MUDline," link #5; Lauren P. Burka, "The MUDdex," link #6.

서 한 학생이 JPosner라는 이름의 캐릭터를 만들었다. JPosner를 찌르면, 그는 "찌르는 것은 비효율적이다"〔*Poking is inefficient*〕라고 중얼거린다. FEasterbrook이라는 캐릭터도 있었다. FEasterbrook과 함께 방안에 있을 때, "공정한"〔*fair*〕이라는 단어를 사용하면, FEasterbrook은 '효율적'〔*efficient*〕이라는 단어로 바꿔서 반복할 것이다. '공정하지 않다'는 '효율적이지 못하다'는 의미가 된다).

텍스트를 좋아하고 자주 사용하는 사람들이 텍스트에 기초한 현실의 매력을 이해하는 일은 쉽지만, 그러한 흥취가 없는 대부분의 사람들에겐 그리 쉬운 일이 아니다. MMOG 공간의 경우 그런 제한을 조금은 없앴다. 그것은 사이버공간 소설의 영화판이다. 당신이 여기에 무엇인가를 단든다면, 당신이 떠나더라도 그것들은 여전히 존재한다. 당신은 집을 지을 수 있다. 거리를 걷는 사람들이 그것을 볼 수 있다. 사람들을 초대해서 당신의 집을 구경시켜 줄 수도 있다. 그들은 당신이 당신의 세계를 어떻게 만들었는지 볼 수 있다. 만일 어떤 MMOG 공간에서 허용된다면, 사람들은 당신이 현실세계의 법칙을 어떻게 바꿔 놓았는지를 볼 수 있다. 이를테면 현실세계에서 사람들은 젖은 바닥 위에서 미끄러져 넘어진다. 당신이 건설한 MMOG 세계에서는 그러한 법칙이 존재하지 않을 수도 있다. 대신에 당신의 세계에서는 젖은 바닥이 사람들을 미끄러져 춤추게 할 수도 있다.

오늘날 이 공간의 가장 좋은 예는 세컨드 라이프(Second Life)라는 특별한 공동체이다. 그 안에서 사람들은 사물과 공동체 모두를 창조한다. 아바타는 놀라울 정도로 잘 만들어지고, 소유주들은 다른 사람들이 보고 즐기는 이 공간에서 사물들을 건설하는 데 수천 시간을 소비한다. 어떤 이는 옷과 머리모양을 만들고, 어떤 이는 음악을 작곡하는 기계를 만든다. 프로그래밍 언어가 어떤 사물이나 서비스를 허용하든, 세컨드 라이프의 창조자는 그것을 창조하고 있다. 이 글을 쓰는 이 순간에도 수십만 명 이상의 세컨드 라이프의 거주자들이 있다. 이들은 샌프란시스코 시내에만 거의 2천 개의 서버를 차지하고 있으며, 160 가구가 사용할 수 있는 250킬로와트의 전력을 사용하고 있다.

이제 마서와 댕크의 이야기로 돌아가 보자. 그들이 주고받는 이야기 속에서 마서가 죽을 때 고통을 느끼는 개를 키운다고 댕크를 비난했을 때, 이 MMOG 공간이 얼마나 놀라운 것인지를 가장 잘 드러내고 있다. 마서의 말("왜 당신은 죽을 때 고통스러워하는 개를 기르는 거죠? 고통을 느끼지 않는 개를 구하면 되잖아요. 그러면 내 꽃들이 아무런 피해도 주지 않을 텐데")은 당신에게 기이하게 들렸을 것이다. 당신은 아마 이렇게 생각할 것이다. "독이 든 꽃잎이 아니라 고통스럽게 죽은 개에 잘못이 있다고 생각하는 것이 얼마나 기이한 것인지." 그러나 이 공간에서 댕크는 개가 죽는 방식을 선택했다. 그것은 "독"이 "개"를 죽일 수 있는가에 관한 선택이 아니라, 개가 죽을 때 고통을 느끼도록 할지에 관한 선택이었다. 또한 그는 개의 복제가 이루어질 수 있도록 선택하여, 개가 죽더라도 다시 살릴 수도 있었다. MMOG 공간에서 이러한 가능성들은 신에 의해 주어지는 것이 아니다. 만일 그것이 신으로 정의된다면, 바로 플레이어들이 신의 권한을 공유하는 것이다. MMOG 공간에서의 가능성들은 코드에 의해서 결정되기 때문에, MMOG 공간을 현재와 같은 모습으로 만드는 소프트웨어나 구조에 의해 결정된다. "무엇이 언제 일어나는가"는 논리적인 진술이며, 코드로 명시된 관계를 나타낸다. 현실공간에서 우리는 코드에 대해서 그렇게 많은 통제력을 갖고 있지 못하다. 하지만 MMOG 공간에서는 다르다.

그래서 마서가 개에 대해서 언급했을 때, 댕크는 분명하게 답변한 것이었다. "왜 당신의 꽃들은 당신 땅을 벗어나서도 계속 독성을 갖고 있습니까? 왜 당신 땅에 있을 때에만 꽃잎이 독성을 지니도록 하지 않았습니까? 그 꽃들이 당신의 땅을 떠날 때, 예를 들어 바람이 불어 내 땅으로 날아올 때, 왜 꽃의 독성이 없어지도록 만들지 않았습니까?"

그것은 좋은 아이디어였지만 실제로는 도움이 안 되었다. 왜냐하면 독이 있는 화초를 판매하는 것이 마서의 생계수단이었기 때문이다. 다른 사람들 역시 많지는 않지만, 약간의 죽음과 관련된 이 작품의 아이디어를 좋아했다. 따라서 마서가 기이한 사람들을 그녀의 땅으로 끌어모으는 일에 관심을 갖고 있지 않는 한, 오직 그녀의 소유지에서만 독성을 가지는 꽃을 만드는 것은 그다지 좋은 해결책이 되지 못한다.

그러나 그 아이디어는 다른 해결책을 제시하였다. "좋습니다." 댕크가 말했다. "꽃을 구입하는 사람들의 소유지에 있을 때에만 독성이 유지되도록 하면 어떻겠습니까? 만약 꽃이 도난당하거나 날아간다면, 꽃잎이 독성을 잃어버리도록 합시다. 그러나 그 꽃의 소유자들이 보관하고 있을 때에는 꽃잎의 독이 유지되도록 합시다. 이것이 우리 모두가 부닥친 문제의 해결책이 되지 않겠습니까?"

그 아이디어는 절묘했다. 그것은 댕크뿐만 아니라 마서에게도 도움이 된다. 당시 그 공간의 코드가 절도를 허용하였기 때문이다(사람들은 그 가상공간에서 현실을 원한다. 천국을 위한 시간은 천국이 도래했을 때에도 충분히 있을 것이다).[7] 그러나 만일 마서가 그 코드를 약간 수

---

7) 이 공간에서는 이러한 현상이 그렇게 드문 것은 아니다. 적어도 롤플레잉 게임에서는 일상적인 현상이다. 줄리안 디벨은 나에게 울티마 온라인에서 일어난 한 사례를 들려주었다. 그는 그것을 "The Stolen Bone Crusher" 사건이라고 불렀다.

"나는 두 사람으로부터 본 크루셔(Bone Crusher)를 사겠다는 제안을 받았다. 본 크루셔는 괴물의 머리를 타격할 수 있는 강력한 철퇴이다. 나는 그들과 흥정을 시작했다. 그중 한 사람이 본 크루셔를 잃어버렸다고 나에게 알려왔다. 그래서 나는 말했다, '나는 그것을 다른 사람에게 사겠다. 그런데 누가 그것을 훔쳐갔는지 당신은 아느냐?' 그는 다른 이의 이름을 가르쳐 주었다. 나는 그 절도범으로부터 장물을 구입해야 하는지 딜레마에 빠졌다. 그래서 이 업계에 종사하는 나의 멘토에게 물어보기로 했다. 그는 몇 년 동안 이러한 일을 해왔고, 그곳에서 1년에 10만 달러 이상을 번다. 나는 그가 정직한 사람이라고 믿었다. 그래서 나는 그가 그냥 나가라고 말할 것이라고

정하여 절도당할 경우 꽃의 독성이 제거된다고 한다면, 절도 역시 꽃의 가치를 상실시킬 것이다.[8] 그러한 변경은 댕크의 개뿐만 아니라 자신의 꽃도 보호할 수 있을 것이다. 바로 여기에 두 이웃 모두에게 좋은 해결책이 있었다. 즉 경제학자들이 일컫는 파레토 최적(*pareto superior*)의 법칙이다. 그리고 이 해결책은 실행가능한 것이었다. 필요한 것은 단지 코드를 바꾸는 것이었다.

이 사건과 관련된 것들을 잠시 생각해 보자. "절도"는 최소한 점유의 변화를 의미한다. 그러나 MMOG 공간에서의 "점유"는 단지 그 공간을 규정하는 소프트웨어에 의해 규정된 관계일 뿐이다. 또한 이 코드는 점유에서 산출되는 재산들을 규정해야 한다. 현실세계에서와 마찬가지로 케이크를 소유하는 것과 먹는 것이 구별될 수도 있다. 아니면

생각했고, 아마도 그렇게 희망했다. 우리들은 이 사업에서 이런 종류의 거래를 하지 않는다. 우리는 그럴 필요가 없다. 그런데 그는 '너도 알다시피, 절도는 그 게임에 포함되어 있으며, 그것 또한 네가 할 수 있는 기술이다. 그러니 그것 역시 공정한 것이다.' 네가 누군가의 집에 들어가서 너의 절도 기술을 발휘해서 무언가를 훔치는 것이 이미 코드에 새겨져 있다. 그래서 나는 계속해서 거래했지만, 그곳에서는 망설여지는 기분이 든다. '이곳에는 그러한 능력이 코드에 포함되어 있다는 것은 완전히 자의적이지만, 너도 알다시피 만일 그것을 코드에 새겨 넣지 않았다면, 그것은 다른 이야기가 될 것이다. 그들은 다른 방법으로 그것을 훔치게 될 것이다.'…"

"그러나 울티마 온라인에서는 코드가 훔치는 것을 허용하고, 규칙들 또한 당신이 훔치는 것을 허용한다는 사실을 분명하게 이해해야 한다. 나에게 흥미로웠던 것은 이러한 회색지대가 여전히 남아 있다는 것이었다. 당신이 도덕적으로 부정한 일을 하도록 허용되고 당신 스스로 결정해야 한다는 사실이 이 게임을 흥미롭게 하였다. 지금 나는 다시 흥정을 해서 그 장물 아이템을 구입해야 할지 확신하지 못한다. 나는 그 게임에서 도둑을 맞았고, 그 기분은 엉망이다."

Audio Tape: Interview with Julian Dibbell (1/6/06) (on file with author).

8) 단순한 도둑질의 경우에만. 당신이 다른 용도로 재산을 이전했다면, 즉 재산을 팔았다면, 그 속성은 변하지 않을 것이다.

그러한 구별을 없앨 수도 있는데, 이는 케이크를 먹을 수 있지만, 일단 먹은 후에 마술처럼 다시 만들어지는 것을 의미한다. MMOG 공간에서 당신은 빵 다섯 덩어리와 두 마리의 생선으로 많은 사람들을 먹일 수 있지만, 그것은 기적이 아니다.[9)]

그렇다면 마서와 댕크의 문제에서도 이와 동일한 해결책이 적용될 수 없는가? 소유권은 독성을 포함하도록 규정하고, 소유권이 없는 점유는 독성이 없는 것으로 규정하면 왜 안 되는가? 세상이 이러한 방식으로 설계되었다면, 마서와 댕크의 분쟁은 어느 한 당사자의 행동을 변화시킴으로써 문제를 해결하는 것이 아니라 갈등의 여지를 모두 제거할 수 있도록 자연의 법칙들을 변경시킴으로써 해결할 수 있다.

지금 우리는 분량이 그렇게 짧지 않은 이 책을 이해하는 지름길에서 있다. 내가 지금 말하려고 하는 바가 이 책을 아주 짧게 해줄지도 모른다. 이 책은 전적으로 이 간단한 이야기에서 제기되는 물음들에 관한 것이며, 이 간단하고도 명백한 답변 속에 들어있는 단순한 것에 관한 것이다. 물론 이 책은 MMOG 공간이나 아바타 공간에 관한 것이 아니다. 마서와 댕크의 이야기는 아바타 공간과 관련된 처음이자 마지막 사례가 될 것이다.

이 책은 사이버공간에 관한 책이다. 나의 논지는 인터넷과 사이버공간에서 마서와 댕크의 해결책이 제기했던 문제들뿐만 아니라 그들이 직면했던 문제들에 우리가 부딪힐 것이라는 점이다. 인터넷상이나 사이버공간에서는 기술이 공간의 환경을 구성한다. 그리고 이로 인해 실제 공간에서보다 그 공간에서의 상호작용의 방식을 규제하는 범위가

---

9) Susan Brenner, "The Privacy Privilege: Law Enforcement, Technology and the Constitution," *Journal of Technology Law and Policy* 7 (2002): 123, 160. ("중력이 없는 사이버공간의 당구대는 다리가 필요 없다"), Neal Stephenson, *Snow Crash* (New York: Bantam, 1992), 50 (메타버스〔Metaverse〕에서는 테이블의 상판만 필요하다) 에서 인용.

넓어진다. 문제점들이 프로그램이나 코드를 통해 이야기 속으로 입력될 수도 있고, 제거될 수도 있다. 그리고 지금까지 게이머들의 경험을 보면 그들은 실제에서 너무 벗어난 가상세계를 원하지 않는다. 그러나 지금의 논의에서 중요한 점은 이 세계들을 다르게 만들 수 있는 능력이 있다는 것이다. 바로 이 능력이 이 책의 핵심에 놓여있는 물음을 제기한다. 문제점들이 코드를 통해 제거될 수 있는 세상에 산다는 것이 무엇을 의미하는가? 그리고 그 세상에서 과연 언제 우리는 문제점을 해결하는 방법을 터득하거나 이를 일으킨 사람들을 처벌하기 보다는 코드를 통해 제거해야 하는가?

이 문제들이 법적 관심을 끌게 되는 것은 단지 MMOG 공간에서만이 아니다. 이와 똑같은 문제들이 MMOG 공간, 머드, 또는 무 밖에서도 발생할 것이다. 이 공간들에서의 문제들은 일반적으로 인터넷상의 문제들이다. 그리고 우리의 생활이 점차 통신망으로 엮일수록 이 문제들은 점점 더 우리를 압박할 것이다.

그러나 나는 논증을 통해서 이 사실을 당신에게 확신시킬 수 없음을 이미 충분히 알고 있다. 지난 12년 동안 나는 이 주제에 대해서 이야기했지만 별 효과가 없다는 사실을 알게 되었다. 만일 당신이 그 논점을 파악할 수 있다면 참으로 다행이다. 그렇지 못하다면, 내가 당신에게 보여주어야 한다. 그래서 후자의 경우에 속하는 독자들을 위해서 보다 우회적인 설명이 필요할 것 같다. 그들을 위해서 일련의 이야기들을 통해서 증거들을 제시하게 될 것이며, 그 이야기들은 당신을 이해시키면서 동시에 혼란을 가져다줄 것이다. 다시 말하지만 이것이 이 장의 의도이다.

이제 몇몇 다른 공간들과 그곳에 거주하는 기이한 사람들의 이야기를 소개하겠다.

2. 통치자들

"보랄"(Boral)이라고 하는 주는, 비록 많은 주민들이 도박을 좋아하지만 도박을 혐오한다. 통치권은 주가 갖고 있다. 사람들이 투표를 통해서 그러한 법을 만든 것이다. 보랄 주에서 도박은 위법이다.

얼마 후 인터넷이 들어왔다. 인터넷이 전화나 케이블 선을 통해 그들의 집에 연결되자 보랄 주의 몇몇 주민들은 인터넷 도박을 살인자의 동조자라고 규정하였다. 보랄 주의 한 주민이 온라인 도박업을 제공하기 위해 "서버"(인터넷에 접속하기 위한 컴퓨터)를 설치하였다. 보랄 주는 이를 원치 않았다. 보랄 주는 그 주민에게 "만일 서버를 폐쇄하지 않으면 구속하겠다"고 경고하였다.

도박장을 설치하려던 그 보랄 주민은 교묘하지만 영리하게도 적어도 보랄 주에 있는 서버를 폐쇄하겠다고 동의했다. 그러나 그가 도박업을 그만둔 것은 아니었다. 대신 그는 "주 밖의 은신처"에 서버를 설치할 공간을 임대하였다. 그 피난처에 있는 웹 서버가 작동하면서 다시금 넷(*Net*)상에서 도박이 가능해졌고, 보랄 주민들도 인터넷을 통해 접속할 수 있게 되었다. 인터넷의 구조적 특성상 현실공간의 어느 곳에 서버가 설치되는가는 문제가 되지 않는다. 접속 가능성은 지리적 위치와는 전혀 관련이 없다. 도박업자들이 얼마나 영악한가에 따라 사용자들은 그 서버의 실제 소유주나 운영자가 누구인지 몰라도 접속할 수 있다. 사용자들은 익명의 사이트들을 통해서 접속할 수 있으며, 이 사이트들은 무엇이 어디에서 그리고 누구와 함께 진행되는지를 전혀 알지 못하도록 해준다.

보랄 주 법무장관은 난관에 봉착했다. 그녀는 도박업자들을 주 밖으로 몰아낼 수는 있었지만, 보랄 주민들의 도박을 줄이는 데는 실패했다. 넷 이전엔 도박사이트를 운영하는 자들과 수시로 이용하는 자들을 처벌할 수 있었다. 이제는 넷이 그들을 원천적으로 처벌로부터 자유롭게 만들어버렸다. 누가 서버를 운영하는지 또는 도박을 하는지 아는 것이 더 어려워졌기 때문이다. 법무장관은 뒤바뀐 세상에 직면하게 되었다. 도박업자들은 온라인으로 이전함으로써 더 이상 자신들의 행위를 규제할 수 없는 세계로 옮겨갔다.

내가 "규제능력"(*regulability*)이란 단어로 의미하고자 하는 바는 어떤 행위를 규제할 수 있는 능력을 갖고 있다는 것이다. 이 용어는 상대적이지 절대적인 것은 아니다. 시간과 장소가 다르면 규제능력도 달라질 것이다. 보랄 주 이야기를 통해서 내가 전달하고자 하는 바는 간단히 말해서 넷의 출현으로 인하여 그 전보다 도박의 규제가능성이 낮아졌다는 것이다. 앞으로 내가 전개해 나가는 논의를 보면, 초기의 넷 구조라면 넷 안에서의 삶이 넷 바깥에서의 삶보다는 덜 규제가능하다는 것이 분명해질 것이다.

3. 제이크의 공동체

만약 당신이 앤 아버(Ann Arbor)에서 열린 파티에서 제이크를 만난 적이 있다 하더라도, 그를 기억하지 못할 것이다.[10] 설령 기억하더라도, 그는 말이 없고 겁이 많은 미시간대학의 학부생쯤으로 기억할 것이다. 그는 세상을 두려워한다. 아니 세상 사람들을 두려워한다.

당신은 제이크를 작가로 생각하지 못했을 것이다. 그는 적어도 자신의 서클에서 유명한 단편소설 작가이다. 사실 제이크는 유명한 작가일 뿐만 아니라, 자신의 소설 속의 주인공이었다. 하지만 소설 속의 그와

---

10) 제이크 베이커(Jake Baker)의 원래 성은 Abraham Jacob Alkhabaz였으나, 부모가 이혼한 후에 성을 변경하였다. Peter H. Lewis, "Writer Arrested After Sending Violent Fiction Over Internet," *New York Times*, 1995년 2월 11일자, 10면 참조.

실제 삶 속에서의 그는 매우 달랐다. 그의 소설을 읽은 후라면, 당신은 "현실의 삶"과 "현실이 아닌 삶" 간의 차이가 상당히 의미 있다고 생각할 것이다.

제이크는 섹스에 관해서 쓰기도 했으나, 주로 폭력에 관한 이야기를 썼다. 이야기들은 증오, 특히 여성에 대한 증오로 가득 차 있었다. 여자를 강간하는 것만으로 충분하지 않았고, 그녀를 살해해야만 했다. 그리고 그녀를 죽이는 것만으로 만족하지 못하고, 그녀를 매우 고통스럽게 고문하는 방식으로 살해했다. 그러나 이것은 작품의 한 장르이고, 제이크는 이 장르에서 최고의 권위자였다.

현실공간에서 제이크는 이러한 성향을 아주 성공적으로 은폐했다. 그는 지극히 평범하였으며, 전혀 눈에 띄지도 않았으며, 특이하지도, 남에게 해를 끼치지도 않았다. 그러나 현실공간에서는 온순하였을지 몰라도, 사이버공간에서 그의 폭력성은 점점 더 유명해졌다. 그의 이야기들은 alt. sex. stories라는 유즈넷(USENET) 그룹에서 발표되었다.

유즈넷은 전국적 신문의 사적 광고를 한다는 점을 빼고는 네트워크가 아니다. 유즈넷은 일반대중이 볼 수 있도록 메시지를 교환하는 프로토콜이며, 넷 뉴스전송 프로토콜(NNTP: *Net News Transfer Protocol*)이라고 불리는 일련의 규칙들이다. 이러한 메시지들은 "뉴스그룹"별로 편성되고, 뉴스그룹은 다시 주제별로 편성된다. 대부분의 주제들은 꽤 전문적인데 취미에 관한 것이 주류를 이룬다. 어떤 것들은 섹스와 관련되어 있다. 섹스 뉴스그룹 내의 어떤 메시지들은 첨부파일과 함께 전송되며 사진으로 전환되기도 한다. 그러나 대부분은 제이크의 메시지처럼 단순한 이야기이다. 한꺼번에 수백 개의 메시지를 보유한 뉴스그룹들이 수천 개나 있다. 유즈넷 서버에 접속한 사람은 누구든 쉽게 메시지들을(혹은 적어도 그의 관리자가 읽혀지기를 원하는 메시지들을) 읽을 수 있다. 접속한 사람들은 메시지를 올리거나 게시물에 답할 수 있다. 사람들이 질문이나 논평을 게시하는 공공게시판을 상상해 보라.

누구든 그 게시판을 읽을 수 있고, 자신의 생각을 덧붙일 수 있다. 이제 1만 5천 개의 게시판을 상상해 보자. 각 게시판은 의견들이 다음 의견들과 연결되어 있는 수백 개의 "연결된 글들"로 이루어져 있다. 그러한 곳이 바로 유즈넷이다. 이제 수백 개의 연결 글들을 지닌 1마 5천개의 게시판이 전 세계에 퍼져있는 수백만 대의 컴퓨터에 연결되어 있다고 생각해 보자. 어떤 그룹에 메시지 한 개를 올리면, 이는 모든 곳에 있는 그 그룹의 게시판에 첨가된다. 이것이 유즈넷이다.

이미 말했듯이 제이크는 alt. sex. stories라는 그룹에 글을 올렸다. 이 이름에서 "Alt"는 그룹이 속한 조직을 나타낸다. Alt 이전에 7개의 조직들이 있었다.[11] Alt는 초기의 7개 조직들에 대한 반발로 구성되었다. 그 그룹의 참가자들간에 공식 투표를 통해서 새로운 그룹들이 초기 7개 조직에 추가되지만, "Alt"에 추가되는 그룹들은 오로지 관리자들의 재량에 의해서 결정된다. 그리고 대체로 관리자들은 논쟁거리가 되지 않는 한, 인기 있는 그룹들을 추가하려 할 것이다. 이처럼 alt. sex. stories는 수요에 따라 추가된 그룹들 중의 하나였으며, 꽤 인기가 있었다. 글을 발표하는 다른 공간들과 마찬가지로 이야기들이 그 공간의 기준에 "적합하면", 즉 그 공간의 이용자들이 요구하는 이야기들이라면, 이야기들이 많이 읽히기 때문에 작가들은 곧 유명해진다.

제이크의 글은 바로 이런 의미에서 가치가 있었다. 여자들을 납치하고, 고문하고, 강간하고, 살인하는 내용인 그의 글들은 그런 유의 다른 글에 비해 매우 시각적이고 압도적이었다. 이런 이유로 제이크의 글이 비슷한 생각을 가진 부류 사이에서 아주 유명해졌다. 그는 이들에게 제공자였으며, 그들은 지속적인 고정독자들이었다. 그들은 무고한 여성들이 폭행당하는 이야기를 요구했고, 제이크는 그들에게 무료로 제공했다. 어느 날 밤 모스크바에 사는 16세의 소녀가 제이크의 소

11) 일곱 가지는 comp, misc, news, rec, sci, soc, talk이다. Henry Edward Hardy, "The History of the Net, v8. 5," 1993년 9월 28일, link #7 참조.

설을 읽었다. 그녀는 그것을 아버지에게 보여주었고, 그녀의 아버지는 미시간대학 졸업생인 리처드 뒤발에게 보여주었다. 뒤발은 그 소설에 충격을 받았고, 그 소설의 머리말에 "umich. edu"라는 꼬리가 붙어 있음을 보고 화가 났다. 그는 자신의 모교에 전화로 항의하였다. 미시간대학 당국은 그의 항의를 심각하게 받아들였다.[12)]

대학은 경찰에 통보하였으며, 경찰은 그를 구속하였다. 많은 의사들이 베이커를 검진하였고, 몇몇 의사들은 그를 위험한 인물이라고 진단하였다. 검사는 의사들의 의견을 받아들였다. 특히 경찰이 그의 컴퓨터를 압수하고 제이크와 그의 캐나다 독자 사이에 오간 이메일을 발견한 후에 구속이 이루어졌다. 그 독자는 제이크가 사이버공간에 발표한 이야기들 중 일부를 현실공간에서 실행하려는 계획을 세우고 있었다. 적어도 이메일에는 그러한 내용들이 나타나 있었다. 그러나 누구도 두 사람이 실제로 범죄의사가 있었다고는 확실하게 말할 수 없었다. 제이크는 그것이 모두 완전한 허구라고 주장했으며, 사실상 허구가 아님을 입증할 만한 증거가 없었다.

그럼에도 불구하고 연방검찰청은 제이크를 교사범으로 기소하였다. 제이크는 자신의 이야기들이 단지 말에 지나지 않으며, 미국헌법 수정조항 제1조에 따른 보호를 받아야 한다고 주장하였다. 한 달 반 후에 법원은 제이크의 의견을 받아들였다. 검찰의 기소는 기각되었고,[13)] 제이크는 이전의 그의 삶이었던 익명인의 상태로 돌아갔다.

여기에서 나는 제이크 베이커의 글이 헌법상 보호되어야 하는지에

12) 이 이야기에 관한 보다 흥미로운 글들은 넷상에서 찾아볼 수 있으나, 나는 조나단 월리스와 마크 맨건의 생생한 묘사에서 인용하였다. Jonathan Wallace and Mark Mangan, *Sex, Laws, and Cyberspace* (New York: M&T Books, 1996) 참조.

13) *United States v. Baker*, 890 FSupp 1375, 1390 (EDMich 1995); 또한 Wallace and Mangan, *Sex, Laws, and Cyberspace*, 69~77 참조.

관해서는 다루지 않겠다. 나의 관심은 제이크 베이커라는 인물 그 자체에 있다. 현실공간 사회는 그를 규범적으로 명백히 무해하다고 규정하였지만, 사이버공간에서는 어떠한 제재도 없이 자유롭게 폭력적인 작가가 될 수 있었다. 사람들은 제이크를 용기 있는 사람이라고 말하기도 하지만, 현실세계에서 그는 "용기 있는 사람"이 아니었다. 그는 강의실이나 친구들 사이에서 혹은 대학신문에 자신의 증오를 표현하지 않았다. 그는 사이버공간으로 빠져들었고, 오직 그곳에서만 자신의 변태적 성욕을 마음껏 발산하였다.

그는 그 자신 속에 무언가 있었기 때문에 그리고 사이버공간에 관한 무언가가 있었기 때문에 그러한 행동을 하였다. 제이크는 최소한 공적인 제재만 없었다면 폭력적인 소설을 널리 유포하고자 하는 부류였다. 사이버공간은 제이크에게 이러한 권능을 제공하였다. 사실상 제이크는 작가이자 동시에 출판가였다. 그는 소설들을 썼고 글들을 끝내는 동시에 발표했다. 그 글들은 불과 며칠 만에 전 세계의 3천만 대의 컴퓨터에 도달할 수 있었다. 그의 잠재적 독자수는 베스트셀러의 톱 15위까지를 모두 합한 수치의 두 배 이상으로 많았다. 물론 그가 자신의 작품으로부터 한 푼도 얻지 못했지만 그의 소설에 대한 인기는 대단했다. 제이크는 다른 방법으로는 자신의 소설을 발견하기 매우 힘들었을 대중들 속으로 자신의 악행을 주입할 수 있는 방법을 발견했던 것이다(〈허슬러〉조차 이러한 종류의 것들을 출간하지 못할 것이다).

물론 제이크가 소설을 발행할 수 있는 다른 방법들도 있었다. 그는 자신의 작품을 〈허슬러〉에 제공할 수도 있었다. 그러나 현실세계의 어떤 출판사도 제이크에게 그렇게 두터운 독자층을 안겨주지는 못했을 것이다. 제이크의 독자층은 잠재적으로 수백만 명이었으며, 국가와 대륙, 문화와 취향을 초월하여 퍼져 있었다.

이러한 확산은 네트워크의 힘에 의해 가능해질 수 있었다. 어느 장소에 있는 누구도 모든 곳에 있는 모든 사람들에게 알릴 수 있다. 네트워크는 여과, 편집 혹은 아마 가장 중요한 책임 등이 없는 출판을 허용한다. 사람들은 자신이 원하는 것을 쓸 수 있고, 서명하거나 하지 않을 수도 있으며, 전 세계에 퍼져 있는 기계들에 그 글을 게시할 수 있으며, 그것은 수 시간 내에 어디서든 읽힐 수 있다. 네트워크는 현실공간에서 언론에 대한 가장 중요한 제약이었던 출판사와 작가의 분리를 없애버렸다. 현실공간에는 허황된 출판도 존재한다. 그러나 오직 부자들만이 광범위한 독자들에게 전달할 수 있도록 그것을 이용할 수 있다. 현실공간에서 우리와 같은 일반 사람들은 출판사가 우리에게 전달하고자 하는 것만을 제공받을 수 있을 뿐이다.

인터넷의 발달로 제이크와 같은, 즉 현실세계에서는 결코 하지 못할 일들을 가상공간에서 실행하는 인물들에게는 더욱 많은 기회가 생겼다. 가장 유명한 MMOG(*Massively Multiplayer Online Game*)들 중에 하나는 "자동차 대절도"(Grand Theft Auto)라 불리는 게임이다. 이 게임에서 범죄를 저지르는 것을 연습한다. 그리고 가장 문제시 되는 비디오 채팅 중 하나는 아동에 의해서 가상매춘이 행해지는 것이다. 〈뉴욕 타임스〉의 최근 보고에 따르면, 수천 명의 아동들이 온라인상에서 매춘행위를 하면서 시간을 보낸다. 그들 침실에 은밀히 앉아서 그들의 부모가 크리스마스 선물로 준 화상카메라를 이용하여, 13살의 청소년들이 관객이 요구하는 성적 행위를 한다. 그 관객들은 변태적 성욕을 충족한다. 아이들은 돈과 함께 이러한 행동들이 야기하게 될 심리적인 짐을 얻게 된다.[14]

이처럼 제이크 같은 인물들을 도처에서 보면서 어떤 점에서는 가상이 실재와 겹쳐진다고 생각하는 것이 어렵지 않다. 아니면 최소한 가상세계는 그 안에서 살고 있는 사람들이나 그들과 함께 살고 있는 사람들에게 실제 영향력을 미친다.[15] 제이크가 기소되었을 때, 미국헌

14) See Kurt Eichenwald, "Through His Webcam, a Bot Joins a Sordid Online World," *New York Times*, December 19, 2005, A1 참조.

법 수정조항 제1조 옹호자들은 얼마나 생생하건 간에 그의 말이 현실화되지는 않았다고 주장하였다. 그리고 의심할 여지없이 배우가 강간하는 연기를 하는 것과 실제로 누군가를 강간하는 것 간에 차이가 있듯이, 강간에 대해서 쓰는 것과 강간하는 것은 차이가 있다. 그러나 우리들이 제이크 같은 부류의 사람들을 볼 때, 그 경계선이 어딘가에서 겹쳐진다는 사실을 인정할 수밖에 없다고 생각한다. 아들의 방에서 일어나는 가상매춘으로 인해 부모가 곤란을 겪지 않았다 하더라도, 그리고 비록 그의 아들이 채팅을 통해 사람들로부터 성적 착취를 당하는 것이 글을 통한 것이라 하더라도 우리는 그것이 표현의 자유로 보호되어야 하는지 이해할 수 없을 것이다.

그러나 나의 논점은 허용가능한 가상의 이중생활과 허용 불가능한 것 사이에 선을 긋자는 것이 아니다. 대신에 이 공간에서는 이러한 이중성이 더욱 가능하게 된다는 점에 주목하자는 것이다. 그리고 비록 이러한 이중성의 일부가 항상 가상적이거나 종종 말뿐이더라도, 현실의 규제자들(부모든 정부든)은 대응해야 한다는 압박을 느낄 것이다. 넷은 이전에 불가능했거나 불편했거나 일상적이지 않았던 삶을 가능하게 한다. 최소한 이러한 가상의 삶들 중 일부는 비가상적인 삶에, 즉 가상세계에 살고 있는 사람들의 삶이나 그들 주변에 살고 있는 사람들의 삶에 영향을 미칠 것이다.

---

15) C. Anderson and B. Bushman, "Effects of Violent Video Games on Aggressive Behavior, Aggressive Cognition, Aggressive Affect, Physiological Arousal Prosocial Behavior: A Meta-Analytic Review of the Scientific Literature," *Psychological Science* 12(5) (2001): 353~359, link #8 참조; Jonathan L. Freedman, *Media Violence and Its Effect on Aggression* (Toronto: Toronto University Press, 2002).

4. 검열용 웜

"웜"(*worm*)은 넷상에 퍼져 있다가 보안이 취약한 컴퓨터 속으로 침투하여 작용하는 컴퓨터 코드의 일종이다. 웜은 다른 프로그램들에 들러붙어서 그들의 작동을 방해하지 않기 때문에 "바이러스"와는 다르다. 웜은 코드제작자의 명령을 시행하는 임시적인 코드의 일종이다. 이 코드는 해르울 수도 있고, 제작자가 명령할 경우에 파일을 망가뜨리거나 해를 끼칠 수도 있지만, 아무런 해가 없이 타인의 기계에 그저 머물 수도 있다.

좋은 일을 하도록 고안된 웜을 상상해 보자(몇몇 사람들이 생각하고 있듯이). 그 코드제작자가 연방수사국 요원이고, 연방수사국이 국가안보국(NSA)의 특정문서를 찾고 있다고 생각해 보자. 그 문서는 기밀문서로 분류되어 있고, 적정한 허가 없이 그 문서를 소유하는 것은 불법이라고 가정해 보자. 웜이 넷상에서 스스로 증식하여 침투가 가능한 하드디스크 안으로 들어갈 수 있는 방법을 찾아낸다고 가정해 보자. 일단 컴퓨터 하드디스크에 침투하면 웜은 디스크 전체를 검색한다. 웜이 국가안보국의 문서를 발견할 경우, 명령을 내린 연방수사국으로 메시지를 보낸다. 어떤 문서도 발견하지 못하면 웜은 스스로 없어진다. 마지막으로 웜이 기계의 작동에 어떤 "지장"도 주지 않고, 이러한 일들을 수행할 수 있다고 가정해 보자. 누구도 웜이 그 컴퓨터에 있었는지를 전혀 알지 못할 것이다. 그리고 하드디스크에 국가안보국 문서가 있는 경우를 제외하고는 웜은 어떤 보고도 하지 않을 것이다.

이것을 위헌적인 웜이라고 할 수 있는가? 언뜻 보면 간단한 문제처럼 보이지만 사실 매우 까다로운 문제이다. 웜은 정부가 주도하여 시민들의 디스크를 수색할 때 사용되고 있다. 정부가 찾는 문서가 디스크에 있다는 타당한 혐의점도(통상적으로 법이 요구하는) 없는 경우에도 이를 사용한다. 오히려 이것은 정부가 행하는 사적 공간에 대한 일반화된 무작위 수색이다.

헌법의 관점, 특히 수정조항 제4조의 관점에서 보면, 이보다 더 나쁜 행위는 없다. 이 조항은 이러한 형태의 남용을 막기 위해 규정되었다. 조지 2세와 조지 3세는 범죄의 증거를 찾기 위해 민간 주택을 수색할 권한을 부여하는 "일반 영장"(*general warrant*)을 관리들에게 발급하였다.[16] 관리들이 주택을 샅샅이 뒤지는데, 반드시 혐의가 있어야 할 필요는 없었다. 영장만 있으면 관리들의 가택침입을 고소할 수 없었다. 수정조항 제4조는 최소한의 혐의를 요건으로 하였다. 따라서 타당하게 선택된 사람들만 수색의 부담을 지게 되었다.[17]

그러면 정말로 웜이 옛 국왕시절의 일반수색과 유사한 것인가? 한 가지 중요한 차이점은 다음과 같다. 헌법제정자들이 우려했던 일반 수색의 희생자들과는 달리, 컴퓨터 사용자는 자신들의 디스크가 웜에 의해 검색되고 있다는 사실조차 알지 못한다. 일반 수색의 경우에는 경찰이 집을 부수고 들어가 사적 소유의 가재도구들을 샅샅이 뒤진다. 그러나 웜의 경우 침투하는 것은 아주 작은 컴퓨터 코드이며, 단지 한 가지만을 찾을 수 있다. 그리고 아마도 더 중요한 것은 일반 수색과 다르게 웜은 아무 것도 알아내지 못하고 임무를 끝낸 후에도 아무런 손해를 끼치지 않는다. 그 코드는 사적인 편지를 읽을 수도, 문을 부수지도, 일상생활을 방해하지도 않는다. 따라서 결백한 사람은 전혀 두려워할 필요가 없다.

---

16) William J. Stuntz, "The Substantive Origins of Criminal Procedure," *Yale Law Journal* 105 (1995) : 393, 406~7 참조.

17) 예를 들어 Thomas A. Clancy, "The Role of Individualized Suspicion in Assessing the Reasonableness of Searches and Seizures," *University of Memphis Law Review* 25 (1995) : 483, 632 참조. "개별적인 혐의는 … 부당하고 자의적인 경찰의 조치로부터 최소한의 보호 기능을 한다."

웜은 조지 왕의 군대와 달리 조용하다. 그것은 완벽하게 그리고 눈에 띄지 않게 조사하며, 오직 범법행위만을 찾아낸다. 그것은 결백한 자에게는 부담을 주지 않고, 일반시민을 괴롭히지도 않는다. 법의 보호영역 밖에 있는 것만을 잡아낸다. 이러한 차이점이 헌법 문제를 복잡하게 한다. 웜의 행위는 분명히 혐의 없는 수색이라는 점에서 포괄적인 수색과 비슷하다. 그러나 그것은 일상생활을 방해하지 않고 법으로 금지된 대상만을 "발견한다"는 점에서 전형적인 일반 수색의 경우와는 다르다. 이런 점에서 웜은 적어도 공항에서 개연적인 근거도 없이 합헌적으로 허용되는 수색견의 냄새맡기와 비슷하다.[18] 오히려 그보다 더 낫다. 수색견의 냄새맡기와 달리 웜은 컴퓨터 사용자가 언제 수색이 있었는지조차 알지 못한다. 따라서 사용자는 거의 불안감을 갖지 않는다.

그렇다면 웜은 합헌적인가? 그것은 수정조항 제4조에 대한 당신의 관점에 달려 있다. 첫 번째는 이 조항은 침해에 따른 부담여부에 관계없이 혐의 없는 정부의 수색으로부터 보호한다고 주장한다. 두 번째 견해는 이 조항은 부담을 주는 침해로부터 보호하지만, 유죄로 증명될 만큼 충분한 혐의가 있는 경우에는 허용된다고 주장한다. 헌법제정자들에게 동기를 부여했던 전형적인 사례는 이 두 가지의 매우 다른 형태의 보호들을 구분하지 않는다. 왜냐하면 그 시대의 기술은 그 둘을 구별하지 못했기 때문이다. 1791년에는 기술적으로 전혀 부담 없는 포괄적인 수색을 할 수 없었다. 그래서 그들은 기술적으로 그러한 수색이 헌법적으로 금지되어야만 하는지 여부에 관한 견해는 표명하지 않았다. 이 조항이 의미하는 바를 결정해야 하는 것은 바로 우리들이다.

위 사례를 가지고 한 걸음 더 나아가 보자. 웜이 모든 기계들을 조사하는 것이 아니라 단지 사법적 권한, 즉 영장에 기재된 기계만 조사

18) *United States v. Place*, 462 US 696, 707 (1983) 참조.

할 수 있다고 가정해 보자. 이제 혐의가 없는 수색의 문제는 제거되었다. 그러나 이 규칙의 두 번째 부분을 생각해 보자. 정부는 사법적 권한을 부여받은 웜이 기계에 들어갈 수 있도록 네트워크를 구축할 것을 의무화할 것이다. 다른 말로 하자면 이 체제에서는 비록 사법영장이 있을 때에만 웜이 작동된다 하더라도 모든 기계들은 웜이 들어갈 수 있도록 갖춰져야 한다.

여기에 어떤 헌법적 문제가 있을까? 나는 이 문제를 제 11장에서 아주 상세하게 분석할 것이다. 여기에서는 간단히 웜의 독특한 특징을 살펴 보자. 두 경우 모두 정부가 고도로 효율적인 방법으로 우리에 관한 자료의 수집을 허용하는 체제를 기술하고 있다. 이것은 정부와 결백한 사람 모두에게 아주 적은 비용을 부과한다. 부담과 침해가 엄청나게 컸던 이전의 수색방식은 이제 기술의 발달로 매우 효율적으로 되었다. 따라서 이 두 경우에 다음과 같은 물음이 제기된다. 부담을 주지 않는 수색능력이 증대될 때 정부의 수색권한 역시 증가하는가? 아니면 보다 암울하게 제임스 보일이 지적한 것처럼, "자유는 활용가능한 감시수단의 효율성에 반비례하는 것인가?" 그렇다면, 보일이 지적했듯이 "우리가 두려워해야 할 대상들이 너무 많다."[19]

물론 이 문제는 정부에 국한되지 않는다. 현대생활의 뚜렷한 특징 중 하나는 자료의 수집과 가공을 매우 효율적으로 해주는 기술의 출현이다. 우리가 하는 일의 대부분, 즉 우리의 모습은 가정 밖에서 기록된다. 당신이 전화통화를 할 때, 누구에게 언제, 얼마 동안, 얼마나 자주 전화를 했는지 기록된다.[20] 당신이 신용카드를 사용할 때, 언제

---

19) James Boyle, *Shamans, Software, and Spleens: Law and the Construction of the Information Society* (Cambridge, Mass. : Harvard University Press, 1996), 4.

20) Susan Freiwald, "Uncertain Privacy: Communication Attributes After the Digital Telephony Act," *Southern California Law Review* 69 (1996) : 949,

어디서 누구로부터 구매하였는가에 관한 내용이 기록된다. 당신이 비행기를 탈 때, 당신의 여행계획이 기록되고 당신이 테러리스트인지 아닌지를 판단하기 위해 정부에 의해서 프로파일될 것이다.[21] 당신이 런던에서 운전한다면, 당신이 적정한 혼잡통행료를 납부했는지 알아내기 위해 카메라가 당신의 자동차 번호판을 기록한다. 터미널 뒤에 앉아 있는 사람이 타인의 삶을 추적하는 세상을 묘사하는 할리우드의 반테러조직에 대한 이미지화는 분명히 잘못된 것이다. 하지만 끔찍할 정도로 잘못된 것만은 아니다. 한 개인이 어디를 가든지 추적하는 시스템들을 상상하는 것이 쉬운 일은 아니다. 그러나 우리가 하는 모든 것에 대한 엄청난 양의 자료를 모으고 적정한 인증을 통해서 그 자료들에 접근하게 해주는 기술을 상상하기란 그리 어렵지 않다. 침해는 아주 적지만, 그 대가는 매우 크다.

결국 디지털 시대에 사적·공적 감시는 동일한 특징을 갖고 있다. 수색당하는 개인에 대한 부담을 높이지 않고서도 수색이나 감시가 증가할 수 있다. 이 둘 모두 유사한 질문을 제기한다. 우리는 이러한 변화를 어떻게 생각해야 하는가? 헌법제정자들이 우리에게 부여해준 보호를 그들이 상상조차 할 수 없었던 세계에 어떻게 적용해야 하는가?

951, 954 참조.

21) John Rogers, "Bombs, Borders, and Boarding: Combatting International Terrorism at United States Airports and the Fourth Amendment," *Suffolk Transnational Law Review* 20 (1997): 501, n. 201.

5. 테마들

네 가지의 이야기, 네 개의 테마들은 앞으로 중점적으로 논의할 사이버공간의 한 측면을 살펴볼 수 있는 창이다. 이 책의 나머지 부분에서 나는 네 가지 테마들이 제기하는 쟁점들을 하나씩 다뤄나갈 것이다. 따라서 이 책의 순서에 따라 구성된 네 테마들을 제시하면서 이 장을 마치도록 하겠다. 그 순서는 두 번째 이야기부터 시작된다.

(1) 규제능력

"규제능력"(*regulability*)은 적정한 범위 내에서 행동을 규제하는 정부의 능력을 의미한다. 인터넷의 맥락에서 규제능력은 넷상에서 적어도 시민들의 행동을 규제하는 정부의 능력을 의미한다. 따라서 위의 보랄주에 관한 나의 이야기는 규제능력에 관한 것이었고, 보다 구체적으로는 사이버공간이 가져오는 규제능력의 변화에 관한 것이었다. 인터넷이 등장하기 전에 보랄 주 법무장관은 그녀의 관할권 내에서 비교적 쉽게 도박을 규제할 수 있었으나, 인터넷 출현 이후에는 서버들이 보랄 주 밖으로 이전하면서 규제가 훨씬 더 어려워졌다.

규제자에게 이것은 매우 일반적인 이야기의 특수한 예이다. 규제를 잘하기 위해서 당신은 ① 그가 누구인지, ② 어디에 있는지, ③ 무엇을 하는지 알아야 한다. 그러나 인터넷은 원래 디자인된 구조 때문에, ① 그가 누구인지, ② 어디에 있는지, ③ 무엇을 하는지를 쉽게 알 수 있는 방법이 없다. 따라서 삶이 인터넷으로 옮겨 감에 따라, 삶의 규제가능성은 감소한다. 그 공간의 구조는 적어도 과거에 그러했듯이 그 공간에서의 삶을 덜 규제되도록 만들었다.

제 1부의 나머지 부분은 규제능력에 관한 것이다. 우리는 규제가 더 잘 이루어질 수 있는 사이버공간을 상상할 수 있을까? 그리고 이것이 우리가 알게 될 사이버공간일까?

(2) 코드의 구제

마서와 댕크의 아바타 공간의 이야기는 규제능력에 관한 물음에 답할 수 있는 단서이다. 만일 우리가 MMOG(*Massively Multiplayer Online Game*) 공간에서 자연의 법칙들을 변경할 수 있다면, 즉 이전에는 불가능하였던 것을 가능케 하거나 가능했던 것을 불가능하게 할 수 있다면, 왜 우리가 사이버공간에서의 규제능력을 변화시킬 수 없겠는가? 이제 코드가 그러한 통제를 할 수 있기 때문에 행위를 통제할 수 있는 인터넷이나 사이버공간을 왜 상상할 수 없겠는가?

MMOG 공간이 바로 그러한 공간이다. 비록 규제가 특별하게 이루어지지만 MMOG 공간은 "규제된다." MMOG 공간에서 규제는 코드를 통해 이루어진다. 중요한 규칙들은 사회적 제재나 정부에 의해서가 아니라 그 공간을 형성하는 구조에 의해서 부과된다. 규칙은 법규가 아니라 그 공간을 지배하는 코드에 의해서 규정된다.

이것이 이 책의 두 번째 테마이다. 인터넷상에서와 사이버공간에서 행위에 대한 규제가 존재하지만, 그것은 우선적으로 코드를 통해서 이루어진다. 사이버공간들이 서로 다른 이유는 코드를 통해서 형성되는 규제들이 다르기 때문이다. 어떤 공간에서 삶은 매우 자유롭고, 다른 공간에서는 좀더 통제를 받는다. 차이는 단지 통제구조의 차이, 즉 코드상의 차이일 뿐이다.

앞의 두 테마를 합쳐 보면 우리는 이 책의 핵심 논점에 도달한다. 첫 번째 테마에 의해 기술된 규제능력은 두 번째 테마에서 기술된 코드에 달려 있다. 사이버공간의 어떤 구조들은 다른 구조들보다 규제하기가 더욱 용이하다. 어떤 구조들은 다른 구조들보다 더 나은 통제를 가능하게 한다. 그러므로 사이버공간의 부분 혹은 전체가 규제될 수 있는가 여부는 코드의 성질에 달려 있다. 그 구조는 행위를 통제할 수 있는지 여부에 영향을 미칠 것이다. 미첼 카포에 따르면, 사이버공간의 구조는 그것의 정치이다.[22)]

이로부터 다음과 같은 중요한 논점이 도출된다. 만일 어떤 구조들이 다른 구조들보다 더 잘 규제될 수 있다면, 즉 어떤 구조가 정부들에게 더 많은 통제력을 제공한다면, 정부들은 그 구조를 다른 것들보다 선호할 것이다. 그러면 선호는 정부에 의해서든 혹은 정부를 위해서든 점차 행동으로 옮겨질 수 있다. 어떤 방식이든 공간을 덜 규제하게 만드는 구조들이 규제를 강화하도록 변경될 수 있다(누구에 의해서인지 왜 그런지 나중에 다룰 것이다).

규제가능성에 관한 이러한 사실은 정부의 권력에 대해 우려하는 사람들에게는 또 하나의 위협이다. 정부의 권력에 의존하는 사람들에게 그것은 현실이다. 어떤 설계는 다른 것들에 비해 정부의 권한을 많이 허용하며, 어떤 설계들은 다른 방식으로 정부의 권력행사를 가능하게 한다. 관련된 가치들에 따라 특정한 설계방식이 선택될 것이다.

(3) 잠재적 모호성

웹 이야기는 아주 다르다. 수색을 위한 기술이지만, 웜의 기능은 현실세계에서 "수색"과는 다른 기능을 한다. 현실세계에서 수색은 비용이 든다. 수색의 부담, 수색이 야기할 수 있는 보안의 문제, 합법적인 범위를·넘어서 침해를 가져올 수 있는 수색 등이 그것이다.[23] 웜은 이

---

22) Mitchell Kapor, "The Software Design Manifesto," link #9; David Farber, "A Note on the Politics of Privacy and Infrastructure," link #10; "Quotations," link #11 참조; Pamela Samuelson et al., "A Manifesto Concerning the Legal Protection of Computer Programs," *Columbia Law Review* 94 (1994): 2308. 스티븐 존슨은 이와 유사한 점을 강력하게 주장한다. "구조에 관한 모든 작업은 세계관을 내포한다. 이것은 보다 심층적인 의미에서 모든 구조는 정치적이다 라는 의미이다." *Interface Culture: How New Technology Transforms the Way We Create and Communicate* (San Francisco: Harper Edge, 1997), 44 참조. 카포와 발로우가 공동으로 설립한 전자 프런티어 재단은 카포의 슬로건인 "구조는 정치다"를 "구조는 정책이다"로 바꿨다. 나는 첫 번째 슬로건을 더 좋아한다.

러한 비용들을 제거한다. 부담은 사라지고, 수색은 실제 보이지 않으며, 검색기술에 의해 오직 불법적인 것만을 발견하도록 프로그램화되어 있다. 이러한 수색을 헌법적으로 어떻게 이해해야 하는가 하는 물음이 제기된다.

헌법적 보호에 관한 공정한 관점은 아마도 다음의 두 방향일 것이다. 웜의 침입을 수정조항이 보호하고자 하는 인간의 존엄에 반하는 것으로 보거나,[24] 또는 그렇게 지나치지 않은 적정한 것으로 볼 수도 있다. 답은 둘 중의 하나일 것이다. 이것은 변화로 인해 원래의 헌법적 가치에 내포된 "잠재적 모호성"이 드러나는 것을 의미한다. 본래의 맥락에서 규칙(일반수색 금지)은 명확했다. 그러나 최근의 맥락에서 그 규칙은 헌법이 보호하고자 했던 가치에 따른다. 문제는 적어도 두 가지의 답변이 가능하다는 것이다. 가치에 따라서 두 가지 대답이 모두 가능하기 때문에, 우리는 그중 하나를 선택해야 한다.

당신은 웜에 관한 내 이야기를 받아들이지 않을지도 모르겠다. 그 이야기를 순전히 공상과학소설이라고 생각할지도 모른다. 그러나 이 책의 마지막 부분에서 나는 헌법의 역사에 이와 유사한 모호성들로 인한 논쟁이 있었던 많은 사례들을 보여줄 것이다. 대부분의 경우에 우리 헌법은 그것이 어떻게 적용되어야 하는가에 대해서 어떠한 답변도 제공하지 않는다. 왜냐하면 헌법제정자들이 실제로 채택한 선택들과 오늘날의 기술들에 비추어 볼 때, 적어도 두 가지의 대답이 가능하기

---

23) 제드 루벤펠드는 전범이 되는 판례들에서 시간을 초월하는 의미를 이끌어내는 해석이론을 아주 폭넓게 발전시켰다. Jed Rubenfeld, "Reading Constitution as Spoken," *Yale Law Review* 104 (1995) : 1119, 1122; "On Fidelity in Constitutional Law," *Fordham Law Review* 65 (1997) : 1469 참조.

24) *Minnescta v. Dickerson*, 508 US 366, 380 (1993) 참조. 안토닌 스칼리아(Antonin Scalia) 판사의 찬성의견: "나는 솔직히 … 수정조항 제4조를 채택했던 자부심 강한 사람들이 무기소지와 위험하다는 혐의만으로 그러한 모욕적인 대우에 복종하도록 허용했을지 의심스럽다. …"

때문이다.

미국인들에게 이러한 모호성은 문제를 야기한다. 만약 법원이 이 상황에 가장 적합한 답변을 제공해주는 가치를 선택할 권한을 갖고 있는 것으로 여기는 시대에 우리가 살고 있다면, 별 문제가 없을 것이다. 잠재적 모호성은 판사들이 내린 선택에 의해 해결될 것이다. 헌법제정자들이 두 방향을 제시했을 수도 있지만, 우리의 판사들은 어느 한 방향으로 나아가도록 선택하는 것이다. 그러나 우리는 그러한 시대에 살고 있지 않으며, 법원이 이러한 모호성들을 해결하게 할 방안도 없다. 결국 우리는 다른 제도들에 의존할 수밖에 없다. 우리가 그러한 제도들을 전혀 갖고 있지 못하다는 나의 결론은 암울할 수밖에 없다. 우리의 해결방식이 변하지 않는 한, 사이버공간에서 우리의 헌법은 점점 더 미약한 체제가 될 것이다.

사이버공간은 우리에게 계속해서 모호성을 던져줄 것이고, 어떻게 하는 것이 가장 좋은 방법인가 하는 물음에 압박을 가할 것이다. 우리에게는 현실공간에서 가져온 도구들이 있다. 그 도구들은 적어도 어떤 경우에는 우리에게 한두 방향을 제시해 줌으로써 해석의 문제를 해결하는 데 도움이 될 것이다. 그러나 이 도구들도 현실적인 공간 및 시간 속에서 제공하는 것만큼 유능한 안내자 역할을 하지 못할 것이다. 현실공간의 지침과 우리의 행동 사이의 괴리가 뚜렷해질 때 우리들은 아직까지 능숙하게 처리하지 못하는 일을 하도록 강요받을 것이다. 즉, 우리가 무엇을 원하는지, 무엇이 옳은지를 결정할 수밖에 없을 것이다.

(4) 주권자들의 경쟁

그렇다면 누구에 의한 규제인가? 왜냐하면 장소마다 적용되는 규칙들이 다르기 때문이다. 이것이 제이크 베이커에 의해 제기된 중요한 쟁점이었다. 제이크는 미시간 주의 앤 아버에 살고 있었다. 그곳에서 그는 앤 아버의 규범에 따랐다. 외견상 그는 이 규범에 잘 적응했다. 그 공간의 권위가 그를 지배했다. 그리고 다른 사람들이 알고 있는 한, 그 권위가 전적으로 그를 지배하는 것처럼 보였다.

그러나 사이버공간에서는 제이크의 행동이 바뀌었다. 왜냐하면 이는 공간의 사회규범들이 달랐기 때문이다. 이로 인해 문제가 야기되었다. 특히 그는 앤 아버를 떠나지 않았다. 비록 그가 사이버공간으로 들어가더라도 현실세계를 떠나지 않았다. 그는 미시간대학의 기숙사에 앉아 있으면서, 자신의 기숙사 방 밖에서 지켜야 하는 예절과 품위의 규범들이 적용되지 않는 세계로 단지 규범적 의미에서 순간이동을 할 수 있었다. 사이버공간은 제이크에게 앤 아버의 규범에서 벗어나서 다른 장소의 규범에 따라 생활할 수 있는 기회를 제공하였다. 그 공간은 그에게 필적할 수 있는 권한을 주었다. 그리고 단지 컴퓨터를 켜거나 끔으로써 이 상충하는 권위들 중에서 선택할 수 있는 기회를 주었다.

다시 말해서 나의 논점은 현실공간에서는 이와 유사한 가능성이 전혀 존재하지 않는다는 것이 아니다. 그런 가능성이 존재하는 것이 분명하다. 뉴저지 주의 해컨색(Hackensack)에 제이크라는 사람이 살고 있음은 틀림없다. 그는 맨해튼 남쪽지역으로 매일 밤 차를 몰고 가서, 몇 시간 동안 그곳의 "규칙"에 따라 지낸다. 그 규범들은 해컨색의 규범이 아니다. 그곳의 삶은 해컨색의 삶과는 다르다. 앤 아버의 제이크처럼, 해컨색의 제이크는 상충되는 권위들에 따라 살아간다. 두 제이크의 삶 사이에는 정도의 차이가 있다. 그러나 그 차이의 정도가 점점 커지면 차이의 종류가 변화한다. 적어도 앤 아버의 제이크가 일으킨 문제는 해컨색의 제이크가 야기한 문제보다도 더욱 중대하다는 것은 인식할 수 있다. 앤 아버의 제이크가 겪는 삶의 차이는 훨씬 더 크고, 그 효과는 더욱 광범위한 것이다.

또한 우리는 제이크가 옮겨 갈 수 있는 경쟁적인 규범공동체들에 대해서 너무 편협하게 생각해서도 안 된다. "도피"는 좋을 수도 있고 나뿔 수도 있다. 아이오와 주의 10대 게이가 아메리카 온라인의 게이 채팅방으로 들어가면서 아이오와 주의 규범으로부터 벗어날 수 있을 때,[25] 그리고 아동학대자가 정상적 사회규범을 피하여 온라인 섹스를 통해 아동학대를 했을 때, 그것들은 도피이다.[26] 이 두 가지 도피는 우리가 지금 알고 있는 사이버공간의 구조에 의해서 가능하다. 그러나 각각의 도피에 대한 우리의 태도는 매우 다르다. 나는 첫 번째 도피를 해방이라고, 두 번째 도피는 범죄라고 명명한다. 두 가지 도피를 모두 해방이라고 할 사람도 있고 둘 모두를 범죄라고 할 사람도 있다. 그러나 문제는 그 행위들을 어떻게 규정할 것인가가 아니다. 우리가 두 공간에서 동시에 모두 존재할 수 있는 삶을 살게 되면서 나타나는 결과에 관한 것이다. 전 세계 25개의 관할권 출신 50명의 사람들이 샌프란시스코에 있는 서버에서 세컨드 라이프의 가상공동체를 건설하기 위해 2천 시간을 소비하고 있을 때, 실제세계의 관할권들은 그 행위에 대해서 어떤 주장을 할 수 있는가? 25개의 관할권 중 어디가 가장 관련 있는가? 어느 주권이 지배해야 하는가?

이 네 가지 테마들은 다음의 모든 것을 짜 맞춘다. 또한 내가 이 책에서 제공하고자 하는 견해를 체계화시킨다. ① 사이버공간에서 규제는 규제가 어떻게 작동하는지를 우리에게 알려준다. 첫 번째 주제의 교훈인 "규제능력"이 바로 그것이다. ② 우리가 아직은 완벽하게 이해하지 못한 규제자(코드)의 중요성에 대해 알려준다. 그것이 두 번째

25) Steve Silberman, "We're Teen, We're Queer, We've Got E-Mail," *Wired*(1994년 11월): 76, 78, 80 참조. 재출판본은 *Composing Cyberspace: Identity, Community, and Knowledge in the Electronic Age*, edited by Richard Holeton(Boston: McGrow-Hill, 1998), 116.

26) *United States v. Lamb*, 945 F.Supp 441(NDNY 1996). 아동보호법안을 통과시킨 의회의 목적은 컴퓨터를 통해서 아동 포르노를 규제하는 것이었다. 그것은 아동 포르노의 유포와 관련된 정당한 이해관계이다.

주제인 "코드에 의한 규제"이다. ③ 그 규제는 우리의 전통에서 근본적 가치들을 모호하게 변경시킬 것이다. 따라서 세 번째 주제는 "잠재적 모호성"이다. 그 모호성이 우리, 미국으로 하여금 선택을 요구한다. 그러나 이 선택은 많은 주권자들이 해야만 하는 많은 선택들 중 하나이다. ④ 마지막으로 가장 어려운 문제는 각자 그들의 가치로 이 공간을 통치하려는 "주권자들의 경쟁"이라고 생각된다.

서두에서 말했듯이 나는 이 책의 초판 이후에 급격하게 변한 환경을 바탕으로 이 네 가지 주제들을 탐구해보려 한다. 내가 이 책을 처음 썼을 때, 두 가지 아이디어가 넷에 관한 논쟁을 지배한 것처럼 보였다. 첫 번째는 정부는 결코 넷을 규제할 수 없다는 것이고, 두 번째는 그것이 바람직하다는 것이다. 오늘날 태도들이 바뀌었다. 여전히 정부가 규제할 수 없는 영역이 존재하지만, 스팸, 컴퓨터 바이러스, 명의도용, 저작권 침해 그리고 아동의 성적 학대가 넘쳐나는 세상에서, 규제에 관한 해결책은 취약해지고 있다. 우리 모두는 넷을 좋아한다. 그러나 어떤 정부가 이 공간의 나쁜 것들을 모두 지워버린다는 약속을 이행한다면, 우리 모두는 기꺼이 동참할 것이다.

그러나 넷에 관한 태도들이 진보했다고는 하지만, 나의 견해는 아직 아니다. 나는 여전히 넷이 규제될 수 있다고 믿는다. 나는 여전히 분명한 영향력의 중대성 때문에 이 넷을 규제할 정부의 능력이 급격하게 증가할 것이라고 믿는다. 원칙적으로 나는 이것이 나쁘지 않다고 믿고 있다. 나는 규제라는 것이 적정하게 행해진다면 그것에 반대하지 않는다. 규제는 근본적 자유들을 보존하고 수호하는 데 필수적이라고 생각한다. 그러나 나는 여전히 우리의 정부가 지금의 맥락에서 적정하게 규제할 수 있는 시기가 아직은 오지 않았다고 믿고 있다. 그것은 정부에 대한 일반적인 회의론 때문인데, 그 회의론은 우리의 정부가 어떻게 기능하고 있는지를 잘 보여주는 특정한 형태의 부패에 대한 혐오감에 근거하고 있으며, 다른 이유는 정부에 대한 구체적 회의론 때문인

데, 그 이유는 디지털시대에 규제가 어떻게 작용하는지를 정부가 충분히 인식하지 못하고 있다는 데 있다.

이러한 특정한 견해의 혼재가 계속 무언가를 궁금하게 한다는 것은 의심할 여지가 없다. 내가 어떻게 규제를 신봉하면서 정부에 대해서는 그렇게 회의적일 수 있을까? 그러나 이렇게 명백하게 대립되는 견해들이 어떻게 공존할 수 있는지를 이해하는 데 많은 상상력이 필요하지는 않다. 우리 모두는 약의 잠재성을 믿는다. 하지만 거머리가 든 유리병을 들고 있는 의사와 마주쳤을 때, 당신의 태도를 상상해 보라. 이 상황에서 우리가 할 수 있는 것은 많다. 아니면 적어도 나의 견해는 그러하다. 그러나 이 의사가 무언가 하기를 원하지 않는 분명한 이유는 존재한다.

제 1부

규제능력

사이버공간은 규제될 수 없다고들 이야기하지만, 무엇인가가 규제될 수 있다는 것은 어떤 의미인가? 무엇이 규제를 가능하게 하는가? 이것이 제 1부에서 제기하는 문제이다. 인터넷이 규제될 수 없다면, 그 이유는 무엇인가? 그리고 그 이유가 무엇이든 그것은 바뀔 수 있는 것인가? 규제 불가능한 공간이 길들여질 수 있는가? 와일드 웨스트(*Wild West*)가 개척될 수 있다면, 어떻게 그러한가?

제 3 장

현존주의 : 과연 그것은 그래야 하는가

지리적 경계를 무시하는 전자매체의 등장으로 법은 혼란상태에 빠져들게 되었다. 왜냐하면 명백히 규범의 적용을 받아야 할 대상임에도 영토에 기반하고 있는 주권개념에 의해서는 만족스럽게 통제될 수 없는 전혀 새로운 현상이 창조되었기 때문이다.

— 데이비드 존슨과 데이비드 포스트[1)]

웹의 지배에 관해 결코 변하지 않는 몇 가지 사실이 있다. 그 중 가장 두드러진 것은 거의 어떤 형태의 지배에 대해서도 저항할 수 있는 능력을 웹이 본래적으로 갖고 있다는 점이다.

— 톰 스테이너트스렐켈드[2)]

사이버공간에 관한 논의를 지배한 관념(*meme*)이 있다면, 사이버공간은 규제될 수 없다는 것이다. 사이버공간은 "지배될 수 없으며", 그 "태생적 능력"은 규제에 저항하는 것이다. 사이버공간은 파괴될 수 없다거나, 정부가 그것을 폐쇄시킬 수 없다는 의미가 아니다. 만일 사이버공간이 존재하고, 첫 세대가 생각했던 대로 나아간다면, 그 공간에서 행해지는 행위에 대해서 정부가 미치는 권한은 크게 제한될 것이

1) David Johnson and David Post, "Law and Borders — The Rise of Law in Cyberspace," *Stanford Law Review* 48 (1996), 1367, 1375.

2) Tom Steiner-Threlkeld, "Of Governance and Technology," *Inter@ctive WeekOnline*, October 2, 1998.

다. 한마디로 사이버공간은 통제 없는 공간이다.

속성·본질·천성. 사물들의 존재방식. 이런 유의 수사어구는 어떤 맥락에서건 의심해보아야 한다. 특히 우리의 논의에서는 더더욱 의심해 보아야 한다. 만약 속성상 어떤 규제의 규칙도 갖지 않은 공간이 있다면, 사이버공간일 것이다. 만약 새로 구축될 수 있는 공간이 있다면, 사이버공간이 그러할 것이다. 그러나 "본질"이란 수사어구는 사이버공간이 구성된다는 측면을 은폐하고 있다. 그것은 우리의 직관을 위험한 방향으로 오도한다.

이것은 "현존주의"(*is-ism*)의 오류이다. 그것은 사물이 어떻게 존재하는가와 그것이 어떻게 존재해야 하는가를 혼동한다. 분명히 사이버공간이 현존하는 방식이 있다. 그러나 사이버공간이 어떻게 존재하고 있는가는 사이버공간이 어떻게 존재해야 하는가와는 다른 것이다. 넷(*Net*)이 존재할 수 있는 단 하나의 방법만 있는 것은 아니다. 단 하나의 설계구조가 넷의 속성을 규정하는 것이 아니다. 우리가 "넷"이라 부를 수 있는 것들을 가능하게 하는 구조들은 무수하며 상이한 구조들 내에서의 삶의 성격도 다양하다.

우리 대부분이 범하는 이러한 오류는 놀랍지 않다. 우리 대부분은 네트워크가 어떻게 작동하는지에 대해 전혀 알지 못한다. 우리가 알고 있는 사물의 존재방식이 당연한 것이라고 추정한다. 우리는 단지 우리가 발견한 방법이 원래 그랬어야만 하는 방법이라고 추정할 뿐이다. 우리는 기술이 다른 수단을 통해서 같은 결론을 성취할 수 있는 다른 방법들이 있다는 것을 교육받은 적이 없다. 그러한 교육은 기술자들이 받는 것이고, 우리들 대부분은 기술자가 아니다.

그러나 이 책의 저변에는 하나의 규범적인 항변이 깔려 있다. 그것은 우리 모두가 기술이 유연하다는 사실을 충분히 이해할 수 있어야 한다는 것이다. 그것은 다르게 작동하도록 다시 만들어질 수 있다. 그리고 기술에 대해 거의 알지 못하는 우리가 저지르는 실수가 있다면,

기술을 적당히 유연하다고 생각하지 않고, 매우 유연하다고 보는 것이다. 우리는 우리가 중요하다고 생각하는 가치들이 반영되도록 기대하고 요구해야 한다. 그러나 왜 그러한 요구가 충족될 수 없는지를 입증하는 것은 기술자의 몫이다.

내가 여기에서 제기하려는 특정한 현존주의는 사이버공간이 규제될 수 없다는 주장이다. 이 장과 다음 장들에서 주장하듯이, 그러한 견해는 틀렸다. 사이버공간이 규제가능한가의 여부는 그 구조에 달려있다. 인터넷의 본래 구조는 규제를 극히 어렵게 하였다. 그러나 그 본래의 구조는 변할 수 있다. 그리고 변화하고 있다는 증거가 도처에 존재한다. 실제로 내가 생각하는 구조가 출현할 것이며, 사이버공간은 인간이 지금까지 알아왔던 공간 중에서 가장 규제 가능한 공간이 될 것이다. 넷의 속성은 한때 규제 불가능한 것이었지만, 이제는 속성이 뒤바뀌려 한다. 이 뒤바뀜을 이해하기 위해서는 먼저 상이한 가상공간의 차이를 알아야 한다. 이 두 가상공간은 이상적 형태이고, 실제로 두 이상 중에 하나는 더 이상 넷의 어느 곳에도 존재하지 않는다. 그 사실이 바로 이 부분에서 제기하려는 논점이다. 우리는 한 인터넷에서 다른 인터넷으로 이동하고 있으며, 우리가 지향하는 인터넷은 더욱 규제가능할 것이다.

나는 기술상의 문제를 설명하려는 것이 아니다. 네트워크 형태나 통제형식에 대한 완벽한 정의로 기술하려는 것이 아니라 보다 일반적인 관점을 충분히 이해할 수 있도록 설명하려는 것이다.

사이버-장소들: 하버드 대 시카고

인터넷은 미국의 대학에서 생겨났다. 초기 사용자들은 주로 연구원들이었다. 그러나 삶의 한 양식으로서의 인터넷은 대학생활에 연결되면서 탄생하였다. 인터넷은 학생들을 온라인으로 내몰았으며, 현실세계와는 전혀 다른 삶으로 끌어들였다. 1990년대 중반 넷은 대학 캠퍼스에서 많은 마약 중의 하나였다. 인터넷의 중요성은 시간이 갈수록 증대하였다. 〈뉴욕 타임스〉 칼럼니스트인 허츠는 사이버공간에 관한 그녀의 첫 번째 책에서 다음과 같이 말했다.

> 내가 위를 쳐다보았을 때, 새벽 4시 30분이었다. "말도 안 돼." 나는 벽시계에서 손목시계로 시선을 돌렸다. 이런! 나는 컴퓨터 화면 앞에 6시간 동안이나 앉아 있었던 것이다. 그런데 전혀 시간가는 줄 몰랐다. 심지어 피곤함과도 동떨어져 있었다. 눈이 부시고 목이 말랐지만, 전혀 피곤하지 않았다. 사실, 나는 행복감에 젖어 있었다. 여기저기 흩어져 있던 교과서, 복사물, 형광펜, 노트 등을 가방 속에 마구 쑤셔 넣은 후 미친 여자처럼 콘크리트 계단을 뛰어올라 갔고, 경비 아저씨를 지나 새벽의 안개 속으로 내달렸다. …
>
> 나는 축축한 보도블록이 마른 보도블록과 만나는 곳에서 멈추고는 잠시 동안 서 있었다. … 나는 밤낮을 가리지 않고 전화선을 통해서 온 세계를 바쁘게 돌아다닌 바로 그 사태에 대해 생각하기 시작했다. 그건 바로 코앞에 있으나 눈에 보이지는 않는다. 이건 마치 나니아나 마그리트, 아니면 스타트랙과 같은 완전히 빌어먹을 세상이다. 그것이 물질적으로 존재하지 않는다는 것은 제쳐두더라도 아무리 많은 사람들이 그 안에 있다고 하더라도 그것은 마치 집단의식과 같은 것이다.
>
> 이건 정말 섬뜩한 일이다.[3]

---

3) J. C. Herz, *Surfing on the Internet: A Nethead's Adventures On-Line*

그러나 모든 대학들이 똑같은 방식의 넷을 채택한 것은 아니었다. 그들이 승인한 접속방식이 모두 같지는 않았다. 규칙들이 달랐다. 허용되는 자유도 달랐다. 물론 다른 예들을 가지고서 설명할 수도 있겠지만, 내가 아주 잘 아는 두 대학의 경우를 들어서 이 차이점을 설명하려고 한다.

1990년대 중반 시카고대학의 경우, 인터넷 접속을 원하면 대학 도처에 설치된 이더넷(Ethernet)에 컴퓨터를 연결하면 그만이었다.[4] 이더넷 접속단자가 부착된 컴퓨터라면 누구든 이 잭에 꽂아 접속할 수 있었다. 일단 연결되면, 컴퓨터는 백 퍼센트 인터넷에 접속된다. 그것은 완벽하였으며, 익명과 무료로 사용할 수 있었다.

이와 같은 자유로운 접속이 가능할 수 있었던 까닭은 법대학장을 지낸 당시 부총장이자 언론자유의 옹호자로 유명한 스톤(Geoffrey Stone)이라는 대학행정가의 결단에 기인한다. 대학에서 구내전산망을 설계할 때, 기술자들은 스톤에게 익명의 교신을 허용할 것인가를 물었다. 스톤은 대학에서 표현의 자유를 규제하는 학칙은 언론의 자유를 규정한 헌법 수정조항 제1조와 동일한 수준의 보호를 담고 있어야 한다는 원칙을 인용하면서 "예스"라고 대답하였다. 학생들은 대학에서 익명으로 의사를 교환할 권리를 가져야 한다. 왜냐하면 수정조항 제1조는 정부들을 상대로 동일한 권리를 허용했기 때문이다. 그와 같은 정책적 결단으로부터 시카고대학 망의 구조가 유래된 것이다.

하버드에선 규정이 사뭇 다르다. 하버드 로스쿨에서 컴퓨터를 이더

(Boston: Little, Brown, 1995), 2~3.

4) 이 네트워크의 디자인은 이 책이 출간된 후 약간 변경되었다. 지금은 시카고 네트워크에서는 인증이 요구된다. 그러나 이더넷 포트가 IP주소를 할당하면, "그 주소가 잘못을 저지르지 않는 한 우리는 무슨 일이 일어나는지 알 수가 없다는 정책이 그대로 유지되고 있다. 따라서 그것은 과거의 디자인과 크게 다르지 않다." Audio Tape: Interview with Greg Jackson(1/9/06) (on file with author).

넷 접속단자에 접속하더라도 바로 넷에 접속되지 않을 것이다. 하버드에서는 컴퓨터를 등록(허가, 인증, 검증)하기 전에는 컴퓨터로 넷에 접속할 수 없다. 대학 공동체의 일원만이 자신의 컴퓨터를 등록할 수가 있다. 일단 등록되면 전산망을 통한 모든 상호작용은 감시받게 되고 어떤 컴퓨터를 통해 접속 중인지도 확인된다. 전산망에 접속하기 위해서 사용자는 사용자 동의서에 사인해야만 한다. 동의서에서 이러한 감시활동을 알린다. 이 넷에서는 익명의 표현이 허용되지 않는다. 그것은 규정위반이다. 당신이 누구인가에 따라 접속이 통제될 수 있으며, 당신이 무슨 일을 했는지에 따라 당신의 과거 행적이 추적받을 수도 있다.

이러한 설계 역시 대학행정가의 결정에서 비롯되었는데, 그는 수정조항 제1조의 보호를 덜 중시했다. 하버드에서는 통제가 이상적인 것이었지만, 시카고에서는 접속이 이상적인 것이었다. 하버드는 통제가 가능한 기술을 선택하였다. 시카고는 접속을 쉽게 하는 기술을 선택하였다. 위 두 전산망은 두 가지 중요한 점에서 차이가 있다. 첫 번째로 분명한 것은 두 대학이 각기 중시하는 가치가 달랐다는 점이다.[5] 이러한 차이는 설계에 의해서 결정된다. 시카고대학에서는 수정조항 제1조의 가치가 망의 설계를 결정했다. 다른 가치가 하버드의 설계를 결정했다. 두 전산망은 두 번째 방식에서도 다르다. 하버드에서는 접속이 통제되고 신원이 확인되었으며, 네트워크에서 근원지에 이르기까지 행적이 추적될 수 있었다. 시카고에서는 접속을 규제하지 않기 때문에 사용자의 신원이 알려지지 않고, 네트워크에서 근원지로 행적이 추적되지 않는다. 따라서 시카고대학에서는 감시하고, 추적하고, 행로를 따라가는 것이 하버드대학보다 훨씬 어렵다. 하버드대학 망에서의 행위는 시카고대학보다 훨씬 통제받기 쉽다.

---

5) Helen Nissenbaum, "Values in the Design of Computer Systems," *Computers and Society* (March 1998): 38 참조.

이처럼 네트워크들은 각 네트워크에서 행해진 행위를 통제할 수 있는 정도가 다르다. 이러한 차이는 코드의 문제, 즉 사용자에게 접속을 부여하는 소프트웨어와 하드웨어의 차이다. 다른 코드는 규제가능한 전산망을 다르게 만든다. 따라서 규제능력은 설계의 한 기능이다.

이 두 네트워크는 여러 가능한 네트워크 설계방식 중에서 단지 두 개를 골라낸 것일 뿐이다. 우리는 한쪽 극단에 인터넷, 즉 공개적이고 비독점적이며, 접속하고 사용하는 데 어떠한 사적인 신원을 요구하지 않는 일련의 프로토콜로 규정되는 네트워크를 위치시킬 수 있다. 다른 한 극단에는 오직 확실한 인증을 지닌 이들에게만 접속을 허용하는 전통적으로 폐쇄적이고 독점적인 네트워크를 위치시킬 수 있다. 그 중간쯤에 두 전산망의 요소를 혼합시킨 네트워크들이 있다. 이 혼합형 전산망들은 인터넷에 통제를 부가하며, 통제요소들을 상위 층위에 깔아놓는다.

따라서 최근 몇 년 사이에 변화가 있었다.[6] 시카고대학의 초기 전

6) 네트워크 관리자인 그렉 잭슨(Greg Jackson)이 나에게 설명한 것처럼, 어떤 포트들은(무선네트워크를 포함하여) 사용자에게 먼저 기계를 등록하도록 요구하지만, 지속적으로 사용자의 신원을 확인하는 노력은 하지 않는다. 보다 중요한 사실은 여전히 규제되지 않은 채 남아 있는 상당수의 포트들이 있다는 점이다. 그렇다고 해서 이것들이 전혀 규제되지 않는다는 의미는 아니다. 잭슨이 기술하는 바와 같이, "그러나 사실은 만일 엄청난 규모로 영화를 공유하는 peer-to-peer 네트워크를 발견할 수 있다면, 우리는 그 네트워크에 낮은 등급을 할당하고, 그 네트워크는 단지 속도가 떨어지게 될 것이고 다른 사람들을 방해하지 못하게 될 것이다. 그래서 우리들은 그러한 종류의 패킷형태를 하고 있다. 예를 들어, 물론 차단해야 할 소수의 사례들이 있지만, 실제로는 특정 사이트들을 차단하는 데까지 나아가지는 않는다. 왜냐하면 …. "

잭슨에 의하면, 요즘 가장 자유로운 네트워크로 평판을 얻는 곳은 콜롬비아이다. "콜롬비아는 … 캠퍼스 내의 유선 네트워크에 연결된 사람에 대해서는 그가 누구든 전혀 모니터를 하지 않는다. 그들은 전혀 개의치 않는다. 그들의 정책은 응용프로그램을 보호하는 것이지, 네트워크를 보호하는 것이

산망은 1990년대 중반의 인터넷 접속을 위한 기준과 유사하였다.[7] 이를 넷95라 하자. 다른 하나는 인터넷 이전 시기에 등장했으면서도 여전히 오늘날까지 존재하는 폐쇄형 네트워크이다. 예를 들어, 트빌리시(Tblish, 그루지야공화국의 수도 — 옮긴이)에 있으면서 새벽 2시에 캘리포니아에 있는 은행계좌에서 현금을 꺼낼 수 있게 해주는 ATM망이 그러하다. 그리고 중간형은 하버드구조의 네트워크인데 이는 인터넷을 정의하는 일련의 표준규약(*protocol*) 위에 규제의 층을 더 얹은 것이다. 이러한 표준규약들은 "TCP/IP"라 불린다. 이에 대해서는 제4장에서 좀더 심도 있게 다루기로 한다. 하버드식 네트워크의 주요 특징은 그러한 일련의 규약들이 보강되었다는 점이다. 이러한 규제의 층을 통과해야만, 인터넷에 접속할 수 있다.

세 가지 설계형태 모두 인터넷과 "유사한" 통신망들이다. 그러나 그들의 차이점이 명백한 의문을 제기한다. 인터넷은 "규제 불가능"하다고 말할 때, 어떤 네트워크를 언급하는 것인가? 만일 규제될 수 없는 네트워크에 대해서 논의한다면, 왜 그 네트워크는 규제될 수 없는가? 설계의 어떤 특징들이 규제할 수 없게 하는가? 그런 특징들은 달라질 수 있는가?

관리자가 넷상의 행위를 통제하기 어렵게 한 넷95 설계의 3가지 특성을 살펴 보자. 익명성을 선호하는 사용자의 입장에서는 이러한 넷95의 특성들은 네트워크를 보다 가치 있게 한다. 넷 관리자의 입장에서는 이 특성들은 일종의 버그다. 다시 말해서 이 특성들로 말미암아 사

아니다." Audio Tape: Interview with Greg Jackson (1/9/06) (On file with author).

7) 매우 읽기 쉬운 해설서로, Peter Loshin, *TCP/IP Clearly Explained*, 15~23; Craig Hunt, *TCP/IP Network Administration*, 2d ed. (Sebastopol, Cal.: O'Reilly & Associates, 1998), 8~22; *Trust in Cyberspace*, edited by Fred B. Schneider (Washington, D.C.: National Academy Press, 1999), 29~36 참조.

용자에 관한 정보든 그가 사용하는 내용에 관한 것이든 넷에서 정보수집이 제한된다.

첫 번째 "불완전성"(*imperfection*)은 사용자에 관한 정보, 즉 인터넷을 사용하는 사람에 관한 것이다. 컴퓨터 앞에 앉아 있는 두 마리의 개를 묘사하여 유명해진 〈뉴요커〉의 만화에 의하면, "인터넷에서는 당신이 어떤 개인지 아무도 알지 못한다"[8]는 것이다. 인터넷을 사용하기 전에 인터넷 프로토콜이 당신이 누구인지 검증할 것을 요구하지 않기 때문에 아무도 당신을 알지 못한다. 그 인터넷 프로토콜은 하버드 네트워크처럼 당신의 접속지역 같은 것을 검증할 것을 요구하지 않는다. 그러나 그렇다 하더라도 개인을 특정 네트워크 거래에 연결시키는 정보는 접속제공자에게 제공된다. 이것은 당신의 인터넷 거래의 일부는 아니다.

두 번째 "불완전성"은 인터넷을 사용하는 자의 위치정보이다. 제 4장에서 좀더 자세히 설명하겠지만, 인터넷은 주소로 구성되어 있으며, 그것은 단지 논리적인 주소일 뿐이다. 실제 세상에서 어떤 특정한 위치를 나타내지는 못한다. 따라서 인터넷을 통해 보낸 데이터 "패킷"을 받을 때, 패킷이 어디에서 왔는지 인터넷 주소는 확실히 알 수 있지만, 실제의 주소는 알지 못할 것이다.

마지막으로 세 번째 "불완전성"은 사용에 관한 정보이다. 이 네트워크를 통해서 보내지는 자료는 무엇이고, 그것의 용도는 무엇인가? 인터넷은 인터넷을 통해 보내는 자료를 위한 특정한 분류체계를 요구하지 않는다. 아래에서 자세히 살펴보겠지만, 무언가를 규정하는 규범은 있지만, 자료를 그 규범에 따라 확실하게 분배하는 규칙은 존재하지 않는다. 어떤 것도 비트를 의미 맥락에 따라 구분하지 않으므로 기계가 활용할 수 있는 방법이 없다. 넷95는 데이터에 라벨을 붙일 것을

---

8) Peter Steiner, cartoon, *New Yorker*, July 5, 1993, 61.

요구하지 않는다. 단지 주소를 부여하는 방식으로 데이터의 "패킷"(*Packet*)에 라벨이 붙여진다. 그러나 그러한 라벨이 붙은 것 외에 자료 패킷에는 어떤 것도 담을 수 있다.

세 가지 불완전성들은 긴밀하게 연결되어 있다. 누구인지, 어디에서 왔는지, 무엇을 하는지에 대해서 알 수 있는 간단한 방법이 없기 때문에, 넷에서 사람들이 어떻게 행동하는지 규제하는 간단한 방법은 없다. 누가 어디서 무엇을 했는지 알아낼 수 없다면, 우리는 이것을 하지 말라거나 최소한 여기에서는 하지 말라는 규칙들을 쉽게 부과할 수 없다. 다시 말해서 당신이 알 수 없는 것이 무엇을 통제할 수 있는지를 결정한다.

논점을 명확하게 하기 위해 예를 들어 보자. 펜실베이니아 주는 아이들을 포르노로부터 차단시키기를 원한다고 해 보자. 그래서 펜실베이니아 주가 "어떤 아동도 포르노에 접근할 수 없다"는 규칙을 통과시켰다. 이 규칙을 시행하기 위해서, 펜실베이니아는 ① 아동인지 여부, ② 그들의 출신(펜실베이니아 주민인지 메인 주민인지 여부), ③ 그들이 무엇을 찾는지(포르노인지 과자인지 여부)를 알아야만 한다. 하지만 넷95는 펜실베이니아 주가 이 규칙을 실시하는 데 별로 도움이 되지 못할 것이다. 넷95를 사용하여 펜실베이니아에서 콘텐츠에 접속하는 사람들은 그들이 누구이고 어디 출신인지를 전혀 밝힐 필요가 없다. 그리고 넷95의 구조상 어떤 것도 사이트가 내보내는 콘텐츠의 설명을 요구하지 않는다. 자료의 이러한 결함이 규제를 어렵게 한다. 따라서 규제자의 관점에서 보면 이러한 특징들은 넷의 원래 설계에 내재된 불완전성이다.

그러나 하버드 네트워크는 넷95 속의 "버그"를 제거하는 방법을 시사해주고 있다. 넷은 사용자의 신상(신원과 위치)과 자료의 실체를 파악할 수 있었다. 그러한 정보는 기능의 파괴 없이 인터넷 위에 한층 더 놓을 수 있었다. 다시 말해서, 선택은 인터넷이냐 인터넷이 아니냐 또는 인터넷과 폐쇄된 상용 네트워크 간에 양자택일이 아니다. 하버드는 그 중간의 길을 제시하고 있다. 넷의 플랫폼 위에 통제장치가 설치될 수 있으며, 이를 통해 불완전함을 "수정하거나 제거한다." 이 구조들은, 바꿔 말하면, 통제를 용이하게 할 것이다.[9]

이것이 바로 통제가 등장하는 현실에 관한 나의 첫 번째 아주 작은 주장이다. 통제구조는 실현가능하며, 우리가 이미 알고 있는 인터넷에 부가될 수 있다. 통제구조들이 부가된다면, 네트워크의 특성이 급격하게 변할 것이다. 이러한 구조들이 더해지는지 여부는 무엇을 위해 네트워크를 사용하고자 하는가에 달려있다.

내가 이를 작은 주장이라고 한 이유는, 그것이 중요한 반면, 초기에는 그것을 인식하지 못했지만 이제 명백하게 인지할 수 있는 논점이기 때문이다. 더욱 명백하게도 그 논점은 단순하다. 우리는 많은 상황 속에서 그것을 볼 수 있다. 예를 들어, 우체국을 생각해 보자. 내가 어렸을 적에 우체국은 익명 서신의 천국이었다. 우체국의 일은 단순히 소포를 배달하는 것이었다. 넷95와 마찬가지로 누가 편지를 보냈는지 봉투나 소포 속에 무엇이 들었는지를 걱정할 필요가 없었다. 편지를 보내기 전에 등록해야 하거나 반송주소를 적거나 그 반송주소가 정확해야 한다는 의무가 없었다. 지문만 주의한다면, 완벽한 익명의 서신을 보내기 의해 이 정부산하기관을 이용할 수 있었다.

---

9) 어떤 맥락에서 우리는 이러한 "불완전성"의 상당부분을 해소하고 통제요소들로 이루어진 넷 구조를 인트라넷(*intranet*)이라 부른다. 인트라넷은 요즈음 인터넷에서 가장 빠르게 성장하는 분야이다. 그것은 네트워크 컴퓨팅에서 두 전통을 교묘하게 결합한 혼혈이다. 즉 TCP/IP에 기반한 인터넷 공개체제와 인터넷 위에 레이어된 전통적이고 사적인 네트워크의 통제능력을 결합한 것이다. 인트라넷은 상호운용을 허용하되 네트워크 관리자에게 인트라넷 접속에 관한 통제권을 더 많이 부여하는 네트워크를 만들기 위해 두 시스템의 장점을 혼합한 것이다. 이 책에서 나의 논점은 우리의 인터넷이 통제가능한 "인터넷"으로 변화하고 있다는 것이다.

분명히 우체국은 다르게 설계될 수 있었다. 예를 들자면, 우편서비스가 반송주소를 요구할 수 있었다. 그것은 당신에게 반송주소의 정확성을 입증하도록 (예를 들어, 소포 받기 전에 신분증 검사를 함으로써) 요구할 수 있었다. 특정한 소포나 봉투를 보내기 전에 검사를 요구할 수 있었을 것이다. 우편업무과정에서의 이러한 모든 변화들은 편지가 좀더 쉽게 감시되고 추적되게 한다. 감시가 중요하다면 정부는 감시가 용이하도록 시스템을 바꿀 수 있다. 그렇지 않다면, 우편체계를 현 상태로 유지할 수 있다. 그러나 만일 정부가 좀더 감시가 쉬운 체계로 바꾼다면, 그것은 네트워크의 구조를 형성하는 가치들의 변화를 반영할 것이다.

이 책의 주장은 넷95를 익명성의 디폴트로부터 신원확인의 디폴트로 옮길 충분한 이해관계가 있다는 것이다. 그러나 아직까지 어떤 것이 어떠한 형태로 나타날지를 모른다. 무엇이 우리를 상대적으로 덜 통제되는 자유지상주의적인 넷으로부터 엄격히 통제되는 넷으로 끌고 갈 것인가?

이것이 제 1부의 후반부에서 다뤄질 물음이다. 미리 언급하면, 제 4장에서 나는 비록 정부의 도움이 없더라도 넷이 통제구조로 옮겨가게 될 것이라는 점을 지적할 것이다. 제 5장에서는 정부가 어떻게 도움을 줄 수 있는지를 다루었다. 지금의 흐름은 엄격히 통제되는 넷의 미래를 약속하고 있다. 그것은 자유지상주의자의 유토피아도 아니며, 당신의 아버지들(또는 이보다는 아마도 당신의 딸이나 아들)이 알고 있는 넷이 아니라 통제의 성격을 그 핵심으로 하는 넷일 것이다.

다시 말해서 과거의 인터넷을 뒤집는 넷이 등장하고 있는 것이다

제 4 장

통제의 구조들

투명인간은 국가를 두려워하지 않는다. 그는, (바보가 아닌 한, 물론 그는 항상 바보가 되지만) 자신의 특성 때문에 국가의 영향력이 미치지 않는 위치에 있을 수 있다는 사실을 잘 알고 있다. 그의 이야기는 일반적인 교훈의 핵심이다. 만약 당신이 어떤 사람이 누구인지 어디에 있는지 혹은 그가 무엇을 하는지 알 수 없다면, 그를 규제할 수 없다. 그는 자신이 원하는 대로 행동할 수 있다. 국가가 그것을 바꾸기 위해 할 수 있는 일은 거의 없다.

최초의 인터넷에서 상황은 이와 거의 같았다. 모든 이들은 투명인간이었다. 사이버공간이 처음 개발되었을 때, 그가 누구인지, 어디에 있는지 또한 무엇을 하는지 알 수 있는 간단한 방법이 없었다. 따라서 인터넷이 처음 개발되었을 때 행동을 규제할 수 있는 간단한 방법이 없었다. 하지만 앞 장의 논의에서 이 명백한 생각에 작지만 중요한 논점을 부가하였다. 사이버공간이 어떠한 것이든 이대로 머물러 있어야 할 이유가 없다. 인터넷의 "특성"은 신의 뜻이 아니다. 그 특성은 디자인의 산물이다. 그 디자인은 바뀔 수 있다. 넷은 그가 누구인지 어디에 있는지 무엇을 하는지 드러내도록 디자인될 수 있다. 그리고 만약 그렇게 디자인 된다면, 여기에서 줄곧 논의하겠지만 사람들이 지금까지 알아왔던 공간 중에서 가장 규제가능한 공간이 될 것이다.

이 장에서 나는 한때 규제 불가능한 공간으로부터 완벽하게 규제가능한 공간으로 넷을 압박하는 변화들을 기술할 것이다. 이러한 변화들은 정부에 의해 구축되는 것이 아니다. 그것은 조지 오웰(George Orwell)의 《1984》처럼 음모의 산물이 아니며, 순전히 실용적이고 상업적인 목적을 위해서 형성된 변화의 결과이다. 그것은 사용자들에 의해서 요구되고 상거래에 의해서 전개된다. 분명히 이러한 흐름이 그 변화들을 좋거나 나쁘게 하지 않는다. 지금 나의 목적은 규범적인 것이 아니라 서술적인 것이다. 이러한 변화가 우리가 원하는 것인지 아닌지를 묻기 전에 우리가 어디로 가고 있는지 그리고 왜 그러한지를 이해해야 한다.

인터넷의 미래의 역사는 1995년 1월 독일에서 쓰여졌다. 독일법안은 포르노를 규제하였다. 바바리아(Bavaria, 독일의 남부 주 — 옮긴이)에서는 포르노를 엄격하게 규제하였다. 컴퓨서브 사(CompuServe)는 그 사용자들이 포르노를 볼 수 있게 만들었다. 컴퓨서브 사는 바바리아 주민들에게 서비스를 제공하고 있었다. 바바리아 주는 그 회사에게 서버에서 포르노를 삭제하지 않을 경우 법적 책임을 묻겠다고 하였다.

처음에 컴퓨서브 사는 전 세계의 모든 서버로부터 포르노를 삭제하는 일 외에 자신들이 할 수 있는 일이 없다고 반박하였다. 그러한 상황은 독일인들에게는 골칫거리가 아니었지만 컴퓨서브 사에게는 엄청난 골칫거리였다. 1995년 1월 컴퓨서브 사는 기술적 해결책을 공표하였다. 바바리아 주민들이 불평했던 유즈넷의 뉴스그룹에의 접속을 차단하는 대신 국가별로 콘텐츠를 걸러내는 기술을 고안했다.[1]

---

1) Telecom WorldWire, "Compuserve Moves for Porn Techno Fix," January 11, 1995.

이를 위해 컴퓨서브 사는 사용자가 누구인지, 그가 어디에서 무엇을 하는지를 집계하기 시작했다. 기술은 집계에 필요한 데이터의 접근을 그들에게 제공할 수 있었다. 그러한 변화와 함께 미래가 결정되었다. 규제문제에 대한 명백한 대응은 그러한 것들을 반복하게 될 것이다. 물론 컴퓨서브 사가 인터넷은 아니었다. 하지만 그러한 대응은 인터넷이 앞으로 따라가게 될 패턴을 제시한다. 이 장에서 나는 어떻게 인터넷이 컴퓨서브처럼 효과적으로 바뀔 수 있는지를 상세히 기술하고자 한다.

1. '누가' 어디서 무엇을 하였는가?

규제를 위해서 국가는 "누가, 무엇을, 어디에" 중에서 "누가"를 아는 방법이 필요하다. 넷(*Net*)이 국가에게 "누가"를 어떻게 보여주는지 알기 위해 우리는 일반적으로 "신원확인"(*identification*)이 어떻게 이루어지는지 그리고 인터넷상에서는 그것이 어떻게 이루어지는지 좀더 신중하게 생각해볼 필요가 있다.

(1) 신원과 인증 : 현실공간

그가 누구인지를 확인하기 위해 우리가 사용하는 기술을 이해하기 위해서는 세 가지의 낯익은 관념들 ① 신원, ② 인증, ③ 신원증명서의 관계를 고려해야 한다.

"신원"(*identity*)이란 단어로서 나는 당신이 누구라는 것 그 이상을 의미하고자 한다. 그것은 당신의 속성 또는 보다 광의로는 당신(또는 회사나 사물)에 관한 모든 사실들을 뜻한다. 이런 의미에서 당신의 신원은 당신의 이름, 성별, 주소, 교육수준, 운전면허번호, 사회보장번호, 당신이 아마존에서 구입한 내역, 변호사인지 여부 등을 포함한다.

이러한 속성들은 대화할 때 알려진다. 현실세계에서 어떤 속성들은 자연스레 전달된다. 대부분의 경우에 성별, 피부색, 신장, 연령, 그리고 당신이 기분 좋게 웃는지 등이다. 그러나 다른 속성들은 당신이나 다른 누군가가 밝히지 않는 한, 알 수 없다. 당신의 고등학교 성적, 좋아하는 색깔, 사회보장번호, 아마존에서 마지막으로 구입한 것, 그리고 당신이 변호사 시험을 패스했는지 여부 등.

하지만 어떤 속성이 드러났다고 해서 그것을 믿을 수 있다는 의미는 아니다(당신이 변호사 시험에 통과했어?!). 오히려 믿음은 "인증"(*authentication*) 절차에 더 의존할 것이다. 일반적으로 우리는 어떤 주장의 진실여부에 관해서 보다 확실히 알고자 할 때에는 표면에 드러난 것보다는 "인증을 한다." 당신이 "나는 결혼했어" 라고 말하면 그녀는 "반지를 보여줘 봐" 라고 한다. 첫 번째 진술은 당신이 가지고 있다고 내세우는 속성에 관한 주장이다. 두 번째 진술은 인증의 요구이다. 우리는 (적어도 코미디에서는) 그 요구가 계속되는 것을 상상할 수 있다. "오! 이런, 그건 결혼반지가 아니잖아. 결혼서약서를 보여줘." 확신을 얻었거나 심문이 아주 기묘해질 때 그 요구는 멈춘다.

때때로 이러한 인증과정은 비교적 자동적으로 이루어진다. 어떤 속성들은 상대적으로 자체적으로 인증을 한다. 당신이 여성이라고 말한다면, 절대적으로 확실하게 하기 위해 당신을 보았을 때, 나는 그 사실을 믿게 된다. 당신이 원어민이라 한다면, 당신과 이야기하고 나서 그 사실을 그대로 믿는다. 물론 두 경우 모두 내가 속을 수도 있다. 따라서 만일 나의 인생이 달린 문제라면, 나는 명백한 것이더라도 절대적으로 확실하게 하기 위해 다른 절차를 밟을지도 모른다. 그러나 대부분의 경우 우리는 익숙한 속성들에 대해서 우리를 자신의 개인적 판단 외에 다른 방법을 사용하지 않고서도 평가하는 방법을 터득한다.

하지만 어떤 특성은 그 자체로 인증을 할 수 없다. 당신이 비행기

조종자격증을 땄다고 말한다면 나는 그것을 보길 원한다. 당신이 캘리포니아 변호사라고 말한다면 나는 그 증명서를 보길 원한다. 당신이 나의 아버지의 심장수술을 시술할 수 있는 자격이 있다고 한다면, 당신의 주장이 진실임을 확인시켜주는 그 무엇인가를 보길 원한다. 이러한 인증은 위조되거나 나의 확신이 부당할 수도 있다. 하지만 만일 내가 필요한 확신의 정도와 인증절차를 조심스럽게 일치시킨다면, 나는 매우 합리적으로 행동하는 것이다. 그리고 보통 우리들 대부분은 그렇게 복잡한 인증절차 없이도 지나갈 수 있다.

때때로 이러한 인증절차에 사용되는 중요한 도구는 신원증명서(*credential*)이다. 여기에서 증명서란 (일정한 수준의 확신을 위해서) 어떤 주장을 인증하기 위한 표준화된 장치를 의미한다. 운전면허증은 이러한 의미에서 일종의 신원증명서이다. 이것의 목적은 운전자의 지위를 인증하기 위한 것이다. 우리는 일반적으로 이러한 자격증의 형식과 친숙하다. 그것은 어떤 자격증이 유효한지 여부를 판단할 수 있는 확신을 우리에게 준다. 여권 또한 이러한 종류의 신원증명서이다. 여권의 목적은 그 사람의 국적을 확인해주고, 상대적으로 그 자체로 인증하는 속성들을 통해서 그 사람의 신원을 확인한다. 다시 말해서 우리는 이러한 신원증경서의 형식에 익숙하며, 그것은 여권에 기재된 사실들에 대해서 비교적 높은 수준의 확신을 우리들에게 준다.

분명히 어떤 증명서는 다른 것들보다 낫다. 어떤 것들은 다른 것들보다 더 큰 확신을 주도록 구성되어 있다. 어떤 것은 그러한 확신을 제공하는 데 더욱 효율적이다. 그러나 우리는 우리가 필요로 하는 확신의 정도에 따라 이용가능한 증명서들 중에서 선택한다.

이러한 논점들을 연결시켜주는 분명한 예를 들어 보자. 당신이 은행직원이라고 하자. 누군가 당신 앞에 나타나서는 그녀가 654-543231 계좌의 본인이라고 주장한다. 그녀는 그 계좌에 있는 돈을 모두 인출하고 싶다고 한다. 앞에서 기술한 바와 같이 이 사람(그녀를 X양이라 부르자)은 자신이 654-543231 계좌의 본인이라는 그녀의 신원에 관한 사실을 주장하였다. 이제 당신이 해야 할 일은 그 주장을 인증하는 것이다. 자, 당신은 컴퓨터에서 그 계좌의 기록들을 찾고, 상당한 돈이 있음을 알게 되었다. 이제 인증에 관한 확신을 위한 당신의 요구는 더욱 강해질 것이다. 당신은 X양에게 이름을 물어보고, 그 이름이 명의와 일치한다. 그것은 당신에게 약간의 확신을 준다. 당신은 X양에게 두 종류의 신분증을 요구한다. 둘 다 X양과 일치한다. 이제 당신은 더 큰 확신을 갖는다. 당신은 X양에게 인출용지에 사인을 요구한다. 사인이 일치한다면 더 확신하게 된다. 마지막으로 당신은 당신의 매니저에 의해 그 계좌가 만들어졌다는 기록을 확인한다. 매니저에게 X양을 아는지 묻는다. 매니저는 카운터에 서 있는 사람이 확실히 X양이라는 것을 확인해준다. 이제 당신은 돈을 지급하는 데 충분한 확신을 갖게 된다.

이러한 과정을 통해서 당신은 X양이 주장하는 속성이 진실임을 인증하는 데 필요한 기술들을 사용하였다는 점에 유의하라. 당신의 컴퓨터는 계좌번호와 이름을 연결시킨다. 운전면허증이나 여권은 이름과 사진을 연결해준다. 컴퓨터는 사인의 복사본을 가지고 있다. 이것들이 모두 확신을 높여주는 기술들이다.

또한 이러한 확신을 높일 수 있는 더 나은 기술을 생각할 수 있음을 유의하라. 예를 들어 신용카드는 단지 그것을 가지고 있다는 사실만으로도 그 사용을 인증해주는 시절에 개발되었다. 그러한 디자인은 신용카드의 절도를 부추겼다. 현금지급카드(ATM card)는 패스워드를 요구한다는 점에서 신용카드와 다르다. 현금지급카드는 훔친 카드의 가치를 감소시킨다. 하지만 어떤 이는 현금지급카드에 비밀번호를 써두거나 카드와 비밀번호를 지갑에 함께 넣어두기도 한다. 이것은 절도의 위험이 완전히 제거되지 않았음을 의미한다. 하지만 다른 인증기술을 사용하면 이러한 위험을 훨씬 줄일 수 있다. 예를 들어 지문인식 혹은 홍채인식기와 같은 바이오메트릭 기술은 카드 소지자가 인증된 사용자라는 사실에 대한 확신을 높여줄 것이다(그러나 이러한 기술들이 그 자체의 위험을 야기할 수도 있다. 한 학술회의에서 나는 어떤 사업자가 이 지문에 근거하여 신원을 확인하는 새로운 기술을 설명하는 것을 들었다. 그 회의의 한 참석자가 살아있는 사람의 손만 인식하는지 여부를 묻자, 그 사업자는 매우 창백해지며 잠시 후 "그렇지 않은 것 같다"고 대답했다).

우리는 현실세계에서 이러한 인증과정과 지속적으로 줄다리기하고 있으며, 이 과정에서 보다 좋은 기술과 증명서는 먼 거리의 인증을 가능하게 한다. 한 조용하고 작은 마을에서는 신원증명이 필요 없다. 당신은 이미 얼굴을 통해서 잘 알려져 있으며, (지역사람들이 공통적으로 알고 있는) 당신의 얼굴만 가지고서도 당신에 관한 인증이 된다. 하지만 생활이 더욱 복잡해지면서 사회제도들은 중요한 신원확인을 위해 기술에 의존하게 된다. 즉 신원증명서가 그러한 인증을 확보하는 데 불가피한 도구가 된다.

인증기술이 더 나아질 수도 있고 더 나빠질 수도 있다면, 많은 이들은 이러한 기술을 보다 향상시키는 데 관심을 갖게 된다. 만일 우리가 보다 쉽고 확실하게 우리에 관한 사실을 인증할 수 있다면, 훨씬 더 나아질 것이다. 또한 상거래는 보다 좋은 인증기술로 더욱 좋아질 것이다. 조악한 기술은 사기를 낳고, 사기는 비즈니스에서 비생산적인 비용이다. 만약 더 좋은 기술이 그 비용을 제거할 수 있다면, 비용을 낮춰서 높은 이익을 창출할 수 있을 것이다.

마지막으로 정부는 더 나은 인증기술로부터 이익을 얻는다. 만약 당신의 나이를 손쉽게 인증할 수 있다면, 나이에 따른 규제들을(음주허용연령이나 담배판매제한) 보다 쉽게 실시할 수 있을 것이다. 그리고 만약 당신이 누구인지 인증하는 것이 간단해진다면, 정부는 누가 무엇을 했는지 추적하기가 더욱 쉬워질 것이다.

근본적으로 현실세계에서의 규제능력은 어떻게든 인증구조들에 의존하고 있다. 범인을 평소 알고 있었기 때문이든 혹은 "키 180센티미터의 백인남자였다"는 사실처럼 스스로 드러나는 신체적 특징 때문이든, 증인들이 범죄를 저지른 자를 식별해 낼 수 있다는 사실이 범죄에 대한 국가의 규제능력을 향상시킨다. 만약 범인들이 보이지 않는다거나 증인들이 아무런 기억을 해내지 못한다면, 범죄는 늘게 될 것이다. 지문은 바꾸기 힘들고 이를 통해 전과자들을 추적할 수 있기 때문에 전과자들이 다시 체포될 가능성이 높다. 바뀌기 쉬운 물리적인 속성에 의존하면 경찰이 재범자를 추적하는 능력이 감소될 것이다. 자동차에 번호판을 부착하고 차량 소유주로 하여금 이를 등록하게 하면 뺑소니 차량의 검거 가능성이 올라간다. 위와 같은 사례들이나 그 밖의 많은 예에서 볼 수 있듯이 현실공간 생활의 인증기술들이 그 생활의 규제를 가능케 한다.

이 세 가지의 개별적인 이해관계들은 하나의 공통된 관심을 나타낸다. 그렇다고 해서 모든 인증기술이 그 공통된 관심을 충족시킨다거나 이 이해관계들이 더 효율적인 인증을 촉진시키기에 충분하다고 말하는 것이 아니다. 내가 말하고자 하는 바는 이 이해관계들이 어떤 방향으로 압력을 가하는지를 우리가 알 수 있다는 것이다. 더 나은 인증이 모든 이에게 혜택을 줄 수 있다.

(2) 신원과 인증 : 사이버공간

이론상 현실세계와 사이버공간의 신원과 인증은 같다. 그러나 실제로는 매우 다르다. 그 차이점을 이해하기 위해서 우리는 넷이 어떻게 만들어졌는지 기술적으로 좀더 상세하게 알 필요가 있다.

이미 말했듯이 인터넷은 TCP/IP라는 프로토콜에 기초하여 구축된다. TCP/IP는 넷상에서 두 대의 컴퓨터 간에 데이터 패킷을 교환하기 위한 프로토콜을 담고 있다.[2] 간단히 말하면, 그 시스템은 일련의 데

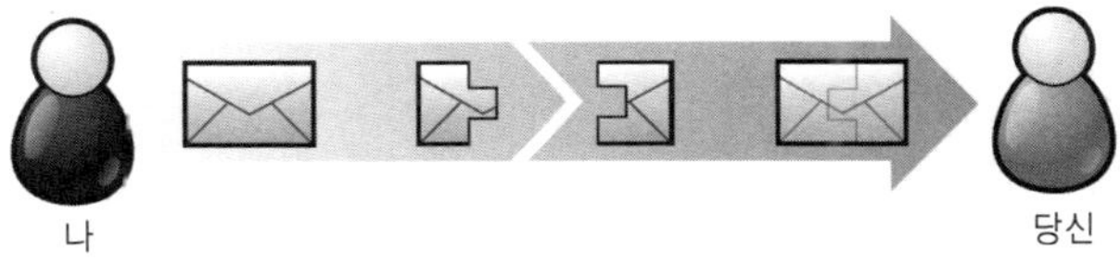

이터(예를 들어, 파일)를 받아서 이를 패킷으로 잘게 나눈 다음 수신주소와 발신주소를 부착한다. 이들 주소는 인터넷 프로토콜 주소(*IP address*)라 불리며, 128.34.35.204.와 같은 형태이다. 제대로 주소가 입력되면, 데이터 패킷은 인터넷을 통해서 목적지로 보내진다. 기계들은 길(*rooters*)을 따라 패킷이 보내질 주소를 찾고 (점점 복잡해지는) 알고리즘에 따라 어떤 기계로 보내져야 하는지를 판단한다. 패킷은 출발점과 종착점 사이에서 여러 번 우왕좌왕할 수도 있다. 하지만 네트워크가 더 빠르고 견고해지면서 이러한 일들은 거의 동시에 일어난다.

내가 앞에서 설명한 용어에 따르면, 인터넷을 통해서 보내지는 데이터 패킷은 값은 속성들을 갖고 있다. 예를 들어 그 패킷이 앨 고어(Al Gore)가 쓴 이메일로부터 왔다고 해보자. 그 이메일은 미국의 전임 부통령, 지구 온난화에 대해서 풍부한 지식을 갖고 있고, 50세가 넘은 남자, 키 큰 사람, 미국 시민, 전 미국 상원의원 등의 속성을 갖고 있음을 의미한다. 그 이메일은 앨 고어가 독일에 있는 동안 기후통제를 위한 협상에 관한 것이었다고 상상해 보자. 그 정보 패킷의 신원은 이 모든 속성을 포함한다고 말할 수 있을 것이다.

하지만 그 이메일 자체는 이러한 사실들 어떤 것도 인증하지 않는다. 그 이메일은 앨 고어로부터 온 것임을 알려주지만, TCP/IP 프로토콜 자체만으로는 우리들이 확신할 수 있는 방법이 없다. 그것은 고

2) Ed Krol, *The Whole Internet: User's Guided Catalogue* (Sebastopol, Cal.: O'Reilly & Associates, 1992), 23~25; Loshin, *TCP/IP Clearly Explained*, 3~83; Hunt, *TCP/IP*, 1~22; Ben M. Segal, "A Short History of Internet Protocols at CERN," link #12 참조.

어가 독일에 있는 동안 쓰여졌는지 모르지만, 그는 그것을 워싱턴에 있는 서버를 통해서 보낼 수도 있다. 물론 그 시스템은 패킷이 이메일의 일부라는 사실을 파악하게 되겠지만, TCP/IP를 통해서 이동하는 정보는 그 내용이 어떤 것인지를 시사하는 어떤 것도 포함하지 않는다. 프로토콜이 알려주는 것은 단지 패킷이 도달하는 IP주소와 그것을 발송하는 IP주소뿐이다. 네트워크의 관점에서 보면 이런 주변정보들은 불필요한 잉여물에 불과하다. 공상에 잠긴 우편배달부처럼 네트워크는 단지 데이터를 옮기고 다른 쪽 끝에 위치한 응용 소프트웨어에 그 데이터의 해석을 맡길 뿐이다.

이처럼 인터넷의 설계가 최소화된 것은 우연이 아니었다. 그것은 매우 다양한 기능을 폭넓게 수행할 네트워크를 설계할 수 있는 최상의 방법이 무엇인가에 관한 결정을 반영한다. 이러한 네트워크의 철학은 각기 다른 응용프로그램들이 필요로 하는 복잡한 기능을 이 네트워크에 설치하기보다는 그러한 복잡한 것들을 네트워크의 핵심부가 아닌 주변부(네트워크상에서 작동하는 응용프로그램들)로 밀어냈다. 그 핵심은 가능한 한 단순하게 유지된다. 따라서 만일 네트워크를 사용하는 사람에 관한 인증이 필요하다면, 그 기능은 네트워크 자체에 의해서가 아니라 그것에 연결된 응용프로그램에 의해서 수행된다. 또한 콘텐츠를 암호화할 필요가 있으면, 그 기능 역시 응용프로그램에 의해 수행되어야 한다.

이러한 디자인 원칙은 네트워크 설계자였던 제롬 샐쩌(Jerome Saltzer), 데이비드 클락(David Clark), 데이비드 리드(David Reed)에 의해 엔드 투 엔드(*end-to-end*) 원칙으로 명명되었다.[3] 그것이 인터넷 설계의 핵심원리였다. 나의 견해로는 그것이 지금까지 인터넷이 누려

---

3) Jerome H. Saltzer et al., "End-to-End Arguments in System Design," in *Integrated Broadband Networks*, edited by Amit Bhargava (Norwood, Mass.: Artech House, 1991), 30~41.

온 혁신과 성장을 하게 된 가장 중요한 이유들 중 하나이다. 그러나 결과적으로 신원확인과 인증의 목적을 위해서는 인터넷의 기본적인 프로토콜만 가지고서는 대단히 힘들게 되었다. 그것은 마치 불빛이 희미하여 거의 앞을 볼 수 없고 주변에서 목소리가 들리지만, 그들이 누구인지, 어디에 있는지 알 수 없는 유령의 집에 있는 것과 흡사하다. 컴퓨터 시스템은 자기와 상호작용하는 어떤 실체가 그곳에 존재한다는 것은 알지만, 그 실체가 누구인지에 대해서는 아무것도 모른다. 현실공간에서는 (이 점이 매우 중요하다) 익명성이 창조되어야 했지만, 사이버공간에서는 이미 주어진 것이다.

(3) 신원과 인증 : 규제능력

현실공간과 사이버공간의 구조상의 차이가 각 공간에서 행위에 대한 규제능력에 중대한 차이를 가져온다. 사이버공간에서는 스스로 인증하는 사실들이 부재하기 때문에 그곳에서 행동을 규제하는 것이 극도로 힘들다. 만일 우리들이 현실공간에서 "투명인간"처럼 걸어 다닐 수 있다면, 현실공간에서도 상황은 같다. 우리가 현실공간에서 투명한 상태가 될 수 없다는 사실자체가 규제할 수 있는 중요한 근거이다.

예를 들어, 어떤 국가가 어린이들이 불건전한 표현물에 접속하는 것을 통제하길 원하더라도 초기의 인터넷 구조는 아무런 도움을 주지 못한다. 국가는 웹사이트들에게 "어린이들이 포르노를 보지 못하게 하라"고 요구할 수 있다. 그러나 웹사이트 관리자들은 (적어도 TCP/IP에 의해 제공되는 데이터로부터) 웹페이지에 접속한 이가 아동인지 어른인지 알 수 없다. 그것이 현실공간과의 차이점이다. 만일 어떤 어린이가 콧수염을 달고 포르노 상점 안으로 들어오면, 그의 은폐시도는 쉽게 실패할 것이다. 비록 은폐시도가 가능하지만 현실공간에서 "아동이라는" 속성은 잘 드러난다. 그러나 사이버공간에서는 감출 필요가 없다.

왜냐하면 당신이 당신의 신원(즉, 당신은 아동이다)에 대해서 숨기려는 사실들이 드러나지 않기 때문이다.

이 모든 것이 초기 인터넷 구조 하에서는 사실이다. 그러나 지난 10년이 분명하게 보여주는 것처럼 그중 어떠한 것도 필연적인 것이 아니다. 개인들에 관한 사실들을 인증하는 효율적인 기술들의 결핍이 행동의 규제를 더욱 어렵게 하는 만큼 효율적인 인증을 위해서 TCP/IP 프로토콜 위에 장착될 수 있는 구조들이 있다. 우리는 이 기술들이 어떻게 전개될 것인가를 이해하기 위해서 인터넷의 역사 속으로 들어가야 한다. 인증에 대한 이러한 추세가 멈출 수 없다는 사실을 이해하기 위해 그 역사를 충분히 살펴야 한다. 문제는 이 인증시스템 속에 우리가 필요로 하는 프라이버시와 자율성을 보호하기 위한 구조를 확립할 것인가이다.

(4) 신원확인의 구조

인터넷을 사용하는 대부분 사람들은 그들의 행동이 감시되는지 혹은 추적되는지에 관하여 거의 관심이 없다. 대신 넷의 경험은 익명성을 느끼게 한다. 내가 목록을 보기 위해 위키피디아(Wikipedia)에 들어가도 위키피디아는 "다시 방문해주신 것을 환영합니다, 래리"라고 말하지 않으며, 구글 역시 마찬가지이다. 대부분의 사람들은 이러한 것을 아무도 보고 있지 않는 것으로 받아들인다.

하지만 외관은 꽤나 현혹적이기 마련이다. 사실 인터넷이 성숙함에 따라, 신원과 행위를 연결시키는 기술이 극적으로 증가하였다. 당신은 여전히 통신상의 익명성을 보장하는 조치를 취할 수도 있으며, 많은 사람들은 선한 행동(버마의 인권운동가들)이나 사악한 행동(테러리스트들의 음모에 가담)을 하기 위해 그런 익명성의 능력에 의존한다. 그러나 그 익명성을 얻기 위해서는 노력이 필요하다. 우리들의 인터넷 사용은 대부분의 사람들이 가능하다고 생각지 못했던 방식으로 추적될 수 있다.

우선 인터넷의 기본적인 프로토콜인 TCP/IP에서 생기는 추적능력을 살펴 보자. 당신이 웹페이지를 보겠다고 요청할 때마다 그 웹서버는 당신의 브타우저에 웹페이지로 나타나게 될 데이터 패킷을 어디로 보내야 할지 알 필요가 있다. 따라서 당신의 컴퓨터는 IP주소를 알려줌으로써 웹 서버에 당신이 어디에 있는지를 알려준다.

이미 설명했듯이 IP주소는 당신이 누구인지 물리적인 공간 어디에서 왔는지 어떤 것도 알려주지 않는다. 하지만 그것은 확실하게 추적을 할 수 있다. (1) 만약 당신이 인터넷에 있는 동안 당신에게 IP주소를 부여한 인터넷서비스 제공자(ISP)를 통하여 웹에 접속하고, (2) ISP가 할당된 로그를 계속 갖고 있다면, 당신이 서핑한 것을 추적해서 당신에게 도달하는 것이 가능하다.

어떻게?

당신이 상사에게 화가 나있다고 생각해 보자. 당신 생각에 그녀는 회사를 파산지경으로 몰아넣은 장본인이다. 몇 달 동안 고민 끝에, 당신은 공개하기로 결정한다. 기자회견과 같은 방식의 "공개"가 아니라 당신 회사에 대해서 논란이 벌어지는 온라인 포럼에 게시하여 공개하는 것이다. 만약 당신의 비판이 당신에게 되돌아온다면, 당신은 많은 곤경에 처할 것이다. 그래서 당신은 그 포럼에서 익명을 사용하기 위한 절차를 밟을 것이다. 아마도 당신은 포럼에 가명으로 계정을 만든다. 그리고 그 가명은 당신이 안전하다고 느끼게 해준다. 당신의 상사가 그 불쾌한 게시물을 볼지도 모른다. 비록 그녀가 당신이 게시한 포럼에 접속하는 데 성공할지 모르지만, 모든 것은 가명이다. 당신은 당신의 비밀이 안전하다고 믿는다.

그것은 잘못된 생각이다. 당신의 사용자이름으로 파악할 수 있는 신원확인 외에도, 만일 포럼이 웹상에 있다면, 그것은 당신이 게시물을 보낼 때 사용했던 IP주소를 안다. 그 IP주소와 당신이 게시물을 올린 시간을 갖고서 "역 DNS 보기"를 하면 당신에게 인터넷에 접속하게 해준 ISP를 쉽게 확인할 수 있다.[4] ISP가 특정 시간대에 어떤 계정이 그 주소를 사용했는가를 알려주는 기록을 점검하는 일은 비교적 간단하다. 따라서 ISP는 (만약 요구받을 경우) 당신의 상사에 대한 불쾌한 메시지를 게시한 IP주소를 사용한 것이 당신의 계정이었다고 알려줄 수 있다. 당신이 그것을 부정하려 한다면("이봐, 인터넷에서는 당신이 개란 사실을 아무도 몰라"), 나는 빨리 포기하라고 말해주고 싶다. 그들은 당신을 찾아낼 것이고 넷에 의해 잡히게 될 것이다. 개든 아니든 당신은 분명히 개집에 있는 것이다.

그렇다면 무엇이 이러한 추적을 가능하게 하는가? 그것은 NASA의 계획도 아니고 마이크로소프트 사의 전략도 아니다. 대신에 그것은 웹의 구조와 웹에 접속시켜 주는 ISP구조의 부산물이다. 웹은 IP주소를 반드시 알아야하며, ISP는 소비자들에게 IP주소를 할당해주기 전에 신원확인을 요구한다. ISP의 로그기록이 남아 있는 한 거래는 추적가능하다. 요컨대 만일 당신이 익명을 원한다면 공중전화를 사용하라!

인터넷에서 이러한 추적능력이 2006년 초에 중요한 관심을 불러일으켰다. 구글은 백만 개의 검색자료 견본을 만들어내라는 정부의 요구와 싸우겠다고 공표했다(MSN과 Yahoo! 모두 똑같은 요구를 받고 자료를 수집했다). 그 요구는 포르노로부터 아이들의 접속을 차단하도록 제정된 법규를 지키기 위해 정부가 수행하는 조사의 일부였다. 물론 정부는 그 데이터를 다른 목적으로 사용하지 않겠다고 약속했지만, 인터넷 커뮤니티로부터 깊은 우려를 자아냈다. 이러한 정부의 요구는 구글이 보유한 데이터를 토대로 개인들의 IP주소(혹은 구글의 개인 계정)까지 법적으로 문제시될 수 있는 추적이 가능하다는 사실을 보여주었

---

4) Shawn C. Helms, "Translating Privacy Values with Technology," *Boston University Journal of Science and Technology Law* 7 (2002) : 288, 296.

다. 예를 들어 직장에서 당신의 인터넷주소가 고정 IP주소라면, 직장에서 작업한 모든 검색은 적어도 구글이 보유할 수 있는 가능성이 있다. 이것이 당신을 염려하게 하는가? 당신이 테러리스트가 아니라고 가정해 보자. 당신은 여전히 염려가 되는가?

하지만 IP주소와의 연결은 추적을 용이하게 해주지만 완벽한 추적을 가능케 하지는 못한다. ISP는 데이터를 오랫동안 보존하지 못한다. 어떤 ISP는 할당기록을 전혀 보존하지 않는다. 그래서 만약 당신이 인터넷카페에서 인터넷에 접속한다면, 당신이 접속한 모든 내용이 추적당할 것이라고 믿을 이유는 없다. 따라서 인터넷은 여전히 적어도 약간의 익명성을 제공한다.

그러나 IP추적이 인터넷 위에 설치되는 신원확인의 유일한 기술이 아니다. 상거래와 소비자들에게 웹을 더욱 가치 있게 해주기 위해서 웹의 역사 초창기에 보다 많이 보급된 기술이 개발되었다. 이것은 "쿠키"라고 불리는 기술이다.

월드 와이드 웹이 처음 장착되었을 때, 프로토콜은 특수한 프로그래밍 언어로 표기된 콘텐츠를 사람들이 볼 수 있게 해주었다. 이 언어(HTML)는 다른 페이지와의 링크를 쉽게 해주었고, 기본 포맷을 콘텐츠에 적용하는 일(고딕이나 이탤릭체로의 전환)을 손쉽게 해주었다. 하지만 프로토콜이 할 수 없었던 한 가지는 어떤 컴퓨터가 웹사이트에 접속하는지 알 수 있는 간단한 방법이었다. 프로토콜은 "무국적"이었다. 웹서버가 웹페이지에 서비스를 제공하라는 요구를 받았을 때, 웹서버는 그 요청이 있기 전에는 요청자의 국적에 대해서 몰랐다.[5)]

프라이버시의 관점에서 보면 이것은 웹의 훌륭한 특징처럼 보인다. 내가 어떤 콘텐츠를 보러 웹사이트에 들어갈 때, 그 사이트는 왜 나에 관한 사항을 알아야 하는가? 익명의 브라우저에서 당신은 콘텐츠의 가

5) 1990년 초에 사용되었던 HTTP 프로토콜에 과한 설명은, link #13 참조.

치를 평가하기 위해 범죄자 취급을 당할 필요가 없다. 도서관 사서가 당신이 책을 열어 볼 때 매시간 혹은 매 순간 기록한다고 상상해 보라.

하지만 상거래의 관점에서 보면, 이러한 초기 웹의 특성은 분명히 버그다. 그것은 상거래 사이트가 당신에 대해 알 수 있는 모든 것을 알기를 원하기 때문이 아니다. 오히려 문제는 훨씬 더 실용적인 데에 있다. 당신이 아마존에 가서 나의 최근 판 20권을 사겠다고 해보라(한 번 시도해 보라. 재미있을 것이다). 당신의 쇼핑카트에 내 책 20권이 들어있다. 그러고 나서 체크아웃 아이콘을 눌러라. 그러면 당신의 쇼핑카트가 비어있는 것을 보게 될 것이다. 왜 그럴까? 처음 설계될 때 그 웹은 당신이 20권의 책을 주문한 동일인임을 인식하는 기능을 갖고 있지 않았다. 다시 말해서 그 웹서버는 당신을 잊어버릴 것이다. 초기에 설계된 그 웹은 한 페이지에서 다른 페이지까지 당신을 기억할 수 있는 방법이 없었다. 결국 초기에 설계된 웹은 상거래에 별로 쓸모가 없을 것이다.

그러나 내가 반복해서 말하듯이, 과거의 웹이 그랬다고 반드시 그 방식을 고수할 필요는 없다. 웹의 기반구조를 설계하는 사람들은 상거래가 가능하도록 웹을 개선시킬 수 있는 방법을 모색하기 시작했다. "쿠키"가 해결책이었다. 1994년에 넷스케이프는 당신이 서버에 접속할 때 당신의 컴퓨터에 작은 데이터를 저장할 수 있는 프로토콜을 도입했다. 이 작은 데이터("쿠키")는 당신이 다른 페이지로 이동하더라도 서버가 당신을 인식할 수 있도록 해주었다. 물론 쿠키가 할 수 있는 것에 관해서 다른 많은 염려가 있다. 우리는 프라이버시를 다루는 장에서 이 문제들을 다룰 것이다. 하지만 여기서 중요한 논점은 기술이 야기하는 위험이 아니다. 문제는 그 잠재력이며 그것이 어떻게 설치될 것인가 하는 것이다. 요즘 고객과 서버 간의 상호작용을 위한 프로토콜의 작은 변화가 웹사이트로 하여금 사이트를 이용하는 이들을 감시하고 추적하는 일을 가능하게 한다.

이것은 인증된 신원확인을 향한 시작단계이다. 아직 멀었지만 그 방향으로 나아가는 단계이다. 당신의 컴퓨터가 아직은 당신이 아니다. 그러나 쿠키가 이전에 웹사이트에 접속했던 동일한 컴퓨터라는 사실은 인증할 수 있게 해준다. 그리고 웹상거래 전체가 초창기에는 이 기술을 바탕으로 설계되었다. 이제 서버는 이 기계가 이전에 이곳에 왔었던 동일한 기계라는 것을 알 수 있다. 그리고 이 지식을 토대로 그들은 엄청난 가치를 만들어 낼 수 있었다. 엄밀하게 말하자면 쿠키는 단지 추적기술일 뿐이다. 그들은 웹페이지에 접속하는 기계를 추적하는 일을 손쉽게 해준다. 그러한 추적이 이용자에 대한 어떤 정보를 알려주지는 않는다. 우리가 현실공간에서 쿠키 부스러기를 따라 빈방까지 좇아갈 수 있는 것처럼 웹서버는 사용자가 사이트에 들어와서 떠날 때까지 "마우스가 흘린 것"(*mouse droppings*)의 흔적을 따라 갈 수 있다. 두 케이스 모두 사용자에 관한 것이 밝혀질 필요는 없다.

하지만 때때로 다른 곳에 저장된 데이터와 결합됨으로써 사용자에 관한 중요 정보가 드러난다. 예를 들어 당신이 어떤 사이트에 들어갔다고 해 보자. 그 사이트는 대회에 참가하는 조건으로 당신의 이름, 전화번호, 이메일주소를 밝힐 것을 요구한다. 당신이 웹사이트를 믿고 입력하고 나서 떠났다고 해보자. 다음날 당신이 이 웹사이트로 들어와서 여러 페이지들을 검색한다. 물론 이 과정에서 당신은 아무것도 밝히지 않는다. 그러나 만일 쿠키가 브라우저를 통해서 당신의 컴퓨터에 저장되어 있다면(그리고 당신이 그것을 제거하지 않았다면), 이후에 당신이 그 사이트로 다시 돌아왔을 때 그 웹사이트는 당신에 관한 이 모든 사실들을 "알고" 있다. 쿠키는 당신의 기계를 추적하고, 이 추적 정보는 당신이 정보를 제공했던 곳으로 다시 연결된다.

IP주소와 쿠키의 추적능력은 이제 인터넷상에서는 초기값(*default*)이다. 물론 이 추적장치를 피할 수 있는 조치를 취할 수 있지만, 대개 하지 않는다. 다행히도 사회와 우리들 대부분을 위해 넷에서 하고 있는 일에 누구도 큰 관심이 없다. 하지만 그것이 누군가에게 관심사가 된다면, 우리를 추적하는 것이 별로 힘들지 않을 것이다. 우리는 여기저기 마우스 사용흔적을 남기고 있다.

그러나 이러한 추적능력의 디폴트가 어떤 이들에게는 충분치 못하다. 그들은 그 이상을 요구한다. 그것이 내가 앞 장에서 말했듯이 하버드의 관점이다. 또한 그것은 오늘날 모든 사적 네트워크의 관점이기도 하다. 다양한 기술들이 넷을 이용하는 사람들에 의해서 더 강력한 인증을 할 수 있도록 개발되었다. 여기에서 나는 두 가지 기술을 설명하겠다. 하지만 내가 보기에 두 가지 중 두 번째 것이 가장 중요한 것으로 입증될 것이다.

이 기술 중 첫 번째는 싱글사인온(Single Sign-on, SSO) 기술이다. 이 기술은 네트워크에 한 번 등록하도록 하며, 그러고 나서 다시 인증할 필요 없이 네트워크의 다양한 리소스에 접속하는 권한을 부여한다. 당신이 직장에서 배지를 단 것처럼 생각하라. 그 명찰에 쓰여 있는 말에 따라(방문자 혹은 연구원) 빌딩의 다른 부서에 다르게 접근한다. 직장의 명찰처럼 당신은 다른 데이터를 포기해야 신분증을 얻는다. 당신은 접수원에게 신분증을 주고, 그는 당신에게 명찰을 준다. 그러면 당신은 사업장에서 어디를 가든 그 명찰을 착용한다.

가장 공통적으로 사용되는 SSO는 케르베로스(Kerberos)라 불리는 시스템이다. 하지만 SSO들도 매우 다양하다. 마이크로소프트의 통행증(Passport system)이 그 예이다. 인터넷상의 수많은 사이트들을 링크하기 위해 연합된 SSO를 만들라는 강력한 요청이 있다. 예를 들어 연합시스템에서 나는 나의 대학에서 인증을 받는다. 그러나 그 후엔 인증 없이 연합시스템 내에서 어느 도메인에도 갈 수 있다. 구조의 가장 큰 장점은 내가 신뢰하지 못하는 기관에 나 자신에 관한 많은 데이터를 흘리지 않고서 신뢰하는 기관에 인증할 수 있다는 것이다.

SSO는 인터넷에 신원제도를 확립하는 데 매우 중요했다. 그러나 나는 다음 10년 동안엔 두 번째 기술이 신원확인을 위한 가장 중요한 도구가 될 것이라고 믿는다. 그 이유는 이 대안이 인터넷의 중요한 구조적 특성을 존중하며, 보다 나은 신원확인기술에 대한 요구가 계속해서 강화될 것이기 때문이다. 당신이 무언가를 사고 싶어 하는 어느 사이트에서든 당신의 이름과 주소를 타이핑해야 하는 번거로움을 잊어버려라. 당신은 단지 명의도용이 급격히 증가할 것을 염려할지 모르지만, 보다 나은 것이 출현하기를 고대하는 많은 사람들이 있다는 사실을 인정할 필요가 있다.

두 번째 시스템을 이해하기 위해서는 신분증이 현실공간에서 어떻게 사용되는지를 생각해 보라.[6] 당신이 지갑을 주웠다. 그 안에는 운전면허증, 몇 장의 신용카드, 건강보험카드, 직장의 신분증 그리고 운이 좋다면 약간의 돈이 들어 있을 것이다. 이 카드들은 제각각 당신에 관한 사실을 인증하는 데 사용될 수 있다. 다시 말해 그것들은 상이한 수준의 신뢰를 제공한다. 운전면허증은 물리적 속성을 지닌 리스트와 사진이 있다. 그것은 와인가게에서는 충분하지만, 국가안보국에서는 충분하지 않다. 신용카드에는 당신의 사인이 들어 있다. 물건을 파는 사람은 영수증에 사인하는 사람이 카드의 주인이라고 인증하기 위해서 그 데이터를 사용할 것이다. 만일 판매인이 의심이 든다면, 그녀는 다른 신분증을 보여달라고 요구할는지도 모른다.

이 "지갑" 구조의 중요한 특성에 주목하라. 첫째, 증명서들은 다른 기관에서 발행된다. 둘째, 그들의 기술에 따라 그들은 상이한 수준의 신용을 제공한다. 셋째, 나는 증명서 발급자가 애초에 계획했거나 의도하지 않았던 방법으로 증명서들을 자유롭게 사용한다. 교통국은 운전면허증으로 신용카드 소지자를 인증하는 데 사용하도록 비자와 협력체결을 맺지 않는다. 그러나 운전면허증이 널리 보급되어 있다면, 신

6) 이 점에 관한 대단히 명쾌한 설명으로는, Dick Hardt-Etech 2006: "Who is the Dick on My Site?"(2006), link #14 참조.

용카드 사용자는 그것을 이용할 수 있다. 넷째, 내가 한가지만을 사용할 수 있을 때 나의 모든 카드를 보여줄 필요가 없다. 운전면허증을 보여주어야 할 경우 건강보험카드까지 보여줄 필요는 없다. 또는 비자카드를 이용하기 위해서 아메리칸 익스프레스 카드를 보여줄 필요는 없다.

이와 똑같은 특성이 바로 인터넷이 탄생한 이래 인터넷의 구조에 부가되는 가장 중요한 것으로 입증될 것이다. 이것은 마이크로소프트 사 주도하에 개발되는 신원확인 메타시스템(*Identity Metasystem*)이다. 인터넷의 새로운 레이어, 즉 신원확인 레이어가 새로운 기능을 추가하기 위해 지금의 네트워크 레이어를 보완할 것이다. 이 아이덴티티 레이어는 마이크로소프트 사의 통행증이나 SSO 기술이 아니다. 그것은 당신의 지갑 속에 있는 증명서들과 똑같은 속성을 지닌 일종의 증명서들의 가상 지갑을 가능케 하는 프로토콜이다. 이 가상 지갑은 당신의 주머니 속에 있는 지갑보다 훨씬 신뢰성이 높을 뿐 아니라 당신에 관한 데이터를 요구하는 사람들에게 어떤 데이터를 보여주어야 할지를 보다 분명하게 통제할 수 있는 능력을 당신에게 제공할 것이다.

예를 들어 현실공간에서 당신의 지갑은 훔치기가 쉽다. 만약 그것을 도둑맞았다면 절도범이 카드를 사용하여 물건을 살 수 있는 시간적 공백이 있다. 사이버공간에서는 지갑을 도둑맞기가 쉽지 않다. 정말이지 잘 설계한다면, 그것을 훔친다는 것은 거의 불가능하다. 카드 보유자로부터 카드를 제거하라, 그러면 그것은 쓸모없는 디지털 물건이 된다.

현실공간에서는 만일 당신이 21세 이상이라는 사실을 인증하고 맥주를 사려면 당신은 점원에게 운전면허증을 보여주어야 한다. 그것을 가지고 그는 당신의 나이를 인증한다. 하지만 그 약간의 데이터로 그는 또한 당신의 이름, 주소, 그리고 몇몇 주에서는 사회보장번호를 볼 수 있다. 이러한 다른 데이터를 그가 알 필요는 없다. 그가 얼마나 험악해 보이냐에 따라 어떤 상황에서는 이들 데이터야말로 그에게 알리고 싶지 않은 것들이다. 현실공간 기술의 비능률성은 이들 데이터를 드러낸다. 이러한 프라이버시의 손실이 사업유지 비용이다.

가상의 지갑은 다를 것이다. 만약 당신의 나이를 인증할 필요가 있다면, 그 기술은 그 사실만을 인증할 수 있다. 이것은 당신이 21세 이상 또는 65세 이상, 혹은 18세 미만이라는 사실을 더 이상의 어떠한 노출 없이도 인증할 수 있다. 만일 당신의 국적을 인증할 필요가 있다면, 당신의 이름, 사는 곳 또는 당신의 여권넘버를 밝히지 않고서도 그 사실을 입증을 할 수 있다. 그 기술은 다른 것들은 밝히지 않고 단지 당신이 원하는 것만 밝힐 수 있도록 정교하게 만들어진다(이 메타 시스템의 주요설계자 중 한 사람인 킴 카메론이 묘사하는 것처럼, "나에게, 그것이야말로 이 시스템의 핵심이다"[7]). 그리고 보다 중요한 것은 암호기술(*cryptography*)을 사용하여 그 프로토콜은 더 이상의 데이터를 요구하지 않고서도 당신이 밝히는 사실에 관하여 상대방이 확신할 수 있도록 해준다.

신원확인의 문제점들에 대한 이 해결책의 탁월성은 무엇보다 그것이 인터넷의 기본구조를 반영한다는 것이다. 거기에는 데이터를 저장하는 중앙 저장소가 없으며, 모든 사람이 채택해야 하는 네트워크 기술도 없다. 대신에 프라이버시와 보안기술 제공자들 간에 경쟁을 촉진하는 신원확인 기술을 확립하기 위한 플랫폼이 존재한다. 마이크로소프트 사가 이 프로젝트를 주도하지만 누구든 이 프로토콜을 만들 수 있다. 어떤 것도 그 프로토콜을 윈도우즈 운영체제나 개별사업자와 연결시키지 않는다. 카메론이 현명하게 지적하는 것처럼, "그것은 어느 한 기업이나 국가에 의해 소유될 수 없다… 단지 어느 한 기술자의 기술적 소인이 찍혀있을 뿐이다."[8]

신원확인 레이어는 인터넷의 하부구조이다. 이것은 마이크로소프트

7) Audio Tape: Interview with Kim Cameron(1/9/06) (on file with author).

8) Ibid.

사를 넘어 많은 이들에게 가치를 제공하며 관심을 유발한다. 하지만 마이크로소프트 사의 작품이 인터넷에는 중요한 선물이지만, 신원확인 레이어는 이타적이지 않다. "마이크로소프트 사의 전략은 웹 서비스에 기반하고 있다." 카메론이 나에게 설명해주었다. "웹 서비스는 신원확인 없이는 불가능하다."[9] 여기에 중요한 공공의 가치가 있지만, 사적인 이해가 이 공적 가치의 배치를 추진하는 것이다.

신원확인 레이어는 개인, 비즈니스 그리고 정부에게 혜택을 주지만 그 혜택은 각기 다르다. 개인들은 명의도용으로부터 보다 쉽게 보호받을 수 있다.[10] 만약 페이팔(PayPal)로부터 당신의 계좌 갱신을 요구

---

9) Ibid.

10) ID 도난과 관련된 법률이 여러 주에서 통과되었다. 최근 목록은 다음과 같다.

Alabama	Alabama Code § 13 A-8-190 through 201
Alaska	Alaska Sta § 11. 46. 565
Arizona	Ariz. Rev. Sta. § 13-2008
Arkansas	Ark. Code Ann § 5-37-227
California	Cal. Penal Code § 530. 5-8
Connecticut	Conn. Stat § 53a-129a
	Conn. Stat § 52-571h
Delaware	Del. Code Ann. tit. 11, § 854
District of Columbia	Title 22, Section 3227
Florida	Fla. Stat. Ann. § 817. 568
Georgia	Ga. Code Ann. § 16-9-120, through 128
Guam	9 Guam Code Ann. § 46. 80
Hawaii	HI Rev. Stat. § 708-839. 6-8
Idaho	Idaho Code § 18-3126
Illinois	720 Ill. Comp. Stat. 5/16G
Indiana	Ind. Code § 35-43-5-3. 5
Iowa	Iowa Code § 715A. 8
Kansas	Kan. Stat. Ann, § 21-4018
Kentucky	Ky. Rev. Stat. Ann. § 514. 160
Louisiana	La. Rev. Stat. Ann. § 14:67. 16
Maine	ME Rev. Stat. Ann. tit. 17-A § 905-A
Maryland	Md. Code Ann. art. 27 § 231
Massachusetts	Mass. Gen. Laws ch. 266, § 37E

하는 이메일을 받는다면, 그 웹사이트가 페이팔인지 아닌지 알게 될 것이다. 또한 스팸메일로부터 보호를 원한다면, 인증된 서버로부터 온 것이 아닌 이메일을 차단할 수 있다. 어느 경우든 기술은 인터넷에 대한 신뢰성을 증진시킬 것이다. 그리고 신뢰의 부족으로부터 오는 해악 — 주로 사기 — 은 감소될 것이다.

상거래 역시 이 기술로부터 혜택을 얻게 될 것이다. 그것 역시 사기가 줄게 되는 혜택을 얻는다. 또한 온라인 거래를 수행하는 데 필요한

Michigan	Mich. Comp. Laws § 750. 285
Minnesota	Minn. Stat. Ann. § 609. 527
Mississippi	Miss. Code Ann. § 97-19-85
Missouri	Mo. Rev. Stat. § 570. 223
Montana	Mon. Code Ann § 45-6-332
Nebraska	NE Rev. Stat. § 28-608 and 620
Nevada	Nev. Rev. State. § 28-608 and 620
New Hamphshire	N. H. Rev. Stat. § 638:26
New Jersey	N. J. Stat. Ann. § 2C:21-17
New Mexico	N. M. Sat. Ann. § 30-16-24. 1
New York	NY CLS Penal § 190. 77-190. 84
North Carolina	N. C. Gen. Stat. § 14-113. 20-23
North Dakoda	N. D. C. C. § 121-23-11
Ohio	Ohio Rev. Code Ann. § 2913. 49
Oklahoma	Okla. Stat. tit. 21, § 1533. 1
Oregon	Or. Rev. Stat. § 165. 800
Pennsylvania	18 Pa. Cons. Stat. § 4120
Rhode Island	R. I. Gen. Laws § 11-49. 1-1
South Carolina	S. C. Code Ann. § 16-13-510
South Dakoda	S. D. Codified Laws § 22-30A-3. 1
Tennessee	TCA § 39-14-150
	TCA § 47-18-2101
Texas	Tex. Penal Code § 32. 51
Utah	Utah Code Ann. § 76-6-1101-1104
Virginia	Va. Code Ann. § 18. 2-186. 3
Washington	Wash. Rev. Code § 9. 35. 020
West Virginia	W. Va. Code § 61-3-54
Wisconsin	Wis. Stat. § 943. 201
Wyoming	Wyo. Stat. Ann. § 6-3-901

보다 안전한 하부구조로부터 혜택을 얻을 것이다.

마지막으로 정부는 이 신뢰의 하부구조로부터 혜택을 얻는다. 만약 사람들이 자신들에 관한 사실들을 인증하도록 요구하는 간단한 방법이 있다면, 정부가 그들에게 요구하는 것이 훨씬 쉬워질 것이다. 만일 웹사이트에 있는 사람이 본인임을 확인할 수 있는 보다 손쉬운 방법이 있다면, 웹을 통해 확실한 정보를 제공하는 일이 더 저렴해질 것이다.

하지만 개인, 상거래 및 정부 모두 이러한 종류의 기술로부터 혜택을 입지만 그들이 잃을 수 있는 것도 있다.

지금은 개인들이 넷에서 익명을 효과적으로 사용할 수 있다. 하지만 인증된 신원확인을 요구하는 플랫폼은 익명 사용을 더욱 어렵게 할 것이다. 예를 들어 사용자를 추적할 수 있게 해주는 증빙물을 지니지 않은 사람들에게 웹사이트 접속을 차단하는 규범이 있다고 해보자. 그것은 일종의 인터넷상의 운전면허증과 같은 것이다. 이 기술과 함께 그 규범은 익명의 발언을 매우 힘들게 만들 것이다.

상거래 또한 이 디자인으로부터 무언가를 잃을 수 있다. 예를 들어 내가 신용카드의 정당한 사용자임을 인증하는 간단한 방법이 있으면, 웹사이트들은 나에 관한 모든 종류의 데이터들, 주소, 전화번호, 그리고 생일(최근 내가 경험했던 한 경우) 등을 요구할 필요가 적어진다. 따라서 불필요한 데이터를 요구하는 관행을 제한하는 규범이 확립될 수도 있다. 그러나 그 데이터는 청구액을 승인하는 기능을 넘어서 비즈니스에 가치 있는 것일 수도 있다.

정부 또한 이러한 신원확인의 구조로 인해 무언가를 상실할지도 모른다. 상거래에서 개인들이 자신의 신원을 인증하기 위해 제시해야 할 추가적인 데이터를 상실하는 것처럼 정부도 그것을 잃게 될 것이다. 정부는 그러한 데이터가 다른 목적을 위해 필요하다고 느낄지도 모른다. 하지만 그것을 수집하는 일이 더욱 어려워질 것이다.

기술이 어떻게 이행되는가에 따라 이러한 이익과 비용이 조정될 수 있다. 프라이버시와 보안의 혼합이 개인과 비즈니스 간의 균형과 경쟁의 산물이듯이 그것이 어떻게 될지 미리 예견할 수 있는 방법은 없다.

하지만 우리의 목적을 위해서 주목해야 할 중요한 사실은 이 기반구조가 규제능력이 답변을 요구하는 첫 번째 질문인 누가 어디서 무엇을 했는가? 에 관해서 효과적으로 대답해줄 수 있을 것이라는 점이다. 당신이 어디에 있든 신원확인을 할 수 있는 저렴한 기반구조가 있다면, 신원이 확인되지 않는 활동의 빈도수는 급격히 줄어들 것이다.

신원확인 기술의 위 사례는 암호화에 관한 중요한 사실을 돋보이게 하였다. 신원확인 레이어는 암호기술에 의존한다. 암호기술은 야누스의 얼굴과 같다. 스튜어트 베이커와 폴 허스트가 언급하였듯이, 암호기술은 "분명 최고의 기술이자 최악의 기술이다. 그 기술은 범죄를 중단케 하지만, 새로운 범죄를 유도할 것이다. 그것은 독재를 파괴할 수 있지만, 반대로 독재자로 하여금 더 극단적으로 나아가게 할 수도 있다. 그것은 우리 모두를 익명으로 만들 수도 있고, 모든 행동 하나하나를 추적할 수도 있을 것이다."[11]

암호기술은 이 모든 것(선한 것과 악한 것)이 될 수 있다. 왜냐하면 암호화는 근본적으로 상이한 두 가지 목적을 위해 쓰일 수 있기 때문이다. 암호의 "기밀" 기능은 "대화의 내용을 비밀로 유지하는 데 사용될" 수 있고, "신원확인" 기능은 "디지털 신원에 대한 위조방지에 사용될" 수 있다.[12] 이렇듯, 암호는 규제로부터의 자유를 가능케 할 뿐만 아니라(그것이 기밀성을 높인다는 점에서), 규제를 강화할 수도 있다(인증성을 높여준다는 점에서).[13]

---

11) Stewart A. Baker and Paul R. Hurst, *The Limits of Trust: Cryptography, Governments, and Electronic Commerce* (Boston: Kluwer Law International, 1998), xv.

12) Ibid.

전통적으로 암호기술이 사용된 곳은 비밀문서이다. 메시지를 암호화하고 이를 풀 수 있는 적합한 열쇠를 가진 사람들만이 메시지를 열고 이를 읽을 수 있다. 이런 형태의 암호화는 언어의 역사만큼이나 오래된 것이다. 그러나 1970년대 중반까지 암호기술은 치명적인 약점으로 시련을 겪었다. 그것은 메시지를 암호화하는 데 사용된 바로 그 열쇠가 그 메시지를 다시 해독하는 데 사용된다는 것이었다. 그래서 만일 당신이 열쇠를 잃어버리면 그 열쇠로 잠겨진 모든 메시지는 노출될 상황에 놓인다. 만약 상당수의 메시지가 동일한 열쇠로 암호화되면 열쇠의 분실은 곧 그 열쇠에 의해 보호되는 비밀문서 전체가 위태롭게 된다. 이러한 위험은 매우 심각한 것이었다. 당신은 메시지를 여는 데 필요한 열쇠를 늘 "지니고" 다녀야 하는데, 그렇게 지니고 다니다 보면 열쇠를 잃어버릴 위험이 따른다.

그런데 1970년대 중반쯤 휘트필드 디피와 마틴 헬만이라는 두 명의 컴퓨터 과학자들에 의해서 암호기술에 획기적인 돌파구가 마련되었다.[14] 디피-헬만 시스템은 하나의 열쇠에 의존하는 것이 아니라 하나는 공개키이고 다른 하나는 개인키인 두 개의 열쇠를 사용하였다. 둘 중 하나에 의해서 암호화된 것은 오직 나머지 다른 하나에 의해서만 해독된다. 한 열쇠로는 다른 열쇠가 어떤 것인지를 알아낼 방법이 없

---

13) Hal Abelson et al., "The Risks of Key Recovery, Key Escrow, and Trusted Third-Party Encryption," *World Wide Web Journal* 2 (1997) ; 241, 245. "비록 암호기술이 전통적으로 기밀성과 연관된다고 하더라도, 인증코드나 디지털 서명과 같은 다른 암호화 메커니즘은 메시지가 변경되거나 위조되지 않도록 보장할 수 있다."

14) Whitfield Diffie and Martin E. Hellman, "New Directions in Cryptography," *IEEE Transactions on Information Theory IT*-22 (Nov. 1976) : 644~54. 이러한 생각은 영국정부의 통신사령탑에서 근무했던 제임스 엘리스에 의해서 일찍이 밝혀졌지만 발표되지는 않았다. 이에 대해서는 Baker and Hurst, *The Limits of Trust*, xvii~xviii.

도록 되어 있다.

이 발명은 물리적인 네트워크 자체가 보안장치를 갖추었는가와는 무관하게 모든 네트워크를 아주 뛰어난 비밀망으로 만들 수 있는 구조의 단서가 되었다.[15] 또한 그러한 비밀망은 나의 비밀이 노출되지 않

---

15) 유선이 도청되더라도, 이런 형태의 암호화는 여전히 그 마법을 실현할 수 있다. 우리는 어떤 것의 영향력이 축적되어 그 잠재력을 명확하게 드러내는 일련의 사례들을 통해서 그 힌트를 얻을 수 있다.

A. 만약 내가 당신만이 읽을 수 있다는 사실을 알고서 메시지를 보내려면, 나는 당신의 공개키를 가지고서 메시지를 암호화 할 수 있다. 나는 개인키 소유자만 읽을 수 있다는 사실을 알면서 그 메시지를 당신에게 보낸다. 장점: 당신에게 보낸 나의 메시지는 안전하다. 단점: 당신은 메시지를 보낸 사람이 나라는 사실을 확신할 수 없다. 왜냐하면 누구든지 당신의 공개키로 메시지를 암호화하고 당신에게 보낼 수 있기 때문에, 당신에게 메시지를 보낸 사람이 나인지 확인할 수 있는 방법이 없다. 그러면 다음의 예를 살펴 보자.

B. 내가 당신의 공개키로 암호화한 메시지를 보내기 전에, 나는 나의 개인키를 가지고 암호화할 수 있다. 그러면 당신이 나에게서 메시지를 받으면, 당신은 나의 공개키를 가지고 해독하고 당신의 개인키를 가지고 다시 한 번 해독한다. 첫 번째 해독 뒤에, 당신은 당신에게 메시지를 보낸 사람이 나라는 사실을 확신할 수 있다. 두 번째 해독 뒤에 당신은 당신만이 그 메시지를 읽는 사람이라는 것을 확신할 수 있다. 그러나 당신은 내가 래리 레식의 공개키라고 말한 것이 래리 레식의 공개키임을 어떻게 아는가? 당신은 당신이 사용하는 공개키가 실제로 그 키임을 어떻게 확신할 수 있는가? 다음의 예가 답변이 될 수 있다.

C. 만일 공개키를 가지고 있는 신뢰할만한 제 3자(나의 거래은행, 연방준비위원회, 혹은 ACLU)가 존재하고(그 기관의 명성 때문에 내가 확증할 수 있는 사실), 그 제 3자가 래리 레식의 공개키가 맞다고 인증한다면, 먼저 당신의 공개키로 그리고 다음에는 나의 개인키로 암호화된 메시지가 그 기관의 개인키로 암호화되어 발행된 증명서(*certificate*)와 함께 보내질 것이다. 당신이 그 메시지를 받으면, 그 기관의 공개키를 사용해서 그 증명서를 해독하고, 그 증명서로부터 나의 공개키를 받아서(당신은 이제 그것이 나의 공개키임을 확신할 수 있다), 그 증명서에 담겨 있는 키를 가지고 내가 당신에게 보낸 메시지를 해독한다(그러면 당신은 그것이 나로부터 온 것임을

을 것이고 나의 사이트를 사용하는 사람이 바로 당신이라는 확신을 준다. 이 때문에 그 기술은 비밀유지에 쓰이기도 하지만, 비밀유지를 더욱 어렵게 하기도 한다. 그것은 규제를 약화시키기도 하고 규제를 강화하기도 한다.

초창기의 인터넷에서, 암호기술은 프라이버시 보호에 치우쳐 있었다. 그것은 대부분 정보 기밀을 유지하는 데 사용되었다. 하지만 차세대 인터넷에서 암호기술의 가장 중요한 역할은 넷을 보다 규제된 공간으로 만들 것이다. 신원확인 레이어가 네트워크에 도입되면서, 신원정보를 요구하는 일이 쉬워지자 이를 네트워크 접속 조건으로 요구하는 사례가 증가하고 있다. 신원확인 능력이 증가할수록, 그 보급도 확산될 것이다. 숀 헬름스가 지적하였듯이, 차세대 인터넷 프로토콜인 IPv6는 "각 패킷이 쉽게 변경되거나 위조될 수 없는 암호 '키'로 설정되어 있어서 각 패킷의 출처를 확실하게 확인할 수 있다. 이러한 인증기능은 인터넷상에서 모든 송신인과 수신인의 정보를 식별할 수 있기 때문에 인터넷상에서 사람들이 익명을 사용하는 것을 거의 불가능하게 한다."[16)]

물론, 익명을 사용하는 것이 불가능하지는 않더라도 대다수의 우리에게는 매우 어려울 것이다. 우리의 패킷은 기록될 것이다. 우리들, 아니면 우리들에 관한 무엇인가가 알려질 것이다.

확신할 수 있다). 그러고 나서 당신의 공개키로 암호화된 그 메시지를 해독한다(당신은 어느 누구도 그것을 읽지 않았다는 사실을 확신할 수 있다). 만일 우리들이 이 모든 절차를 거친다면, 당신은 내가 나라고 말한 나임을 알게 되고, 그 메시지가 나로부터 보내졌음을 알게 된다. 또한 나는 당신만이 그 메시지를 읽게 된다는 사실을 알게 되고, 당신 외에 누구도 그 메시지를 읽지 못한다는 사실을 알게 될 것이다.

16) Shawn C. Helms, "Translating Privacy Values with Technology," *Boston University Journal of Science and Technology Law* 7 (2001): 288, 299.

2. 누가 어디서 '무엇'을 하였는가?

규제력은 또한 "누가 어디서 무엇을 하였는가"에서 "무엇"을 하였는가를 아는 것에 달려 있다. 하지만 초기에 설계된 인터넷은 규제자에게 도움이 안 되었다. 만약에 인터넷 프로토콜이 단순히 데이터를 패킷 형태로 잘라내어 그 위에 주소를 찍는다면, 기본 프로토콜의 어느 것도 그 패킷을 관찰하는 이에게 그 패킷이 무엇을 위한 것이었는지를 알려주지 않을 것이다.

예를 들어, 당신이 전화선을 통하여 DSL(광대역 인터넷 접속)을 제공하는 전화통신회사라고 해보자. 어느 똑똑한 발명가가 음성패킷망(VOIP)을 개발하여 인터넷을 통한 전화통화를 가능하게 하였다. 전화통신회사인 당신은 그것이 달갑지 않을 것이다. 왜냐하면 당신 회사의 DSL서비스를 이용하는 사람들이 계량되지 않는 전화통화를 사용할 수 있기 때문이다. 그 자유는 당신의 이윤을 삭감할 것이다.

당신이 이에 대해 제재할 방법이 있을까? 인터넷 프로토콜에만 의존한다면, 대답은 "없다"이다. 가상의 전화통화를 담고 있는 데이터의 "패킷"은 여느 데이터 패킷과 유사하게 보일 뿐이다. 그것들은 "VOIP"라는 라벨이 붙여진 채로 또는 별명이 붙여진 채로 전달되지 않는다. 그 대신 패킷들은 단순히 주소만 찍혀있을 뿐이다. 각 패킷에서 어떤 일이 일어나는지 전혀 설명이 없다.

하지만 앞의 사례에서 볼 수 있듯이, 우리는 이제 어떤 이들이, 굳이 반(反)경쟁적인 목적이 아니더라도, 그들의 네트워크 안에서 어떤 패킷이 돌아다니는지 매우 예민하게 반응하는 것을 이해할 수 있을 것이다. 네트워크 관리자들은 새로운 용량을 추가할 것인가를 결정하는데 기존의 용량이 무슨 목적으로 쓰이고 있는지를 알 필요가 있다. 회사는 직원들이 스포츠나 포르노에 시간을 허비하는 것을 원치 않기 때문에 직원들이 무엇을 하는지 알려는 강한 욕구가 있다. 대학의 경우는 바이러스나 악성프로그램이 네트워크 컴퓨터에 설치되는 것을 방지하기 위하여 어떤 종류의 패킷이 그들의 네트워크상에 돌아다니는지 알 필요가 있다. 모든 사례에서 보듯이, 어떤 패킷이 네트워크상에서 돌아다니는지 분별해내고자 하는 명백하고도 타당한 의지가 존재한다. 그리고 뜻이 있는 곳에 길이 있는 법이다.

그 방법은 앞 절에서 설명한 것과 동일한 기술을 따른다. 다시 말해서, TCP/IP 프로토콜은 TCP/IP 패킷에 어떤 내용이 담겼는지를 식별하는 기술을 포함하지 않는다. 그러나 그것은 TCP/IP 패킷을 조사하여 그 패킷이 어떤 것인지 보고하는 응용기술을 방해하지도 않는다.

예를 들어 이파네마 테크놀로지(Ipanema Technologies) 사에서 개발한 패키지를 살펴 보자. 이 기술은 네트워크 소유자로 하여금 그 네트워크를 돌아다니는 패킷을 조사하는 것을 가능하게 한다. 그 웹페이지에서는 다음과 같이 천명하였다.

> 이파네마 시스템의 "심층"(*deep*) 레이어 세븐 패킷조사 프로그램은 자동적으로 네트워크상에 돌아다니는 모든 중요한 비즈니스 및 레크리에이션 프로그램을 인지합니다. 실시간 그래픽인터페이스 방식과 매분 간격으로 실행되는 알림기능이 신속하게 새로 배치된 응용프로그램을 발견합니다.[17)]

이 기술로 수집한 데이터에 기초하여, 시스템은 네트워크에서 사용된 응용프로그램 및 사용자에 대한 리포트를 작성한다. 이러한 기술은 네트워크 이용을 통제하여 데이터전송 비용을 절감하거나 네트워크 소유자가 허용하지 않는 사용을 차단할 수 있다.

이러한 방식의 내용규제에 관한 또 다른 사례는 "iProtectYou"라는

---

17) Ipanema Technologies, "Automatically discover applications running over your network." link #15 참조.

제품이다.[18] 이 제품 역시 네트워크상에 있는 패킷들을 검사할 수 있는데, 이 통제시스템은 특정한 기계에서 실행될 수 있다. 부모들은 이 소프트웨어를 컴퓨터에 설치할 수 있으며, 이 소프트웨어는 그 컴퓨터와 교신한 모든 정보망을 감시한다. 회사 측 설명에 따르면, 그 프로그램은 "유해한 웹사이트와 뉴스그룹을 걸러내며, 미리 정해진 스케줄에 따라 인터넷 사용시간을 제한하고, 어떤 프로그램이 인터넷에 접속할 수 있는지 결정하고, 송신되고 수신될 수 있는 데이터양을 제한할 수 있고, 이메일, 온라인 채팅, 인스턴트 메시지 및 부적절한 단어를 포함한 P2P 연결을 차단할 수 있으며, 상세한 인터넷 이용목록을 생성한다." 다시 말해서 이것은 네트워크 꼭대기에 앉아서 감시하는 응용프로그램인 것이다. 그것은 관리자가 규제하고 싶은 종류의 활동들을 식별하기 위해 네트워크 활동에 끼어든다.

이러한 규제의 기술뿐만 아니라, 프로그래머들은 네트워크를 감시하는 다양한 프로그램들을 개발하였다. 이러한 맥락에서 활동하는 주요 프로그램이 바로 "nmap"이라고 불리는 것인데,

> 이것은 네트워크 탐색 또는 보안 검사를 위한 프로그램이며 … 거대한 네트워크를 신속하게 조사하기 위해 고안되었다. … Nmap은 어떤 호스트가 네트워크상에서 사용가능한지, 그 호스트들이 어떤 서비스(프로그램 명칭과 버전)를 제공하는지, 어떤 운영체제를(그리고 OS버전을) 사용하는지, 어떤 종류의 패킷 필터/방화벽을 사용하는지, 그리고 수많은 특성들을 결정하기 위해 가공되지 않은 IP 패킷을 새로운 방법으로 사용한다.[19]

이 소프트웨어는 "자유 소프트웨어"인데, 그것은 소스코드가 이용

---

18) iProtectYou Pro Web Filter v7.10. link #16 참조.

19) Nmap("Network Mapper"). link #17 참조.

가능하며 어떠한 형태로 수정된 소스코드도 이용 가능해야 한다는 것을 의미한다. 이러한 조건들은 모니터링에 필요한 코드가 언제나 이용 가능하도록 필수적으로 보장한다.

마지막으로, 코드제작자들은 "패킷 필터링" 기술을 개발하였는데, 이를 가장 잘 설명할 수 있는 예는 "패킷들이 네트워크 인터페이스를 통과할 때 선택적으로 허용하거나 차단한다. 가장 빈번하게 사용되는 기준은 소스와 목적지 주소, 소스와 목적지 포트 그리고 프로토콜이다." 이것 역시 패킷이 담고 있는 내용이 무엇인지 감시하는 기술이며, 그것이 찾아낸 것을 토대로 무엇을 허용할지 결정한다.

각각의 사례에서, 코드의 레이어는 TCP/IP 프로토콜을 보완하여, 네트워크 관리자에게 TCP/IP 프로토콜만으로는 알려주지 않는 것, 즉 네트워크 패킷에 "무엇이" 담겨있는가에 대한 정보를 제공한다. 그러한 정보는 네트워크 이용에서 "규제능력"을 증가시킨다. 만일 회사가 종업원들이 인스턴트 메신저 채팅을 이용하는 것을 원치 않는다면, 이 기술들이 인스턴트 메신저 채팅을 담은 패킷을 차단함으로써 그 규칙을 집행할 것이다. 또는 어떤 회사가 인터넷 대화에서 어떤 종업원들이 성적으로 노골적인 대화를 하는지 알고 싶다면, 이러한 기술들이 그 사실을 밝혀줄 것이다. 다시 말하지만, 네트워크 관리자들이 이런 통제권한을 행사하고 싶은 적절한 이유는 수없이 존재한다—비록 그러한 권한이 남용되는 수많은 사례들이 있겠지만. 이러한 정당한 요구로 인하여 이와 같은 소프트웨어 제품들이 개발되고 있다.

물론 지금은 사용자들이 이러한 감시망을 피하기 위해 적용할 수 있는 대응수단들이 있다. 어떤 사용자가 데이터를 암호화하여 네트워크상에서 송신하면, 키워드를 바탕으로 차단하는 어떤 감시망도 피할 것이다. 그리고 넷상에서의 행위를 "익명화"할 수 있는 수많은 기술들이 개발되어, 관리자들은 개인들이 네트워크상에서 무엇을 하는지 알아내는 것이 쉽지 않다. 하지만 이러한 대응수단들은 시간이건 돈이건 막대한 투자를 필요로 한다. 대다수는 신경쓰지 않을 것이고, 네트워크 관리자들이 콘텐츠와 네트워크 사용을 감시하는 능력은 보존될 것이다.

네트워크를 사용하는 사람이 "누구인지"를 밝혀내는 능력을 향상시켜온 변화의 추세에서도 그랬듯이, 네트워크를 사용하는 사람이 "무엇을" 하고 있는지 손쉽게 알려주는 기술을 개발하는 데에도 사적인 이익이 충분한 인센티브가 된다. 단순하고 평범한 인터넷을 통해 누렸던 정보의 갭이 사적으로 개발되는 기술들에 의해 채워진다.

3. 누가 '어디서' 무엇을 하였는가?

마지막으로, 서로 다른 관할권들이 다른 요건을 부과하는 한, 효율적으로 규제하는 데 필요한 제 3의 데이터정보는 규제의 대상이 어디에 있는지를 파악하는 것이다. 만일 프랑스가 나치의 물품을 파는 것을 금지하는데, 미국은 그렇지 않다면 프랑스의 법을 준수하고 싶은 웹사이트는 접속하는 사람이 어디에서 접속하는지 알아야한다.

그러나 다시 한 번 말하지만, 인터넷 프로토콜은 어디서 접속하는지를 알려주지 않았다. 그리고 지리적 위치에 따라 콘텐츠에 대한 접근을 통제하거나 접속 지역을 설정하는 것은 매우 어렵다.

초기의 인터넷은 그러한 통제를 대단히 어렵게 하였다. 초기에 설치되었을 때 한 법원은 다음과 같이 설명하였다.

> 인터넷은 지리적 특성과는 전혀 무관하다. 대부분의 사례에서, 인터넷 사용자들은 그들이 접속하는 인터넷 사이트의 물리적 위치를 알지 못하거나 관심도 없다. 인터넷 프로토콜들은 지리적 위치를 무시하도록 고안되었다. 컴퓨터들은 네트워크상에서 "주소"를 갖고

> 있지만, 그것들은 네트워크상의 논리적 주소일 뿐, 현실세계의 지리적 주소가 아니다. 대부분의 인터넷 주소는 지리적 단서를 포함하고 있지 않으며, 인터넷 주소가 그러한 단서를 제공하더라도 그것은 오도하기 십상이다.[20]

하지만 다시 한 번 상거래가 규제력을 구제하였다. 누군가 웹사이트에 접속할 때 그가 어디에 있는지를 파악하는 것이 왜 유용한지 분명한 이유들이 있다. 몇몇의 이유들은 규제와 관계가 있다. 나치관련물품을 프랑스 사람들로부터 차단하는 것, 또는 캔자스에서 아이들로부터 포르노를 차단시키는 것이 그 예이다. 그 이유들에 대해서는 이 책의 뒷부분에서 보다 상세하게 다룰 것이다. 그러나 여기에서 가장 흥미 있는 이유들은 전적으로 상거래와 관련된 것들이다. 그리고 상업적인 이유들은 이러한 기술을 개발하는 근거로서 충분하다.

다시 지적하면, IP주소가 할당되는 방식은 어떤 사람의 위치를 알아내는 데 필요한 데이터에 빈틈을 파생시킨다. IP주소는 가상의 주소이며, 그것들은 특정한 지리적 위치를 의미하지 않는다. 그것들은 네트워크상의 위치를 의미한다. 따라서 2개의 IP주소가 숫자상 매우 가깝더라도, 지리적으로는 상당히 멀리 떨어져 있을 수 있다. 예를 들어, 우편번호가 작용하는 방식과 다르다. 만일 당신의 우편번호가 나의 것과 숫자 한 개만 다르다면, 우리는 이웃이나 마찬가지이다.

그러나 데이터에서 이러한 갭은 IP주소로부터 접속자가 어디 있는지 추론할 수 있는 데이터상의 갭일 뿐이다. 즉, 23.214.23.15로부터 접속자가 캘리포니아에 있는지를 간단히 추론해낼 수는 없지만, 주어진 IP주소로부터 그 사람이 어디에 있는지 파악하기 위해 필요한 데이

20) *American Library Association v. Pataki*, 969 F. Supp. 160 (S. D. N. Y. 1997), Michael Geist, *Cyberlaw 2.0*, 44 *Boston College Law Review* 323, 326~27 (2003) 에서 인용.

터를 수집하는 것은 가능하다. 이를 수행하기 위해서는 IP주소와 지리적 위치를 표로 만들어서, 최종 IP주소를 추적하고 동시에 패킷이 돌아다녀온 길을 추적하여 패킷이 보내진 지점을 통해서 당신이 어디에 있는지를 알아내야 한다. 그러므로 TCP/IP 프로토콜 자체가 그 사람이 어디에 있는지를 직접 알려줄 수는 없지만, 적어도 IP패킷의 시작점 혹은 목적지를 밝히기 위해 간접적으로 이용될 수 있다.

이 정보를 얻기 위한 상업적 동기는 분명하다. 잭 골드스미스와 팀 우는 키릴 호우리(Cyril Houri)라는, IP 지도기술을 개발한 유명한 기업가에 관해 언급하였다. 어느 날 밤, 그가 파리에 있는 호텔에서 미국에 있는 자신의 이메일 계정에 접속하였다. 그의 이메일이 웹서버를 통해 나타났는데 화면 위의 배너 광고가 미국 꽃 회사를 광고하는 것이었다. 그것이 그에게 (지금은 명백하지만) 어떤 아이디어를 주었다. 웹사이트로 하여금 어디에서 접속하는지 알게 하는 기술이 발명되면, 이용자에게 필요한 광고를 띄워줄 수 있지 않을까?[21]

호우리의 아이디어는 여러 사람들에 의해 복제되었다. 일례로 지오셀렉트(Geoselect)는 IP 지도 서비스를 제공하는 회사이다. 그들의 웹페이지에 접속하면, 99% 확률로 당신이 어디에서 접속하는지 자동적으로 알려줄 것이다. 그들의 서비스를 이용하면, 당신의 사이트를 방문하는 사람들의 지리적 위치 목록을 만들 수 있고, 당신의 웹서버에 지리적 데이터를 가진 로그파일들을 자동으로 업데이트할 수 있다. 당신은 사용자들의 접속위치에 따라 환영인사말을 자동으로 바꿀 수 있고, 사용자의 위치에 따라 자동으로 주소를 변경시킬 수 있을 것이다. 이 모든 기능은 사용자에게 보이지 않는다. 그가 보는 것은 TCP/IP만으로는 알 수 없는 사실, 그가 어디에서 접속하는가를 알아내는 도구들에 의해 구성된 웹페이지이다.

---

21) Jack Goldsmith and Timothy Wu, *Who Controls the Internet: Illusion of a Borderless World* (New York: Oxford University Press, 2006), 44.

그렇다면 웹사이트들은 어떤 상업적 목적으로 그런 소프트웨어를 사용하는 것일까? 맥스마인드(MaxMind)라는 회사[22]는 신용카드 사기를 주요 이유로 들고 있다. 만일 당신의 고객이 "대단히 위험한 IP 주소", 예를 들어 신용카드 범죄에 관련 있는 사람의 위치로부터 접속한다면 맥스마인드의 서비스는 거래를 중단시키고 한층 강화된 보안절차로 안내할 것이다. 맥스마인드는 "타깃 광고"에도 서비스를 제공한다. 그 제품을 이용하면, 고객은 국가, 주, 도시, 대도시의 코드, 지역 코드 그리고 이용자의 접속속도에 근거하여 메시지를 설정하여 보낼 수 있다(사람들에게 전화로 DVD광고를 할 필요도 없다).

동일한 IP 지도제작 기능을 제공하는 강력한 응용프로그램이 또 있다. Hostip.info는 웹사이트 운영자들에게 — 무료로 — 그들의 사이트를 방문하는 이용자들의 "지리적 위치를 추적할 수 있는"(*geolocate*) 능력을 제공한다.[23] 이것은 IP 지도제작 기능이 회사나 소수의 개인들에게만 독점적으로 이용되는 것이 아니라, 정부를 포함하여 어느 프로그램 개발자라도 그들의 프로그램에 이 기능을 끼워 넣을 수 있음을 의미한다. 그 정보와 기능은 무료이다.

따라서 재차 언급하지만, 인터넷상에서 행위들을 규제하는 데 필요한 데이터가 기존에 가지고 있던 갭 — 지리적 신원확인 — 이 메워진다. 하지만 이것은 정부의 강제나 국가안보국의 은밀한 작업에 의해서 메워진 것이 아니다. 오히려 그 갭은 네트워크 자체가 알려주지 않는 데이터를 제공하는 것과 관련된 상업적 이해에 의해 메워졌다. 이제 기술은 네트워크가 필요로 하는 데이터를 생산하기 위해 인터넷 위에 층층이 쌓이고 있다.

하지만 신원확인을 피하는 것은 여전히 가능하다. 시민자유 운동가인 세스 핑클스틴은 우리들이 이러한 추적을 피하는 것이 상대적으로

---

22) MaxMind Home Page, link #18 참조.

23) Hostip.info Home Page, link #19 참조.

쉽다는 사실을 알려주었다.[24] 하지만 아래에서도 서술하겠지만, 피하기 쉬운 추적조차 효과적인 추적이 될 수 있다. 그리고 위에서 묘사된 신원확인 구조와 연계되면, 이러한 형태가 꽤 효과적이 될 것이다.

4. 결과들

앞 장에서 우리는 인터넷의 규제불가능성이 설계의 산물이라는 사실을 살펴보았다. 그가 누구인지, 무엇을 하는지, 어디에서 왔는지를 네트워크가 확인하는 데 실패한 것은 네트워크를 이용하는 개인들을 통제하는 것이 어렵다는 것을 의미하였다. 그것은 불가능한 것이 아니라 어려운 문제이며, 모든 사람에게는 아닐지 모르지만, 충분히 많은 이들에게 중요한 문제임에는 틀림이 없다. 초기의 인터넷은 모두에게 "기게스(Gyges)의 반지"— 플라톤이 《국가론》에서 언급했던, 양치기 기게스를 보이지 않게 한 반지 —를 주었다. 그러한 세상에서 규제의 딜레마는 플라톤이 이 반지에 대해서 느꼈던 두려움과 비슷하다. 그러한 반지가 있다면, "본성이 강건하여 정의롭게 서 있을 사람은 아무도 없을 것이다."[25] 그리고 설령 반지의 힘을 지닌 사람이 정의를 선택하더라도, "그는 구경꾼들에게 가장 바보스런 존재로 여겨질 것이다. 비록 다른 사람들 앞에서는 그를 칭찬하고, 그들이 부당함을 겪을지도 모른다는 두려움에서 체면을 유지하고 있지만."

하지만 인터넷의 초기 구조가 지닌 이러한 갭은 불가피한 것이 아니다. 우리는 인터넷과 한결같이 상호작용하면서도 이러한 "결점"이 없

24) Seth Finkelstein, Barbara Nitke and the National Association for Sexual Freedom v. Ashcroft — Declaration of Seth Finkelstein (2006년 4월 28일에 업데이트됨), link #20 참조.

25) *Plato's Republic, Book II* (Agoura Publication, Inc. 2001).

는 네트워크를 상상할 수 있다. 그리고 무엇보다 중요한 것은, 우리가 왜 이러한 갭을 제거하는 데 중요한 상업적 관심이 있는지를 이해할 수 있다는 것이다.

하지만 당신은 여전히 회의적일 수 있다. 내가 언급한 기술을 이용하여 대부분의 인터넷 활동이 추적될 수 있지만, 여전히 중대한 갭이 있다고 생각할 것이다. 사실, 스팸메일, 바이러스, ID 도용 등의 폭발적인 증가는 여전히 규제하지 못하는 행위들이 많다는 사실을 입증한다. 상업적 행위들만으로는 상거래나 시민생활에서 아직 이러한 위협을 많이 제거하지 못했다. 이 책의 후반부에서 살펴보겠지만, 상거래가 그렇게 할 수 있을지도 의문이다.

하지만 상거래가 여기에서 유일한 주체는 아니다. 정부 역시 중요한 동업자이며, 상거래가 구축해놓은 규제능력의 틀은 정부에 의해 다시 구축될 수 있다. 다시 말해서, 정부는 상거래를 돕고 스스로를 돕는다. 정부가 어떻게 그 일을 할 수 있는가에 대해서 다음 장에서 논의하겠다.

제 5 장

코드의 규제

상거래는 상거래를 위해 그리고 간접적으로는 정부를 위해서 맡은 바 역할을 다 해왔다. 상거래를 좀더 효율적으로 만드는 기술은 규제를 손쉽게 해주는 기술로서 상호적으로 지원한다. 현재 많은 기술들은 누가 넷(*Net*)에 접속하고, 무엇을 하며, 어디에서 하는지를 더 쉽게 알 수 있게 해준다. 이러한 기술들은 비즈니스가 더욱 원활히 이루어지도록 개발되었고, 인터넷상의 삶을 더욱 안전하게 해준다. 하지만 이 기술들의 부산물은 넷을 더욱 규제가능하도록 만든다.

좀더 규제를 하는 것이 가능하다. 완벽한 규제가 가능한 것은 아니다. 이런 도구들만으로도 많은 일을 할 수 있다. 조엘 레이든버그가 지적했듯이, 이 도구들은 이미 법원들로 하여금 넷상의 행동에 어떻게 접근할 수 있는지, 즉 규제할 수 있는지에 대하여 방향제시를 하고 있다.[1] 하지만 아직은 넷의 중심부를 규제할 만한 동기를 제공하지는 않는다. 그 최종단계는 정부의 조치를 요구하게 될 것이다.[2]

1) Joel R. Reidenberg, "Technology and Internet Jurisdiction," *University of Pennsylvania Law Review* 153 (2005): 1951.

내가 이 책을 처음 출판했을 때, 나는 정부가 결국에는 이러한 수순을 밟을 것이라고 예상했었다. 1999년 이후의 사건들은—아래에서 설명하게 될 'Z-이론'의 탄생을 포함해서—나의 확신을 견고하게 해주었다. 미국에서 테러리즘을 "적"으로 표명한 일은 정부를 더욱 강력하게 하고 규제를 보다 효과적으로 하기 위한 정부의 조치에 저항하는 결의를 약화시켰다. 한계는 있다. 적어도 나는 있다고 믿고 싶지만, 규제의 경계가 움직인 것은 분명하다. 어쨌거나 현재 정부가 넷의 규제를 더욱 혁신적으로 강화시키기 위해서 해야 할 일이 그렇게 많지

2) 《코드》 제1판이 출간된 이래 중요한 공적 가치에 영향을 미치기 위해 정부의 개입이 필요한지 여부에 관하여 광범위한 논쟁이 있었다. Thomas B. Nachbar, "Paradox and Structure: Relying on Government Regulation to Preserve the Internet's Unregulated Character," *Minnesota Law Review* 85 (2000):215 (개입의 필요성을 지지함); Neil Weinstock Netanel, "Cyberspace Self-Governance: A Skeptical View from Liberal Democratic Theory," *California Law Review* 88 (2000):395 (민주적 숙고를 강조함); Jay P. Kesan, "Private Internet Governance," *Loyola University Chicago Law Journal* 35 (2003):87 (사적 규제의 실패한 사례들을 조사함); Thomas Schultz, "Does Online Dispute Resolution Need Governmental Intervention? The Case for Architectures of Control and Trust," *North Carolina Journal of Law and Technology* 6 (2004):71; Carl Shapiro, "Will E-Commerce Erode Liberty?," *Harvard Business Review* (May-June 2000): 195 (시장의 규제효과에 낙관적임); Brett Frischmann, "Privatization and Commercialization of the Internet Infrastructure: Rethinking Market Intervention into Government and Government Intervention into the Market," *Columbia Science and Technology Law Review* 2 (2000/2001):1 (개입을 지지함); Cass R. Sunstein, "Code Comfort," *New Republic*, Jan. 10, 2002 (시장의 대응에 낙관적임); Henry H. Peritt, Jr., "Towards a Hybrid Regulatory Scheme for the Internet," *University of Chicago Legal Forum* 215 (2001) (정부가 지원하는 사적 해결책을 지지함); Jay P. Kesan and Andres A. Gallo, "Optimizing Regulation of Electric Commerce," *University of Cincinati Law Review* 72 (2004): 1497 (언제 규제가 필요한지 이해하기 위해 게임이론을 통합한 뛰어난 논문임).

않다. 이와 같은 규제는 그 자체만으로는 아무런 저항을 유발하지 않을 것이다. 정부는 규제의 수단과 동기를 가지고 있다. 이 장에서는 이 문제를 다뤄보겠다.

비결은 한번 알려지면 분명해진다. 지금의 인터넷 구조에서는 정부가 직접적으로 행동을 규제하기는 어렵다. 그렇다고 해서 정부가 인터넷 구조 자체를 규제하기 어렵다는 의미는 아니다. 즉, 그 비결은 정부가 행동을 보다 잘 규제할 수 있도록 구조의 발전을 부추기는 조치를 취하는 것이다. 여기에서 나는 "구조"라는 말로 TCP/IP 자체의 규제를 의미하는 것이 아니다. 그보다는 인터넷 공간에 존재하는 코드를 변화시킴으로써 인터넷의 구조를 효과적으로 제한하는 규제를 말한다. 만일 신원을 확인할 수 있는 기술이 없다면, 구조를 규제한다는 것은 신원확인의 기술을 부추기는 정부의 조치를 의미한다.

만약 정부가 이러한 조치를 취한다면, 인터넷상의 행동을 규제하는 능력을 향상시키게 된다. 그리고 이러한 조치들에 따라 인터넷을 우리가 알고 있는 공간 중 가장 완벽하게 규제될 수 있는 공간으로 만들게 될 것이다. 마이클 가이스트가 말하듯이, "상업적인 인터넷 초기에는 정부가 기꺼이 비켜서 있었는지 몰라도, 더 이상은 아니다."[3]

---

3) Michael Geist, "Cyberlaw 2.0," *Boston College Law Review* 44 (2003): 323, 332.

1. 규제의 구조: 규제의 두 단계

우리는 이를 "규제의 두 단계"라고 칭할 수 있다. 행동이 비교적 규제 불가능한 환경 아래에서, 정부는 규제의 가능성을 높이려고 시도한다. 그리고 규제의 틀이 잡히면, 사이버공간에서 규제의 두 단계와 같은 패턴을 보여주는 사례들은 얼마든지 있다.

(1) 교통체증

런던은 교통체증의 문제를 안고 있었다. 도심부에 너무 많은 자동차들이 다니고, 불필요한 자동차 운행을 막을 수 있는 간단한 방법이 없었다. 그래서 런던 시는 세 가지 조치를 취했다. 첫 번째는 비디오카메라가 인지할 수 있는 번호판을 부착하도록 했고, 가능한 많은 공공시설에 비디오카메라를 설치해서 어떤 자동차들이 어디에 있는지를 지속적으로 모니터했다.

그리고 2003년 2월부터 런던 시는 교통체증료를 부과했다. 처음에는 오전 7시부터 오후 6시30분까지 모든 자동차(택시와 특정요금을 내는 주민을 제외한)에 하루에 5파운드를 부과했고, 2005년 7월에는 8파운드로 인상했다. 18개월이 지나 이 시스템은 "기대한 것보다 높은" 효과를 발휘했다. 교통체증이 32% 줄어들었고, 시내의 교통량은 15% 줄었으며, 주요 도로의 정체시간이 20%가 줄었다. 지금 런던 시는 도심진입 통행료를 더욱 정확하고 손쉽게 부과할 수 있는 신기술 도입을 검토하고 있다. 자동차가 런던 시내에 머무르는 동안 모니터할 수 있는 GPS와 GSM 기술뿐만 아니라, 새로운 태그 기술을 고려하고 있다.[4)]

---

4) Transport for London, "Congestion Charging." Link #21 참조; Center for Transportation Studies, "London's Congestion Charge Cuts Traffic Delays, Spurs Bus Use."(December 2004), link #22와 link #23 참조;

(2) 전화 I

지난 10년 동안 전화망의 구조는 급진적인 변화를 겪었다. 수년 동안[5] 인터넷 설계에 저항하였지만, 전화망은 이제 순환개폐식(*circuit-switched*) 망에서 다발개폐식(*packet-switched*) 망으로 변화되고 있다. 인터넷과 마찬가지로, 정보의 패킷들이 시스템을 통해 전달되지만, 이러한 패킷들이 동일한 방법과 경로로 이동할 것이라고 확신할 수 없다. 정보들은 가장 효율적인 경로를 택하며, 그것은 어느 때건 수요에 의존한다. 그러나 이러한 디자인은 법을 집행하는 데 문제를 불러일으킨다. 특히 도청을 해야 하는 경우 문제가 발생한다. 순환개폐식 망에서는 어느 선을 도청하면 되는지 알아내기가 쉬웠다. 다발개폐식 망에서는 데이터의 다발이 어떤 경로로 이동할지 예상할 수 없기 때문에 도청이 훨씬 더 어려워진다.

적어도 특정한 다발개폐식 망 설계 하에서는 어려운 것이 사실이다. 다른 종류의 디자인이라면 또 다른 어려움에 봉착할 것이다. 그리고 이러한 가능성이 연방의회로 하여금 1994년 통신지원법(Communication Assistance for Law Enforcement Act, CALEA)을 채택하도록 하였다. 통신지원법은 전자적 감시가 가능하도록 법집행 기능을 갖춘 통신망을 설계하도록 의무화하였다. 의무조항들은 통신망이 법의 요건을 준수해야 하는 기준들을 명시한 "안전 망"(*safe harbor*) 협약을 통해 타결되었다. 통신지원법(CALEA)은 여기서 지적하고자 하는 규제의 고전적인 사례이다. 산업이 하나의 네트워크 구조를 만들어냈다. 그 구조는 정부의 이해관계를 적절하게 충족시키지 못했고, 이에 대응하여 정부는 네트워크의 설계를 규제하였으며, 그것이 정부의 목적에 더 잘

Transport for London, "London Congestion Charging Technology Trials."(February 2005), link #24 참조.

5) Kaite Hafner and Mattew, *Where Wizards Stay Up Late: The Origins of Internet* (New York: Simon & Schuster, 1996), 62~63 참조.

부응하였다(통신업체에게는 다행스럽게도 정부가 비용의 일부를 부담하기로 약속하였다[6]). 수잔 크로포드에 의하면,

> 인터넷의 미래에 가장 중요한 점은 법집행 부처가 새로운 서비스가 개시되기 전에 정보수집과 정보전달에 관한 의무사항을 준수하는지를 확실하게 하기를 원한다는 것을 분명히 했다는 것이다. 모든 신중한 비즈니스는 법집행에 따라 자사의 서비스를 제공하기를 원할 것이라고 법무부는 제안하였다. "서비스제공업체는, 만약 그들의 서비스가 통신지원법에 저촉된다고 판단되면, 서비스를 시행하기 전에 미리 지도를 받는 것이 좋을 것이다.… 법무부는 서비스제공업자가 이와 같은 지도를 요청하지 않았다는 사실을 법집행 당시에 반드시 고려할 것이다."[7]

크로포드의 지적처럼, 통신지원법은 "연방통신위원회(FCC)가 인터넷 프로토콜을 사용하는 다양한 종류의 서비스, 컴퓨터 및 웹사이트를 디자인할 때 정부당국의 허가를 받는 것이 필요하다는 입장을 취할지도 모른다는 '신호'이다.… 정보의 흐름은 온라인 상품 및 서비스와 관련된 디자인 프로세스의 일부로서 정부에 의해 지정될 것이다."[8]

이러한 징후는 지속되어왔다. 2005년 8월 연방통신위원회는 Voice-

---

6) 통신지원법은 1995년 1월 1일 이전에 설치된 통신시스템을 개선하기 위해 5억 달러의 사용을 승인하였다. 그것은 전체 개선비용의 25%에 해당하는 금액이었다. House of Representatives, Subcommittee on Crime, Committee on the Judiciary, Testimony on the Implementation of CALEA. 1997년 10월 23일, Testimony of RoyUSTA (link #25 참조).

7) Susan P. Crawford, "Symposium, Law and Information Society, Panel V: Responsibility and Liability on the Internet, Shortness of Vision: Regulatory Ambition in the Digital Age," 74 *Fordham Law Review* (2005): 695, 723~24.

8) Ibid., 720.

over-IP 서비스는 "정부가 도청하는 데 더욱 용이하도록 디자인되어야 한다"고 결정했다.[9)]

물론 네트워크의 구조를 규제하는 것만이 연방의회가 가진 수단은 아니다. 의회는 형벌을 강화함으로써 도청의 어려움으로 인해 발생하는 범죄예방의 위축에 대처할 수 있다.[10)] 아니면 범죄수사의 자원을 늘릴 수도 있다. 이러한 변화들은 범죄자들을 추적해서 기소할 수 있는 네트워크의 기능을 활용하지 않고서 범죄자들이 직면하는 동기들을 바꿀 수도 있다. 그러나 의회는 전화망의 구조를 변경하도록 법안을 만들고, 범행동기를 간접적으로 바꾸도록 네트워크를 직접 이용했다. 이것이 코드를 규제하는 법이다. 그것의 간접적인 효과는 법집행력을 높이는 것이며, 코드에 근거한 제약을 수정함으로써 그렇게 한다. 이러한 규제는 전화회사에 대해서 잘 작동한다. 전화회사들은 그 수가 적고, 규제상황을 검증하기가 비교적 쉽다. 따라서 전화회사들은 규제가 가능한 매체이다. 이들을 대상으로 하는 법률은 집행하기가 쉽다.

하지만 전화서비스가 인터넷을 통해 제공된다면 어떻게 될까? 벨 사

---

9) Susan P. Crawford, "Someone to Watch Over Me: Social Policies for the Internet" 37 (Cardozo Law School Legal Studies Research Paper, No. 129, 2006).

10) 제 7 항소법원의 수석판사인 리처드 포스너는 워렌 대법원 시절 형사소송절차를 합헌화할 때, 이런 일이 발생했다고 주장한다. 범죄자를 기소할 때 증가하는 어려움에 대처하기 위해 연방의회는 범죄형량을 급격히 증가시켰다. Richard Posner, "The Cost of Rights: Implications For Central and Eastern Europe-and for the United States," *Tulsa Law Journal* 32 (1996): 1, 7~9 참조. 윌리엄 스턴츠 교수 역시 유사한 의견을 피력하였다. William J. Stuntz, "The Uneasy Relationship Between Criminal Procedure and Criminal Justice," *Yale Law Journal* 107 (1997): 1, 4. 헌법은 의회가 맞춰야 하는 외적 제약으로 작용한다. 헌법적 보호가 증가할수록, 의회는 형벌을 증가시킴으로써 보충할 수 있다.

우스(Bell South)와 같은 전화회사가 아닌 보니지(Vonage)나 스카이프(Skype)를 통해 전화서비스가 제공된다면? 이러한 매체들도 규제가 가능할까?[11)]

비록 그 근거는 다르지만 정답은 가능하다이다. 즉 스카이프, 보니지와 기타 VOIP 서비스제공자들이 회사로서 자신들의 가치를 극대화하고자 한다. 그러한 기업 가치의 일부는 확실하게 규제 가능한 행위를 입증함으로써 만들어진다. 미국 정부의 법을 따르지 않고서는 건전하고 수익성이 높은 회사를 설립할 수 있는 토대를 구축할 수 없다. 그것은 GM사에 적용되는 만큼 이베이에도 적용되는 진리이다.

(3) 전화 II

의회가 통신지원법을 제정한지 4년 뒤에 연방수사국(FBI)은 연방통신위원회에 정부의 규제력을 훨씬 더 강화하라고 요청하였다. 연방수사국이 제안한 개정안에는 통신 회사로 하여금 어디에서 전화를 받았는지 통신타워에 보고하도록 의무화하여 이동전화를 사용하는 개인들의 위치에 관한 정보를 요구할 수 있는 규정도 포함되어 있었다.[12)] 송

---

11) 처음에는 통신지원법의 요구사항이 VOIP 서비스에 기반한 설비에만 적용되었다. 하지만 최근에는 그러한 압력이 모든 VOIP서비스로 확대되었다. Daniel I. Solove, Marc Rotenberg, and Paul M. Schwartz, *Information Privacy Law*, 2nd edition (New York: Aspen Publisher, 2006), 287~88 참조. 그들은 VoIP(Voice over Internet Protocol)의 상황을 잘 요약하고 있다.

12) Federal Communications Commission, Further Notice of Proposed Rulemaking, Released November, 5 1998, at p. 25 ("In the matter of: Communications Assistance for Law Enforcement Act") 참조 (J-STD-025는 위치정보를 포함하고 있으며, 그것은 이 정보가 접속지역에서 접근가능하고, 법집행이 합법적으로 허용될 때에는 핸드폰 사용자의 위치를 확인할 수 있다. 위치정보는 통화내용 채널을 사용하든 통화데이터 채널을 사용하든 관계없이 LEA가 획득할 수 있다). 이 정보를 얻으려는 FBI의 의도가 시

신 도중 매끄러운 연결을 위해 이동전화시스템은 고객이 이동전화를 사용하고 있을 때 그의 위치에 관한 정보를 수집한다. 그러나 이와 같은 이유나 청구서를 만드는 목적 이외에 통신회사들은 이러한 정보가 필요 없다.

그러나 연방수사국은 이러한 통신회사와는 다른 이해관계를 가지고 있다. 연방수사국은 이러한 정보를 요구해야 할 "합법적인 법집행의 근거"가 있을 때에는 언제든 이 정보들을 손쉽게 이용하고자 하였다. 통신지원법의 개정안은 이동통신회사에게 이러한 정보를 제공할 의무를 부가하게 될 것이다. 이것은 통신회사들로 하여금 정보를 검색할 수 있는 코드를 만들도록 간접적으로 요구하는 방법이다.[13]

이러한 요구를 하게 된 동기는 처음엔 매우 적절하였다. 긴급구조서비스 제공자는 긴급구조사태를 알리는 이동전화가 어디에서 걸려왔는지 손쉽게 알아낼 수 있는 방법이 필요하였다. 물론 그것이 변경의 유일한 목적이었다면 긴급구조 전화가 올 때에만 위치에 관한 정보를 보고하도록 시스템을 설정할 수 있었을 것이다. 그러나 전화가 사용될 때마다 이러한 정보들을 수집하도록 압력이 가해졌다. 따라서 적어도 이러한 경우에는 위치확인 정보가 필요했다. 하지만 연방수사국은 긴급구조 전화의 경우에만 국한되지 않는 위치확인 정보를 원했고, 전화가 사용될 대마다 이러한 정보를 수집하도록 요구했다.

지금까지 연방수사국은 규제자들에게 요청하는 데에는 성공적이었으나 법원에 대해서는 그렇지 않았다. 그러나 법원이 부과한 제한은

민자유보호단체나 산업연합체에 의해서 강력한 도전을 받았다. *United States Telecom Association, et al. v. FCC*, 277 F3d 450 (D.C. Cir. 2000) 참조. 법원은 핸드폰 송신탑의 정보가 공개될 수 있도록 허용하였다. 다만 정부에 보다 실질적인 부담을 지웠다.

13) Center for Democracy and Technology, "FBI Seeks to Impose Surveillance Mandates on Telephone System; Balanced Objectives of 1994 Law Frustrated: Status Report," March 4, 1999, link #26 참조.

단지 연방수사국이 이러한 데이터를 얻기 위해서 고도의 입증책임을 지도록 요구한 것이었다. 그 기준이 무엇이건 간에, 규제의 효과는 이동통신회사가 단지 정부를 돕는 그런 종류의 데이터를 수집하고 보관할 수 있는 시스템을 갖추도록 강제하는 것이었다.

(4) 데이터 저장

컴퓨터는 그것이 어떻게 사용되었는지 데이터를 수집하여 로그 형태로 저장한다. 로그는 장황할 수도 있고 아닌 경우도 있다. 다시 말해서 컴퓨터는 숱한 데이터를 수집하거나 혹은 거의 수집하지 않는다. 그리고 더 많은 데이터를 수집할수록, 누가 무엇을 했는지를 추적하기가 더욱 쉬워진다.

정부들이 이러한 사실을 인지하기 시작했다. 그리고 몇몇 국가는 이를 이용할 수 있다고 확신하고 있다. 미국은 "심사숙고"하고 있으며,[14] 유럽연합은 보다 효율적인 법집행을 위해 서비스 업체들로 하여금 특정 데이터를 저장하도록 규정하는 법안을 채택하였다. 그 법안은 "일반적으로 공적으로 이용하는 전자통신 규정과 관련하여 데이터의 생성과 처리"를 규제하기 위한 것이었다. 이 법안은 출처, 위치, 시간, 지속기간, 종류 그리고 해당 통신에서 사용된 장비 등을 판단할 수 있는 데이터를 포함한다.[15] 이러한 법률은 정부가 개인의 행위를

---

14) Declan McCullagh, "ISP Snooping Gaining Support," CNET News, Apr. 14, 2006, link #27 참조. 2006년 3월 15일 유럽의회는 데이터 보존에 관하여 공개적으로 이용할 수 있는 통신서비스의 준수규정에 관한 지침을 통과시켰다. Eur. Parl. Doc. (COD/2005/0182) 참조. 미국의 연방의원들은 이와 유사한 입법을 숙고해왔다. Anne Broache, "U.S. attorney general calls for 'reasonable' data retention," CNET News, Apr. 2006, link #28 참조.

15) Directive on the Retention of Data Generated or Processed in Connection with the Provision of Publicly Available electronic Communications

보다 쉽게 추적할 수 있도록 전자통신의 플랫폼에 추적 레이어를 구축하게 할 것이다(이와 반대로, 2006년 매사추세츠 주의 상원의원인 애드 마키〔Ed Markey〕는 주로 검색엔진을 갖춘 몇몇 인터넷 회사들이 인터넷상의 행위를 추적하는 로그를 보존하지 못하게 하는 법안을 제출하였다.[16] 우리는 이 법안이 어떻게 추진될지 보게 될 것이다).

(5) 암호화

지금까지의 사례들은 간접적으로 행위를 변화시키는 방법으로서 코드 제작자들에 대한 규제에 관한 것이었다. 그러나 때때로 정부는 간접적인 방법을 중첩적으로 사용한다. 때때로 정부는 코드제작을 바꾸기 위해 산업적 인센티브를 주고, 코드제작을 통해 행위를 간접적으로 변화시킬 것이다. 한 예로 클리퍼(Clipper)를 암호기술의 표준으로 삼으려 했던 미국정부의 실패한 시도를 들 수 있다.[17]

나는 이미 이중성이 있는 암호의 특성을 개괄적으로 설명하였다. 하나의 동일한 기술이 비밀보장과 신원확인 모두를 가능케 한다. 정부는

Services or of Public Communications Networks and Amending Directive 2002/58/EC, link #29 참조.

16) Declan McCullagh, "Bill Would Force Websites to Delete Personal Info," CNET News, Feb. 8, 2006, available at link #30.

17) 클리퍼 논쟁에 관한 좋은 글로는, Laura J. Gurak, *Persuasion and Privacy in Cyberspace: The Online Protests over Lotus Marketplace and the Clipper Chip* (New Haven, Conn.: Yale University Press, 1997), 32~43 참조. 다양한 견해를 보려면, Kirsten Scheurer, "The Clipper Chip: Cryptography Technology and the Constitution," *Rutgers Computer and Technology Law Journal* 21 (1995):263; Howard S. Dakoff, "The Clipper Chip Proposal: Deciphering the Unfounded Fears That Are Wrongfully Derailing Its Implementation," *John Marshall Law Review* 29 (1996): 475. 1994년에 "클리퍼는 음성통신을 위한 연방정보처리기준(federal information-processing standard)으로 채택되었다." Gurak, *Persuasion And Privacy in Cyberspace*, 125 참조.

비밀보장 부분에 관심을 갖는다. 암호화는 개인들이 자신들의 대화나 정보교환을 암호키를 갖고 있는 사람 외에는 해독할 수 없게 하는 것이다. 얼마만큼 해독 불가능한지는 논쟁의 대상이지만,[18] 여기에서는 이 문제를 잠시 접어두도록 하겠다. 어찌되었든 정부 측에서 보면 암호해독이 너무나 어려운 것이다. 그래서 정부는 클리퍼 칩을 암호화의 표준으로 하여 암호화 기술의 활용을 통제하려고 시도하였다.

클리퍼 칩의 기술적 구조는 쉽게 요약할 수 없지만, 이 칩의 목적은 정부를 위해 항상 뒷문을 열어놓는 암호화 기술을 장려하는 것이다.[19] 대화를 암호화했을 때 다른 사람들은 이것을 이해할 수 없지만, 정부는 (법원의 허가를 얻은 경우에는) 특수키를 사용하여 그 대화를 해독할 수 있게끔 하는 것이었다.

그 당시 정부의 주요과제는 어떻게 클리퍼 칩 기술을 확산시킬지 여부였다. 클린턴 행정부는 처음에는 이 기술의 개발을 보장하는 최선의 방책으로 다른 모든 암호화 기술을 금지하려고 생각했다. 그러나 이러한 전략은 논란의 여지가 많다고 판명되어 정부는 다른 방식을 채택하였다. 클리퍼 칩의 개발과 활용에 보조금을 지원하는 것이었다.[20]

---

18) Electronic Frontier Foundation(EFF), *Cracking DES: Secrets of Encryption Research, Wiretap Politics, and Chip Design* (Sebastopol, Cal.: Electronic Frontier Foundation, 1998), ch. 1 참조.

19) 클리퍼 계획에 관한 훌륭한 요약으로는, Baker and Hurst, The Limits of Trust, 15~18; A. Michael Froomkin, "The Metaphor Is the Key: Cryptography, the Clipper Chip, and the Constitution," *University of Pennsylvania Law Review* 143 (1995): 709, 752~59 참조. 기술적 논의에 관하여는 Bruce Schneier, *Applied Cryptography: Protocols, Algorithms, and Source Code in C*, 2d ed. (New York: Willy, 1996): 591~93 참조.

20) Richard Field, "1996: Survey of the Year's Developments in Electronic Cash Law and the Laws Affecting Electronic Banking in the United States," 46 *American University Law Review* (1997): 967, 993, n. 192 참조.

이들의 생각은 아주 분명한 것이었다. 클리퍼를 가장 값싼 기술로 만들어서 산업계가 클리퍼를 사용할 수 있게 한다면, 정부는 암호의 이용을 간접적으로 규제할 수 있을 것이다. 시장은 정부를 위한 규제의 역할을 하게 될 것이다.[21] 그러나 보조금 지원계획은 실패로 돌아갔다. 정부가 주도하는 암호체계(특히 미국정부가 지원하는 체계)에 대하여 강력한 반발이 일어났으며, 코드 그 자체의 질적 수준과 코드의 기밀보장 능력에 관한 회의론 때문에 대부분의 사람들은 이 기술에 반대하였다. 결국 정부는 다른 방법을 택할 수밖에 없었다.

우리의 목적에 비추어 볼 때 그 대안은 더욱 흥미롭다. 한동안 어떤 이들은 관계당국이 암호 기술자들을 직접 규제해야 한다고, 즉 정부가 뒷문을 통해 접근할 수 있도록 코드를 제작하게 해야 한다고 주장했다.[22] 그 계획안은 다양성을 인정하기는 하지만, 그 목적은 사용자가 어떤 암호코드를 선택하든지 정부가 그것을 해독할 수 있는 방법을 보장하도록 한 것이다.

암호의 사용을 금지하거나 하나의 대체 암호기준이 시장을 석권하게 하는 다른 전략들과 비교하면, 이 방안은 많은 이점을 갖고 있다. 첫째, 암호 사용을 금지시키는 것과는 달리 이 규제방법은 개인의 사용권리를 직접적으로 침해하지는 않는다. 따라서 이 방법은 각 개인은 "암호를 통하여 말할" 권리가 있다고 하는 아직 판명되지 않았지만 강력한 헌법적 주장에 그렇게 취약하지 않다. 이것은 개인에 의한 특정한 사용을 직접 규제하는 것이 아니라 단지 이용가능한 암호 기술의 혼합을 변화시키는 것이 목적이다. 암호코드 제작에 대한 국가의 규제

---

21) A. Michael Froomkin, "It Came from Planet Clipper: The Battle over Cryptographic Key 'Escrow'," *University of Chicago Legal Forum 1996* (1996): 15, 32 참조.

22) Anick Jesdnun, "Attacks Renew Debate Over Encryption Software," *Chicago Tribune*, September 28, 2001, link #31 참조.

는 자동차 디자인에 대한 국가의 규제와 매우 흡사하다. 그러나 개인적 사용은 직접 규제되지 않는다. 둘째, 단일시장 형성을 위한 보조금 지원 방법과는 달리 이 해결책은 규제의 제약 하에서도 최상의 암호시스템을 제공하기 위한 시장경쟁을 허용한다. 마지막으로, 앞의 두 방법과는 달리 이 방법은 암호화 기술의 생산자 수가 암호 시스템의 사용자나 구매자에 비하여 훨씬 적기 때문에 상대적으로 소수의 행위자만을 규제하면 된다.

이 장에서 다뤄진 다른 예들과 마찬가지로 이러한 방법은 행위를 간접적으로 보다 잘 규제하기 위해서 정부가 직접적으로 코드를 규제하는 사례이다. 정부는 특정한 실질적인 목적을 달성하기 위해서 코드의 구조를 이용하였다. 디지털 통신기술에서와 마찬가지로 여기에서 목적은 특정 대화들을 추적할 수 있는 정부의 능력이 새로 출현하는 기술에 의해서 봉쇄되지 않도록 하는 것이다. 다시 말해 정부는 행위를 직접 규제하지 않고, 이러한 행위가 나타나는 조건들을 규제함으로써 그 목적을 달성하고자 하는 것이다.

2. 규제능력을 증대시키기 위한 코드 규제

위의 다섯 가지 사례들은 정부가 규제하고자 하지만 직접적으로 (쉽게) 규제할 수 없는 행위와 관련된 것이다. 따라서 위의 모든 예에서 정부는 그 행위에 영향을 미치는 기술을 규제함으로써 해당 행위를 간접적으로 규제하고 있다. 그리고 이처럼 규제받는 기술들은 다른 방식으로 대상행위들에 영향을 미치거나 구속한다. 이러한 것들이 "코드의 개발에 영향을 미친다."[23] 바로 코드의 규제를 통해 행위를 보다 잘

---

23) Jay P. Kesan and Rajiv C. Shah, Shaping Code, 18 *Harvard Journal of*

규제할 수 있도록 하는 것이다.

이 장의 서두에서 제기된 물음은 정부가 넷상의 행위를 보다 잘 규제하기 위해서 인터넷상의 코드를 규제하는 유사한 방법들이 있는지 여부였다. 그 대답은 명백히 있다는 것이다. 네트워크에서의 행위를 규제하기 위해서 정부가 취할 수 있는 조치들은 많이 있으며, 그러한 조치를 취하는 명백한 이유들이 있다. 만일 적절하게 실현된다면, 이러한 조치들은 추적 불가능한 인터넷상의 행동을 고립시키고 감소시킬 것이다. 이에 따라 유해한 행동들을 탐지할 수 있는 가능성이 높아지고, 악의에 의한 결과를 확연하게 줄일 것이다. 일련의 부정행위자들의 유해한 행위들을 다른 곳으로 내몰게 될 것이다. 물론 이러한 조치가 완벽하게 실행되지는 않을 것이다. 부정행위를 감지하거나 추적기능을 보완하는 데 어떠한 시도도 완벽할 수는 없다. 그러나 완벽함이 기준의 잣대는 아니다. 문제는 정부가 추적장치를 기본으로 장착하도록 유도하기 위해 다양한 네트워크에 충분한 인센티브를 줄 수 있는가이다. 역시 명백한 이유들이 있기 때문에 그 대답은 "그렇다"이다.

일반적인 형태

만약 정부의 목적이 추적능력을 용이하게 하기 위한 것이라면, 네트워크상의 행위자들에게 신원증명의 수단을 부과하면 된다. 확실한 방법 중 하나는 정부가 부여한 신분증을 제시하지 않는 개인들의 활동을 금지시키도록 네트워크 서비스회사들에게 의무화하는 것이다. 그러나 이러한 전략은 정치적으로 불가능하기에 현실적으로 취할 수 없다. 미국인들은 국민 신분증조차도 넌더리를 낸다.[24] 그런 그들이 인터넷

Law and Technology 319, 326~27 (2005).

24) 일례로, 전직 법무장관인 리처드 손버그는 국민 신분증은 "미국시민의 권리 침해"라고 명명했다. Ann Devroy, "Thornburgh Rules Out Two Gun

신분증을 좋아할 리가 없다.

물론 정부가 사이버 시민들에게 신분증을 소지하도록 강제할 수는 없지만, 개인들이 그것을 소지하도록 강력한 인센티브를 취하지 못할 이유는 없다. 모든 시민들이 운전면허증을 소지해야 할 의무는 없다. 그러나 운전하지 않더라도 운전면허증 없이 다니기가 매우 불편하다는 사실을 익히 알고 있을 것이다. 연방정부는 주에서 발행한 신분증을 휴대할 것을 요구하지는 않는다. 그러나 비행기를 타고 다른 도시로 갈 때에는 이 신분증들 중 최소한 한 가지는 제시해야 한다. 여기에서 교훈은 아주 명백하다. 신분증을 소지하게 하는 인센티브가 너무 강한 나머지 넷에서 활동하기 위해 신분증 소지를 당연한 의무가 되도록 하는 것이다. 이와 마찬가지로 정부는 개인들을 직접 규제하는 것이 아니라 중간매체를 규제함으로써 디지털 신분증이 가능하도록 인센티브를 취할 수 있다. 중간매체의 수는 대단히 적고, 그들의 관심사는 항상 상업적이며, 대개 유순한 규제대상이다. ISP는 "가장 중요하고 명백한", 즉 "인터넷 통제의 핵심 포인트"가 될 것이다.[25)]

Control Options; Attorney General Objects to Registration Card for Gun Owners, National Identification Card," *Washington Post*, June 29, 1989, A41. The Immigration Reform and Control Act of 1986 (Public Law 99-603, 100 Stat 3359 〔1986〕, 8 USC 1324a〔c〕〔1988〕). 이 법은 그것을 회피했다. "이 조항의 어떤 것도 국민 신분증의 발급이나 사용 또는 그러한 제도의 확립을 직접적이건 간접적이건 허용하는 것으로 해석되어서는 안 된다." 그러나 데이터를 연결시키는 네트워크의 권한을 감안할 때, 나에게는 이러한 것이 공허한 보호처럼 보인다. Real ID Act, Pub. L. No. 109-13, Title 11 § 202 (2005). 신원증명법(Real ID Act)은 시민들에게 직접 교통국(DMV)에 가서, 출생증명서를 포함한 여러 종류의 신원확인 서류를 직접 가지고 가도록 요구하며, 소비자들에게 더 높은 비용을 부담할 뿐만 아니라 엄격한 심사를 한다. 이 법의 지지자들은 그것이 테러리스트들 및 불법 이민자들과 신원확인 기준을 연결시켜준다고 믿는다.

25) Jack Goldsmith and Timothy Wu, "Digital Borders," *Legal Affairs*, Jan./

우선 "디지털 신분증"을 확산시키기 위해서 정부가 채택할 수 있는 몇 가지 수단을 생각해 보자. 그런 후에 나는 이러한 "디지털 신분증"이 어떠한 것이 되어야 할 것인지 상세히 살펴보겠다.

정부의 수단들:

- 넷상의 사이트들은 어떤 사람이 적합한 자격을 갖고 있는가에 따라 접근조건을 제한할 수 있는 능력을 갖고 있다. 정부는 사이트들에게 이를 요청할 권한이 있다. 예를 들어, 국가는 도박 사이트에 그 사이트를 이용하려는 사람의 연령과 거주지를 확인할 것을 요구할 수 있다. 많은 사이트들이 잠재적인 사용자의 시민권이나 기타 신분증번호를 확인하도록 의무화할 수 있다. 보다 많은 사이트들이 이러한 요구에 응할수록 개인들이 일정한 자격요건을 갖추어야 할 인센티브는 더욱 커진다. 이들이 갖추어야 할 자격요건이 많아질수록 그들에 대한 규제는 더욱 쉬워진다.[26]
- 정부는 정식으로 인증된 소득신고서를 제출한 사람에게는 누구든 세금을 감면해 줄 수 있다.
- 정부는 10퍼센트의 인터넷 판매 세율을 부과하고 그들이 거주하는 주를 인증하는 증명서를 갖고서 물건을 구입하는 사람들에게는 면제해줄 수도 있다. 그러고 나서 주 정부는 구매사실을 통지받았을 때, 지방세를 부과하여 이를 거둬들일 수 있을 것이다.[27]

Feb. 2006, 44.

26) 이것이 바로 법원이 *Reno v. American Civil Liberties Union*, 117 SCt 2329 (1997) 사건에서 확인했던 보호에 관한 효과적인 회피였음을 주목하라. 의회가 손쉽게 규제할 수 있는 넷 상의 행위들(도박과 같은)이 있다. 이러한 행위의 규제는 활동을 하기 위해서 접속하도록 허용되기 전에 신분증을 요구할 수 있다. 그러한 규제가 넷 상에서 신분증 요구의 빈도수를 증가시키며, 그 증가 정도에 따라 다른 종류의 표현 관련 접속조건들이 보다 손쉽게 정당화될 것이다.

27) 아더 코델(Arthur Cordell)과 랜 아이드(T. Ran Ide)는 비트 과세를 제안했다. Arthur J. Cordell et al., *The New Wealth of Nations: Taxing*

- 사용자들이 적절하게 인증 받은 증명서를 갖고서 사이트에 접근하지 않으면 정부는 정부출판물에 대해 이용료를 부과할 수 있다.
- 다른 서구 민주국가들처럼 정부는 투표를 의무화할 수 있다.[28] 그리고 인터넷 투표제도를 정착시키고 투표권자들은 선거인 명부에 등록된 것으로 인증하는 디지털 신분증을 가지고 가상선거에 참여할 수 있다.
- 정부는 온라인 거래가 정당한 신분증 없이 이루어진 경우라면 어떤 신용카드나 직불카드의 온라인 도용에 대해 신용카드사들에게 전적인 책임을 부과할 수 있다.
- 정부는 스팸메일을 막기 위해 이메일 서버에 보안장치를 장착하도록 요구할 수 있다. 이와 같은 리스트는 다른 이들이 이메일을 보내기 전에 인증단계를 높이도록 유도할 것이다. 이러한 인증은 디지털 신분증으로 가능할 것이다.

이와 같은 전략들의 효과는 디지털 신분증의 확산을 증대시킬 것이다. 그리고 언젠가는 하나의 현상으로 발전할 것이다. 넷상의 많은 이들이 거래 상대방에 대한 신뢰를 증가시킬 수 있는 명백한 이점이 있다. 디지털 신분증은 이러한 신뢰를 높이는 도구가 될 수 있다. 따라서 어떤 사이트가 사용자의 인증 없이 접속이 가능하도록 하더라도, 접속단계 이후부터는 정당한 신분증 소지를 의무화할 수도 있다. 사이버공간에서 이동할 때 신분증을 소지하는 것이 규범이 될 것이고, 이

Cyberspace (Toronto: Between the Lines, 1997). 그들의 주장은 사회 정의와 경제학적 관점에서 보면 아주 흥미 있는 것이다. 하지만 그들이 간과한 것은 그러한 과세제도가 요구하게 될 구조이다. 비트 세금을 측정하도록 설계된 넷은 어떤 것에 대해서도 측정하도록 설계될 수 있다.

28) 이런 요구에 따른 국가들은 아르헨티나, 오스트레일리아, 벨기에, 그리스, 이탈리아, 스위스이다. Richard L. Hasen, "Symposium: Law, Economics, and Norms; Voting Without Law?" *University of Pennsylvania Law Review* 144 (1996): 2135 참조.

를 거부하는 이들은 자신들의 활동 폭이 급격히 줄어드는 것을 경험할 것이다.

이러한 현상의 결과로 인터넷상에서 모든 행위는 적어도 디지털 지문과 같은 흔적을 남기게 될 것이다. 이 디지털 지문은 정부당국이 어떤 행위의 당사자를 추적할 수 있게 할 것이다. 그리고 추적을 시작하기 전에 법원의 심사를 받게 할 수도 있으며, 이러한 사법심사는 최소한 수정조항 제 4조의 요건을 따르게 할 수 있을 것이다. 최소한은 그렇다. 이 이야기에서 중요한 점은 정부가 신분증이 범람하는 인터넷으로 전환시킬 수 있는가가 아니다. 분명히 그럴 수 있다. 그러나 문제는 정부가 유도하는 신분증으로 가득한 인터넷의 종류이다.

두 개의 매우 다른 종류의 디지털 신분증을 비교해 보자. 마이크로소프트 사가 앞장서서 돕고 있는 인증기술을 설명하기 위해서 우리는 제 4장에서 사용했던 "지갑"의 은유법을 통해 두 종류의 디지털 신분증을 이해할 수 있을 것이다.

한 종류의 신분증은 다음과 같이 기능할 것이다. 당신은 신원을 확인할 때마다 당신의 지갑을 열어서 보여준다. 신원확인을 요구하는 상대방은 자신이 원하는 데이터를 수집하기 위해 지갑을 샅샅이 뒤질 것이다. 두 번째의 신분증은 제 4장에서 설명했던 신원확인 레이어에 따라 기능할 것이다. 당신이 신원확인을 해야 할 때, 필요한 최소한의 정보를 제공할 수 있다. 따라서 당신이 미국인임을 입증할 필요가 있다면, 그 정보만 보여주게 된다. 혹은 18세 이상임을 증명해야 한다면, 이에 대한 사실만 보여주면 된다.

따라서 두 번째 디지털 신분증 모델에서는 울트라미니멀 신분증(*ultra-minimal ID*), 즉 겉으로는 아무것도 드러나지 않지만 추적이 가능한 신분증이 가능해진다. 이것은 해독하지 않는 이상 아무런 의미가 없는 디지털 지문의 형태이다. 그러나 해독이 되면 그 신원의 당사자와 연결된다.

두 구조는 스펙트럼 양 극단에 있다. 이들은 개인의 프라이버시와 익명성 측면에서 확연하게 다른 결과를 가져온다. 두 구조 어느 것도 완전한 익명성을 보장하지는 못한다. 두 구조의 최소한의 효과는 행위의 추적을 가능하게 하는 것이다. 그러나 두 번째 모델에서는 추적 자체가 엄격하게 통제될 수 있다. 따라서 문제된 행동이 표현의 자유와 관련된 것이라면 추적 불가능하다. 그리고 추적이 허용된다 하더라도 적정한 사법절차를 거쳐 허용된다. 결국 시스템은 누가 언제 무엇을 했는지를 확인할 수 있는 능력을 갖고 있지만, 허용된 조건에서만 이 권한을 행사할 수 있다. 두 형태의 신분증이 만들어내는 세상은 엄청난 차이가 있다. 우리가 어떤 세상을 만들어내는가는 전적으로 이 구조의 발전을 이끌어가는 가치들에 달려 있다. 첫 번째 유형의 신분증은 보안이나 사생활보호의 측면에서 보면 대재앙이 될 것이다. 두 번째 유형의 신분증은 합법적으로 추적할 수 있는 행동을 제외하고는 모든 이들에게 사생활보호나 보안을 강화시켜 줄 것이다.

이제 정부가 어느 신분증이든 그것에 영향력을 행사할 가능성은 규제대상에 달렸다. 이는 개인들이 사용하는 코드를 책임지는 이들이 있는가에 달렸으며, 그들이 효과적으로 규제될 수 있어야 한다. 이러한 가정이 정말 진실일까? 정부는 전화회사를 규제할 수 있겠지만, 다양한 코드 제작자들도 규제할 수 있을까? 특히 이러한 규제에 정면으로 저항하는 코드 제작자들을 규제할 수 있을까? 수년 전 인터넷기술사업단을[29] 관장하던 코드 제작자들이 주류를 이루는 세계에서는, 아마 대답은 "아니오"일 것이다. 넷(*Net*)을 구축했던 박봉의 영웅들은 정부의 명령에 저항할 수 있는 이데올로기적 근거를 가지고 있다. 이들은 정부의 위협에 굴복하지 않고, 사이버공간 구조에 대한 정부의 권력사

---

29) Scott Bradner, "The Internet Engineering Task Force," in *Open Sources: Voices from the Open Source Revolution*, edited by Chris DiBona et al. (Sebastopol, Cal.: O'Reilly & Associates, 1999) 참조.

용에 중대한 견제장치를 제공할 것이다.

그러나 코드제작이 상업화됨에 따라, 즉 몇몇 대기업이 제품을 만들어내자 이를 규제하는 정부의 능력도 향상되었다. 돈이 많이 걸려 있을수록 기업들(그리고 그 후원자들)은 이데올로기를 장려하는 비용을 부담하려고 하지 않을 것이다. 가장 좋은 예가 암호의 역사이다. 암호화에 대한 정부의 통제가 논의되기 시작한 순간부터 기술자들은 그러한 규제가 어리석은 짓이라고 주장하였다. 코드는 항상 유출될 수 있으며, 비트에는 지리적 경계가 없다. 따라서 의회에서 제정한 법으로 코드의 흐름을 통제하려는 생각은 어리석은 짓이라고 이들은 비난하였다.

그러나 사실상 규제는 실질적인 효과를 가져왔다. 넷상의 여러 곳에서 암호화 기술을 쉽게 얻을 수 있는 기술자들보다는 그러한 기술을 통합하는 소프트웨어를 제작하는 업체들에게 효과가 있었다. 넷스케이프나 IBM은 미국의 규제를 위반하면서 소프트웨어를 제작하거나 판매하려고 하지 않았다. 미국 정부는 두 회사에 대해 매우 강력한 압력을 행사했다. 기술자들이 예견한 대로 규제는 비트의 흐름을 통제하지 못했다. 그러나 규제는 이러한 비트를 사용하는 소프트웨어의 성장을 아주 실질적으로 억제하였다.[30)]

그 효과는 심대한 것이었다. 한때 규제불능의 요새였던 기업들이 이제는 규제를 용이하게 하는 기술의 생산자가 된 것이다. 예를 들면 PGP 암호프로그램의 계승자인 네트워크연합(Network Associates)은 원래 암호규제에 강력한 반대자였다. 그러나 이제 이들은 암호화와 키

30) 프룸킨도 이와 유사한 점을 지적하였다. "수출통제 규정들은 미국 내에서 이메일, 운영체제 및 워드프로세서와 같은 암호화 성능의 제품시장에 영향을 미쳐왔다. 대체로 완강한 암호 수출금지 정책 때문에 암호화 성능 제품들을 충분히 생산할 수 있는 막대한 수학적, 프로그램적 기초를 가지고 있음에도 불구하고 오늘날 미국에는 암호화 제품을 위한 확고한 대중시장의 표준이 존재하지 않는다." Michael Froomkin, "It Came from Planet Clipper," 19.

복구의 통제를 용이하게 하는 제품을 제공하고 있다.[31] 키의 복구는 기업이 빠져나갈 통로를 만들어냈고, 이것은 여러 면에서 정부가 빠져나갈 통로보다는 훨씬 덜 제한적이다.

시스코(Cisco)는 두 번째 사례이다.[32] 1998년 시스코는 연결단계, 즉 게이트웨이들간의 인터넷 흐름을 ISP가 암호화할 수 있는 라우터(*router*) 제품을 발표하였다.[33] 이 라우터는 라우터 데이터를 암호화하는 것을 불가능하게 하고, 암호화되지 않은 인터넷 흐름을 손쉽게 수집하는 전환장치를 갖게 될 것이다. 이 전환장치는 정부의 명령에 따라 뒤바뀔 수도 있다. 다시 말하면, 정부가 허락하는 경우에만 데이터가 암호화될 수 있는 것이다.

두 사례에서 핵심은 정부가 소프트웨어 시장의 참여자라는 점이다. 정부는 규칙을 제정하거나 제품을 구입함으로써 시장에 영향을 미친다. 어떤 방식으로건 정부는 시장의 수요를 충족시키기 위해 존재하는 상용 소프트웨어 생산자들의 공급에 영향력을 행사한다.

넷의 초창기 전문가들은 그 공급자들에게 "어떻게 감히 그렇게 할 수 있는가?"라고 물을 것이다.

"이것은 단지 사업일 뿐이다"라는 것이 이들의 분명한 답변이다.

---

31) "Network Associate and Key Recovery," link #32 참조.

32) 시스코는 IP 보안 프로토콜(IPsec)을 통하여 네트워크층 암호화 사용을 통합한 제품을 개발하였다. IPsec의 간략한 설명을 위해서 Cisco Systems, Inc., "IP Security-IPsec Overview," link #33 참조. 보다 자세한 설명을 위해선 Cisco Systems, Inc., "Cisco IOS Software Feature: Network-Layer Encryption-White Paper,"; link #34; 또한 Dawn Bushaus, "Encryption Can Help ISPs Deliver Safe Services," *Tele.Com*. 1997년 3월 1일; Beth Davis and Mouna Janah, "Cisco Goes End-to-End," *Information Week*, 1997년 3월 1일, 22 참조.

33) 인터넷 아키텍처 위원회(Internet Architectural Board)의 "사설 도어벨"(*private doorbell*) 암호화에 관한 설명에 대해서는 link #35 참조.

3. 동부연안 코드와 서부연안 코드

이 절에서 나는 두 종류의 코드에 관해서 이야기하고 있는 중이다. 하나는 세법이나 "미국 연방법전"(the U. S. Code) 처럼 의회가 제정한 "코드"이다. 의회는 어떻게 행동해야 하는가를 성문으로 표현하는 법령들을 쉴 새 없이 통과시킨다. 그중 어떤 법령은 직접 국민들에게 명령하고, 어떤 것은 회사들에게 그리고 어떤 것은 공무원들에게 지시한다. 이러한 테크닉은 정부 그 자체만큼이나 오래된 것이다. 즉 명령을 이용한 통제. 미국에서는 이러한 테크닉은 주로 동부연안(워싱턴) 에서 이루어지는 활동이다. 이것을 "동부연안 코드"(*East Coast Code*) 라고 부르자.

다른 하나는 코드 제작자들이 "제정하는" 코드이며, 그것은 사이버 공간을 작동하게 하는 소프트웨어와 하드웨어 내부에 새겨져 있는 명령들이다. 이것이 현대적인 의미의 코드이다. 이것은 내가 지금까지 설명한 방식으로 규제한다. 예를 들어, 넷95의 코드는 중앙집중적인 통제를 불가능하도록 규제하였으며, 암호화 코드는 프라이버시를 보호하도록 규제한다. 미국에서는 (MIT를 제외하고) 이러한 유형의 코드제작이 주로 서부연안(실리콘 밸리, 레드몬드) 에서 이루어지는 활동이다. 이것을 "서부연안 코드"(*West Coast Code*) 라고 하자.

서부연안 코드와 동부연안 코드는 상호간에 큰 관심을 기울이지 않을 때 각자 훌륭하게 발전할 수 있다. 즉 두 코드는 각기 자체의 영역 내에서 규제할 수 있다. 그러나 이 장에서는 "동부와 서부가 서로 조우하는" 이야기를 다룰 것이다. 동부연안 코드가 서부연안 코드의 규제방식을 인식하게 되었을 때, 그리고 동부연안 코드가 서부연안 코드로 하여금 다른 방식으로 규제하게 하기 위해서는 서부연안 코드와 어떻게 협력해야 하는지를 깨달았을 때, 어떠한 일이 발생할 것인가 하는 것이다.

이러한 상호작용은 변화해왔다. 서부연안 코드에 대한 동부연안 코드의 권한이 증대되어 왔다. 효과적으로 통제할 수 있는 기관(예를 들어 일리노이 대학이나 MIT)에 속하지 않은 해커나 개인들이 소프트웨어를 만들었을 때 동부연안 코드는 서부연안 코드를 통제하기 위해서 할 수 있는 일이 거의 없었다.[34] 그러나 코드가 기업의 제품이 되자 동부연안 코드의 권한이 확대되었다. 기업이 코드를 제작했을 경우 상거래 업체를 규제할 수 있기 때문에 코드를 통제할 수 있다. 따라서 서부연안 코드가 점차 상업화됨에 따라 서부에 대한 동부의 권한이 강력해지는 것이다.

권력이 서부로 확대된 것은 그 역사가 길다. 그것은 낡은 방식과 새로운 방식 간의 충돌을 잘 보여준다. 이러한 일은 우리에겐 친숙한 패턴이다. 동부는 서부를 통제하기 위하여 영향력을 확대하였으며, 서부는 저항하였다. 하지만 그 저항은 절대로 완전치 못했다. 동부의 가치는 서부와 융합하고, 새로운 것이 낡은 것의 일부를 대체했을 뿐이었다. 이것이 바로 인터넷에서 일어나는 현상이다. 서부연안 코드가 처음 탄생하였을 때, 동부연안 코드와 거의 무관한 DNA로 이루어졌다고 볼 수 있다. 인터넷의 목적은 상호간의 커뮤니케이션이었다. 중

---

34) 거의 없기는 하나 전혀 없는 것은 아니다. 조건부 지원보조금을 통해서 정부는 넷의 참여를 늘리는 데 처음에는 상당히 효과적이었다. 그리고 암호기술의 발전을 제어하는 데도 효과적이었다. Whitfield Diffie and Susan Eva Landau, *Privacy on the Line: The Politics of Wiretapping and Encryption* (Cambridge, Mass. : MIT Press, 1998) 참조. 스티븐 레비는 보다 직접적인 간섭에 대하여 이야기한다. 리처드 스톨멘이 MIT 인공지능(*artificial intelligence*)을 패스워드로 보호하는 것에 반대하였을 때, 국방성은 그 구조가 접근을 제한하도록 변경되지 않는 한, 넷에서 기계를 떼어내라고 위협하였다. 스톨멘에게 이것은 중대한 원칙의 문제였지만 국방성에겐 일상적인 일이었다. Steven Levy, *Hackers: Heroes of the Computer Revolution* (Garden City, N. Y. : Anchor Press/Doubleday, 1984), 416~18 참조.

간에서의 규제는 불가능했다.

시간이 흐르면서, 동부연안 코드 제작자들의 관심사가 크게 두드러졌다. 모두가 인터넷의 병리현상, 즉 바이러스, ID 도용, 스팸메일 등을 혐오했다. 이러한 보편적인 증오가 서부연안 코드 제작자들로 하여금 개선방법을 찾도록 열기를 더했다. 그들은 이제 동부연안 코드가 요구하는 조건들을 갖출 준비가 되어 있으며, 넷을 규제하기 위한 보완장치를 인터넷 구조에 추가할 것이다.

어떤 이들은 정부가 넷을 규제할 수 있다는 나의 주장에 계속해서 반발할 것이다. 이러한 반발은 공통된 양상을 보인다. 신분확인의 구조들이 생성되더라도, 그리고 이 구조들이 일반화되더라도, 그것들이 보편적인 것이 될 것이라는 증거도 없으며, 이들이 사라지지 않으리라는 보장도 없다는 것이다. 개인들은 언제든지 신원확인 기술을 피해다닐 수 있다. 이러한 규제방법은 언제까지나 완벽할 수 없는 것이다.

사실이다. 신분증으로 인터넷을 규제하는 방법은 절대 완벽하지 못할 것이다. 이를 회피할 수 있는 방법은 언제나 있을 것이다. 하지만 이 주장에는 중대한 오류가 있다. 완벽한 규제(*perfect control*)가 불가능하다고 해서 효과적인 규제(*effective control*)가 가능하지 않은 것은 아니다. 자물쇠가 억지로 열릴 수는 있지만, 그렇다고 해서 자물쇠가 쓸모없는 것은 아니다. 인터넷 환경에서는 비록 부분적인 통제일지라도 그것은 강력한 효과를 발휘할 것이다.

소몰이 원리가 여기에 적용된다. 지속적으로 집행될 때 아무리 작은 통제라도 덩치 큰 동물들을 다루기에 충분하다. 나는 신분증으로 가득 찬 인터넷의 통제가 아주 작은 것이라는 점에 동의한다. 그러나 우리는 커다란 동물들이다. 소 떼가 철조망에 저항하듯이 많은 사람들이 비록 작지만 효과적인 넷의 규제장치에 저항할 것이라고 나는 생각한다. 이것이 우리의 모습이며, 규제가 작동하는 이유이다.

단순히 카메라를 쳐다보거나 지문인식기에 손가락을 갖다 대는 것만으로도 신원확인이 되는 세상을 상상해 보자. 잊어버리기 쉬운 암호나 도용당하기 쉬운 인증절차 없이, 단 1초 만에 우리는 자신들이 가지고 있는 특징을 가지고 넷에 연결되는 것이다. 그 다음에는 무슨 일이 일어날까? 컴퓨터에 접속할 때마다 암호를 기억해서 입력해야 하는 방법과 간단히 엄지손가락을 이용해서 본인확인 인증을 받는 방법 중에 선택할 수 있다면? 혹은 엄지손가락이 아니라 안구의 홍채, 또는 신체의 어느 부분이든 가장 저렴한 방법으로 인증받을 수 있다면? 신원을 밝힐 수 있는 가장 손쉬운 방법이 있다면, 누가 이에 저항하겠는가? 만약 이것이 당신의 영혼을 파는 것이라면, 이에 따른 훌륭한 이점이 있다는 것을 믿어야 한다. 당신의 모든 문서들이 인터넷상의 "가상 사설 네트워크"에 저장되어 있고, 넷상의 어떤 기계를 통해서든 접근할 수 있고, 생체인식 키에 의해 완벽하게 보안이 유지되는 그러한 세계를 상상해 보라.[35] 당신은 어떤 기계든 그 앞에 앉아서 당신의 문서들을 불러 작업할 수 있으며, 이메일에 답장을 보내고, 이곳저곳으로 옮겨 다닐 수 있다. 당신의 눈에 있는 특징들로 인증되는 키로 잠겨 있기 때문에 모든 것이 완벽하게 보안이 유지되고 안전하다.

이것이야말로 우리들이 상상할 수 있는 가장 저렴하고도 효율적인 구조이다. 그리고 그것은 매우 저렴한 비용으로 신원을 확인하는 방법이 된다. 단지 당신이 누구인지만 말하고, 당신에 관한 사실들을 인정하는 구조에 접속하고, 당신의 신원을 던져버려라. 이 모든 것이 당신의 것이 될 것이다.

---

35) 실질적인 사적 네트워크에 관해서는, Richard Smith, *Internet Cryptography* (Boston: Addison-Wesley, 1997) 6, 7장; 안전을 위한 바이오메트릭 기술에 관해서는, *Trust in Cyberspace*, edited by Fred B. Schneider (Washington, D.C.: National Academy Press, 1999), 123~24, 133~34 참조.

4. 제트이론 (*Z-theory*)

"당신이 얘기했던 일은 일어나지 않았어요, 레식. 1999년에 당신은 상거래와 정부가 협력해서 완벽하게 규제가능한 넷을 구축할 것이라고 말했지요. 내가 바이러스 방지 프로그램을 돌리지만 스팸메일로 가득 찬 이메일 편지함을 보고 있으면, 당신이 지금은 무슨 생각을 하고 있는지 궁금해요. 가능하다고 했던 일이 일어나지 않았어요. 그것은 당신이 틀렸다는 것을 보여주는 것이 아닌가요?"

내가 《코드》 1판을 개정하기 위해 이 프로젝트를 시작했을 때, 한 친구가 이러한 메일을 보내왔다. 물론 내가 언제 그러한 변화가 일어날 것이라고 예견한 적이 없었지만, 그 비판에 무언가 있기는 하다. 《코드》 1판의 이론에 한 부분이 빠져 있었다. 완벽히 규제가 가능한 넷으로 조금씩 움직이게 하는 인센티브가 무엇이든, 그 이론은 궁극적인 추진에 동기를 부여하는 것이 무엇인지 설명하지 않는다. 과연 무엇이 우리를 정점에 도달하게 할 것인가?

그에 대한 답변이 완전하지는 않지만, 이것을 소개하는 글이 출간되었다. 2006년 5월, 〈하버드 로 리뷰〉는 "생성적 인터넷"(*The Generative Internet*)[36]을 설명하는 데 조나단 지트레인(일명 "Z-theory")에게 67면을 할애하였다. 그 논문은 매우 훌륭한 것이었으며, 책이라면 더 좋았을 것이다. 그리고 그의 주장이 《코드》 1판에서 빠져있던 부분이다.

"생성적 인터넷"의 대부분의 내용은 이 책의 독자들에게는 친숙할 것이다. 지트레인에 의하면 일반인들이 사용하는 컴퓨터에 엔드 투 엔드(*end-to-end*) 네트워크가 더해지면서 혁신적인 "생성적" 플랫폼이 형성되었다. 우리는 이 플랫폼이 만들어낸 유익한 산물들을 누리고 있

36) Jonathan L. Zittrain, "The Generative Internet," 119 *Harvard Law Review* 1974 (2006).

다. 그러나 우리는 (특히 나는) 유해한 것들에는 충분한 주의를 기울이지 않고 있다. 인도 이민자가 HoTMaiL을 발명하고, 스탠포드대학 자퇴생이 구글을 창조해내게 했던 바로 그 구조가 음해한 정보와 바이러스 등을 만들어내게 한다. 이처럼 생성적인 인터넷을 통해 유해한 것들을 생성해낸다. 지트레인이 정확하게 지적하듯이, 우리는 잘못된 장치가 만들어내게 될 해악을 이제야 인식하기 시작했다. 다음과 같은 사례들을 살펴 보자.

- 2003년 시행된 "오픈 릴레이"(*open relay*) 서버를 통해 몰래 스팸메일을 보내는 자들의 능력을 측정하기 위해 고안된 테스트에 의하면, 스팸메일 발송자들은 10시간 만에 서버를 찾아내었고 66시간 만에 330만 개의 메일을 229,468명에게 보냈다.[37]
- 2004년에는 새서(Sasser) 바이러스가 3일 만에 50만 개의 컴퓨터를 감염시켰다.[38] 2003년에는 스래머(Slammer) 바이러스가 특정 제품의 마이크로소프트 서버 90%를 15분 만에 감염시켰다.[39]
- 2003년에 SoBig.F 이메일 바이러스가 확산되고 있을 때에는 이메일 발송의 거의 70%를 차지했고, AOL 사용자에게만 2,320만 개 이상의 이메일이 보내졌다.[40]

이러한 것들은 고립된 사태가 아니며, 점차 성장하는 패턴의 일부이다. 미국 컴퓨터비상대책팀(U.S. Computer Emergency Readiness Team, CERT)이 산출한 바와 같이, 보안사고가 폭발적으로 확산되고 있다. 다음은 지트레인이 데이터를 통해 그려낸 그래프이다.[41]

37) Ibid., 2010.
38) Ibid., 2012.
39) Ibid.
40) Ibid.
41) Ibid., 2011.

〈1998~2003년에 CERT/CC에 보고된 보안사건의 수〉

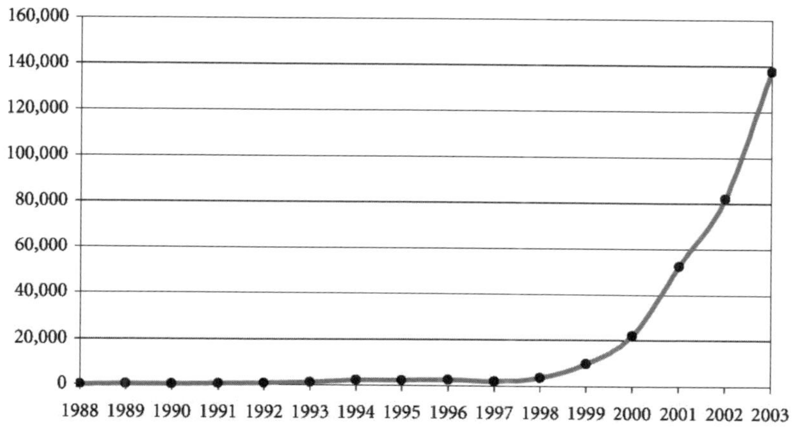

이 그래프가 2004년에 멈추는 이유는 컴퓨터비상대책팀이 사건들이 너무 "보편화되고 확산되어서 개별적으로 분류할 수 없게 되었다"고 결론지었기 때문이다.[42]

인터넷에 악성 프로그램이 있다는 것이나 그것이 성장하고 있다는 사실은 놀라운 일이 아니다. 놀라운 점은 이들이 적어도 아직까지는 그 보유능력만큼 파괴적이지 않았다는 점이다. 이처럼 순식간에 엄청난 양의 악성코드를 확산시킬 수 있는 능력을 가진 바이러스 제작자들이 왜 더한 해를 끼치려고 시도하지 않은 것일까?

예를 들어, 백만 대의 컴퓨터에 침투해서 모든 하드 드라이브를 동시에 삭제하는 웜이 있다고 상상해 보자. 지트레인의 요점은 이것이 쉽다는 뜻이 아니라, 이미 전역으로 확산되는 웜의 형태만큼 그 일이 어렵다는 것이다. 바이러스 제작자들 중 누군가가 실제 피해를 입히지 않는 이유는 무엇일까? 무엇이 사이버-아마겟돈을 막고 있는 것일까?

---

42) Ibid.

이에 대한 대답은 적절한 답변이 없다는 것이다. 그리고 왜 그러한 사태가 발생하지 않는지 설명할 수 없다면, 앞으로 그러한 사태가 발생할 것을 걱정할 만한 적절한 이유가 된다. 그리고 이러한 사태가 발생한다면, 즉 웜 제작자가 대재앙을 가져오는 웜을 제작한다면, 정부가 지금까지 실행하지 않았던 조치를 취하도록 결단을 내리는 계기가 될 것이다. 다시 말해 넷을 규제가 가능한 공간으로 전환시키는 작업을 마무리 짓도록 압력을 가할 것이다.

이것은 제트이론의 중요한 통찰력이다(당신이 그것을 이해하면, 명확해진다). 테러는 극단적인 변화를 일으킨다. 예를 들어 "테러방지지원법(Patriot Act)"[43]에 의해서 나타난 법집행(그리고 시민의 권리보호)의 변화를 생각해 보라. 이 거대하고 포괄적인 법안은 9·11 테러 이후 45일 만에 채택되었다. 하지만 대부분의 법안은 9·11 훨씬 이전에 작성되었다. 법안을 기안한 이들은 심각한 테러공격이 있을 때까지 기존 법령을 현저하게 바꿀 만한 정치적 의사가 충분치 못하다는 사실을 잘 알고 있었다. 그러나 9·11 사태가 발생하자 급격한 변화가 가능하게 되었다.

인터넷도 이와 마찬가지일 것이다. 지금까지 악성 프로그램은 막대한 피해를 야기하지 않았다. 우리는 피해를 위협보다는 골칫거리로 느껴왔다. 하지만 인터넷에서 9·11과 같은 사태가 발생한다면("테러리스트"가 주도하든 아니든), 골칫거리가 정치적 문제로 탈바꿈하게 될 것이다. 그리고 이에 대한 정치적 결정은 실제 변화를 가져올 것이다.

---

43) Uniting and Strengthening America by Providing Appropriate Tools Required to Intercept and Obstruct Terrorism (USA PATRIOT ACT) Act, Pub. L. No. 107-56, 155 STAT. 272 (2001); American Civil Liberties Union, *Seeking Truth From Justice: PATRIOT Propaganda — The Justice Department's Campaign to Mislead the Public About the USA PATRIOT Act* (American Civil Liberties Union, July 9, 2003).

지트레인의 목적은 이러한 실제 변화에 대비하게 하는 것이다. 그의 강력하고도 광범위한 분석은 우리가 인터넷을 덜 생성적인 것으로 변화시킬 때 할 수 있는 타협을 통해서 실행된다. 그의 분석만 가지고도 충분히 책 한권을 집필할 수 있지만, 그 작업은 그에게 맡기겠다. 내가 이를 거론하는 이유는 《코드》 1판에서 빠진 부분에 대한 답변을 제공하기 위한 것이다. 《코드》 1판은 그 수단을 설명하였고, 제트이론은 그 동기를 제공한다.

1996년에 개봉된 〈인디펜던스 데이〉(*Independence Day*) 라는 끔찍한 영화가 있었다. 그 스토리는 외계인의 침략에 관한 것이었다. 외계인들이 처음 나타났을 때, 많은 지구인들은 그들을 열렬히 환영하였다. 이상주의자들에겐 이들을 적대시할 하등의 이유가 없었다. 그래서 이전에는 단지 꿈같아 보이던 외계인들과의 만남을 낙관하는 지구인들은 흥분의 도가니에 빠졌다. 그러나 외계인이 나타나고 열렬한 환영이 끝난 직후 분위기가 바뀐다. 곧 지구의 지도자들은 이 외계인들의 의도가 전혀 우호적이 아니란 사실을 깨닫게 된다. 사실 이들의 의도는 매우 위험스런 것이었다. 이러한 사실을 깨달은 지 얼마 안 되어 지구는 함락된다(제프 골드브럼〔Jeff Goldblum〕만 유일하게 무슨 일이 일어날지 미리 감지한다. 물론 그는 항상 제일 먼저 알게 되지만).

내 이야기도 이와 유사하다(비록 나는 그렇게까지 끔찍하지 않기를 바라지만). 〈인디펜던스 데이〉에서 지구인들이 외계인들을 대하였던 것처럼 우리는 넷을 적극 환영하였고 기뻐하였다. 우리는 그 최종적인 결과에 대해서 어떠한 물음도 없이 넷의 성장을 우리의 삶 속에 받아들였다. 그러나 어느 시점이 되면 우리 역시 잠재된 위협을 깨닫게 될 것이다. 우리는 사이버공간이 그 자체의 자유를 보장하는 것이 아니라 오히려 엄청난 통제의 잠재력을 지니고 있음을 이해하게 될 것이다. 그러면 질문할 것이다. 우리는 어떻게 대응해야 하는가?

나는 어떤 이들이 자명한 것이라고 생각할지도 모르는 관점을 지적하기 위해서 많은 지면을 할애하였다. 그러나 나는 이러한 관점을 가장 중요시해야 할 사람들이 무슨 이유 때문인지 그 사실을 깨닫지 못하고 있음을 발견하였다. 너무 많은 사람들이 자유를 당연한 것으로 여긴다. 자유는 스스로 해결된다고 믿는 사람들이 너무 많다. 이들은 상이한 구조가 어떻게 다른 가치들을 새겨 넣는지 그리고 우리가 우리의 가치들을 확립하고 향상시킬 수 있는 것은 오직 다른 구조들, 다른 코드들을 선택할 때에만 가능하다는 점을 간과하고 있다.

이제 내가 이 책의 서두에서 왜 포스트공산주의 유럽의 최근 역사에서 두드러지게 대두된 자치의 역할의 재발견을 언급하면서 시작하였는지 분명해졌을 것이다. 시장의 힘은 온라인 상거래를 촉진하기 위해서 신분확인 구조를 장려한다. 정부는 이러한 형태의 발전을 도모하기 위해서 어떤 조치, 아니 아무런 일도 할 필요가 없다. 시장의 힘은 너무 강력하며, 그 잠재력은 어마어마하다. 만약 확실한 것이 있다면, 그것은 신원확인 구조가 넷상에서 발전할 것이라는 점이다. 그리고 그 구조는 넷의 규제능력을 근본적으로 변화시킬 것이다.

그러나 이러한 구조를 중요한 공적 가치들과 일치시키기 위해서 정부가 무엇을 해야 하는지가 불분명하지 않은가? 만일 상거래가 사이버공간에서 출현하는 구조를 규정하려고 한다면, 상업적 관심 너머에 있는 공적 가치들이 그 구조 내에 구축되도록 보장하는 것이 정부의 역할 아닌가?

구조는 일종의 법이다. 그것은 사람들이 무슨 일을 할 수 있는지, 할 수 없는지를 결정한다. 상거래의 관심이 구조를 결정한다면 그것은 일종의 사적 규범을 만들어내는 것이다. 나는 사기업에 반대하지 않는다. 대부분의 경우에 나의 강한 전제는 시장이 생산하도록 하자는 것이다. 그러나 이러한 전제에는 한계가 있음이 너무나도 명백하지 않은가? 공적 가치들은 IBM이 희구하는 것들을 모두 합친다고 해도 사라질 수 없는 것 아닌가? AOL에 이익이 된다고 해서 반드시 미국을 위해서 좋은 것은 아니지 않는가?

일반적으로 상충하는 가치들을 놓고서 이 중에서 선택할 때, 이러한 선택을 "정치적"이라고 한다. 그것은 세상을 어떻게 질서지어야 하는지, 어떤 가치를 우선할 것인지에 관한 선택이다. 가치들 중의 선택, 규제나 통제에 관한 선택, 자유공간의 규정에 관한 선택, 이러한 것들은 모두 정치적인 것이다. 코드는 가치들을 법제화한다. 그러나 이상하게도 많은 사람들은 마치 코드를 공학에만 관련된 문제인 것처럼 이야기한다. 아니면 코드는 시장에 맡기는 것이 최선인 것처럼, 아니면 정부가 관여하지 않고 놔두는 것이 최선인 것처럼 말한다.

그러나 이러한 태도는 잘못된 것이 틀림없다. 정치는 우리가 어떻게 살아야 하는가를 집단적으로 결정하는 과정이다. 그렇다고 해서 집단화하는 공간을 의미하는 것이 아니다. 한 집단은 자유지상주의적 정부형태를 선택할 수 있다. 핵심은 선택의 실체적 내용에 있는 것이 아니다. 정치의 핵심은 과정이다. 정치는 사물들이 어떻게 존재해야 하는가를 판단하는 과정이다.

20년 전 로베르트 웅거는 법이론의 영역에서 학술운동을 이끌어낸 방대한 3부작에서 "모든 것은 정치"라고 훈시하였다.[44] 그가 의미하는 바는 지금의 세계를 규정하는 어떠한 것도 정치로부터 배제된다는 생각을 받아들여서는 안 된다는 것이다. 즉 모든 것은 "파악될 수 있는"(*up for grabs*) 것으로 간주되어야 하며, 모든 것은 개혁될 수 있다는 것이었다.

많은 사람들은 웅거가 우리들은 항상 모든 것을 파악해야 하며, 어떠한 것도 확실하거나 고정될 수 없으며, 모든 것은 끊임없이 변화한다고 주장한다고 믿었다. 그러나 그것은 웅거가 의미한 바가 아니다. 오히려 그가 뜻한 바는 다음과 같다. 우리는 특정한 사회질서의 필연

---

44) Roberto Mangabeira Unger, *Social Theory: Its Situation and Its Task* (New York: Cambridge University Press, 1987) 참조.

성을 따져볼 필요가 있다는 것이다. 그 질서들이 사실상 필연적인가를 묻고, 그 필연성이 과연 그에 기초하여 형성되는 권력을 정당화할 수 있는지를 물어야 한다. 브루스 액커만이 지적하였듯이, 우리는 모든 권력행사에 대해서 "왜"라는 질문을 해야 한다.[45] 아마도 권력이 행사되는 바로 그 순간이 아니라, 언제든.

이 설명에서 "권력"은, 인간이 그에 대해 무엇인가를 할 수 있는, 구속들에 대체되는 표현이다. 지구와 충돌하는 운석은 "모든 것이 정치이다"라고 하는 범주에 속하는 "권력"이 아니다. 운석이 어느 곳을 강타하게 될 것인가는 비록 그 결과가 아무리 막중하다 하더라도 정치는 아니다. 운석이 어디에 떨어지는가에 대해서 우리가 할 수 있는 일은 아무것도 없다. 그러나 사이버공간의 구조는 이런 의미에서 권력이다. 지금의 구조는 다른 것일 수도 있었다. 정치는 우리가 어떻게 결정하는가에 관한 것이다. 정치는 권력이 어떻게, 누구에 의해서 행사되는가의 문제이다.

만일 코드가 법이라면, 윌리엄 미첼의 말처럼 "코드의 통제는 권력이다." "네티즌들에게, … 코드는 … 정치적 시위의 주요 쟁점이 되고 있다. 우리의 일상생활을 점점 구조화하는 소프트웨어를 누가 제작할 것인가?"[46] 최근 들어 코드 제작자들은 점점 입법자가 되어가고 있다. 이들은 인터넷의 디폴트를 어떻게 정할 것인지, 프라이버시를 보호할 것인지, 익명성은 어느 정도 허용할 것인지, 얼마만큼 접근을 허용할 것인지 등을 결정한다. 이들이 바로 인터넷의 특성을 결정하는 사람들이다. 넷이 어떻게 코드화되어야 하는가에 대해서 내린 이들의 결정이

---

45) Bruce Ackerman, *Social Justice in the Liberal State* (New Haven, Conn. : Yale University Press, 1987) 에서 주된 분석도구는 대화이다. 권력에 대한 어떠한 옹호도 정당성의 요구에 부합되어야 한다.

46) William J. Mitchell, *City of Bits: Space, Place, and the Infobahn* (Cambridge, Mass, MIT Press, 1996), 112.

넷의 성격을 규정한다.

코드가 어떻게 규제할 것인지, 누가 코드 제작자인지, 누가 코드 제작자를 통제하는지, 이것들이 사이버공간 시대에 정의의 실천이 핵심적으로 다루어야 할 물음들이다. 그 대답은 사이버공간을 어떻게 규제할 것인가를 드러낼 것이다. 제 1부에서 사이버공간은 코드에 의해 규제되고 있으며, 그 코드가 변화하고 있다는 것이 나의 주장이었다. 사이버공간의 규제는 바로 코드이며, 코드는 변화하고 있다.

우리는 규제의 권한이 또 하나의 구조, 그 특성과 가능성이 근본적으로 다른 구조로 재배치될 시대에 들어서고 있는 것이다. 내가 이 책의 서두에서 러시아에 대해서 언급하였듯이, 권력의 한 형태는 파멸될 수 있지만, 곧 또 다른 형태의 권력이 그 자리를 차지하게 된다. 우리의 목적은 이 새로운 권력을 이해하고, 그것이 적절하게 행사되는지를 묻는 것이다. 데이비드 브린의 물음처럼, "만일 우리가 넷을 칭송하려면 넷을 탄생시켰던 최초의 기본적인 전제들을 바꾸려는 사람들이 입증부담을 져야 하지 않겠는가?"47)

"기본적인 전제들"은 자유와 개방에 근거하고 있었다. 이제 보이지 않는 손이 이 둘 모두를 위협하고 있다. 우리는 어떻게 그러한 일이 일어나는지를 이해해야 한다.

사이버 자유를 위한 투쟁이 점점 높아지고 있는 하나의 예는 여전히 자유롭지 못한 중국이다. 중국정부는 현실사회의 규범에 위배되는 사이버공간상에서의 행동을 점점 더 공격적으로 제한하고 있다. 포르노를 유포하는 자는 징역 10년 형을 선고받는다. 정부를 비판하는 이들 역시 마찬가지이다. 만약 중국이 진정 인민공화국이라면, 이러한 행위는 인민의 거친 사랑과 같다. 이들을 기소하기 위해서는 네트워크

---

47) David Brin, *The Transparent Society: Will Technology Force Us to Choose Between Privacy and Freedom?*(Boulder: Perseus, 1999), 324.

사들의 협조가 필요하며, 중국법은 이들로 하여금 협력하도록 규정하고 있다. 따라서 야후나 마이크로소프트와 같은 거대 네트워크 사들이 중국정부를 도와 미국헌법 하에서는 진저리칠 만한 일들을 하고 있다는 소식이 종종 보도되고 있다.

극단적인 예도 충분히 나쁘지만, 이러한 패턴을 잘 보여주고 있는 사례는 다름 아닌 구글이다. 구글은 훌륭한 검색엔진으로 유명하다. 그것은 사실이다. 구글이라는 브랜드는 검색결과가 관련성이 없는 외부요인에 의해 전혀 통제되지 않는다는 아이디어를 바탕으로 세워졌다. 회사들은 검색어를 매수할 수 있지만, 그 결과는 주된 검색결과에서 분리되어 괄호로 묶여서 보여진다. 당신의 눈이 본능적으로 주목하는 스크린 부분인 핵심적인 검색결과는 섞이지 않는다.

적어도 결과에 손을 대려고 하는 회사가 중국이 아니라면 말이다. 구글은 중국을 위해서 특별한 검색방법을 구축하기로 약속했다.[48] 중국정부가 규제하고자 하는 사이트는 구글에서 검색되지 않는다. 중국 네트워크 검색엔진이 그것이다. 그 시스템은 규제에 대한 안내도 하지 않을 것이고, 검색자가 읽고 있는 검색결과가 중국 검열자들에 의해 걸러진 결과라는 사실을 알리지도 않는다. 대신 중국 인터넷 사용자들은 과거의 정상적인 구글과 다름없이 생각할 것이다. 구글이 중국정부의 요청에 의해 규제하더라도, 구글의 유명세 덕분에 대부분의 중국인들이 구글을 이용할 것이라는 사실을 중국정부는 알고 있다.

이 사례가 바로 정부와 상거래 간의 완벽한 협력관계이다. 구글은 보다 완벽한 규제를 원하는 중국정부를 위해 필요한 기술을 개발할 수 있고, 중국정부는 중국시장에서의 사업을 보장하는 조건으로 이러한

---

48) 비록 이 계획은 불확실하지만, 2006년 6월에 구글 공동설립자인 세르게이 브린은 구글의 계획에 대해서 몇 가지 의문을 표했다. Thomas Crampton, "Google is Vocing Some Doubt Over China," *International Herald Tribune*, June 7, 2006 참조.

구글의 능력을 이용할 수 있다. 결국 구글에게는 시장의 가치가 "중립적인 검색"의 가치보다 더 중요하다. 아니면 적어도 이러한 거래가 성사되려면 시장의 가치가 훨씬 높아야 한다.

여기서 나의 목적은 구글, 혹은 마이크로소프트나 야후를 비난하려는 것이 아니다. 이 회사들은 주주가 있고, 기업가치를 최대한으로 끌어올리는 것이 이들의 목표이다. 만일 내가 이 기업들을 경영한다면, 내가 다르게 행동할 것이라고 장담하지 못한다. 그러나 결론적으로 나의 요점은, 상거래는 목적이 있으며, 정부는 그 자체의 목적을 위해 이들을 이용할 수 있다는 것이다. 더 많이 그리고 더욱 빈번하게 이러한 현상이 일어날 것이고, 그에 따라 넷의 속성이 아주 급격하게 변화할 것이다.

제 2 부

코드에 의한 규제

제 1부의 교훈은 상거래와 정부 간의 상호협력이 인터넷의 효과적인 구조를 변화시킬 것이라는 것이었다. 이러한 변화는 인터넷상에서의 활동의 규제능력을 높일 것이다. 사이버공간에서 보이지 않는 사람들에게 분말 스프레이를 뿌려서 그들의 모습을 보다 쉽게 파악하는 것과 같다.

하지만 지금까지 나의 이야기는 정부가 규제하는 기본양식을 바꾸지 않았다. 정부는 법적 처벌을 하겠다고 위협하고, 이 위협은 정부의 지침에 따르도록 개인에게 동기부여를 하기 위한 것이다. 앞에서 설명한 사이버공간의 효과적인 구조의 변화들은 정부가 위협을 실행하는 데 보다 용이하게 하며, 범죄행위의 기대 가치를 삭감시킬 것이다(할 수 있다면 제로 이하로). 추적능력은 효과적인 법적 조치를 가능하게 하고, 효과적인 법적 조치는 정부가 정한 규칙을 따르지 않을 경우 치러야 할 비용을 증가시킬 것이다.

제 2부에서는 다른 종류의 규제를 살펴보겠다. 문제는 넷의 구조가 어떻게 전통적 규제를 보다 용이하게 하는가가 아니다. 문제는 어떻게 넷의 구조 혹은 "코드" 자체가 규제자가 되는가이다. 여기에서 개인에게 적용되는 규칙은 벌금, 구금, 혹은 수치심과 같은 법적 강제를 통한 위협으로 힘을 얻는 것이 아니다. 오히려 그 규칙은 물리적 현상과 같이 개인에게 적용된다. 자물쇠로 잠겨진 문은 국가의 법적 처벌로 뒷

받침되는 "출입금지" 명령을 뜻하는 것이 아니다. 닫힌 문은 누군가가 특정 공간에 들어갈 수 있는 자유에 대한 물리적 제한이다.

나의 주장은 이러한 형태의 규제가 점차 사이버공간에서 만연될 것이라는 점이다. 게다가 이 규제는 독특하고 반직관적인 특성을 갖고 있다. 제 2부의 목적은 기술과 정책 간의 상호관계를 좀더 체계적으로 이해하기 위한 단계로서 이 독특한 형태의 규제를 살펴보는 것이다.

제 6 장

사이버공간들

나는 사이버공간으로부터 인터넷을 구별하는 것이 가능하다고 이야기해왔다. 제 2부의 주제인 독특한 규제의 형태를 분명히 드러내기 위해서 우리는 이 구별에 대해서 좀더 이야기할 필요가 있다. 인터넷은 의사소통의 매개체이다. 사람들은 인터넷 "상"에서 많은 일을 한다. 그런 일의 대부분은 중요하다고 할지라도 사소하다. 사람들은 인터넷상에서 돈을 지불하고, 레스토랑을 예약한다. 그들은 인터넷으로부터 소식을 얻는다. 그들은 이메일이나 인스턴트 메시지를 이용하여 가족들에게 소식을 보낸다. 이러한 인터넷의 활용이 경제에 영향을 미치고 인터넷을 이용하는 사람들의 삶을 더 편리하게 또는 더 힘들게 만든다는 의미에서 중요하다. 하지만 그것들이 사람들의 살아가는 방식을 바꾼다는 의미에서는 중요하지 않다. 당신이 클릭 한 번으로 아마존에서 책을 살 수 있다는 것은 매우 멋진 일이다. 나는 만일 그렇지 않다면 구입하지 않았을 책들을 (어쩌면 정말로) 몇 톤이나 구입한다. 하지만 (내 은행계좌는 클릭 한 번으로 변하게 되지만) 나의 삶이 클릭 한 번으로 변하지는 않는다. 인터넷은 더욱 쉽고 더 박식하게 되었지만, 어떤 것도 근본적으로 바꾸지는 않았다.

이와는 대조적으로 사이버공간은 삶을 더 편리하게 만들고 있을 뿐만 아니라, 삶을 다르게 혹은 더 좋게 만들고 있다. 그것은 다른(혹은 제2의) 삶을 만들고 있다. 그것은 이전에는 가능하지 않았던 상호작용의 방법들을 불러일으킨다. 그 상호작용이 새로운 것이라는 의미가 아니다. 우리는 항상 공동체들을 가지고 있었고, 이 공동체들은 내가 기술하겠지만 사이버공간이 생산해온 것과 가까운 것을 늘 생산해왔다. 그러나 이 사이버공간 공동체들은 정도의 차이를 만들어내며, 그것은 질적 차이로 성숙해간다. 이 공간들에는 상호관계들에서 독특한 무엇인가가 있으며, 특히 규제방식에서 아주 독특하다.

사이버공간의 삶은 우선적으로 사이버공간의 코드에 의해서 규제된다. 제1부의 의미에서가 아니다. 잘못을 저지른 사람들에게 형벌을 부과할 수 있도록 누가 무엇을 하는지를 코드가 알기 쉽게 해준다는 의미가 아니다. 감옥의 창살들이 죄수의 이동을 규제한다는 의미에서 또는 계단이 장애인의 접근을 규제한다는 의미에서 규제되는 것이다. 사이버공간에서 코드는 규제자이다. 왜냐하면 그것이 사이버공간이 제공하는 조건들을 규정하기 때문이다. 그리고 이러한 조건들을 정하는 이들은 점차 코드를 자신들에게 최상의 혜택을 가져다주는 행위를 성취하는 수단으로 인식한다.

그리고 인터넷의 경우에도 마찬가지이다. 인터넷상의 코드 또한 규제자이며, 인터넷에서 살아가는 사람들은 그 규제에 복종한다. 그러나 이 장에서 나의 전략은 익숙한 것에 관한 인식을 확립하는 방법으로 보다 모호한 것에서 시작하는 것이다. 당신이 거주할 것 같지 않은 세상들에 적용되는 테크닉을 보게 되면, 당신이 거주하는 세계에 적용되는 테크닉을 인식하게 될 것이다.

사이버공간은 하나의 장소(*place*)가 아니다. 그것은 많은 장소들이다. 이 장소들의 성격은 동일하지가 않으며, 근본적인 방식에서 차이가 있다. 무엇보다도 이곳에서 생활하는 사람들이 다르기 때문에 그러한 차이점이 나타난다. 그러나 인구학적인 접근만으로 그 다양성을 설명할 수는 없다. 그 이상의 것이 작용한다. 여기에 하나의 예가 있다. 다음 글을 읽고 이 묘사가 사실처럼 들리는지 자문해 보라.

> 20세기 말에 가상 공동체가 20세기 초반에 상실했던 공동체와 장소에 대한 안정감을 미국인들에게 되돌려 줄 것이라고 나는 믿는다. 가상 공동체의 일원이었던 사람들에게 물어본다면, 그들은 단지 통신망을 통한 전자파장의 교환보다 더 많은 일들이 그곳에서 일어난다고 말할 것이다. 그것은 가상의 공간을 늘려줄 뿐만 아니라, … 웰(WELL) 사이트에 있는 필 카탈포(Phil Catalfo)가 경험하듯이 다른 사람들로부터 위안을 얻는다. 필 카탈포는 한밤중에 일어나서 백혈병으로 고통받는 아이를 돌본다. 그리고 그는 웰에 접속하여 자신의 분노와 공포를 쏟아낸다. 지리적 공동체에서 경험하는 것과 마찬가지로 이들은 실제 서로 감싸주고, 넷을 뛰어넘어 사랑에 빠지기도 한다. 이러한 "가상의" 연결은 공적 삶의 붕괴, 이익집단의 양극화, 도시생활의 소외감 등에 대한 두려움이 점증하는 현실국가에서 진정한 희망의 상징이다.[1)]

1) Mike Godwin, *Cyber Rights: Defending Free Speech in the Digital Age* (New York: Times Books, 1998), 15. Esther Dyson, *Release 2.0: A Design for Living in the Digital Age* (New York: Broadway Books, 1997) 참조. 다이슨은 다음과 같이 주장한다. "만일 옳게 사용된다면, 인터넷은 공동체 발전을 증진시키는 강력하고도 유용한 기술이 될 수 있다. 인터넷은 사람들이 상호작용, 즉 공동체를 창조하는 일을 지원하기 때문이다."(32); Stephen Doheny-Farina, *The Wired Neighborhood* (New Haven, Conn.: Yale University Press, 1996), 121~37 참조. 사이버공간에서의 공동체들을 검토하고 있는 중요한 최신 자료집으로는, Marc A. Smith and Peter Kollock, *Communities in Cyberspace* (New York: Routledge, 1999) 참조. 이 자료집은 "사회질서와 통제", "집단행위", "공동체구조와 역학관계", "정

이런 이야기에 대해서 두 가지 유형의 반응이 있다. 오랫동안 "사이버공간"에 있었던 사람들에게 그런 이야기는 아주 낯익은 것이다. 이들은 처음부터 다른 종류의 "넷"(*Net*)에 있었다. 그들은 고립된 공동체들, 예를 들어 지역 BBS(*bulletin board service*)나, 윗글의 저자인 마이크 고드윈이 곧잘 사용하는 표현처럼 웰(WELL)과 같이 "작은" 주소지에서 인터넷으로 옮겨왔다. 그들에게 넷은 대화를 나누고, 유대를 맺으며, 교류하는 공간이며, 현실공간의 삶을 다르게 변화시키기 위한 약속의 장소이다.

그러나 만약 당신이 최근에 그 "공간"으로 이주한 사람이거나(고참들은 당신을 "신출내기"라고 부를 것이다), 혹은 만약 당신이 인터넷으로 하는 일이 단지 주식들을 체크하거나 영화시간들을 알아보는 것이라면, 당신은 이런 이야기에 당혹감을 느낄 가능성이 높다. 사람들이 "공동체"나 특별한 연대방식 혹은 삶을 변화시키는 이 공간의 놀라운 힘 등에 관하여 이야기할 때, 당신은 어떻게 사이버공간을 하나의 장소로 생각하느냐고 반문할지도 모른다. 단지 이메일을 주고받거나 웹서핑만을 하는 신참들에게 넷의 공동체들은 묘한 신비의 공간이다. 무수한 광고들과 빙빙 돌아가는 아이콘들로 가득 찬 페이지들을 어떻게 공동체나 공간으로 생각할 수 있는가? 냉정한 신참에게 이러한 이야기는 자바(JAVA)에 대한 과대광고처럼 들릴지도 모른다.[2]

체성" 등과 같은 공동체의 사회적 쟁점들을 폭넓게 다루고 있다. 이 장에서 다루고 있는 구조와 규범 간의 관계는 스미스와 콜록의 자료집을 분석하는데 지침이 될 것이다.

2) 내가 《코드》 1판에서 탐색해본 바에 의하면, 넷 상에서 가장 최근의 "공동체주의"는 비즈니스이다. 대부분의 영향력 있는 저자들의 주장에 따르면, 온라인 비즈니스에서 성공 열쇠는 "가상 공동체"의 개발에 달려 있다는 것이다. Larry Downes and Chunka Mui, *Unleashing the Killer App: Digital Strategies for Market Dominance* (Boston: Harvard Business School Press, 1998), 101~9; John Hagel and Arthur G. Armstrong, *Net Gain*:

신참들은 지금의 넷에서 침묵하는 다수이다.[3] 우리가 넷이 대화와 교환의 장이었던 지난 시절을 아무리 미화한다고 하더라도, 오늘날의 사용자 대부분에겐 그것이 넷의 기능이 아니다. 블로거들과 창조성의 공동체들이 폭발적으로 증가하고 있다. 하지만 블로거들은 여전히 인터넷 사용자들의 3%에 불과하고, 대다수의 인터넷 사용자들은 어떠한 공동체의 이상과도 관련을 맺고 있지 않다.

사이버공간은 그 분위기가 변화해왔다.[4] 사이버공간을 어떻게 생각하고, 당신이 그곳에서 무엇을 할 수 있으며, 어떻게 접속하느냐 하는 모든 것들이 변화해왔다. 왜 그것이 변화해왔는가는 답변하기 복잡한 문제이다. 완벽한 대답은 나도 제시할 수 없다. 사이버공간이 변하게 된 것은 한편으론 사람들, 즉 그 공간에 있는 사람들, 이들의 관심 등이 변했기 때문이며, 다른 한편으론 그 공간이 제공하는 가능성들이 변했기 때문이다.

그러나 변화의 한 원인은 공간 그 자체와 밀접한 관계가 있다. 공동

Expanding Markets Through Virtual Communities (Boston: Harvard Business School Press, 1997). 그 시점 이후에 위키피디아나 마이스페이스와 같은 커뮤니티 중심의 실재들이 확산됨으로써 이 저자들의 통찰력을 확증해 준다.

3) 인터넷 사용자들에 관한 상세한 연구에 관해서는, E-Consultancy, *Internet Statistics Compendium*, 2006년 4월 12일, link #36 참조.

4) 이 흐름을 잘 파악하고 있는 것으로는, Richard Holeton, *Composing Cyberspace: Identity, Community, and Knowledge in the Electronic Age* (Boston: McGraw-Hill, 1998) 4장의 Rheingold, Barlow, Bruckman 및 Ramo의 논문을 참조할 것. 또한 Howard Rheingold, *The Virtual Community: Homesteading on the Electronic Frontier* (Reading, Mass.: Addison-Wesley, 1993) 참조. 레인골드의 책은 초창기의 고전이며, 그 책의 첫 장이 호른의 책에 발췌되어 있다. Stacy Horn, *Cyberville: Clicks, Culture, and the Creation of an Online Town* (New York: Warner Books, 1998) 참조. 호른의 책은 온라인 상에서 직접 의견교환을 통해 씌어진 것으로 아주 뛰어난 텍스트이다.

체, 교환, 대화 등은 특정한 양식의 공간에서 번창하며, 다른 공간의 양식에서는 소멸한다.[5] 나는 두 환경의 차이를 밝히고자 한다.

다음의 절들에서는 다양한 사이버-공간들을 설명하려고 한다. 우리가 관찰하게 될 차이점들을 어떻게 생각해야 하는지에 대한 통찰을 세워보고자 한다. 그리고 이 통찰력은 사이버공간이 어디로 나아가고 있는지 이해하는 데 도움이 될 것이다.

1. 공간의 가치들

공간은 가치들을 갖는다.[6] 공간들은 가능하게 하거나 불가능하게 하는 실천이나 삶을 통해서 그 가치들을 표명한다. 마크 스테픽은 다음과 같이 지적하고 있다.

---

5) 이에 대한 탁월한 설명으로는, Jonathan Zittrain, "The Rise and Fall of Sysopdom," *Harvard Journal of Law and Technology* 10(1997):495 참조.

6) 스티븐 존슨은 다음과 같이 설명하고 있다. "이론상 이것들은 건축과 도시계획에 관한 사례이지만 실제 그것들은 더 많은 논점들을 포함하고 있다. 각각의 디자인 결정이 거대한 사회에 관한 일련의 가치들을 반영하고 증폭시킨다." Steven Johnson, *Interface Culture: How New Technology Transforms the Way We Create and Communicate* (San Francisco: Harper, 1997), 44 참조. 또한 Nelson Goodman, "How Buildings Mean," in *Reconceptions in Philosophy and Other Arts and Sciences*, edited by Nelson Goodman and Catherine Z. Elgin (London: Routledge, 1988), 31~48 참조. 이러한 통찰력은 공간뿐만 아니라 사물에도 적용된다. Langdon Winner, "Do Artifacts Have Politics?", in *The Whale and the Reactor: A Search for Limits in an Age of High Technology* (Chicago: University of Chicago Press, 1986), 19~39. 하지만 공간이나 사물이 가치를 갖는다고 해서 그것이 어떤 특별한 결과를 결정하는 것은 아니다. 영향력과 매개수단은 매우 다양하다.

> 사이버공간 내의 장벽들은 — 분리된 채팅방들, 인터넷 게이트웨이들, 디지털 편지들, 그리고 접근을 제한하는 다른 시스템들 — 국경들, 물리적 경계들, 그리고 간격의 효과들과 유사하다. 프로그래밍은 사람들이 어떤 디지털 대상들에 접근할 수 있는지, 디지털 대상들이 상호작용할 수 있는지 여부를 결정한다. 그러한 프로그래밍이 인간의 상호작용들을 어떻게 규제하는가는 어떤 선택을 하느냐에 달려 있다.[7]

선택한다는 의미는 다르게 구성된 공간들이 가능하게 하는 것과 불가능하게 하는 것이 다르다는 것이다. 이 점이 우리가 명확하게 밝혀야 할 첫 번째 논점이다. 이 점을 잘 보여주는 한 사례가 있다.

인터넷 초창기에 의사소통은 주로 텍스트를 통해서 이루어졌다. 유즈넷 뉴스그룹, 인터넷 릴레이 챗, 이메일 등과 같은 매체들은 모두 텍스트를 교환수단으로 한정했다. 그것은 사람들이 타이핑한 문자들이 화면에 나타나는 방식이었다. 이렇게 제한된 데에는 명백한 이유가 있었다. 초기 넷의 주파수 범위는 매우 협소했다. 대부분의 사용자들이 1,200보드 속도로 연결되어 있었다. 이런 환경에서는 운이 좋아야 화상과 활동사진을 전부 다운받을 수 있었지만, 이를 다운받는 데 견딜 수 없을 정도의 긴 시간이 걸렸다. 이러한 환경에 가장 효율적인 의사소통방식이 필요했으며, 문자가 가장 능률적인 방법 중의 하나였다.[8]

대부분 사람들은 이러한 사실을 초기 넷의 한계로 생각한다. 물론

---

7) Mark Stefik, *The Internet Edge*, 14~15.

8) Godwin, *Cyber Rights: Defending Free Speech in the Digital Age* (New York: Times Books, 1998), 42. "만약 당신이 어떤 사람과 직접 대면한다면 당신의 머리 색깔, 말투 또는 얼굴 표정 등과 같이 그 사람이 의식적으로 제어할 수 없는 수많은 것들을 드러낼 것이다. 그러나 당신이 누군가 게시한 ASCII메시지를 읽고 있을 때 당신이 보는 것은 모두 그 사람의 사유의 산물이다."

기술적으로는 그렇다. 그러나 이러한 기술적 설명은 특정 형태의 삶을 가능케 했던 구조가 갖고 있는 규범적 측면을 충분히 담아내지 못한다. 이러한 관점에서 볼 때 한계는 특성이 될 수 있다. 그 한계들은 가능하게 할 뿐만 아니라 불가능하게 하기도 한다. 그리고 이 한계는 현실공간의 생활에서 장애를 지닌 사람들에게 능력을 부여하기도 한다.

다음 세 집단을 생각해 보자. 장님, 귀머거리, "못생긴 사람"이 그들이다. 현실공간에서 이 사람들은 의사소통능력에 상당한 제약을 받는다. 현실공간에서 장님은 그가 볼 수 있다는 전제하에 구축된 구조들과 늘 직면해야 한다. 이 전제를 완전히 배제할 수 없기 때문에 그는 현실공간의 구조를 개조하는 데 별도의 비용을 부담한다. 귀머거리는 현실공간에서 들을 수 있다는 전제하에 만들어진 구조들에 직면한다. 그녀 역시 이 구조를 개선하는 데 별도의 비용을 부담해야 한다. 못생긴 사람들은 현실공간(술집이나 사교클럽을 생각해 보라)에서 그의 외모가 사교에 장벽으로 작용하는 사회규범의 구조들에 직면한다. 그는 이런 구조들에 순응하기 위해 별도의 고통을 감수해야 한다.

현실공간에서 이 세 집단은 "나머지 우리들"과 비교해서 그들을 장애인으로 만드는 구조들에 직면할 수밖에 없다. 그러나 사이버공간, 특히 초창기의 넷에서 그들은 아무런 장애를 느끼지 않았다.

장님은 문자를 읽어주는 프로그램을 손쉽게 실행시킬 수 있었으며, 타이핑을 통해 답변할 수 있었다. 넷상의 다른 사람들은 그가 스스로 밝히지 않는 한, 그 메시지를 보낸 사람이 장님인지 알 수 있는 방법이 없었다. 장님도 눈 뜬 사람들과 똑같았다. 귀머거리의 경우도 마찬가지이다. 초창기 인터넷에서는 무언가를 들을 필요가 없었다. 처음으로 많은 귀머거리들이 대화하고 정보를 교환할 수 있었으며, 그곳에서 가장 두드러진 특징은 그 사람이 전혀 귀머거리가 아니라는 사실이었다. 귀머거리도 들을 수 있는 사람들과 똑같았다. 못생긴 사람의 경우도 같다. 당신의 외모가 모든 교환과 함께 전달되지 않기 때문에 전혀 매력이 없는 사람이라도 자신들의 외모가 다른 사람들에게 자동적으로 선입견을 주지 않으며, 그들과 친밀하게 대화를 나눌 수 있었다. 그들은 신체적 접촉 없이도 장난치고, 놀 수 있었으며, 성적 매력을 느낄 수 있었다. 초창기의 넷은 그들을 멋진 사람들과 동일시하였다. 가상 대화방에서는 매혹적인 눈, 매력적인 미소, 멋진 근육이 소용없다. 위트, 사람들의 관심을 끌어들이는 능력, 조리 있는 말솜씨로 충분하다.

초기 사이버공간의 구조는 이 집단들에게 현실공간에서 갖지 못했던 것을 주었다. 보다 일반적으로 말하면, 사이버공간의 구조가 사람들이 직면하는 이익과 부담의 혼합비율을 바꿨다. 현실공간과 비교할 때, 교양 있는 사람이 더 많은 능력을 부여받았으며, 매력적인 외모는 무력한 것이었다. 이 구조는 새로운 유능함과 무능함을 만들어냈다.

나는 이 이야기를 마치 현실공간에서 장애가 있는 사람들만의 문제인 것처럼 말하였다. 그러나 "장애"는 상대적인 용어이다.[9] 오히려 사이버공간이 유능함의 의미를 바꾼다고 말하는 것이 더 정확할 것이다. 한 친구(그녀는 대단히 아름답고 활기 넘치며, 성공한 기혼여성이다)는 나에게 그녀가 왜 온갖 종류의 정치적 주제에 대해서 다른 사람들과 논쟁을 벌이면서 그렇게 많은 시간을 정치토론방에서 보내고 있는지를 다음과 같이 설명하였다.

> 당신은 그것이 나에게 어떤 의미를 갖는지 이해하지 못해. 당신은 당신의 말이 그대로 받아들여지는 세상에서 당신의 모든 삶을 살아왔어. 당신이 말한 것은 액면 그대로 받아들여지지. 하지만 나는 이 공간이 생기기 전에는 나의 말이 그대로 받아들여지는 공간에

---

9) Martha Minow, *Making All the Difference: Inclusion, Exclusion, and American Law* (Ithaca, N.Y.: Cornell University Press, 1990), 79~97 참조.

> 있어본 적이 없어. 전에는 나의 말들은 항상 "이 아가씨", "누구 부인" 혹은 "누구 엄마"의 말이었지. 나는 나 자신의 말을 할 수 없었어. 그러나 여기에서는 말하는 사람은 나 그 자체야.

물론 아무도 현실공간에서 그녀를 장애가 있다고 말하지 않았다 하더라도 분명히 그 공간은 그녀에게 새로운 능력을 부여했다.[10]

시간이 흐르면서 전송폭이 확장되면서 구조가 변하였고, 이에 따라 이익과 부담의 혼합비율도 변하였다. 월드 와이드 웹을 통하여 화상이 넷으로 들어오자 장님은 다시 "장님"이 되었다. 가상공간에서 음성파일이 생겨나자 귀머거리는 다시 "귀머거리"가 되었다. 그리고 대화방이 채팅하는 사람들의 실제 이미지를 비디오카메라로 담아내는 화상대화방과 과거와 같은 문자대화방으로 분리되기 시작하자 화면이 잘 안 받는 사람들은 다시 "매력을 상실하게" 되었다.[11] 구조가 바뀜에 따라

---

10) Laura J. Gurak, *Persuasion and Privacy in Cyberspace: The Online Protests over Lotus, Marketplace, and the Clipper Chip* (New Haven, Conn.: Yale University Press, 1997), 12~16 참조. 거락은 "예를 들어 가명은 말하는 사람의 이름을 숨기는 데 사용될 수 있다. 따라서 그것은 종종 말하는 사람의 인격이라기보다는 텍스트의 에토스이다. 그리고 그것은 다른 사람들을 확신시킬 수도 혹은 그렇지 못할 수도 있다"고 지적하고 있다. Cf. Lori Kendall, "MUDder? I Hardly Know 'Er!: Adventures of a Feminist MUDder," in *Wired Women: Gender and New Realities in Cyberspace*, edited by Lynn Cherny and Elizabeth Reba Weise (Seattle: Seal Press, 1996), 207~233 참조. 고드윈은 넷상에서 아스키 채널이 닫혀 있을 때 또 다른 가능성을 기술하고 있다. "그 경우 아마도 아스키 의사소통의 세상은 텍스트 애호가들의 신랄한 의사소통을 위한 영역이 될 것이다. 나처럼"; *Cyber Rights* 45.

11) 이것은 경제학자들이 "분리평형"(*separating equilibrium*)이라고 부르는 것이다. "서로 다른 유형의 경기참가자들은 상이한 전략들을 채택한다. 그리고 정보를 갖고 있지 않은 참가자들이 정보를 갖고 있는 사람들의 행위로부터 그들의 유형을 추론해 내는 것이 허용된다." Douglas G. Baird, Robert H.

누가 장애인인가 하는 정의도 바뀐다.

나의 논점은 넷이 변해서는 안 된다고 주장하는 것이 아니다. 물론 음성과 화상이 장애화하는 효과를 최소화시키는 방식으로 변화할 수 있다면 그렇게 변해야 하는 것은 의심의 여지가 없다.[12] 물론 장애인들의 문제가 중요하긴 하지만, 나의 논점은 사실상 "장애인들"에 있는 것이 아니다. 나는 다만 이 사례를 코드의 구조들과 이 코드가 가능하게 하는 세계 간의 연결고리를 부각시키기 위해서 활용하고 있는 것이다. 코드는 사이버공간들을 구성하며, 공간들은 개인이나 집단에게 능력을 부여하기고 박탈하기도 한다. 결국 코드의 선택은 누구를, 무엇을, 그리고 가장 중요한 것은 어떤 삶의 방식을 가능하게 하고 불가능하게 하느냐를 선택하는 것이다.

Gertner, and Randal C. Picker, *Game Theory and the Law* (Cambridge, Mass.: Harvard University Press, 1994), 314 참조. 미첼은 동시성의 의사소통으로의 진보가 반드시 이익은 아니라고 주장한다. "매우 효율적인 비동시성의 의사소통체계가 일반화되었을 때 우리는 엄격한 동시성이 항상 바람직한 것이 아니란 사실을 깨닫게 되었다. 통제된 비동시성은 나름의 이점을 갖고 있다." *City of Bits*, 5~16.

12) 접근가능한 웹에 관해서는, Judy Brewer and Daniel Dardailler, "Web Accessibility Initiative (WAI)," at link #37. cf. "Note: Facial Discrimination: Extending Handicap Law to Employment Discrimination on the Basis of Physical Appearance," *Harvard Law Review* 100 (1987): 2035 참조.

2. 사이버-장소들

우리는 다르게 구성되어 있고 다른 삶의 형식을 구성하는 "공동체"들을 살펴보고, 무엇이 그런 차이를 가능하게 하는지 살펴봄으로써 논점을 확고하게 정립할 수 있을 것이다.

(1) 아메리카 온라인 (AOL)

아메리카 온라인(AOL)은 1998년도에는 약 1,200만 명, 그리고 현재는 2,700만 명의 가입자[13]를 갖고 있는 세계에서 가장 큰 온라인 서비스 제공자이다.[14] 하지만 뉴욕과 뉴저지의 인구를 합한 수의 가입자를 가지고 있음에도 불구하고 AOL은 여전히 자체를 "공동체"로 표현한다. 거대하지만 하나의 공동체.

이 공동체는 명문화된 문서의 의미가 아니라(물론 그런 것이 있긴 하지만), 그곳에서 생활하는 사람들의 삶을 규정하는 의미의 헌법을 가지고 있다. 그 헌법의 근본 취지는 공동체가 이 공간을 활성화하게 한다는 것이었다. 그래서 처음부터 AOL은 채팅, 게시판 혹은 이메일을 통해서 사람들의 상호교류를 강조해 왔다(오늘날 AOL은 날마다 미국 우편국이 처리하는 것보다 더 많은 메시지들의 교환을 호스팅한다[15]). 초기의 다른 제공자들은 콘텐츠를 제공하고 광고하는 데 사로잡혀 상호간의 교류나 교환의 가능성을 제한하거나 무시했다. 그러나 AOL은 상호관계가 사이버공간을 다르게 만드는 요소임을 간파하였다. AOL

---

13) Dawn C. Nunziato, "The Death of the Public Forum in Cyberspace," *Berkeley Technology Law Journal* 20 (2005), 1115, 1125.

14) AOL, "About the Company: Profile," link #38과 #39 참조.

15) Nunziato, "The Death of the Public Forum in Cyberspace," *Berkeley Technology Law Journal* 20 (2005): 1125.

은 공동체들을 형성한 뒤에 그 자체를 세워나갔다. AOL 자체를 사람들이 원하는 바를 말할 수 있는 공간으로 구축했다.[16]

이 상호작용은 그 공간의 규칙에 의해 지배받았다. 그 규칙 중 어떤 것들은 형식적이었고, 어떤 것들은 관습적이었다. 형식적인 규칙 중에는 AOL에 가입할 때 모든 가입자가 승인하는 명시적인 규정들이 있다. 이 규정들은 인터넷의 다른 곳에서 행하는 AOL 가입자의 행동뿐만 아니라 AOL 공간 내의 많은 행위들을 규제한다.[17]

점차적으로 이 규칙들이 논쟁거리가 되었다. AOL의 정책은 "빅 브라더"의 행위로 불렸다. 가열된 논쟁은 무례한 의견교환을 야기하기도 했지만, 무례함이나 공격적인 발언이 AOL 공동체에서는 허용되지 않

---

16) Kara Swisher, *Aol.com: How Steve Case Beat Bill Gates, Nailed the Netheads, and Made Millions in the War for the Web* (New York: Times Business, 1998), 65 참조.

17) AOL의 서비스 공급약관(TOS)에 언급된 것처럼 "AOL 회원으로서 당신은 인터넷상 어디에 있든지 약관을 준수할 의무가 있다." 다른 규정들은 다음과 같은 규칙들을 포함하고 있다. "언어: 가벼운 속어나 성적이지 않은 신체에 대한 언급은 허용되지만 매우 저속한 용어, 노골적이거나 명백한 성적인 언행, 저주 등과 같은 언어는 허용되지 않는다. 그러한 언행을 보면 키워드 AOL. Nudity로 신고하시오. 과학적이거나 예술적인 맥락에서 노출된 옷을 입거나 제한된 누드의 사진들은 특정 공간에서 허용된다(모든 공간에서 허락되는 것은 아니다). 부분적이거나 완전한 전면 누드는 허용되지 않는다. 그러한 사진을 보면 AOL. Sex/Sensuality에 신고하시오. 애정과 저속함은 구별된다. 또한 적절한 용어를 사용하여 건강이나 섹스의 감정적인 차원에 대한 토론과 섹스에 대한 매우 저속한 대화는 구별된다. 전자는 허용되지만 후자는 허용되지 않는다. 예를 들어 암의 유형에 관해 토론할 때, 가슴(*breast*) 또는 고환(*testicular*)이라는 용어는 허용되지만 그러한 단어들의 속어적 표현은 어느 곳에서도 허용되지 않는다. 폭력과 마약남용: 뉴스 해설에서 나오는 것처럼 사람을 살해하는 그래픽 이미지는 몇몇 영역에서 허용되지만 피와 핏덩이, 이유 없는 폭력 등은 허용되지 않는다. 건강에 관한 사이트에서 약물남용에 대처하기 위한 토론은 허용되지만 불법적인 약물남용에 대한 토론이나 묘사는 허용되지 않는다."

았다. 이러한 의견들이 삭제되었을 때 "검열"에 대한 반대움직임이 일어난다.[18]

여기에서 나는 "네티켓"의 규칙들을 비판하려는 것이 아니다. AOL은 가입자를 규제하는 다른 규칙들을 갖고 있다. 그것은 약관에 명시된 것이 아니라 그 공간의 구조를 통한 규칙들이다. 이 규칙들은 AOL 헌법의 가장 중요한 부분이지만, 이 규칙들은 우리들이 사이버공간에서 행위를 규제하는 것이 무엇인가를 고찰할 때 살펴보게 될 것이다.

몇 가지 사례를 살펴 보자.

AOL의 가입자로서 당신은 다섯 사람 중 한 명이 될 수 있었다.[19] 이것은 그 공간의 놀랄 만한 특징 중 하나였다. AOL에 계정을 갖게 되었을 때, 당신은 다섯 개의 ID를 사용할 수 있는 권리가 있었다. 이것은 사실상 다섯 개의 "스크린 네임"을 사용해서 다섯 개의 다른 계정을 만드는 것이다. 어떤 사용자들은 가족들이 AOL에 접속할 수 있도록 스크린 네임을 나눠주기도 했다. 그러나 모든 사람들이 이런 식으로 AOL 계정을 사용하지는 않았다. 처음으로 AOL 계정에 등록한 독신 여성을 생각해 보자. AOL은 그녀가 원하는 대로 쓸 수 있는 ID를 다섯 개까지 제공했다. 그녀는 사이버공간에서 서로 다른 다섯 인격체가 될 수 있다.

이것은 무엇을 의미하는가? 스크린 네임은 당신이 시스템에 있을 때 당신이 누구인지를 확인해 주는 레벨이다. 그것은 당신의 본명일 필요가 없다. 만약 당신의 스크린 네임이 "스트레이캣"(StrayCat)이라면, 사람들은 "straycat@aol.com"으로 이메일을 보냄으로써 당신과 접촉

---

18) Amy Harmon, "Worries About Big Brother at America Online," *New York Times*, January 31, 1999, 1 참조.

19) 이 책의 2판을 탈고했을 때, AOL은 프리 온라인 서비스로 전환했다. 이것이 가져올 변화의 전체 규모가 어떨지는 아직 불분명하다. 그래서 나는 이 논의에서 과거형을 사용했다.

할 수 있다. 당신이 접속 중이라면, 사람들은 AOL 내에서 스트레이캣에게 삐삐를 쳐서 당신에게 연락을 취할 수 있다. 당신의 화면에는 삐삐를 친 사람과 대화를 원하는지 물어보는 창이 뜬다. 당신이 대화방에 들어가면 참가자의 목록에 당신은 스트레이캣으로 추가된다.

그러나 스트레이캣이 누구인가? 여기에 통제의 두 번째 차원이 있다. 스트레이캣은 자신이 스트레이캣이라고 말하는 사람이다. 그녀는 자신을 익명으로 규정할 수도 있다. 자신에 대한 소개를 자신이 원하는 바에 따라 완전한 형태 혹은 불완전한 형태로 참가자 목록에 올릴 수 있다. 그것은 사실이거나 거짓일 수 있고, 명백하거나 애매할 수 있으며, 호기심을 끌거나 그렇지 않을 수도 있다. 우표수집가들을 위해 개설된 대화방에서 우연히 스트레이캣을 만난 한 회원은 그녀의 인적 사항을 얻을 수 있으며, 스트레이캣이 클리블랜드에 살고 있으며, 독신 여성이라는 사실을 파악할 수 있다. 다음에 무슨 일이 일어날지는 각자의 상상에 맡긴다.

그러나 이런 상황에서는 스트레이캣의 다섯 가지 인격체 중 하나만 필요하다. 스트레이캣이 대화방을 돌아다니면서 그녀가 갖기 원하는 다른 인격체가 있다고 가정해 보자. 그녀는 다른 스크린 네임을 선택하고서 자신이 원하는 대로 목록에 그것을 규정할 수 있다. 뉴스그룹이나 정치 게시판에서 진지한 토론을 할 때, 그녀는 본래 자신의 모습으로 말하길 원할지도 모른다. 그러면 그녀는 그녀의 본명에 가까운 스크린 네임을 선택하고서 실제 모습에 따라 규정할 수 있을 것이다. 어떤 경우에는 스트레이캣이 가상의 다른 성으로 변장하고는 남자인 척할 수도 있다. 그녀의 스크린 네임 중 하나는 남자의 이름이 될 수도 있다. 여기에서 핵심은 AOL이 허용하는 다변성과 이 다변성이 허용하는 자유이다.

스트레이캣을 제외한 누구도 어떤 스크린 네임이 그녀의 것인지 알 필요가 없다. 그녀는 자신의 ID 목록을 모두 공개할 의무가 없으며

(그녀가 규칙을 깨지 않는 한) 그녀가 누구인지 아무도 알 수 없다(미국 해군성이 동성애자로 기소할 수 있도록 AOL이 가입자 중 한 사람의 이름을 알려준 이후에, AOL은 다시는 이와 유사한 침해사태가 발생하지 않도록 매우 엄격한 프라이버시 보호정책을 채택했다).[20]

따라서 AOL에서 당신은 현실공간의 코드제작자들이 제공하지 못하는 환상적인 익명성의 권한을 부여받는다. 물론 당신은 현실공간에서도 이와 똑같은 식으로 다원적인 삶을 살려고 시도할 수 있으며, 이러한 삶들이 부조화되고 모순되지 않는 한 별 탈 없이 지낼 수 있을 것이다. 예를 들어, 여름에는 시카고 컵스의 팬이면서, 겨울에는 오페라 팬이 될 수 있다. 그러나 당신의 정체를 숨기는 비상한 조치를 취하지 않는 한, 현실공간에서 당신은 항상 본래의 당신에 다시금 얽매이게 된다. 당신은 손쉽게 다른 성격체를 규정할 수 없으며, 그것을 만들어내야 한다. 더욱 (어렵고) 중요한 것은 가상의 당신을 본래의 당신으로부터 지속적으로 분리시켜야 한다는 점이다.

이것이 AOL 구조의 첫 번째 특징이며, 그것은 코드에 의해서 형성된다. 두 번째 특징은 당신이 어디에서 무엇을 말할 수 있는가 하는 표현의 문제와 밀접하게 연결되어 있다.

품위를 유지하면서 적정한 공간에 있는 한, 당신이 원하는 것을 AOL에서 말할 수 있다. 그러나 이러한 제한을 벗어나서 AOL에서 표현하면 매우 흥미로운 방식으로 제한받는다. 규칙들에 의한 제약이 아니라 잠재적인 청중에 의한 것이다. AOL에는 사람들이 모일 수 있는 공간들이 있으며, 사람들이 그곳으로 가서 다른 사람들이 게시한 메시지를 읽을 수 있는 공간들이 있다. 그러나 모든 사람이 동시에 모일 수 있는 공간이나 짧은 시간에 반드시 거쳐야 할 공간은 없다. 당신이 AOL의 모든 가입자들에게 전달할 수 있는 공적인 공간은 없다. 사람

---

20) Swisher, *Aol.com*, 314~15 link #40 참조.

들이 공개적으로 불만을 토로하고, 다른 사람들이 그 불만을 들을 수 있는 공회당이나 모임이 존재하지 않는다. 시민들이 폭동을 일으킬 만큼 넓은 공간도 없다. 그러나 AOL의 소유주들은 모든 가입자들에게 말할 수 있다. (AOL의 설립자인) 스티브 케이스(Steve Case)는 공동체의 시장으로서 구성원들에게 "수다스러운" 편지를 쓴다.[21] 케이스는 2005년에 AOL을 떠났고 발언자로서의 그의 후임은 아직 정해지지 않은 것 같다. AOL은 여전히 모두에게 광고하고, 이메일을 보낼 수 있다. 그러나 단지 소유주들과 그러한 권한을 부여받은 사람들만 할 수 있다. AOL의 나머지 가입자들은 대중을 발견할 수 있는 곳에서만 그들에게 말할 수 있다. 그리고 그 대중의 숫자도 (이 책의 제 1판이 출간되었을 때의 23명보다 많은) 36명으로 제한되어 있다.

이것이 AOL 공간구조의 또 다른 특징이며, 이것 역시 코드에 의해서 규정된다. 오직 36명만이 동시에 대화방에 있을 수 있는 것은 코드 기술자들이 선택한 것이다. 물론 그렇게 규정된 데에는 많은 이유들이 있겠지만, 그 결과는 자명한 것이다. 흥분한 AOL의 가입자들이 최근의 사용료 정책에 대해 시위와 같은 공적 행동을 취한다는 것은 상상할 수 없을 것이다. 물론 불만을 접수하는 공간은 있지만, 직접 가려면 상당한 불편을 겪어야 한다. 가입자들이 집단으로 불만을 제기할 수 있는 공간이 없다.

이런 점에서 현실공간은 다르다. 표현의 자유를 보호하는 법률은 반대 의견을 개진할 수 있는 공간들을 보존하는 데 심혈을 기울인다. 그 공간에서는 반대의견을 갖지 않은 시민들도 볼 수 있으며, 그들과 대면할 수도 있다.[22] 현실공간에는 사람들이 모일 수 있는 공간, 전단

---

21) Ibid., 96~97.

22) Robert C. Post, *Constitutional Domains: Democracy, Community, Management* (Cambridge, Mass.: Harvard University Press, 1995), 199~267 참조.

을 뿌릴 수 있는 공간들이 있다. 사람들은 인도, 공공도로 및 다른 전통적인 공공광장을 이용할 수 있는 권리를 갖고 있다. 그들은 그곳에 모여서 공적으로 중대한 사안이나 아니면 자신들이 원하는 어떤 문제에 대해서도 말할 수 있다. 현실공간에서 헌법은 다른 사람들의 면전에서 감동시킬 수 있는 열정과 마법의 권리를 보호한다. 그러나 AOL은 전혀 그러한 설계로 만들어지지 않았다.[23] 다운 눈지아토(Dawn Nunziato)가 지적하고 있는 것처럼,

> AOL은 공동체 지침에서 "하나의 도시처럼, 우리는 공동체에 참여하고 자부심을 갖는다"고 설명하고 있다. 하지만 어느 도시와 달리 AOL은 "비속어"("추수감사절 저녁식사에 적절하지 않은 것처럼 온라인상에서 적절치 못하다"고 경고하는), "섹스에 관한 노골적인 대화", 그리고 "불법적인 약물남용에 대한 토론"을 포함하여 토론 포럼들과 여타 온라인 공간들에서 헌법상 보호되는 표현을 검열하기 위한 자유로운 결정권을 향유한다.[24]

그렇다고 해서 현실공간에 있는 공공광장의 역할을 미화하려는 것이 아니다. 또한 AOL에 대해서 트집을 잡으려는 것도 아니다. 눈지아토가 계속해서 말하는 것처럼, "그들의 표현에 대한 더 강한 보호를 원하는 사용자들은 AOL이 아닌 다른 인터넷 공급업자에게로 갈지 모르지만, 표현에 대한 유사한 제한들이 다른 주요 인터넷 공급업자들에 의해서 부과되고 있다."[25] 우리 사회는 정치에 무관심한 사회로 변했

---

23) *CyberPromotions, Inc. v. America Online, Inc.*, 948 FSupp 436 (EDPa 1996) 참조(법원은 회사가 경쟁회사의 고객에게 인터넷을 통해 청탁받지 않은 이메일을 보내는 것은 미합중국, 펜실베이니아 주 또는 버지니아 주 헌법이 보장하는 표현의 자유에 해당하지 않는다고 판시하였다).

24) Nunziato, "The Death of the Public Forum in Cyberspace," 1121.

25) Ibid., 1122.

기 때문에 만일 당신이 실제로 헌법상 보장되는 권리를 행사하려고 한다면, 사람들은 당신을 이상한 사람이라고 생각할 것이다. 길모퉁이에 서서 연방의회에 상정된 조세 법안을 비판한다면, 당신의 친구들은 세율이 아니라 당신을 걱정할 것이다. 물론 예외적인 경우들이 있다. 어떤 사건들은 시위의 필요성을 고조시키기도 한다. 그러나 대부분의 경우 현실공간에서는 코드를 통해서 누가 어디에서 말하는지를 규제하는 일이 매우 적지만, 규범을 통해서 통제할 수 있는 권한은 훨씬 더 많다. 아마 현실공간과 AOL은 매우 유사하게 보일 것이다. 공론을 위한 효과적인 공간이 한정되어 있고, 종종 하찮은 것으로 취급된다. 그것은 당연하다. 여기에서 나는 그 특성을 규명하고 원인이 어디에 있는지를 밝히고자 한다. 그것은 코드에 의해서 확립된 특성으로 판명될 것이다.

AOL 헌법의 세 번째 특징 역시 코드에서 나온다. 이것은 추적가능성이다. 가입자들이 AOL의 배타적인 콘텐츠 구역에 있을 때(다시 말해서 인터넷에 접속하는 관문으로 AOL을 사용하지 않을 때), AOL은 당신의 활동을 추적할 수 있고 행적에 대한 정보를 수집할 수 있다(의심할 여지없이 그렇게 한다). 당신이 어떤 파일을 다운받는지, 당신이 어느 구역을 자주 가는지, 당신의 "친구들"이 누구인지, AOL은 이 모든 사실들을 입수할 수 있다. 이 자료들은 매우 가치가 높다. 그 자료들을 토대로 AOL은 고객의 취향에 맞게 자신의 공간을 구축한다. 그러나 이 자료들을 수집하는 능력을 갖기 위해선 설계상의 결정이 필수적이다. 이 결정 역시 현 AOL 구성의 일부이며, 코드에 의해서 구성되는 부분이다. 그것은 몇몇에게만 관찰할 수 있는 권한을 부여하는 결정이다.

물론 AOL이 이러한 권능 부여적인 권한을 독점하지는 않는다. 그것은 권한을 공유한다. 온라인 공간의 놀랄 만한 특징은 "버디 리스트"(*buddy list*)라고 불리는 것이다. 당신의 버디 리스트에 누군가를 추가하면, 그가 온라인에 접속했을 때 당신은 문이 열리는 소리를 들을 수 있고 그가 온라인상에 있다는 사실을 알게 된다(그 "친구"는 자신이 관찰되고 있다는 사실을 알 필요는 없다. 그 사실을 알면 관찰행위를 막을 수 있다). 그가 어느 대화공간으로 들어가더라도 당신이 그를 찾으면 어느 대화공간에 있는지 알 수 있을 것이다. 이 권한이 일반사용자들에게 주어지면, 복잡한 결과를 야기할 수 있다(당신 친구가 켜놓은 컴퓨터 앞에 앉아서 작업하면서 당신의 배우자가 온라인에 접속하고서 어느 대화방에 들어가는 것을 관찰하는 사태를 상상해 보라. 당신은 무슨 말인지 이해했을 것이다). 이와 같은 감시능력이 그 공간에 설치되어 있다. 사용자들은 그것을 중단시킬 수 있다. 그러나 한 관찰자에 대해서만 가능하며, 특히 당신이 그 사실을 인지하고서 바꿔야겠다고 생각하는 경우에만 가능하다.

마지막으로 상거래와 밀접하게 관련된 AOL 구성의 네 번째 특징을 살펴 보자. AOL에서 당신은 물건을 살 수 있다. 당신은 다운로드받을 수 있는 제품이나 집으로 배달되는 물건들을 살 수 있다. 구입할 때 당신은 스크린 네임을 사용한다. 스크린 네임으로 구입할 때 AOL은 (그 밖의 다른 사람들은 전혀 모르지만) 당신이 누구인지를 알고 있다. AOL은 당신이 누구인지, 현실공간에서 어디에 사는지 그리고 가장 중요한 당신의 신용카드번호와 그것이 제공하는 보안사항을 알고 있다. AOL은 당신이 누구인지를 안다. 이것이 그 설계의 특징이다. AOL 내에서 당신의 모든 행위가 관찰되며, 사용자인 당신의 모든 것들이 감시되고 추적된다. AOL은 당신의 개인정보를 수집하지 않는다고 약속하지만, 수집자료의 일부로 당신에 관한 정보를 수집하고 있는 것이 확실하다. AOL은 이 자료들을 갖고 있으며, 또한 당신과 다시 연결시킴으로써 훨씬 효율적으로 판매할 수 있는 공간으로 구성될 수 있다.

이 네 가지 특징이 AOL 공간을 사이버공간의 다른 공간들과 다르게 특징짓는다. AOL이 당신의 신원을 파악하는 일은 훨씬 쉽지만, 개인들이 당신의 신원을 파악하는 일은 훨씬 어렵다. AOL이 원하는 바를 그 "시민들" 모두에게 전달하는 일은 쉽지만, 반대론자들이 운영 방식에 관해서 AOL의 입장에 반대하는 조직을 만들기는 어렵다. AOL이 장사하는 것은 쉽지만, 개인이 숨는 것은 어렵다. AOL은 다른 규범의 세계이며, 그 세계의 구조를 통제하기 때문에 이처럼 다른 세상을 만들 수 있다. 한 마디로 이 공간의 구성원들은 AOL이 만든 또 다른 형태의 자연법칙들을 접하고 있는 것이다.

나의 취지는 이런 세계의 창조를 비판하거나 그것이 부당하다고 말하려는 것이 아니다. 이러한 통제가 야기하는 몇몇 염려를 완화시키겠다고 AOL이 가입자들에게 약속하고 있고, 만일 그 공간이 억압적으로 된다면, 시장은 다양한 대안을 제공할 것이 틀림없다.

오히려 나의 목적은 AOL을 지금과 같은 방식으로 만들고 있는 것이 무엇인지 알리려는 것이다. 그것은 성문화된 규범도, 관습도, 영리한 소비대중의 수요공급법칙도 아니다. AOL을 그렇게 만든 것은 그 공간의 구조이다. AOL에 들어가면 당신은 그것이 특정한 세계임을 깨닫는다. 이 공간은 바로 코드에 의해서 구성되어 있다. 당신은 이 코드에 저항할 수 있다. 마치 당신이 스웨터를 입고서 추위를 이겨내듯이 당신이 터득한 방법으로 저항할 수 있다. 그러나 당신은 그 방식을 바꾸지는 못한다. 당신은 AOL의 코드를 바꿀 수 있는 권한이 없다. 그리고 AOL이 코드를 바꾸도록 압력을 행사하기 위해서 가입자들을 모이게 할 장소도 없다. 당신은 그 규정에 복종하면서 AOL에서 살아나간다. 그 규정들이 맘에 들지 않는다면 당신은 다른 곳으로 가야 한다.

이러한 AOL 공간의 특징들은 그것이 어떻게 규제되는지에 관한 중요한 함의를 갖고 있다. AOL이 중단시키길 원하는 AOL 상의 문제점이 있다고 생각해 보자. AOL이 특정한 행위를 방지하거나 아니면 적어도 통제하길 원한다고 해 보자. AOL은 어떤 도구들을 갖고 있을까?

첫째, AOL은 어느 클럽이나 단체 혹은 "공동체"가 갖출 수 있는 모든 도구들을 갖고 있다. AOL은 가입자들에게 규칙들을 공고할 수 있다(AOL은 확실히 그렇게 한다). 아니면 AOL은 어떤 행위를 낙인찍거나 그 행위를 규제하는 데 도움이 되는 공동체의 규범을 사용할 수 있다. 물론 AOL은 이러한 행동을 자주 한다. 그러나 이와 달리 특정 리소스를 지나치게 사용하기 때문에 발생하는 문제라면, AOL의 관리자들은 그 사용을 줄이기 위해 세금을 징수하거나 과도한 사용자들에게 차등요금을 징수함으로써 그 리소스의 이용료를 다르게 책정할 수 있다.

그러나 AOL은 그 이상의 수단들을 갖고 있다. 만약 AOL이 특정행위를 좋아하지 않는다면, 어떤 경우에는 구조를 바꿈으로써 그 행위를 규제할 수 있다. 품위 없는 언어를 통제하려면 언어관용을 감시하는 루틴들을 작성할 수 있다. 만약 성인과 아이들 간의 부적절한 교제가 있다면, AOL은 누가 누구에게 말하고 있는지를 추적할 수 있다. 그리고 감염된 파일을 올리는 사람들에 의해서 발생하는 바이러스 문제라면, AOL은 바이러스 검색프로그램을 통해서 파일들을 자동적으로 검색할 수 있다. 스토킹이나 희롱 혹은 협박 등의 행위가 있다면 AOL은 두 사람간의 연결을 차단할 수 있다. 간단히 말해서 AOL은 자신의 코드를 바꿈으로써 특정한 유형의 문제들에 대처할 수 있다. AOL의 가입자들이 알고 있는 세상은 바로 코드에 의해서 정해지기 때문에 AOL은 그들을 규제하는 데 이 코드를 사용할 수 있다.

내가 묘사하는 권력에 대해서 잠시 생각해 보라. 물론 나는 이 권력을 비판하거나 이의를 제기하거나 불평을 하는 것이 아니다. 단지 그것을 기술할 뿐이다. 당신이 AOL이 규정하는 공간에서 움직일 때, 대화방에 들어가고, 게시판에 글을 올리고, 토론공간에 들어가고, 다른 사람에게 간단한 쪽지를 보내거나, 다른 사람을 주시하거나 따라다니고, 사이트로 파일을 올리거나 다운받고, 채널을 열고서 글을 읽고,

특정 연예인의 사진을 얻기 위해 집요하게 페이지들을 열어보는 등 이 모든 일들을 행할 때, AOL이 그곳에 있다는 사실이 매우 중요하다. 그것은 마치 그 시스템이 우주공간을 여행하는 데 사용할 우주복을 당신에게 주고선 당신의 모든 움직임을 감시하는 것과 같다.

원칙적으로 통제의 잠재력은 어마어마하다. AOL이 중단시키기를 원하는 어떤 종류의 서비스에 응답시간을 느리게 하거나, 고객들이 보기를 원하는 광고로 탐색자를 유도하거나, X라는 패턴을 지닌 사람들이 전형적으로 Y타입의 사람들에게 위험하다는 이유로 감시자들이 감시하게 될 행동패턴들을 분류한다고 상상해 보라. 나는 AOL이 이런 행위를 하리라고 생각하지 않는다. 그리고 그런 일을 한다고 하더라도 무슨 잘못이 있다고 말하는 것도 아니다. 보다 중요한 사실은 이 "공동체" 내에 존재하는 통제의 잠재력이 무제한적이라는 점이다. AOL이 삶을 비극적으로 만들 수 있다는 의미에서가 아니라(그렇다면 사람들은 떠나버릴 것이다), 현실공간이나 다른 사이버공간들에서 다른 사람들이 갖고 있지 못한 규제의 도구들을 가지고 있다는 의미에서 무제한적이다. 물론 그 권력은 시장에 의해서 견제된다. 그러나 AOL은 사이버공간 밖의 시장에 있는 사람들이 갖고 있지 못한 통제의 도구를 갖고 있다.

원칙적으로 AOL은 선택해야 한다. AOL이 어떤 종류의 행위를 규제하려고 결정할 때마다 적어도 네 가지 양식, 법규범, 사회규범, 가격 혹은 구조 중에서 선택해야 한다. 그리고 네 양식 중 하나를 선택할 때, 규제자로서 구조를 선택하는 것이 통상 최상의 방법이 될 것이다.

(2) 카운슬 커넥트(Counsel Connect)

1992년 데이비드 존슨(David Johnson)은 온라인 법률회사로 CC(Counsel Connect)를 출범시켰다. 아이디어는 간단했다. 가입자들을 서로 연결할 수 있게 해주고, 상호간의 대화를 주고받을 수 있도록 해준다. 그리고 이러한 접근과 대화를 통해서 가치가 창출된다. 변호사들은 업무를 주고받으며, 자신들이 그 공간에서 아이디어를 얻는 것처럼 아이디어를 제공한다. 다른 형태의 법 실무가 등장하게 될 것이며, 그것은 덜 고립적이고, 덜 배타적이며, 보다 폭넓은 기반을 갖는 형태가 될 것이다.

많은 사람들은 그것이 무모한 일이라고 생각했지만, 나는 기발한 아이디어라고 생각했다. 한동안 그 시스템은 렉시스(Lexis)에 의해서 운영되다가 1996년에 미국변호사미디어(American Lawyer Media, L. P.)로 넘어가 1997년에는 인터넷으로 옮겼으며 1999년에 문을 닫았다.[26] 물론 얼마나 많은 사람들이 온라인상의 토론에 참여하는지 알기 어렵지만 절정기에는 수천 명의 가입자를 자랑했다. 많은 사람들은 몇몇 일반적인 관심사를 포함해서 자신들이 갖고 있는 특정 관심사에 관해서 토론하는 서너 그룹과 연결한 상태에서 단지 지켜보고만 있는 것이 분명하다. 하지만 많은 사람들은(적어도 법률가들은) 놀랍고 새로운 문화의 출현으로 생각했다. 설립자인 데이비드 존슨은 그것을 "매우 독특한 진화, 출현, 지속, 그리고 적응력을 지닌 법률가들의 샘물"로 표현하였다.[27] 회원들은 서로 잘 알게 되었다. "필연적으로 이것은 수많은 현실세계에서의 모임을 낳았다. … 내가 참석했던 모임은 이전에 직

---

26) E-mail from Alan Rothman to David R. Johnson (February 5, 2006) (on file with author) : "CC가 1999년 6월에 오프라인으로 옮겨갔을 때, 몇몇 회원들이 Counsel Cafe나 Counsel Politics라고 불리는 델파이에 이러한 기대로 두 개의 새로운 포럼을 만들었다. 종말이 다가왔다. 그리고 이것은 CC에서 번창했던 헌신적이고 긴밀한 공동체를 위한 가상의 구명보트로 여겨졌다. 약 100여명의 CC 생존자들이 이 새로운 포럼에 정착하기 위해 정돈을 하였다. 이 두 포럼은 사적으로 만들어졌고, 회원들은 친구들을 초대하도록 허용되었다."

27) Ibid.

접 만난 적이 없었지만 마치 오랫동안 알아온 사람들의 모임과 같았다."[28]

논의는 법적 주제들로 구성되었다. 각각의 법률 주제들은 토론그룹으로 나뉘어졌고, 각 그룹은 한 명의 토론 진행자에 의해 주도되었다. 진행자는 사회자가 아니며, 게시물을 삭제할 권한도 없었다. 진행자는 토론을 활성화시키기 위해, 즉 격려나 자극을 통해서 다른 사람들이 말하도록 유도하기 위해 그곳에 있는 것이다. 절정기에 이 공간에는 약 90개의 그룹이 존재했다. 특정 메시지의 게시자는 그것을 삭제할 수 있지만, 그가 삭제하지 않으면 그대로 남아 있었다. 처음에는 토론 주제목록에 게시되고 나중에는 회원 누구든지 검색할 수 있도록 문서보관함에 보관되었다. 가입자들은 참가비를 지불했으며, 자신들의 실명으로 계정을 얻었다. 게시판들은 가입자의 실명을 사용하며, 누구인지 알고 싶은 사람은 간단하게 인명록에 접속할 수 있었다. CC의 가입자들은 저널리스트이거나 변호사이어야 한다. 그 외의 사람들은 접근할 수 없다. 이 공동체는 배타적이다.

이 공간의 게시물들은 유즈넷 뉴스그룹의 게시물과 아주 흡사해 보였다. 토론의 발단은 누구에게서든 시작될 수 있었으며, 답변들은 뒷부분에 추가되었다. 메시지들이 시스템에서 제거되지 않기 때문에 당신은 토론의 첫 부분부터 마지막까지 쉽게 읽을 수 있었다. 모든 대화들은 발췌된 부분이 아니라 전체가 보존되었다.

CC 공간의 이런 특징들은 분명히 설계된 것이다. 이 공간의 구조들은 어떤 특징들은 가능하도록, 어떤 특징들은 불가능하도록 선택된 것이다. 우리는 이런 선택이 가져오는 몇 가지 효과들을 다음과 같이 열거할 수 있을 것이다.

첫째, 당신의 실명을 사용하도록 요구하는 데서 나타나는 효과가 있

28) Ibid.

었다. 당신은 말하기 전에 숙고하게 되었고, 단정적으로 말하기 전에 그것이 옳은지 조심스럽게 검토할 것이다. 당신은 당신이 말한 것을 판단하는 공동체에 구속되며, 그 공동체에서 당신이 당신의 말과 연결되는 것으로부터 벗어날 수 없었다. 이 구조의 핵심은 책임성이었다. 그러나 그것은 일종의 억제였다. 선도적인 로펌에 있는 선임 파트너가 어떤 법 영역에 관해서 자신의 무지를 드러내는 질문을 하겠는가? 무지를 감추기 위해서 이름을 바꿀 수는 없다. 그래서 이들은 자주 말하지 않을 것이다.

둘째, 모든 논의를 한 줄거리로 묶는 데서 나타나는 효과가 있었다. 게시물들은 모두 한데 묶였다. 질문이 올라오고, 그 질문에서 논쟁이 시작되었다. 논의에 참여하려면 당신은 답변하기 전에 먼저 다른 게시물들을 읽어야 했다. 물론 이것은 기술적인 요구사항이 아니었다. 당신은 읽지 않을 수도 있다. 그러나 모든 줄거리를 읽지 않으면 당신은 다른 사람이 말한 것을 반복할 수도 있다. 그러면 당신은 청중 없는 공간에서 혼자 말하고 있다는 사실을 깨닫게 될 것이다. 다시 말해서 실명사용은 회원들의 행위를 공동체의 규범과 밀접하게 연결시켜 준다.

셋째, 평판의 효과가 존재했다. 이 공간에서 당신이 쌓은 평판은 당신이 제공했던 충고의 형태에 기초하고 있었다. 당신의 평판은 특정 게시판에 남아 있었고, 차후의 게시판들에 의해 영향을 받았다. 이 게시판들은 보관되고 검색이 가능했다. 만약 당신이 X라는 주제에 대해서 처음과 나중에 한 말이 달랐다면 당신은 적어도 일관성의 문제점을 노출하게 된다.

넷째, 실제 전문 직업세계에서 사용하는 실명과 평판이 연결되는 효과가 나타났다. 이곳에서 행한 그릇된 행동이 다른 곳에서 문제가 된다. CC는 이렇게 그 공동체의 혜택을 얻었다. 그것은 특정 공동체의 사회규범들의 혜택을 입었다. 이 사회규범들은 상대적으로 생산적인 공동체 행위를 지원할 수 있었다. 즉 기본적으로 구성원들이 혼합되어 있는 집단의 행위보다 더욱 생산적이었다. 또한 그 사회규범들은 적절한 행동에서 벗어난 사람들을 처벌하는 데 도움이 되기도 했다. 따라서 AOL은 사람들이 당해 주제에서 벗어나지 않도록 자체의 콘텐츠 관리에 의존해야 했지만, CC는 부당한 행위를 통제하는 공동체적 제재라는 혜택을 얻었다.

마치 AOL이 두 방식으로 재구성될 수 있듯이 우리는 이 CC의 특성들을 두 가지 방향에서 재구성할 수 있다. 하나는 CC의 특성들이 가능하게 했던 생활방식으로서, 고도로 대화가 풍부하고 참여도가 높지만 감시적이고 결과를 수반하는 공간의 형태이다. 다른 하나는 CC 공간에서 지속되는 삶의 관리자에 의한 규제능력이다. 여기에서 우리는 이 공간과 AOL 간에 중대한 차이점이 있음을 알 수 있다.

CC는 AOL보다 훨씬 효과적으로 규제할 수 있는 공동체의 규범을 활용할 수 있었다. CC는 법조 공동체의 사회규범으로부터 혜택을 입었다. 그 공동체는 어떤 잘못된 행동도 그 공동체에 의해서 제재를 받게 된다는 사실을 알고 있었다. 물론 AOL(여기에서 당신은 훨씬 적은 일을 한다)보다 이 공간에서 "활동"이 더 적었다. 그러나 CC에서의 행위는 회원들의 평판과 실명사용으로 인해서 아주 실질적으로 규제되었다. 이 차이점들은 함께 어우러져 회원들을 규제하는 CC의 능력에 영향을 미쳤다. 그것들은 코드 이외의 다른 양식들에 의한 규제를 가능케 했다. 이 차이점들 때문에 CC에서의 행동은 AOL에서보다 더욱 규범들에 의해서 규제를 받았다. 그러나 CC는 AOL보다 통제가 훨씬 적었다(왜냐하면 통제규범들은 법조공동체의 사회규범들이기 때문이다). 뿐만 아니라 CC는 회원들의 행위를 규제하는 부담이 훨씬 적었다. 회원수를 제한하고, 구성원의 행위를 공적으로 만들며, 회원들을 실명으로 묶는 등 이 모든 요소들은 이 공간에서 자율규제의 도구들이다.

그러나 중요한 측면에서 CC는 AOL과 유사했다. CC는 민주주의가 아니었고 AOL도 마찬가지였다. 두 경우 모두 관리자가 그 공간에서 발생하는 일들을 통제한다. 다시 말해서 제한이 없는 것이 아니다. 왜냐하면 시장이 중요한 제약의 역할을 하기 때문이다. 그러나 두 공간 어느 곳이건 "사람들"이 진행되는 과정을 통제하는 권한을 갖고 있지 않다. 물론 AOL보다는 CC에서 간접적이지만 사람들의 통제가 더욱 강했다. 왜냐하면 CC에서 행위를 규제하는 것은 "사람들"의 규범들이기 때문이다. 그러나 이 규범들이 CC에서 직접 사용될 수는 없다. CC와 AOL 관리자들의 결정은 시장의 힘으로부터 영향을 받을 것이다. 개인들은 떠날 수 있고, 경쟁사들이 고객을 빼앗아갈 수도 있다. 그러나 AOL의 방향은 투표에 의해 결정되지 않았으며, CC 역시 마찬가지였다.

그러나 다음의 사이버-장소에서는 그렇지 않다.

(3) 람다무 (LamdaMOO)

람다무(LamdaMOO)는 텍스트에 기반을 둔 가상현실이다. 전 세계에서 모인 사람들이(지금은 약 6천명에 이르는) 이 공간과 연결되어 있으며, 그 공간이 허락하는 방식으로 상호교류하고 있다. 그 실체는 이러한 상호교류의 산물이다. 개인은 이 실체의 구성에 참여할 수 있다. 때로는 일주일에 80시간 이상을 쏟아 붓는다. 어떤 사람들에겐 이 상호교류가 그들의 전 생애에서 가장 지속적인 인간적인 접촉이다. 대부분의 구성원들에게 이것은 그들이 알고 있는 어떤 것과도 비교될 수 없는 형태의 상호작용이다.

사람들은 주로 이곳에서 이야기한다. 그러나 그것은 AOL 대화방에서의 대화가 아니다. 머드(MUD)에서의 대화는 건설에 기여하는 것이다. 캐릭터와 공동체를 구축하는 것이다. 한편으론 말을 함으로써 당신은 상호교류를 하는데, 이 말들은 이름과 연결된다. 이 이름, 그리고 그것이 수행한 행위의 기억들이 공간에 살아있고, 시간이 지나면서 그 공간의 사람들은 이 기억들이 연상시키는 것에 의해 그 사람을 인지하게 된다.

이 머드의 삶은 다르다. 엘리자베스 라이드는 두 가지 다른 "스타일들"을 설명하고 있다.[29] 하나는 사회형 머드이고, 다른 하나는 모험이나 게임형 머드이다. 사회형 머드는 사람들이 대화하고 머드를 위한 캐릭터나 구성요소를 만드는 단순한 온라인 공동체이다. 모험형 머드는 고도의 기술을 사용해서 리소스를 얻거나 적을 무찌르면 (가상의) 상을 받거나 파워를 획득하는 게임이다. 이 공간들에서는 특수한 상호작용을 통해서 공동체들이 유지된다. 이 공동체들은 비록 목적들은 다르지만 가상클럽이 된다. 구성원들은 그 클럽에서 자신들의 행위를 통하여 평판을 쌓게 된다.

당신이 무(MOO)에 가입하면 바로 캐릭터를 얻는다(물론 람다무에서 캐릭터를 얻기 위해서는 여러 달을 기다려야 한다). 당신이 그 공간에 합류하게 되면, 당신이 갖게 될 캐릭터를 규정한다. 적어도 당신은 그 캐릭터의 몇 가지 특징들을 규정한다. 당신은 이름과 성을(어떤 성도 선택할 수 있다) 정하고 당신의 캐릭터를 기술한다. 어떤 설명은 아주 평범하다(조니 맨해튼은 키가 크고 날씬하며, 실치즈처럼 창백하고, 평범한 모자를 쓰고 있다).[30] 어떤 설명은 매우 독특하다(예를 들어, 레그바는 불확실한 성을 가진 아이티의 마술사 같은 존재이고, 갈색 피부에 비싼 진주빛 외투를 걸치고 뾰족한 모자와 검정 안경을 쓰고 있다).[31]

줄리안 디벨은 〈마을의 소리〉에 발표한 글에서 이 공간의 이야기를

---

29) Elizabeth Reid, "Hierarchy and Power: Social Control in Cyberspace," in *Communities in Cyberspace*, edited by Marc A. Smith and Peter Kollock (London: Routledge, 1999), 109 참조.

30) Josh Quittner, "Johnny Manhattan Meets the Furry Muckers," *Wired* (March 1994): 92, link 41 참조.

31) Julian Dibbell, "A Rape in Cyberspace," *Village Voice*, December 23, 1993, 36, 37, link #42 참조.

현실세계에 전하고 있다.[32] 디벨의 글에서 중점적으로 다뤄지는 대상은 미스터 벙글(Mr. Bungle)이라는 캐릭터이다. 나중에 그것은 뉴욕대학교 학부생들의 한 그룹이 공유한 캐릭터로 밝혀졌다. 어느 날 저녁 늦게 벙글이 어떤 방에 들어갔을 때 그 공간에서 잘 알려진 캐릭터들의 모임을 발견했다. 이 이야기를 디벨보다 더 잘 전달할 수는 없을 것이다. 우리의 목적을 위해선 그 사실들만으로도 충분할 것이다.[33]

벙글은 특별한 종류의 힘을 갖고 있었다. 람다무에서 특별한 지위를 얻었기 때문에 그는 "부두"(*voodoo*)라는 힘을 지니고 있었다. 그는 다른 캐릭터들의 음성과 행동을 대신할 수 있었으며, 실제로 그들이 하지 않는 일을 마치 그들이 하는 것처럼 보이게 할 수도 있었다. 그날 밤 벙글은 한 여성 그룹, 적어도 모호한 성(性)을 지닌 어떤 사람에게 이러한 행동을 했다. 그는 공개적인 공간에서 자신의 권한을 사용하여 그들의 음성을 빼앗았다. 그들이 그의 통제하에 놓이자 벙글은 그 여성들을 폭력적이고 가학적으로 "강간"을 자행했고, 마치 그녀들이 강간을 즐기는 것처럼 보이게 했다.

이 사태는 단지 통신망에서 발생했다는 점에서 그 "강간"행위는 가상적이었다. 디벨의 표현대로 "아무런 신체적 접촉이 없었다."

> 어떤 형태의 물리적 상호작용이 일어나든, 그것들은 뉴욕과 오스트레일리아의 시드니 사이에 퍼져 있는 사이트들에서 전달되는 전자적 신호의 혼합으로 이루어진다. … 태평양 표준시로 밤 10시경 그는 아무런 이유도 없이 공격을 감행했다. … 그는 자신의 부두인형을 이용하여 그 방에 있던 사람들 중 한 명에게 다소 전통적인 방식의 다양한 성적 봉사를 하도록 강요하였다. … 그 희생자는 exu …

32) Ibid.

33) 구체적으로는 Dibbell's Extraordinary *My Tiny Life: Crime and Passion in a Virtual World* (London: Fourth Estate, 1998) 참조.

> 였다. … 그러고 나서 그는 문드리머(Moondreamer)에게 관심을 돌렸으며 … 그녀로 하여금 그 방에 있던 다른 사람들과 원치 않는 성관계를 맺도록 했다. … 그의 행위는 점점 폭력적이 되었다. … 그는 문드리머가 주방용 칼로 자해하도록 했다. 누군가가 이기(Iggy)를 부를 때까지 그를 멈출 수 없었다. … 이기는 거의 마법에 가까운 힘을 지닌 총을 가지고 왔다. 그 총은 살상용이 아니라 부두인형의 힘으로도 뚫을 수 없는 우리 속에 그 표적을 가두는 것이었다.[34)]

강간은 어떤 맥락에서건 적용하기 힘든 단어이다. 특히 이 경우에는 더욱 그렇다. 혹자는 이 가상공간에서 어떤 사태가 발생했건 강간과는 전혀 관계가 없다고 이의를 제기할지도 모른다. 물론 "그것"이 "강간"이 아니라 할지라도 그곳에 있던 여성들에게 일어났던 사건과 강간 사이의 연관성을 발견할 수 있을 것이다. 벙글은 자신의 성적 욕구를 채우기 위해서 그 여성들에게 자신의 힘을 사용했으며, 그의 폭력은 성적 학대의 성향을 갖고 있었고, 심지어 그들이 거절 의사를 표현할 수 있는 존엄성마저 거부했다. 우리의 목적상 여기에서 발생한 사건이 진짜 강간인가 아닌가는 논지를 벗어난 물음이다. 문제는 그 공동체가 어떻게 반응했느냐 하는 것이다. 그 공동체는 벙글의 행위에 대해서 분노했으며, 많은 사람들은 그의 행동에 대해서 무언가 상응하는 조치가 취해져야 한다고 생각했다.

람다무의 구성원들로 형성된 이 공동체는 어떤 조치를 취해야 할지 논의하기 위해서 정해진 시간에 가상의 방에 모였다. 약 30명 정도가 모였으며, 이것은 그 공동체가 형성된 이래 가장 큰 모임이었다. 어떤 이는 벙글을 추방해야 한다고 주장했다. 그 표현대로라면 "역겨운 놈"은 무의 목적을 위해서 처형되어야 한다는 것이었다. 어떤 이들은 아무런 조치도 취해서는 안 된다고 주장했다. 벙글이 구역질나는 놈인

---

34) Ibid., 13~14.

것은 확실하지만, 그런 놈들에게 최상책은 단지 무시하는 것이다. 어떤 사람들은 그 공간의 신이자 창조자인 마법사들에게 그 캐릭터를 처리하는 문제에 개입해줄 것을 요청했다. 마법사들은 거절했다. 그들은 자신들의 임무는 그 세계를 창조하는 것이고, 구성원들 스스로 그 공간에서 살아가는 방법을 터득해야 한다고 답했다.

실제로 벙글의 행위를 통제할 수 있는 법이 없었다. 현실공간의 어떠한 법도 이와 같은 성희롱에 적용되지 않으며, 람다무에도 이 사태에 적용할 수 있는 어떤 명시적인 규칙이 없었다.[35] 이러한 현실은 무언가 조치를 취하기를 원하는 많은 사람들에게 고민거리였다. 이들은 공정한 예고와 적법절차에 관한 현실공간의 이념들을 상기시키면서 벙글이 행위 당시에 존재하지 않았던 규칙들을 위반한 것에 대해서 처벌할 수 없다고 주장하기도 했다.

이후 두 가지의 극단적인 사태가 발생했다. 한편에서는 자율적인 치안을 촉구했다. 벙글은 사악한 놈이며 무언가 조치가 취해져야 한다. 그러나 그들은 람다무가 규제의 세계를 만들어서 대응해서는 안 된다고 주장하였다. 람다무는 국가가 필요 없다. 소수의 건전한 자경단원만 있으면 된다. 람다무는 국가로 불리는 집중된 힘을 영구적으로 강제하지 않고서 그 공동체의 의사를 집행할 사람들이 필요했다. 벙글은 추방되거나, 처형되거나 혹은 따돌림 당해야 하며, 누군가 그 일을 해야 한다. 하지만 그것은 그 집단이 스스로를 국가처럼 조직해야 한다는 요구를 피할 수 있는 경우에만 가능하다.

---

35) 만일 있다면, 그 공간의 성적 관심은 청소년들에 의한 청소년의 반응을 초래했다. Scott Bukatman, *Terminal Identity: The Virtual Subject in Postmodern Science Fiction* (Durham, N.C.: Duke University Press, 1993), 326 참조. 무에 관한 구체적인 설명으로는 Dibbell, *My Tiny Life* 참조. 그 공간의 본질적인 취향을 파괴하지 않고 이러한 반응들을 피할 수 있는 규범을 만드는 것이 이 공동체를 위한 과제였다.

다른 한편에서는 민주주의의 관념을 권고했다. 마법사들의 협조를 얻어서 람다무는 그 공간 내에서 사람들의 행동을 규율하는 규칙들에 관해서 투표하는 방식을 확립해야 한다고 제안했다. 어떤 문제도 투표의 주제가 될 수 있었으며, 민주주의가 결정할 수 있는 범위를 제한하는 어떠한 헌법도 없었다. 투표에 의해서 결정되는 사안은 마법사들에 의해 실행될 것이다. 이후부터 그것은 규칙이 될 것이다.

두 제안은 각각 나름대로 장단점을 갖고 있었다. 첫 번째 제안의 무정부주의는 혼돈의 위험을 안고 있다. 사람들에게 거의 혹은 전혀 경고하지 않고서 구성원들에게 적대적으로 변하는 공동체를 쉽게 상상할 수 있다. 그리고 어떤 규칙들에 의해서도 구속받지 않는 자경단원들이 그 공간을 이리저리 돌아다니면서 우발적으로 그들을 공격하는 범죄자들을 "끔찍할 정도로" 따돌림시키는 장면을 상상할 수 있다. 이 공간을 현실공간보다 훨씬 덜 진지하게 생각하는 사람들은 이 타협안을 수용할 수 있을 것이다. 그러나 벙글이 터득해야 했던 것처럼 일부의 사람들이 수용한다고 해서 다른 사람들도 수용할 수는 없었다.

민주주의가 당연한 것처럼 보였지만 많은 사람들이 그것에 반대했다. 람다무에 정치가 존재할 수 있다는 생각은 그 공간을 훼손하는 것처럼 보였다. 의견들이 논의되고 투표된다는 것이 또 하나의 부담이었다. 확실히 규칙들이 알려지고 행위가 규제될 수 있었다. 그러나 이 모든 것들이 일처럼 여겨지기 시작했다. 그 일은 그 공간이 과거에 제공했던 즐거움으로부터 무언가를 앗아갈 것이다.

결국 두 사태가 모두 발생했다. 그날 밤의 논쟁은 거의 3시간이 지난 후에야 결말이 났다. 어떤 명쾌한 해결책도 마련되지 못했다. 그러나 일종의 해결책 같은 것이 나타났다. 디벨의 설명에 의하면,

> 바로 이 시점에서 톰트레이스백(TomTraceback)은 자신의 결론에 도달했다. 톰트레이스백은 과묵한 마법사였다. 그는 이날 저녁 내

내 방관자로서 침묵을 지키며 깊은 생각에 잠겨 앉아만 있었다. 그는 거의 말을 하지 않았다. 그러나 그는 몇 마디 말을 통해 exu와 문드리머에게 행해진 범죄를 매우 심각하게 받아들이며, 그 범죄를 저지른 캐릭터에게 어떤 동정심도 느끼지 않음을 은연중 나타냈다. 다른 한편, 그는 동료 플레이어를 제거한다는 사실 역시 마찬가지로 심각하게 여길 뿐만 아니라 마법사가 간섭하는 시대로 되돌아갈 의향이 전혀 없음을 분명히 했다. 이 순간 그의 내부에서 요동치는 모순된 감정들을 통제하는 것이 쉽지 않았을 것이다. 사실 아마도 그것은 불가능했을 것이다. 왜냐하면… 그는 스스로 무(MOO)의 집단의사의 도구가 되고 싶은 마음만큼… 〔그는 지금의 사물의 질서 하에서는〕 자신이 홀로 행동을 취하거나 아니면 아무런 행동도 취하지 말아야 한다는 사실을 깨달았음에 틀림없다.

결국 톰트레이스백은 홀로 행동을 취하였다. 그는 그 방에서 서성대던 플레이어들에게 가야겠다고 말하고는 나가버렸다. 밤 열 시 일, 이 분 전이었다. 그는 조용히 홀로 그 일을 수행했다. 그러나 그가 행한 일을 알고 싶은 사람은 @who라는 명령을 쳐야 한다. 그것은 어느 플레이어의 위치를 알고자 하는 사람이 통상 타이핑해서 넣는 명령이다. 톰트레이스백이 에메린의 방을 나간 지 얼마 되지 않아 당신이 미스터 벙글에 대해서 @who를 실행시키면 데이터베이스는 당신에게 다음과 같이 말해주었을 것이다.

"Mr_Bungle이라는 플레이어의 이름은 없다."

이 사건이 일어났던 날은 만우절이었다. 그러나 이것은 농담이 아니다. 미스터 벙글은 정말로 죽었고, 영원히 사라졌다.[36]

마법사들이 이 사실을 알았을 때 그들은 또 다른 극단적인 방향으로 나아갔다. 시민들이 어떤 공식적인 결정도 내리지 않았는데 마법사들은 민주주의를 도입했다. 1993년 5월 1일부터[37] 어떤 문제건 투표에

36) Dibbell, *My Tiny Life*, 24~25.

의해 결정될 수 있었으며, 상대편보다 적어도 두 배 이상의 득표를 얻은 제안은 법이 될 수 있었다.[38] 많은 사람들은 이것이 진보인지 아닌지 설왕설래했다.

엄청나게 축약시킨 것이지만 이 이야기에는 생각해 볼 점이 많다.[39] 그러나 나는 마법사들의 결정이 초래한 상실감에 초점을 맞추고자 한다. 민주주의를 확립하려는 생각에는 확실히 낭만이 존재한다. 베를린 장벽이 무너질 때 울음을 터뜨리는 베를린 시민들의 모습을 담은 코닥 광고처럼. 그 낭만은 자율통치의 사상이며, 그것을 가능케 하는 구조를 확립하려는 의지이다. 그러나 민주주의의 구조를 통해서 자율통치로 나아가려는 람다무의 조치는 그러한 성취가 아니다. 그것 역시 실패였다. 그 공간은 실패했다. 우리는 그 공간이 자율통치에 실패했다고 말할 수 있을 것이다. 람다무는 벙글이 저지른 사악한 행위를 방지하기에 충분한 가치들을 주민들에게 심어주는 데 실패했다. 이 논쟁은 그 공간이 한 형태에서 다른 형태로 전환되는 과정을 잘 보여주었다. 자율규제적인(*self-regulated*) 공간에서 스스로에 의해 규제되는(*regulated by self*) 공간으로의 전환이 그것이다.

민주주의의 출현이 사람들을 우울하게 만드는 공간이 있다는 사실이 참 기묘하게 보일 것이다. 그러나 사이버공간에서 이런 식의 반응은 예외적인 것이 아니다. 캐티 해프너와 매튜 라이언은 유닉스(UNIX) 상에서 핑거(FINGER)라는 명령으로 불리는 "장치"가 출현했

---

37) Rebecca Spainhower, "*Virtually Inevitable*": *Real Problems in Virtual Communities* (Evanston, Ill: Northwestern University Press, 1994), link #43 참조.

38) Ibid.

39) 민주주의와 그것의 기능방식 및 머드에서 자율규제가 갖는 함의에 관한 풍부한 설명으로는, Jennifer Mnookin, "Virtual(ly) Law: The Emergence of Law on LambdaMOO," *Journal of Computer-Mediated Communication* 2 (1996): 1 참조.

던 이야기를 전하고 있다. 이 장치는 사용자들이 다른 사용자가 마지막으로 언제 컴퓨터에 접속했는지 그리고 그녀가 자신의 메일을 읽었는지를 알게 해준다. 어떤 사람들은 이 명령이 프라이버시를 침해하는 것이라고 생각한다. 내가 언제 마지막으로 나의 컴퓨터에 접속했는지가 무슨 상관인가 그리고 그들은 왜 내가 메일을 읽었는지를 알아야 하는가?

카네기 멜론 대학의 프로그래머인 아이보 더햄(Ivor Durham)은 그 정탐 핑거를 막는 권한을 사용자에게 부여하는 명령을 변경하였다. 그 결과는? "더햄은 가차없이 비난의 폭염(*flaming*)에 휩싸였다. 줏대가 없다, 사회적 책임이 없다, 하급 정치가라는 등 온갖 비난을 받았다. 설상가상으로 그것은 프라이버시를 보호하기 위한 것도 아니었다. 그는 네트워크의 개방성을 조롱했다고 비난을 받았다."[40]

유닉스 세계의 가치들은 다른 것이었다. 그것들은 유닉스 코드에 깊이 묻혀 있는 가치들이었다. 코드를 변경하는 것은 가치들을 변경하는 것이고, 그 공동체의 구성원들은 그러한 변화와 싸울 수밖에 없다.

람다무(LamdaMOO)의 변화도 이와 마찬가지이다. 투표 전에 람다무는 규범에 의해서 규제되었다. 이 사회구조의 규제는 시민 개개인의 지속적인 단속에 의해서 지탱되었다. 그것이 공동체의 규제체계였다. 민주주의의 형성은 이 공동체의 몰락을 의미했다. 물론 규범들은 민주주의가 확립되어도 존속할 것이 틀림없지만 그들의 위상은 끊임없이 변화한다. 민주주의 이전에 어떤 규범들이 적용되어야 하는가에 대한 논쟁은 오직 합의에 의해서만, 즉 분권화된 방식으로 우세한 견해들에 의해 해결될 수 있었다. 하지만 이제는 그런 다툼이 다수의 힘에 의해서 해결되게 되었다. 다수가 행하는 행위에 의해서가 아니라 그들이

---

40) Hafner and Lyon, *Where Wizards Stay Up Late*, 216. "플래밍"(*Flaming*)은 과장된 적대감정을 표현한 이메일이나 다른 형태의 전자적 의사소통을 말한다. Gurak, *Persuasion and Privacy in Cyberspace*, 88 참조.

어떻게 투표하느냐에 따라 해결되는 것이다.

나는 이 기묘하고 작은 세계를 원래 의도했던 것보다 훨씬 낭만적으로 묘사했다. 민주주의가 도입되기 이전의 람다무의 세계가 그 이후의 세계보다 반드시 더 낫다고 주장하려는 것이 아니다. 단지 그 변화를 부각시키고자 했다. CC와 비슷하지만 AOL과는 달리 람다무는 규범들이 규제하는 공간이다. 그러나 CC와는 달리 이제 람다무는 구성원들이 규범들을 재구성하는 통제권을 갖는 공간이 되었다.

이러한 통제력은 사물을 변화시킨다. 투표가 규범들을 압도하게 되면 규범들은 달라지게 된다. 그리고 투표결과가 마법사들에게 그 세계를 변화시키도록 명령할 경우 코드도 바뀌게 된다. 이런 변화들은 어떤 규범적 공간이 한 형태에서 다른 형태로, 그리고 한 규제체계에서 다른 규제체계로 전환되는 과정을 잘 보여주고 있다.

위의 세 사이버-장소들에서 규제자는 코드이다. 그러나 이들 사이에는 중요한 차이점들이 있다. CC와 람다무에서는 규범들이 관련성을 갖고 있지만, AOL에서는 그렇지 않다. 람다무에서는 민주주의가 깊은 관련을 갖고 있지만, AOL과 CC에서는 그렇지 않다. AOL에서는 감시체제가 관련성을 갖지만, 람다무나 CC에서는 그렇지 않다(람다무나 CC는 조직 내적이건 외적이건, 상업적인 목적을 위해서 개인에 관한 자료를 사용하지 않기 때문이다). 코드가 세 공동체를 구성한다. 제니퍼 눈킨이 람다무에 대해서 말한 것처럼 "정치는 기술을 통해서 통치수단을 획득한다."[41] 코드의 차이가 그들을 다르게 구성한다. 그러나 어떤 코드는 다른 것들보다 공동체를 더욱 친밀하게 해준다. 공동체가 친밀해질 때 규범들이 규제할 수 있다. 비록 이 사례에서 "관리자"가 기본구조를 변경하는 권한을 훨씬 적게 갖고 있지만, 우리의 탐구에서

41) Mnookin, "Virtual(ly) Law," 14.

최종적인 공간은 역시 코드에 의해서 구성된다. 이 코드는 넷 코드이며, 개인 사용자에 의해서 쉽사리 변경되지 않는 인터넷 프로토콜이다. 적어도 이 문제는 나에게 그렇게 호락호락하지 않았다.

(4) .law.cyber

그의 이름은 아이벡스(IBEX)였으며, 아무도 그가 누구인지 몰랐다. 아마도 내가 그를 알아낼 수 있었을지도 모른다. 나는 그를 추적할 수 있는 자료를 갖고 있었다. 그러나 그가 어떤 일을 저지른 후 나는 그가 누구인지 알고 싶지 않았다. 아마도 그는 내가 개설했던 사이버공간에 관한 첫 강좌를 수강한 학생이었을 것이다. 나는 그가 한 짓에 대해서 격분하여 그에게 낙제점을 주었을 것이다. 그 수업은 "사이버공간의 법"이었다. 그 강좌의 첫 번째 판은 예일에서 있었다. 내가 첫 번째 판이라고 하는 이유는 그 강좌를 아주 예외적인 세 법과대학원(처음엔 예일, 다음엔 시카고대학, 마지막으로 하버드)에서 가르치는 특별한 기회를 가졌었기 때문이다. 이 대학들은 매우 다른 장소에 위치해 있으며, 매우 다른 성향의 학생 집단으로 구성되어 있었지만, 그 강좌의 한 부분은 똑같았다. 매년 수업과 관련하여 "뉴스그룹"이 형성되었다. 그것은 수업시간에 제기된 문제들이나 다른 문제들에 관해서 학생들이 메시지를 올릴 수 있는 전자게시판이었다. 게시물들이 대화를 촉발시켰다. 한 메시지에 이어 다른 메시지가 게시되고, 앞의 메시지 내용에 대해서 토론하고 질문하는 식으로 토론이 연이어진다.

뉴스그룹들은 철학자들이 "대화적 공동체"라고 부르는 장을 형성한다. 그곳은 토론이 일어날 수 있는 공간이다. 그러나 CC에서처럼 한 번 발표된 것은 다른 사람들이 읽을 수 있도록 보존되었다. 그것은 대화의 일부였다. 사람들이 (이 공간 내에서 혹은 현실공간에서) 서로 친숙해지고 시간이 흐르면서 공동체가 만들어졌다. 어느 해에는 수업을 듣는 학생들과 듣지 않는 학생들이(이들은 .law.cyber 토론의 진행과정을 지켜보았던 학생들이었다) 함께 파티를 열었다. 또 어떤 해에는 수강하지 않는 학생들을 수업시간에 초청하기도 했다. 3년이 지나자 세 학교에서 3개의 공동체가 만들어졌다. 그 공동체들은 특정한 날짜에 생겨났고, 적어도 몇 달 동안 지속됐다.

여기에서 나의 이야기는 예일에서 있었던 일이다. 예일은 좀 묘한 법과대학원이다. 물론 좋은 측면에서이지만. 그 대학은 작고, 매우 우수한 학생들로 차 있으며, 이들 중 상당수의 학생들은 진정으로 변호사가 되기를 원하지 않는다. 예일대학은 그 자체로 공동체를 형성하고 있으며, 학장부터 저 밑에 있는 사람들에 이르기까지 모든 사람들이 학생들 사이에 공동체의식을 조성하고 유지하기 위해서 지속적으로 노력한다. 대체로 이러한 전통이 작용한다. 영구적인 평화가 존재한다는 의미가 아니라 곳곳에 있는 모든 사람들이 이러한 공동체의식을 인식하고 있다는 의미에서. 어떤 이들은 그것을 받아들이고, 어떤 이들은 저항하기도 한다. 그러나 수용과 마찬가지로 저항은 그곳에 무언가 있다는 것을 의미한다. 아무도 고속버스를 타고서 공동체에 저항하지는 않는다.

예일 법과대학의 독특한 특징 중 하나는 "더 월"(the Wall)이다. 더 월은 사람들이 자신들이 말하길 원하는 어떤 것에 관해서건 의견을 게시할 수 있는 장소이다. 예일 내에서의 동성애 권리에 관한 쪽지를 붙일 수도 있고, 노동조합에 가입한 노동자들에 대한 예일대학의 처우에 대한 항의문도 붙일 수 있다. 법에 대한 관점뿐만 아니라 정치적인 메시지들도 게시된다. 게시물에 추가 게시물도 가능하다. 원래의 게시물에 끼적거려도 되고, 그 밑에 덧붙여도 된다. 어느 방문자에게건 아주 독특한 상징물인 더 월은 법과대학 본관 오른편에 위치하고 있다. 모조 고딕구조물의 중간에 종이쪽지들이 아무렇게나 붙여진 돌로 된 공간이 있다. 게시물 주변엔 다른 사람들이 게시한 내용들을 읽으면서 학생들이 서성대고 있다. 이것이 바로 예일의 발언대이다. 물론 발언이기보다는 씌어진 것이지만. 오히려 글로 표현된 것이 실재적이다. 수사여구만 가지고서는 더 월에서 얻을 수 있는 것이 거의 없다. 그곳에서 주목받으려면 실질적인 것을 말해야 한다.

그러나 한 가지 규칙이 그 공간을 지배한다. 모든 게시물은 서명되어야 하며, 서명이 없는 게시물은 제거된다. 원래 그 규칙은 게시물을 쓴 사람이 서명해야만 한다는 것을 의미한다. 그러나 이곳은 무수한 이의들이 제기되지 않고서는 어떠한 규칙도 존재할 수 없는 예일대학이기 때문에 익명의 게시물에 그 저자가 아닌 다른 사람이 서명할 수 있는("X에 의해서 씌어지지 않았지만 서명됨") 관습이 생겨났다. 서명은 게시물이 더 월에 게시되는 데 필요한 계보를 제공한다.

이 규칙의 유래는 분명하지만 문제점 역시 명백하다. 당신이 학장의 결정에 비판하기를 원한다고 해보자. 아무리 온화한 사람이라도 그는 강력한 힘을 지닌 학장이다. 당신은 당신의 이름을 밝히지 않고 메시지를 게시하길 원할 것이다. 아니면 당신이 스스로를 아웃사이더로 만드는 정치적 시각을 갖고 있는 학생이라고 해보자. 그러한 관점을 담은 메시지에 서명하고 게시하게 되면 당신은 동료들의 비난을 사게 될 것이다. 자유로운 표현이라고 해서 그 결과가 없는 것은 아니다. 경멸, 수치 혹은 추방과 같은 결과가 많은 표현에 뒤따른다.

따라서 익명성은 이런 딜레마를 비켜가는 한 방법이다. 익명으로 당신은 당신이 원하는 것을 아무런 두려움 없이 말할 수 있다. 어떤 경우엔 특정한 사람들이 익명으로 말할 수 있는 권리가 필요하다. 그러나 어떤 공동체는 이런 권리에 반대하길 원할 것이다. 익명성이 당신에게 인기 없는 견해를 진술할 수 있는 힘을 주는 것과 마찬가지로, 당신이 무책임한 견해를 게시한 경우에도 당신을 보호해 줄 수 있다. 혹은 비방적 견해나 유해한 견해인 경우도 마찬가지일 것이다. 당신은 학장의 정책에 이의를 제기하거나 허위로 동료를 부정행위로 고발할 수도 있다. 두 발언 모두 익명성으로부터 혜택을 얻지만, 그 공동체는 후자와 같은 발언들을 저지할 정당한 근거를 갖고 있다.

내가 아는 한 아이벡스는 결코 더 웰에다 어떤 발언도 한 적이 없었다. 그는 나의 수업과 관련된 뉴스그룹에서 말했다. 설계상 뉴스그룹은 예일대학에서 가담하길 원하는 누구에게나 열려 있었다. 그러나 더 웰과는 달리 사용자들은 원하는 대로 자신들의 이름을 지을 수 있었다. 물론 "아이벡스"는 가명이었다. 더 웰의 목적상 가명은 당신은 당신의 실명을 사용할 필요가 없다는 익명의 발언과 같은 것이었다. 그러나 뉴스그룹에서 가명에 의한 게시는 익명의 게시와는 전혀 다르다. 시간이 지나면서 당신은 가명의 성향을 파악하게 된다. 그해 수업에는 아이벡스를 포함해서 스피드레이서(SpeedRacer), 매드맥스(MadMacs), 클리프크레븐(CliffClaven), 에이리언스(Aliens), 브라(blah), 크리스토퍼 로빈(Christopher Robbin) 등이 있었다. 수업을 듣는 학생들은 이 참여자들이 누구인지 알고 있지만(우리 모두는 매드맥스가 누구인지 알았지만, 스피드레이서가 누구인지는 몇 명만 알고 있었다), 각각의 가명은 개성을 갖고 있었다.

아이벡스는 별로 성격이 좋지 않았다. 이러한 사실은 처음부터 분명했다. 아이벡스가 나타나기 전에 그 공간의 삶은 대단히 활력적이었다. 처음에 사람들은 수줍어했지만 공손했다. 용감한 사람들이 어떤 아이디어나 농담을 올렸고 잠깐 동안이나마 그 아이디어나 농담에 관해서 대화가 이어졌다. 두 주가 지나자 대화의 농도가 짙어졌다. 교류가 시작되었다. 사람들이 질문을 던지면 다른 사람들이 답변했다. 처음엔 주저했지만 서서히 말들을 하기 시작했다. 그들이 발언하는 방식에는 몇 가지 주목할 만한 특징이 있었다. 첫째, 여학생들은 수업시간보다 이 공간에서 더 많은 말을 했다. 물론 통계적 의미에서는 아니지만 어쨌든 말을 많이 했다.[42] 둘째, 도움을 주는 사람들은 빠르게 발전했고, 그들의 도움을 받는 학생들과 구별되었다. 또 하나의 수업이 온라인에서 전개되었다. 그 자체가 하나의 수업이었으며, 현실공간에서 한 선생이 꿈꿔온 방식대로, 그리고 내가 전혀 예상하지 못했던 방식으로 진행되었다.

어떻게 이런 일이 일어났는지 나는 진정으로 말할 수 없다. 우나 스미스(Uha Smith)가 촉매역할을 했다. 나는 이 강좌를 세 번 가르쳤다고 말했다. 매번 (내가 전혀 관여하지 않았는데도) 뉴스그룹에 참여하는 우나 스미스가 있었다. 예일에서 그녀는 실제인물이었으나, 예일 이후 나는 그녀를 하나의 유형으로 생각했다. 그녀는 항상 수업 밖에서 온 여성이었으며, 넷과 유즈넷에 대해서 엄청날 정도의 지식을 갖고 있었다. 그녀는 항상 나의 (가상)수업 주변을 배회하고 있었고, 다른 사람들에게 어떻게 행동해야 하는지를 가르쳐주기 시작했다. 누군가가 넷의 규범을 위반하면 우나는 그들을 바로잡아주었다. 때로는 그 지시가 곤혹스러울 정도로 받아들여지지 않았다(사실 이들은 법대생들이었다). 얼마 지나지 않아 학생들은 지시받은 것을 방어하기 위해, 그리고 그녀의 규칙을 지키기 위해 그녀에게 도전하는 시위를 벌이곤 했다. 물론 그녀는 전문가였기 때문에 그녀가 지시했던 규칙들을 방어할 수 있는 답변을 갖고 있었다. 이러한 의견교환은 곧 수업의 초점이 되었다. 우나는 학생들의 분노를 이끌어냈지만, 그 결과 수업은 응집력을 얻을 수 있었다.

약 한 달 반쯤 지나자 그 그룹은 절정에 도달했다. 그 그룹이 도달할 수 있는 최상의 상태였다. 나는 그 순간을 잘 기억하고 있다. 이른 봄날 오후 나는 누군가가 시의 첫 행을 올린 것을 발견했다. 날이 저물

---

42) 나의 학생 중 한 명은 이 행동을 연구하였고, 차이가 중요하다는 결론을 내렸다. 물론 그 연구는 비교적 적은 사례들로 한정되어 있었다. 이 문제 전반에 대해서 거락(Gurak)은 사이버공간이 성적 불균형을 치유할 수 있는가에 관하여 다른 결론을 내리고 있다. *Persuasion and Privacy in Cyberspace*, 104~13.

즈음 특별한 공조체계 없이 학생들은 시를 완성했다. 의견교환에는 리듬이 있었으며, 이제는 시적인 운이 생겨났다. 뉴스그룹은 활기가 있었으며, 사람들은 진정으로 이 공간에 대해서 놀라고 있었다.

아이벡스가 나타난 것은 바로 그때였다. 그때는 우리들이 수업에서 익명성을 논의한 바로 직후였던 것으로 생각된다. 아마도 교육자의 역할을 수행해왔다는 그의 주장은 사실일 것이다. 그러나 그는 수강생 중 한 명이 등장하고 난 뒤에 나타났으며, 마치 수강생 중 어떤 학생을 공격하기 위해서 나타난 것처럼 보였다. 그 학생의 생각에 대한 공격이 아니라 그에 대한 인신공격이었다. 내가 그것을 읽었을 때 그의 공격이 매우 악의에 차 있고 포괄적인 것이어서 어떻게 이해해야 할지를 몰랐다. 그것이 정말일 수 있을까? 그와 동시에 그 그룹에서 대화가 죽어버렸다. 그냥 멈춰버렸다. 누구도 말이 없었다. 모든 사람들이 우리 공간에 들어온 그 괴물이 다음엔 누구에게 그의 광기를 돌릴지 두려워하는 것 같았다. 희생자가 그 공격으로 인해 받은 상처를 분명하게 밝히면서 응대할 때까지 기다려야만 했다. 아이벡스의 글은 삭제되었다. 희생자는 분노하고 상처를 받았고, 반격을 했다.

그러나 그의 공격은 또 다른 악순환의 고리를 부추길 뿐이었으며, 처음보다 더욱 비열해졌다. 이 사태에 대해서 다른 수강생들도 참을 수 없었다. 수강생들의 무수한 캐릭터들이 아이벡스를 가면 뒤에 숨어있는 겁쟁이이며 그가 말한 것은 구역질나는 것이라고 공격했다. 그러나 어떤 것도 전혀 효과가 없었다. 아이벡스는 무자비할 정도로 극도로 추한 모습으로 계속해서 되돌아왔다. 그 공간은 바뀌었다. 대화는 쇠퇴했고 사람들은 떠났다. 어떤 사람들은 이 사태가 혐오스러워서 떠났고, 어떤 사람들은 아이벡스의 다음 표적이 되기 싫어서 떠났다. 사람들이 아이벡스를 공격하기 위해 모였을 때 잠시나마 활력이 있었다. 그러나 그가 계속해서 되돌아올 때마다 사태는 더욱 악화되었고, 결국 대부분의 사람들이 그 공간을 떠났다(한번은 아이벡스가 자신이 부당하게 당했다는 것을 항의하려고 되돌아왔다. 1주일 전부터 그는 아무것도 게시하지 않았으며, 누군가 아이벡스의 가면을 쓰고 아이벡스의 이름으로 게시하였다고 주장했다. 따라서 진짜 아이벡스인 그는 모함을 받았다고 주장했다. 학생들은 거의 동정하지 않았다).

그러나 온라인 수업만 변한 것이 아니었다. 매주 학생들을 대할 때마다 나는 분위기가 침체된 것을 느꼈다. 누구도 그가 예일 법대생이라는 사실을 믿을 수 없었지만, 학생들은 강의실에서 그의 존재를 느끼고 있었다. 그는 그들의 급우였다. 현실공간에서는 미소와 농담 뒤에 숨어 있었고, 사이버공간에서는 사악한 일을 서슴지 않았다. 이 악마가 미소 뒤에 숨어 있다는 생각이 미소에 대해서 느끼는 학생들의 감정을 변화시켰다.

어떤 사람들은 이러한 것을 "데이비드 린치 효과"(*David Lynch effect*)라고 불렀다. 그것은 신선하게 채색된 외관 뒤에 있는 사회부패상을 그려내는 영화감독을 빗댄 말이다. 우리는 그 수업에서 미소짓고 모범적인 학생들의 겉모습 뒤에 놓인 우리 공동체의 부패를 느꼈다. 우리들 가운데 (비교적 온순한) 제이크 베이커가 있었다. 그 공간은 공동체, 즉 그 공간 자체가 창조했던 공동체를 파괴하는 행동을 허용했던 것이다. 한편, 그 공동체는 인자한 가명의 뒤에 숨고, 글쓰기에서 망설임이나 편집을 숨기고, 당신의 반응을 숨기고, 당신이 관심을 기울이지 않았다는 사실을 숨기는 등 은폐능력을 통해서 창조되었다. 이러한 익명성이 그 공동체의 성격을 규정지었다. 그러나 공동체를 창조했던 바로 그 익명성이 아이벡스를 탄생시켰고, 결국 공동체를 앗아갔다.

(5) 세컨드 라이프(들)

내가 앞에서 기술한 네 가지 공간들은 모두 이 책의 초판에서 동일한 용어로 설명했었다. 그것들은 오래된 이야기이며 그 공간들을 통해서 얻은 교훈들은 여전히 이 장에서 전하고자 하는 교훈과 정확히 일치한다. 하지만 나는 사이버공간에서 인터넷에 의해 일어난 흥미로운 발전이 없었다고 말하는 것은 아니다. 지난 5년 동안 사이버공간에서는 대폭발이 일어났으며, 내가 처음 이 책을 썼을 때 상상했던 것보다도 훨씬 더 드라마틱했다.

사실 어떤 의미에서 이 공간들은 새로운 것이 아니다. 그것들은 컴퓨터가 더 빨라지고 대역폭이 더 넓어짐에 따라 이전 버전들보다 훨씬 나은 기능을 갖춘 환상적인 새로운 기술을 갖고 있다. 하지만 내가 제 2장에서 기술했던 MMOG(*Massively Multiplayer Online Game*) 공간은 현실공간들에서 영감을 얻었다. 하지만 변한 것이 있다면 그것은 규모이다. 줄리안 디벨의 설명에 따르면, 문제는 다음과 같다.

> 과연 이런 종류의 공간들에서 규모가 중요한가? 나는 그렇다고 생각한다. 텍스트에 기반한 세계는 당연히 규모에 있어 한계가 있다. 그 한계는 텍스트 대 그래픽의 문제이기보다는 제한된 문화적 접근 대 폭넓은 접근의 문제이다. 그것은 더 넓은 공간들을 조성한다.43)

그 결과는 "언젠가는 그 또한 매우 조잡하게 보일 3D 그래픽 이미지를 제공한 것보다는", "다방면에서 사회적으로 더욱 풍부한 무엇인가"를 제공하게 된 것이다.

다중 접속 온라인 롤플레잉 게임들(MMOG 혹은 MMORPG)은 거대한 산업이 되어왔다. 사실상 수백만 명의 사람들이 이 제 2의 삶을 살기 위해서 매년 수억 달러를 들이며 수백 때로는 수천 시간을 이런 공간들에서 보낸다. 물론 이 제 2의 삶을 사는 동안에 그들은 또한 현실공간에서도 생활하고 있다. 그들은 MMOG인 월드 오브 워크래프트를 플레이하면서 현실공간에서 아버지나 아내의 역할을 수행하고 있다.

---

43) Audio Tape: Interview with Julian Dibbell(1/6/06) (on file with author).

이처럼 이들은 다른 공간들로 가기 위해 현실세계를 떠나지는 않는다. 하지만 그들은 현실세계의 삶과 다른 공간들을 통합시키고 있으며, 최근 5년 동안 가상세계에서 살아가는 삶의 비율이 급증하였다.

이 "게임들"은 개략적으로 두 가지 유형으로 나눌 수 있다. 첫 번째 유형은 사람들이 다른 사람들에 의해 규정된 게임을 "플레이하는" 것이다. 이것이 "롤플레잉 게임들"이다. 한 예로 월드 오브 워크래프트는 사람들이 (현실의 삶과 그리 다르지 않게 해주는) 부와 지위를 얻기 위해 경쟁하는 롤플레잉 게임이다. 그랜드 세프트 오토(Grand Theft Auto) 게임은 사람들이 일종의 가상범죄에 참여하는 게임이다. 이 게임들은 모두 자체 구조를 가지고 있지만, 사람들은 그들의 고유한 캐릭터들이나 환경들을 설정하고 생성할 수 있는 정도에서 차이가 난다. 이러한 의미에서 온라인 게임들의 대다수가 롤플레잉 게임들이다. 이런 공동체들을 관찰하는 한 사이트는 97%가 일종의 롤플레잉 게임들이라고 추정한다.[44]

두 번째 유형은 훨씬 많은 구조를 포함한다. 이 공간들은 사람들이 최소한의 사교활동을 하는 공동체들을 제공한다. 사교활동 외에도 창의적이고 상업적인 활동도 존재한다. 게임에 따라 이런 활동들의 혼합이 다르다. 하지만 이 공간들은 모두 그 내부에 실제의 공동체를 연상시키는 가상의 세계를 만들어내는 것을 목표로 한다. 이러한 게임들은 내가 이전에 설명했던 무(MOO)의 확장이다. 하지만 그것들은 텍스트를 조작하면서 만족하는 사람들 이상으로 무의 가상공동체를 확장한다. 이 세계들은 비록 그들이 가상이긴 하지만 그래픽적으로는 실제이다. 물론 이러한 유형의 MMOG들 내에는 창조성이 존재한다. 이들의 차이점은 단지 정도의 문제이다. 그리고 그들 내부에는 상거래가 존재한다. 아래에 기술된 세컨드 라이프는 한 달에 "개인들간의 거래

44) MMOGCHART.com Home Page, #44 참조.

로 4백만 달러 이상"[45]을 창출한다. 에드워드 카스트로노바가 기술한 바에 따르면, 게임들 전체적으로 보면 이 가상의 세계들이 만들어내는 엄청난 양의 교역이 존재한다.

> 돈과 다른 가상의 아이템들(마법 지팡이, 우주선, 갑옷)을 사고파는 사람들에 의해 발생한 교역량은 미국에서 매년 적어도 3천만 달러에 이르고 전 세계적으로 1억 달러에 달한다.[46]

또한 다양한 가상의 세계들에서 생산된 1인당 국민총생산에 대한 카스트로노바의 추정은 더 흥미롭고 기상천외하다. 예를 들어 에버퀘스트(EverQuest)는 "카리브해의 섬나라인 도미니카" GDP의 절반에 가까운 GDP를 가지고 있다.[47] 그리고 노라쓰(Norrath)의 1인당 GDP는 "불가리아와 같고 중국이나 인도보다 4배가 높았다."[48]

하지만 나는 여기에서 두 번째 유형의 MMOG에 초점을 맞출 것이고, 특히 두 가지에 집중할 것이다. 첫 번째는 이러한 공간에서의 초기 선두주자였던 데어(There)이다. 두 번째는 아직도 성장하면서 혁혁한 성공을 거두고 있는 세컨드 라이프(Second Life)이다.

자체 웹사이트에 따르면 세컨드 라이프는 "거주자들에 의해 만들어지고 소유되는 3-D 가상세계이다." 3-D는 캐릭터들과 물체들이 입체적으로 나타나기 때문에 3차원처럼 경험한다는 의미이다. 가상의 세계란 물체와 사람들이 컴퓨터들에 의해 표현된다는 의미이다. 거주자들에 의해 만들어진다는 것은 세컨드 라이프가 단순히 그곳의 거주자들이

---

45) Audio Tape: Interview with Philip Rosedale(1/13/06) (on file with author).

46) Castronova, *Synthetic Worlds*, 2.

47) Julian Dibbell, "Dragon Slayers or Tax Evaders?," *Legal Affairs* (Jan./Feb. 2006): 47.

48) Castronova, *Synthetic Worlds*, 19.

세컨드 라이프의 세계를 만들 수 있는 플랫폼만을 제공한다는 의미이다(또한 단지 몇몇에 국한된 것이 아니라 어느 날이든 15%의 세컨드 라이프 주민들이 세컨드 라이프를 운영하는 스크립트들을 편집하고 있다.[49] 플랫폼은 처음엔 아름다운 초록색 들판을 제공한다. 거주자들은 그 세계에서 토지를 획득하고 건물들을 세우기 시작한다). 그리고 그곳의 거주자들에 의해 **소유된다고** 하는 것은 세컨드 라이프의 거주자들이 만든 물건은 그것이 물질적인 것(자동차, 서핑보드 혹은 집)이든 그들이 만든 것에 내포된 지적 재산권이든 모두가 그들의 것이라는 의미이다.

내가 언급했던 다른 MMOG, 즉 데어와 (적어도 나에게는) 가장 대조되는 것은 흥미롭게도 바로 이 마지막 특징 때문이다. 데어 역시 공동체 사이트였다. 하지만 그것은 세컨드 라이프와는 현저히 다른 (그리고 덜 성공적인) 세계였다. 그것은 회사의 특권들에 집중했다. 예를 들어 소니나 나이키 같은 회사들이 데어에서 가게를 낼 거라고 예상되었다. 사람들 또한 데어에서 물건들을 만들 수 있었고 그들이 팔거나 인도하였을 때 데어는 일정 지분을 얻었다. 그 공간 자체는 점점 더 조립식으로 되었으나, 주문생산의 기회도 있었다.

데어의 설립자들은 미국의 이상들에(적어도 자신들이 이해하고 있는) 입각하여 데어의 수사를 구성했다. 데어-달러 환전율은 1,787대 1이었는데, 1,787은 미국 헌법이 쓰여진 해였다. 또한 그 당시 데어의 CEO가 내 수업에서 설명한 바에 따르면 미공화국의 가치들이 데어의 가치들을 형성하였다.

나의 학생들은 그에 대해 회의적이었다. 그리고 정말 똑똑한 학생이었던 캐서린 크럼프(Catherine Crump)는 그 CEO를 곤혹스럽게 만들었다. 그녀는 데어가 수정조항 제1조의 원칙들을 존중하는지 여부에 대해 물었고 CEO는 "물론입니다"라고 이야기했다. "데어의 시민이 그

49) Audio Tape: Interview with Philip Rosedale (1/16/06) (on file with author).

의 토지에 표지판을 세우는 것이 허락됩니까?" "물론입니다." "그녀는 나이키에 인접한 토지를 구입하는 것이 허락됩니까?" "물론입니다." "그녀가 나이키에 인접한 자신의 토지에 '나이키는 노동자들을 착취한다'라고 쓰여진 간판을 거는 것이 허락됩니까?" "음, 그것에 대해서는 확실하지 않습니다." 수정조항 제1조에 대해서는 이 정도로 해두자.

크럼프는 적어도 세컨드 라이프에 관계되는 질문도 했다. "한 시민이 창작한 디자인들의 지적 재산권은 누가 소유합니까?" "데어의 소유입니다." "나이키가 창작한 디자인들에 관한 지적 재산권은 누구 소유입니까?" "물론 나이키의 소유입니다. 어떻게 다른 방도가 있을 수 있습니까?" 그렇지만 미국 헌법의 원리들을 따른다면 그것은 달라질 수 있을 것이다. 즉 미국 헌법에는 지적 재산권들이 회사들이 아니라 "작가들이나 발명가들"에게 부여된다고 쓰여 있다고 크럼프는 지적했다.

하지만 데어의 진짜 문제는 구조적인 것이었다. 그것은 계획경제나 중앙집권화된 경제의 문제와 동일한 것이다. 데어는 주식회사 데어에 의해 만들어졌으며, 바로 거기에 문제가 있었다. 이러한 가상세계들의 구조들은 놀랄 만큼 복잡하다. 그것들을 구축하는 비용은 엄청나며, 주식회사 데어는 그것을 운영하는 데 막대한 자본금을 투자했다.

세컨드 라이프는 (모든 신생국가들처럼) 구축에 드는 비용을 시민들에게 아웃소싱했다. 당신이 세컨드 라이프에서 토지를 구입할 경우 당신은 허허벌판이나 사막을 얻는다. 그 다음에 당신은 그 토지에서 거주가 가능하도록 구입하고 교역하며 그리고 건설해야만 한다. 그곳에는 건설 경제가 있으며, 그것은 매우 힘든 작업이기도 하다. 하지만 당신이 구축한 것들을 팔 수 있다. 당신이 만든 디자인들은 당신의 것이다. 10만 명 이상의 사람들이 지금 세컨드 라이프에 거주하며 건설을 하고 있다. 그들에게 게임은 게임 그 자체이다.

하지만 세컨드 라이프에서 이러한 현재의 규칙들은 진화의 산물이다. 세컨드 라이프가 된 그 사이트의 첫 번째 공개 알파 테스트에서는 토지소유권의 개념이 없었다. 모든 것은 공적이었다. 토지소유권은 베타 테스트에서 시작되었고, 그때 모든 유저들은 비교적 비싼 값을 치르고 공공 토지에 대한 소유권을 주장할 수 있었다. 토지에 대한 소유권을 획득했을 때, 그 유저는 다른 유저들이 그 토지에 물건들이나 스크립트들 혹은 경계표들을 만들 수 있는지 여부를 결정할 수 있었다. 그 이후 선택권이 확장되었다.

버전 1.1에서는 토지이용에 관하여 대대적인 변화가 있었다. 이전에 유저들은 어디든 자유롭게 이동할 수 있었지만, 지금은 방해받지 않기 위해 토지의 소유자들은 다른 유저들이 "침입"할 수 있는지 여부를 결정할 수 있다. 그것은 디폴트값을 접근허가나 거부로 설정하거나 자유로이 방문이 가능한 사람들의 목록을 부가하는 방식으로 이뤄진다. 하지만 이러한 제한들은 소유지의 상공으로 15미터까지만 적용된다. 그 이상에서는 비록 소유자가 다른 유저들이 소유지의 위에 있기를 원치 않는다고 해도, 누구나 자유롭게 날아다닐 수 있다.

바로 이 마지막 제한은 미국 법의 역사와 흥미로운 유사점을 가지고 있다. 내가 《자유문화》에서 기술한 것처럼[50] 미국의 전통에서 물권법은 토지의 소유자들을 지상에서부터 "무한정 위쪽으로 확장되는" 공간의 소유자로 간주했다.[51] 이것은 비행기가 등장했을 때 명백한 충돌

---

50) Lawrence Lessig, *Free Culture: The Nature and Future of Creativity* (New York: Penguin, 2004), 2~3. *United States v. Causby*, U.S. 328 (1946): 256, 261 사건을 다룸. 법원의 판결에 의하면, 정부가 국유지를 사용함으로써 커스비의 땅 가치를 결정적으로 훼손하였다면, "소득"이 있는 것으로 볼 수 있다는 것이다. 이 사례는 키스 아오키(Keith Aoki)의 훌륭한 글에 의해 제시되었다. "(Intellectual) Property and Sovereignty: Notes Toward a Cultural Geography of Authorship," *Stanford Law Review* 48 (1996): 1293, 1333. 또한 다음을 참조. Paul Goldstein, *Real Property* (Minneola, N.Y.: Foundation Press, 1984), 1112~13.

51) St. George Tucker, *Blackstone's Commentaries* 3 (South Hackensack, N.J.: Rothman Reprints, 1969), 18.

을 일으켰다. 당신의 토지 상공을 비행하는 비행기 조종사는 불법으로 침입한 것인가? 최종적으로 법이 내린 조정안은 매우 낮게 나는 것과 매우 높이 나는 것의 중간에 있었다. 누군가의 토지 위를 매우 높이 나는 것은 불법침입이 아니었지만, 누군가의 토지 위를 매우 낮게 나는 것은 불법 방해였다. 이처럼 세컨드 라이프에서 얻어진 해결책과 유사한 것이 또한 법에 의해서 확립되었다.

그러나 중요한 차이점이 있음에 주의하라. 현실공간에서 법은 "고도" 규칙을 위반한 경우 당신이 제재를 받을 수 있음을 의미한다. 세컨드 라이프에서 당신은 15미터 규칙을 위반할 수 없을 뿐이다. 그 규칙은 코드의 일부이다. 세컨드 라이프에서는 당신이 어떻게 지내야 하는지를 코드가 통제한다. 중력의 법칙에 따를 것인지 여부에 관한 선택의 여지가 없는 것과 마찬가지로 이 규칙을 따를 것인가 말 것인가에 관한 선택의 여지는 없다. 이처럼 이곳에서는 코드가 법이다. 그 코드/법은 직접적으로 그것의 통제를 시행한다. 하지만 분명히 이 코드는 (법과 마찬가지로) 변화한다. 문제는 코드의 이런 변화가 (자연의 법칙들과 달리) 코드 작성자들의 선택과 가치들을 반영하기 위하여 정교하게 만들어진다는 것이다.

이러한 논점을 잘 보여주는 또 다른 실례를 살펴 보자. 내가 이야기했던 것처럼 세컨드 라이프는 세컨드 라이프 내의 지적 재산의 창작자들에게 세컨드 라이프 내부건 외부건 그 재산의 소유권을 부여한다.[52] (설립자 중의 한 사람이 기술한 바에 따르면 "우리의 변호사들은 고개를 가로 젓지만 우리 회사의 미래는 이용자들이 창작한 것들을 우리의 소유로 만드는 조건을 붙이는 것이 아니라고 우리는 결정했다."[53]) 그것은 현실공간의 지적 재산에서도 마찬가지이다. 만일 당신이 당신의 권

---

52) J. D. Lasica, *Darknet: Hollywood's War Against the Digital Generation* (New York: Wiley, 2005), 248.

53) Ibid., 246.

리를 회사에게 건네주도록 서명하지만 않았다면(그러지 마라!), 당신이 현실공간에서 창작한 경우에 법은 자동적으로 당신의 창작물에 대해서 당신에게 저작권을 부여한다. 두 공간들 모두에서 당신은 그와 같은 권리들을 포기할 권리도 가지고 있다. 나는 창작자들이 자신의 창작성에 대해서 향유하고자 하는 자유를 손쉽게 표시하도록 해주는 크리에이티브 커먼즈(Creative Commons)라 불리는 비영리단체를 운영한다. 현실공간에서 당신이 크리에이티브 커먼즈 라이선스를 이용할 때, 당신은 당신의 콘텐츠에 당신이 원하는 라이선스를 표시한다. 그러면 이용자들은 그들이 가진 자유들을 알게 된다. 권리가 침해된 경우에는 법을 통하여 구제를 받는다.

세컨드 라이프는 이 아이디어를 한 단계 더 발전시켰다. 세컨드 라이프 내의 창작자들은 그들의 콘텐츠에 자신들이 원하는 라이선스를 표시할 수 있다. 하지만 이 세계의 마법사들은 자신들이 선택한 라이선스가 다른 사람들이 그 창작물을 이용하여 할 수 있는 것에 직접적으로 영향을 미칠 수 있는 아이디어를 탐구하고 있다. 만일 콘텐츠가 크리에이티브 커먼스로 표시된다면, 누구든 명시적인 동의를 구하지 않고서도 그것을 촬영할 수 있다. 하지만 만일 그것이 라이선스로 표시되어 있지 않고, 당신이 그것을 촬영하려고 하면 그 대상은 보이지 않게 될 것이다. 다시 강조하지만, 코드는 현실공간에서 법이 지금까지 할 수 있었던 것보다 더욱 효과적으로 법을 표현한다.

(6) 인터넷

내가 말했던 것처럼 우리는 인터넷과 사이버공간을 구분할 수 있다. 하지만 이 장의 논점이, 사이버공간에 대해서 아무리 명확하다고 할지라도, 여전히 인터넷에서도 옳다. 특정한 가치들을 담지하고 있는 인터넷의 구조적 특징들이 존재한다. 그 특징들 역시 변할 수 있으며 만일 변화한다고 한다면 인터넷이 촉진하려는 가치들이 달라질 것이다. 이에 대한 가장 중요한 예는 이 책의 초판에서는 간단히 언급했지만, 《아이디어의 미래》(*The Future of Idea*)에서는 핵심에 위치하고 있다. 이는 1981년에 네트워크 설계자인 제롬 샐쩌, 데이비드 클락, 그리고 데이비드 리드에 의해 기술된 "엔드 투 엔드"("e2e") 원리이다.[54] 이 원리는 네트워크가 어떻게 구축되어야 하는가에 관한 설계철학이다. 그 원리에 따르면 네트워크는 가능한 한 단순하게 유지되어야 하며, 네트워크에서 요구되는 지능은 가능한 한 네트워크의 가장자리나 끝에 놓여야 한다.

내가 이미 설명한 것처럼 인터넷은 매우 좁게 초점이 맞추어진 TCP/IP라는 기능성을 유지함으로써 이 원리를 구현했다. 즉, 데이터 패킷의 전송에 최적으로 작용하는 단일한 기능을 유지하게 하는 것이다. 그 패킷들이 무엇을 하는지, 누구를 위한 것인지는 프로토콜의 관심사가 아니다. 단지 패킷들을 전송하는 것이 목적이다.

이 설계의 결과 중 하나는 사람들이 네트워크 소유자와 전혀 협력할 필요 없이 이 네트워크를 개선할 수 있다는 것이다. 만일 당신이 IP를 통해 목소리를 전달하는 응용프로그램을 개발하고자 한다면, 당신이 해야 할 일은 네트워크를 통해 데이터를 전송하는 TCP/IP 프로토콜을 이용하여 당신의 응용프로그램이 작동할 수 있도록 응용프로그램을 작성하는 것이다.

이 설계는 네트워크에 적용되는 응용프로그램들에 기술혁신을 촉진하는 가치를 담고 있다. 그것이 그렇게 할 수 있는 원인은 새 응용프로그램들의 개발비용을 최소화하고(당신은 누군가에게 허가를 요청하거나 허가절차를 밟으려고 다툴 필요가 없다), 또한 그것이 네트워크 소유

54) Jerome H. Saltzer et al., "End-to-End Arguments in System Design," in *Integrated Broadband Networks*, edited by Amin Bhargava (New York: Elsevier Science Publishing Co., 1991), 30.

자의 전략적 행동을 회피하는 것이기 때문이다. VOIP 응용프로그램을 개발하려는 아이디어로 다시 돌아가 보자. 만일 그 네트워크를 전화회사들이 소유하고 있다면, 그들은 자신들의 전화시장을 잠식할 응용프로그램을 달가워하지 않을 것이다. 따라서 만일 VOIP 응용프로그램이 배치되기 이전에 허가가 요구된다면, 우리는 VOIP 응용프로그램이 배치되지 않을 것이라는 사실을 익히 예상할 수 있을 것이다 — 왜냐하면 누군가 그것을 개발했지만 차단되거나, 영리한 개발자들은 그것이 차단될 것이므로 그것을 개발하는 것이 시간 낭비라는 사실을 알기 때문에. 수잔 크로포드가 기술한 바에 따르면 "인터넷의 기적 같은 성장은 상당부분 더 고급수준과의 비차별성으로부터 기인한 것이다. 응용프로그램 레이어에 있는 혁신자들은 하위의 레이어들이 안정적으로 지속되는 존재라고 전제할 수 있었다."[55]

여기에서 가치는 혁신과 경쟁이다. 네트워크는 (네트워크의 사용자들인) 최대한 많은 혁신자들에게 권능을 부여하고, 그들 모두에게 이 네트워크를 혁신할 수 있는 권한을 부여한다. 어떤 혁신이든 (그것이 TCP/IP 프로토콜들을 존중하는 한) 네트워크상에 배치될 수 있다. 만일 네트워크의 이용자들이 그 혁신을 좋아한다면, 그 혁신은 성공한 것이다. 동시에 적어도 e2e 원칙이 존중되는 한, 이런 설계는 네트워크상에서 잠재적으로 가장 강력한 행위자인 네트워크 소유자가 네트워크 내에서 혁신의 기회를 방해하는 것을 무력화시킨다. 네트워크 소유자는 개발되고 있는 것을 좋아하지 않을지도 모르겠지만, e2e는 그 개발을 가로막을 기회를 무력화시킨다.

그 네트워크에 관한 정보의 "격차들"을 메우기 위하여 초기의 TCP/

---

55) Susan P. Crawford, "Symposium, Law and the Information Society, Panel V: Responsibility and Liability on the Internet, Shortness of Vision: Regulatory Ambition in the Digital Age," *Fordham Law Review* 74 (2005) 695, 700~701.

IP가 효과적으로 변화될 수 있는 것처럼 동일한 방식으로, TCP/IP 네트워크는 그것의 e2e 특성을 제거하도록 변경될 수도 있다. 정말이지 내가 제 4장에서 기술했던 바로 그 도구들이 이런 효과를 낼 수 있다. 예를 들어 한 네트워크 소유자는 네트워크를 통하여 전송되는 패킷들을 검사하고, 잘 알려지지 않았거나 승인되지 않은 응용프로그램으로부터 오는 것들을 차단할 수 있다. 그 목록에 끼기 위해 응용프로그램 개발자들은 네트워크 소유자와 접촉해서 그 목록에 포함시켜 줄 것을 부탁해야 한다. 이와 같이 인터넷의 기능이 변화하는 것은 기술적으로 완전히 가능하다. 그 버전들은 경쟁과 보안을 이유로 추진되고 있다. 말하자면 견제하기 위한 목적으로 네트워크상에서 작동하는 응용프로그램의 종류를 통제하는 데 민감한 네트워크들은 좋아하지 않는 응용프로그램들을 차단하는 데 이를 이용할 수 있다(VOIP를 차단하는 전화회사들을 다시금 생각해 보라). 네트워크상에서 바이러스들이나 다른 문제에 민감한 네트워크들은 삶을 간결하게 만들기 위해 모든 것을 차단하기로 결정할 수 있다. 어떤 이유든 동일한 결과를 낳을 것이다. 즉, 인터넷상에서의 혁신이 억제될 것이다.

"사이버공간"에 관한 이야기들과 마찬가지로 인터넷에 관한 이런 사례는 구조와 정책 간의 연계성을 잘 보여준다. 엔드 투 엔드는 가치들을 포함하는 기술적 패러다임이다. 우리가 어떤 구조를 장려하는가는 어떤 정책들을 장려하는가에 관한 선택이다. 인터넷은 "공간"이 아니라 "단지" 매개체일 뿐이라는 상황에서도 이것은 진실이다.

3. 구조들의 중요성과 공간들의 차이점

여기에서 내가 설명했던 공간들은 각기 다르다. 어떤 공간에는 공동체가 존재하며, 공동체의 구성원들에 의해 자율적으로 집행되는 일련의 규범들에 의해서 유지된다. 가시성(익명성에 반대되는)이나 지속성 등과 같은 특징들이 그런 규범들을 만들어내는 데 조력한다. 익명성, 일시성, 다양성 등은 공동체의 창조를 더욱 어렵게 한다.

공동체가 완전히 자율적으로 집행되지 않는 공간에서 규범들은 코드에 의해 부과되는 규칙들이나 혹은 관련 주권자에 의해 보완된다. 이러한 보완을 통해서 규범적 목표가 발전되지만, 때로는 공동체 설립의 목적과 긴장관계에 놓일 수 있다. 이러한 공간들의 다양성을 단순화시켜서 하나의 특성에 따라 분류한다면, 그러한 특성 중 하나는 각 집단들의 외부통제에 대한 순응성일 것이다. 이 목록에 올라있는 몇몇 집단들은 단지 사회규범들만을 통해서 통제될 수 있다. .law.cyber가 좋은 예이다. 그곳에서 행동을 바꾸기 위한 유일한 기술은 (물론 나쁜 행동을 감시하거나 처벌하지 않겠다는 나의 약속이 있었지만) 로스쿨 강의에 참여한 학생들의 사회규범이었다. 다른 집단들은 통제를 위한 다른 기술들을 수정할 수 있다. 실제로 우리가 .law.cyber에서 CC, 람다무, AOL 그리고 세컨드 라이프의 순으로 이동할 때 이러한 외부적인 통제기술을 활용하는 능력이 점점 증가한다. 물론 그런 능력은 경쟁에 의해서 제한되지만. 만일 코드가 그 공간을 더 이상 매력이 없는 곳으로 만든다면, 사람들은 떠날 것이다. 이렇게 CC와 AOL에서 구조들은 행위를 변화시키기 위해 기술을 이용할 수 있었다. 하지만 만일 그 변화가 대부분의 구성원들이 그 공간에 대해서 기대하는 바를 너무 많이 제거하면, 구성원들은 그냥 떠날 것이다. 물론 그러한 제약의 위협이 대안들을 발생시킨다. 블로그들이 번성함에 따라 CC와 같은 공간들은 상대적으로 시장지배력이 거의 없다. AOL의 시장지배력은 더 복잡하다. 물론 많은 대안적인 ISP들이 존재한다. 하지만 일단 당신이 그 중 하나의 구성원이라면, 이주비용은 중요하다.

람다무에서 이야기는 더욱 복잡하다. 사람들을 특정한 무(MOO)와 연결시켜주는 것은 아무것도 없다(수백 개가 존재하고, 대부분 자유롭다). 그러나 어떤 무에 있는 캐릭터들은 돈으로 사는 것이 아니라 노력의 대가로 얻기 때문에, 그리고 이를 위해선 많은 시간이 요구되고 대체할 수 없기 때문에 성공적인 무의 구성원들이 다른 곳으로 이동하는 것이 점점 힘들어진다. 그들은 떠날 권리가 있다. 마치 소련 시민들이 떠날 권리를 갖고 있는 것처럼, 즉 자신들의 세계에서 이룩한 어떤 자산도 가지지 못한 채 떠날 수 있는 권리.

마지막으로 세컨드 라이프는 가장 강력한 통제의 잠재력을 제공한다. 코드는 다른 네 공간들 중 어떤 것보다도 세컨드 라이프에서 경험을 더 규제한다. 그리고 세컨드 라이프에서 경험의 친밀함은 사람들을 그 공간으로 끌어들이고 탈퇴의 비용을 높인다. 물론 통제에 대한 제한들이 존재하지만, 그 통제들은 다른 어떤 환경들보다 이곳에서 더 정밀하게 표현된다. 만일 세컨드 라이프의 CEO인 필립 로즈데일이 신뢰를 얻으려고 한다면, 코드를 통한 통제가 보다 미묘하게 표현되어야 할 것이다. 그가 나에게 설명한 바에 따르면,

> 우리의 생각은… 가능한 것은 모두 과감하게 코드로 이동시켜야 한다는 것이다. 그것이 고도의 축약능력을 제공하기 때문이다. 그리고 우리는 절대적으로 필요하거나 실행할 수 없을 때에만 코드의 밖에 있는 정책을 집행해야 한다. 우리가 어떤 사태를 보고서 "글쎄, 언젠가 코드로 그 일을 할 수 있지만, 지금은 단지 수동으로 하고 있을 뿐이다"라고 말하는 경우가 있다.[56]

---

56) Audio Tape: Interview with Philip Rosedale (1/13/06) (on file with author).

4. 보다 나은 규제를 위한 코드의 규제

나는 각 사이버공간 내에 있는 규제의 요소들을 밝히기 위해 일련의 사이버공간들을 조사했다. 점점 중요해지는 요소 중 하나는 코드이다. 특히 사이버공간에서. 하지만 일반적으로 인터넷상에서 코드는 가치들을 포함한다. 그것은 일정한 통제를 가능하게 혹은 불가능하게 한다. 제 2부에서 이것에 초점을 맞추었듯이, 코드는 또한 통제의 도구이다. 적어도 내가 살펴본 사례들에서 그것은 정부의 통제가 아니다. 오히려 주권자가 코딩에 대해서 취하는 목적에 대한 통제이다.

이 이야기들은 하나의 테크닉을 제시한다. 우리가 그 아이디어를 파악하게 되면, 우리는 많은 다양한 규제상황에서 그 테크닉을 인식하게 될 것이다. 만일 세컨드 라이프가 행위를 더 잘 통제하기 위해 코드를 사용할 수 있다면, 퍼스트 라이프에서는 어떠한가? 만일 AOL이 사기행위를 더 잘 통제하기 위해 코드를 사용한다면, 아메리카 오프라인에서는 어떠한가? 만일 인터넷이 더 나은 경쟁을 위해 e2e 설계를 사용한다면, 그것이 지상의 규제자들에게 무엇을 가르쳐주는가? 이러한 정책적 기법들이 정책 입안자들의 실무에 어떻게 전달될까?

대답은 정책 입안자들은 오랫동안 현실공간에서 똑같은 일을 해왔다는 것이다. 제 5장에서 행위를 더욱 규제 가능하도록 코드를 사용하는 규제자들에 대해서 설명했던 것처럼, 규제자들은 또한 직접적으로 행위를 규제하기 위해 코드를 사용해왔다. 몇 개의 분명한 사례들을 살펴 보자.

(1) 테이프들

디지털 미디어의 가장 중요한 특징은 복제본들이 완벽하게 만들어질 수 있다는 것이다. 디지털 미디어는 데이터일 뿐이며, 데이터는 1과 0의 연속체이다. 컴퓨터들은 일련의 데이터를 복제했을 때 그것을 정확하게 복사했는지 검증하는 복잡한 알고리즘들을 가지고 있다. 따라서 이러한 특징은 콘텐츠 판매자들에게 새로운 위험을 야기했다. 아날로그 복제기술의 코드는 복제본이 원본보다 품질이 떨어지는 버전이라는 것을 의미했던 반면, 디지털 기술들의 코드는 복제본이 원본과 동일할 수 있다는 것을 의미한다. 그것은 콘텐츠 공급자들에게 가해지는 "복제본들"의 위협이 아날로그 세계에서보다 디지털 세계에서 훨씬 더 크다는 것을 의미한다.

디지털 오디오 기술(DAT)은 이러한 위험을 노출시킨 최초의 기술이었다. 모든 디지털 기록들처럼 그것은 원리상 콘텐츠를 완벽하게 복제할 수 있다. 따라서 콘텐츠 공급자들은 DAT 테이프에 의한 해적행위가 자신들의 산업을 피폐화시킬 것이라고 겁을 먹었다. 그래서 그들은 디지털의 위협으로부터 자신들을 보호해줄 새로운 법을 만들기 위해 연방의회에 효과적으로 로비를 벌였다.

연방의회는 그들의 요청에 대해 다양한 방식으로 대응을 할 수 있었다. 불법복제에 대한 형벌을 가중하는 방식처럼 직접적으로 행위를 규제하는 법을 이용할 수도 있었다. 불법복제에 반대하는 공익광고 캠페인에 자금을 제공하거나 인기 있는 레코드의 해적판들을 구매하지 않도록 학생들을 교육시키는 학교 프로그램들에 자금을 제공할 수도 있었다. 연방의회는 공(空) 테이프에 세금을 부과하여 저작권이 부여된 물건의 소유자들에게 그 수익을 이전시켜 줄 수도 있었다.[57] 아니면 연방의회는 기술이 저작권에 가하는 위협을 줄이기 위해 DAT 기술을 규제하려고 시도할 수도 있었다.

---

57) Lessig, *Free Culture: The Nature and Future of Creativity*, 330, n. 9. 피셔(Fisher)의 제안은 DAT에 관한 리처드 스톨맨(Richard Stallman)의 제안과 매우 흡사하다. 하지만 피셔와 달리 스톨맨의 제안은 아티스트들에게 직접 비율에 따라 배당하지는 않을 것이다. 물론 인기 있는 아티스트들이 덜 인기 있는 아티스트들보다 더 많이 배당을 받겠지만. link #45 참조.

연방의회는 후자의 두 가지 방안을 선택했다. 가내음원녹음법(Audio Home Recording Act)은 공테이프들에 약간의 세금을 부과하면서 디지털 복제기술의 코드를 직접적으로 규제했다. 그 법은 디지털 기록장치들의 생산자들에게 그들의 시스템에 모든 사본의 복제를 감시하는 코드에 근거한 시스템을 실행하는 칩을 장착하도록 의무화하였다.[58] 그 칩은 제한된 개수의 개인적인 복사본들을 허용하지만, 사본들에서는 레코딩의 질이 낮아질 것이다. 연방의회는 초기의 코드에서 "자연스러웠던" 불완전성을 복원하기 위해 디지털 복제 코드를 수정하도록 요구했다. 결국 이것은 연방의회가 행위를 규제하는 수단으로서 코드를 규제하는 것이며, 불법복제를 최소화하는 방법으로 대량복제를 불완전하게 하도록 규정한 것이다. 전화의 규제에서처럼 이러한 규제는 DAT 기술의 제조업자들이 상대적으로 적기 때문에 성공할 수 있다. 게다가 규제대상이 제한되어 있기 때문에 정부의 규제가 효과적일 수 있다. 그리고 정부의 규제 효과는 우선적인 규제대상 행위인 저작권 침해행위를 더욱 잘 규제할 수 있다.

(2) 텔레비전들

1990년대 중반 텔레비전에 방영되는 폭력이 아이들에게 끼치는 영향을 걱정하는 부모들의 관심이 의회의 주목을 받았으며, 의회는 법률제정을 통하여 이에 대응했다. 하지만 수정조항 제1조 때문에 연방의회가 직접적으로 텔레비전에서 방영되는 폭력을 차단하기에 어려움이 있었다. 따라서 연방의회는 텔레비전에서 방영되는 폭력을 차단하는

58) Audio Home Recording Act, 17 USC 1002 (1994) (시리얼 복제 관리 시스템을 요구함). U.S. Department of Commerce, *Intellectual Property and the National Information Infrastructure: Report of the Working Group on Intellectual Property Rights* (Washington, D.C.: Information Infrastructure Task Force, 1995), 179, 189~90 참조.

간접적인 방법을 찾았다. 텔레비전 콘텐츠를 방영하는 사람들은 그들의 콘텐츠에 영화의 폭력성 정도를 표시하는 라벨들을 부착할 것을 요구하는 방안이 추진되었고, 텔레비전 산업에게는 그러한 라벨들을 기초로 콘텐츠를 차단하는 기술들을 개발할 것을 요구하였다.

이것이 1996년 통신법의 일부분으로 규정된 "V칩"이다.59) V칩은 아직 완전히 결정되지 않은 콘텐츠의 기준에 근거하여 텔레비전 방송들을 자동적으로 차단하는 것을 용이하게 해줄 것이다. 가장 조잡한 제안은 영화제작협회의 영화등급시스템과 같은 것을 포함하며, 더 복잡한 제안들은 훨씬 더 다양한 요소들을 토대로 선택할 것을 상정하고 있다. 결국 이것은 의회가 직접적으로 (폭력적 프로그램을 제공하는) 행위를 규제하기보다 규제대상 행위에 영향을 미치는 코드를 규제하는 것이다. 여기서 직접 규제에 대한 제한은 규제능력의 문제와 유사하다. 하지만 이 맥락에서 규제능력의 결여는 기술에 의해 규제되는 대상들을 추적할 수 없는 무능력 때문이 아니라 헌법상의 한계에서 비롯된다. 부모에게 차별화할 수 있는 더 많은 권한을 부여함으로써 연방의회는 헌법적으로 직접 규제할 수 없는 해악(폭력에의 노출)을 간접적으로 억제한다.60)

---

59) 47 CFR 15.120; Telecommunications Act of 1996 Pub.L. 104-104, 551, 110 Stat 56, 139-42 (1996), 47 USC 303 (1998) 참조(비디오 차단 장치와 등급체계를 학습하고 설치할 수 있는 프로그램을 제공함).

60) 대부분의 텔레비전에 효율적인 v-chip을 장착함으로써 방송 콘텐츠를 규제하는 표준적인 정당성을 제거할 수도 있다. 만약 사용자들이 스스로 여과할 수 있으면, FCC가 그들을 위해서 할 일이 없을 것이다. Peter Huber, *Law and Disorder in Cyberspace: Abolish and the FCC and Let Common Law Rule the Telecosm* (New York: Oxford University Press, 1997), 172~73.

(3) 우회 금지

콘텐츠 산업이 DAT 테이프들로 인해 안게 되는 문제점이 무엇이든, 그것들은 콘텐츠 산업이 디지털 콘텐츠와 인터넷으로 인해 안게 되는 문제점들에 비하면 사소한 것이라는 점은 의심할 여지가 없다. 비록 DAT가 완벽한 복제를 가능하게 하지만, 그것이 완벽한 복제물들의 배포를 쉽게 해주지는 않는다. 그러한 영광은 인터넷의 몫이다. 오늘날 디지털 기술은 원본의 완벽한 복제를 보장할 뿐만 아니라, 디지털 사본들을 무료로 배포하는 것을 아주 쉽게 만들었다.

제 10장에서 더 설명하겠지만 이런 디지털 기술들의 "특성"에 대한 하나의 대응은 "디지털 저작권 관리"(*digital rights management*) 기술이다. DRM 기술들은 디지털 콘텐츠에 코드를 부가하여 적어도 DRM 기술 그 자체의 기술적 허가 없이는 디지털 콘텐츠를 복제하거나 배포하는 능력을 무력화시킨다. 따라서 내가 구입한 노래들과 애플사의 iTunes 음악상점으로부터 다운로드한 노래들은 애플사의 "페어플레이"라는 DRM 기술에 의해 보호된다. 그 기술은 내가 제한된 수의 기계들에 노래를 복제하도록 허용하지만, 그 노래들을 복제해 널리 퍼뜨리는 능력을 제한한다. 이러한 제한은 코드를 통해 이루어진다. "복제" 기능이 코드를 통해서 만들어지면, DRM 기술은 그런 "복제"기능을 수정하거나 제한한다. 따라서 그것은 (다른) 코드가 무력화시켰던 것에 대한 통제력을 복원하기 위해 배치되는 코드의 고전적 사례이다.

이러한 DRM 시스템들은 사적으로 만들어진다. 하지만 1998년에 이들은 연방의회로부터 보호를 위한 중요한 보조금을 받았다. 디지털 밀레니엄 저작권법에서 연방의회는 저작권이 있는 작품에 대한 "접근을 효과적으로 통제하는 기술적 조치를 우회하려는 목적으로 생산되거나 주로 저작권 소유자의 권리를 효과적으로 보호하는 기술적 수단에 의해 제공되는 보호를 우회할 목적으로 설계되거나 생산되는" 기술의 제작 및 배포를 금지시켰다.[61] 이러한 코드를 금지시킴으로써 연방의회는 콘텐츠 제작자들이 자신들의 콘텐츠를 보호하기 위해 배포하는 코드들에 대한 지원을 추가하려고 했다. 결국 연방의회는 코드를 직접 규제함으로써 저작권 침해행위를 간접적으로 규제했다.

이 법이 제정된 이래 그것을 둘러싸고 분쟁과 소송이 끊임없이 일어났다. 1999년 초반에 DVD 복제방지협회는 DVD 상의 데이터를 해독하는 데 이용될 수 있는 프로그램인 DeCSS에의 접근을 조장한 개인들과 웹사이트들에 소송을 제기하기 시작하였다.[62] 2001년 7월 27세의 러시아 프로그래머인 드미트리 스크리야로프(Dmitry Sklyarov)가 라스베이거스에서 설명회를 하던 도중에 체포되었다. 그 이유는 러시아에서 그가 근무하는 회사가 사람들이 아도브(Adobe)의 이북(ebook) 시스템에 설치된 접근방지 기술을 우회할 수 있는 소프트웨어를 만들었다는 것이었다.[63] 스크리야로프는 러시아의 가족들 품으로 돌아갈 때까지 미국의 교도소에서 여섯 달을 보내야 했다.

이러한 규제의 효과는 측정하기 어렵다. 전자 프런티어 재단(Electronic Frontier Foundation)은 그 법이 제정된 후 5년간 법의 효과를 평가하는 견해를 작성했다.[64] 물론 EFF의 견해가 보편적이지 않을 수도 있지만, 그 법 하에서 제기된 사건들의 범위를 보면 놀라울 정도의 보편성이 있다. (나는 DMCA의 제정자들이, 차고문 제작회사들

---

61) Digital Millenium Copyright Act, 17 U. S. C. §§ 512, 1201-1205, 1201 (a) (2), 1201 (b) (1) (A) (1998).

62) Electronic Frontier Foundation, "DVD-CCA v. Bunner and DVD-CCA v. Pavlovich" link #46 참조; *DVD Copy Control Association, Inc. v. Bunner*, 31 Cal. 4th 864 (Cal. 2003); *Pavlovich v. Superior Court*, 29 Cal. 4th 262 (Cal. 2002); *University Studios, Inc. v. Corley*, 273 F. 3d 429 (2d Cir. 2001) 참조.

63) 드미트리 스크리야로프의 체포 및 재판의 전개과정에 관한 기록문서에 관해서는 link #47 참조.

64) Electronic Frontier Foundation, "United Consequences: Seven Years Under the DMCA," link #48 참조.

이 자신들의 자동도어 개폐기를 경쟁으로부터 보호하기 위해 소송을 제기할 것이라고 상상했는지 의심스럽다. 그들은 패소했다.[65]

(4) 방송 플래그들

텔레비전 방송이 디지털 텔레비전으로 이동함에 따라 저작권 보유자들은 저작권으로 보호되는 콘텐츠가 방영되면서 직면하게 되는 위험에 대해서 걱정하게 되었다. 보통의 텔레비전 방송과는 달리 디지털 방송의 질은 완벽하다. 따라서 디지털 방송의 복제도 마찬가지로 완벽하다. 그리고 무료 디지털 네트워크(인터넷)에서 디지털 방송들의 완벽한 복사본들의 유포는 저작권 보유자들을 두렵게 한다.

그들의 대응은 DAT 기술들에 대한 대응과 유사하다. 처음엔 FCC에서, 그리고 지금은 연방의회에서 저작권 보유자들은 디지털 방송을 재생산할 수 있는 어떤 기술도 "방송 플래그"를 존중하도록 설계할 것을 의무화하기 위해 정부를 압박하고 있다. 만일 플래그가 켜지면, 그 기술은 그 콘텐츠의 어떠한 복제도 차단해야 한다. 그 콘텐츠는 상영될 수 있지만, 복제될 수는 없다. 수잔 크로포드의 설명에 따르면,

> 방송 플래그 규칙은, 그 핵심만 뽑아내면, 모든 소비자, 전자제품 제조업자들 그리고 정보기술회사들이 디지털 텔레비전 콘텐츠에 접속하는 어떠한 장치도 권한 없는 배포로부터 콘텐츠를 보호함으로써 플래그를 "인정하고 실행하는" 것을 보장하라는 명령이다. FCC는 그 규칙을 인터넷을 통한 대량 재배포로부터 "디지털 텔레비전"(DTV) 방송들을 보호하려는 것이라고 주장했다.[66]

---

65) *Chamberlain Group, Inc. v. Skylink Technologies, Inc*, 544 U.S. 923 (2005) 참조.

66) Crawford, "Symposium, Law and the Information Society, Panel V," 695, 710.

방송 플래그에 대해서는 할 말이 많다. 만일 내가 그 이야기를 해야 한다면, 대부분은 그렇게 좋은 이야기가 아닐 것이다.[67] 하지만 우리의 목적에 필요한 것은 관련된 방송 플래그의 실체가 아니라 그 형식이다. 이것은 주요 행위를 통제하기 위해 설계된 코드규제의 가장 직접적인 예이다. 법은 보다 나은 행위를 위해 코드를 규제한다.

각각의 경우에 정부는 행위를 변화시키는 그러한 코드를 변화시키기 위해 코드에 얼마간의 영향력을 갖고 있는 매개물을 겨냥한다. 그러한 코드의 변화가 행위의 변화를 가져올 것인지 여부는 특정한 응용프로그램의 능력에 달려 있다. 만일 그 응용프로그램이 무(MOO) 또는 카운셀 커넥트와 같은 온라인 토론공간이라면, 행동을 통제하는 권한은 상당히 제한적이다. 만일 응용프로그램이 AOL 또는 세컨드 라이프라면, 유저들의 이탈비용은 훨씬 더 높아질 것이다. 효과적인 규제의 유효범위는 더 커질 것이다. 그리고 만일 응용프로그램이 인터넷이나 미국에서 만들어지거나 판매되는 디지털 기술이라면, 규제자의 권한은 여전히 막강하다. 비록 그러한 코드의 규제를 벗어날 여지가 남아있지만, 코드는 법이 된다.

이 예들은 어떻게 규제가 기능할 것인가에 관한 일반적인 물음을 제기한다. 그리고 그 물음은 많은 중요한 제약조건들을 요구한다. 폴크 와그너가 기술한 바에 따르면, 어떤 규제정책에서 요구되는 코드의 효과를 이해하기 위해서는 아주 역동적인 이해가 필요하다.[68] 물론 그

67) 가장 중요한 비용은 혁신에 달려 있다. 만일 방송 플래그의 요구사항이 디지털 텔레비전을 검파할 수 있는 장치까지 이르게 되면, 이 요구사항은 네트워크상의 어떤 디지털 장치에도 적용될 것이다. 이것은 아마도 네트워크 응용프로그램들이 매우 폭넓게 기술적 요구에 부응하는 첫 번째 사례가 될 것이다. 그리고 그것은 오픈 소스와 프리 소프트웨어의 확산에 버거운 부담이 될 것이다.

68) R. Polk Wagner, "On Software Regulation," *Southern California Law Re-*

런 역동성의 일부는 저항이다. 개인들은 직접 코드의 힘에 저항하거나 코드를 통하여 코드의 힘에 저항할 수도 있다. 팀 우가 정확하게 기술한 것처럼 코드 그 자체가 반드시 규제를 강화하지는 않는다. 코드는 규제를 회피하기 위해 사용될 수 있다. 총기는 일종의 코드이다. 그것은 평화를 파괴하여 세상을 놀라게 한다. 우회기술들 역시 코드이다. 그것들은 통제를 강화시키는 규칙들을 약화시킨다. P2P 파일공유 프로토콜들도 코드이다. 그것들은 저작권이 있는 작품들을 배포할 자유를 제한하는 저작권 규제들의 효력을 손상시킨다. 그렇다면 특정 규제가 효과적일지 아닐지는 이러한 상호작용과 그 규제가 야기하게 될 코드에 근거한 저항들을 신중하게 고려해야 한다. 이에 대해 우는 다음과 같이 지적하고 있다.

> 코드가 법에서 중요한 이유는 대규모로 행위를 제한하는 능력 때문이다. 이 능력은 행위에 대한 제약을 의미하며, 그 경우 코드가 규제한다. 그러나 그것은 또한 행위를 법적으로 유리한 형태로 포장하는 것을 의미할 수 있다.[69]

이 두 번째 의미에서 코드는 "반 규제메커니즘으로서 기능한다. 특정집단이 법적 비용을 최소화하기 위해 자신들에게 유리하게 사용할

---

view 78 (2005), 457, 470~71, Joel R. Reidenberg, "Technology and Internet Jurisdiction," *University of Pennsylvania Law Review* 153 (2005), 1951; Joshua A. T. Fairfield, "Cracks in the Foundation: The New Internet Legislation's Hidden Threat to Privacy and Commerce," *Arizona State Law Journal* 36 (2004), 1193 (연방의회는 사이버공간을 규제하는데 관할권에 대해서는 보다 예외적이어야 하고, 내용적으로는 덜 예외적이어야 한다고 주장함).

69) Timothy Wu, "When Code Isn't Law," *Virginia Law Review* 89 (2003), 679, 707~8.

도구로 기능한다."[70]

보다 근본적으로는 이러한 복잡성으로 인해, 더 일반적인 구조가 필요하다. 이 장에서 나는 기술, 정책, 그리고 법 사이의 상호작용을 조명해왔다. 이러한 상호작용은 훨씬 광범위한 모델을 제시한다. 다음 장에서 나는 그 모델에 대해 설명하고자 한다. 그리고 그 다음 장에서 우리는 또 다른 중요한 제약조건을 살펴보기 위해서 코드 규제의 역동성 문제로 되돌아갈 것이다.

---

70) Ibid., 682.

제 7 장

무엇이 규제하는가

존 스튜어트 밀(John Stuart Mill)은 영국인이었다. 그는 미국에 가장 커다란 영향력을 미친 정치철학자 중 한 명이었다. 그의 저서는 논리학에 관한 귀중한 저서에서부터 여전히 감동적인 책인 《여성의 종속》에 이르기까지 수십 편에 걸쳐 있다. 그러나 그의 가장 중요하고 지속적인 영향력은 비교적 작은 책자인 《자유론》에서 나온다. 1859년에 출간된 이 책에 제시된 개인의 자유와 사상의 다양성에 대한 그의 강력한 주장은 19세기 후반 자유주의와 자유지상주의 사상의 핵심적인 관점을 대변하고 있다. 그런데 "자유지상주의"는 우리에게 특별한 의미가 있다. 그것은 정부에 대립하는 주장과 밀접하게 연계된다.[1)]

---

1) 보다 정확하게 말하면 특정형태의 정부 규제에 대항하는 것이다. 예를 들어 사이버공간에서의 규제에 대한 보다 강력한 자유지상주의자의 주장에 관해서는 Peter Huber, *Law and Disorder in Cyberspace* 참조. 후버는 정부기관에 의한 규제를 반대하고 커먼로(*common law*)에 의한 규제를 주장한다. 또한 Thomas Hazlett, "The Rationality of U.S. Regulation of the Broadcast Spectrum," *Journal of Law and Economics* 33 (1990) : 133, 133 ~39

현대 자유지상주의자의 입장에서는 정부는 자유를 위협하는 존재이지만 사적인 행위는 그렇지 않다. 따라서 진정한 자유주의자는 정부의 권력을 줄이는 데 관심을 집중한다. "정부의 권한남용을 제한하라. 그래야 우리 사회에 자유를 확보할 수 있다"고 이들은 주장한다.

그러나 밀의 관점은 그렇게 협소하지 않았다. 그는 자유의 옹호자였고 이를 억누르는 세력에 반대하였다. 그러한 세력들은 정부에 국한되지 않는다. 밀이 보기에 자유는 정부에 의한 것과 마찬가지로 규범들에 의해서 위협받을 뿐만 아니라, 국가 형벌에 의한 것 못지않게 낙인이나 편견에 의해서도 위협을 받는다. 그의 목적은 이러한 사적 강제력에 반대하는 것이었다. 당시 영국에서는 윤리규범이 자유에 대한 실질적인 위협요소였기 때문에 그의 저서는 자유를 억압하는 사회규범에 맞서기 위한 방패였다.

밀의 방법은 대단히 중요하며, 마찬가지로 우리들의 것이 되어야 한다. 그는 묻는다. 자유를 위협하는 것은 무엇이며, 어떻게 그것에 저항할 수 있는가? 자유에 대한 정부의 위협이 무엇인가라는 물음에 그치는 것이 아니다. 정부 이외에 무엇인가가 자유를 위협할 수 있으며, 때로는 국가작용이 아닌 사적인 것일 수 있음을 인식해야 한다. 밀은 자유를 위협하는 근원에 관심을 가진 것이 아니었다. 그의 관심은 자유에 관한 것이었다.

자유를 위협하는 요소는 변화한다. 19세기 말 영국에서는 사회규범이 언론의 자유를 위협하였지만, 오늘날에는 그다지 큰 문제가 아니

참조. 그러나 법률가들에겐 커먼로가 정확히 무엇을 의미하는지 이해하기가 힘들다. 커먼로의 규칙들은 많이 있으며, 그 내용도 상당부분 변해왔다. 법률가들이 신비화하길 좋아하는 커먼로 절차라는 것은 판사들이 구속력을 가진 선례에 대항하여 작은 공간에서 정책결정을 내릴 수 있는 절차이다. 후버가 염두에 두고 있는 커먼로란 아마 이를 지칭한 것 같다. 내 추측이 맞다면 물론 커먼로 체제에는 이점이 있다. 그러나 그도 분명히 이해하고 있듯이, 비록 커먼로가 다른 모습을 띠고 있지만, 그것 역시 규제의 한 형태이다.

다. 20세기 초반의 20년간 미국에서는 사람들이 좋아하지 않는 언론에 대한 형사처벌을 이용한 국가의 탄압이 언론자유에 대한 위협이었다. 지금은 수정조항 제1조의 강력한 보호가 그러한 특별한 위협을 덜 의미 있게 하고 있다.[2] 노동운동은 시장기구가 때로는 자유를 위협할 수 있다는 전제에 근거하고 있었다. 왜냐하면 저임금뿐만 아니라 시장의 조직형태 그 자체가 어떤 종류의 자유를 불가능하게 하기 때문이다.[3] 어느 시기, 어떤 사회에서는 시장이 자유의 적이 아니라 자유의 비결일 수도 있다.

따라서 "자유의 적"을 추상적으로 생각할 것이 아니라 특정한 시기와 장소에 존재할 수 있는 자유에 대한 개별적 위협에 초점을 맞춰야 한다. 이것은 우리들이 사이버공간에서 자유를 생각할 때 더욱 그러하다. 나는 사이버공간이 자유에 대한 새로운 위협요소를 만들어냈다고 믿는다. 이전에 어떤 이론가도 그것을 인식하지 못했다는 점에서 "새로운" 것이 아니다.[4] 새롭다는 것은 최근에 긴박한 문제가 되었다는

---

2) 주요한 사례들은 1917년 방첩법(Espionage Act) 하에서의 유죄판결들이다. 예를 들면 *Schenck v. United States*, 249 US 47 (1919) (1차 대전 당시 징병반대 우인물을 배포한 행위에 대한 유죄판결); *Frohwerk v. United States*, 249 US 204 (1919) (불신을 조장한다는 혐의를 받은 신문에 대한 유죄판결); *Debs v. United States*, 249 US 211 (1919) (불복종과 불신을 사주한다고 여겨지는 정치연설에 대한 유죄판결) 참조.

3) 예를 들어, John R. Commons, *Legal Foundations of Capitalism* (1924), 296~98 참조; 또한 Herbert Hovenkamp, *Enterprise and American Law, 1836~1937* (Cambridge, Mass.: Harvard University Press, 1991), 235; John R. Commons, *Institutional Economics: Its Place in Political Economy* (1934) (New Brunswick, N. J.: Transaction Publishers reprint, 1990) 참조.

4) 이것은 공간을 수정하여 규율을 강화하고, 이 규율을 중요한 규제로 만든다는 생각이다. 비록 미셸 푸코의 저서가 일반적으로 이 관점에 영감을 주었지만 여기에서의 이론화는 그의 저서 일부에 지나지 않는다. Michel Foucault, *Discipline and Punish: The Birth of the Prison* (New York:

점에서 그렇다. 우리는 사이버공간에서 새롭게 등장하는 강력한 규제자를 점차 이해하고 있다. 그 규제자는 넓은 범위의 자유에까지 상당한 위협이 될 수 있지만, 아직까지 그것을 통제하는 최선의 방법을 모른다. 이 규제자가 바로 코드이다. 그것은 사이버공간을 구성하는 소프트웨어나 하드웨어에 깊이 자리잡은 명령어들을 말한다. 코드는 사회생활의 "조립환경"이자 "설계구조"(*architecture*)이다.[5] 만일 19세기 중반에 자유를 위협했던 것이 사회규범이었고, 20세기 초반에는 국가권력, 그리고 20세기 중반의 대부분 기간에는 시장이 자유를 위협했다고 하면, 20세기 말부터 21세기에 이르는 시기에 우리가 주목해야 할 것은 또 다른 규제자, 즉 코드라는 사실을 파악해야 한다는 것이 나의

Vintage, 1979), 170~77 참조. 이것은 오스카 간디가 그의 저서에서 언급하고 있는 내용이다. Oscar Gandy, *The Panoptic Sort: A Political Economy of Personal Information* (Boulder, Colo.: Westview Press, 1933), 23 참조. 데이비드 브린은 자유에 대한 위협이 국가에 의한 위협보다 더욱 광범위하다는 나의 주장을 일반화시키고 있다. David Brin, *The Transparent Society*, 110 참조.

5) 예를 들어, *The Built Environment: A Creative Inquiry into Design and Planning*, edited by Tom J. Bartuska and Gerald L. Young (Menlo Park, Cal.: Crisp Publications, 1994); *Preserving the Built Heritage: Tools for Implementation*, edited by J. Mark Schuster et al. (Hanover, N.H.: University Press of New England, 1997) 참조. 디자인 이론(*design theory*)에서 내가 묘사하는 것과 안드레스 듀아니와 엘리자베스 플래터치벅이 세운 전통과 일치한다. 예를 들어, William Lennertz, "Town-Making Fundamentals" in *Towns and Town-Making Principles*, edited by Andres Duany and Elizabeth Plater-Zyberk (New York: Rizzoli, 1991) 참조. "듀아니와 플래터지벅의 … 저서는 행위에 영향을 미치는 디자인의 효과에 대한 인식에서 출발한다. 〔그들은〕 공동체의 구조와 기능을 상호의존적인 것으로 파악한다. 이 때문에 그들은 설계자의 결정이 거주자들의 삶 속에 시각적으로뿐만 아니라 그 방식에도 스며든다고 믿는다. 그들은 설계가 양적·질적으로 기능적인 관계를 구조짓는다고 믿는다. 설계는 정교한 도구이며, 그 힘은 외형적인 속성을 압도한다"(21).

주장이다. 그러나 다른 중요한 "규제자"를 배제하지는 않는다. 나의 주장은 자유에는 단 한 가지 위협만이 존재한다거나, 전통적 위협과 같은 다른 형태의 위협을 잊어버리자는 의미가 아니다. 그것보다는 기존 위협의 종류에 현저하게 증식하는 새로운 위협을 추가해야 한다는 것이다. 그리고 이 새로운 위협을 이해하기 위해서는 정부, 사회규범, 시장과 같은 어느 한 세력이 미치는 단일효과 이상의 것에 관심을 집중시키는 일, 즉 이 요소들을 하나의 설명체계 속으로 통합시켜야 한다.

이 장은 보다 포괄적인 이해를 위한 단계이다.[6] 이 장에서는 정부의 권력에서 나오는 자유에 대한 위협을 넘어서 생각할 수 있도록 여러분을 초대할 것이다. 그것은 보다 일반적인 이해를 위한 지형도가 될 것이다.

---

6) 다른 글에서 나는 이것을 "신시카고학파"라고 불렀다. Lawrence Lessig, "The New Chicago School," *Journal of Legal Studies* 27 (1998) : 661 참조. 그것은 정부행위에 대한 "도구적 접근방식"에 속한다. John de Monchaux and J. Mark Schuster, "Five Things to Do," in Schuster, *Preserving the Built Heritage*, 3 참조. 슈스터는 5가지를 기술하고 있는데 반해 나는 4가지 도구들을 기술하였다. 나는 이 책의 추록에서 그 접근방법의 인식론을 발전시켰다.

1. 도트의 생명

규제를 생각하는 데에도 다양한 방법이 있다. 나는 규제나 제약을 당하는 사람의 입장에서 이 문제를 생각해보고자 한다. 통제받는 사람을 여기의 아주 작은 도트로 표현해 보자. 다시 말해서 피조물(여러분이나 나)은 도트의 행동을 제약하는 (또는 가능하게 하는) 효과를 가진 다양한 규제들에 구속된다. 개체들을 구속할 다양한 제약들을 설명함으로써 나는 당신에게 이 제약들이 어떻게 유기적으로 작용하는가를 보여주고자 한다.

자, 여기에 도트가 있다.

이 도트는 어떻게 "규제"될까?

좀더 쉽게 흡연에서 시작해 보자. 만일 여러분이 담배를 피우기 원한다면 어떤 제약에 직면하게 되는가? 어떤 요소들이 흡연에 대한 당신의 의사결정을 규제하는가? 우선 법이 제약의 역할을 한다. 적어도 일부 지역에서는 법은 흡연을 규제한다. 만일 당신이 18세 미만이라면, 법은 당신에게 담배를 판매할 수 없다고 이야기할 것이다. 만일 26세 미만이라면, 가게주인이 당신의 신분을 확인하지 않고는 담배를 팔지 못할 것이다. 또한 법은 흡연이 허용되는 장소를 규제한다. 예를 들어 오헤어(O'hare) 공항이나 비행기 혹은 엘리베이터에서는 흡연이 금지된다. 적어도 위의 두 가지 방법으로 법은 흡연행위를 직접 규제한다. 이 규제책은 흡연을 원하는 사람 누구에게든 제약으로 작용한다.

그러나 법이 흡연에 대한 가장 중요한 제약방법은 아니다. 확실히 미국의 흡연가들은, 비록 법에 의해서 처벌받는 일은 거의 드물지만, 자신들의 자유가 통제되고 있다고 느낀다. 흡연적발 경찰도 없고 흡연을 처벌하는 법정도 거의 없다. 미국 내의 흡연가들은 법보다는 사회규범의 규제를 받는다. 이 사회규범에 의하면, 다른 승객들의 허락 없이 담뱃불을 붙여서는 안 된다. 그러나 피크닉에서는 흡연하는 데 허락까지 받을 필요는 없다. 레스토랑에서는 다른 사람들이 당신에게 금연을 요청할 수 있으며 식사하는 동안에는 담배를 필 수 없다는 것이 사회규범이다. 이 사회규범들은 확실한 규제효과가 있으며, 이러한 제약이 흡연행위를 규제한다. 법과 사회규범만이 흡연행위를 규제하는 유일한 요소는 아니다. 시장 역시 제약요인이다. 담배가격은 당신이 담배를 피울 수 있는 능력에 제한을 가한다. 담배가격의 변동은 곧 이러한 제약을 변화시키는 것이다. 담배의 질도 마찬가지이다. 만일 시장에서 다양한 품질과 가격의 담배가 공급되면, 원하는 종류의 담배를 선택하는 당신의 권한이 증가할 것이다. 즉 선택이 늘어나면 제약은 줄게 된다. 마지막으로, 담배의 생산기술 혹은 공급에 영향을 미치는 기술에 의해 형성되는 제약들이 있다.[7] 니코틴 처리된 담배는 중독성이 강하므로 그렇지 않은 담배보다 훨씬 큰 제약을 야기할 것이다. 무연담배는 더 많은 장소에서 흡연할 수 있으므로 제약이 덜 할 것이고, 독한 향의 담배는 흡연할 만한 장소가 줄어들어 제약이 더 커질 것이다. 담배의 속성, 디자인, 제조방식, 한마디로 담배의 설계구조가 흡연자가 직면하게 될 제약에 영향을 미친다.

결국 법, 사회규범, 시장, 구조라는 네 가지 제약이 이 작은 도트를 규제하고 있다. 그리고 이 도트의 "규제"는 네 가지 제약들의 총합이다. 어느 하나의 변화가 전 규제체제에 영향을 미칠 것이다. 어떤 제

7) 이 기술들이 시장에 의해서 영향을 받는 데에는 의심할 여지가 없다. 분명히 이 제약들은 서로 독자적으로 존재할 수 없으며, 상호간에 중요한 방식으로 영향을 미친다.

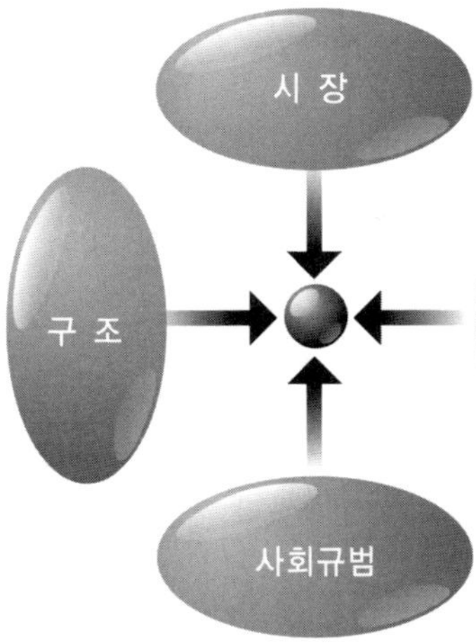

약은 다른 제약들을 지지하지만 어떤 것은 다른 제약들을 더 약화시키기도 할 것이다. 그러므로 "기술변화는 규범변화를 초래할 수 있다."[8] 그 반대의 경우도 마찬가지로 가능하다. 따라서 보다 완벽하게 판단하려면 이 요소들 모두를 함께 고려해야 한다.

이제 다음과 같이 네 요소를 통합적으로 생각해 보자.

위 그림에서 각 타원형은 중앙에 위치한 작은 도트에 작용하는 제약들이다. 각각의 제약은 도트가 관련된 행위, 이 경우에는 흡연할 때 서로 상이한 형태의 비용을 부과한다. 사회규범이 부과하는 비용은 시장비용과 다르며, 시장비용은 법의 비용이나 담배의 (발암성) 구조가 부과하는 비용과 다르다.

제약들은 각기 다르지만 분명히 상호 의존적이다. 각각은 다른 것들을 지원하거나 저지할 수 있다. 기술은 사회규범과 법의 효과를 저하

8) Larsica, *Darknet*, 16. Lior Jacob Strahilevitz, "Charismatic Code, Social Norms and the Emergence of Cooperation on the File-Swapping Networks," 89 *Virginia Law Review* (2003), 505. 카리스마적인 코드는 호혜성의 환상을 만들어내며, 그것은 왜 사람들이 파일공유 네트워크에 기여하는가를 해명해준다고 주장하고 있다.

시킬 수도 있고 지원할 수도 있다. 어떤 제약들은 다른 것들을 가능하게 하고 다른 것들은 어떤 것을 불가능하게 한다. 제약들은 비록 그 기능이 다르고 각각의 효과가 별개라 하더라도 함께 작용한다. 사회규범은 공동체가 낙인찍는 불명예를 통해서, 시장은 형성되는 가격을 통해서, 구조는 그것이 부과하는 육체적인 부담을 통해서 그리고 법은 형벌을 통해서 제약을 가한다. 우리는 각각의 제약을 "규제자"라고 부를 수 있고 각각을 독립된 규제의 다른 양상으로 생각할 수 있다. 각각의 양식은 복합적인 특성을 가지며, 네 요소의 상호작용은 설명하기가 매우 힘들다. 나는 이 복합적인 결합을 추록에서 보다 상세하게 설명하였다. 그러나 현시점에서는 이 요인들이 서로 연계되어 있으며, 한마디로 이들이 결합하여 우리의 작은 도트가 어느 영역에서건 복종해야 할 규제체계를 만들고 있다는 사실을 이해하는 것으로 충분하다.

우리는 사이버공간 상의 행위규제를 설명하는 데도 이와 동일한 모델을 사용할 수 있다.[9] 법은 사이버공간 상의 행위를 규제한다. 저작권법, 명예훼손법, 음란물규제법 등은 법적 권리를 침해하는 행위를 사후에 제재하겠다고 지속적으로 위협하고 있다. 법이 얼마나 잘 규제하는지, 얼마만큼 효과적인지는 별개의 문제이다. 어떤 경우에는 대단히 효과적이지만, 어떤 경우에는 그렇지 못하다. 그러나 이 효과와는 관계없이 법은 만일 위반할 경우에는 그 대가를 치르게 될 것이라고 지속적으로 경고하고 있다. 입법부는 법을 만들고,[10] 검사는 위협을 가하고,[11] 법원은 선고한다.[12]

---

9) 제이 케산은 이와 관련된 보다 포괄적인 분석을 제공하고 있다. Jay P. Kesan and Rajiv C. Shah, "Shaping Code," *Harvard Journal of Law and Technology* 18 (2005) : 319, 338.

10) Michelle Armond, "Regulating Conduct on the Internet: State Internet Regulation and the Dormant Commerce Clause," *Berkeley Technology Law Journal* 17 (2002) : 379, 380.

11) 미네소타로 도박 정보를 보내는 이들에 대한 주 관할권에 관한 미네소타 주

사회규범 또한 사이버 공간 내의 행위를 규제한다. alt.knitting 뉴스그룹에서 민주정치에 대한 글을 올려 보라. 여러분은 감당키 어려울 정도로 많은 비방 메시지를 받게 될 것이다. 머드(MUD) 속에서 다른 사람의 ID를 가장하여 남의 행세를 해보라. 그러면 얼마 안 가 그 사회에서 기피인물로 낙인찍힌 자신을 발견하게 될 것이다.[13] 토론목록에서 말을 많이 해보라. 그러면 당신은 대화방 입실금지 목록에 오르게 될 것이다. 이 경우들에선 일련의 약정들이 행동을 제약한다. 다시 말해서 한 공동체가 내리는 사후제재라는 위협을 통해서 제약을 받게 된다.[14]

시장도 사이버공간 상의 행위를 규제한다. 가격체계는 온라인 접속을 제약한다. 만일 그렇지 않다면, 통화중 신호음이 제약의 역할을 할 것이다(AOL은 요금 책정방식을 시간제에서 정액제로 바꿀 때 아주 우연하게 이 사실을 알게 되었다).[15] 온라인 서비스업체들이 한때 그랬던

법무장관의 정책에 관하여는, link #49 참조.

12) 예를 들어, *Playboy Enterprises v. Chuckleberry Publishing, Inc.*, 939 FSupp 1032 (SDNY 1996) ; *United States v. Thomas*, 74 F3d 701 (6th Cir 1996) ; *United States v. Miller*, 166 F3d 1153 (11th Cir 1999) ; *United States v. Lorge*, 166 F3d 516 (2d Cir 1999) ; *United States v. Whiting*, 165 F3d 631 (8th Cir 1999), *United States v. Hibbler*, 159 F3d 233 (6th Cir 1998) ; *United State v. Fellows*, 157 F3d 1197 (9th Cir 1998) ; *United States v. Simpson*, 152 F3d 1241 (10th Cir 1998) ; *United States v. Hall*, 142 F3d 988 (7th Cir 1998) ; *United States v. Hockings*, 129 F3d 1069 (9th Cir 1997) ; *United States v. Lacy*, 119 F3d 742 (9th Cir 1997) ; *United States v. Smith*, 47 MJ 588 (CrimApp 1997) ; *United States v. Ownby*, 926 FSupp 558 (WDVa 1996) 참조.

13) Julian Dibbell, "A Rape in Cyberspace," *Village Voice*, December 23, 1993, 36 참조.

14) 사회규범은 다르다. 그것은 사용자의 행동을 보다 직접적으로 통제한다. Daniel Benoliel, "Technological Standards, Inc. : Rethinking Cyberspace Regulative Epistemology," 92 *California Law Review* 1069, 1077 (2004).

것처럼 웹 분야에서도 접속요금을 부과하기 시작하였다. 광고주들이 인기 있는 사이트에 돈을 내므로 그 결과 비인기 포럼은 온라인서비스에서 하나씩 떨어져 나가게 된다. 이 행위들은 모두 시장의 제약과 기회가 기능하는 방식이다. 이러한 의미에서 이들 모두는 시장의 규제인 것이다.

끝으로 구조도 사이버공간 상의 행위를 규제한다. 코드, 지금의 사이버공간을 만들어내는 소프트웨어와 하드웨어는 여러분의 행동방식에 대한 일련의 제약을 만들어낸다. 이 제약들의 실체는 다양하다. 그러나 이 제약들은 사이버공간에 접속하려고 할 때 경험하는 조건들이다. 어떤 장소(예를 들어, AOL과 같은 온라인서비스 사이트)에서 여러분은 접속하기 전에 패스워드를 입력해야만 한다. 한편 다른 장소에서 당신은 신원증명과 상관없이 접속할 수 있다.[16] 어떤 곳에서는 당신이 관여한 거래내역이 다시 당신에게 연결되게끔 추적되고, 어떤 곳에서는 당신이 원할 경우에만 연결된다.[17] 어떤 장소에서 당신은 단지 수령인만 들을 수 있는 언어로 이야기하도록 선택할 수 있는 반면(암호화[18]를 통하여), 어떤 곳에서는 암호화가 선택사항으로 되어있지 않

15) 예를 들어, "AOL Still Suffering but Stock Price Rises," *Network Briefing*, 1997년 1월 31일; David S. Hilzenrath, "'Free' Enterprise, Online Style; AOL, CompuServe, and Prodigy Settle FTC Complaints," *Washington Post* 1997년 5월 2일, G1; "American Online Plans Better INformation About Price Changes," *Wall Street Journal*, 1998년 5월 29일, B2; Swisher, *Aol.com*, 206~8.

16) 유즈넷 게시판은 익명으로 글쓰기가 허용된다. Henry Spencer and David Lawrence, *Managing USENET* (Sebastopol, Cal.: O'Reilly & Associates, 1998), 366~67 참조.

17) 웹 브라우저들은 이러한 정보를 실시간 또는 쿠키 파일에 저장해 둠으로써 이용하게 할 수 있다. link #50 참조. 또한 그것들은 사용자들이 이러한 추적 장치를 끄는 것을 허용한다.

18) PGP는 메시지를 암호화하는 프로그램으로서 무료와 유료 두 가지 형태로

다.[19] 코드, 소프트웨어, 구조, 프로토콜 등이 이러한 사양들을 만들어낸다. 이것들은 코드 작성자가 선택하는 사양들이다. 그들은 어떤 행위를 가능하게 혹은 불가능하게 함으로써 다른 행위를 제약한다. 코드는 특정한 가치들을 새겨 넣기도 하며, 다른 가치들을 불가능하게 하기도 한다. 이러한 점에서 현실세계의 코드 구조가 규제인 것처럼 이 코드 역시 규제이다.

현실세계에서와 마찬가지로 네 가지 양식들이 사이버공간을 규제하며 동일한 균형을 이루고 있다. 윌리엄 미첼은 다음과 같이(비록 시장의 제약은 생략했지만) 이야기한다.

> 구조, 법, 관습은 (현실세계에 맞춰 형성된) 균형점을 유지하며 나타내고 있다. 우리가 사이버공간 공동체들을 건설하고 그 안에 거주할 때, 우리는 유사한 협정들을 만들고 유지해야 할 것이다. 비록 그것들은 구조적 배치보다는 소프트웨어의 구조와 전자적인 접속제어 장치로 구현되겠지만.[20]

법, 사회규범, 시장, 구조는 "네티즌들"에게 익숙한 사이버 환경을 만들기 위해 상호작용한다. 이단 캐취에 따르면 코드제작자는 "건축가"이다.[21] 그렇다면 우리는 어떻게 이 네 가지 양식들 사이에 균형을 "이루고 유지할" 수 있을까? 또 다른 구성을 형성하기 위해서는 어떤

제공된다.

19) 예를 들어, 암호화는 일부 국제적 상황에서는 불법적일 수 있다. Baker and Hurst, *The Limits of Trust*, 130~36 참조.

20) Mitchell, *City of Bits*, 159.

21) Ethan Katsh, "Software Worlds and the First Amendment," 335, 340 참조. "만일 물리적 세계와 비교하는 것이 필요하다면, 소프트웨어 제작자는 인테리어 장식가뿐만 아니라 건축가, 설계자, 토목기사라고 할 수 있을 것이다."

도구가 필요할까? 현실세계에 있는 가치들의 혼합물을 어떻게 사이버 공간의 세계로 옮길 수 있을까? 변화가 필요하다면 그 혼합물은 어떻게 변화되어야 하는가?

2. 정부와 그 규제방식들

지금까지 나는 개인들을 규제하는 네 가지 제약들에 관해서 설명했다. 그러나 제약들은 사회생활에서 당연한 것으로 존재하지 않는다. 그것들은 자연 속에서 발견되거나 신에 의해서 정해진 것이 아니다. 비록 이들을 변화시키는 역학관계가 복잡하지만 이들은 변화될 수 있다. 법은 이러한 역학관계에서 중요한 역할을 할 수 있다. 바로 이 절에서 그 역할을 설명하려고 한다.

다음의 간단한 사례는 보다 일반적인 관점을 제시해 줄 것이다. 자동차 라디오 절도문제를 이야기해 보자. 이것은 피해규모 면에서는 그다지 심각한 것은 아니지만 규제하기에는 번거롭고 비용이 많이 드는 문제이다. 그 대응책의 하나로 도둑이 감수해야 할 위험부담이 범죄로 인한 소득보다 커질 때까지 자동차 라디오 범죄에 대한 형벌을 증대시킬 수도 있다. 만일 라디오 절도범이 라디오를 훔칠 때마다 평생을 교도소에서 보내야 한다는 사실을 깨닫는다면 라디오를 훔치는 일은 더 이상 의미가 없을 것이다. 법의 위협적인 형벌로 구성되는 제약은 우리가 의도한 대로 그 행위를 근절시키기에 충분할 것이다.

그러나 법을 바꾸는 것만이 능사는 아니다. 두 번째 방법은 라디오의 구조를 변경하는 것이다. 라디오 제조업자가 라디오를 단지 한 차에서만 작동하도록 제작한다고 상상해 보라. 전자적으로 라디오를 차에 고정시키는 보안코드를 상상해 보라. 라디오가 떼어졌을 경우 라디오가 더 이상 작동되지 않게 하는 것이다. 이것은 라디오 절도를 제약하는 코드이다. 그 코드는 라디오가 절취되면 더 이상 사용할 수 없게 만들어 버린다. 그것은 라디오 절도범에 대한 제약으로 작용하며, 종신형의 위협적인 형벌과 마찬가지로 라디오 절도행위를 근절시키는 데 효과적일 것이다.

이렇듯 동일한 제약이 상이한 수단을 통해서 달성될 수 있으며, 상이한 수단들은 그 비용 역시 다르다. 종신형이라는 위협적인 형벌은 라디오 구조를 변경하는 것보다 재정적으로 더 많은 비용이 들 수 있다(실제로 얼마나 많은 사람들이 라디오를 훔치고 있고 얼마나 많이 검거되는지에 따라 다르지만). 이처럼 재정적 관점에서 보면 법보다는 코드를 변경하는 것이 훨씬 효율적이라고 할 수 있다. 재정적 효율성은 명시적인 법규범과 마찬가지의 효과를 낼 수도 있다. 경미한 범죄에 그렇게 극단적인 형벌을 가하는 것이 얼마나 야만적인가. 이처럼 가치들이 효율적인 대응책에 뒤따라올 수도 있다. 코드가 최선의 규제수단이 될 것이다.

하지만 비용문제가 딱 들어맞아야 할 필요는 없다. 연방대법원이 주차위반에 종신형을 내린 가상의 예를 생각해 보자.[22] (만일 주차위반을 줄이는 것만이 유일한 목적이라면) 아무리 코드제약이 법적 제약과 경쟁할 수 있다 하더라도 법적 제약이 보다 효율적일 것이다. 사람들이 아직 그 법에 따를 만큼 습관을 고치기 전이라도 그 법의 희생자가 되는 일은 극히 적을 것이다. 그러나 그 "효율적 결과"는 다른 가치들과 충돌하게 될 것이다. 만일 라디오 절도범을 평생 감옥에 가두는 것이 잔인하다면, 주차위반에 대한 벌로써 종신형을 부과하는 것은 훨씬 더 잔인할 것이다. 규제자는 원하는 제약을 달성하기 위한 광범위한 방법들을 가지고 있으나 그 방법에 수반되는 가치들과 효율성이 반드시 보조를 맞출 필요는 없다. 효율적인 대응책이라 할지라도 부당할

---

22) *Rummel v. Estelle*, 445 US 263, 274 n. 11(1980) 참조.

수 있다. 사회의 고유규범이나 법에 내재한 가치들과 충돌할 수 있다.

법 담론들은 전형적으로 다른 규제요소들을 무시한다. 법이 다른 규제요소들에 어떤 영향을 미치는지 전혀 아랑곳하지 않는다. 많은 사람들은 마치 법이 단순히 이 다른 세 가지 제약들을 당연한 것으로 받아들이고 이들에 맞게끔 만들어져야 할 것처럼 이야기한다.[23)]

내가 "마치"(*as if*)란 단어를 사용한 까닭은 오늘날 단지 몇 초만 생각해보면 이러한 편협함이 터무니없다는 것을 알 수 있기 때문이다. 다른 제약들이 고정된 것으로 취급되던 때가 있었다. 그 당시에는 사회규범에 의한 제약은 정부의 조치로도 바꿀 수 없고,[24)] 시장은 본질적으로 규제 불가능하다고 믿어왔으며,[25)] 현실세계의 코드를 변경하는 비용이 너무 높아서 규제의 목적으로 그것을 사용하는 것이 터무니없다고 여겨왔다.[26)] 그러나 지금 우리는 이러한 제약들이 유연하

---

23) 흥미롭게도 이것이 건축가들에겐 사실이 아니다. 다시 말해서 규제담론의 미래가 그 밖의 어딘가에 위치하게 되는가를 이해해야 할 근거이다. 그 한 예가 몬차욱스(John de Monchaux)와 슈스터(J. Mark Schuster)의 저서이다. "5가지 해야 할 일"이란 에세이들을 모은 *Preserving the Built Heritage*에서 그들은 정부가 정책을 달성하기 위해서 사용할 수 있는 수단은 단지 5가지에 불과하다고 기술하고 있다. ① 소유권과 운영(국가는 그 자원을 소유할 수 있다), ② (개인 및 단체에 대한) 규제, ③ 인센티브, ④ 재산권, ⑤ 정보 등이 그것이다. 몬차욱스와 슈스터의 5가지 도구들에 대한 설명은 내가 설명해온 구조를 복잡하게 도식화하고 있다. 그러나 중요한 것은 그들과 나는 규제를 도구들 간의 지속적인 흥정으로 보는 관점을 공유하고 있다는 점이다.

24) 예를 들어, 카터는 커먼로는 변할 수 없다고 주장한다. James C. Carter, *The Provinces of the Written and the Unwritten Law* (New York: Banks & Brothers, 1889), 38~41 참조.

25) 예를 들어, 임금기금이론에 관한 논의에 대해서는 Hovenkamp, *Enterprise and American Law*, 193~96 참조.

26) 자연환경이 생산적이고 기술적인 목적으로 길들여질 시대가 다가오고 있음을 기술한 것으로서, John M. Barry, *Rising Tide: The Great Mississippi*

며,[27] 법이 그렇듯이 이 제약들도 변경 가능하며 규제될 수 있다는 사실을 알게 되었다.

명백한 사례들이 많이 있다. 먼저 시장에 대해서 생각해 보자. "자유 시장"이란 용어에도 불구하고 그것만큼 우리의 일상생활을 압도적으로 규제하는 것이 없다.[28] 시장은 그 구성요소들뿐만 아니라 그 효과들이 법에 의해서 규제된다. 계약에 효력을 부여하고 재산권을 설정케 하며 통화를 규제하는 것이 바로 법이다. 특정 행위에 대한 시장의 제약을 증가시키기 위해 세금을 이용하고, 어떤 행위들에 대한 제약을 감소시키기 위해서 보조금을 이용한다. 담배의 소비를 줄이기 위해 담배에 세금을 부과하는 반면, 그 공급을 증가시키기 위해서 담배생산에 보조금을 지급한다. 알코올 소비를 줄이기 위해 세금을 부과한다. 자녀양육에 대해 시장이 가하는 제약을 감소시키기 위해 아동보호기관에 보조금을 지급하기도 한다. 이처럼 다양한 방법을 통해서 시장의 제약을 변경시키는 데 법적 제약이 사용된다.

법은 구조에 의한 규제를 변경시킬 수 있다. 미국장애인법[29]에 대

Flood of 1927 and How It Changed America (New York: Simon & Schuster, 1997) 참조.

27) 로베르토 웅거가 기술하는 바와 같이 "현대 사회사상은 사회는 만들어지고 상상된 것이라고 선언하면서 탄생하였다. 사회는 그 밑바탕에 흐르는 자연질서의 표현이 아니라 인간의 가공물이다." *Social Theory*, 1.

28) 자유시장의 이념은 특히 로버트 헤일 같은 현실주의자들의 강박관념이었다. Barbara Fried, *The Progressive Assault on Laissez-Faire: Robert Hale and the First Law and Economics Movement* (Cambridge, Mass.: Harvard University Press, 1998) 참조. "클락(Clark)의 도덕적인 시장과 같은 경제생활은 재산권과 계약의 권리체계로 구성된다. 이 권리들은 우연히 발생하거나 스스로 규정하는 것이 아니라 국가의 적극적인 창조물이다." 이를 현대적으로 재해석한 것으로서, Cass R. Sunstein, *The Partial Constitution* (Cambridge, Mass.: Harvard University Press, 1993), 51~53 참조.

29) Americans with Disabilities Act (ADA) of 1990, 42 USC §§ 12101 et seq.

해 생각해 보자. 많은 "장애인"들은 세상의 많은 영역에 대한 접근으로부터 차단되어있다. 계단만 있는 건물은 휠체어를 탄 사람이 접근하기에는 불가능한 건물이다. 계단은 그 건물에 들어가려는 장애인에게는 제약이다. 그러나 미국장애인법은 장애인들이 배제되지 않도록 건물의 설계를 변경하도록 건물주들에게 의무를 부과함으로써 그러한 제약을 변경시키려고 한다. 바로 이것이 현실세계 코드가 만들어 놓은 제약을 변경하기 위한, 법에 의한 현실세계 코드의 규제이다.

보다 적절한 다른 예들을 살펴 보자.

· 프랑스 혁명군 세력의 일부는 파리 시가지의 설계구조에서 비롯되었다. 좁고 꾸불꾸불한 도시의 거리들은 쉽게 바리케이드를 설치할 수 있었고, 혁명군들이 비교적 큰 힘을 들이지 않고서 도시를 장악할 수 있게 해주었다. 루이 나폴레옹 3세는 이 사실을 깨달았고 1853년에 이를 변경하는 조치를 취했다.[30] 파리는 넓은 가로수 대로와 다양한 샛길로 새로 조성되었으며, 폭도들이 도시를 장악하는 일이 불가능하게 되었다.

· 학생이라면 대부분 워싱턴 침공을 어렵게 한 라파이예트(L'Enfant's)의 설계를 배운 바 있을 것이다. 그런데 더 흥미 있는 것은 미 의사당 건물과 백악관 건물이 지어진 위치이다. 두 건물 사이의 거리는 1마일 정도 떨어져 있지만 당시엔 험난한 지형을 거쳐 가야 하는 거리였다(그 사이엔 늪이 있었다). 그 거리는 의회와 대통령 간의 접촉을 최소한이나마 어렵게 하여 두 부처 간의 공모를 차단하

(1994).

30) Alain Plessis, *The Rise and Fall of the Second Empire, 1852~1871* (1979) translated by Jonathan Mandelbaum (English-language edition, New York: Cambridge University Press, 1985), 121 참조; "Haussmann, Georges-Eugene Baron," in *Encyclopedia Britannica*, 5th ed. (1992) 참조. 스티븐 존슨은 변화의 다른 측면들을 비판하고 있다. Steven Johnson, *Interface Culture*, 63~64 참조.

는 장벽이었다. 이로 인해 행정부가 입법부를 통제하는 일을 더욱 어렵게 한 것이었다.

· 이와 유사한 생각이 유럽 헌법재판소의 위치에 영향을 주었다. 유럽 도처의 헌법재판소는 수도 이외의 도시에 위치한다. 독일의 헌법재판소는 베를린이 아닌 칼스두레에 있다. 체코의 경우엔 프라하가 아닌 브루노에 있다. 역시 여기서도 그 이유는 지리적인 제약과 밀접하게 관련되어 있다. 헌법재판소를 입법부와 행정부로부터 멀리 위치시킴으로써 두 기관이 법원에 가하는 압력을 최소화하고 그 압력에 굴복하려는 법원의 유혹을 감소시키기 위한 것이었다.

· 이 원칙은 고위정치에 국한되지 않는다. 어린이들이 뛰어놀지 모를 주차장이나 도로의 설계자들은 운전자들이 속도를 줄이도록 도로에 과속방지턱을 설치한다. 이러한 구조들은 속도 제한이나 너무 빨리 달려서는 안 된다는 사회규범과 동일한 목적을 가진다. 그러나 이것들은 구조를 수정해야 작동하게 된다.

· 이 원칙은 고상한 규제에만 국한되는 것이 아니다. 로버트 모지스(Robert Moses)는 버스가 다닐 수 없도록 설계한 다리를 롱아일랜드에 건설하였다. 주로 대중교통수단을 이용했던 흑인들이 쉽게 공용 해변에 접근할 수 없었었다.[31] 그것은 고약하지만 아직도 흔히 찾아볼 수 있는 그런 구조에 의한 규제방식이다.

· 이것은 정부에만 국한되는 것이 아니다. 미국의 한 항공회사는 월요일 새벽 승객들이 비행기에서 가방을 찾는 데 걸리는 시간에 심한 짜증을 내고 있음을 발견했다. 그들이 가방을 찾는 데 걸리는 시간이 평균 소요시간보다 길지 않았는데도 다른 요일의 승객보다 훨씬 짜증을 냈다. 항공사는 묘안을 내어 승객들이 수화물 반환소에 도착하는 시점에 짐이 도착해 있도록 일부러 월요일 새벽 비행편을 수화물 반환소로부터 멀리 떨어진 게이트에 정박시키기 시작했다. 그 결과 수화물 취급체제에 대한 불만이 없어졌다.

---

31) Robert A. Caro, *The Power Broker: Robert Moses and the Fall of New York* (New York: Alfred A. Knopf, 1974), 318 참조.

· 미국의 어떤 도시에 있는 한 대형 호텔은 엘리베이터의 속도가 느리다는 불평을 수없이 접수하였다. 그래서 엘리베이터 문 옆에 거울을 설치했고 불만이 사라졌다.
· 20세기에 구조를 통한 규제를 선도적으로 주창한 사람이 랄프 네이더(Ralph Nader)였다는 사실을 아는 사람이 거의 없는 것 같다. 자동차 제조업자들에게 안전기준을 강제하도록 투쟁했던 그의 글을 읽어보면 오늘날에도 놀랍다. 네이더의 목적은 보다 안전한 자동차를 만들도록 제조업체들을 강제하는 법을 제정하는 것이었다. 오늘날 자동차의 코드는 안전성을 그 핵심적인 부분으로 하는 것은 분명하다. 그러나 이러한 기본적인 관점에 대해서 근본적인 불일치가 있었다.[32]
· 닐 카티얼(Neal Katyal)은 가시도를 최대화하기 위해서 가로등의 배치로부터 공공장소의 디자인에 이르기까지 건축물과 형사법과의 관계에 대해서 광범위하게 연구해왔다.[33] 일례로 2000년 시드니 올림픽에서는 "의식적으로 범죄를 감소시킬 수 있는 건축양식을 채택했다."[34] 그리고 건축가들은 범죄를 최소화할 수 있는 디자인의 원리들("환경디자인을 통한 범죄예방"이라고 불리는)을 인정하기 시작하였다.[35]

각 사례에서 구조는 다른 행동을 실현하기 위해 변경되었다. 구조는 그 차이를 초래하였다. 1933년 시카고 월드 페어 당시 한 출입구 상단에는 다음과 같은 문구가 씌어 있었다(비록 과학에 관한 언급이지만). "과학은 탐구하며, 기술은 실현한다. 인간은 순응한다."[36]

---

32) Ralph Nader, *Unsafe at Any Speed: The Designed-In Dangers of the American Automobile* (New York: Grossman, 1965), 93 참조.

33) Neal Kumar Katyal, "Architecture as Crime Control," 111 *Yale Law Journal* 1039 (2002).

34) Ibid., 1047.

35) Ibid., 1048.

법은 또한 사회규범들을 변경시킬 수 있다.[37] 비록 상당수의 헌법학자들은 어떻게 하면 되는지 그 방법을 망각한 것 같긴 하지만 말이다. 교육이 가장 확실한 예들 중 하나이다. 마샬 대법관은 "교육은 3R(미국 초등학교 교육과정의 기본요소인 reading, 'riting〔writing〕, 'rithmetic〔arithmetic〕을 의미함 — 옮긴이)을 가르치는 것이 아니라 전반적인 시민의식을 가르치는 것이다. 동료 시민들과 함께 살아가며 무엇보다도 법을 따르는 것을 배우는 것이다"라고 진술하고 있다.[38] 교

---

36) Brin, *The Transparent Society*, 293.

37) 미 남부의 시민권에 대해 생각해 보라. 1964년 민권법(Civil Rights Act)에 대한 의회 청문회기간 동안 그 법안의 지지자들은 위원회에서 백인 남부고용주들, 사업가들의 흑인에 대한 차별이 그 법안의 주요 대상이라고 주장했다. 일부 고용주나 사업가들은 사업이 더 나아질 것이란 기대 때문에 그 법안을 지지했다. 백인들이 그들의 관습을 바꾸지 않는 한 노동인력이 증가해서 임금하락을 가져오고 다시 서비스에 대한 수요가 증가할 것이라고 그들은 예상했다. 바로 백인들이 그들의 관습을 바꾸지 않는다는 관점이 기업계로부터 민권법에 대한 지지를 이끌어낼 수 있었다. 기업계의 지도자들이 두려워한 것은 흑백 통합을 위한 자신들의 자발적인 노력에 대한 백인들의 보복이었다. 민권법은 흑인들에 대한 차별을 불법으로 만듦으로써 상황을 바꾸어버렸다. 이로써 사업가들은 백인들의 보복을 두려워하지 않고도 흑인의 지위를 고려하건 법에 복종한다는 생각에서건 흑인을 고용하거나 손님으로 대할 수 있었다. 바로 이러한 모호성을 창출함으로써 민권법은 흑인 고용에 지불해야 할 상징적 비용을 감소시켰다. 이 사례는 정부가 사회규범을 직접 통제하지 않고도 법을 통해 그것들을 변화시킬 수 있는 방법을 잘 보여주고 있다. 이 사례에서는 사회규범에 제2의 의미, 즉 법에 복종하라는 의미를 부여함으로써 흑인들을 수용하는 사회규범이 변화된 것이었다. Lessig, "The Regulation of Social Meaning," 965~57 참조.

38) Thurgood Marshall, Esq., oral argument on behalf of respondents, *Cooper v. Aaron*, 358 US 1(1958) (no. 1), in *Fifty-four Landmark Briefs and Arguments of the Supreme Court of the United States: Constitutional Law*, edited by Philip B. Kurland and Gerhard Casper (Washington, D.C.: University Publications of America, 1975), 533, 713 참조.

육은 적어도 부분적으로는 어린이들에게 특정한 행위규범을 주입시키는 과정이다. 우리는 그들에게 섹스와 마약에 대해서 "노라고 말하는" 방법을 가르친다. 그들의 내면에 무엇이 올바른지 판단할 수 있는 의식이 자라도록 하는 것이다. 이러한 의식은 법의 목적에 맞게 그들을 규제한다.

분명히, 교육내용은 대부분 법에 의해서 규제를 받는다. 예를 들어, 보수주의자들은 성교육을 통해 금욕규범이 느슨하게 변경될까봐 염려한다. 그 생각이 옳건 그르건 법은 확실히 어린이들이 지켜야 할 사회규범을 바꾸는 데 사용된다. 만일 보수주의자들이 옳다면 법은 금욕규범을 삭제할 것이고, 자유주의자들이 옳다면 안전한 성의 사회규범을 주입시키는 데 사용될 것이다. 어떤 방향이건 사회규범은 그 스스로 제약을 갖고 있으며, 법은 그 제약을 변경시키는 것을 목표로 한다.

법이 어떤 역할을 한다고 해서 늘 긍정적 역할만 하는 것은 아니다. 법은 사회규범들을 개선시킬 뿐만 아니라 못쓰게 만들기도 한다. 그렇다고 후자가 전자보다 더 보편적이라고 주장하는 것은 아니다.[39] 중요한 것은 그 역할을 깨닫는 것이지 그것을 칭송하거나 비판하는 것이 아니다.

각각의 경우에 법은 직접적인 규제방법과 간접적인 규제방법 중에서 선택한다. 문제는 어떤 방법이 규제자가 인지해야 할 제약(규범적이건 현실적이건)에 부합하면서 규제자의 목적을 가장 잘 실현시켜 주는가이다. 나의 주장은 규제전략에 관한 어떠한 분석도 이처럼 다양한

---

39) 예를 들어, Dyson, *Release 2.0* 참조. "정부가 공동체를 분열시키는 역할을 할 수 있다. 종종 정부가 더 많은 것을 제공할수록 공동체 구성원 자신들은 더욱 적게 기여한다"(43); 에릭 포스너는 한 공동체에 대한 정부의 도움이 그 공동체를 와해시킬 수 있다고 주장한다. Eric A. Posner, "The Regulation of Groups: The Influence of Legal and Nonlegal Sanctions on Collective Action," *University of Chicago Law Review* 63 (1996): 133.

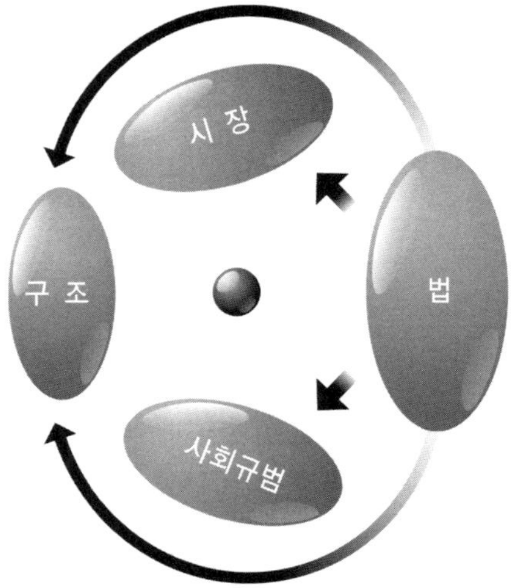

양식들을 충분히 고려해야 한다는 것이다. 폴크 와그너는 추가된 또 하나의 양식에 초점을 맞추면서 다음과 같이 말했다.

> 법규칙의 선택이 재산권 규칙과 불법행위 책임규칙 간의 선택인 것처럼, 사이버공간 상에서 법적 선매권 규칙을 포함할 경우 또 다른 차원을 추가하는 것이다. 이것은 법규칙이 소프트웨어 규제에 미치게 될 영향력(따라서 법-소프트웨어 인터페이스에 미치는 영향)을 의미한다.[40]

다시 말해서, "기술적 예측에 의해 뒷받침되지 않는 법적 정책안들은 매우 불완전하다"고 할 수 있다.[41] 그리고 일반적으로 어떤 양식과 정책적 대안들 사이의 상호작용에 대해서도 동일하게 얘기할 수 있다.

우리는 두 번째 그림의 수정을 통하여 방금 말한 내용을 설명할 수

---

40) R. Polk Wagner, "On Software Regulation," *Southern California Law Review* 78 (2005), 457, 487.

41) Ibid., 474.

있다.

와그너가 적절하게 지적하듯이, 이러한 양식들 간의 상호작용은 역동적이다. "법적 조정 뿐 아니라 이러한 변화들이 초래할 결과들까지 예측하고 고려해야 한다."[42] 규제자는 "균형점"을 찾고 있으며, 지속적으로 규제양식들 간의 교환을 염두에 둔다.

이제 핵심적인 요지엔 익숙할 것이다. 다양한 사례들을 통해 설명해 보겠다.

좌석벨트: 정부는 시민들이 좌석벨트를 보다 자주 착용하기를 원한다.[43] 정부는 좌석벨트 착용을 의무화하는 법을 통과시킬 수 있다(이 경우 법은 행위를 직접 규제한다). 아니면 좌석벨트를 착용하지 않는 사람들에게 창피를 주는 공공 캠페인에 자금을 지원할 수도 있다(이 경

---

42) Ibid., 465.

43) 캐스 선스틴은 좌석벨트 착용법에 대해서 다음과 같은 가설을 지적하고 있다. 사적 행위자들이 〔규범적 검열을 통해〕 표현행위에 간섭하게 될 위험을 줄이기 위해 법적 방패를 사용함으로써 정부의 규제가 사람들에게 선호를 표현하도록 허용한다는 것이다. Cass Sunstein, "Legal Interference with Private Preferences," *University of Chicago Law Review* 53 (1986) : 1129, 1145 참조. 오히려 좌석벨트 착용법은 규범에 의한 후원이 비효과적이며, 직접규제의 대안이 되지 못한다는 비판의 근거로 이용되어왔다. Robert S. Alder & R. David Pittle, "Cajolery or Command: Are Education Campaigns and Adequate Substitute for Regulation?" *Yale Journal on Regulation* 1(1984) : 159, 171~78 참조. 하지만 그러한 관찰은 좀 미숙한 것 같다. 존 라이트(John C. Wright)는 텔레비전의 규범적 내용에 대해 언급하면서 다음과 같이 주장한다. "많은 사람들이 모여서 '좌석벨트를 착용하는 것이 실로 남성적인 것이다. 그것은 남성적이고 세련되며, 또한 여성적이고 재치 있고 매력적이다'라고 말하는 순간 우리들은 좌석벨트에 관한 전투에서 승리한 것이다." Charles W. Gusewelle et al., "Round Table Discussion: Violence in the Media," *Kansas Journal of Law and Public Policy* 4(1995) : 39, 47.

우 법은 행위규제의 수단으로 사회규범을 규제한다). 그리고 보험 회사가 좌석벨트 착용자들에게 할인율을 적용하도록 보조금을 지급할 수도 있다(이 경우 법은 행위규제의 방법으로 시장을 규제한다). 마지막으로 법은 자동좌석벨트 또는 시동잠금장치를 의무화할 수도 있다(이 경우는 벨트 착용행위를 규제하는 수단으로 자동차의 코드를 변경하는 것이다). 이들 조치는 좌석벨트 사용에 일정한 영향을 준다고 할 수 있다. 그리고 어느 정도의 비용도 든다. 정부에게 관건은 어떻게 최소비용으로 가장 많은 사람들이 좌석벨트를 사용하게 하느냐 하는 것이다.

장애인 차별금지: 장애인들은 일상생활에서 심각한 사회적·육체적 장벽의 부담을 안고 있다.[44] 정부는 이 장벽들에 대해서 무엇인가 조치를 취하도록 결정할 수 있다. 전통적 해결책은 법으로 행위를 직접 규제하는 것이다. 법은 육체적 장애를 갖고 있다는 이유로 차별하는 것을 금지시킨다. 물론 그 이상의 조치를 취할 수 있을 것이다. 예를 들어, 자라나는 어린이들에게 장애인 차별금지 교육을 함으로써 차츰 사회규범이 변경되게 할 수도 있을 것이다(이 경우 법은 행위를 규제하기 위해 사회규범을 규제한다). 또한 장애인들을 고용하도록 기업체들에게 보조금을 지급할 수도 있을 것이다(이 경우 행위를 규제하기 위해 시장을 규제한다). 건축코드를 규제하여 장애인들이 건물에 출입하기 쉽게 만들 수도 있을 것이다(이는 행위를 규제하기 위해 "자연환경" 또는 현실세계 코드를 규제하는 것이다). 이러한 규제들은 차별행위에 어느 정도 영향을 미칠 것이고, 또한 비용이 들 것이다. 정부는 이익과 비용의 형량을 통해 가장 효과적인 규제방법을 선택할 것이다.

약물: 정부는 불법 약물소비를 감소시키기 위해 고민하고 있다. 주

44) 이 분석은 부분적으로는 미노우가 제시한 것이다. Minow, *Making All the Difference*.

된 전략은 약물법 위반행위에 대해 잔인할 정도로 장기 징역형으로 직접 행위를 규제하는 것이었다. 이 정책이 부담하는 비용이 높은 것은 분명하지만 그 이득이 얻어질지는 불분명하다. 그러나 나의 관점에서 가장 흥미로운 것은 불분명한 비용이다. 트레이시 미어스는 불법 약물사용을 규제하는 또 하나의 효과적인 구조는 개인이 속한 공동체의 사회적 구조라고 설득력 있게 주장하고 있다.[45] 이러한 제재들이 바로 내가 사회규범에 의한 제약이라고 지칭한 것들이다. 망신주기, 따돌리기, 겁주기 등과 같이 소속집단의 제재에 의해 강제되는 행위기준들이다. 정부가 이처럼 사회규범의 제약들을 강화시킬 수 있는 것과 마찬가지로 약화시킬 수도 있다는 점은 분명하다.[46] 그렇게 할 수 있는 한 가지 방법은 이들 사회규범이 작용하는 공동체를 약화시키는 것이다. 미어스는 극단적인 형법의 제재가 바로 그 예라고 지적한다.[47] 형법의 극단적인 규정과 집행이 이러한 사회정책을 지탱해주는 사회구조 그 자체를 붕괴시킨다. 이것은 직접적인 규제 법규범에 의해서 야기되는 간접적인 효과인데, 어떤 점에서는 이러한 효과가 법의 효력을 압도할 수 있다. 이것이 바로 형법의 래퍼곡선(Laffer Curve, 형량이 지나치게 높으면 준법의욕을 해쳐 오히려 범죄가 더 증가한다는 이론—옮긴이)이라고 할 수 있다.

이처럼 상이한 제약들의 총합효과가 미리 산출될 수는 없다. 정부는 다양한 방법으로 약물사용을 규제하는 조치를 취한다. 약물소비를 비난하는 강도 높은 공공교육 캠페인을 지원하고(사회규범의 규제를 통

45) Tracey L. Meares, "Social Organization and Drug Law Enforcement," *American Criminal Law Review* 35 (1998) : 191 참조.

46) 에릭 포스너(Eric Posner)는 정부의 행위가 이러한 영향을 미칠 수 있는 맥락들을 지적하고 있다("The Regulation of Groups").

47) Tracey L. Meares, "Charting Race and Class Differences in Attitudes Toward Drug Legalization and Law Enforcement : Lessons for Federal Criminal Law," *Buffalo Criminal Law Review* 1(1997) : 137 참조.

한), 국경지대에서 약물을 몰수하여 공급을 줄임으로써 가격을 올라가게 하여 수요를 줄어들게 한다(시장의 규제). 그리고 때로는 약물을 더욱 위험하게 하여 소비 제약을 강화시키는 것과 같이 약간은 엽기적인 방법으로 약물의 "코드"를 규제하기도 한다(예를 들어, 마리화나 재배지에 제초제를 뿌림).[48] 이 조치들은 모두 약물 소비에 영향을 준다. 그러나 입법화를 옹호하는 사람들의 주장처럼 이 조치들은 또한 다른 범죄의 발생에 영향을 미친다. 정책 입안자는 전체적으로 이들 규제가 사회적 비용을 증가시키는지 또는 감소시키는지를 고려하여 그 효과의 총계를 평가해야 한다.

낙태: 이야기를 마무리 지을 마지막 사례이다. *Roe v. Wade* 판결 이래 연방대법원은 낙태에 대한 여성의 헌법상 권리를 인정했다.[49] 하지만 이 권리가 인정되었다고 해서 정부가 낙태행위를 없애거나 줄이려는 시도를 중단한 것은 아니다. (로이 판결에 따르면 위헌이므로) 정

---

48) 1970년대 중반 미국 정부는 멕시코에 있는 마리화나 재배지에 (인간에게 폐질환을 야기할 수 있는 제초제인) 패러쿠아트(*paraquat*)를 살포하자는 캠페인을 후원했다. 이러한 시도는 대중들의 분노를 촉발시켰고, 결과적으로 1978년에는 의회로부터 기금 사용을 중지하라는 선언을 야기했다. 그러나 1981년 의회의 법 개정에 따라 패러쿠아트는 1980년대에 미국 내 마리화나 재배지에 살포되었다. 멕시코 내의 패러쿠아트 사용을 둘러싼 공개가 오히려 미국 내 마리화나산업에 붐을 일으켰으며, 1980년대에 코카인 사용을 증대시켰다고 사람들은 믿고 있다. 일반적으로 Michael Isikoff, "DEA Finds Herbicides in Marijuana Samples," *Washington Post*, July 26, 1989, 17 참조. 샌디 머피는 패러쿠아트와 관련해서 통과된 법규범들의 역사를 모두 제공하고 있다. Sandi R. Murphy, "Drug Diplomacy and the Supply-Side Strategy: A Survey of United States Practice," *Vanderbilt Law Review* 43 (1990): 1259, 1275, n. 99; "A Cure Worse Than the Disease?," *Time*, August 29, 1983, 20 참조.

49) *Roe v. Wade*, 410 US 113 (1973).

부가 다시금 낙태에 대한 직접적인 규제에 의존할 필요가 없다. 대신 정부는 동일한 목적을 위해서 간접적인 수단을 사용할 수 있다. *Rust v. Sullivan* 판결에서 법원은 "정부로부터 보조를 받는" 임상병원 소속 의사들이 낙태를 가족계획 수단으로 환자에게 권유하는 것을 금지함으로써 가족계획상담규정을 제한하는 정부의 권한을 인정했다.[50] 이것은 행위를 구제하기 위해 사회규범(의료부조의 사회구조 내에 있는)을 규제한 것이다. *Macher v. Roe* 판결에서 법원은 선택적으로 낙태를 위한 의료재원 모금을 할 수 없게 한 정부의 권한을 지지했다.[51] 이것은 행위를 규제하기 위해 시장을 이용한 예이다. *Hodgson v. Minnesota* 판결에서 법원은 미성년 여성들이 낙태시술을 받기 전에 48시간을 기다리게 한 주의 권한을 지지했다.[52] 이것은 낙태를 규제하기 위해 현실세계의 코드(즉 시간의 제약)를 이용한 것이다. 로이 판결에도 불구하고 이 모든 사례들에서 정부는 낙태를 원하는 여성의 행위를 규제할 수 있었다.

각 사례들에서 법은 두 가지 매우 다른 방향으로 작용한다.[53] 법의

---

50) *Rust v. Sullivan*, 500 US 173 (1991).

51) *Maher v. Roe*, 432 US 464 (1977).

52) *Hodgson v. Minnesota*, 497 US 417 (1990).

53) 물론 "직접규제"와 "간접규제" 간의 구별은 법뿐만 아니라 철학에서도 오래된 갈등의 역사를 갖고 있다. 주디스 톰슨은 다섯 사람을 구하기 위해 한 사람을 차로 치어야만 하는 트럭 운전사와, 다섯 명의 죽어가는 사람들을 구하기 위해서 건강한 한 사람의 장기들을 떼어내지 않는 외과의사를 구분함으로써 이 차이를 설명하고 있다. Judith J. Thomson, "The Trolley Problem," *Yale Law Journal* 94 (1985): 1395, 1395~96 참조. 이 차이를 "이중효과원리"(*double effect doctrine*)라고 하는데, 이에 관해서는 Philippa Foot, "The Problem of Abortion and the Doctrine of the Double Effect," In *Virtues and Vices and Other Essays in Moral Philosophy* (Berkely: University of California Press, 1978), 19 참조; Thomas J. Bole III, "The

작용이 직접적일 때 법은 개인들에게 어떻게 행동해야 하는가를 알려주고, 만일 개인들이 그 행위로부터 일탈하면 형벌을 가하겠다고 위협한다. 그 작용이 간접적일 때 법은 법 이외의 제약구조들 중 하나를 변경시킨다.[54] 규제자는 제약들이 표방하는 효율성과 가치, 즉 이들로부터 나타날 결과에 따라 다양한 기법들 중에서 선택한다.

이처럼 보다 포괄적인 관점으로 규제를 이해하면, 사이버공간의 규제불가능성이 얼마나 불확정적인가를 명백히 알 수 있다. 우리는 국가가 어떻게 규제작용에 개입하는지를 더 잘 인식하게 된다. 뿐만 아니라 이렇게 확장된 규제의 개념을 통해서 드러나는 위험성의 증가도 인식해야 한다. 특히 규제가 헌법상의 가치들에 가할지 모르는 위험성에 대해서 더 높은 경각심을 가져야 한다. 다음 절에서 그러한 위협을 다

Doctrine of Double Effect: Its Philosophical Viability," *Southwest Philosophical Review* 7 (1991): 91; Frances M. Kamm, "The Doctrine of Double Effect: Reflections on Theoretical and Practical Issues," *Journal of Medicine and Philosophy* 16 (1991): 571; Warren Quinn, "Actions, Intentions, and Consequences: The Doctrine of Double Effect," *Philosophy and Public Affairs* 18 (1989): 334 참조. 이러한 사례들에서는 그들 사이에 선을 그어야 할 때 곤경이 발생한다. 여기에서 내가 그런 선을 그을 필요는 없다.

54) 리처드 크라스웰(Richard Craswell)은 동일한 관점을 지적하는 다른 사례들을 제시하고 있다. 정부는 (a) 직접 제품의 품질이나 안전도를 규제할 수 있고, (b) 제조업자들이 품질이나 안전도를 개선시키도록 경쟁을 유발하는 동기를 부여할 의도로 다양한 제품의 품질이나 안전도의 등급에 관한 정보를 공개할 수 있다. 정부는 (a) 기업체가 독점 기업으로 존속하면서 독점기업이 책정한 가격을 직접 규제하거나, (b) 독점기업을 몇 개의 경쟁적인 기업들로 분할하여 가격경쟁이 활성화되도록 경쟁을 유발할 수 있다. 정부는 (a) 기업들이 공익에 기여하는 다양한 사업들을 벌이도록 직접적으로 요구하는 규제 법안을 통과시키거나, (b) 기업의 이사회가 공익에 대해 보다 일관되게 행동하도록 스스로 결정하게 할 의도로 기업의 이사회에 일정수의 "독립" 대표들을 포함하도록 의무화하는 규제규범들을 제정할 수 있다.

뤄보겠다.

3. 간접규제의 문제점

1985년 연방의회는 핵폐기물을 다루기 위한 저수준방사능 폐기물정책개정법(Low Level Radioactive Waste Policy Amendments Act)을 통과시켰다. 누군가는 핵폐기물을 수거해서 보관해야만 했다.[55] 정부로부터 상당한 시달림을 받은 뒤, 각 주는 주 내에서 방출한 핵폐기물을 스스로 처리하도록 하는 의무규정과 인센티브를 담은 협약을 체결하였고 연방의회의 비준을 받았다. 이 계획의 상세한 내용이 여기에서는 중요하지 않다. 단지 일부분만을 살펴보는 것으로도 충분하다. 각 주가 핵폐기물을 규제하는 연방의 가이드라인을 따르도록 유도하기 위해서 연방의회는 각 주가 일정한 규제법안을 제정하든지 아니면 사용한 핵연료에 그 주의 소유표시를 붙이는 것 중에서 선택하도록 하였다. 이것은 "돈이냐 목숨이냐" 하는 식의 규제라고 할 수 있었다. 왜냐하면 주의 소유표시가 붙여진 핵폐기물은 그 주의 자산이라기보다는 커다란 부담이기 때문이다. 오랜 실랑이 끝에 연방의회는 각 주로 하여금 의회가 원하는 규제법안을 제정하도록 사실상 강제하였다.

연방대법원은 이 법률의 일부를 실효시켰다. 대법원은 연방의회가 결과적으로 주의회에게 연방의회의 법을 제정하도록 강요하였다고 판시하였다. 물론 연방의회 자체는 그러한 규제법안을 직접 제정할 권한이 있었다. 그러나 각 주로 하여금 법안을 제정하도록 명령할 권한은 없었던 것이다. 이 사례에서는 간접규제가 허용되지 않았던 것이다.

New York v. United States 판결은 정부가 반드시 직접 규제해야 한

---

55) *New York v. United States*, 505 US 144 (1992) 참조.

다든지 아니면 간접규제는 일반적으로 허용되어선 안 된다는 일반원칙을 표명하는 것이 아니다. 오히려 이 판결은 주와 관련된 간접규제라는 매우 협소한 영역에 초점이 맞춰졌다. 이 판결의 요지는 헌법에 따라 특별히 존중되어야 할 독립 주권체인 각 주는 연방정부가 추구하는 목적을 위해 강제되어서는 안 된다는 것, 그리고 연방정부는 수행하고자 하는 프로그램이 있을 때에는 반드시 그 자신의 이름으로 수행하여야 한다는 것이다. 물론 뉴욕 판결이 헌법상의 일반원칙을 확립하지는 않았지만, 왜 간접규제의 문제가 보다 일반적인 관심사이어야 하는가를 잘 보여주고 있다.

간접규제 방식은 책임의 향방을 오도한다. 정부가 직접 부과할 수 있는 제약을 실현하기 위해서 다른 제약구조를 사용한다면 그 제약에 수반되는 책임이 불분명하게 되며, 그 결과 정치적인 책임소재를 훼손시키게 된다. 만약 투명성이 입헌정부의 소중한 가치라면 간접규제는 그 적이다. 그것은 책임소재를 혼동시키고 정치를 혼란하게 한다.[56]

이러한 오류는 다른 맥락에서도 마찬가지로 일어날 수 있다. 러스트(*Rust*) 사례를 다시 한 번 생각해 보라. 연방정부는 가족계획을 실시하는 임상병원의 자금조달에 도움을 주었다(자금조달에 도움을 준 것이지 전액을 보조한 것이 아니다).[57] 1988년 이전에 임상병원들은 낙태를 포함하여 출산과 관련된 광범위한 문제들에 대한 상담을 담당했다. 그 병원의 의사들은 조언이 필요하다고 판단될 때에는 환자들에게 낙태에 대해서 조언할 수 있었다. 레이건 행정부는 그러한 관행을 바꾸려고

---

56) 리 티엔(Lee Tien)은 다른 중요한 문제들과 구조적인 규제를 동일시한다. “Architectural Regulation and the Evolution of Social Norms,” *International Journal of Communications Law and Policy* 9 (2004) : 1.

57) Aida Torres, “The Effects of Federal Funding Cuts on Family Planning Services, 1980~1983,” *Family Planning Perspectives* 16 (1984) : 134, 135, 136.

하였다. 레이건 정부는 그러한 병원의 의사들이 환자들에게 가족계획의 수단으로 낙태를 권유하지 말라고 명령했다(여기에서 상세한 방법은 중요하지 않다). 만약 질문을 받는다면, 의사들은 "이 프로젝트는 낙태를 가족계획의 적절한 수단으로 생각하지 않는다"고 답변해야 했을 것이다.[58] 이 규제의 목적은 분명했다. 낙태 건수를 줄이는 것이었다. 방법은 의사들이 낙태 이외의 다른 길을 택하도록 환자들을 유도하는 것이었다. 이런 맥락에서는 의사들이 환자에 대해서 매우 큰 권한을 갖는다. 환자들은 (정부가 아닌) 의사가 낙태를 권하지 않는다고 생각하게 될 것이다.

그러나 이 기법을 다시 한 번 살펴 보자. 연방정부는 낙태에 대한 자신의 입장을 표명할 수도 있었을 것이다. 연방정부는 "낙태는 나쁜 것"이라고 표현하는 포스터나 게시판을 붙일 수도 있었을 것이고, 아니면 임상병원 내에 공간을 이용하여 정부의 입장을 알릴 수도 있었을 것이다. 그러나 연방정부는 자신의 정책을 숨기고 의사들의 입을 빌리는 방법을 선택했다. 이로써 연방정부는 정책적 목적을 달성하기 위해 전문가인 의사들의 권위에 편승했던 것이다. 연방정부는 의사들을 직접 규제함으로써 간접적으로 낙태를 규제한 것이다.

뉴욕 사례에서 연방정부가 자신의 목적을 실현하기 위해 각 주의 권위를 이용하려고 했던 것처럼, 러스트 사례에서는 허위대표(*misrepresentation*)의 방법을 이용했다. 연방주의의 문제보다 더욱 심각한 것은 허위대표의 희생자들은 그 허위대표가 정책의 선택이라는 사실조차 인식하지 못한다는 점이다. 환자들은 대개 의사들의 진술이 정부의 정치적 선전이라고 생각하지 않는다. 환자는 그것을 의사의 정당한 의학적 소견으로 이해할 따름이다. 표명된 의견에 대해서 누가 책임져야 하는

---

58) *Rust v. Sullivan*, USNY (1990) WL 505726, reply brief, *7: "의사는 그 시술의 의학적 안전, 법적 이용가능성 혹은 그것이 환자의 건강에 얼마나 중요한가에 대해서 설명해서는 안된다."

지도 혼란스러울 뿐만 아니라 그것이 과연 의견인지도 불분명하다.

Rust v. Sullivan 판례는 대법원을 아주 당황하게 만든 사건 중의 하나였다. 이 사례는 어떤 쟁점이든 일단 낙태라는 문제에 접근하는 순간 왜곡되어 버린다는 스칼리아(Scalia) 대법관의 논지를 잘 보여주고 있다.[59] 그러나 여기에서 나의 주장은 러스트 사례가 정당하냐의 여부가 아니다. 러스트 사례가 바로 그 방법을 명확하게 보여주었듯이, 나의 목적은 규제에 대한 감각을 터득하게 해주는 것이다.

세 번째 사례를 생각해 보자. 1948년까지 부동산 매매증서에다가 그 증서에 기재된 부동산을 특정 인종의 사람에게는 팔 수 없다는 계약조항을 포함할 수 있었다. 이 조항의 목적은 분명하다. 인종을 차별하고 이를 유지하는 것이었다. 이러한 관행이 광범위하게 퍼져 있었다. 예를 들면, *Shelley v. Kraemer* 판결[60]에서 이러한 규정이 평등권 조항의 위반으로 위헌판결을 받았을 때, 당시 시카고 남부 부동산의 25% 정도가 흑인에게 매도되는 것을 금지한 것으로 추산된다.[61] 이 조항

---

59) *Madsen v. Women's Health Center, Inc.*, 512 US 753, 785 (1994) 참조. 안토닌 스칼리아 대법관은 이에 일부동의, 일부기각 의견을 개진하였다. "오늘의 결정은 … 낙태에 대한 정부의 규제를 수반하는 사례에 법을 적용할 때, 어떤 법규칙이나 법원칙도 대법원에 의한 파기로부터 안전하지 않다는 점을 너무나도 명백하게 해주고 있다." *Thornburgh v. American College of Obstetricians and Gynecologists*, 476 US 747, 814 (1986) [오코너(Sandra Day O'Connor) 대법관의 반대의견].

60) *Shelly v. Kraemer*, 334 US 1 (1948).

61) Herman H. Long and Charles S. Johnson, *People Versus Property: Race-Restrictive Covenants in Housing* (Nashville: Fisk University Press, 1947), 32~33 참조. 더글러스 메이시(Douglas S. Massey)와 낸시 덴튼(Nancy A. Denton)은 전국부동산중개인협회가 1924년의 윤리강령에서 다음과 같은 규정을 채택했다고 지적하고 있다. "중개업자는 어떤 인종이나 국적을 지닌 사람들을 이웃에 소개하는 데 조력해서는 안 된다. … 이들의 출현은 분명히 그 이웃의 부동산 가치에 해를 끼칠 것이다" [Rose Helper, *Racial Policies and Practices of Real Estate Brokers* (1969), 201에서 인용]; 또

들은 무시무시한 것이었으나 그래도 어느 정도는 솔직하고 순진한 면이 있었다. 이 조항들은 목적하는 바를 분명히 밝혔으며, 그것들이 지지하는 가치들에 대해서도 분명하였다. 물론 어느 누구도 그 조항들에 의해서 야기되는 인종차별이 어느 정도는 다른 영역에서 내려진 결정에서 파생된 우연적인 결과일 뿐이라고 변명할 수는 없을 것이다. 비록 이것들은 사인 간의 계약사항이었지만, 주에 의해서 시행되었다. 결국 그 조항의 효력은 주에서 나오는 것이다. 그 조항들은 분명하게 말한다. 이 사회는 인종차별의 사회라고.

연방대법원이 이 조항들을 실효시켰을 때, 무엇이 그 조항들을 대체할 것이냐는 문제가 발생했다. 이 조항들의 이면에 놓인 관행이 단 한 번의 판결로 순식간에 자취를 감출 것이라고 기대하는 사람은 거의 없었다. 법원이 직접적인 인종차별을 종식시켰을 때, 우리는 그것을 대체할 간접적인 인종차별이 부상하리라고 충분히 예상할 수 있었다.

당연하게도, 1948년 이후 일부 지역사회들은 인종차별을 유지하기 위해 기법을 전환하였다. 그들은 계약조항이 아닌 도시설계를 이용했다. 한 지역에서 다른 지역으로 이동하는 주민의 흐름을 막도록 지역사회가 설계되었다. 횡단보도 없는 고속도로가 지역 한가운데에 놓였다. 기찻길은 지역을 분할하는 데 이용되었다. 설계구조와 구획 상의 수많은 작은 불편들이 명시적인 계약조항을 대체하였다. 공식적으로는 아무것도 인종의 통합을 금지하지 않았다. 그러나 비공식으로는 많은 것들이 인종차별적이었다.[62]

한 이 저자들은 주택공정거래위원회(Fair Housing Authority)가 1950년까지 인종을 제한하는 계약조항의 사용을 옹호했다고 지적하고 있다〔Kenneth T. Jackson, *Crabgrass Frontier: The Suburbanization of the United States* (1985), 208에서 인용〕; *American Apartheid: Segregation and the Making of the Under Class* (Cambridge, Mass.: Harvard University Press, 1993), 37, 54.

62) Massey and Denton, *American Apartheid* 참조.

이처럼 지방정부들은 러스트 사례와 뉴욕 사례에서 연방정부가 수행하려 했던 것과 유사한 행위를 숱하게 자행하였다. 더 이상 직접적인 인종차별을 할 수 없게 되자 간접적으로 이를 달성하기 위하여 그들은 지리적인 설계구조 혹은 현실세계의 코드라 할 수 있는 구획획정법(Zoning Law)을 활용하였다. 그들은 인종 간의 통합을 어렵게 만들도록 지역사회를 건설하고 시가지를 설계했다. 구역획정을 통한 규제가 사소한 불편함을 가져왔지만, 지역사회를 분리하고 유지하는 데 성공하였다.

가장 중요한 사실은, 지금은 러스트 판결 당시보다 규제와 그 결과 간의 상관관계를 파악하기가 매우 어렵다는 점이다. 지역사회들의 지속적인 인종 간 분리는 "선택"의 산물이라고 할 수 있다. 개인들은 같이 지낼 이웃을 선택할 수 있다. 엄밀한 의미에서 그 말이 맞지만, 그들의 선택은 그동안 주가 부과해 온 비용을 감수하면서 내려질 수밖에 없다. 이제는 분리된 상태로 있는 것이 훨씬 쉬운 일이기 때문에 사람들은 그렇게 선택한다. 그러나 지방정부가 통합을 방해하려고 지역사회 가운데 산들을 옮겨 놓았기 때문에 분리된 상태를 유지하는 것이 더 용이해졌을 뿐이다. 여기서 지방정부는 자신의 목적을 달성하기 위해서 현실세계의 코드구조를 사용하여 간접적으로 규제하고 있지만, 이러한 규제들은 규제로 인식되지 않는다. 정부는 아무런 정치적 비용을 지불하지 않고도 효과를 얻는다. 정부는 불법 논란을 겪을 것이 분명한 규제가 존재하고 있음에도 그러한 사실을 인정하지 않고서도 잇속을 챙기고 있는 것이다.

세 가지 사례에서 정부는 다른 형식, 즉 또 다른 제약구조의 힘을 빌려 자신의 목적을 달성하고 있는 것이다.[63] 이것은 그 자체로 반드

63) 마이클 프룸킨은 또 다른 사례로서 클리퍼칩 규제를 지적한다. 연방정부는 정부 조달기준을 정하는 절차를 이용하여 행정절차법에 얽매이지 않고 암호 표준안을 마련할 수 있었다. "천재적인 관료가 문서에 몇 자 적음으로써 클

시 부당한 것은 아니다. 누구라도 정당하다고 여길 만한 사례들이 많이 있다. 예를 들어, 밤거리를 환히 밝혀야 한다는 규정은 범죄를 줄이기 위해 고안된 규제이다. 어느 누구도 그 규제가 부당하다고 생각하지 않을 것이다. 또한 그 규제들은 유래를 숨기지 않는다. 과속방지턱을 다시 한 번 생각해 보자. 그것들도 간접규제의 사례이다. 굽은 도로처럼 그것은 차의 속도를 줄이기 위해 도로의 코드를 사용한다. 그러나 누구도 이 규제의 유래에 대해 우문을 제기하지는 않는다. 아무도 그 방지턱이 우연히 놓여 있는 것이라고 믿지 않는다.

따라서 무조건 간접적인 규제방식에 반대하자는 것이 아니다. 문제는 투명성이다. 국가는 자신의 의도를 숨길 권리가 없다. 입헌 민주주의에서 규제는 공개되어야 한다. 결국 간접규제의 관행에 제기되는 쟁점 중 하나는 공개성이라는 일반적인 것이다. 투명한 수단이 가능함에도 국가가 투명하지 않은 수단을 사용하는 것을 허용할 것인가?

리퍼 전략의 핵심에 타격을 가하는 것이다. 아직까지 의회는 암호의 사적인 사용을 통제할 수 있는 권한을 행정부에 부여하지 않았다. 뿐만 아니라 의회는 키의 문제가 발생할 것에 대비해 키 복사본을 신뢰할 수 있는 제3자에게 보관토록 하는 체제(*escrow system*)를 수립할 수 있는 권한조차 행정부에 부여하지 않았다. 이처럼 조건 없는 암호기술의 채택을 방지할 수 있는 공식적인 권한이 마련되지 못한 상황에서 클리퍼 옹호자들은 암호화 제품의 최대 소비자인 정부의 힘을 이용하여 시장을 통제할 수 있는 아이디어를 찾아냈다. 만일 일반인들이 부적합한 제품을 사용하는 것을 막을 수 없다면, 아마도 정부는 조건부 제품들을 대량으로 구매하고 배치시킴으로써 표준을 정할 수 있을 것이다." Michael Froomkin, "It Came from Planet Clipper," 15, 24, 1~33 참조.

4. 어디로 나아가는가

내가 〈인더스트리 스탠더드〉 잡지에 "코드가 법이다"[64] 라고 주장하는 에세이를 출간한지 얼마 후에 편집자에게 다음과 같은 편지가 도착했다.

> 전형적인 하버드 법대교수인 … 레식 교수는 나무 사이에서 춤을 추면서도 숲 전체를 보지 못한다. (실리콘밸리의 프로그래머들로부터 나오는) 서부연안 코드와 (정부 법률가들로부터 나오는) 동부연안 코드에 대한 그의 악보는 매우 정교하게 다듬어졌지만, 그 둘 간의 진정한 차이점을 완전히 간과하고 있다. 그 훌륭한 교수는 시장기구를 통해 고객의 행동을 통제하려는 사기업의 노력과 법의 강제력을 통해 모든 시민의 행동을 통제하는 정부기관의 노력에 대해 똑같이 "규제"라는 용어를 적용한 것처럼 보인다. 서부연안 코드의 제작자나 납품업자들이(그들이 아무리 이기적이고, 독점적이고, 사악하고, 무능하다 할지라도) 총이나 경찰배지를 휴대하지 않는 한, 나는 어느 때라도 동부연안 코드의 집행자들보다는 그들을 선택할 것이다.[65]

내가 코드와 법 사이의 "진정한 차이점"을 간과했는가는 별론으로 하더라도, 이 편지의 탁월함은 저자가 두 코드 사이의 유사성을 분명하게 파악하고 있다는 점이다. (인터넷 관련기업의 회장인) 그 저자는 "사기업들"이 그들 고객의 행동을 통제하고자 한다는 점을 이해하고 있다. 그는 사기업들이 그러한 통제력을 확보하기 위해 시장 메커니즘을 이용한다고 언급했다(기술적으로 나는 그 효과를 얻기 위한 구조들에

64) *The Industry Standard*, link #51 참조.

65) "Legal Eagle"(letter to the editor). *The Industry Standard*, April 26, 1999(강조는 추가됨).

관해서 글을 쓴 것이지만, 크게 신경 쓸 필요는 없다. 시장이든 구조이든 논지는 똑같다). 그렇다면 그는 법을 넘어선 "규제"가 존재한다는 사실을 파악하고 있는 것이다. 다만 그는 기업의 운영자로서 두 가지 가운데서 자신의 취향을 가지고 있을 뿐이다.

이 저자가 파악하는 것은 사이버공간이 어떻게 규제되는지 그리고 법이 어떻게 사이버공간을 규제해야 하는지를 알아야 한다는 것이다. 나는 이 장에서 정부가 규제하는 데 사용할 광범위한 수단을 갖고 있다고 주장했다. 사이버공간은 그 범위를 더욱 확장하게 한다. 코드 제정을 규율함으로써 정부는 간접적으로 규제목적을 달성할 수 있고, 그것은 정부가 직접 실행한다면 포기했을 목적을 정치적 고통 없이 달성하게 한다.

우리는 바로 이 점을 우려해야 한다. 보이지 않는 규제를 더욱 용이하게 해주는 체제를 우려해야 하며, 규제를 더욱 손쉽게 하는 체제를 우려해야 한다. 우리가 전자의 규제에 대해서 우려해야 하는 이유는 보이지 않으면 부당한 규제에 저항하기가 어려워지기 때문이다. 후자의 규제에 대해서 우려해야 하는 점은 내가 제 3장에서 주장한 바와 같이 아직까지 효율적인 규제의 범위를 확대함으로써 어떠한 가치들이 위태롭게 될지 감지할 수 없기 때문이다.

의심할 여지없이 그것은 엄청난 걱정거리이다. 그러나 이러한 걱정거리들을 가지고 더 나아가기 전에 우리는 이러한 사태가 현실화되고 있는 맥락들을 좀더 상세하게 살펴보게 될 것이다.

제 8 장
공개코드의 한계

지금까지 나는 규제가 어떻게 작동하는지, 그리고 우리가 예상해야 할 인터넷의 증가하는 통제능력에 대해서 이야기해왔다. 앞에서 서술했듯이 이러한 넷(*Net*) 구조의 변화는 행동을 감시하거나 적어도 추적을 가능하게 함으로써 정부의 통제력을 더욱 향상시킬 것이다. 정부가 어떤 조치를 취하지 않아도 이런 변화가 일어나게 될 것이다. 이 변화들은 전자상거래가 가능하도록 취해진 변화의 부산물이다. 그러나 정부가 네트워크를 그 자신의 도구로 이용하는 방법을 알게 된다면, 이러한 변화는 더욱 굳어질 것이다.

이것이 제 1부의 주제였다. 제 2부에서 나는 다른 종류의 규제 가능성에 초점을 맞췄다. 그것은 생활공간의 구조를 통해서 영향을 미치는 규제방식이다. 제 5장에서 지적하였듯이, 이러한 규제양식에는 전혀 새로운 것이 없다. 정부는 항상 구조를 통해서 행동을 통제한다. 그러나 새로운 점이 있다면 그것의 중요성이다. 생활이 넷으로 이동할수록 생활의 더 많은 부분이 스스로 설계한 공간을 통하여 규제를 받을 것이다. 이것은 꼭 부정적인 것만은 아니다. 만약 음주운전자들을 규제할 수 있는 코드 형태의 규제양식이 있다면, 나는 적극 찬성할 것이다. 그러나 이처럼 코드를 바탕으로 한 규제가 상서로운 것만은 아니다. 이것이 작용하는 형태로 인하여 코드에 의한 규제는 규제자들에게 책임을 물을 수 있는 정상적인 민주적 관점을 방해할 수도 있다.

지금까지 내가 제기한 비판의 핵심은 투명성 문제이다. 코드를 바탕으로 하는 규제는 특히 기술에 대해 문외한인 사람들에게 규제를 보이지 않게 할 위험이 있다. 특정한 정책적인 이유로 통제를 하는 것이지만, 사람들은 이러한 통제를 자연스럽게 받아들인다. 그리고 이러한 경험들이 민주적 결의를 약화시킬 수 있다.

지금까지 적어도 우리에 관해서는 많은 얘기를 하지 않았다. 우리는 이미 꽤 무감각한 정치문화를 가지고 있다. 그리고 이러한 현실은 사이버공간이 다른 양상으로 전개될 것이라는 전망을 주지 못한다. 카스트라노바는 가상세계를 다음과 같이 묘사한다. "그러한 모든 인조 세계에서 민주주의를 찾지 못하는 것은 참 이상한 일이다. 사실 흔적조차 없다. 흔적의 그림자조차 없다. 그것은 존재하지 않는다. 가상세계의 전형적인 거버넌스 모델은 광범위한 무정부 상태에 자리잡은 억압적인 독재의 고립된 순간들로 이루어진다."[1)]

그러나 만약 우리가 민주주의에 대한 회의론을 잠시 제쳐두고, 우리 모두가 근본적으로 동의하는 인터넷과 사이버공간의 다각적인 측면들에 초점을 맞춘다면, 분명한 한 가지 사실을 깨닫게 될 것이다. 만일 코드가 규제를 한다면, 적어도 몇몇의 중대한 맥락에서는 그러한 종류의 규제코드는 매우 중요할 것이다.

여기에서 "종류"(*Kind*)란 두 유형의 코드, 즉 그것은 공개코드와 비공개코드를 말한다. "공개코드"(소프트웨어와 하드웨어를 모두 포함)란 적어도 기술에 관한 지식을 갖고 있는 사람에게 그 기능이 투명한 코

---

1) Castronova, *Synthetic Worlds*, 207.

드를 말한다. "비공개코드"(소프트웨어와 하드웨어를 모두 포함)란 그 기능이 불투명한 코드를 말한다. 누구든지 비공개코드의 활동을 추측할 수는 있다. 그리고 테스트할 수 있는 기회가 충분하다면 역분석을 할 수도 있을 것이다. 그러나 기술 그 자체만 가지고서는 그 기술의 기능이 무엇인지 식별할 수 있는 적절한 방법은 없다.

"공개"와 "비공개"라는 용어는 소프트웨어가 어떤 식으로 개발되어야 하는지에 대하여 중요한 쟁점을 제기할 것이다. 흔히 "오픈 소스 소프트웨어 운동"이라고 말하지만, 나는 리처드 스톨맨(Richard Stallman)을 따라 "자유 소프트웨어 운동"(*free software movement*)이라고 하겠다. 적어도 나의 관점에서는 자유의 근본적인 가치들은 소프트웨어가 자유 소프트웨어로 개발될 것을 요구한다. 무료 소프트웨어의 반대 개념은 사적으로 소유화된 소프트웨어이다. 이러한 독점(특허) 소프트웨어는 개발자가 그 기본설계가 잘 드러나지 않는 디지털 상품을 배포함으로써 소프트웨어의 기능을 숨긴다.

이 장에서는 이 문제에 관하여 보다 많은 것을 균형 있게 이야기하려고 한다. 그러나 중요한 것은 "공개" 대 "비공개" 코드에 대하여 내가 말하고자 하는 관점과 코드가 어떻게 만들어져야 하는가와는 다른 이야기라는 점이다. 나는 개인적으로 코드가 어떻게 만들어져야 하는지에 대해 아주 강한 견해를 가지고 있다. 그러나 여러분이 "자유 대 소유 소프트웨어" 논쟁에서 어느 편에 있든지, 첫째, 공개코드가 국가권력을 제약한다는 사실과, 둘째, 몇몇의 경우에는 관련된 의미에서 코드가 반드시 공개되어야 한다는 사실에 동의할 수 있어야 한다. 이를 논증하기 위해 나는 두 가지 맥락을 묘사하겠다. 이를 통해 우리 모두가 코드의 종류가 중요하다는 사실에 동의할 것을 주장하게 될 것이다. 그러고 나서 이 논증을 전개해나갈 것이다.

1. 냄새 맡는 바이트

제2장에서 나는 공상과학소설에서 나올 법한 기술을 설명했다. 그로부터 5년이 지난 지금 그 공상은 더욱 현실에 가까워졌다. 1997년에 정부는 카니보어(Carnivore)라는 프로젝트를 발표하였다. 카니보어는 이메일 경로를 통해 이동하며 특정인에 의해서나 특정인에게 쓰여진 이메일만을 수집하는 기술이다. FBI는 법원의 허가를 얻어 범죄수사시 증거를 수집하기 위해 이 기술을 사용하려고 하였다.

원칙상으로는 카니보어의 디자인에는 높이 살 만한 점이 많다. 판사의 허가가 있어야만 이 기술을 이용한 감시가 가능했다. 이 기술은 조사대상에 관한 정보만을 수집하기 위한 것이었다. 이러한 기술로 인해 다른 사람들이 부담을 느끼거나 사생활을 침해당하는 일은 없었다. 그러나 이 기술이 원래 의도했던 대로 사용되었는지는 그 코드에 달렸다. 그 코드는 비공개코드였다.[2] 정부가 카니보어 소프트웨어의 개발자와 맺은 계약에는 그 소프트웨어의 소스를 일반인에게 공개하도록 요구하는 조항이 없었다. 오히려 개발자로 하여금 그 코드를 비밀에 부치도록 허용하였다.

이제 우리는 왜 제작자가 그 코드를 비밀에 부치려고 원했는지 이해할 수 있다. 일반적으로 다른 사람들이 자신의 코드를 볼 수 있도록 공개하는 것은 그들을 당신 집으로 저녁식사 초대를 하는 것과 마찬가지 일이다. 손님을 맞이하도록 당신의 집을 꾸미고 정돈하는 일은 만만한 게 아니다. 특히 이 경우 법무부는 보안에 신경을 쓸지도 모른다.[3] 그러나 실질적으로는 제작자가 그 소프트웨어의 일부를 다른 프

2) Declan McCullagh, "It's Time for the Carnivore to Spin," *Wired News*, July 7, 2000, link #52 참조.

3) Ann Harrison, "Government Error Exposes Carnivore Investigators; ACLU Blasts Team for Close Ties to Administration," *Computerworld*,

로젝트에 사용하기를 바랄수도 있다. 만약 코드가 공개된다면, 제작자는 그 투명성으로 이득을 잃을 수도 있다. 만일 정부가 소스코드가 공개된 소프트웨어를 요구한다면, 그 비용은 훨씬 높아질 것이며, 그것이 바로 제작자의 혜택이다. 이러한 제작자가 갖는 이득은 정부로 하여금 제작자가 코드를 공개하기 어렵게 만든다. 따라서 문제는 소스코드가 공개되었을 때 정부가 얻을 수 있는 것이 무엇인가 하는 점이다.

여기에서 분명한 점은 정부가 카니보어의 아이디어를 매각하려고 했을 때 깨달은 것처럼 코드가 비밀이라는 사실 때문에 큰 대가를 치르게 된다는 것이었다. 정부는 카니보어의 실체가 자신들이 말한 그대로라는 것을 사람들이 신뢰하도록 하는 데 상당 부분의 노력을 기울였다. 그러나 "나는 정부에서 나온 관료니까 믿어주십시오" 라는 말은 그다지 신빙성이 없다. 결국 이 기술을 사용하려는 정부의 시도는 난관에 봉착할 수밖에 없었다.

나는 카니보어에 관한 회의론 때문에 정부가 지불해야 할 비용과 그것을 공개적으로 개발하는 데 드는 비용을 계산해보려는 연구가 있었는지 알지 못한다.[4] 만약 정부의 전략이 재정적으로 타당하다면 놀라운 일이다. 그러나 공개코드보다 비공개코드를 개발하는 것이 더 저렴하든 아니든 간에 적어도 일반 형사기소 과정에서 절차의 투명성을 보장해야 하는 것이 정부의 의무라는 것에 대해서는 논쟁의 여지가 없다. 수사관이 범죄 용의자를 선택할 때 자신의 생각을 공개해야 한다는 의미는 아니다. 내가 여기에서 말하고자 하는 것은 일반 시민들의

Oct. 5, 2000, link #53 참조. 이러한 우려가 강하게 비판을 받았다. Center for Democracy and Technology, "Cryptography," link #54 참조.

4) 미트레 회사는 군대를 위해 관련된 문제를 검토했다. Carolyn A. Kenwood, *A Business Case Study of Open Source Software* (Mitre Corporation: 2001).

사생활을 침해하는 절차이다.

그러한 것을 가능하게 할 수 있는 것은 오직 공개코드뿐이다. 그리고 내가 지금 강조하는 작은 부분은 정부조치의 투명성이 문제시되는 경우 정부가 어떤 종류의 코드를 사용하느냐 역시 문제가 될 것이라는 점이다. 이것은 모든 정부의 코드가 공개되어야 한다는 의미는 아니다. 정부가 비밀리에 수행해야 하는 합법적인 영역이 존재한다. 구체적으로 말하자면 정부의 투명성이 기능 자체를 방해한다면, 투명성을 유보해야 할 충분한 명분이 있다. 그러나 코드가 공개되었다고 해서 범죄 용의자가 보다 효과적으로 카니보어의 감시를 벗어날 수 있는 경우는 매우 드물다. 따라서 나의 입장을 다시 한 번 강조하자면 공개코드가 규범이 되어야 한다.

2. 셈하는 기계

2000년 11월 7일 이전까지 투표장치의 기술에 관해서는 국가의 정책결정자들간에 거의 논의가 없었다. 대부분의 사람은(나도 여기에 속했었다) 투표장치 문제를 사소한 것으로 생각했다. 물론 투표지를 더 빠르게 셀 수 있는 기술이 가능했을 것이다. 그리고 오류를 더 정확히 검사할 수 있는 기술이 있었을 것이다. 〈뉴욕 타임스〉의 표지를 장식한 기사의 핵심은 기술의 세세한 부분이 중대한 무엇인가를 좌우한다는 내용이 아니었다.

2000년 대선이 모든 것을 변화시켰다. 구체적으로 말하자면, 2000년도 플로리다의 선거가 모든 것을 변화시켰다. 플로리다 사건은 투표수를 집계하는 기존의 기계장치가 불완전하다는 것을 입증했을 뿐 아니라(증거물 1번), 플로리다 주 내에서 지역에 따라 다른 기술을 사용함으로써 대단히 불공정한 결과가 발생했음을 보여주었다. 부시 대 고어 사건에서 스티븐스 대법관이 밝힌 반대의견에 따르면 육안으로 검표한 투표용지의 1.43%만이 무효였으나, 펀치카드를 사용한 투표용지는 거의 4%가 무효였다고 한다.[5] 한 연구에 의하면, 각 기계마다 투표지 한 장만 바꾸어도 선거의 결과가 달라졌을 것이라고 한다.[6]

2004년 선거는 상황을 더욱 악화시켰다. 플로리다 사건 이후 4년간 여러 기업들이 새로운 전자투표 기계를 사용하도록 압력을 가하였다. 그러나 이러한 투표기계들은 투표자들을 더욱 곤혹스럽게 만들었다. 대부분의 투표자들이 전문 기술자들이 아니었지만, 전자투표 기계가 사람들을 불쾌하게 만든 것은 분명하다. 사람들이 단말기 앞에서서 버튼을 눌러 투표한다. 그 기계는 당신의 투표를 확인한 후 기표가 입력되었다는 것을 알려준다. 그러나 이 사실을 어떻게 알 수 있는가? 과연 누가 알 수 있을까? 그리고 비록 당신이 모든 투표장치들이 고정된 결과를 산출한다고 믿을 정도의 음모론자가 아니더라도, 투표장치가 중앙서버에 체크할 때 그 서버가 투표를 정확하게 입력한다는 사실을 어떻게 알 수 있단 말인가? 투표수가 조작되지 않았음을 누가 보장할 수 있는가?

이러한 우려를 가장 잘 보여주는 극단적인 사례는 전자투표 분야를 선도하는 디볼드(Diebold)라는 기업에 의해서 발생했다. 2003년에 디볼드 사는 투표기술 테스트와 관련하여 조작 혐의로 곤경에 빠졌다. 디볼드 경영진들은 기계에 결함이 있다는 사실을 알았음에도 불구하고 그 사실을 의도적으로 은폐하려 했음을 입증하는 메모가 발견되었다(디볼드는 그후 이 메모를 출판한 학생들을 저작권 침해로 고소하였다. 그

---

5) *Bush v. Gore*, 531 U.S. 98, 126 (2000) [스티븐스(Stevens, J.) 대법관의 반대의견].

6) Di Franco et al., "Small Vote Manipulations Can Swing Elections," *Communications of the ACM*, Volume 47, Number 10 (2004), 43~45, link #55 참조.

학생들은 항소심에서 승소하였다).

이 사건은 디볼드 사를 더욱 어렵게 만들었다. 이 회사는 계속해서 그 기계에서 사용되는 코드에 관하여 어떠한 정보도 공개하기를 거부하였다. 그리고 이러한 투명성이 요구되는 상황에서도 발표를 거부하였다. 만일 당신이 그러한 거부행위를 2004년에 부시 대통령에게 "오하이오 주를 보장해주겠다"는 회장의 약속과 연결짓는다면, 당신은 완벽한 신뢰관계를 형성할 수 있는 소질이 다분하다. 당신이 기계를 통제하고, 기계가 작동하는 방법을 공개하지 않으며, 선거의 특정한 결과를 약속한다. 과연 이에 의구심을 갖는 사람이 있을까?[7)]

이제 전자투표 기계가 어떻게 설계되어야 하는지를 아는 것이 얼마나 어려운 문제인지 명확해졌다. 21살 이후 가장 멍청했던 순간 중 하나는, 한 동료에게 모든 이슈들이 "너무나도 명백하기" 때문에 전자투표에 대해서 학술대회를 열 필요가 없다고 이야기한 일이었다. 그것은 결코 명백한 것이 아니었다. 사실 매우 어려운 문제이다. 어떤 사람들은 ATM처럼 영수증이 출력되면 명확할 것이라고 생각한다. 그렇지만 만일 영수증이 출력된다면, 유권자들이 자신의 표를 파는 것이 용이해질 것이다. 게다가 영수증은 무엇이 계산되었는지를 반영하지 않는다. 중앙의 집계 시스템에 어떤 정보가 전달되었는지 반드시 반영할 필요도 없다. 이러한 시스템을 어떻게 최상으로 설계해야 할 것인가의 물음도 더 이상 명확하지 않다. 그리고 이전에 이 문제에 관하여 완전히 헛소리를 한 이상, 나는 이 시스템이 어떻게 설계되어야 최상인지에 대해서 더 이상 논의하지 않겠다.

그러나 시스템이 어떤 방식으로 설계되든 시스템을 구성하는 코드의 개방과 관련해서 독립적인 쟁점이 있다. 다시 말하자면, 개표하는

---

7) 혐의 이상의 많은 의문을 제기하는 문제의 극단적인 주장에 대해서는, Robert F. Kennedy, Jr, "Was the 2004 Election Stolen?," *Rolling Stone* (June 2006) 참조.

절차는 투명해야 한다. 아날로그 시대에는 그러한 절차들이 분명했다. 그러나 디지털 시대에는 시스템이 어떻게 설계되든 기계들이 표방한 그대로 작동된다는 사실을 확인할 수 있는 방법이 필요하다. 그렇게 할 수 있는 간단한 방법은 그 기계들에 대한 코드를 공개하거나 최소한 독립적인 감시자들에 의해 코드가 인증될 필요가 있다. 많은 사람들은 전자보다는 후자를 선호할 것이다. 코드가 공개되면 해킹 당하기 쉬워질 것이라는 우려 때문이다. 이에 대한 나의 관점은 좀 다르다. 그러나 코드가 완전히 공개되었는지 여부에 상관없이 인증의 요건은 분명하다. 그리고 이러한 인증이 제대로 기능하기 위해서는 관련 기술의 코드가 적어도 제한적이나마 공개되어야 한다.

상기의 예들은 유사한 점을 지적하고 있다. 그러나 그것이 보편적인 것은 아니다. 물론 그렇지 않을 때도 있지만, 코드가 투명해야 할 때가 있다. 나는 지금 다양한 목적을 지닌 모든 코드에 대해서 말하는 것이 아니다. 월마트가 카운터의 잔돈을 계산하는 데 필요한 코드를 공개해야 한다고 말하고 있는 것이 아니다. 또한 인스턴트 메시지 서비스에 사용되는 코드를 야후가 공개해야 한다고 생각하지 않는다. 그러나 나는 적어도 특정한 경우에서만은 공개코드의 투명성이 필수조건이 되어야 한다고 생각한다.

15년 여 전에 필 짐머만(Phil Zimmermann)이 지적한 것이 있다. 짐머만은 PGP(*pretty good privacy*)라는 프로그램을 만들어 인터넷에 공개하였다. PGP는 암호를 통하여 사생활을 보호하고 인증을 거친다. 그러나 짐머만은 소스코드를 공개하지 않는 한 사람들이 프로그램에 대하여 신뢰를 갖게 하기 힘들다는 사실을 깨달았다. 그래서 처음부터 (NAI라는 기업이 이 프로그램을 소유했던 짧은 기간을 제외하고[8]) 모든 사람들이 소스코드를 볼 수 있도록 공개하였다. 이러한 공개를 통해서

8) David E. Ross, *PGP: Backdoors and Key Escrow*, 2003, link #56 참고.

그 코드에 대한 신뢰를 구축할 수 있었다. 그것은 명령을 통해서 쌓을 수 없는 종류의 신뢰였다. 이 경우 공개코드는 프로그래머의 목적에 기여하였고, 그의 목적은 사생활 보호와 인증을 지원하는 시스템에서 신뢰를 구축하는 일이었다. 공개코드가 이것을 가능하게 하였다.

어려운 물음은 이러한 작은 예를 넘어서 다루어야 할 주장이 있는가 하는 것이다. 이것이 바로 이 장의 뒷부분에서 다루어질 물음이다. 공개코드가 어떻게 규제능력에 영향을 미치는가?

3. 넷상의 코드

나는 코드에 대해서 설명하는 데 많은 지면을 할애했다. 인터넷상에서 "코드"가 무엇인지, 어떤 의미에서 이 코드가 공개되었다고 여겨야 하는지, 또한 어떤 맥락에서 공개 여부가 중요한 지를 좀더 구체적으로 살펴봐야 한다.

앞에서 지적한 바와 같이 인터넷은 TCP/IP로 불리는 프로토콜의 묶음으로 정의된다. TCP/IP는 네트워크의 서로 다른 "층위"(*layer*)를 유지하는 수많은 프로토콜들을 포함한다. 네트워크의 층위를 설명하는 표준모델은 개방형 시스템 연결모델인 OSI(*open systems interconnect*) 모델이다. 그것은 7개의 네트워크 층위들을 규정하는데, 각각은 "네트워크를 가로질러 상호 협력하는 소프트웨어 간에 데이터가 전송될 때 수행하는 기능"을 나타낸다. 그러나 TCP/IP 제어수순은 그렇게 명료한 것이 아니다. 크레이그 헌트에 따르면, TCP/IP에 대한 설명들은 대부분 프로토콜 구조의 셋 내지 다섯 가지 정도의 기능적인 수준으로 정의한다고 한다. 물론 가장 단순한 방법은 TCP/IP의 구조를 4개의 기능적 층위로 설명하는 것이라 한다.[9] 그 4개의 층위들은 바닥에서부터 꼭대기까지 차례로 데이터 링크, 네트워크, 전송

(*transport*), 응용(*application*)이라고 불린다.[10] 이 3개의 층위들은 인터넷의 핵심적인 연결통로이며, 넷의 벽 속에 숨겨져 있다(그 꼭지는 다음 층위에서 작동한다. 이 점에 주의하라). 인터넷의 물리적 층위 바로 위에 있는 제일 낮은 층위인 데이터 링크 층위에서는 작동되는 프로토콜이 거의 없는데, 그 이유는 이 층위가 근거리 네트워크의 상호작용만을 다루기 때문이다. 그 다음 층위인 네트워크 층위에는 더 많은 프로토콜이 있다. 이 층위에선 IP 프로토콜이 압도적이다. 이것은 호스트와 네트워크 링크 사이를 오가는 데이터를 발송분류하고 데이터가 가야 할 방향을 결정한다. 다음 층위인 전송 층위는 두 개의 상이한 프로토콜이 지배한다. TCP와 UDP가 그것이다. 이 둘은 두 네트워크 호스트 간의 데이터 흐름을 중재한다(TCP와 UDP의 차이점은 신뢰성에 있으며, UDP는 어떠한 신뢰성도 보장해주지 않는다).

프로토콜들은 함께 어우러져 일종의 유피에스(UPS)처럼 기능한다. 데이터들은 응용 층위에서 전송 층위로 전달된다. 거기에서 데이터는 가상의 상자 안에 담겨지고 가상의 라벨이 붙여진다. 그 라벨은 상자의 내용을 특정한 프로세스에 묶는 구실을 한다(이것이 TCP나 UDP 프

---

9) Craig Hunt, *TCP/IP: Network Administration* (Sebastopol, Cal.: O'Reilly and Associates (1997), 1~22, 6, 8; Loshin, *TCP/IP: Clearly Explained*, 13~17.

10) TCP/IP 층에 대한 표준적인 준거모델은 없다. 헌트는 네트워크 액세스층, 인터넷층, 호스트와 호스트 간 트랜스포트, 응용의 네 개 층위에 대하여 언급한다. Hunt, *TCP/IP: Network Administration*, 9. 로쉰은 내가 이 책에서 따르고 있는 용어를 사용한다. Loshin, *TCP/IP: Clearly Explained*, 13~17 참조. 서로 다른 이름에도 불구하고 각각의 층위가 수행하는 기능은 일치한다. 모든 프로토콜 스택 모델들은 데이터를 네트워크로 보낼 때에는 데이터를 스택 밑으로 통과시키고, 네트워크로부터 받을 때에는 스택 위를 통과하도록 되어 있다. 각 층위는 독립된 데이터 구조를 갖고 있으며, 각 층위는 다른 층위들에서 사용되는 데이터의 구조를 인식하지 못한다. Hunt, *TCP/IP: Network Administration*, 9.

로토콜이 하는 일이다). 그런 다음 그 상자는 네트워크 층위로 보내지고, 그곳에서 IP 프로토콜은 라벨과 함께 그 패키지를 또 다른 패키지 속에 집어넣는다. 그 라벨에는 발송지와 도착지의 주소가 적혀있다. 그 상자는 근거리 네트워크의 특성에 따라, (예를 들면, 그것이 이더넷 네트워크인가 따라) 데이터 링크 층위에서 더 포장되기도 한다.

전 과정은 일종의 기묘한 포장게임이다. 새로운 상자가 각 층위마다 더해지고, 각각의 상자에 붙여지는 라벨은 그 층위에서 일어난 과정을 설명해준다. 그 반대편에서는 포장과 정반대되는 과정이 일어난다. 러시아 인형처럼 각각의 포장은 해당 층위에서 개봉되고 최종적으로 최초의 응용데이터가 드러날 때까지 진행된다.

세 층위 중 최상층은 인터넷의 응용 층위이다. 여기에서 프로토콜의 수가 "급격히 불어난다."[11] 이들은 FTP(file transfer protocol, 파일 전송규약), SMTP(simple mail transport protocol, 전자우편 전송규약), HTTP(hyper text transfer protocol, 하이퍼문서 전송규약)와 같은 아주 친숙한 네트워크 응용 프로토콜들을 포함한다. 이것들은 클라이언트(당신의 컴퓨터)가 데이터를 저장하는 서버 또는 P2P 서비스 내의 다른 컴퓨터와 상호작용할 수 있는 방법을 정하는 규칙들이다.[12]

이러한 4개 층위의 프로토콜이 "인터넷"을 형성한다. 비록 단순한

---

11) Hunt, *TCP/IP: Network Administration*, 9; Loshin, *TCP/IP: Clearly Explained*, 13~17.

12) 해프너와 라이언의 설명에 의하면 "일반적인 견해는 어떤 프로토콜이든 블록을 구성할 잠재능력이 있다는 것이다. 따라서 가장 좋은 접근방법은 프로토콜을 단순하게 규정하는 것이다. 각 프로토콜의 범위를 제한하고, 이것들이 언젠가 전혀 예상치 못했던 다양한 방식으로 결합되거나 수정될 수 있을 것으로 기대할 수 있다. 네트워크 작업그룹(*network working group*)에 의해 채택된 프로토콜 디자인 철학은 프로토콜에 대한 층위적 접근방법으로 널리 받아들여져 온 기반을 깨뜨렸다." Hafner and Lyon, *Where Wizard Stay Up Late*, 147.

블록들 위에 구축되어 있지만, 이 시스템은 엄청나게 놀랄 만한 범위의 상호작용을 가능케 한다. 물론 자연현상만큼 놀랍지는 않겠지만(DNA를 생각해 보라), 그것과 동일한 원리 위에 구축되어 있다. 구성요소들을 단순하게 하라, 그러면 그 합성물은 놀랍도록 다채로워질 것이다.

내가 코드 규제에 관해서 말할 때, 이러한 핵심적인 TCP/IP 프로토콜을 변경하는 것에 관해 이야기하는 것이 아니다(물론 이론상 그것들을 규제할 수 있고, 어떤 이는 규제해야 한다고 제안하긴 하지만).[13]

---

13) 예를 들어, 링크 단계에서의 암호화에 대한 싸움은 TCP/IP 프로토콜에 관한 분쟁이다. 네트워크 산업계의 일부 기업들은, 만일 적절한 법적 권한이 있다면 게이트웨이에 텍스트 자체를 덤프시키는(현재 프로그램에서 사용되고 있는 주기억 장치의 내용을 화면, 프린터 또는 디스크 등과 같은 보조기억장치에 출력하는 작업 — 옮긴이) 방법과 함께, 게이트웨이에 암호화를 설치할 것을 제안해왔다. 이것은 암호화 논쟁을 해결하기 위한 일종의 "사설 도어벨"과 같은 것이다. Elizabeth Kaufman and Roszel Thomsen II, "The Export of Certain Networking Encryption Products Under ELAs," Link #57 참조. 이것은 끝과 끝을 잇는 인터넷의 구조와 모순된 것으로서 IAB(Internet Architectural Board)에 의해 반대되어왔다. "사설 도어벨" 암호에 대한 IAB의 성명에 관해서는, link #58 참조. 《코드》 초판이 발간된 이래, "레이어 이론"을 발전시킨 훌륭한 글들이 폭발적으로 늘어났다. Lawrence B. Solum and Minn Chung, "The Layers Principle: Internet Architecture and the Law," University of San Diego Public Law Research Paper No. 55, link #59 참조. 솔럼과 정은 인터넷 레이어 개념을 사용하여 규제적 간섭을 위한 적절한 대상과 부적절한 대상을 찾아내는 규제정책을 제시했다. 이것은 기술과 법정책을 통합하는 최고의 작업의 한 사례이며, 개별적이고 때로는 반직관적이며, 둘 간의 상호작용으로부터 흥미롭고도 중요한 함의를 이끌어낸다. 나는 나의 저술에서 "레이어"를 소개했다. *The Future of Ideas: The Fate of the Commons in a Connected World* (New York: Random House, 2001), 23~25. 또한 Yochai Benkler, *The Wealth of Networks: How Social Production Transforms Markets and Freedom* (New Haven: Yale University Press, 2006), 391~97 참조. 이러한 분석을 보다 자세하게 다루고 있는 다른 유용한 저술로는, Craig

나는 이러한 네트워크의 구성요소들이 고정되어 있다고 생각한다. 만약 이러한 구성요소들을 다르게 배치한다면, 인터넷이 제 기능을 못할 것이다. 그러므로 정부가 이것을 바꾸려 하기보다는 다음의 질문을 생각해야 한다. 정부가 어떻게 ① 규제능력을 증가시킬 수 있는 기술을 도입할 것이냐, ② 코드에 연결되는 응용프로그램들을 규제할 것이냐 하는 것이다. 이 물음들은 모두 중요할 것이다. 그러나 나의 관심대상은 인터넷에 접속되는 코드이다. 나는 이 코드를 인터넷 "응용 영역"(*application space*)이라고 부르겠다. 이것은 응용 층위에서 TCP/IP 프로토콜을 실행시키는 모든 코드를 포함한다. 그것들은 브라우저, 운영체제, 암호 모듈, 자바, 전자우편시스템, P2P, 그 밖에 당신이 포함시키고 싶은 것들 등이다. 이 장에서 또 다른 물음은 그 코드를 규제하기 쉽게 해주는 특징이 무엇인가 하는 점이다.

4. 넷 코드의 약사(略史)

초창기엔 넷의 응용프로그램들이 거의 없었다. 넷은 단지 자료교환을 위한 프로토콜에 불과하였다. 그리고 초기의 프로그램들은 단지 프로토콜을 이용하는 것뿐이었다. 파일전송 프로토콜(FTP)은 넷의 역사 초기에 태어났고,[14] 곧이어 전자메시지 프로토콜(SMTP)이 생겨났

McTaggart, "A Layered Approach to Internet Legal Analysis," *McGill Law Journal* 48 (2003): 571; Thomas A. Lane, "Of Hammers and Saws: The notes to chapter eight 368 Toolbox of Federalism and Sources of Law for the Web," *New Mexico Law Review* 33 (2003): 115; Jane Bailey, "Of Mediums and Metaphors: How a Layered Methodology Might Contribute to Constitutional Analysis of Internet Content Regulation," *Manitoba Law Journal* 30 (2004): 197.

14) Hafner and Lyon, *Where Wizard Stay Up Late*, 174 참조.

다. 얼마 뒤에 디렉토리를 그래픽 방법으로 보여주는 프로토콜인 고퍼(Gopher)가 개발되었다. 그리고 1991년에는 가장 유명한 프로토콜인 HTTP(hyper text transfer protocol)와 HTML(hyper text markup language)이 나와 월드와이드웹(WWW)을 탄생시켰다.

각 프로토콜은 수많은 응용프로그램들을 산출했다. 어느 누구도 프로토콜을 득점할 수 없었기 때문에 그것을 구현하는 프로그램들도 독점될 수 없었다. 수많은 FTP 응용프로그램들과 전자우편 서버들이 등장하였으며, 엄청날 정도의 브라우저들도 생겨났다.[15] 이 프로토콜들은 인터넷기술특별위원단(IETF: Internet Engineering Task Force)이나 W3C(World Wide Web Consortium)와 같은 표준심의단체로부터 인가를 얻은 공개된 표준규격이었다. 일단 프로토콜이 지정되면 프로그래머들은 그것을 활용한 프로그램을 만들 수 있었다.

이러한 프로토콜을 활용하는 소프트웨어 대부분은 적어도 초창기에는 "공개"되었다. 즉, 소프트웨어의 소스코드를 오브젝트 코드와 함께 이용할 수 있었다.[16] 이러한 공개성은 초기의 넷 성장에 지대한 역할을 했다. 다른 사람들은 프로그램이 어떻게 실행되는지 알아낼 수 있었고, 이 샘플을 통해 프로토콜을 더 잘 활용할 수 있는 방법을 터득할 수 있었다.

---

15) 1994년의 HTML 매뉴얼은 29개의 브라우저 목록을 실어놓고 있다. Larry Aronson, *HTML Manual Style* (Emeryville, Cal.: Ziff-Davis Press, 1994), 124~26 참조.

16) 소스코드는 프로그래머들이 작성하는 코드이다. 이것은 보통 언어와 같이 읽혀지나 분명한 것은 자연언어가 아니다. 프로그램은 (일반적으로) 소스코드에 작성된다. 그러나 실행하려면 컴퓨터가 프로세스 할 수 있는 언어로 변환되어야 한다. "compiler"가 하는 작업이 이것이다. 어떤 소스 코드는 순식간에 변환된다. 예를 들어 베이직은 컴퓨터가 실행되면서 소스코드를 변환한다. '오브젝트 코드"는 기계가 읽을 수 있다. 그것은 0과 1들의 분화되지 않은 배열로서 기계가 수행해야 할 작업을 기계에게 명령한다.

월드와이드웹은 이 점에 관한 가장 좋은 사례이다. 웹페이지를 만드는 코드는 HTML이라고 불린다.[17] 당신은 HTML을 가지고 웹페이지가 구현되는 방식과 웹페이지와 무엇을 링크시킬 것인가를 특정할 수 있다. 최초의 HTML은 1990년에 CERN 연구원이었던 팀 버너스리(Tim Berners-Lee)와 로버트 케리요(Robert Cailliau)에 의해 제안되었다.[18] 이것은 연구소에서 문서들의 링크를 편리하도록 하기 위해서 고안되었다. 그러나 곧 인터넷상의 어떤 컴퓨터에 저장되어 있는 문서와도 링크될 수 있음이 밝혀졌다. 버너스리와 케리요는 HTML과 그 단짝인 HTTP를 누구든 자유롭게 가져다가 이용할 수 있게 했다.

처음에는 사람들이 드문드문 이것들을 가져가더니, 얼마 안 가 놀랄 만한 속도로 확산되었다. 사람들은 웹페이지를 만들고 이를 다른 웹페이지들과 연결시키기 시작하였다. HTML은 컴퓨터 역사상 가장 빠르게 성장한 컴퓨터 언어가 되었다.

왜? HTML은 항상 "공개코드"였다는 점이 중요한 이유 중 하나였다. (두 개의 주요) 대부분의 브라우저가 (시장을 양분하고) 시장에 나와 있는 지금도 우리는 언제든 웹페이지의 "소스"를 밝힐 수 있고, 어떻게 작동하는지를 알 수 있다. 소스는 공개되어 있다. 그래서 그것을 다운로드받을 수 있고, 복사할 수 있으며, 원하는 대로 수정할 수도 있다. 저작권법으로 웹페이지의 소스코드를 보호할 수도 있겠지만, 현실적으로 그 보호는 매우 불완전할 수밖에 없다. HTML은 아주 쉽게 복사할 수 있었기 때문에 가장 인기 있는 것이 되었다. 어느 때건 누구든지, HTML 문서의 뚜껑을 열어볼 수 있고, 제작자가 어떻게 만들었는지를 알 수 있다. 공개성, 재산권이나 계약이 아닌 자유로운 코

---

17) 하이퍼텍스트는 동일한 문서나 동일 컴퓨터 상에 있는 다른 문서 내에서 또 다른 위치와 연결되는 텍스트이다.

18) T. Berners-Lee and R. Cailliau, *World Wide Web: Proposal for a Hyper-Text Project*, 1990, link #60 참조.

드와 접근은 지금 우리들이 알고 있는 인터넷을 탄생시켰던 붐을 불러 일으켰다. 기업들이 인터넷을 주목하게 된 것도 바로 이러한 열기 때문이었다. 이러한 활력을 보고서 기업들은 즉각 이것들이 돈이 된다는 사실을 알아차린 것이다.

넷의 역사상 소프트웨어를 만들어내기 위한 상업적 모델은 이와 달랐다.[19] 공개코드 운동이 추진 중일 때 그 역사가 시작되었으나, 상용 소프트웨어 판매상들은 "자유"(공개소스에서처럼) 소프트웨어를 만들려고 하지 않았다. 상인들은 소스가 넘겨지지 않도록 비공개 소프트웨어를 제작하였고, 이의 변형을 막기 위해 법과 자체 코드로 보호장치를 만들어 놓았다.

1990년대 후반엔 인터넷 검색엔진을 끼워서 판매한 마이크로소프트사의 윈도 95 사건이 가장 유명했는데, 이 시기부터 상용 소프트웨어 판매상들이 "응용영역"의 코드를 만들기 시작했다. 이 코드가 점차 넷에 연결되었고, 인터넷상의 코드가 되어버렸다. 그러나 그 코드는 대부분 비공개 상태였다. 그러나 세기가 바뀔 즈음해서 변화하기 시작했다. 특히 P2P 서비스 환경에서 영향력을 지닌 "공개"된 기술들이 등장하기 시작했다. 더욱 중요한 사실은 이러한 기술들이 의존하는 프로토콜은 규제되지 않았다는 것이다. 그러므로 예를 들면 P2P의 고객인 그록스터(Grokster)가 인터넷상에서 콘텐츠를 공유하기 위해 사용했던 프로토콜은 누구나 사용할 수 있는 공개 기준이다. 많은 상거래 주체들이 그러한 기준을 사용하려고 노력했고, 적어도 그록스터 사건(*Grokster*)에 관한 미국 연방대법원의 판결이 나오기 전까지는 그러하

19) 물론 항상 그런 것은 아니었다. 상용 컴퓨터가 생산되기 시작하였을 때, 소프트웨어는 컴퓨터에 포함되어 무료로 제공되었다. 소프트웨어가 상거래를 위한 소유물로 발전한 것은 그 후의 일이었다. Ira V Heffan, "Copyleft: Licensing Collaborative Works in The Digital Age," *Stanford Law Review* 49 (1997): 1487, 1492~93 참조.

였다. 그러나 비록 판결이 상거래 주체들로 하여금 스트림캐스트(StreamCast) 네트워크를 포기하도록 하더라도 그 프로토콜의 비상업적 이용은 여전히 존재할 것이다.

이러한 공개와 비공개의 혼용이 브라우저와 블로깅(*blogging*) 소프트웨어에도 존재한다. 파이어폭스(Firefox)는 매우 인기 있는 모질라(Mozilla)기술을 적용하였다. 모질라 기술은 원래 넷스케이프(Net-scape) 브라우저를 구동시켰다. 그것은 마이크로소프트 사의 인터넷 익스플로러(Internet Explorer)와 다른 수많은 상업용 브라우저들과 경쟁한다. 이와 마찬가지로 워드프레스(WordPress)는 다른 수많은 블로깅 툴과 경쟁하는 공개된 블로깅 툴이다.

최근의 공개코드의 성장은 오랜 전통 위에 가능한 것이었다. 그런 전통의 원동력의 일부는 이데올로기적이며, 가치관적 측면을 가지고 있다. 리처드 스톨맨이 영감을 제공하였다. 1984년 스톨맨은 자유소프트웨어의 성장을 촉진하기 위해서 자유소프트웨어 재단(Free Software Foundation)을 설립하였다. 맥아더(MacArthur) 재단의 연구원으로 이 사업에 전념하기 위해 직장을 그만두고 지난 20년간 자유소프트웨어에 헌신하였다. 이러한 노력은 GNU 프로젝트와 함께 시작되었는데, 그것은 무료 운영체제를 개발하기 위한 것이었다. 1991년경 GNU 프로젝트는 핵심부분을 제외한 필요한 모든 것을 갖추었다. 이 마지막 난관은 헬싱키대학의 한 학부생에 의하여 해결되었다. 같은 해에 리누스 토발즈(Linus Torvalds)는 운영체제의 핵심부분을 인터넷에 올렸다. 그리고 그는 이것을 확장하고 사용하도록 세상 사람들을 초청하였다.

사람들은 그의 도전을 후원하였고, 1990년대 초반에 서서히 GNU 프로젝트와 토발즈의 핵심부분(*kernel*)을 결합시켜 GNU/LINUX라는 운영체제로 발전시켰다. 1998년이 되자 GNU/LINUX는 마이크로소프트 운영체제의 중요한 경쟁자로 부각되었다. 1995년 경 마이크로소프트 사는 2000년 경에는 자신의 윈도 NT를 제외하고는 어떤 서버 운영체제도 없을 것이라고 상상했을지도 모른다. 그러나 2000년이 다가오자 GNU/Linux가 등장하였고, 이는 서버 시장에서 마이크로소프트 사의 위협적인 경쟁상대가 되었다. 2007년 현재, 리눅스를 기반으로 한 웹 서버들은 마이크로소프트 사에 대항해서 계속적으로 시장 점유율을 키워가고 있다.

GNU/Linux는 여러 측면에서 놀라운 것이었다. 무엇보다도 이론적으로는 불완전하지만 실제적으로는 탁월하다는 점에서 놀랍다. 리누스 토발드는 컴퓨터 과학에서 운영체제 설계의 이상이라고 여겨지는 것들을 거부하였다.[20] 오히려 그는 크로스 플랫폼에 호환가능한 체제가 아니라 단 하나의 프로세서(인텔 386)에 적합하도록 운영체제를 설계했다. 이 체제의 창조적인 발전과 그것이 촉발한 에너지가 점차 GNU/Linux를 매우 강력한 시스템으로 변모시켰다. 저자가 이 글을 쓰고 있는 중에도 GNU/Linux에는 초기의 인텔 프로세서, 애플 사의 파워 PC칩, Sun SPARC칩, 그리고 ARM 프로세서를 사용하는 모바일 장치 등과 같은 적어도 18개의 다른 컴퓨터 구성 플랫폼이 탑재되어왔다.[21] 독창적인 해커들은 심지어 애플사의 iPod와 구 Atari 시스템에 침투하기 위해 Linux를 탑재했다. 처음에는 하나의 언어로만 사

---

20) 리눅스가 발전될 무렵 컴퓨터 과학자들 사이에 지배적인 생각은 하나의 단일한 커널(*kernel*)로 운영되는 단일운영체제에 반대하고 "마이크로커널"에 기초한 시스템에 호의적이었다. 마이크로커널 시스템이 MINIX(16비트의 마이크로컴퓨터 상에서 유닉스를 학습할 수 있도록 만들어진 운영체제 — 옮긴이)는 당시 주요 경쟁자였다. 토발즈는 의도적으로 리눅스에 이러한 "모던적인" 생각을 거부하고 "전통적인" 방법을 채용하였다. "The Tanenbaum-Torvalds Debate," in *Open Sources: Voices from the Open Source Revolution*, edited by Chris DiBona et al. (Sebastopol, Cal.: O'Reilly & Associates, 1999), 221~51 참조.

21) 목록에 대해서는, "Ports of Linux" and Linux Online, "Hardware Port Projects" link #61과 link #62 참조.

용할 수 있도록 고안되었지만, GNU/Linux는 공개코드 운영체제의 공용어가 된 것이다.

시스템의 소스를 공개된 상태로 유지해주는 것은 그 핵심코드를 공개한다는, 쉽게 말해서 자동차의 보닛을 잠그지 않은 채 놔두겠다는 개발자들의 자발적인 약속이다. 물론 이러한 약속만이 유일한 희망은 아니다. 스톨맨은 수많은 공개소스 소프트웨어의 향후 사용을 통제하기 위해 일정한 조건을 단 라이선스를 입안하였다. 이것이 자유소프트웨어 재단의 일반공용 라이선스(*General Public License*)이다. GPL로부터 인가받은 코드는 GNU/Linux처럼 그 소스를 공개된 상태로 유지할 것이 요구된다. GNU/Linux는 그 코드를 공개하여 누구든 사용할 수 있게 한다는 이유 하나만으로 전 세계에 퍼져 있는 해커들의 놀랄 만한 모금에 의해 발전된 것이다.

다시 말해서 그 코드는 공유지에 터 잡고 있는 것과 같다.[22] 누구

---

22) 기술적으로 말하자면 그것은 저작권의 보호가 미치지 않는 이른바 공공영역에 속하는 것이 아니다. 공개 소스 프로젝트에 의해서 만들어진 코드는 라이선스를 받은 후 사용할 수 있다. GNU/Linux는 GNU GPL 하에서 라이선스를 받는데, 이 계약은 리눅스를 조작하여 사용하는 방식을 제한한다. 특히 공개된 부분을 비공개로 바꾼다든지, 공개된 부분과 비공개 부분을 통합시키는 작업을 금지하고 있다. Bruce Perens, "The Open Source Definition," in DiBona et al., *Open Sources*, 181~82 참조. 하지만 향후 공개 소스의 발전을 위해서 그 코드는 만인에게 속한 것이라고 할 수 있다. Michael A. Heller, "The Tragedy of the Anticommons: Property in the Tradition from Marx to Markets," *Harvard Law Review* 111 (1998): 621 참조; 또한 Stephen M. McJohn, "Fair Use and Privatization in Copyright," *San Diego Law Review* 35 (1998): 621; Mark A. Lemley, "The Economics of Improvement in Intellectual Property Law," *Texas Law Review* 75 (1997): 989; Mark A. Lemley, "Romantic Authorship and the Rhetoric of Property," *Texas Law Review* 75 (1997): 873; Jessica Litman, "The Public Domain," *Emory Law Journal* 39 (1990): 965; Carol M. Rose, "The Several Futures of Property: Of Cyberspace and Folk

든 원한다면 그것을 취할 수 있고 사용할 수 있으며 그것이 어떻게 작동하는지 이해할 수 있다. GNU/Linux의 코드는 그 결과를 누구나 볼 수 있도록 공표되는 연구 프로그램과도 같은 것이다. 모든 것이 공적이다. 다른 누구의 승낙을 받지 않고도 누구든 이 기획에 참여할 수 있는 것이다.

이 프로젝트는 어느 누가 생각했던 것보다 훨씬 성공적이었다. 1992년에 사람들은 세계 자원봉사자들을 통하여 무료 운영체제를 구축하는 것이 불가능하다고 했다. 2002년이 되자 그 누구도 의심할 수 없게 되었다. 그러나 만약 불가능이 가능하게 되었다면, 그것이 다시금 불가능해질 수도 있다. 컴퓨터 기술에서 보여지는 특정한 흐름이 이러한 위협을 만들어낼지도 모른다. 예를 들어 Active Server Pages (ASP) 코드가 네트워크에서 기능하는 방법을 생각해 보자. 인터넷상의 ASP 페이지에 접속하면 서버가 프로그램을 작동시키게 된다. 이것은 데이터베이스에 접속할 수 있도록 해주는 스크립트나 당신이 새로운 데이터를 만드는 데 필요한 프로그램이다. ASP들은 프로그램의 기능을 보조하기 위한 방법으로 점점 보편적이 되어가고 있다. 인터넷에 접속할 때마다 사용된다.

그러나 ASP를 운용하는 코드는 기술적으로 "배포되지" 않는다. 따라서 비록 코드가 일반공용 라이선스를 부착한 코드를 사용하고 있다 하더라도 그것을 다른 사람들에게 공개하게 하는 라이선스 상의 의무는 없다. 그러므로 네트워크의 기반이 ASP에 의해 더 많이 통제될수록 무상 라이선스에 의한 자유로움은 더욱 적어질 것이다.

"컴퓨팅의 신뢰"(*Trusted Computing*)는 공개코드의 생존 환경에 또 다른 위협을 산출한다. "컴퓨팅의 신뢰"는 네트워크 환경 내에서 바이러스나 토안 침해에 대한 대응으로 시작되었지만, 이것의 핵심적인 특

Tales, Emission Trade and Ecosystems," *Minnesota Law Review* 83 (1998) : 129 참조.

징은 플랫폼에 의해서 암호적으로 인증되지 않은 프로그램을 차단하는 것이다. 예를 들어 만약 컴퓨터에서 프로그램을 작동시키려고 할 때, 당신의 컴퓨터는 그 프로그램이 컴퓨터 운영체제가 인정하는 인증자 중 하나에 의해 인증되었는지를 확인할 것이다. 그런 다음 "콘텐츠 제공자에 의해 승인된 보안기준을 하드웨어와 소프트웨어에 짜 넣을 것"이다.[23] 그렇게 되지 않으면 프로그램은 작동하지 않을 것이다.

물론 원칙상 프로그램을 인증하는 비용이 적게 든다면, 이러한 제약은 문제가 되지 않을 것이다. 하지만 이러한 제약이 공개코드 프로젝트들을 효과적으로 차단시킬 가능성이 있다는 것이다. 인증자가 프로그램이 무엇을 수행하는지 아는 것은 쉽지 않다. 이것은 인증자들이 신뢰하기 힘든 프로그램들을 인증하기 위해 꼼꼼하게 살펴보지 않을 것이라는 얘기다. 그리고 이것은 공개코드에 대하여 중대한 차별을 야기할 것이다.

5. 공개코드의 규제

공개코드 프로젝트들은 그것이 자유소프트웨어 프로젝트든 공개소스 소프트웨어 프로젝트든 상관없이 그 프로젝트를 복제하는 데 필요한 지식은 항상 대중에 공개된다는 특징을 갖는다. 공개코드 프로젝트 개발자가 자신의 개발을 공개하지 않고 독점하는 것에 대한 어떠한 법적, 기술적 시도도 존재하지 않는다. 보다 중요한 것은 프로젝트의 진화를 대단히 효율적인 방식으로 복제하고 이끌어가는 능력은 항상 보호되고 있다.

---

23) Daniel Benoliel, "Technological Standards, Inc. : Rethinking Cyberspace Regulatory Epistemology," *California Law Review* 92 (2004), 1069, 1114.

이러한 사실이 코드의 규제가능성에 어떤 영향을 미치는가?

제 5장에서 나는 정부가 코드를 규제하는 사례들을 기술한 바 있다. 이제 그러한 사례들을 다시 생각해 보자. 어떻게 그러한 규제가 이뤄지는가? 두 가지를 고려해 보자. 정부는 전화회사에게는 그 통신망의 설계에 관해서 그리고 텔레비전 제작사에게는 어떤 종류의 칩이 내장되어야 하는지를 지시할 수 있다. 왜 이러한 규제들이 작용하는가?

각각의 사례에서 대답은 분명하다. 코드의 규제는 오로지 코드 제작사들이 통제될 수 있기 때문에 가능한 것이다. 정부가 전화회사에게 무엇인가를 하도록 지시한다면, 그 회사가 지시에 저항하기는 쉽지 않을 것이다. 저항은 처벌을 불러올 것이고, 처벌은 값비싼 대가를 치르게 된다. 다른 회사들과 마찬가지로 전화회사도 사업비용을 줄이기 원한다. 만약 정부의 규제가 합리적이라면, 즉 효과적이라면 국가의 지시에 불복종함으로써 치르게 될 비용을 어떤 이익보다 높게 책정할 것이다. 또한 만약 규제대상이 국가의 권한 내에 있고 그것이 합리적인 조치라면 그 규제는 쉽게 효력을 발휘할 것이다. 전화의 통신망 구조에 대한 CALEA의 규제는 이 점에 대한 명백한 사례이다(5장을 참조하라).

움직일 수 없고, 움직이지 않는 규제대상은 규제를 가능하게 하는 전제조건이 된다. 그리고 이러한 명제는 규제가능한 코드는 비공개코드일 것이다 라는 재미있는 추론을 상정하게 한다. 전화통신망에 대해서 다시 한 번 생각해 보자. 정부가 전화통신회사로 하여금 그들의 통신망 소프트웨어를 변경하도록 유도할 경우, 전화 사용자들은 이러한 변경을 채택해야 할 것인지에 관해서 아무런 선택권을 갖지 못할 것이다. 당신은 그저 수화기를 들고서 전화회사에서 부여한 다이얼톤을 듣는 것일 뿐이다. 내가 아는 한 어느 누구도 다른 방식의 전화통신망을 고안하려고 전화회사의 코드를 해킹하지 않는다. V칩도 마찬가지이다. 칩을 빼내려고 텔레비전을 망가뜨리는 위험을 감수할 사람은 많지 않을 것이고, 다른 종류의 필터링 기술을 만들기 위해 그 칩을 다시

녹이지는 않을 것이다.

이 두 사례에서 규제의 대상이 순순히 응하고, 고객들은 이를 받아들이는 것 외에 별다른 대안이 없기 때문에 정부의 규제가 효과를 볼 수 있는 것이다. 하지만 공개코드는 다르다. 우리는 넷스케이프의 법률자문인 피터 하터가 전하는 넷스케이프와 프랑스 정부 사이에 있었던 이야기를 통해 무언가 다른 점이 있음을 알 수 있을 것이다.[24]

1996년에 넷스케이프는 웹상에서 전자상거래의 보안을 강화하기 위하여 프로토콜(SSL v3.0)을 출시했다. 핵심기능은 브라우저와 서버 사이의 안전한 교환을 보장하기 위한 것이었다. 프랑스 정부는 SSL이 제공하는 안전도에 만족하지 않았다. 그들은 SSL 처리장치를 깨고 들어가길 원했다. 그들은 넷스케이프에 데이터를 염탐할 수 있도록 SSL을 변경시켜 줄 것을 요청했다.

그러나 SSL을 공개표준의 형태로 일반에게 공개하는 것이 아니더라도, 그것을 변경시킬 수 있는 넷스케이프의 능력에는 많은 제약이 따른다. 그러나 일단 그렇지 않다고 가정해 보자. 즉 넷스케이프가 SSL의 표준을 통제하고 있고 프랑스 정부가 염탐할 수 있도록 그 코드를 변형시키는 것이 가능하다고 해보자. 그렇다면 넷스케이프가 프랑스 정부의 요구에 응할 수 있겠는가?

아니다. 기술적으로는 넷스케이프 커뮤니케이터의 코드를 변경하여 프랑스 정부가 해킹을 할 수 있도록 새로운 모듈을 덧붙인다면 그 요구를 충족시킬 수 있을 것이다. 그러나 넷스케이프(보다 일반적으로 모질라〔Mozilla〕 프로젝트)가 공개소스이기 때문에 누구든지 프랑스풍의 SSL모듈을 대체하는 경쟁모듈을 자유롭게 개발할 수 있다. 그 모듈은 다른 모듈과 경쟁할 수 있는 것이다. 사용자가 사용하고 싶어 하는 모

24) Peter Harter, "The Legal and Policy Framework for Global Electronic Commerce," comments at the Berkeley Center for Law and Technology Conference, March 5~6, 1999.

듈을 만들어내는 것이 곧 성공적인 모듈을 의미한다. 일반 사용자들은 정부에 의해 감시당할 수 있는 모듈을 원하지 않을 것이다.

논점은 간단하다. 그러나 그것이 함축하는 바는 심층적 의미를 갖고 있다. 코드가 공개되는 한 정부의 권한은 제한된다. 정부는 요구하고 위협할 수 있다. 그러나 규제의 대상이 유연하다면, 정부는 그 규제대상이 자신이 원하는 대로 유지되기를 기대할 수 없다.

당신이 소련의 선동가이고 사람들이 스탈린에 대해서 많이 읽기를 원한다고 가정해 보자. 그래서 당신이 소련에서 출판되는 모든 책에 스탈린을 칭송하는 장을 반드시 집어넣어야 한다고 선포했다고 치자. 과연 그런 책들이 독자들에게 실제로 미치는 영향은 얼마나 될까? 책은 공개코드이다. 책은 어떤 것도 숨기지 못한다. 그것들은 소스를 그대로 드러낸다. 책 그 자체가 소스인 것이다. 책의 사용자나 채택자는 항상 그가 원하는 장만을 읽을 수 있다. 만약 그 책이 전자공학에 관한 책이라면 독자는 확실히 스탈린에 관한 장은 읽지 않을 것이다. 이런 점에서 독자의 권한을 변경하기 위해 정부가 할 수 있는 일은 거의 없다. 바로 이러한 생각이 공개코드를 해방시킨다. 정부의 규제는 채택자들이 수긍할 만한 제한을 부과할 때에만 규제의 효력을 갖는다. 정부는 "우측 통행하라"는 것처럼 표준을 조율할 수는 있다. 그러나 분명한 것은 사용자들이 제한받기를 원하지 않는 영역에서 사용자들을 제한하는 표준을 정부가 부과할 수 없다는 것이다. 이러한 구조는 정부의 규제권한에 대한 중요한 견제이다. 공개코드는 공개된 통제이다. 통제가 존재하며 사용자도 이를 인식하고 있다.[25]

25) 반대 입장에 대해서는, Stephen M. McJohn, "The Parodoxes of Free Software," *George Mason Law Review* 9 (2000) : 25, 64~65. 메티아스 스트레서(Mathias Strasser)는 유용한 방법으로 그 분석을 확장하고 있다. "A New Paradigm in Intellectual Property Law? The Case Against Open Sources," *Stanford Technology Law Journal* 2001 (2001) : 4.

비공개코드는 이와 다르게 기능한다. 비공개코드에 대해서 사용자는 쉽사리 코드에 결부된 통제를 변경할 수 없다. 해커들과 매우 숙련된 프로그래머들은 그 일을 할 수 있을지도 모르겠다. 그러나 대부분의 사용자들은 어떤 요소들이 필요하고 그렇지 않은가를 알지 못할 것이다. 보다 정확하게 표현하면 소스코드가 비공개코드에 딸려 나오지 않기 때문에 사용자들은 필요한 요소와 불필요한 요소를 구분할 수도 없을 것이다. 비공개코드는 선동가들에게는 최상의 전략이다. 그것은 사용자가 무시할 수 있는 별도의 장이 아니라 선동가가 원하는 방향으로 이야기를 풀어가는 지속적이며 은밀한 영향력을 행사한다.

지금까지 나는 "사용자"에 대하여 분명한 정의를 내리지 않고 사용하였다. 일부 파이어폭스(Firefox) "사용자"(*user*)는 그 기능이 마음에 들지 않는다면 코드를 바꿀 수 있다. 그러나 대부분의 사람들은 그렇게 할 수 없다. 대부분의 사람들은 마이크로소프트 워드 프로그램의 기능을 바꾸는 것이 GNU/Linux 운용방식을 바꾸는 것만큼 편리하다고 생각할 것이다.

그러나 여기서 차이점은 합법적으로 공개코드를 수정하는 개발자들의 공동체가 있을 수 있지만, 적어도 소유자의 허락 없이 비공개코드를 수정하는 개발자들의 공동체가 법적으로는 존재할 수 없다는 것이다. 개발자들의 문화가 공개코드 내에서의 독립성을 만들어가는 주요 메커니즘으로 작용한다. 이러한 문화가 없다면, 공개코드와 비공개코드의 규제능력 간에 실질적인 차이는 거의 없을 것이다.

이것은 코드의 규제능력에 대한 제한에 다른 형태의 제약을 가하는 것이다. 개발자들의 공동체는 정부가 부과하는 규칙들에서 벗어나 일종의 일탈행위를 할 수 있다. 예를 들면, 재정보안을 뚫기 위해 프랑스 정부가 부과하는 규제들에 대항할지도 모른다. 그러나 그들이 바이러스 방지나 스팸필터를 무력화시킬 가능성은 적다.

6. 어디로 이끌어가는가

지금까지 나의 주장은 단순한 것이었다. 넷이 통제될 수 없다는 사람들의 주장에 대해서 넷이 통제될 수 있는가는 그것의 구조에 달려 있다고 주장했다. 어떤 구조들은 통제가 가능하지만 어떤 것들은 그렇지 못하다. 그리고 나는 그 구조의 규제여부를 결정하는 데 정부가 역할을 취할 수 있을 것이라고 주장했다. 정부는 통제불가능한 구조에서 통제가능한 구조로 바꾸도록 (행동을 좀더 잘 추적할 수 있도록 함으로써) 간접적으로 그리고 (직접적으로 정부가 원하는 통제에 영향을 미칠 수 있도록 코드를 이용함으로써) 직접적으로 조치를 취할 수도 있다.

이와 같은 규제능력의 발전과정에서 최종단계는 최근에야 중요하게 받아들여지고 있는 제한이다. 코드를 통제하고 코드 내의 행위를 규제하는 정부의 권한은 상당부분 코드의 특성에 의해 좌우된다. 공개코드는 비공개코드보다 규제를 하기가 더욱 힘들다. 코드가 공개될수록 정부의 권한은 줄어들게 된다.

최근 논쟁이 되는 저작권 분야의 피어 투 피어(*peer-to-peer*) 파일공유에 관한 것을 예로 들어 보자. 설명했듯이 P2P 파일공유는 네트워크상 작동되는 응용프로그램이다. 스트림케스트(StreamCast)와 같은 파일공유 네트워크는 P2P 응용프로그램들이 작동시키는 프로토콜에 불과하다. 이 모든 프로토콜들은 공개되어 있다. 어느 누구나 이용할 수 있다. 그리고 이러한 기술이 보편적으로 상용가능하기 때문에 어떤 특정 기업이 이용하는지는 그렇게 중요하지 않다. 그러나 수요는 중요성을 가진다. 그러므로 P2P 파일공유를 지원하는 기업을 몰아내는 데 성공한 레코딩 산업을 생각해 보자. 레코딩 산업은 P2P를 완전히 없애지 못할 것이다. 왜냐하면 공개코드가 비상업적 행위자들로 하여금 상업 기반 없이도 P2P 공유기반을 유지하도록 만들었기 때문이다.

물론 이러한 주장이 절대적인 것은 아니다. 나는 절대적이 아닌 상대적인 규제능력에 관해서 논의하고 있는 것이다. 공개코드일지라도 정부가 매우 가혹한 형벌로 위협한다면, 그것은 확실한 복종을 이끌어 낼 수 있을 것이다. 그리고 코드에 결부되는 신원확인 기술은 공개코드일지라도 정부가 여전히 많은 권한을 행사할 수 있게 해준다. 만일 사이버세계에 신원확인이 풍부해지면 규제능력이 증가할 것이기 때문에, 제 1부에서 펼쳤던 나의 주장들은 여전히 유효할 것이다. 만약 더 많은 코드들이 소프트웨어가 아닌 하드웨어에 입력되었다면 동일한 결론이 도출될 것이다. 비록 코드가 공개되었다 하더라도 수정은 불가능할 것이다.[26] 그러나 사이버공간의 구조를 설계할 때 그 한계가 중요하다. 주어진 공간의 가치는 표현의 자유, 자율성, 접근권 혹은 프라이버시 가치들만의 영역이 아니다. 그곳에는 제한된 통제의 가치들도 포함한다. 존 페리 발로우가 언급한 바와 같이 사이버공간 상의 진정한 가치란 넷의 구조 속에 프로그램된 버그의 가치이다. 넷을 완전히 장악하려는 정부의 권력을 완벽할 정도로 무력화시키지는 못하더라도 억제할 수 있는 버그이다.

어떤 사람들은 정부의 어떠한 통제도 불가능하게 하는 코드를 만드는 것을 목표로 하고 있다. 그것이 나의 목적은 아니다. 나는 정부의 권한이 제한되어야 한다고 확고히 믿고 있다. 그리고 공개코드가 (정부에) 부과하는 한계지음을 적극 지지한다. 그러나 정부를 완전히 무력화시키는 것이 나의 목표는 아니다. 이미 주장한 바와 같이 그리고 제 3부에서 분명하게 밝히겠지만, 어떤 가치들은 정부가 개입해야만 달성될 수 있다. 정부는 그들이 바라는 만큼 실질적인 역할은 아니더라도 나름의 역할을 갖고 있다. 우리는 우리의 가치들이 웹의 맥락에서 어떻게 고양될 수 있는가 뿐만 아니라 정부의 역할에 대해서도 이해할 필요가 있다. 어떤 제한은 이런 면에서 명백하게 보일 수 있다.

---

26) 나는 할 아벨슨(Hal Abelson)의 지적에 대해 감사한다.

이 책의 후반부에서 보다 광범하게 다루겠지만, 공개코드가 정부의 규제권한을 완전히 무력화시키지는 못하더라도 확실히 그 권한을 변화시킬 것이다. 비록 한계는 있지만, 공개코드는 코드의 은밀한 곳에 규제를 은폐하여 얻는 이익을 반감시켜 버릴 것이다. 공개코드는 네트워크 규제에 대한 정보자유법(Freedom of Information Act)과 같은 기능을 한다. 일반적으로 법의 영역에서 그러하듯이, 공개코드는 입법이 공개적이고 투명할 것을 요구한다. 조지 소로스(George Soros)가 이해해야만 한다는 점에서 공개코드는 열린 사회의 든든한 초석이다.

결국 공개코드는 정부의 권력에 대한 중요한 견제수단이다. 어떤 사람은 본질적이라고까지 말할 것이다. 그러나 모든 사람이 투명성의 가치를 전적으로 지지하는가와는 상관없이, 지금까지의 나의 목적은 연결관계를 도식화하여 보여주는 것이었다. 규제능력은 코드의 특성에 달려 있으며, 공개코드는 그러한 특성을 변화시킨다. 이것은 정부의 규제권력에 대한 하나의 제한이다. 비록 규제권력을 완전히 패퇴시키지는 못하지만, 그것을 변화시키는 제한이다.

제 3 부

잠재적 모호성

지금까지 논의는 규제에 초점을 맞춰왔으며, 그것은 사이버공간에서 증가하는 행동에 대한 규제능력의 변화와 코드를 통해 행동이 규제되는 독특한 방식이었다.

제 3부에서는 지금까지의 분석을 이러한 변화로부터 영향을 받게 될 사회적, 정치적 생활의 세 영역에 적용시키고자 한다. 그 영역들은 지적 재산권, 프라이버시 그리고 언론의 자유이다.

각 영역에서 나는 관련된 가치들을 확인할 것이다. 그런 다음 이 가치들이 어떻게 온라인의 삶으로 전환되는지를 살펴볼 것이다. 어떤 경우에는 그러한 가치들이 직접적으로 영향을 미쳤지만, 다른 경우들에는 제 2장에서 지적했던 "잠재적 모호성"을 초래하였다. 그 모호성은 두 가지 매우 상이한 가치관념 중에서 하나를 선택하도록 우리를 압박하고 있다. 나의 목표는 그런 선택을 하는 것이 아니라 이 두 가지 선택을 분명히 하는 데 있다.

또한 각 장마다 다른 목표를 가지고 있다. 내 생각에는 사이버공간 관련 법률에서 배울 수 있는 가장 중요한 교훈은 코드의 규제 효과를 법이 고려할 필요가 있다는 것이다. 현명한 규제자가 시장과 법적 규제 간의 상호작용을 고려하듯이, 현명한 규제자는 기술이 법적 규제와 상호작용하는 방식을 고려해야 한다. 이러한 상호작용은 보통 반직관적이다. 그러나 규제자가 이러한 상호작용의 효과를 고려하지 않는다면,

행동을 통제하기 위한 것이건 특정한 자유를 보호하기 위한 것이건 그 규제는 실패할 것이다.

어떤 가치들이 관련되어 있는지를 알려면 가치들을 새로운 맥락으로 이동시키는 방법이 필요하다. 나는 제3부를 시작하면서 그 방법을 설명할 것이다. 우리 전통의 일부인 가치들을 설명할 것이며, 그것들을 이 맥락에서 해석하고 실현시킬 것이다. 따라서 나는 제3부를 이러한 가치들을 인정하고 존중하기 위해 법이 발전시켜온 접근방법에서 시작하겠다. 이것이 바로 내가 "번역"(*translation*)이라고 부르는 해석적 실천이다. 번역자는 이전에 천명된 가치를 충실하게 실천한다. 잠재적 모호성은 그러한 충실성이 부족할 때 나타난다. 우리들이 지금 직면하고 있는 선택은 우리의 선조들이 경험하지 못한 것들이기 때문에 우리들이 충실해야 할 대상이 존재하지 않는다.*

* 적용보다 콘텍스트 상의 원리에 초점을 맞추는 관련 실무에 관해서는, Andrew L. Shapiro, "The 'Principles in Context' Approach to Internet Policymaking," Columbia *Science and Technology Law Review* 1 (2000): 2.

제 9 장

번 역

1920년대 후반 마약과의 최후 일전이 절정기에 달했을 때 연방정부는 많은 사람들을 경악시켰으나 상당히 효과적인 것으로 입증된 경찰의 수법을 사용하기 시작하였다. 그 기술은 바로 전화도청이었다.[1] 삶이 전화선 위로 이동하기 시작하였으며, 이 새로운 매체가 제공하게 될 증거를 이용하기 위하여 정부는 영장 없이 전화도청을 시작하였다.

법집행 공무원들이 스스로 도청의 윤리적 문제에 대해 의문을 가졌기 때문에 도청이 함부로 사용되지는 않았다. 그럼에도 불구하고 대단히 위험한 것으로 판단되는 범죄에 대해서는 이 수법이 전략적으로 사용되었다. 그 시기를 사로잡았던 불법적인 주류매매가 그러한 위협의 한 예였다. 도청사건 중 가장 유명한 것은 1928년 연방대법원 판결인 옴스테드 판결(*Olmstead v. United States*)이다. 정부는 미국에서 가장

1) 홈즈 대법관은 도청을 "추잡한 일"이라고 비난했다. *Olmstead v. United States*, 277 US 438, 470 (1928)〔홈즈(Oliver Wendell Holmes Jr.) 대법관의 반대의견〕.

큰 주류 수입·배급·판매 조직 중 하나를 조사하였다. 수사의 한 방편으로 정부는 거래처와 그 직원들이 사용하는 전화를 도청하기 시작하였다. 이는 사설전화였다. 그러나 도청장치는 개인들의 주거에 침입하지 않으면서도 안전하게 설치될 수 있었다.[2] 대신, 정부는 전화선에 정당하게 접근할 수 있는 위치에 도청장치를 설치하였다.

루이스 브랜다이스(Louis Brandeis) 대법관에 따르면, 정부는 도청을 이용하여 타이프로 775쪽에 달하는 장시간의 대화내용을 녹음하였다.[3] 그리고 정부는 소송에서 피고인들의 유죄를 입증하는 데 이 기록들을 사용하였다. 피고인들은 정부가 헌법이 자신들에게 보장한 권리를 침해하였다고 주장하면서 기록들의 증거능력에 이의를 제기하였다. 수정조항 제4조는 "부당한 수색과 체포로부터 개인, 가택, 문서, 물건"을 보호한다. 피고인들의 주장에 따르면, 이 도청은 부당한 수색으로부터 보호받아야 할 자신들의 권리를 침해한 것이었다. 당시의 법에 따르면, 밀수 용의자들인 로이 옴스테드(Roy Olmstead)와 공범들의 아파트에 들어가서, 적어도 그들이 집에 없을 때 수색하기 위해서는 정부 수사관들이 반드시 영장을 제시해야 했다. 피고인들의 프라이버시를 침해하기 전에 판사의 허락을 받아야 하는 것은 당연한 일이었다. 이것이 수정조항 제4조가 의도했던 것이다. 특정 장소(신체, 가택, 서류, 통신)는 침해당하기 전에 추정적으로 요구되는 영장에 의해 보호를 받는다.[4] 이 사건에서는 어떠한 영장도 없었다. 따라서 피고

---

2) Ibid., 457 〔태프트(William H. Taft) 대법원장은 전화선에 끼워진 도청장치에 의해 수집된 증거는 불법행위 없이 이루어진 것이며, 따라서 수정조항 제4조를 위반하지 않았다고 판시하였다〕.

3) Ibid., 471 〔브랜다이스, 홈즈, 스톤(Stone), 버틀러(Butler) 대법관의 반대의견〕.

4) 수정조항의 원래 의미와 오늘날 어떻게 적용되어야 하는가에 대해서 광범위한 논쟁이 있다. 두 진영에 대해서는 Akhill Reed Amar, "Fourth Amendment First Principles," *Harvard Law Review* 107 (1994) : 757; Tracey

인들의 주장대로 그 수색은 불법이었다. 결국 수집된 증거들은 배척되었다. 잠시 멈추어 그 이유가 무엇인지 생각해 보자. 수정조항 제4조를 주의 깊게 읽어보면, 정확히 어느 경우에 영장이 요구되는지를 알아내기가 어렵다.

(a) 부당한 수색이나 체포로부터 신체·가택·서류 및 통신의 안전을 보호받아야 할 인민의 권리를 침해해서는 안 된다.
(b) 수색·체포·압수의 영장은 발급의 상당한 이유가 있고 선서나 증인의 확약에 의해서 입증되지 않는 한 어떠한 영장도 발급할 수 없으며, 그 영장에는 수색장소, 체포될 사람이나 압수될 물품이 기재되어야 한다.

수정조항 제4조는 사실상 두 가지의 명령을 담고 있다〔(a), (b)는 이해를 돕기 위해 내가 삽입한 것이다〕. 첫 구절은 특정한 권리("보호받아야 할 권리")가 침해되어서 안 된다는 것을 말하고 있다. 두 번째 구절은 영장이 발급되어야 할 조건들을 제한하고 있다. 그러나 이 조문은 첫째 구절과 둘째 구절 간의 관계에 대해서는 언급하고 있지 않다. 그리고 영장이 없는 수색을 부당하다고 확실하게 말하고 있지 않다. 그렇다면 왜 "영장이 요구"되는가?[5)]

이 조문을 이해하기 위해서 우리는 헌법이 만들어지던 시기로 되돌아가야 한다. 그 당시 프라이버시 침해에 대해서 법적 보호를 제공하는 것은 침해금지법(*trespass law*)이었다. 만일 어떤 사람이 당신의 소

Maclin, "The Complexity of the Fourth Amendment: A Historical Review," *Boston University Law Review* 77 (1997): 925 참조 (아마르〔Amar〕의 논거를 비판함).

5) *California v. Acevedo*, 500 US 565, 582 (1991) 참조. 스칼리아(Antonin Scalia) 대법관은 이에 동의하면서 영장의 요건을 예외 투성이라고 비판하였다.

유지 내로 침입하여 당신의 물건들을 약탈하였다면, 그 사람은 침해로부터 보호받을 보통법상의 권리를 위반한 것이다. 당신이 경찰관이든 민간인이든 상관없이 그 사람을 침해행위로 고소할 수 있었다. 이러한 고소의 위협은 경찰들이 개인의 프라이버시를 침해하지 않도록 하는 동기가 되었다.[6]

그러나 영장 없이 침입한 경찰관은 다양한 방법으로 방어할 수 있었다. 그 요인들은 수색이 "합당하였는가"로 귀결된다. 그러나 이러한 합당함에 관해서 두 가지 중요한 점이 있다. 첫째, 합당성 여부는 배심원에 의해서 판단되었다. 이웃들이나 경찰관의 동료들이 그의 행동이 적절하였는지 여부를 판단하였다. 둘째, 어떤 경우에는 합당성이 법률문제로 판단되기도 하였다. 즉 판사는 배심원들에게 그 수색이 합당한 경우였다고 알려주기도 하였다(예를 들어, 경찰관이 피고인의 소유지에서 금제품을 발견한 경우에는 수색 전에 충분한 혐의가 있든 없든 간에 그 수색은 합당한 것이 되었다).[7]

이러한 제도하에서 경찰관은 누군가의 재산을 수색하기 전에 명백한 위험부담을 져야 했다. 수색하였으나 아무것도 발견하지 못하거나, 사후에 상대방의 배심원이 그의 수색을 부당하다고 판단한다면, 그는

6) Bradford P. Wilson, "The Fourth Amendment as More Than a Form of Words: The View from the Founding," in *The Bill of Rights: Original Meaning and Current Understanding*, edited by Eugene W. Hickok Jr. (Charlottesville: University Press of Virginia, 1991), 151, 156~57 참조. 많은 사람들이 지적하고 있는 바와 같이 그 시대에는 우리가 오늘날 이해하는 의미의 "경찰"(*police*)은 없었다. 현대적 경찰력은 19세기에 만들어진 것이다. 또한 Carol S. Steiker, "Second Thoughts About First Principles," *Harvard Law Review* 107 (1994): 820, 830~34; William J. Stuntz, "The Substantive Origins of Criminal Procedure," *Yale Law Journal* 105 (1995) 참조.

7) Amar, "Fourth Amendment First Principles," 767; Stuntz, "The Substantive Origins of Criminal Procedure," 400 참조.

자신이 침해한 권리에 대해서 개인적으로 민사상의 책임을 부담함으로써 자신의 불법행위에 배상을 하게 된다.

다른 한편, 이 제도는 이러한 책임으로부터의 보호, 즉 영장제도를 부여하였다. 만일 경찰관이 수색 전에 판사로부터 영장을 발급받았다면, 그는 침해에 대한 책임으로부터 면제받는다. 만일 그가 어떤 금제품도 발견하지 못하거나 그의 수색이 부당한 것으로 밝혀지더라도 그는 소송에서 방어할 수 있었다. 인센티브를 제공하는 것이 이 제도의 원래 목적이었다. 법은 공무원들이 수색하기 전에 영장을 발급받도록 하는 인센티브를 제공하였다. 만일 그가 확신이 없거나 모든 책임 부담을 회피하고 싶다면, 그는 판사에게 요청하여 자신의 판단을 검증받을 수 있다. 그러나 만일 공무원이 확신을 갖고 있거나 위험을 무릅쓰길 원한다면, 영장을 발급받지 않았다고 하여 그의 수색이 무조건 부당한 수색이 되는 것은 아니었다. 그의 책임이 높아질 위험한 상태에 놓이기는 하지만, 그의 책임은 단지 결정이 나지 않은 불안정한 상황에 있는 상태였다.

이 제도에서 약한 연결고리는 판사였다. 판사가 아주 느슨한 사람이라면 영장을 발급받기가 매우 쉬울 것이다.[8] 나약한 판사들에 대한 우려는 헌법제정자들로부터 나온 것이었다. 대영제국의 통치하에서 판사는 군주에 의해 임명되었으며, 영국 대혁명 이전까지 군주는 적이었다. 영장 발급권한이 마구 남용되었던 현실을 경험했던 헌법제정자들은 정부의 수색이 합당하였는지를 판단할 권한을 판사에게 주려고 하지 않았다.

---

8) 사실 스턴츠 교수가 아주 명확하게 논증하였듯이, 일반 영장은 판사들이 영장발부에서는 엄격하지 않은 반면, 이후의 절차에서는 그들이 발부한 영장이 엄격하게 존중된다는 점에서 위험한 것이다. William Stuntz, "Warrants and Forth Amendment Remedies," *Virginia Law Review* 77(1991): 881, 893 참조.

특히(이미 제2장에서 설명하였듯이) 헌법제정자들은 법원과 행정부가 금제품을 포괄적으로 수색할 수 있는 권한을 정부 공무원들에게 부여했던 "일반 영장"을 발급했던 몇몇 유명한 사건들을 염두에 두고 있었다.[9] 현대적 의미에서 이러한 것들은 "탐문수색"(*fishing expedition*)이었다. 공무원들은 영장을 소지하고 있었고, 판사들은 일반적으로 소송으로부터 면제되기 때문에 이들을 제소할 수 없었다. 누구도 제소당할 염려가 없으므로 항상 남용의 유혹이 있었다. 헌법제정자들은 판사들에 의해 가능해지는 이러한 남용을 막고자 하였다. 만일 면책이 주어져야 한다면 배심원들의 판단에 의하거나 성공적인 수색의 경우에만 인정하려고 하였다. 이것이 수정조항 제4조 (b)의 기원이다. 헌법제정자들은 판사가 영장을 발급할 때 "수색될 장소, 체포될 사람이나 압수할 물건"을 구체적으로 명시하도록 의무화하였으며, 이로써 판사들이 포괄적인 권한을 부여하는 영장을 발급하지 못하도록 하였다. 영장으로 인한 면책은 특정한 사람과 장소에 한정되고, 영장발급에 적절한 이유가 있는 경우로 한정되었다. 이러한 헌법상의 제도는 정부가 수색할 합법적 필요성과 개인의 프라이버시 이익 간의 균형을 맞추기 위해 고안된 것이다. 공무원은 영장을 발급받을 인센티브를 가지고 있었다(개인적인 책임부담을 회피하기 위해). 판사는 영장발급 요건에 따라야 했다. 이 두 구조는 함께 어우러져 공무원에 의한 프라이버시 침해를 허용해야 할 강력한 이유가 있는 경우로 제한하였다.

배경설명이 너무 길었다. 그러나 다음의 지적은 주목할 필요가 있다.

원래 이 제도는 대타협을 전제로 한 것이었다. 분명한 것은 이 제도가 보통법상의 침해금지법제를 전제하고 있었다는 점이다. 무엇보다도 공무원이 영장을 발급받을 동기를 창출한 것은 침해금지법에 따른 법적 책임의 위협이었다. 이러한 전제는 초창기에 헌법적인 보호의 핵

9) Stuntz, "The Substantive Origins of Criminal Procedure," 396~406 참조.

심을 재산권에 두고 있었음을 의미한다.

이와 마찬가지로 중요한 점은 이 제도가 당시의 테크놀로지에 관하여 많은 것을 전제하고 있었다는 것이다. 수정조항 제4조가 침해에 초점을 맞추었던 이유는 그것이 당시 최상의 수색방법이었기 때문이다. 만일 안으로 들어가지 않고도 가택 내에 있는 내용물을 볼 수 있었다면, 수정조항 제4조의 제한은 별 의미를 갖지 못했을 것이다. 그러나 그 수정조항에 의한 보호는 18세기 말에 주류를 이루었던 침해금지법제와 프라이버시 침투기술의 환경 하에서 정부의 수색권한과 국민들의 프라이버시 권리 간의 균형을 이끌어내는 방법으로서 의미가 있었다.

당연한 것으로 받아들여지거나 논란의 여지가 없다고 간주되었던 전제들은 변한다.[10] 그 전제들이 변할 때 우리는 어떻게 대응해야 하는가? 전제들이 더 이상 적용되지 않을 때 그 전제들을 배경으로 씌어진 텍스트를 어떻게 읽어야 할까?

미국인들 혹은 약 200년이나 된 헌법을 가진 어떤 국민들에게 이것은 헌법 해석의 핵심적인 문제이다. 예를 들어, 만일 정부가 불법침입에 대한 권리를 폐지한다면, 어떤 사태가 발생하겠는가? 그 수정조항은 다르게 해석되어야 하는가?[11] 만일 수색기술이 놀라울 정도로 발전하여 타인의 소유지 안에 무엇이 있는지를 파악하기 위해 들어갈 필요가 없어진다면 어떻게 될 것인가? 수정조항은 다르게 해석되어야 하는가?

지난 역사 속에서 이러한 문제들을 다루는 대법원의 태도가 분명치

---

10) *United States v. Virginia*, 518 US 515, 566~67 (1996) 참조 (스칼리아 대법관의 반대의견: "마치 모든 세대의 사람들이 스스로 추측할 수 없는 문제에 관하여 … 그러는 것처럼, 그들은 그 문제들이 논쟁거리가 되지 않는다고 생각하여 자신들의 마음을 닫아버렸다").

11) Lawrence Lessig, "Fidelity in Translation," *Texas Law Review* 71 (1993): 1165, 1230 참조.

않지만, 이에 대해 상반되는 두 가지 전략이 있음을 알 수 있다. 첫 번째 전략은 헌법 초안자들이나 제정자들이 결정했을 것이라고 생각되는 바에 초점을 맞추는 것이다. 이것은 일차적 원천주의(*one-step originalism*)이다. 두 번째 전략은 현재의 맥락에서 원래 헌법의 고유의미를 보존하기 위한 해독방법을 찾아내려고 하는 것이다. 나는 이것을 번역(*translation*)의 전략이라고 부른다.

두 전략 모두 옴스테드 도청판결에 나타난다. 정부가 영장 없이 피고인의 전화를 도청하였을 때, 법원은 이러한 형태의 증거사용이 수정조항 제4조의 원칙에 의해 허용되는지 혹은 일치하는지 여부를 결정해야 했다. 피고인은 정부관리가 전화를 도청하기 위해선 영장을 가지고 있어야 했다고 주장하였다. 이에 정부는 수정조항 제4조가 이 사안에 적용되지 않는다고 주장하였다. 정부의 주장은 매우 단순했다. 수정조항은 정부가 수색을 위해 침입하였을 것을 전제하고 있으며, 공무원이 침입할 수 있는 요건들을 규정하고 있는 것이라고 주장했다. 그러나 전화도청은 침해가 없는 프라이버시 침해이므로 정부는 피고인의 소유지에 불법적으로 침입하지 않는 한 피고인의 전화를 도청할 수 있다는 것이었다. 그러므로 수정조항이 적용되지 않는다. 그 조항의 효력은 침해 없는 단순한 침입으로부터 보호하는 데까지 미치지 않는다.

대법원은 이에 동의하였다. 전임 대통령이었던 윌리엄 하워드 태프트(William Howard Taft) 대법원장이 기술한 의견을 보면, 법원은 다음과 같이 정부의 주장을 따랐다.

수정조항은 이 사안에서 행해진 것을 금지하지 않는다. 수색은 없었다. 압수도 없었다. 증거는 청각만을 사용해서 수집된 것이다. 수정조항의 문언은 피고인의 집이나 사무실로부터 모든 세계로 연결되는 전화선을 포함하는 것으로 확대될 수 없다.[12]

---

12) *Olmstead v. United States*, 277 US 438, 470 (1928), 464~65.

이 결론은 경악과 충격으로 받아들여졌다. 이미 생활의 상당부분이 전화선으로 옮겨갔다. 사람들은 "온라인" 상의 내밀한 접촉이 무엇을 의미하는지를 이해하기 시작했고, 전화 시스템이 자신들의 사적인 비밀을 보호해 줄 것이라고 믿었다. 사실 전화회사들은 정부가 주장하는 권한에 대항하여 강력하게 싸우면서, 법에 의해 요구되는 경우 외에는 정부에 협조하지 않겠다고 선언하였다.[13] 이러한 저항에도 불구하고 법원은 헌법이 이러한 형태의 침입에 간섭하지 않는다는 결론을 내렸다. 헌법이 씌어질 당시에는 아마 헌법이 관여하지 않았을 것이다. 그리고 판결이 내려질 당시에도 여전히 헌법은 간섭하지 않았다.

그러나 브랜다이스 대법관의 반대의견은(또한 홈즈, 스톤, 버틀러 대법관의 반대의견도 있었다) 다른 관점을 보여주었다. 태프트 대법원장과 마찬가지로, 그도 헌법에 대한 충실성에 초점을 맞추었다. 그러나 그가 생각하는 충실성은 판이하게 다른 것이었다.

브랜다이스 대법관은 수정조항 제4조는 원래 씌어진 대로 단지 침입에만 적용된다는 사실을 인정하였다.[14] 그러나 그 이유는 헌법이 제정될 당시 침입이 프라이버시를 침해하는 기술이었기 때문이라고 주장하였다. 그것이 헌법제정자들의 전제였지만, 지금은 그 전제가 변했다. 브랜다이스 대법관의 주장에 따르면, 이러한 변화를 고려할 때, 변화된 환경에도 불구하고 그 조문의 의미가 유지되도록 헌법을 번역하는 것이 법원의 책임이다. 원래의 보호의미를 프라이버시 침해 기술이 변화된 상황으로 전환시키는 것을 목적으로 하여야 한다.[15] 직접

---

13) Ibid., Pacific Telephone & Telegraph Company의 답변서 (nos. 493, 532, 533).

14) Ibid., 473 (브랜다이스 대법관의 반대의견).

15) 번역(*translation*)은 브랜다이스의 용어는 아니다. 물론 법원들은 이 용어를 사용한다. 그 개념은 *West Virginia State Board of Education v. Barnette* 판결〔319 US 624, 639~40(1943)〕에서 로버트 잭슨(Robert H. Jackson) 대법관에 의해 잘 포착되었다. "공적 기관의 주장에 권리장전을 적용해야 할

적인 침입이 아닌 침해에 대해서도 수정조항 제4조의 보호를 적용해야 이러한 목적이 달성될 것이라고 브랜다이스 대법관은 주장하였다.

이 대립적인 의견들은 헌법 해석의 상이한 방법을 잘 보여주고 있다. 태프트 대법원장은 단순히 헌법제정자들이 했던 것을 반복하는 데서 충실성을 찾았고, 브랜다이스 대법관은 헌법제정자들이 했던 것에 상응하는 흐름을 발견하는 데서 충실성을 구했다. 브랜다이스 대법관에 의하면, 만일 우리가 태프트 대법원장의 의견을 따르면 헌법제정자들이 원래 의도하였던 프라이버시를 보호하는 데 실패한다. 태프트 대법원장의 의견에 의하면, 브랜다이스 대법관의 의견에 따르게 되면 헌법제정자들이 규정하지 않은 무엇인가를 헌법에 추가하는 것이다.

양측의 가담자들은 서로 상대편의 견해가 헌법의 의미를 "변경"하게 될 것이라고 주장한다. 그렇다면 과연 법원의 다수의견과 브랜다이스 대법관의 의견 중 어느 쪽이 수정조항 제4조의 의미를 "변경"(*change*)하는 것일까?

우리의 의무는 권리침해가 발생한 영역에서 우리가 분명한 권한을 갖고 있는가에 달려있지 않다. 사실 18세기 자유주의 정부형태의 일부로 여겨졌던 권리장전의 위대한 보편성을 20세기의 문제들을 다루는 정부관리에 대한 구체적인 제약으로 해석하는 임무는 자신감을 혼란시킨다. 이 원리들은 개인이 사회의 중심이라는 철학을 배태했던 토양 속에서 성장하였다. 그 토양 속에서 개인의 자유는 정부제약들의 부재 속에서 획득될 수 있었고, 정부는 최소한의 통제권만 위임받았으며, 사적인 문제들에 단지 온건한 감독권만 부여받았다. 우리들은 이 권리들을, 적어도 경제영역에서 자유방임주의의 관념이나 불간섭의 원리들이 사라지고, 점차적으로 보다 밀접한 사회통합과 정부 통제력의 확대 및 강화를 통해서 사회의 진보가 추구되는 토양 속으로 옮겨 심어야 한다. 이와 같은 변화된 조건들은 종종 선례에 의존할 수 있는 기회를 박탈하며, 우리 자신의 판단에 대해서 선택해야 하는 것 이상의 과제를 부과한다. 그러나 우리는 우리가 갖고 있는 권능이 아니라 위임받은 권한으로 이 문제들을 해결해야 한다. 공교육과 같은 특정분야에서 우리의 권능이 온건한 것으로 평가된다고 해서, 자유가 침해될 때 역사가 이 법원의 역할로 인증해 준 판단을 유보해서는 안 된다."

이 물음에 답하기 전에 먼저 다음의 질문들을 물어야 한다. 무엇에 관한 변경인가? 이러한 변경이 넘어서는 안 될 변경의 한계선은 어디까지인가? 확실히 브랜다이스 대법관은 1791년이라면 그 조항을 물리적 침입을 넘어서까지 적용하려는 법원의 판단이 부적절하다는 것에 동의하였을 것이다. 그러나 원래의 조항에 의해 전제되었던 상황이 변화하였을 때, 과연 아무것도 변화하지 않은 것처럼 행동하는 것이 법의 적절한 대응일까? 브랜다이스 대법관의 방법은 변화된 전제를 고려한 것이었다. 그는 수정조항의 프라이버시 보호를 유지하기 위해 조문의 적용범위를 변경시키는 해석을 제시하였다. 반면, 태프트 대법원장은 그 조문의 적용범위는 유지하되, 그것에 의한 프라이버시 보호를 변경시키는 해석을 제시하였다. 각각의 해석은 어떤 것은 지속적으로 유지하면서 어떤 것은 변화시킨다. 문제는 어떤 해석이 충실성의 의무로써 보호해야 하는 바를 잘 보호했는가 하는 점이다.

다른 예를 들어 설명하면 보다 쉽게 논점을 파악할 수 있을 것이다. 프라이버시의 양을 측정할 수 있다고 가정해 보자. 그러면 기술의 변화가 가져올 프라이버시의 양적 변화를 알 수 있을 것이다. 로버트 포스트는 왜 프라이버시의 양을 측정할 수 없는지 아주 설득력 있는 주장을 하였다.16) 그러나 여기에서 나의 의도는 단지 예증을 위한 것이다. 그리고 1791년에 물리적 침입으로부터의 보호로써 개인의 프라이버시 90%를 보호할 수 있었다고 생각해 보자. 정부는 여전히 거리에서서 열려진 창문을 통해 들을 수 있을 것이다. 그러나 그러한 행위로 발생한 침해는 작은 것에 불과하다. 대부분의 경우 침해로부터 보호하는 제도는 프라이버시도 보호한다. 그러나 전화가 출현함에 따라 이러한 보호는 변화하였다. 수많은 사적 정보가 전화선을 통해 흘러나온다. 이제는 만일 도청이 침해가 아니라면, 정부의 감시로부터 보호해

---

16) Robert Post, *Constitutional Domains: Democracy, Community, Management* (Cambridge, Mass.: Harvard University Press, 1995), 60~64 참조.

야 할 사생활은 훨씬 줄어들 수밖에 없다. 그 수정조항에 의해서 90%가 보호되는 것이 아니라 단지 50%만이 보호된다. 브랜다이스 대법관은 헌법이 원래 보호하려 했던, 즉 사생활의 90%를 보호할 수 있도록 그 조항을 해석하려고 했다. 물론 그렇게 하기 위해선 단순한 침입 이상의 것에 대해서도 보호할 것이 요구되지만. 그는 그 조항을 다르게 해석하여 동일한 정도로 사생활을 보호하길 원했다.

이러한 형태의 논증은 미국 헌법사에서 일반적인 것이며, 미국 헌법의 가장 뛰어난 전통의 핵심이기도 하다.[17] 이것은 변화된 환경에 대해서 그 변화들을 중립화시키고 원래의 의미를 유지할 수 있는 해석을 제공함으로써 대응하는 논증이다. 이러한 논증은 좌파든 우파든 판사들 모두가 원용한다.[18] 이것이 바로 삶 속에서 헌법규범을 유지시키는 방법이다. 세상의 변화들이 헌법 텍스트의 의미를 변화시키지 못하게 하는 확실한 방법인 것이다. 1791년 당시 수정조항 제4조가 보장하려던 보호의 정도를 미국의 역사 속에서 언제든 계속해서 보장하려고 하는 것이 바로 이 번역의 목적이라고 할 수 있다. 이 논증은 그 목적을 위하여 법원이 수정 조문을 다르게 하는 경우가 있을 수 있다는 점을 인정한다. 그러나 수정조항을 개량하거나 그 보호조항에 새로운 것을 추가하기 위하여 다르게 읽는 것이 아니다. 기술의 변화로 인하여 변경된 보호의 정도를 바로잡기 위하여 다르게 읽는 것이다. 이것이

---

17) Lessig, "Fidelity in Translation," 1214~68 참조; Lawrence Lessig, "Translating Federalism: United States v. Lopez," *Supreme Court Review* 1995 (1995): 125, 146. 텔레커뮤니케이션의 환경에서 기술의 변화가 입법 및 사법절차에 영향을 미치는 방식에 대한 분석으로는 Monroe E. Price and John F. Duffy, "Technological Change and Doctrinal Persistence: Telecommunications Reform in Congress and the Court," *Columbia Law Review* 97 (1997): 976 참조.

18) 예를 들어 형사법적 권리를 지지하는 해석은 좌파적 해석인 반면에, 연방주의를 옹호하는 해석은 우파적 해석이다.

바로 의미를 보존시키는 번역방법이다.

만일 사이버공간에서 칭송받을 만한 대법관이 있다면, 미래에 사이버 행위자들을 위해 모델이 되어야 할 대법원의 의견이 있다면, 그리고 사이버공간을 보호하기 위한 투쟁의 첫 장이 있다면, 그것은 바로 이 대법관, 이 의견, 이 사건이다. 브랜다이스 대법관은 우리들에게 시간과 맥탁을 넘어서 그 의미와 가치를 보존할 수 있도록 헌법을 독해해내는 모델을 제공해 주었다. 그것은 헌법제정자들이 원래 우리에게 부여했던 것을 유지하기 위해서 변화된 것을 인식하고 그 변화를 조정하는 방법이다. 다시 말해서 우리와 헌법제정자들 사이에 있는 시간적 격차든 아니면 사이버 공간과 현실공간 간의 차이든 근본적으로 상이한 사회적 맥락들을 관통하여 헌법의 의미를 번역하는 방법이다.

그러나 법으로 수용된 것은 태프트 대법원장의 의견이었으며, 이후 미국 사회에서 주류를 이루었던 것도 수정조항 제4조에 대한 그의 협소한 견해였다. 연방대법원이 수정조항 제4조에 대한 브랜다이스 대법관의 견해를 수용하는 데 40년이 걸렸다. 연방대법원이 옴스테드 판결을 뒤집는 데 40년이 흘렀다. 이를 뒤집은 판결이 바로 캐츠 판결(*Kats v. United States*)이다.[19]

찰스 캐츠(Charles Katz)는 전화를 통해 다른 주의 고객들에게 도박정보를 전송한 혐의를 받았다. 연방정부기관은 그가 전화를 거는 공중전화 부스 밖에 도청장치를 부착하여 전화통화 내역의 절반 정도를 녹음하였다. 캐츠는 이렇게 수집된 증거에 근거하여 유죄판결을 받았고, 연방 고등법원은 옴스테드 판결에 기초하여 유죄판결을 내렸다.

하버드 법대 교수인 로렌스 트라이브는 법조인으로서의 경력을 내딛기 시작하면서 이 사건을 맞게 되었다.

---

19) *Katz v. United States*, 389 US 347, 353 (1967).

> 연방대법원 판사인 포터 스튜어트(Potter Stewart) 대법관의 법률시보로서, 나는 정부가 공중전화 부스 외부에 아주 작은 장치를 부착하여 범죄 혐의자를 감시한 전자적 감시사건에 관여하고 있음을 알게 되었다. 연방정부는 옴스테드 판결에 근거하여 혐의자의 프라이버시에 대한 침해가 물리적 침해 없이 "헌법적으로 보호되는 범위" 내에서 이루어졌으므로, 어떠한 "수색" 및 "압수"도 없었다고 주장하면서, "부당한 수색 및 압수로부터 신체, 가택, 문서, 물건들을 보호해야 할 수정조항 제4조의 권리"가 적용되지 않는다고 하였다.
>
> 처음에는 옴스테드 판결을 파기하고 전화도청이나 전자적 도청에 수정조항 제4조의 적용을 지지하는 판사들은 단지 4명뿐이었다. 나는 26살의 애송이로 지지자의 수를 4명에서 7명으로 변화시키는 데 아주 조금이나마 일조하였다고 자부심을 느낀다. 그리고 1967년 12월, 7명의 다수의견에 의해 수정조항 제4조는 "장소가 아니라 사람을 보호하는 것"이라는 결정이 공식적으로 채택되었다〔398 US at 351〕. 캐츠 판결에서 연방대법원은 결국 옴스테드 판결과 그에 근거해서 내려진 수많은 판결들을 파기하였다. 연방대법원은 현대생활에서의 전자통신의 역할을 고려할 때, 물리적 침해가 있든 없든 관계없이 프라이버시를 보호하는 수정조항 제4조의 목적뿐만 아니라 언론의 자유를 보호하는 수정조항 제1조의 목적은 개인의 은밀한 전화통화에 대한 침해는 어떠한 것이든 "수색"으로 다루도록 요구한다고 판시하였다.[20]

캐츠 판결에서 연방대법원은 태프트 대법원장의 의견보다는 브랜다이스 대법관의 의견을 따랐다. 법원은 수정조항 제4조는 변화된 환경에 맞게 해석되어야 한다고 보았다. 1791년 헌법제정자들이 살았던

---

20) Laurence H. Tribe, "The Constitution in Cyberspace: Law and Liberty Beyond the Electronic Frontier." 이것은 1991년 3월 26일에 개최된 '컴퓨터, 자유 및 프라이버시에 관한 제 1차 학술대회'에서 발표되었으며, 재출간은 *The Humanist* (September-October 1991): 15, 20~21.

환경에서는, 소유지에 대한 침입으로부터의 보호가 프라이버시에 대한 침해를 보호하는 효과적인 방법이었다. 그러나 1960년대 캐츠 판결의 상황에서는 그렇지 않았다. 1960년대에는 생활의 상당부분이 재산권 규칙이 도달하지 못하는 곳(예를 들어, AT&T 전화망의 "이더"〔*ether*〕)에서 이루어지고 있었다. 따라서 프라이버시를 재산의 개념에 덧붙여 놓았던 제도 하에서는 헌법제정자들이 의도하였던 것과 똑같은 정도로 프라이버시를 보호할 수 없었다. 캐츠 판결에서 스튜어트 대법관은 수정조항 제4조를 보다 직접적인 프라이버시의 보호와 연계시킬 구제수단을 찾으려고 노력하였다. 그 연결고리는 "적정한 프라이버시의 기대이익"이라는 개념이었다. 스튜어트에 의하면, 핵심적 가치는 "장소가 아닌, 사람"의 보호였다.[21] 따라서 핵심적인 기법은 일반인들이 프라이버시에 기대이익을 갖는 것이 합당한 경우 그들을 보호하는 것이다. 이러한 경우 정부는 수정조항 제4조의 요건을 충족시키지 않고서는 그 공간을 침해해서는 안 된다.

스튜어트 대법관의 견해에는 최소한 그가 변화된 상황에서 헌법의 의미를 보존할 수 있는 방안을 마련하려고 했다는 점에서, 다시 말하면, 수정조항 제4조의 보호를 현대적 맥락에 맞게 번역하려고 했다는 점에서 존경할 만한 점이 많이 있다. 물론 의문스러운 점도 많다.[22]

---

21) *Katz v. United States*, 389 US 347, 351 (1967).

22) 캐츠 판결 이래 수정조항 제4조의 프라이버시 보호 역사가 증명하듯이 스튜어트 대법관이 사용한 기법은 결국 거의 효과가 없었다. 재산권의 개념과 결합되면 수정조항 제4조의 범위가 매우 협소해지는 것은 의문의 여지가 없었다. 그러나 적어도 그 보호범위는 재산권의 범위만큼 미칠 것이다. "재산권"은 사생활 문제와는 독립된 법 분야이기 때문에 프라이버시가 재산권에 가하는 압력에 대해서 반발이 있었다. 그러나 일단 법원은 "적정한 프라이버시의 기대이익"이라는 기준을 채택했으며, 나중에 수정조항 제4조의 맥락에서 이러한 "적정 기대이익"을 제한할 수 있었다. 그 결과 프라이버시 보호범위가 계속해서 감소되어 왔다.

그러나 우리는 이 의문점들을 잠시 옆으로 미뤄 놓고, 이 사안에서 거의 다툼이 없는 논점에 초점을 맞추기로 하자.

비록 선을 긋는 것이 어려운 일이기는 하지만, 적어도 헌법제정자들이 프라이버시를 보호하기 위해 신중한 선택을 하였다는 것만은 분명하다. 이 문제가 헌법제정 당시 논쟁의 테이블 밖에 있었던 것도 아니며, 그들이 인식하지 못했던 것도 아니다. 그것은 낙태권의 맥락에서 보수주의자들이 불만을 제기하는 "프라이버시권"이 아니다. 그것은 개인의 가정의 "신성함"에 대한 국가의 침해로부터 자유로울 권리이다. 개인의 프라이버시에 위협을 가했던 국가의 강제력이 과거 미국 사회를 공화주의로 몰아갔던 사회운동의 중심부에 놓여있었다. 브랜다이스 대법관과 스튜어트 대법관은 초기의 구조가 효력을 상실한 상황에서 단지 그 선택을 유효하게 하려 했던 것이다.

이러한 번역은 매우 솔직한 것이다. 선택된 본래의 가치들이 아주 명백하고, 맥락들이 원래의 적용을 붕괴시키는 현상이 쉽게 파악되고, 본래의 가치를 회복시킬 수 있는 해석들이 아주 명백하다. 확실한 해석의 용기 — 해석의 관행을 변경함으로써 해석적 충실성을 유지하고자 하는 의지를 요구한다. 그러나 비록 그 수단들이 다소 불투명하다 할지라도 적어도 그 방향은 분명하다.[23] 이 사안들은 손쉬운 경우들이다. 먼 과거로부터 미래로 가치를 이동시키는 것이 아니라, 단지 한 맥락에서 다른 맥락으로 옮기는 경우라면 더욱 쉬울 것이다. 우리가 보전하기를 원하는 가치들이 무엇인지 알고 있을 때에는 그것들을 보호할 수 있는 방법을 창안해내면 된다.

사이버공간은 이처럼 손쉬운 사건들을 많이 제기할 것이다. 이러한 사건들에 직면하였을 때, 법원은 브랜다이스 대법관의 예에 따라야 할 것이다. 그들은 해석을 해야 하고, 법원이 그렇게 하게끔 압력을 가하

---

23) Lessig, "Translating Federalism," 206~11 참조.

여야 한다. 환경이 변하여 어떤 고유의 권리보호를 무효화시키는 경우, 법원은 그 권리를 복구할 수 있도록 헌법을 읽어야 한다.

그러나 어떤 사안들은 그렇게 쉽지만은 않을 것이다. 때로는 번역이 선택이 아닐 수도 있다. 때로는 번역이 추구하는 가치들이 더 이상 우리가 보전하기를 원하는 가치가 아닐 수도 있다. 그리고 때로는 번역을 통해 어떤 가치들을 선택해야 할지 알 수 없을 때도 있다. 제2장의 웜에 관한 문제가 바로 그러했다. 웜은 잠재되었던 모호성의 문제를 제기하였다. 때때로 초기 환경에서 잠재되어 있었던 모호성이 변화하는 맥락에서 드러나기도 한다. 우리는 두 가지 상이한 가치들 중에서 선택해야 한다. 둘 중 어느 것이 초기의 가치와 일치한다고 할 수 있을까. 어느 쪽이든 옳다고 할 수 있기 때문에 우리는 원래의 맥락(현재 또는 2백 년 전이든)이 그 사건을 결정할 것이라고 말할 수는 없다.

트라이브 교수는 사이버공간 법에 관한 기초논문인 "사이버공간에서의 헌법"에서 한 예를 들고 있다.[24] 트라이브 교수는 사이버공간에서 헌법을 이해하는 방법을 간략하게 제시했는데, 그 목적은 기술의 변화가 헌법의 의미를 변화시키지 못하도록 분명하게 하는 해석방법을 채택하는 것이다. 우리는 항상 그 본래의 가치들을 유지하는 헌법 독해방법을 채택해야 한다. 사이버공간을 다룰 때 판사들은 번역자가 되어야 한다. 다른 기술들은 다른 언어들이다. 그리고 한 테크놀로지 세계에서 또 다른 테크놀로지 세계로 옮겨가도 그 의미를 유지할 수 있도록 헌법의 독해방법을 찾아내는 것이 그 목적이다.[25]

이것이 번역으로서의 충실성(*fidelity*)이다. 이러한 유형의 번역은 마치 이미 말해진 것을 단지 전달하는 것처럼 말한다. 그것은 번역행위 속에 독창성을 감추며 공손한 듯 또는 존경하는 듯이 가장한다. 이러

24) Tribe, "The Constitution in Cyberspace," 15.

25) Lawrence Lessig, "Reading the Constitution in Cyberspace," *Emory Law Journal* 45 (1996) : 896, 872 참조.

한 방식의 헌법독해는 중요한 정치적 결정은 이미 내려졌고, 필요한 것은 단지 기술적인 조정일 뿐이라고 역설한다. 그것은 마치 피아노를 한 콘서트홀에서 다른 콘서트 홀로 옮길 때 조율상태를 일정하게 유지하는 것과 같다.

그러나 트라이브가 제시하는 사례는 이 방법을 공허한 것처럼 보이게 만든다. 이 문제는 수정조항 제6조의 대면조항(*confrontation clause*)의 의미에 관한 것이다. 형사소송 절차에서 피고인에게 불리한 증인과 대면할 피고인의 권리에 관한 것이다. 트라이브 교수는 오늘날 이 조항을 어떻게 읽어야 하는지 반문한다. 그는 헌법제정 당시의 대면기술은 매우 단순했다고 주장한다. 대면은 양방향이었다. 만일 증인이 피의자와 대면한다면 피의자가 증인과 대면하게 되는 것은 필연적일 수밖에 없다. 이것은 당시의 기술에 의해 우리에게 주어진 필연성이었다. 그러나 오늘날엔 일방적인 대면이 가능하다. 증인은 피의자를 볼 수 있으나 피의자는 증인을 볼 수 없다. 따라서 문제는 대면조항이 일방향의 대면과 양방향의 대면 중 어느 것을 요구하는가 하는 것이다.[26]

가능한 기술에 관한 트라이브의 설명이 맞고, 헌법제정자들은 당시의 기술이 허용하는 대면조항만을 포함하였다고 인정해 보자. 진짜 문제는 그 다음 단계에 있다. 두 가능성, 즉 일방대면이나 양방대면 모두가 기술적으로 가능한 지금 헌법은 이 중 어느 것을 요구하는가?

1990년 메릴랜드 대 크레이그 판결(*Maryland v. Craig*)에서 법원의 답은 명백했다. 헌법은 오직 일방대면만을 허용한다는 것이다. 양방대면을 해야 할 이익이 그렇게 크지 않는 한, 일방대면만을 허용하는 대면제도는 원래 조항을 공정하게 번역한 것이다.[27] 정치적 선택의 문제로서 나는 확실히 이 답을 좋아한다. 그러나 판결의 근거가 무엇

---

26) 이 예의 출처는 *Maryland v. Craig*, 497 US 836 (1990).

27) Tribe, "The Constitution in Cyberspace," 15 참조.

인지는 잘 이해할 수 없다. 나에게는 이 문제가 헌법제정자들이 결정하지 않은 문제이며, 설령 그들에게 제시하더라도 그들의 의견이 나뉘어졌을 그런 문제로 보인다. 1791년의 기술을 놓고 볼 때 그들은 일방대면과 양방대면을 구분할 필요가 없었다. 해당 가치들이 충돌하는 측면에서 보면 그들이 이 문제를 어떻게 결정하였을지 불분명하다. 그러므로 마치 헌법제정자들이 이 문제에 해답을 주었던 것처럼 말하는 것은 잘못된 것이다. 헌법제정자들은 어떠한 답도 제시하지 않았으며, 나의 관점에서 볼 때 그들이 말한 것으로부터 어떠한 답도 도출될 수가 없다.

제 2장에서 다룬 웜처럼 대면조항은 잠재된 모호성을 잘 보여준다.[28] 사이버공간상에서 헌법은 이러한 잠재된 모호성을 숱하게 드러낼 것이다. 그리고 이러한 모호성은 우리로 하여금 선택을 하게 한다. 우리는 어떻게 나아갈 것인가? 선택은 그렇게 끔찍한 것이 아니다. 우리가 결정해야 한다고 해서 재앙은 아니다. 그러나 여기에 내가 생각하는 문제의 핵심이 있다. 제 4부에서 상세히 다루겠지만, 법원의 지금의 태도와 법문화를 전반적으로 고려해볼 때, 헌법적 선택은 비용이 많이 든다. 우리는 이러한 선택을 하는 데 서투르며, 빠른 시간 내에 나아질 것 같지도 않다.

어떻게 나아갈 것인가에 대해 해답이 없을 때, 번역이 문제를 미해결의 상태로 놔두었을 때 헌법적 관행에서 두 가지 형태의 대응방법이 있다. 한 방법은 소극적인데, 법원은 단지 입법부가 원하는 대로 결정

---

28) "잠재적 모호성은 외적인 사실이나 부대적인 사실로부터 발생한다. 그러한 사실들은 문언이 명백하고 모호하지 않더라도 성문법의 의미를 불확실하게 만든다. 잠재적 모호성의 통상적인 예는 문구가 특정한 사람이나 사물을 지칭하고 겉으로 보기에는 명백하게 보이지만, 외부의 대상에 적용할 때에는 둘 또는 그 이상의 것들에 동일하게 적용되는 경우이다." *Williston on Contracts*, 3d ed., edited by Walter H. E. Jaeger (Mount Kisco, N.Y.: Baker, Voorhis, 1957), 627, 898.

하도록 내버려두는 것이다. 이는 스칼리아 대법관이 수정조항 제14조의 문맥에서 강력하게 주장한 대응방법이다. 헌법제정자들이 "논쟁할 필요가 없었던" 문제들에 관하여 헌법은 말하지 않는다.[29] 이 경우, 오직 입법부만 이 헌법적 가치의 문제에 관여하고 권한을 행사할 수 있다. 결국 헌법이 지속적으로 무엇을 의미하게 될 것인지를 말할 수 있는 것은 오로지 입법부뿐이다.

두 번째 대응방법은 보다 적극적인데, 법원이 헌법제정 시 표출되지 않았던 헌법적 가치를 명료하게 하는 방법을 찾는 것이다. 법원은 궁극적으로 다른 곳에서 해결될 수도 있는 논쟁에 초점을 맞추기 위해서 이 근본적 가치들에 관한 대화가 활성화되도록 돕거나, 최소한 이러한 대화에 자신들의 목소리를 보탤 수 있다. 첫 번째 대응은 아무것도 하지 않는 방법이다. 반면 두 번째 대응은 새로운 문제를 직시하고 해결하는 수단으로 헌법적 가치에 관한 대화를 고취시키는 방법이다.[30] 나는 사이버공간에 대해 첫 번째 방식으로 대응하게 될까 두렵다. 헌법적으로 중요한 문제들이 입법적으로 결정되는 동안 헌법적 가치들을 명확하게 밝히는 데 가장 책임이 큰 기관들이 뒷짐 지고 물러서있게 될까봐 두렵다. 내가 보기에 법원들이 사이버공간에서 발생하는 문제들을 새로운 것이라고 생각하기 때문에 뒷전으로 물러나 있는 것이다. 이러한 새로움이 법원으로 하여금 그 문제들을 정치적 사안이라고 느끼게 하고 정치적인 문제라고 판단되면, 법원은 문제해결에서 발을 뺀다.

---

29) *United States v. Virginia*, 518 US 515, 566~67 (1996) (스칼리아 대법관의 반대의견) 참조.

30) 관련된 작업이 "신사법소극주의"(New Judicial Minimalism)란 별칭으로 실행되었다. Christopher J. Peters and Neal Devins, "Alexander Bickel and the New Judicial Minimalism," in *The Judiciary and American Democracy*, Kenneth D. Ward and Cecilia R. Castillo, eds. (Albany: State University of New York Press, 2005).

내가 이러한 상황을 두려워하는 이유는 입법부가 두려워서가 아니라 우리 시대에 입법부의 차원에서 이뤄지는 헌법적 담론이 너무나도 얄팍하기 때문이다. 철학자 버나드 윌리엄스는 연방대법원이 헌법적 가치를 명확히 규정하는 데 너무나도 중심적인 역할을 맡아왔기 때문에 입법부가 더 이상 그러한 역할을 하지 못한다고 주장하였다.[31] 윌리엄스의 말이 맞건 틀리건 간에 이 점은 분명하다. 현재 미국 의회의 헌법적 담론 수준은 사이버공간에 의해 제기될 헌법적 가치들의 문제를 다루기에는 턱없이 낮다.

우리가 이러한 담론의 얄팍함을 어떻게 극복할 수 있을지 불투명하다. 헌법적 사고는 너무 오랫동안 법률가들이나 판사들의 영역에 머물러왔다. 이미 중요한 문제들은 모두 해결되었으며, 이제 우리의 과제는 단지 현대에 맞게 그것들을 해석하는 것이라고 자부하는 사고방식에 사로잡혀 왔다. 그 결과 아직 해답이 없다는 생각이 들면 어떻게 해결해야 할지 당황하게 된다. 전 세계의 국가들이 헌법적 가치들을 표명하고 포용하려고 분투하고 있는 이때, 가장 오래된 성문헌법의 전통을 갖고 있는 우리는 헌법적 가치들을 포용하고 명료화하며 결정을 내리는 관행을 잃어가고 있다.

제15장에서 이 문제를 다시 다룰 것이다. 이제 내가 주장하고자 하는 바를 간략히 정리하겠다. 번역은 사이버공간이 제기하는 선택의 문제를 다루는 한 방법이다. 그것은 맥락들을 넘어서 동등한 가치를 발견하는 방법이다. 그러나 다음 장들에서 다루게 될 네 응용영역에서 나는 그 문제에 압박을 가할 것이다. 과거로서 충분한가? 헌법제정자들이 다루지 않은 선택들이 있는가? 그것들은 우리가 결정해야 하는 선택들인가?[32]

---

31) Bernard Williams, "The Relations of Philosophy to the Professions and Public Life"(미출간 원고) 참조.

32) 이러한 문제에 대한 사법심사의 강력한 역할을 강하게 비판하는 주장에 대

해서는, Orin Kerr, "The Fourth Amendment and New Technologies: Constitutional Myths and the Case for Caution," *Michigan Law Review* 102 (March 2004): 801.

제 10 장
지적 재산권

해럴드 리브스는 나의 가장 뛰어난 연구조교 가운데 한 명이었다. (아! 그러나 더 이상 그의 모습을 법조계에서 볼 수 없게 되었다. 그는 사제가 되었다!) 그는 시카고 로스쿨 2학년 초일 때 법학 잡지에 실린 논문인 학생 "평석"(*comment*)을 집필하기 위한 아이디어를 가지고 나를 찾아왔다.[1] 그 논문의 주제는 사이버공간에서의 침해금지법(*trespass law*)에 관한 것이었다. 법은 현실공간에서의 침해금지법처럼 사이버공간의 공간 소유자를 보호할 수 있는가의 여부 및 그 방법에 관한 것이었다. 리브스의 기본적인 생각은 단순했다. 사이버공간에서는 침해금지법이 있어서는 안 된다.[2] 법은 사이버공간의 공간 소유자들에게

1) Harold Smith Reeves, "Property in Cyberspace," *University of Chicago Law Review* 63 (1996): 761.

2) 그러나 종국적으로 그의 결론은 이것이 아니었다. 그의 아이디어는 사이버공간에서는 경계들이 보호되어서는 안 된다는 것이 아니라, 사이버공간의 자유로운 속성에 따라 맥락이 특정되는 비전통적인 라인을 따라 경계가 설정되어야 한다는 것이었다. 리브스는 이 결론에 의거하여 법은 사이버공간

침해에 대한 법적 보호를 인정해서는 안 되며, 그들이 스스로 방어할 수 있도록 해야 한다는 것이다.

나는 리브스의 생각이 약간 미숙했기 때문에 결과적으로 틀렸다고 생각한다.[3] 그러나 그의 통찰력은 대단히 뛰어난 것이었으며, 사이버공간 법을 탐구하는 데 핵심적인 관점을 담고 있었다.

그 관점은 리브스가 제시했던 것보다는 투박하지만 간략히 말하면 다음과 같다. 법은 사이버공간 상에서 재산적 이익을 보호할 수 있는 가장 효과적 수단이 무엇인지 물어야 한다는 것이다. 두 가지 보호방법이 가능하다. 첫 번째는 전통적인 법적 보호이다. 법은 타인이 들어와서는 안 되며, 그럼에도 불구하고 들어온 사람을 처벌한다. 두 번째 방법은 울타리(*fence*)이다. 그것은 원치 않는 것이 들어오지 못하도록 막는 기술적 장치, 즉 코드의 일종이다. 물론 현실세계에서 우리는 법과 법을 보완하는 울타리를 모두 가지고 있다. 분명히 법과 울타리를 어느 정도 최적의 상태로 혼합할 수 있다. 두 가지 방법 모두 비용이 들며, 각각의 효과는 반드시 동일하지 않다. 사회적 관점에서 볼 때 우리는 최소의 비용으로 최상의 효과를 얻을 수 있는 혼합을 원할 것이다(경제학적으로 말하자면 우리는 한 단위의 보호를 위한 한계비용이 한계이익과 동일하게 되는 혼합을 원할 것이다).

현실공간에서 이러한 생각은 때때로 국가가 아닌 시민에게 보호의 부담을 전가시켜야 한다고 암시하고 있다. 예를 들어, 만일 농부가 귀중한 씨앗들을 그의 농장으로부터 멀리 떨어진 곳에 저장하려 한다면, 그는 경찰에게 그 지역의 순찰을 강화하거나 절도범에 대한 처벌을 강

의 환경과 그 공간에서 거래하는 사람들의 이해관계 모두를 고려해야 한다고 주장한다. Ibid., 799.

3) Cf. Yochai Benkler, "Free as the Air to Common Use: First Amendment Constraints on Enclosure of the Public Domain," *New York University Law Review* 74 (1996): 354.

화해 줄 것을 요구하기보다는 자신이 씨앗을 보호하기 위한 울타리를 설치하는 비용을 부담하는 것이 더 나을 것이다. 그렇다면 문제는 국가적 보호와 사적 보호의 비용과 이익 간의 조화에 있다.

리브스의 사이버공간에 대한 직관은 이와 동일선상에 놓여 있다. 사이버공간의 공간보호를 위한 최적의 방법은 공적인 법과 사적인 울타리 사이의 혼합이다. 혼합을 결정할 때 제기되는 문제는 어떻게 보호하는 것이 비용이 가장 적게 드는가에 있다. 이 맥락에서 리브스는 법을 집행하는 데 드는 비용 때문만이 아니라 사이버공간의 합법적 이용과 불법적 이용을 구별하는 것이 매우 어렵기 때문에 법적 비용이 엄청나게 높다고 주장한다. 사이버공간의 공간을 사용할 수 있는 수많은 행위자들, 즉 웹검색엔진을 위해 데이터를 수집하는 웹스파이더들, 넷(*Net*)을 항해하면서 원하는 자료를 검색하는 브라우저들, 공간의 보안 상태를 테스트하는 좋은 의미의 해커와 훔치기 위해서 깨고 침입하는 나쁜 의미의 해커 등이 있다. 법은 사전에 어떤 행위자가 공간을 합법적으로 이용하고, 어떤 행위자가 불법적으로 이용하는가를 구별하기 힘들다. 합법성은 접근을 부여하는 사람의 의지에 달려있다.

리브스는 다음과 같이 자신의 아이디어를 전개했다. 여기서 소유자의 의지가 매우 결정적이며, 사이버공간에서 그러한 의도를 반영할 수 있는 울타리는 싼 값으로도 만들어질 수 있기 때문에 소유자가 원하는 대로 접근을 규정할 수 있도록 그에게 모든 동기를 부여하는 것이 가장 좋은 방법이라는 것이다. 살펴볼 수 있는 권리(*right to browse*)는 규범이 되어야 하고, 문을 잠가야 하는 부담은 소유자가 져야 한다.[4)]

---

4) 모린 오르케는 웹사이트가 사이트들간의 링크를 통제하거나 금지하기 위해서 사용되는 기술을 설명하면서 사이버공간이 제공할 수 있는 기술적인 울타리에 관한 아이디어를 확장하였다. Maureen O'Rourke, "Fencing Cyberspace: Drawing Borders in a Virtual World," *Minnesota Law Review* 82 (1998): 610, 645~47 참조. *Thrifty-Tel, Inc. v. Bezenek*, 46

이제 리브스의 논거를 뒤로 하고, 다른 것처럼 보일 수도 있지만 사실은 매우 똑같은 아이디어에 관해 잠시 생각해 보자. "절도"와 그에 대한 보호를 살펴 보자.

· 나는 집 뒤에 장작더미를 쌓아두었다. 아무도 그것을 훔쳐가지 않는다. 만약 내가 밤새도록 자전거를 밖에 내놓는다면, 자전거는 없어질 것이다.
· 내 친구는 자기가 사는 시 당국은 관광객이 많이 오는 해변마을에서 꽃을 재배하는 것이 불가능하다고 생각했었다고 나에게 말했다. 사람들이 꽃을 바로 꺾어가기 때문이었다. 하지만 오랜 기간 "공동체 의식" 캠페인 이후로 지금은 더 이상 사람들이 꽃을 꺾어가지 않는다고 그는 자랑스럽게 말한다.
· 자동차, 비행기, 선박의 절도에 관한 특별법들이 있다. 고층빌딩의 절도에 관한 특별법은 없다. 자동차, 비행기, 선박은 보호를 필요로 한다. 고층빌딩은 완전히 스스로 보호한다.

Cal. App. 4th 1559 (Cal. Ct. App. 1996) (피고의 자녀가 장거리 통화를 위해서 원고의 비밀코드를 해킹한 사건에서 동산을 침해했다는 주장); *Intel v. Hamidi*, 30 Cal. 4th 1342 (Cal. 2003) (전직 직원이 동료직원들에게 이메일을 보내기 위해서 인텔사의 고용인 리스트 서브를 사용함으로써 동산을 침해했다는 사건); *eBay v. Bidder's Edge*, 100 F. Supp. 2d 1058 (D. Cal. 2000) (이베이는 인터넷 기반 경매집단인 비더스 에지사가 자사의 허락 없이 자동조회기능을 사용하는 것을 금지시켜달라는 소를 제기함); *Register. com v. Verio*, 356 F. 3d 393 (2d. Cir. 2004) (레지스터닷컴사는 베리오사가 자사의 웹사이트에서 제공되는 리스트를 이용해서 비즈니스를 꾀하고자 자사의 상표나 온라인상의 데이터베이스를 사용하는 것을 금지시켜달라고 소를 제기함); *America Online, Inc. v. IMS*, 1998 U. S. Dist. LEXIS 20645 (D. Va. 1998) 〔아메리카 온라인은 IMS사가 자사의 회원들에게 불필요한 대량 이메일 광고를 보낸 행위가 랜햄법(Lanham Act)을 위반한 것이라고 주장함. 15 U. S. C. S 1125〕.

많은 것들이 절도에 대해 서로 다른 형태로 재산을 보호한다. 나의 장작더미를 훔쳐가는 것보다 자신의 것을 구입하는 것이 싸기 때문에 시장은 나의 장작더미를 보호한다. 훔친 자전거는 쉽게 팔리기 때문에 시장은 내 자전거에 특별한 위협이 된다. 규범은 공원의 꽃들을 보호하기도 하고 때로는 보호하지 않는다. 자연은 자동차, 비행기, 선박 등의 절도범과 공모하지만, 고층빌딩의 절도범과는 적이다.

이러한 보호들은 고정된 것이 아니다. 나는 내 자전거에 자물쇠를 채울 수 있고, 그렇기 때문에 탈취를 더 어렵게 할 수 있는 현실공간의 코드를 이용할 수 있다. 수요가 증가함에 따라 장작이 부족해진다면 보호하기 어렵게 된다. 도시의 아름다움에 대한 공공 캠페인은 꽃의 훼손을 막을 수 있을 것이다. 독특한 꽃을 선별하는 것도 동일한 기능을 할 수 있다. 정교한 자물쇠는 훔친 차를 무용지물로 만들 수 있다. 고도의 수법을 사용하는 은행 사기범은 고층빌딩을 취약하게 할 것이다. 여기에서 논점은 주어진 것이거나 불변적인 것이 아니라 다변적이고 그 양상이 다양하다는 것이다.

재산은 법, 사회규범, 시장 그리고 현실세계의 코드가 산출해내는 상이한 보호들의 총합에 의해 보호된다. 이것은 제 7장의 주장을 함축하고 있다. 적용한 것이다. 국가의 입장에서 볼 때, 우리가 법을 필요로 하는 경우는 나머지 세 양식이 재산을 침해로부터 충분히 보호하지 못할 때이다. 시민의 입장에서 본다면, 자물쇠와 같은 현실세계의 코드는 법과 사회규범만으로 충분히 보호되지 않을 때 필요하다. 재산이 어떻게 보호되는지를 이해한다는 것은 이 다양한 보호양식들이 어떻게 함께 작용하는가를 이해하는 것을 의미한다.

리브스의 생각과 장작더미와 고층빌딩에 관한 생각들은 법이 "재산"을 보호할 수 있는 상이한 방법들을 시사해주며, 법이 보호하고자 하는 재산의 종류의 범위를 제시하고 있다. 또한 그것들은 브라이어 대법관을 비롯해서 많은 사람들이 제기했던 물음을 이끌어낸다. 법은 도

대체 어떤 종류의 재산, 구체적으로 지적 재산을 보호해야 하는가?[5]

법이 보호할 수 있는 재산의 종류 가운데 이 장에서는 저작권에 의해서 보호되는 재산에 대해서만 초점을 맞추기로 하겠다.[6] 사람들은 이러한 재산들이 모든 유형의 재산 가운데 사이버공간이 가져올 수 있는 변화에 가장 침해받기 쉽다고 말한다. 많은 사람들이 사이버공간에서 지적 재산은 보호될 수 없다고 말한다. 지금까지 내가 개괄했던 방식으로 말하면, 우리는 왜 그러한지, 사람들이 말한 것이 왜 잘못되었는가를 이해하게 될 것이다.

---

5) 예를 들어, Stephen Breyer, "The Uneasy Case for Copyright: A Study of Copyright in Books, Photocopies, and Computer Programs," *Harvard Law Review* 84(1970): 281 참조.

6) 이처럼 분리된 형태의 규제(저작권, 특허권, 상표권)가 모두 "지적 재산권"으로 포함되어야 하는가에 대해서 격렬한 논쟁이 있다. 나는 이 물음에 대해서 두 방향에서 접근해왔다. 그러나 최근 나는 이 상이한 법체제들을 "지적 재산"으로 언급하지 않는 것이 오히려 유해하다고 믿는다. 물론 영역들은 다르지만, 이들을 동일한 이름으로 칭한다고 해서 반드시 혼란을 초래하지는 않는다(비록 고양이와 호랑이를 "고양이과"라고 부르지만, 어느 누구도 그들의 차이점을 혼동하지는 않는다). 보다 중요한 점은 그것들을 동일한 이름으로 부르지 않음으로써 이 다양한 형태의 재산을 취급하는 방식에서 비일관성을 지적해낼 기회를 상실하게 된다는 점이다. 예를 들어 당신이 "저작권"으로부터 이러한 형식성이 부재한다는 사실을 인지하게 될 때, 왜 한 형태의 "지적 재산"은 형식성으로부터 자유로운데, 다른 두 가지는 그렇지 않은지 의문을 갖게 될 것이다.

1. 저작권 소멸 보고서

대략적으로 설명하면, 저작권은 저작권자에게 저작물에 대한 배타적 권리를 부여한다. 특히 저작물을 복제할 수 있는 배타적 권리를 부여하고 있다. 나는 이 책에 대한 저작권을 가진다. 아주 특별한 예외가 아니라면 그것은 당신이 나의 허가 없이 이 책을 복사할 수 없음을 의미한다. 그 권리는 법과 규범이 그것을 지지하는 범위까지 보호된다. 그리고 기술은 복사를 쉽게 만드는 범위만큼 저작권을 위협한다. 법이 강화되고 기술이 변하지 않고 그대로 유지된다면 저작권은 보다 강력해진다. 반면 복제기술이 발전하지만 법이 그대로라면 그 권리는 훨씬 약화된다. 이런 의미에서 저작권은 항상 기술과 대치되어 왔다. 인쇄기, 특히 종이를 사용하기 전에는 작가의 저작권을 크게 보호할 필요가 없었다. 복제비가 굉장히 비쌌기 때문에 그 자체가 권리를 보호하였다. 그러나 복제비가 싸지고 복제기술이 확산됨에 따라 작가의 통제권에 대한 위협이 증가하였다. 새로운 세대가 이전보다 나은 기술을 만들어냄에 따라 저작권자가 그들의 지적 재산을 보호할 수 있는 능력이 감소되어 왔다.

그러나 최근까지 이러한 변화에 대한 법의 대응은 신중하고 점진적이었다. 20세기가 시작하는 시점에서 소리를 녹음하고 재생하는 기술이 등장함에 따라 작곡가들은 위협을 느꼈다. 그리하여 작곡가들이 비록 제한적이지만 녹음으로부터 얼마간 수익을 얻을 수 있도록 새로운 법이 제정되었다. 라디오가 음악을 방송하기 시작하면서 작곡가들은 자신의 작품이 공중에게 방송되는 것에 대한 보상을 받을 권리를 갖게 되었다. 그러나 노래를 연주하는 연주자들은 자신의 연주에 대한 보상을 받지 못하였다. 의회는 이 문제를 손대지 않기로 결정하였다. 케이블텔레비전이 공중파 방송을 재송출하게 되면서 원 방송의 저작권자들이 자신의 저작물이 보상 없이 방영되는 것에 대해 불만을 제기했다.

의회는 그들에게 제한된 범위에서 재방송물로부터 수익을 얻을 수 있는 권리를 부여하였다. VCR이 공중파에서 방영되는 프로그램을 손쉽게 녹화할 수 있게 하자 저작권 소유자들은 "해적 행위"라고 비난하였다. 의회는 그러한 불평에 대하여는 대응하지 않기로 하였다. 이렇듯 기술의 변화는 의회로 하여금 새로운 권리를 창출하도록 하였고 어떤 경우에는 그렇지 않았다. 그러나 이러한 역사의 흐름을 보면 새로운 기술들이 문화를 보급할 수 있는 능력을 갖추게 될 때 포용되었다.

같은 시기에 저작권의 보호를 받는 콘텐츠에 대한 규범 역시 진화했다. 그러나 이러한 규범의 특징을 하나로 얘기하자면 다음과 같이 말할 수 있다. 저작권법을 위반하지 않는 범위 내에서 법적으로 정당하게 구입한 저작물을 소비자는 자신이 원하는 대로 할 수 있었다. 이러한 규범은 1909년까지는 사실로 인정되었다. 그 이전에는 법이 기술적으로 "복제"에 대해서 아무런 규제를 하지 않았다. 소비자가 저작권법에 의하여 보호되는 저작물의 내용을 어떻게 사용하더라도 저작권법의 배타적 권리에 대한 침해여부가 문제되지 않았다. 1909년 이후에는 법이 "복제"를 규제했지만, 복제물을 생산하는데 필요한 기술이 폭넓게 확산되었다. 제록스(Xerox) 기계를 둘러싸고 논쟁이 생겨났고 약간의 개정이 있었다.[7] 그러나 사실상 소비자들과 저작권법 간의 첫 번째 충돌은 카세트테이프가 음악 녹음을 용이하게 해주면서 발생했다. 어떤 경우 음악 복제는 "혼합테이프(*mixed tape*)"를 만들기 위한 것이었고, 다른 경우 정품을 사지 않기 위한 것이었다. 수년간의 논쟁

7) Paul Goldstein, *Copyright's Highway: From Gutenberg to the Celestial Jukebox* (Stanford: Stanford University Press 2003), 64, 103. "과거에 나는 이것이 텔레비전, 영화, VCR 그리고 저작권법에 의해서 영향을 받는 모든 것들에 영향을 주게 될 것이라고 생각하지 못했다. 우리가 활발하게 움직일 때조차도 생각지 못했다. 우리는 아주 단순한 기계인 제록스를 다루고 있었다. 그러나 이제 그것은 끔찍할 정도로 복잡해졌다."

끝에 의회는 집에서 녹음하는 것에 대하여 법적 제재를 가하지 않기로 했다. 그 대신 가내음원녹음법(Audio Home Recording Act)에서 의회는 이러한 소비자 행위가 저작권법의 예외에 해당하도록 규정하였다. 이러한 변화들은 소비자들로 하여금 자신들이 정당하게 구입한 저작물에 대하여 자유롭게 이용할 수 있다는 규범에 대한 인식을 강화했다. 대부분 소비자들이 사용할 수 있는 기술들이 있었음에도 불구하고 소비자들이 어떻게 사용하더라도 저작권법상 아무런 문제가 없었으며(예를 들어, 자신의 책을 책방에 다시 파는 행위), 저촉이 될 경우 법은 그러한 행위를 보호하도록 수정되었다(예를 들어, 카세트테이프).

법률은 소비자들에게 영향을 미치지 않는다는 실질적인 사회규범에 따라 법률상 점진적으로 변화해왔다. 그런데 디지털 기술은 엄청난 충격이었다. 첫째, 기술적 측면에서 볼 때, 디지털 기술은 아날로그 기술과 달리 원 저작물에 대한 완벽한 복제물의 생산을 가능하게 하였다. 그러므로 복제물을 통해 벌 수 있는 돈이 더 커졌다. 둘째, 역시 기술적 측면에서, 인터넷 디지털 기술은 인터넷을 통해 콘텐츠를 자유롭게 (더욱 효율적이며 익명성을 보장하는 방식으로) 배포하는 것을 가능하게 하였다. 따라서 복제물의 이용이 훨씬 용이해졌다. 셋째, 사회규범적 측면에서 볼 때, 자신이 갖고 있는 콘텐츠를 자유롭게 사용할 수 있다고 생각해온 소비자들은 인터넷을 통해서 이 콘텐츠를 다른 사람들이 이용할 수 있도록 새로운 디지털 툴을 사용하였다. 넵스터(Napster)와 같은 기업들은 이러한 행위를 더욱 촉진시켰다. 그러나 이러한 행위들은 넵스터의 존재 이전이나 이후에도 존재했었다. 넷째, 법적 측면에서 보면 인터넷의 기반기술이 인터넷상에서 공유되는 콘텐츠의 속성이나 누가 공유하고 있는지를 알려주지 못하기 때문에, 이러한 대규모의 공유를 법적으로 제재하기가 쉽지 않았다. 다섯째, 저작권자들의 관점에서 보자면 디지털 기술과 인터넷은 그들의 사업에 엄청난 시련을 가져왔다. 만약 그들이 저작 복제물의 배포를 통제함으로써 돈을 번다는 사실을 이해한다면, 그들이 왜 인터넷을 그렇게 중대한 위협으로 받아들이는지를 이해할 수 있을 것이다.

콘텐츠 산업은 이러한 변화에 재빠르게 대응하였다. 첫 번째 방어전략은 보다 공격적인 규제체계였다. 사이버공간 전문가들의 예측에도 불구하고 모든 사람들이 저작권법이 죽었다고 인정하지 않을 것이기 때문이다. 지적 재산권 전문 법률가들과 이해집단은 이미 사이버공간이 소멸시켜 버릴지도 모르는 지적 재산권을 보호하기 위해서 법이 버팀목이 되어야 한다고 압력을 가하였다.

2. 법적 구제

이러한 압박에 대한 첫 번째 대응은 1995년 상무성의 백서였다. 백서는 지적 재산권에서의 "균형"을 회복할 목적으로 일련의 수정안을 개략적으로 설명하고 있다. "지적 재산권과 국가정보 기반구조"라는 표제의 이 보고서는 넷이 가져올 변화에 대응하여 법의 개정을 권고하였을 뿐만 아니라, 현재의 지적 재산권법을 누구든지 이해할 수 있는 용어로 고쳐서 설명하고 있다. 그러나 학자들이 즉각적으로 지적한 것처럼 첫 번째 부분은 실패였다.[8] 그 보고서는 소련의 역사가들이 스

---

8) "Intellectual Property and the National Information Infrastructure: The Report of the Working Group on Intellectual Property Rights," U.S. Department of Commerce, 1995; 이후 "White Paper"로 인용. George Smirnoff Ⅲ는 다음의 글에서("Copyright on the Internet: A Critique of the White Paper's Recommendation for Updating the Copyright Act and How the Courts Are Already Filling in ItsMost Important Shortcoming, Online Service Provider Liability," *Cleveland State Law Review* 44 〔1996〕: 197) 그 백서는 완결성, 일관성, 적절한 고려 등을 결핍하고 있다고 비판하고 있다. Pamela Samuelson, "The Copyright Grab," *Wired* (January

탈린 정부 이야기를 "다시 언급하지" 않듯이, 기존의 법을 "재진술하지" 않았다. 이 보고서는 아주 분명하게 지적 재산권 보호를 강화하는 방향으로 치우쳐 있었지만 그러한 편향을 마치 자연적인 현상인 것처럼 가장하였다.

그러나 우리의 목적상 가장 중요한 것은 권고 부분이다. 정부는 사이버공간을 통해 나타난 위협에 대해서 네 가지 대응방안을 제시했다. 제 7장의 논의를 통해서 이러한 대응방안에 익숙해 있을 것이다.

첫 번째 방안은 전통적인 것이다. 정부는 저작권법이 보호하려는 권리를 "명확하게 하기" 위하여 저작권법의 개정을 제안하였다.[9] 이 개정안은 지적 재산권법에서 인정된 권리들을 보다 명확하게 규정하고, 침해에 대해서 명백하고 무거운 법적 처벌로 이 권리들을 뒷받침하고자 했다.

두 번째 방안은 규범, 특히 복제규범에 관한 것이었다. 보고서는 교육에 대한 적극적인 투자를 권고하였다. 이는 학교에서뿐만 아니라 일반 공중에게 지적 재산권의 특성과 그 보호의 중요성에 대한 교육을 강화하는 것이었다. 제 7장에서 언급한 대로 이것은 사회규범이 지적 재산을 더 잘 보호할 수 있도록 이 규범들을 변화시키기 위해 법을 이

1996): 134, 136 참조. 그러나 이와 반대로 Gary W. Glisson은 백서가 지적재산법의 내용을 잘못 기술하거나 급격한 변화를 제시하지도 않았다고 주장한다("A Practitioner's Defense of the White Paper," *Oregon Law Review* 75[1996]: 277). 사이버공간에 의해 제기되는 저작권의 문제에 관한 포괄적인 분석에 대해서는, Trotter Hardy, "Project Looking Forward: Sketching the Future of Copyright in a Networked World," U.S. Copyright Office final report (1998) 참조. link #63 참조.

9) 백서가 요구하는 변화를 요약한 것으로는, 브루스 레만(Bruce Lehman)이 Culture and Economics of Participation in an International Intellectual Property Regime에 관한 엥겔버그 학술대회에 앞서 언급한 것을 참조. reprinted in *New York University Journal of International Law and Politics* 29(1996~97): 211, 213~15 참조; "White Paper," 17.

용하는 것이다. 사회규범들을 직접 규제함으로써 행위를 간접적으로 규제하는 것이다.

세 번째와 네 번째 방안은 기술과 시장을 혼합하는 것이었다. 이 보고서는 재정 보조금과 특별 법적 장치를 통한 “저작권 관리체제”의 법적 지원을 권고하였다. 이러한 체제들은 단순히 저작물에 대한 접근과 이용을 보다 용이하게 통제할 수 있는 기술을 의미한다. 우리는 이 체제들을 이 장의 후반부에서 살펴볼 것이다. 지금은 간접규제의 다른 사례, 즉 특정한 소프트웨어 도구가 발전하도록 보조하기 위해 시장을 이용하고 그 밖의 소프트웨어 도구의 속성을 규제하기 위해 법을 사용하는 사례들을 살펴보겠다. 정부는 저작권 관리체제에 재정적 지원을 하고 있으며, 그 체제를 깨는 소프트웨어를 개발하는 사람을 형법상 처벌하겠다고 위협하고 있다.[10]

의회는 몇몇 측면에서 1995년 백서의 권고에 따랐다. 가장 중요한 것은 디지털 밀레니엄 저작권법(Digital Millennium Copyright Act, DMCA)을 1998년 제정했다는 점이다. 이 법은 “기술적 보호조치”를 법적으로 보호해야 한다는 백서의 권고를 그대로 이행한 것이었다. 누군가가 저작물에 대한 접근 혹은 사용을 통제하기 위한 코드의 이용은 DMCA의 적용하에서 특별한 법적 보호를 받을 수 있게 되었다. 코드의 우회적 사용은 몇몇 중요한 예외를 제외하고는 법률 위반에 해당된다.

DMCA에 대해서는 나중에 다시 살펴볼 것이다. 그러나 여기서 중

10) 가장 중요한 위협은 디지털 밀레니엄 저작권법(Digital Millenium Copyright Act)의 우회금지조항이다. 이 조항은 비록 원 자료의 사용 자체가 공정사용이라 하더라도 저작권 보호장치를 우회하는 코드를 제작하는 행위를 범죄로 간주한다. Pub. L. 105-304, 112 Stat 2877 (1998) (권한 없는 사용을 방지하는 기술적 방법을 무력화시키는 장치, 제품, 부품의 제작, 수입 및 배포를 금지한다).

요한 것은 백서 바탕에 깔린 전제를 이해하는 것이다. 1995년의 제안들은 산발적인 기법들을 담고 있었다. 지적 재산권을 더 잘 보호할 수 있도록 법의 개정, 사회규범들을 변경시키기 위한 지원, 사이버공간의 코드를 변경시키기 위한 다양한 지원책들이었다. 아마도 1995년 당시에 이것보다 더 나은 것을 기대할 수 없었을 것이다. 법은 사이버공간으로 인해 발생한 균형의 변동을 다루기 위해 균형 잡힌 대응방안을 약속하였다.

균형은 매력적이고 중용은 옳은 것처럼 보인다. 그러나 이러한 접근에 무엇인가가 빠져 있다. 백서는 사이버공간에서의 지적 재산권 보호 문제를 마치 현실공간에서의 지적 재산권 보호 문제처럼 서술하고 있다. 백서는 마치 네 가지 제약요인들이 현실공간 내에서와 동일한 비율로 작동하게 될 것처럼, 근본적인 것은 아무것도 변하지 않은 것처럼 다루고 있다. 그러나 근본적인 것들이 변하였다. 지적 재산권의 보호에 코드가 수행하는 역할이 변했다. 코드는 사이버공간 상의 지적 재산을 우선적으로 방어하는 수단으로서 법을 대체할 수 있으며, 앞으로 더욱 그렇게 될 것이다. 이것은 공적인 법이 아니라 사적인 울타리이다.

백서는 이 사실을 간과하고 있다. 백서의 산발적인 아이디어들은 사이버공간의 본질을 무정부 상태로 보는 근본적으로 잘못된 관점 위에서 제시된 것이었다. 백서는 가능한 모든 분야에서 법의 강화를 약속한다. 백서는 마치 폭풍우에 대비하는 선박처럼 그 문제에 접근한다. 어떤 사태가 발생하든 저작권에 대한 위협이 실재하며, 피해가 발생할 것이고, 우리가 할 수 있는 최선책은 폭풍을 극복하는 것이라는 것이다. 이것은 근본적으로 잘못되었다. 우리는 저작권이 현실공간보다 더 위협받는 시대로 접어들고 있는 것이 아니다. 오히려 우리는 구텐베르크 이래 그 어느 때보다 저작권이 더욱 효과적으로 보호되는 시대에 들어와 있다. 저작물에 대한 접근과 이용에 관한 규제력이 거의 완벽해질 것이다. 1990년대 중반에 전문가들이 무엇을 생각했건 사이버 공간은 저작권자들에게 그들이 지금까지 알고 있는 가장 큰 보호를 선사할 것이다. 그러한 시대에, 실제적인 법의 문제는 법이 어떻게 보호에 조력할 수 있는가가 아니라 그 보호가 너무 지나치지 않은가라는 것이다. 사이버공간은 우리가 저작권에 관해서 생각했던 모든 것이 잘못되었다고 가르쳐 줄 것이라는 전문가들의 예측은 옳았다.[11] 그러나 앞으로 그 교훈은 저작권이 너무 지나치게 보호된다는 것이다. 문제는 저작-권리(*copy-right*)가 아니라 저작-의무(*copy-duty*)이다. 그것은 보호되는 재산에 접근을 허용해야 할 저작물 소유자의 의무이다.

이것은 엄청난 주장이다. 그러나 이 주장과 이것이 수반할 결과를 살펴보기 위해 우리는 세 가지 사례들을 살펴볼 필요가 있다. 첫 번째는 제록스 PARC 연구원인 마크 스테픽의 전망과 "신뢰시스템"(*trusted systems*)에 관한 그의 생각이다.[12] 두 번째는 신뢰시스템에 의해서 지배되는 세계가 함축하고 있는 의미이다. 세 번째는 우리가 현재 지적

---

11) John Perry Barlow, "The Economy of Ideas," *Wired* (March 1994), 129; John Perry Barlow, "Papers and Comments of a Symposium on Fundamental Rights on the Information Superhighway," *Annual Survey of American Law* 1994 (1994): 355, 358 참조. 발로우는 재산의 전통적 형태와는 달리 "아무런 물리적 특징을 갖고 있지 않은 것을 소유하는 것이 그리 쉽지 않다"고 주장하면서, "우리는 먼저 지적 재산들을 물리적인 형태로 명시하지 않고서는 그 재산들을 물리적으로 운반하는 것이 어렵기 때문에 저작권법이 잘 기능했다고 생각해왔다. 그러나 이제는 전혀 그런 일을 할 필요가 없다"고 덧붙이고 있다.

12) Mark Stefik, "Shifting the Possible: How Trusted Systems and Digital Property Rights Challenge Us to Rethink Digital Publishing," *Berkeley Technology Law Journal* 12 (1997): 137 참조; Mark Stefik, "Trusted Systems," *Scientific American* (March 1997): 78; Mark Stefik, "Letting Loose the Light: Igniting Commerce in Electronic Publication," in Stefik, *Internet Dreams*, 220~22, 226~28 참조.

재산권을 보호하려고 세운 방침에 대해 산출되지 않은 비용이다. 이 사례들은 우리의 전통이 근본적이라고 여겨온 가치들에 대해서 이 변화들이 제기할 위협으로부터 안도감을 줄 것이다. 그것들은 우리로 하여금 그 가치들에 대해서 선택하게 하며, 우리의 미래에 그 가치들이 차지하게 될 위상에 대해서 선택하게 할 것이다.

3. 사이버공간에서의 지적 재산권에 대한 약속

> 모든 것은 당신이 신뢰시스템의 개념을 진정으로 이해했는지 여부에 달려있다. 만일 당신이 그것을 이해하지 못한다면, 상거래와 전자출판에 대한 이 모든 접근을 전혀 생각할 수 없을 것이다. 만일 당신이 신뢰시스템을 이해한다면, 모든 것이 쉽게 해결될 것이다.
>
> — 랄프 메르클(Ralph Merkle), Stefik, "Letting Loose the Light"(1996)에서 인용

디지털 기술의 제 1세대 기간에는 저작물 소유자들이 누가 무엇을 복제하는지를 통제할 수 없었다. 만일 당신이 저작권으로 보호되는 사진을 복제해서 그래픽 파일로 변경한다면 원본에 아무런 영향도 미치지 않고서 그 파일을 무제한적으로 복제할 수 있다. 당신이 100번째 복제를 하더라도 그것이 첫 번째가 아닌 100번째 복제라는 것을 표시해 주는 것은 아무것도 없다. 그리고 우리가 반복적으로 설명한 바와 같이 인터넷의 원 코드에는 저작권법에 의해 보호되는 저작물의 배포 대상이나 방법을 규제하는 내용이 없었다. "복제"의 기능은 컴퓨터 혹은 네트워크에서 코드 개발자들에 의해 개발된 것이다. 이들은 단지 복제하기 위한 것이지, 허가를 받고 복제를 하려고 한 것이 아니다.

이러한 "복제"기능이 갖고 있는 특징은 사이버공간에서만 고유한 문제가 아니다. 우리는 동일한 문제를 제기하는 기술들을 이미 살펴보았

다. 그리고 이러한 솔루션이 어떻게 기술에 내장되는지를 나는 이미 설명하였다.[13] 디지털 오디오 테이프(DAT) 기술은 저작권자에게 위협을 준다고 여겨졌고, 이 위협에 대한 수많은 해결책들이 제시되었다. 어떤 사람들은 테이프의 불법복제에 대해서 강도 높은 형벌을 부과하자고 주장하였다(법에 의한 직접규제). 리처드 스톨맨과 같은 사람들은 저작권자들에게 보상하는 조치로 공(空) 테이프에 요금을 부과하자고 주장하였다(법에 의한 시장의 간접규제). 어떤 사람들은 테이프의 불법복제를 중지시키기 위한 교육이 더 나은 해결책이라고 주장하였다(법에 의한 사회규범의 간접규제). 그러나 어떤 사람들은 무제한적인 완전복제를 차단할 수 있도록 테이프 기계의 코드를 변경하자고 주장하였다.

세금과 코드의 규제자들이 승리하였다. 1992년 후반기에 기술과 콘텐츠 산업 간의 타협이 이뤄졌고, 의회는 가내음원녹음법을 통과시켰다. 이 법은 레코더들과 DAT 공미디어에 세금을 부과하였으며, 기술에 의해 가능해진 저작권 침해에 대해서 저작권자들에게 보상하는 데 재정이 사용될 예정이다. 그러나 더욱 흥미로운 사실은 법이 DAT 기술 제작자들에게 연속복제관리체계(Serial Copy Management System)를 도입하도록 의무화하였다는 점이다. 이 시스템은 DAT의 복제기술을 제한하게 될 것이다. 이러한 제한은 DAT 기술을 이용하여 만들어진 복제물에 삽입된 코드를 통하여 실현된다. 초창기에 이 기술은 언제든 복제를 가능하게 하였다. 그러나 DAT 복제기로부터 만들어진 복제물로부터 더 이상의 디지털 복제가 불가능하게 하였다(아날로그 형태의 복제는 가능하다. 그러나 복제의 질이 떨어지고 완벽한 디지털 복제는 불가능하였다). 이 기술은 간접적으로 저작권자들을 보호하기 위해 특정한 환경 하에서 "복제"의 기능을 무력화시키도록 고안되었다.

---

13) Joel R. Reidenberg, "Governing Networks and Rule-Making in Cyberspace," *Emory Law Journal* 45 (1996): 911 참조.

이러한 두 가지 변화의 진정한 효과는 그 기능이 저작권 침해를 조장할 수 있다는 사실이 예상되는 경우에 그 기술의 기능을 제한할 뿐만 아니라 기술이 가져올 수 있는 해악을 최소화시키는 것이었다(많은 사람들은 이러한 규제의 효과가 DAT 기술을 완전 무력화시킬 것이라고 믿고 있다).

이와 똑같은 아이디어가 스테픽의 비전을 고무시켰다.[14] 그의 아이디어는 복사의 질을 저하시키는 것이 아니라 복사본의 추적과 통제를 가능하게 하는 것이었다.[15] 그의 제안을 한번 살펴 보자. 오늘날 당신이 책을 한 권 샀을 때 당신은 그것에 대해 무슨 일이든 할 수 있다. 당신은 그 책을 한 번 혹은 백 번을 읽을 수 있고, 친구에게 빌려줄 수도 있다. 당신은 그 책의 몇 페이지를 복사할 수 있고, 당신의 컴퓨터로 스캔할 수도 있다. 당신은 그것을 태워버리거나, 문진으로 사용하거나, 팔아버릴 수도 있다. 책꽂이에 꽂아두기만 하고 한 번도 펼쳐보지 않을 수도 있다.

법이 당신에게 그러한 일을 할 수 있는 권리를 부여하였기 때문에 이 모든 일들을 할 수 있다. 예를 들어, 당신이 그 책을 팔 수 있는 것은 저작권법이 명시적으로 최초 판매 이후 책에 대한 당신의 이용을 통제할 수 있는 저작권자의 권리를 제한하고 있기 때문이다. 그 밖의 다른 일들을 할 수 있는 것은 그러한 행위를 통제할 수 있는 방법이 없기 때문이다. 책 판매원은 당신이 책을 한 번 읽는다면 어떤 가격으로, 백 번 읽는다면 다른 가격으로 당신에게 판매할 수도 있다. 그러

---

14) Mark Stefik, "Shifting the Possible: How Trusted Systems and Digital Property Rights Challenge Us to Rethink Digital Publishing," *Berkeley Technology Law Journal* 12 (1997) 참조.

15) 스테픽은 어떻게 인증된 프린터가 네 요소인 인쇄권(*print right*), 암호화된 온라인 배포권, 복사요금 부과의 자동화 및 디지털 워터마크 등을 결합하여 그 기계가 행하는 복사를 감시하고 통제할 수 있는가에 대해서 설명하고 있다. "Shifting the Possible" (142~44).

나 책 판매원에게는 당신의 계약 이행여부를 확인할 수 있는 방법이 없다. 이론상 판매원은 당신 주위를 따라다니면서 당신이 약속한 대로 책을 이용하는지 확인할 수 있도록 책과 함께 경호원을 판매할 수도 있다. 그러나 당연히 그 비용은 어떠한 이익보다 높을 것이다.

그렇다면 만일 그 권리들이 각각 통제될 수 있고, 개별적으로 가격이 책정될 수 있고, 분리되어 판매될 수 있다면 어떻게 되겠는가? 당신이 그 책을 한 번 읽는지 아니면 백 번 읽는지, 그 책을 오려내서 붙여 넣기를 할 수 있는지 아니면 복사를 못하고 단지 읽기만 할 수 있는지, 친구에게 첨부문서로 보낼 수 있는지 아니면 단지 당신 컴퓨터 안에만 보존할 수 있는지, 그것을 삭제할 수 있느냐 못하느냐, 다른 목적으로 그것을 다른 작업에 사용할 수 있느냐 없느냐, 그저 선반에 꽂아 놓기만 할 수 있는지 아니면 그것을 소유하면서 사용할 수 있는지 등의 여부를 소프트웨어가 규제할 수 있다면 어떻게 되겠는가?

스테픽은 이와 같이 권리들의 개별적인 가격책정을 가능하게 하는 네트워크를 설명하고 있다. 그는 저작물의 소유자들에게 그들이 원하는 조건으로 그 자료에의 접근을 판매하는 것을 허용할 것이며 그러한 계약을 강제할 네트워크의 구조를 설명하고 있다.

여기에서 이 시스템의 세부사항은 중요하지 않다. 이 시스템은 제 4 장에서 설명하였던 암호화 구조에 기초하고 있다.[16] 그러나 시스템의 일반적인 아이디어는 쉽게 서술할 수 있다. 지금의 넷이 그런 것처럼 복사나 접근과 같은 기본적인 기능들은 "전부 아니면 전무"의 형태로 투박하게 규제되고 있다. 일반적으로 당신은 복사할 권리를 가지거나 가지지 못하거나 혹은 접근권을 획득하거나 못하거나 한다.

그러나 보다 정교한 권리 시스템이 넷에 구축될 수 있을 것이다. 그것은 다른 넷이 아니라 지금의 넷 상층에 설치될 수 있다. 이 시스템

16) Ibid.

은 다른 시스템들과 교류하는 데 차별화를 통해 기능할 것이다. 이와 같이 매우 정교한 방식으로 접근을 통제하는 시스템은 오직 그와 동일한 방식으로 접근을 통제하고 있는 다른 시스템에게만 정보자원에 대한 접근을 허용할 것이다. 시스템의 위계체계가 발전할 것이고, 저작물은 적절하게 접근을 통제하는 시스템들 사이에서만 거래될 것이다.

따라서 이러한 세상에서 당신은 〈뉴욕 타임스〉 지에 접근하고, 당신이 읽는 양에 따라 다른 가격을 지불할 수 있게 될 것이다. 〈뉴욕 타임스〉 지는 당신이 얼마만큼 읽을 수 있는지, 신문의 일부분을 복사할 수 있는지, 당신의 하드디스크에 저장할 수 있는지 등의 여부를 결정할 수 있을 것이다. 그러나 만일 당신이 〈뉴욕 타임스〉 사이트에 접근하는 데 사용한 코드가 〈뉴욕 타임스〉가 요구하는 통제를 불가능하게 한다면, 〈뉴욕 타임스〉는 당신이 그 사이트를 전혀 사용하지 못하게 할 것이다. 간단히 말해서 시스템은 오직 신뢰할 수 있는 다른 시스템들과 정보를 교환할 것이며, 그러한 신뢰 프로토콜은 시스템의 구조 내에 장착될 것이다.

스테픽은 이를 "신뢰시스템"(*trusted system*)이라고 불렀고, 그 명칭은 적절한 비유를 연상시킨다. 보증택배업자(*bonded couriers*)에 대해서 생각해 보자. 때때로 당신은 귀중품을 편지에 넣어 보내야 할 때가 있다. 당신은 단순히 그 편지를 우체국에 맡길 수도 있다. 그러나 우체국은 그렇게 신뢰할 만한 시스템이 아니다. 우체국은 비교적 직원들에 대한 통제가 약한 편이며, 도난과 분실사고가 자주 발생한다. 그래서 당신은 우체국 대신에 보증택배업자에게 편지를 맡길 수 있다. 그들은 보험에 들어 있으며, 보험은 그들을 신뢰할 수 있도록 제한하는 데 드는 비용이다. 이러한 명성 때문에 귀중품을 보내려는 사람들은 확실한 믿음을 가지고 그들의 서비스를 이용할 수 있다. 스테픽은 다음과 같이 말한다.

> 디지털 계약집행의 중요한 부분은 신뢰시스템을 통해서 이뤄진다. 소비자가 저작물에 대한 무허가 복제를 함으로써 디지털 계약을 무시할 수 있는 선택권이 없다. 신뢰시스템은 디지털 계약에 의해 강제되지 않는 권리를 행사하는 것을 거부한다.[17]

이것이 바로 신뢰시스템의 구조가 지적 재산권의 소유자들을 위해서 할 수 있는 일이다. 사장의 지시에 따라 귀중품을 받아서 그 접근과 이용을 통제하는 것이 바로 보증택배업자이다.

이와 같은 구조가 일반화되어 사이버공간 상에 출현하는 순간을 상상해 보라. 그렇다면 우리는 저작권법을 어떻게 생각해야 할 것인가?

저작권법에서 중요한 점은 비록 부분적으로는 작가들을 보호할 목적으로 만들어졌지만, 창작을 위해 고안된 통제장치는 결코 완벽하지 못하다는 것이다. 연방대법원이 지적했듯이, 저작권 "보호는 저작권자에게 자신의 저작물 사용의 모든 가능성에 대한 통제권을 부여하는 것이 아니다."[18] 따라서 법은 특정한 배타적 권리를 부여할 뿐이고 그러한 권리들은, "공정사용"처럼 제한된 기간 및 최초 판매의 원리와 같은 중요한 제한들을 필요로 한다. 저작권법은 위반자들을 처벌하겠다고 위협하였다. 그리고 이러한 위협은 실제로 많은 사람들의 순응을 유발하였다. 그러나 법은 결코 저자의 명령을 이행하도록 설계된 것은 아니다. 그것은 저자의 이익뿐만 아니라 공공 목적을 가지고 있다.

신뢰시스템은 작가들에게 동일한 종류의 보호를 제공한다. 작가들은 그들의 자료를 권한 없이 이용하는 것을 제한할 수 있기 때문에 자료이용료를 통해서 돈을 벌 수 있다. 그래서 신뢰시스템은 저작권법이 목표로 한 것을 성취한다. 그러나 신뢰시스템은 법이 제한하는 일을 하지 않아도 그러한 보호를 달성할 수 있다. 이 체계는 법이 제공하는

---

17) Stefik, *The Internet Edge*, 91.

18) *Sony v. Universal Studios, Inc.*, 464 U.S. 417, 432 (1984).

것보다 저작물에 대한 접근 및 이용을 보다 정교하게 통제할 수 있다. 그리고 이것은 법의 도움이 없어도 통제할 수 있다.

저작권이 법의 위협과 사회규범의 압력을 통해서 얻고자 했던 것을 신뢰시스템은 코드를 통해서 달성한다. 저작권은 사람들에게 저작권자의 재산을 사용하기 전에 그들의 권리를 존중할 것을 요구한다. 신뢰시스템은 오직 권리들이 우선적으로 존중될 경우에만 접근을 허용한다. 이러한 접근규제에 필요한 통제장치들이 시스템에 구축되고, 해커를 제외한 어떤 이용자들도 그러한 통제에 복종할 것인지 선택권은 없다. 코드는 규칙들을 코드화하고, 그것들을 더 효율적으로 만듦으로써 법을 보충한다. 이러한 체제의 신뢰시스템은 저작권법에 대한 사영화된 대안이다. 그것들은 배타적일 필요가 없으며, 법과 신뢰시스템을 모두 사용하지 않을 이유가 없다. 그럼에도 불구하고 코드는 사실상 법이 해오던 역할을 수행한다. 신뢰시스템은 코드를 통해서 법적 보호를 충족시키며, 법이 수행했던 것보다 훨씬 효과적이다.

그러면 이 체제에는 무엇이 잘못된 것일까? 우리는 사람들이 경찰의 역할을 보완하기 위해 이중 잠금장치로 문을 잠갔을 경우 두려워하지 않는다. 사람들이 자동차를 잠그고, 그 열쇠를 가지고 있으면 걱정하지 않는다. 정부에 의지하지 않고 스스로 보호하는 것은 불법이 아니다. 실제로 어떤 상황에서 그것은 미덕이 된다. 예를 들어, 앤드류 잭슨(Andrew Jackson)의 어머니는 항상 “절대로 거짓말하지 말아라, 네 것이 아닌 것은 가지지 말아라, 어느 누구에 대해서도 명예훼손이나 폭행으로 소송을 제기하지 말아라. 항상 너 스스로 그런 문제들을 해결하라”고 잭슨에게 말했다.[19] 종종 자급자족은 강함의 징표로 보이고, 법에 의존하는 것은 나약함의 징표로 보인다.

이 물음에 답하는 데는 두 단계가 있다. 첫 번째 단계는 재산의 본

---

19) David Hackett Fischer, *Albion's Seed: Four British Folkways in America* (New York: Oxford University Press, 1989), 765 참조.

질에 관해서 익숙하지만 잊혀진 논점을 다시 한 번 살펴보는 것이고, 두 번째 단계는 지적 재산의 본질에 관한 논점을 덜 익숙하지만 핵심적으로 만드는 것이다. 두 단계를 통해서 법이 지적 재산권 소유자들에게 부여해온 통제권이 왜 완벽한 통제가 아닌가를 이해할 수 있을 것이다. 그리고 그것들은 모두 사이버공간 상의 저작권법이 발생시킬 수 있는 잠재적 문제를 암시해 준다.

4. 재산보호의 한계

법현실주의자들은 미국법 역사에서 대략 1890년부터 1930년 사이에 "사법"(*private law*) 분야에서 정부의 역할을 부분적으로 강조했던 학자들이었다.[20] 그들이 저술활동을 하던 당시에 사법에서 가장 강조되었던 것은 "사적"이었다. 마치 "재산"이나 "계약"이 정부와는 독립해서 존재하는 것처럼 "법"이 잊혀졌었다.

법현실주의자들의 목적은 이러한 견해를 무너뜨리는 것이었다. 그들의 주장에 따르면, 계약법과 재산법은 사적 당사자들에게 권한을 부여하는 법이었다.[21] 만약 당신이 나와의 계약을 위반한다면 나는 법

---

20) *American Legal Realism*, edited by William W. Fisher III et al. (New York: Oxford University Press, 1993), 98~129 참조; John Henry Schlegel, *American Legal Realism and Empirical Social Science* (Chapel Hill: University of North Carolina Press, 1995) 참조. 동일한 분석에 대한 현대적인 예로는, Keith Aoki, "(Intellectual) Property and Sovereignty: Notes Toward a Cultural Geography of Authorship," *Stanford Law Review* 48 (1996): 1293 참조.

21) Fried, *The Progressive Assault on Laissez-Faire*, 1~28; Joel P. Trachtman, "The International Economic Law Revolution," *University of Pennsylvania Journal of International Economic Law* 17 (1996): 33, 34 참

원에 요구하여 사법집행관으로 하여금 당신이 손해를 배상하게 할 수 있다. 만일 지각하면 해고할 수 있다는 계약을 고용주와 체결하였음에도 불구하고 당신이 나가지 않는다면 고용주는 경찰에게 당신을 쫓아내도록 요청할 수 있다. 고양이를 키우지 못한다는 임대차 계약을 맺었음에도 불구하고 당신이 고양이를 계속 키울 경우 임대인은 법원의 힘으로 당신을 퇴거시킬 수 있다. 이것들은 계약과 재산이 아무리 사적 행위에 기초하더라도 사인이 국가에 요구할 수 있는 권한을 부여한 사례들이다.

확실히 이러한 권한은 많은 판결에서 정당화된다. 그것을 "법"이라고 일컫는다고 해서 그것이 부당하다는 것은 아니다. 역사적으로 최고의 번영은 사적 당사자들이 계약과 재산을 통해서 삶을 자유롭게 결정할 수 있는 체계에 의해서 이루어져왔다. 그러나 법현실주의자들은 정당화될 수 있건 아니건 이 "법"의 외형은 사회에 이익이 되도록 구성되어야 한다고 주장하였다.[22] 이것은 공산주의가 아니다. 사유재산에 대한 공격도 아니며, 국가에게 부를 창출하라고 주장하는 것도 아니다 〔당신의 아인 랜드(Ayn Rand)를 포기하라〕. 〔아인 랜드(1905~1982)는 러시아 출신 미국인으로 소설가, 철학자, 희곡작가로 활동하였다. 그녀는 집단주의, 국가주의에 맹렬히 반대하였으며, 개인주의, 자유방임적 자본주의를 옹호했다 — 옮긴이.〕 이것은 사법과 공법의 관계에 대한 요청이다. 이 점에 관해서는 논쟁의 여지가 없다.

사법은 공동선에 이바지하는 범위 내에서 사적 권리를 만들어낸다. 만일 사적 권리가 공동선에 해가 된다면 국가는 그것을 만들어낼 이유가 없다. 국가의 이해관계는 구체적인 것이 아니라 일반적인 것이다.

조. 프리드는 많은 법현실주의자들과 비판법학자들이 "사법"을 모순어법(*oxymoron*)이라고 주장한다고 지적하고 있다.

22) 판사들 역시 이러한 주장을 하였다. *Lochner v. New York*, 198 US 45, 74 (1905) (홈즈 대법관의 반대의견) 참조.

그러한 권리들이 개별적이 아닌 공공의 목적에 기여할 때 권리를 만들어낼 근거가 된다.

사유재산제도는 이러한 관점의 적용이다. 사유재산은 보편적이고 강력한 번영을 만들어내는 데 도움을 주기 때문에 국가는 사유재산에 대한 권리들을 규정하는 데 이해관계를 갖고 있다. 그것은 사회구성원들 모두에게 이익이 되는 경제관계를 질서 짓는 시스템이다. 우리가 이제까지 고안하였던 어떠한 시스템도 경제관계를 더 낫게 질서 짓지 못한다. 어떤 사람들은 다른 어떤 시스템도 해낼 수 없을 것이라고 믿고 있다.[23] 하지만 당신의 자동차나 집과 같은 보통의 재산에 있어서조차 재산권은 절대적이지 않다. 어떤 형태로든 국가의 이익을 산출하지 않는 재산은 존재하지 않는다. 당신의 땅은 고속도로를 놓기 위해 수용될 수 있고, 당신의 자동차는 사고 희생자를 병원으로 후송하기 위해 압류될 수 있으며, 우편배달부는 당신의 집 안에 난 도로를 사용할 수 있다. 또 보건검열관은 당신의 집을 검열할 수 있다. 우리가 "사유재산"이라고 부르는 재산체계는 셀 수 없을 정도로 다양한 방법으로 국가의 특정한 공공목적과 개인의 배타적 통제권 간에 균형을 이루는 시스템이다. 전자와 후자가 충돌할 때 양보하는 것은 후자이다.

법현실주의자들은 이러한 균형이 모든 재산의 특징이라고 주장한다. 특히 이것은 지적 재산의 중요한 특징이다. 지적 재산에서 권리들의 균형은 일반적인 동산이나 부동산의 균형과는 다르다. 보일이 지적하고 있는 바와 같이 "정보는 다르다."[24] 그리고 바로 이 분명한 지적 재산의 특징이 왜 그러한지를 보여준다.

재산법이 나에게 나의 집을 이용할 수 있는 배타적인 권리를 부여할

23) 이것은 하이에크(Friedrich A. von Hayek)의 저서에서 상당한 정도 논의된 인식론적 한계이다. 예를 들어 *Law, Legislation, and Liberty*, Vol. 2 (Chicago: University of Chicago Press, 1978) 참조.

24) Boyle, *Shamans, Software, and Spleens*, 174.

때 그것에는 상당한 이유가 있다. 만일 내가 내 집을 사용하는 동안 당신이 사용한다면, 나는 그만큼 덜 사용하게 될 것이다. 법이 나에게 내 사과에 대한 배타적인 권리를 부여할 경우, 이것 역시 같은 의미이다. 당신이 내 사과를 먹는다면, 나는 먹을 수 없다. 당신이 내 재산을 이용한다면, 일반적으로 당신은 내 재산에 대한 나의 사용에 간섭하는 것이다. 당신의 소비는 나의 것을 감소시킨다. 따라서 법은 나의 동산과 부동산에 대한 배타적 권리를 나에게 부여할 충분한 이유를 갖고 있다. 만일 법이 그렇게 하지 않는다면, 나는 재산을 갖기 위해 힘들게 일할 하등의 이유가 없을 것이다. 아니면, 만약 재산을 갖기 위해 열심히 일하더라도, 나는 당신의 침해로부터 보호하기 위해서 많은 시간을 낭비해야 할 것이다. 만약 내가 (정당하게 획득한) 내 재산에 대해서 배타적 권리를 가지게 된다면, 그것은 모든 사람을 위해서도 좋은 것이 될 것이다. 왜냐하면 나는 재산을 창출해 내기 위한 동기를 갖고 있고, 그것을 지키기 위해 내 시간을 낭비할 필요가 없기 때문이다.[25]

그러나 지적 재산의 경우는 다르다. 만약 당신이 내 아이디어를 "가져간다" 하더라도 나는 여전히 그것을 가지고 있다. 내가 당신에게 내 생각을 갈하더라도 당신이 그것을 빼앗는 것은 아니다.[26] 지적 재산의 피할 수 없는 특성은, 경제학자들이 설명하기 좋아하는 것처럼, 그 소비가 "비경쟁적"이라는 것이다. 당신의 소비는 나의 것을 줄어들게 하지 않는다. 만약 내가 작곡을 한다면, 당신은 내가 그 곡을 노래하

25) 나는 이 단순화된 공리주의적 해명에서 그것의 강력한 경제적 토대를 제외하고는 많은 철학적 쟁점들을 감추고 있다. Harold Demsetz, "Toward a Theory of Property Rights," *American Economics Review* 57 (1967): 347 참조.

26) 이 법의 완벽한 분석뿐만 아니라 이 관점에 관해서 아주 명확하게 소개한 것으로는, Robert P. Merges et al., *Intellectual Property in the New Technological Age* (New York: Aspen Law and Business, 1997), ch. 1. 참조.

는 것을 불가능하게 하지 않으면서 그 곡을 부를 수 있다. 만일 내가 책을 쓴다면, 당신은 내가 그것을 읽는 것을 불가능하게 하지 않으면서 그것을 읽을 수 있다(제발 읽어주시오). 본질적으로 아이디어는 "소유자"가 소비할 수 있는 양을 줄어들게 하지 않으면서 "공유될" 수 있다. 이러한 차이점은 근본적이며, 그 제도가 확립된 이후로 그렇게 이해되어왔다. 제퍼슨은 나보다 훨씬 훌륭하게 설명하였다.

> 만약 자연이 모든 배타적인 재산보다 덜 민감한 무엇인가를 만들어냈다면, 그것은 개인이 혼자서 갖고 있는 한, 배타적으로 소유할 수 있는 "아이디어"라고 불리는 사고력의 작용이다. 그러나 아이디어는 표출되는 순간 모든 사람이 소유하게 되며, 수신인은 그것을 박탈당할 수 없다. 또한 아이디어는 다른 사람들 모두가 그것을 전부 소유하기 때문에 어느 누구도 적게 소유하지 않는다는 독특한 특징을 가지고 있다. 나에게서 아이디어를 수신한 사람은 나의 것을 줄어들게 하지 않고서 스스로 가르침을 얻는다. 마치 내 양초에서 불을 붙인 사람이 나를 어둡게 하지 않고 빛을 얻는 것과 마찬가지이다. 이 아이디어들은 한 사람으로부터 다른 사람에게로 자유롭게 전 세계로 퍼져나가야 한다. 왜냐하면 인간의 도덕적이고 상호적인 가르침과 인간조건의 향상은 자연에 의해 독특하고 자애롭게 설계되었기 때문이다. 자연이 아이디어들을 만들 때, 어떤 지점에서도 그 밝기를 줄이지 않고 모든 공간으로 확장될 수 있는 횃불처럼 만들었으며, 우리가 숨 쉬고 움직이고 우리의 육체를 지탱해주는 공기처럼 아이디어를 감금하거나 배타적으로 소유할 수 없게 만들었다. 따라서 발명은 본질적으로 재산권의 대상이 될 수 없다.[27]

---

27) Thomas Jefferson, Letter to Isaac Mcpherson, August 13, 1813, reprinted in *Writings of Thomas Jefferson, 1790~1826*, Vol. 6, edited by H. A. Washington (1854), 180~81, quoted in *Graham v. John Deere Company*, 383 US 1, 8-9 n. 2 (1966).

기술적으로, 제퍼슨은 두 가지 개념을 이야기하고 있다. 하나는 다른 사람들이 아이디어에 접근하고 이용할 수 없도록 배제할 수 있는 가능성이다. 그는 이것에 대해 "어떤 사람이 그 아이디어를 혼자서 간직하는 한, 그가 독점적으로 소유할 수 있는 생각하는 힘의 실천"이라고 정의한다. 이것은 아이디어가 "배타적일 수 있는가"의 문제다. 그러나 제퍼슨은 그것이 누설되지 않을 동안만 독점적이라고 주장했다.

다른 개념은 내가 누설된 어떤 아이디어를 사용하면 당신이 똑같은 아이디어를 사용하는 것을 약화시키는지의 문제이다. 이것은 누설된 아이디어들이 "경쟁적"인가의 문제다.[28] 다시금 제퍼슨은 아이디어가 한번 누설되면 그것은 경쟁적이지 않다고 제안한다. 제퍼슨은 누설하고 공유하는 행위가 아이디어를 비배타적이고, 비경쟁적으로 만든다고 믿는다. 그리고 이런 사실을 변화시키기 위해서 우리들이 할 수 있는 일이 거의 없다고 믿는 것이다.[29]

사실 공유된 아이디어는 비배타적이고 비경쟁적이다. 나는 사람들을 나의 아이디어와 글로부터 배제시킬 수 있다. 나는 그것들을 비밀로 간직하거나 다른 사람들이 들어오지 못하게 울타리를 칠 수도 있다. 그것이 얼마나 쉽고 얼마나 효율적인가는 기술적인 문제이다. 그것은 주어진 환경이 제공하는 보호의 구조에 달려 있다. 따라서 적절한 기술이 주어진다면, 내가 사람들을 배제시킬 수 있음은 의심할 여지가 없다. 내가 할 수 없는 것은 나의 공유된 아이디어나 작품으로부

---

28) 고전적 논의에 관하여는, Kenneth J. Arrow, "Economic Welfare and the Allocation of Resources for Invention," in *The Rate and Direction of Inventive Activity: Economic and Social Factors* (Princeton, N. J. : Princeton University Press, 1962), 609, 616~17 참조.

29) 이 맥락에서 경제적 관점을 설득력 있게 문제화한 것으로는 Boyle, "Intellectual Property Policy Online," 35~46 참조. 보일의 논문은 과연 정보에 대한 재산권화의 증대가 정보의 생산을 증가시킬 것인가에 관하여 경제학자들이 솔직하게 고백해야 할 불확정성을 명확하게 지적하고 있다.

터 사람들을 배제시키는 것이다. 왜냐하면 그것들은 더 이상 나만의 비밀이 아니기 때문이다.

나의 공유된 아이디어들 역시 "비경쟁적인" 상품이다. 우리가 알고 있는 어떤 기술로도 아이디어가 내 머리 속에서 스치고 지나갈 때 머리 속으로부터 아이디어를 지울 수 없을 것이다. 당신이 아는 것을 내가 안다고 해서 당신이 똑같은 것을 안다는 사실을 감소시키지 않는다. 이러한 사실은 이미 세상에 주어진 것이며, 그 사실이 지적 재산권을 다르게 만드는 것이다. 사과나 집과 달리 아이디어들은 내가 당신이 소유한 것을 감소시키지 않고 당신으로부터 얻을 수 있는 것이다. 그렇다고 해서 표현이나 발명에 대한 재산권이 필요 없다는 것은 아니다.[30] 단지 내가 가지고 있는 것을 감소시키지 않고 당신이 나의 것을 가질 수 있다고 해서 국가가 아이디어에 대한 권리나 아이디어의 표현물에 대한 권리들을 창설할 어떠한 근거도 갖지 못한다는 것을 의미하는 것은 아니다. 만약 소설가가 당신이 책을 구입하지 않고 복사하는 것을 막을 수 없다면, 그녀는 더 많은 책들을 저술할 동기를 갖지 못할 것이다. 그녀는 당신이 그녀의 책을 획득하기 전에 가지고 있었던 만큼 여전히 자신의 작품을 소유할 수 있다. 하지만 만일 당신이 비용을 지불하지 않고 책을 취득한다면, 그녀는 더 이상 소설을 쓸 재정적 동기를 갖지 않을 것이다.

물론 사실상 작가가 가지고 있는 동기들은 매우 복잡하기 때문에 그것을 단순하게 일반화하는 것은 불가능하다.[31] 그러나 어떤 관점을 일반화하는 설명이 반드시 완벽할 필요는 없다. 비록 어떤 작가들이

---

30) 어떤 사람들은 이것을 "재산"으로 부르자고 주장하고 있다. Frank H. Easterbrook, "Intellectual Property Is Still Property," *Harvard Journal of Law and Public Policy* 13 (1990) : 108 참조.

31) 이것은 스티븐 브라이어(Stephen Breyer) 대법관이 저작권에 관하여 던져주는 메시지이다. 예를 들어, "The Uneasy Case for Copyright" 참조.

무료로 글을 쓰더라도 법이 지적 재산권을 필요로 하는 상황은 여전히 존재한다. 만약 법이 작가들을 보호하지 않는다면, 작가들은 거의 없어질 것이다. 법은 최소한 그들에게 창작의 동기를 부여하기 위해서라도 작가들의 권리를 보호할 필요가 있다. 일반 재산에 대해서 법은 생산의 동기를 창출하고 동시에 소유의 권리를 보호해야 한다. 지적 재산에 대해서 법은 오직 생산의 동기를 창출할 필요가 있다.

이것이 바로 매우 상이한 두 종류의 재산 간의 차이점이며, 이 차이점은 지적 재산권법의 성격에 근본적으로 영향을 미친다. 한편 우리들은 소유자를 손해로부터 보호하고 그에게 동기를 부여하기 위해서 동산 및 부동산을 보호하며, 다른 한편으론 창작을 위한 충분한 동기들의 창출을 보장하기 위해서 지적 재산을 보호한다. 그러나 "충분한 동기"가 "완벽한 통제"보다는 덜한 것이다. 다시 말해서 지적 재산권법의 이상적인 보호가 일반적인 재산이나 부동산에 대한 이상적인 보호보다 약한 것이다.

이와 같은 지적 재산과 일반 재산의 성격상의 차이는 미국 헌법에서도 인정되었다. 헌법 제1조 8절 8항은 의회에게 "과학 및 유용한 기술의 진보를 촉진시키기 위해서 작가와 발명가에게 일정한 기간 동안 그들의 저술 및 발명에 대해서 배타적인 권리로 보장할 수 있는" 권한을 부여하였다. 이 조항의 특수한 구조를 주목해 보자. 첫째, 이 조항은 그 권한에 대해서 과학과 유용한 기술의 발전을 촉진시키기 위해서라는 명확한 근거를 밝히고 있다. 의회가 배타적 권리를 부여할 수 있는 것은 오로지 이 근거들에 의한 것이다. 둘째, 이 권리의 "일정한 기간 동안"이라는 특별한 한시성에 주목해 보자. 헌법은 의회가 작가 및 발명가에게 그들의 저술과 발명에 대해 영구적이고 배타적인 권리를 부여하는 것을 허용하지 않는다(비록 명백하게 그러한 한정된 기간이 연장될지라도).[32] 헌법은 저작자들에게 저작물에 대해서 영구적인 "재산"을 부여하는 권한이 아니라 한정된 기간 동안 저작물에 대한 배타적인 권리를 부여하는 권한을 의회에 주었다.

따라서 지적 재산에 대한 헌법상의 보호는 일반 재산의 보호와는 근본적으로 다르다. 나는 모든 재산이 공공선의 제한에 따라 승인되어야 한다고 말해왔다. 하지만 그렇다 하더라도 만일 정부가 소유권을 15년 동안만 인정하고 그 이후에 모든 재산을 국유화하기로 결정한다면, 헌법은 정부가 소유자들에게 보상하라고 요구할 것이다. 반대로 만일 의회가 저작권 기간을 15년으로 정한다면, 15년이 지난 후에 정부에게 보상하라는 청구를 할 수 없다. 지적 재산권은 지적 재산의 생산자들에게 그들이 생산한 지적 재산에 대한 대가로 국가가 부여하는 독점권이다. 한정된 기간 이후에는 그들의 저작물은 대중이 원하는 대로 사용할 수 있도록 공공의 것이 된다. 이것이 바로 지적 재산의 헌법적 보호의 핵심에 놓여 있는 공산주의이다. 이 "재산"은 통상적인 의미의 재산이 아니다.

또한 이것은 전통보다 나은 근거들이 있기 때문에 진실이다. 경제학자들은 정보에 대한 재산권 부여가 위험하다는 것을 이미 오래 전부터 인식하고 있었다.[33] 그 이유는 경제학자들 사이에 좌파적 성향이 있

---

32) *Eldred v. Ashcroft*, 537 U.S. 186 (2003) 참조.

33) 이에 대해 광범위하고 균형 있는 분석으로는 William M. Landes and Richard A. Posner, "An Economic Analysis of Copyright Law," *Journal of Legal Studies* 18 (1989) : 325, 325~327, 344~46 참조. 랜디스와 포스너는 무한한 사람들이 아이디어를 고갈시키지 않고 사용할 수 있다는 점에서 공공선이기 때문에 아이디어는 다른 사람들에 의해 창작자로부터 쉽게 전유된다고 지적하고 있다. 따라서 저작권보호는 새로운 작품을 창작하는 이익과 제한된 접근으로 인한 손실 및 저작권보호의 관리비용 사이에 효율적으로 균형을 맞추려고 시도한다. 그리고 저작권 보호는 인센티브 시스템을 통해서 지식과 학습의 증진이라는 공익을 향상시키려고 추구한다. 작가들이 새로운 작품을 만들고 배포하도록 격려하기 위해서 시장의 경제적 보상이 제공되는 것이다. 또한 Posner, *Law and Literature* (Cambridge, Mass: Harvard University Press, 1993), 389~405; William M. Landes and

기 때문이 아니다. 그것은 경제학자들이 결과론자이고, 재산권을 부여하는 이들의 목적이 단지 생산을 촉진하기 위한 것이기 때문이다. 그러나 원칙적으로 지적 재산권법 하에서 승인되는 권리를 증가시키거나 감소시키는 것이 과연 지적 재산의 산출로 이어질지에 대해서 알 수 있는 방법은 없다. 그 이유들은 매우 복잡하지만 핵심은 간단하다. 지적 재산권의 보호를 강화한다고 해서 "과학과 유용한 기술의 발전이 촉진될" 것이라고 확신할 수 없으며, 실제로 종종 그러한 강화는 발전을 질식시킬 것이다.

전통적으로 지적 재산권법은 작가에게 부여되는 보호와 그 밖의 모든 이에게 부여되는 공적 사용과 접근 사이에 균형을 이루는 것이다. 그 목적은 작가에게 충분한 창작동기를 부여하는 것이다. 지적 재산권법에 확립된 제한은 저작자가 창조한 아이디어의 사용을 통제하는 그의 권한을 제한하기 위한 것이다.[34] 이러한 제한과 공적 사용의 고전적인 예는 "공정사용"(*fair use*)이다. 공정사용은 저작물에 대한 소유자의 희망과 관계없이 저작물을 사용할 수 있는 권리이다. 저작권은 소유자에게 특정한 권리를 부여한다. 공정사용은 이 권리들에 대한 제한이다. 공정사용권을 통해서 당신은 이 책을 비평할 수 있고, 몇 개의 절을 잘라내어 나를 공격하는 논문에서 재생산할 수 있다. 이런 방식이건 다른 방식이건 당신은 내가 이 책을 어떻게 사용해야 한다고 말하는 것과는 상관없이 이 책을 사용할 수 있는 권리를 갖고 있다.

공정사용이 반드시 작가의 이익과 대치되지는 않는다. 아니 보다 명확하게 말하면, 공정사용은 반드시 집단으로서의 작가들의 이익에 불

Richard Posner, *The Economic Structure of Intellectual Property Law* (Cambridge Mass: Harvard University Press, 2003), 8~9 참조.

34) 이 제한은 그 목적을 명확히 설정한 저작권 조항과 수정조항 제1조의 제한들로부터 나온다. 예를 들어 *Feist Publications, Inc. v. Rural Telephone Service Co.*, 499 US 340, 346 (1991) 참조.

리하게 작용하지 않는다. 공정사용이 작가의 허락 없이 저서를 비판할 수 있는 평론가의 권리를 보호할 때 더 많은 비평가들이 비판한다. 그리고 비평이 많을수록 사람들이 어떤 책을 구입해야 하는지에 대한 정보가 더 좋아진다. 구입하려는 것에 대한 정보가 좋을수록 그것을 구입하는 사람들이 더 많아질 것이다. 비록 특정 작가들은 그렇지 않지만, 대체로 작가들은 공정사용 시스템으로부터 이득을 얻는다.

저작권법은 이러한 규칙들로 채워져 있다. 또 다른 규칙은 "최초판매"의 원칙이다. 만일 당신이 이 책을 구입한다면, 내가 당신에게 부과한 어떤 제약에 관계없이 자유롭게 다른 사람에게 팔 수 있다.[35] 이 원칙은 차후의 사용에 대한 권한을 창작자에게 부여하는 "도덕적 권리"를 인정하는 유럽의 전통과는 구별된다.[36] 나는 이미 또 다른 예로서 제한된 기간을 언급했었다. 창작자는 법으로 보호받을 수 있는 제한된 기간을 연장할 수 없다(비록 의회는 할 수 있다 하더라도). 그것은 법률에 의해서 확정되고, 법률이 효력을 가질 때 유효하다.

종합해 보면 이러한 규칙들은 창작자에게 그의 창작품의 사용에 대해서 상당한 통제권을 부여하지만 결코 완벽한 통제권은 아니다. 이 규칙들은 공중에게 일정한 접근권을 부여하지만 완전한 접근권은 아니다. 그것들은 설계에 의해 균형을 이루며, 그 균형점은 법이 일반 재산에 대해서 인정하는 균형점과는 다른 것이다. 이 규칙들은 지적이고 문화적인 공공유산을 건설하는 데 조력하도록 헌법적으로 구조화된 것

---

35) 최초판매 원칙은 구 저작권법(17 USC 1970) 제27조에 의해 발전되었고, 그 후 현 저작권법의 제109(a)조에서 채택되었다. *United States v. Goss*, 803 F2d 638 (11th Cir 1989) (동 판결은 두 저작권법을 모두 다루었다) 참조.

36) 유럽인들은 '도덕적 권리'가 처음부터 그들 체계의 일부분이었다고 말하기를 좋아한다. 그러나 긴즈버그 교수가 프랑스에 관해서 설명하였듯이, 사실상 도덕적 권리는 19세기의 산물이었다. Jane C. Ginsburg, "A Tale of Two Copyrights: Literary Property in Revolutionary France and America," *Tulane Law Review* 64 (1990): 991 참조.

이다. 법은 이러한 균형을 지향한다. 그것은 자연에 존재하는 균형이 아니다. 법이 없다면 그리고 사이버공간 이전에 작가들은 거의 보호를 받지 못했던 것이다. 그러나 법이 있음으로써 저작자들은 완벽하지는 않지만 상당한 보호를 받는다. 법은 저작자들에게 그들의 권리에 대한 제한을 대가로 그렇지 않은 경우 갖지 못했을 무엇인가를 부여한다. 지적 공동유산 전체의 이익을 보장하면서.

5. 공법에 대한 사적 대체물

저작권법은 통제와 접근 사이에 균형을 맞추려고 한다. 그렇다면 코드가 법이라고 한다면 그 균형은 어떻게 되겠는가? 우리는 제한들 중 어떤 것이 남아 있으리라고 기대할 수 있는가? 우리는 법이 부과하는 제한들을 코드가 반영할 것이라고 기대할 수 있는가? 공정사용은? 한정된 기간은? 사적인 코드가 이 "버그들"(*bugs*)을 보호장치 속에 확립하게 될 것인가?

논점은 분명하다. 지적 재산이 코드에 의해 보호될 때 어떠한 것도 동일한 균형이 유지되도록 요구하지 않는다. 어떠한 것도 소유자에게 공정사용권을 인정하라고 요구하지 않는다. 마치 서점에서 개인들이 무료로 책들을 펴보는 것이 허용되는 것처럼 소유자는 허용할 수도, 허용하지 않을 수도 있다. 소유자가 이 권리를 부여하는가 여부는 그것이 그에게 이익이 되는가에 달려 있다. 공정사용은 사적 수익에 종속된다. 중요한 것은 공정사용이 작가라는 전체 계층이 아닌 개별적인 작가들의 사적 수익에 종속된다는 것이다. 그러므로 사영화된 법처럼 신뢰시스템은 저작권법이 규제하는 동일한 영역을 규제하지만, 저작권법과는 달리 저작권의 보호에 대해서 동일한 제한을 보장하지는 않는다. 신뢰시스템은 저렴한 비용으로 저작자들에게 저작물의 사용에 대하여 최대한의 통제력을 부여하며, 보다 많은 저작자들이 출판하도록 허용한다. 그러나 신뢰시스템은 법이 완벽하지 못한 통제권을 부여했던 영역에서 거의 완벽한 통제권을 저작자들에게 부여한다. 그러므로 코드는 법이 부과하는 제한을 대체함으로써 저작권법이 지향하고 있던 균형을 바꾸어 놓는다. 다니엘 밴로리엘은 다음과 같이 얘기한다.

> 분산된 콘텐츠 제공자들은 엄격한 기술표준들을 이용하여 강제 권한을 사영화시키고 있다. 이에 따라 개인들은 합법적인 공정사용을 침해하는 방식으로 특정한 디지털 콘텐츠에 대한 접근이나 사용이 금지된다.37)

지금까지 나의 설명에 따르면 단순히 법이 코드에 대립되는 것으로 보여진다. 저작권법은 사영화된 코드에 의해 보완되거나 충돌한다. 아마 당신은 이것을 충돌이라고 여기지 않을지도 모른다. 왜냐하면 보통 사람들은 법이 허용하는 권리보다 더 강력한 통제력을 저작물에 행사하기 때문이다. 예를 들어, 공적 영역에 속한 그림을 당신이 소유하고 있다고 하자. 다른 사람에게 그 그림을 반드시 보여주어야 할 의무는 없다. 당신은 그 그림을 침실에 두고 절대 다른 사람들이 보지 못하게 할 수 있다. 그렇다면 당신은 공적 영역에 속한 이 그림의 가치를 세상사람들로부터 단절시키는 것이다. 그러나 그 누구도 불법침입에 관한 법과 저작권법 사이에 나타나는 이러한 상호작용이 중대한 충돌을 야기한다고 생각하지 않았다. 만일 저작권자가 저작권법이 의도하는 균형점을 넘어서서 코드를 사용하여 자신의 콘텐츠를 공개하지 않는다면 그것이 왜 문제가 되는가?

만약 당신이 이런 상황에 놓여있다면 한 가지 사실을 덧붙이고 싶

37) Daniel Benloliel, "Technological Standards, Inc. : Rethinking Cyberspace regulative Epistemology," 92 *California Law Review* 1069, 1114 (2004).

다. 상술한 바와 같이 DMCA는 우회금지(*anti-circumvention*) 조항을 포함하고 있다. 이 조항은 몇몇 기술보호 조치에 대한 우회를 금지하고 있다. 또한 기술보호 조치를 우회하기 위한 도구의 개발도 금지한다. 가장 중요한 것은 우회의 목적과 상관없이 무조건 이런 우회를 금지하고 있다. 따라서 저작권법에 의해 보호받는 저작물의 기본적 사용은 "공정사용"이다. 그러나 DMCA는 그것에 접근하기 위해 기술보호 조치를 우회하면 법률위반으로 본다. 그러므로 저작권의 일부 조항은 "공정사용"을 인정하고 있지만, 다른 조항은 기술적 조치에 의하여 공정사용이 배제되는 경우 적어도 공정사용의 일부를 배제한다.[38]

회의적인 사람들은 그래서 어쨌다는 것이냐고 반문할 것이다. 법이 부여하는 것을 법이 박탈할 수도 있지 않은가?

그럴 수는 없다. 연방대법원이 지적하였듯이 저작권법은 그 법에 주어진 중대한 제한요소들이 있기 때문에 수정조항 제1조와 조화를 이룬다. 그러한 제한 요건들을 제거한다면 수정조항 제1조의 중대한 문제들이 제기될 것이다. 그러므로 법이 코드를 통해서 공정사용이라는 법적 보호를 철폐시킨다면, 적어도 저작권법이 지향하는 균형을 유지하려는 사람들에게조차 중대한 문제가 제기될 것이다.

그러나 이러한 갈등은 한시적인 것일 수도 있다. 코드가 공정사용을 보호하기 위해 바뀔 수는 없는 것일까?

이 희망적인 물음에 대답은 그럴 수 없다는 것이다(나의 주된 관점이 과연 공정사용을 보호하기 위한 인센티브가 존재하는가에 관한 것이기에 희망적이라고 하는 것이다). 공정사용은 본래의 목적이나 의도에 대한 판단을 수반한다. 그러한 판단은 아무리 훌륭한 컴퓨터라도 역부족이다. 그러나 공정사용이 간접적으로 보호될 수는 있다. 어떤 사람이 공정사용이라고 주장할 경우(물론 사용된 저작물에 태그를 부착해서 사용

---

38) *Universal Studios, Inc. v. Corley*, 273 F3d 429 (2d Cir 2001) 참조.

자가 어떻게 사용하는가를 추적하는 것이 가능하다), 그가 신뢰시스템을 열 수 있도록 허락하는 시스템이라면 공정사용을 보호할 수 있다. 아니면 스테픽이 설명하듯이 "공정사용 라이선스"를 부여하는 시스템이 있어서 라이선스를 통하여 사용자들이 저작물의 내용에 접근하고 오남용에 대해서 지불하게 하는 보험을 이용할 수 있다면, 공정사용을 보호할 수 있을 것이다.[39] 그러나 이러한 대안들은 코드를 초월하는 구조에 달려 있다. 코드 그 자체로는 공정사용을 단속할 수 있는 적절한 방법이 없다.

어떤 사람들은 내가 이미 한 발 늦었다고 응수할 것이다. 저작권법은 이미 대체되고 있다. 코드가 아니라면 사적인 계약법에 의해서 대체되고 있다는 것이다. 클릭랩(*click-wrap*) 라이선스나 슈링크랩(*shrink-wrap*) 라이선스를 사용하여 작가들은 점차 구매자나 라이선스를 취득하는 사람들에게 저작권법이 부여했던 권리들을 포기하라고 요구하고 있다. 만일 저작권법이 역분석의 권리를 인정한다면, 이 계약들은 역분석을 금지하는 약속을 끌어낼 것이다. 만약 저작권법이 최초판매 이후 구매자들이 원하는 대로 그 책에 대한 처분권을 인정한다면, 사용자에게 그 권리를 포기하도록 요구하는 계약이 체결될 것이다. 만약 모든 저작물에 첨부된 계약상의 용어들이 "첨부되고" "알 수 있는" 것에 의해서만 실행될 수 있다면, 우리는 이미 저작권법이 창출한 균형을 재수정할 수 있는 능력을 갖고 있다.

나는 계약을 통한 저작권법의 사적화가 이미 상당히 진행되었고, 특히 *ProCD v. Zeidenberg* 사건에서 프랭크 이스터브룩(Frank Easterbrook) 판사의 판결에 의해서 가속화되었다는 사실에 동의한다. 그러나 계약이 코드만큼 나쁘지는 않다. 계약은 법적 형식이다. 계약의 내용이 저작권법의 가치와 일치하지 않는다면, 당신은 그 계약에 따를

---

39) Stefik, *The Internet Edge*, 99~100.

것을 거절할 수도 있고, 상대방이 이를 강제하도록 법원에 청구하게 할 수도 있다. 몇몇 케이스에서 법원은 꼼꼼하게 계약조건을 따르는 것을 명백하게 거부했다. 왜냐하면 그것이 저작권법의 가치와 모순되었기 때문이다.[40] 계약의 궁극적인 효력, 즉 계약의 이행여부는 법원에 의해서 결정된다. 비록 오늘날 법원이 이런 계약들을 집행하는 방법들을 비교적 열심히 모색하지만, 만일 상대편이 이 사안을 아주 분명하게 한다면, 법원이 방향을 바꿀 수 있는 희망이 조금은 남아있다.[41] 스테픽이 말하듯이, 신뢰시스템들은 "일반 계약과 여러 중요한 측면에서 상이하다."

> 일반계약에서 승낙은 자동적이지 않다. 그것은 동의 당사자들의 책임이다. 승낙을 모니터하고 확인하는 조항이 있을지도 모른다. 하지만 계약서에 따라 이행하는 실제 의무는 당사자들에 달렸다. 게다가 계약의 집행은 궁극적으로 법원의 관할에 속한다.[42]

그러나 코드의 경우는 다르다. 계약이 저작권법을 대체할 때 어떤 문제들이 발생하든 코드가 저작권법을 대체하면 사태는 더욱 악화된다. 다시 말해서, 우리는 어디에다 코드에 이의를 제기할 수 있는가? 소프트웨어가 국가에 의존하지 않고 특정한 방식으로 보호할 경우, 우리는 어디에다 그 보호의 성격에 이의를 제기할 수 있는가? 코드가 균형을 깨뜨릴 때 우리는 어디에다 균형을 요구할 수 있는가?

---

40) 예를 들어, *People v. Network Associates, Inc.*, 195 Misc. 2d 384 (N. Y. Misc. 2003) 참조.

41) William W. Fisher III, "Compulsory Terms in Internet-Related Contracts," *Chicago-Kent Law Review* 73 (1998). 피셔는 계약의 자유에 대한 공공정책적 제약들을 목록으로 만들고, 그것을 유비쿼터스적이라고 규정한다.

42) Stefik, *The Internet Edge*, 91~7.

나는 이러한 통제의 변화가 좋은 것인지 적정한 것인지 하는 대단히 의견이 분분한 논쟁을 하려는 것이 아니다. 나는 이미 다른 곳에서 그것을 충분히 논하였다.[43] 지금 우리의 목적은, 단지 중대한 변화를 인식하는 것이다. 이제 코드는 문화가 전파되어가는 방식에 대해서 점차 완벽한 통제를 가능하게 하고 있다. 규제는 "자사의 제품사용을 통제하는 오너들의 권한을 강화시키는 쪽으로 진행되어왔다."[44] 그리고 이러한 규제들은 문화가 전파되는 방식을 완벽하게 통제하려는 요구를 이끌어내고 있다.

저작권법을 제한하려는 계약들과 코드의 출현은 이전에는 답변할 필요가 없었던 물음을 우리에게 제기한다. 예전에는 저작자들이 법과는 관계없이 자신들의 지적 재산의 사용을 완벽하게 통제할 수 있도록 허용해야 할 것인지 여부를 전혀 선택할 필요가 없었다. 왜냐하면 그러한 통제가 가능하지 않았기 때문이다. 법에 의해서 이뤄지는 균형이 저작자들이 얻을 수 있는 최선의 것이었다. 그러나 이제 코드가 저작자들에게 더 나은 조건을 제공한다. 합법적인 정책을 위한 질문은 과연 보다 나은 조건이 일반 대중의 정서에 맞는 것인가 하는 것이다.

여기에서 우리는 저작권법에 있는 첫 번째 잠재적 모호성에 직면하게 된다. 어떤 이들은 저작권법이 코드에 기초한 통제이든 아니든 이미 이 문제를 해결했다고 주장한다. 그러나 나의 생각에는 법이 여전히 결정해야 할 문제라고 생각한다. 물론 나는 법이 이 문제를 어떻게 해결해야 하는가에 대해서 나름의 생각이 있다. 그러나 지금의 기술은 우리가 이전에 하지 않았던 선택들에 직면하게 한다. 그 선택을 보라. 그러고 나서 결정하라.

단도직입적으로 얘기하면, 저작권법에 의해 규제받지 않고서 저작

---

43) Lessig, *Free Culture: The Nature and Future of Creativity*, 14~16 참조.

44) Yochai Benkler, "Net Regulation: Taking Stock and Looking Forward," *University of Colorado Law Review* 71 (2000): 1203, 1254.

물을 사용하는 다양한 방식이 존재해왔다. 저작권법에 의해 규제되는 사용범위 내에서조차 "공정사용"을 자유롭게 허용하였다. 핵심적인 질문은 "왜"이다. 이러한 거래를 측정하는 데 너무 많은 비용이 들기 때문에 그대로 방치한 것인가? 아니면 그러한 이용을 자유롭게 놔두는 것이 저작권에 결부된 중요한 공적 가치이기 때문에 그러한 거래를 놔둔 것인가?

비록 양 쪽의 주장에 대해서 지지근거가 있지만, 이것은 법이 해결하지 않아도 되는 질문이다.[45] 지금 기술은 우리들이 이 문제를 해결하도록 강요한다. 그렇다면 문제는 어떻게 하느냐이다.

이와 매우 유사한 문제가 헌법에 존재한다. 제정자들은 주간(州間) 통상과 주간 통상에 영향을 미치는 상거래를 규제할 수 있는 권한을 연방의회에 부여하였다.[46] 제정 초기에 그것이 상거래의 운명이었지

45) *Campbell v. Acuff-Rose Publishing*, 510 U. S. 569 (1994). 고든("시장의 실패로서의 공정사용")은 법원이 공정사용을 활용해서 시장이 실현할 수 없는 보상되지 않는 거래를 허용해야 한다고 주장하고 있다. Wendy J. Gordon, "On Owning Information: Intellectual Property and Restitutional Impulse," *Virginia Law Review* 78 (1992): 149, In "Reality as Artifact: From Feist to Fair Use"(*Law and Contemporary Problems* 55 5PG (1992): 93, 96. 고든은 상상적인 작업은 창조적이지만, 그것들 역시 사실들로 구성되어 있으며, 공공이 폭넓게 사용할 수 있도록 보급되어야 한다고 지적한다. 고든의 "Toward a Jurisprudence of Benefits: The Norms of Copyright and the Problem of Private Censorship"(*University of Chicago Law Review* 57 [1990]: 1009)는 저작권자들이 비평가들과 다른 사람들에게 접근하는 것을 부인할 수 있는 능력에 대한 토론 내용이다. Wendy Gordon, "An Inquiry into the Merits of Copyright: The Challenges of Consistency, Consent, and Encouragement Theory," *Stanford Law Review* 41 (1989): 1343 참조.

46) *Gibbons v. Ogden*, 22 US 1(1824) [이 판결은 허드슨강에서 증기선 운항의 독점권을 부여한 뉴욕 주의 권한이 연방해안법(Federal Coasting Act of 1793)에 반한다고 판시하였다]; *McCulloch v. Maryland*, 17 US 316

만, 시장의 비효율성 때문에 큰 문제는 없었다. 결국 주 정부들은 자신들이 독자적으로 규제할 수 있는 상거래의 영역을 갖게 되었다.[47] 그러나 시간이 지남에 따라 지금은 각 주의 관할영역 내에서만 이루어지는 상거래가 훨씬 줄어들 정도로 주간 통상의 범위가 변하였다. 이런 변화에 대하여 두 가지 형태의 반응이 나타났다. 첫 번째는 각 주에 배타적 규제권한을 행사할 수 있는 영역을 보장할 수 있도록 다른 방법들을 찾는 것이다. 이러한 대응책의 정당성은 주간 통상에서 나타난 이러한 변화들이 주의 권력에 대한 제정자들의 비전을 훼손한다는 주장이다.

두 번째 반응은 연방정부의 권한이 미치는 범위가 확대된다는 점에 동의한다. 그렇지만 그것이 제정 초기의 균형을 깨뜨린다고 생각지는 않는다.[48] 확실히 제정 초기에 어떤 상거래는 주간(州間) 통상이 아니었으며, 전혀 영향을 미치지도 않았다. 그렇다고 해서 제정자들이 그러한 공간이 항상 있어야 한다고 의도했던 것은 아니다. 그들은 연방정부의 권한 범위를 움직이는 목표물에 연결시켰다. 만약 목표물이 연방권한 쪽으로 완전히 이동하면, 우리는 그것을 수용해야 하는 것이다.[49]

(1819) (이 판결은 의회가 주간 통상의 규제와 같이 정당한 목적을 달성하기 위하여 "필요하고 적절한" 조치를 취할 수 있는 권한을 갖는다고 판시하였다) 참조.

47) Bernard C. Gavit, *The Commerce Clause of the United States Constitution* (Bloomington, Ind.: Principia Press, 1932), 84 참조.

48) *Pensacola Telegraph Company v. Western Union Telegraph Company*, 96 US 1, 9 (1877) 참조.

49) 세기의 전환기에 한 비평가가 지적하였듯이, "만약 의회의 권한이 1789년보다 1918년에 더욱 확대되었다면, 이것은 단지 그 당시보다는 지금 주의 경계를 넘는 시장에 대한 의존성이 더욱 커졌기 때문이다. 변하고 있는 것은 정부체계가 아니라 경제조직이다." Thomas Reed Powell, "The Child Labor Law, the Tenth Amendment, and the Commerce Clause," *South-*

이 두 맥락에서 변화는 동일한 것이다. 우리는 특정한 규제영역 내에서 알력들의 혼합에 의해 균형이 이루어지는 곳으로부터 출발한다. 공정사용이 우리들에게 주어진 이유는 모든 사용을 측정하는 데 너무 많은 비용이 들기 때문이다. 상거래에 대한 주(州)의 권한이 우리들에게 주어진 이유는 모든 상거래가 주간(州間) 통상에 영향을 미치지는 않기 때문이다. 새로운 기술이 균형을 흩뜨릴 때, 우리는 항상 균형이 유지되어야 하는 것이 원래 의도였는지, 아니면 균형저울 한쪽 추의 무게는 애초부터 그 저울에 부착된 지표를 충실하게 따라야 하는 것이 원래 의도였는지를 결정해야 한다. 간단히 말해서 두 맥락 모두 모호하다.

나를 포함한 많은 학자들은 이쪽 혹은 다른 쪽에 강한 느낌을 갖고 있다. 우리는 이런 잠재적 모호성이 전혀 모호한 것이 아니라고 믿고 있다. 연방 권한의 맥락에서 본다면 우리는 각 주들이 배타적 권위의 영역을 가지고 있어야 한다거나,[50] 아니면 연방정부가 주간 통상에 영향을 줄 수 있는 모든 권한을 가져야 한다고 믿는다.[51] 공정사용의 맥락에서 본다면 우리는 공정사용이 기술과는 관계없이 보장되어야 하

---

ern Law Quarterly 3 (1918) : 175, 200~201.

50) Alexis de Tocqueville, *Democracy in America*, vol. 1 (New York : Vintage, 1990), 158~70 참조. 토크빌은 헌법제정자들의 의도는 각 주들이 폭넓은 영역에서 입법하도록 하고 지방정부가 활력 있게 유지되도록 하는 것이었다고 생각하였다.

51) *Maryland v. Wirts*, 392 US 183, 201 (1968) 참조. 〔더글라스(William O. Douglas) 대법관의 반대의견: 상거래 조항의 범위 내에서 국가가 소유하는 기업의 고용인들에 관한 다수의 논거는 "수정조항 제10조에 의해서 보호되는 주의 주권(*state sovereignty*)에 대한 중대한 침해는 우리 헌법의 연방주의와 일치하지 않는다는 것이다"〕; 또한 *State Board of Insurance v. Todd Shipyards Corporation*, 370 US 451, 456 (1962) (주의 규제나 조세에 반하여 주간 통상에 대한 보호를 승인하거나 철회할 수 있는 연방의회의 권한이 너무나도 완벽하기 때문에 공서양속의 권한이 보전되어야 한다) 참조.

는 최소한의 공적 사용이거나,[52] 아니면 단지 효율성이 달성되는 순간 제거되어야 하는 비효율적인 기술에 호응하는 효율적인 절충안이라고 믿고 있다.

그러나 두 경우 모두 문제를 너무 쉽게 만들어버릴 수도 있다. 두 맥락에서 최선의 답변은 문제가 법제정 당시에는 해결되지 않았다는 것이다. 아마도 어느 누구도 이 문제에 대해 생각하지 않았었고, 그런 까닭에 핵심적인 전제가 변했을 경우 그들이 의도하였을 것에 대한 질문에 어떠한 답변도 있을 수 없다. 만약 원래의 답이 존재하지 않는다면, 우리는 우리 자신의 능력으로 이 문제를 결정해야 한다. 스테픽이 신뢰시스템에 관해서 말한 것처럼 "그것은 저작권법의 창안자들이나 지적 재산을 관리하는 법규범이 시행될 수 없다고 믿는 사람들에 의해 결코 상상될 수 없는 도구이다."[53]

공정사용의 상실은 신뢰시스템의 완벽성에 따른 결과이다. 당신이

52) Michael G. Frey, "Unfairly Applying the Fair Use Doctrine: Princeton University Press v. Michigan Document Services, 99 F3d 1381 (6th Cir 1996)," *University of Cincinnati Law Review* 66 (1998): 959, 1001 참조. 프레이는 본래 저작권 보호는 작가의 이익이 아닌 공공의 이익을 위해 존재한다고 주장한다. 저작권법은 그들의 창작을 통제할 수 있는 독점적 권리를 부여함으로써 작가들에게 상당한 이익을 준다. 공정사용 원칙은 작가의 이익이 공공의 이익을 넘어서지 않도록 하는 중요한 안전장치이다. 또한 Marlin H. Smith, "The Limits of Copyright: Property, Parody, and the Public Domain," *Duke Law Journal* 42 (1993): 1233, 1272 참조. 스미스는 "저작권법은 저작물에 대한 접근을 통제하지만, 공정사용과 같이 공공이 이용할 수 있도록 하는 대책을 보장하는 문지기로서 이해할 수 있다"고 주장한다.

53) Stefik, "Letting Loose the Light," 244. 이 장의 구체적인 분석이 잘못되었음을 지적하기 위해서 코드의 일반적인 분석을 훌륭하게 사용하는 글에 대해서는, John Tehranian, "All Rights Reserved? Reassessing Copyright and Patent Enforcement in the Digital Age," *University of Cincinnati Law Review* 72 (2003): 45.

이것을 문제라고 생각하는가는 공정사용의 가치에 대한 당신의 견해에 달려있다. 만일 당신이 그것을 기술적 체제에 관계없이 존재해야만 하는 공적 가치라고 간주한다면, 이 완벽함의 출현은 당신을 난관에 빠지게 할 것이다. 당신의 관점에서 보면, 이제 사라져가는 낡은 시스템의 불완전함 속에 내재된 가치가 있다. 그러나 비록 당신이 공정사용의 상실이 문제가 없다고 생각하더라도 신뢰시스템은 현실세계의 불완전성에 잠재되어 있는 다른 가치들을 위협한다. 이제 두 번째 문제를 생각해 보자.

6. 불완전함이 허용하는 익명성

나는 영국에 있는 한 대학에서 수년 동안 공부했던 학생이었다. 내가 다니던 대학에 주로 술을 파는 식료품 가게가 있었다. 첫 주에 나는 엄청난 양의 스카치(내 기억으로는 상상하기 힘들 정도의 선물들)를 구입해야만 했다. 스카치를 구입한 지 1주일쯤 뒤에 나의 지도교수의 호출을 받았다. 그는 내가 술을 구입한 경위에 대해서 물었다. 그는 내가 너무 많은 술을 구입했다고 생각했고, 내가 그것을 구입하게 된 동기가 무엇인지 알고 싶어 했다. 말할 것도 없이 나는 그의 질문에 충격을 받았다. 물론 나는 실제로 대학에서 구입한 것이었고, 구입할 때 (대학 은행계좌로 비용을 지불했기 때문에) 전혀 내 이름을 숨기지도 않았다. 결국 나는 술을 구입했다는 사실을 공개적으로 학교와 직원들에게 폭로한 꼴이 되었다. 그러나 나에게 충격적인 것은 이런 정보가 대학당국에 의해서 감시되고 체크된다는 사실이었다. 나는 왜 그들이 그러한 일을 하는지 이해할 수 있었고, 그 제도가 갖고 있는 좋은 점도 이해할 수 있었다. 다만 나는 이런 정보가 그런 식으로 이용될 것이라고는 상상도 하지 못했었다.

만약 이것이 침입이라면, 사소한 것에 불과하다. 그 다음부터 나는 대학의 식료품 가게보다는 동네 가게에서 구입해서 마셨기 때문에 내가 진탕 술을 마신 사실을 쉽게 숨길 수 있었다(하지만 나는 근처의 상점도 대학으로부터 임차하고 있었다는 사실을 알게 되었다. 그들이 어떤 내통을 하고 있는지 누가 알겠는가). 어쨌든 나는 처벌을 받지는 않았다. 학교 측은 단지 나를 염려했을 뿐이다. 그러나 이 예는 아주 일반적인 논점을 시사한다. 우리는 일반적으로 다른 사람들이 사용하기를 원치 않는 자기 자신에 관한 일련의 정보를 세상에 노출한다. 그들이 그 정보를 이용한다면, 무슨 일이 일어나겠는가?

신뢰시스템은 그런 정보에 의존한다. 그 시스템은 사람들이 보호받고 있는 재산을 어떻게 사용하는지를 파악하는 능력에 의존한다. 가장 효율적으로 가격을 책정하기 위해서 신뢰시스템은 개인들과 그들의 독서 습관을 가능한 한 많이 아는 것이 이상적이다. 사용을 추적하고 그에 대해 가격을 청구하기 위한 효율적인 방법이 필요하기 때문에 이 정보를 파악할 필요가 있다.[54] 그러나 이런 추적은 명백한 침해를 수반한다. 내가 영국에서 학생신분으로 구입했던 술에 대해서 다시 생각해야 했던 것처럼 우리가 읽고 있는 것들에 대해서도 그렇게 생각해야 하는 세상에 살고 있다. 우리는 누군가가 우리를 계속 추적하고 있다고 생각하지 않는다. 만일 도서관이 대출된 책에 꼬리표를 계속 붙여서 이것을 감시의 방법으로 사용하고 있다는 것을 알게 되면 우리들은 충격을 받을 것이다.

하지만 신뢰시스템이 요구하는 것이 바로 그런 추적이다. 여기에서 다음과 같은 물음이 제기된다. 이러한 형태의 감시에 대항할 권리가 있어야 하지 않는가? 이 문제는 공정사용의 문제와 유사하다. 이런 감

54) 추적하는 일뿐만 아니라 가격을 차별화하는 데 드는 비용이 저렴하다는 의미에서 효율적이다. William W. Fisher III, "Property and Contract on the Internet," *Chicago Kent Law Review* 74 (1998).

시가 효과적으로 이루어질 수 없는 세계에서는 물론 그것에 대항할 권리도 없다. 그러나 그런 감시가 발생하고 있는 이상, 이전에 기술적인 불완전함 때문에 우리에게 주어졌던 익명으로 읽을 수 있는 잠재적 권리가 법적으로 보호되어야 할 권리여야 하는 것은 아닌지 물어보아야 한다.

줄리 코헨은 법적으로 보호되어야 한다고 주장하고 있으며, 우리는 그녀가 어떻게 논리를 전개하는지 아주 직접적으로 알 수 있다.[55] 그 소스가 무엇이든 간에 우리가 자기 스스로 지적으로 탐구할 수 있는 것은 이 세계 내에 존재하는 가치이다. 타인들이 알게 되거나, 지켜보거나, 우리가 읽은 것에 기초하여 그들의 행동을 바꾸는 것에 대한 두려움 없이 익명으로 읽을 수 있는 것은 가치이다. 이것은 지적 자유의 한 구성요소이다. 그것은 우리를 지금의 우리로 만든 것들 중의 하나이다.[56]

그러나 신뢰시스템은 잠재적으로 이 요소를 말소시킨다. 이 시스템은 감시를 필요로 하며, 감시는 익명성을 파괴한다. 이제부터 우리는

---

55) Julie E. Cohen, "A Right to Read Anonymously: A Closer Look at 'Copyright Management' in Cyberspace," *Connecticut Law Review* 28 (1996). 익명으로 읽을 수 있는 것은 "수정조항 제1조에 의해 보호되는 표현의 자유 및 사상의 자유와 밀접하게 연결되어 있다"(981, 982). 코헨은 그녀의 분석을 사적 정보를 수집하지 않는 기술의 맥락으로 확장해왔다. Julie E. Cohen, "DRM and Privacy," *Berkeley Technology Law Journal* 18 (2003): 575. Helen Nissenbaum, "Securing Trust Online: Wisdom or Oxymoron," *Boston University Law Review* 81 (2001): 635(새롭게 등장하는 시스템이 자아내는 신뢰의 역동성을 기술하고 있음). 이와 관련된 보다 자세한 저술로는, Sonia K. Katyal, "The New Surveillance," *Case Western Reserve Law Review* 54 (2003): 297.

56) "자신의 이름을 사용할 것인가 철회할 것인가를 결정하는 것만큼, 익명으로 읽을 수 있는 자유는 우리 전통의 일부이고 읽을거리를 선택하는 것은 자기 정체성의 표현이다." Cohen, "A Right to Read Anonymously," 1012.

신뢰시스템의 환경 속에서 가치들을 보존해야 하는지, 어떻게 보존해야 할지 결정할 필요가 있다. 우선 이것은 해석의 문제이기도 하다. 즉, 기술상의 변화들에도 불구하고 과거의 맥락에서 도출된 가치들이 어떻게 새로운 맥락에서도 보존되도록 조정될 수 있는가? 이것은 브랜다이스 대법관이 전화도청에 관해서 제기했던 것과 동일한 물음이다.[57] 이것은 법원이 다양한 맥락에서 항상 대답해야 할 물음이다. 근본적으로 그것은 맥락이 변화할 때 가치들을 보존해야 하는가에 관한 물음이다.

공정사용과 독서의 맥락에서 코헨은 이런 해석의 문제에 일관된 답변을 제시하고 있다. 그녀는 신뢰시스템이 전통적인 공정사용을 침해하는 범위 내에서 그 시스템에 저항하고 "해킹"할 수 있는 권리가 있다고 주장한다(어떤 이들은 이것을 "코헨의 정리"〔*Cohen Theorem*〕라고도 한다). 독서에 관해서 그녀는 저작권 관리체계가 익명으로 읽을 수 있는 권리를 보호해야 한다고 주장한다. 만일 이 체계가 감시한다면 익명성을 보존할 수 있도록 만들어져야 한다는 것이다. 이 전략은 다음과 같다. 코헨은 이전 구조에 의해 산출되었으나 지금은 새로운 구조에 의해서 위협받고 있는 가치를 확인하고, 그 본래의 가치를 보호할 수 있는 적극적인 권리를 옹호한다. 그러나 여기서 우리는 이 문제를 더욱 모호하게 파악할 수도 있다. 나는 코헨의 주장에 동의한다. 그러나 다른 쪽의 주장도 어리석지는 않다. 만약 저작권법에 의해 보호되는 저작물을 이용하도록 기술을 사용하는 것이 허용 가능하다면, 왜 그 저작물을 사용하는 사람들에 대한 데이터를 모으는 것이 허용되어서는 안 되는가? 데이터 수집은 저작권 자체의 일부가 아니다. 그것은 기술의 부산물이다. 그리고 우리가 이전에 이러한 기술력을 가진 적이 없

---

57) *Olmstead v. United States* 277 US 438, 474 (1928) (브랜다이스 대법관의 반대의견: "개인의 안전을 침해하는 것에 대해서 헌법이 어떠한 보호도 제공하지 않는 일이 있을 수 있는가?") 참조.

었기에 과거에 이미 결정되었다고 말하기는 힘들다.

7. 허가의 문화 대 자유

나는 이미 저작권법이 스스로에게 가하는 제약에 대해서 논하였다. 이러한 제약들은 중요한 가치들을 반영한다. 그 가치들은 저작권법이 지향하는 균형을 표현한다. 그러나 이 균형점에 대한 논의에서 전체적인 관점이 자주 빠진다. 우리는 법의 점진적 변화에 대해서는 관심을 가지면서 법의 의미가 변화하는 심층적인 의미를 놓친다. 이런 변화는 디지털 기술의 구조와 법의 구조 간에 상호작용으로 인하여 뜻하지 않게 생겨난다.

저작권법은 본질적으로 "복제물"을 규제한다. 아날로그 세상에서 "복제물"을 생산하는 경우는 제한적이었다. 제시카 리트만(Jessica Litman)이 10여 년 전에 묘사하고 있는 것처럼,

> 세기 변화의 시점에서 살펴본 미국의 저작권법은 기술적이고, 비일관적이며, 이해하기가 어려웠다. 그 법의 적용을 받는 사람들이나 대상물은 그렇게 많지 않았다. 만약 어떤 사람이 책, 지도, 도표, 그림, 조각, 사진 또는 악보의 작가이거나 출판가 또는 극작가나 연출자 혹은 인쇄업자라면, 저작권법은 그들의 사업에 영향을 주었다. 서적상, 피아노 롤과 음반 제작자들, 영화제작자, 음악가, 학자, 국회의원 그리고 일반 소비자들은 저작권법의 문제에 부딪치지 않고서도 자신의 일을 해나갈 수 있었다.[58]

58) Jessica Litman, "The Exclusive Right to Read," *Cardozo Arts and Entertainment Law Journal* 13 (1994), 29.

따라서 아날로그 세계에서는 복제물을 생산하지 않고도 여러 가지 방법으로 창작물을 이용하는 것이 가능하였다.

디지털 기술은 본질적으로 복제물을 생산해낸다. 디지털 세계에서의 복제는 물질세계에서의 호흡과도 같다. 디지털 세계에서는 복제물의 생산 없이 콘텐츠를 사용하는 일은 불가능하다. 당신의 컴퓨터에 저장된 책을 읽을 때에도 복제물은 생산된다(적어도 페이지를 넘어갈 때 RAM메모리에 복제한다). 디지털 콘텐츠를 가지고 어떤 일을 하든간에 기술적인 측면에서 복제물을 만들어낸다.

디지털 기술에 관한 이러한 기술적 요소는 법의 기술적 구조와 연계된다. 그것은 많은 이들이 쉽게 간과하는 저작권법의 범위와 효과에 심층적인 변화를 가져온다. 아날로그 세계에서는 저작권법이 없어도 아무 문제가 없지만, 디지털 세계에서는 삶이 저작권법에 구속된다. 모든 행위들이 저작권법과 연관된다. 디지털 콘텐츠를 사용하는 모든 행위들은 그것이 공정사용으로 간주되지 않는 한 라이선스나 불법행위로 귀결된다. 디지털 기술의 출현은 이와 같이 저작권법의 영역을 급속히 확장하여 우리들 생활의 아주 작은 부분을 규제하던 것에서부터 컴퓨터상에서 이루어지는 모든 행위를 절대적으로 규제하는 데까지 이르렀다.

만약 당신이 생각하는 것이 전문적으로 창작된 문화의 보급을 보호하는 것이라면 이것은 별로 관심의 대상이 되지 못할 것이다. 그런데 만약 당신이 "해적행위"를 막으려고 한다면, 모든 이용행위에 허가를 요구하는 체계가 필요하며, 그것은 해적행위를 추방하는 데 필요한 매우 광범위한 도구들을 제공할 것이다. 그러나 당신이 저작권법을 둘러싼 논쟁들에 귀를 기울이지 않는다 하더라도, 사실상 전문적으로 창작된 문화를 보호하는 것만이 문화의 가장 중요한 요소가 아니다. 정말이지 역사적 관점에서 하향적으로 본다면 전문적으로 창작된 문화는 전체 문화의 아주 작은 일부일 뿐이다. 20세기는 이러한 규칙의 예외일 수도 있다. 그러나 의회는 전문적인 문화만이 우리 사회에서 법적으로 인정되는 문화라고 한 적이 없다.

전문적인 문화와 어깨를 나란히 하는 것은 아마추어 문화이다. 여기서 아마추어는 열등하거나 실력이 모자라는 것을 뜻하지 않는다. 아마추어 문화란 상업적 이윤을 목적으로 하지 않고 단지 좋아서 하는 사람들이 생산해낸 문화를 가리킨다. 이러한 관점에서 보자면, 어디서든지 아마추어 문화를 볼 수 있다. 당신의 저녁 식탁에서 당신의 아버지와 여동생이 최근의 정치 스캔들이나 〈데일리 쇼〉(Daily Show)에 대해서 농담을 한다든지, 당신의 지하실에서 당신의 남동생과 그의 절친한 친구들이 차세대 롤링 스톤즈(Rolling Stones)가 되기 위해 고막이 터지도록 악기연습을 하는 일, 당신의 이웃들이 매주 목요일과 일요일에 모여 주일 성가대 연습을 하는 일, 인근 학교에서 아이들과 선생님들이 문화를 배우기 위해 미술과 음악을 하는 일, 이웃의 아이들이 바지를 찢어 입거나 셔츠를 특이하게 입는 일 등 이 모두가 문화를 표현하고 만들어낸다.

댄 헌터와 그렉 라스토스카의 말처럼 오늘날 사회에서는 "숨어있지만", 아마추어 문화는 항상 우리 곁에 있어왔다.[59] 분명히 이것이야말로, 아이들의 상상력이 성장하고,[60] 문화가 발전되어 온 방식이다.

---

59) Dan Hunter and F. Gregory Lastowsa, "Amateur-to-Amateur," *William and Mary Law Review* 46 (December 2004), 951, 1026~27 참조.

60) Lasica, *Darknet: Hollywood's War Against the Digital Generation* 18 (MIT의 비교 미디어 연구 프로그램의 책임자였고, 대중문화에 관한 9권의 저자인 〔핸리〕 젠킨스는 이렇게 말한다. "어렸을 때부터, 아이들은 영화나 텔레비전에 나오는 인물이나 줄거리를 가지고 당신이 할 수 있는 일을 다시 상상한다. 그들은 제한된 영역 내에서 인물에 대한 통제를 허용하는 비디오 게임을 한다. 새로운 게임들은 더욱 폭넓은 상호작용과 행동을 허용한다. 그들이 온라인에 접속할 때, 그들은 스토리들을 공유할 수 있으며, 7살짜리 어린이도 해리 포터와 포케몬에 관하여 단순하지만 흥미진진한 스토리를 소설 사이트에 게시한다.")

시바 바이디아나단은 다음과 같이 묘사하고 있다.

> 광범위한 민주적 문화생산은 (어떤 이는 P2P생산이라고 할지 모르겠다) … 문화 텍스트가 어떻게 흘러왔는지 그리고 수 세기 동안 공동체들에 의해서 어떻게 수정되어 왔는지를 반영할 뿐이다. 텍스트는 종종 "전화"게임과 유사한 과정을 거친다. 이러한 과정을 통해서 텍스트는 수정된다 … 이러한 급진적인 텍스트 수정은 다른 맥락들에서 이루어지고 정치적 비판세력을 구축하는 데 기여해왔다. 예를 들면 역사가인 로렌스 레빈(Lawrence Levine, 1988)은 노동계층의 연기자와 청중들이 19세기 미국사회에서 윌리엄 셰익스피어의 작품을 그들이 처한 맥락, 관심사 그리고 이데올로기에 따라 어떻게 채택하고 수정하였는지를 보여주었다. 그리고 역사가 에릭 로트(Eric Lott, 1993)는 어떻게 《톰 아저씨의 오두막》(*Uncle Tom's Cabin*)이라는 작품이 본래 의도했던 기독교적 해방의 메시지 대신에 백인 노동집단에 의해 인종적 우월성을 뒷받침하도록 재구성되었는지를 보여주고 있다.[61]

중요하게도 이러한 종류의 문화적 리믹스(*remix*) 역시 역사적으로 규제로부터 자유로웠다. 당신이 저녁식탁에서 농담을 하고, 친구들과 노래하고, 차세대 롤링 스톤즈가 되기 위해 연습할 때 변호사가 옆에서서 그 문화를 대해 "이용할" 권리가 있는지 여부를 확인해줘야 한다고 아무도 생각하지 않을 것이다. 저작권법은 역사적으로 볼 때 상업적인 측면에 초점을 맞춰왔다. 비상업적이거나 초상업적인 창작물은 규제로부터 자유롭게 놔두었다.

이제 이 모든 것이 바뀌었고, 디지털 기술은 그 책임이 있다. 첫 번

---

61) Siva Vaidhyanathan, "Remote Control: The Rise of Electronic Cultural Policy," *Annals of the American Academy of Political and Social Science* 597, 1 (January 1, 2005): 126.

째이자, 가장 중요한 사실은 디지털 기술들이 아마추어 문화의 범위를 급격하게 확대했다는 것이다. 이제 정치적 사건이나 당신이 좋아하는 밴드의 최신 곡들을 리믹스하는 것은 당신의 친구들과 공유하는 데 그치지 않는다. 디지털 기술은 이런 창조성을 포착하고 전 세계와 공유하는 것을 간단하게 만들었다. 1999년경의 인터넷과 지금의 인터넷 간에 가장 큰 차이점은 사용자들의 창작활동이 폭발적으로 증가했다는 것이다. 블로그에서부터 포드캐스트(podcasts), 비디오캐스트(videocasts), 매쉬업(mashups) 등에 이르기까지 오늘날의 인터넷은 전례 없는 창조의 공간이 되었다.

두 번째, 디지털 기술들은 창조력을 민주화시켰다. 디지털 기술은 수많은 잠재적 창작자들에게 그 꿈을 실현할 수 있는 능력을 주었다. "사람들은 소비자의 혼수상태에서 깨어나고 있다"고 한 논평자가 묘사하였다.[62] 2004년 웹 2.0 회의에서 DJ 대인저 마우스는 다음과 같이 이야기하였다.

> 혼합(*mashing*)은 아주 쉽다. 기타치는 법을 배우고 작곡하는 것을 터득하는 데에는 수 년이 걸린다. 그러나 레코드플레이어(*turntable*)를 가지고서 사람들을 웃고 춤추게 하는 데에는 몇 주만 연습하면 된다. 좋은 것을 만들어내기 위해 소프트웨어를 가지고 몇 시간 씨름하면 된다. 이처럼 진입장벽이 낮기 때문에 모든 사람이 뛰어 들어와 바로 창의성을 발휘하기 시작한다.[63]

그러나 세 번째로, (또한 이 장의 내용과 직결되며), 넷에서 표현되

---

62) Lasica, *Darknet: Hollywood's War Against the Digital Generation*, 78, Ernest Miller에서 재인용.

63) DJ Danger Mouse Web 2.0 Conference presentation "Music Is a Platform," October 6, 2004, Lasica, *Darknet: Hollywood's War Against the Digital Generation*, 211에서 재인용.

는 창작성은 저작권법의 규제를 받게 된다. 다른 이들의 창작성을 사용하는 만큼 그들의 허락이 필요하다. 다른 이들의 창작물에 더하여 만들어지는 것이라면 그 창작물이 합법적으로 만들어져야 한다는 점을 확실히 할 필요가 있다. 규제의 전 체계가 지금까지는 규제된다고 인식되지 못한 창작의 경제에 접목되었다. 아마추어 문화나 상향식의 문화, 혹은 상거래의 바깥에 존재하는 문화는 30년 전과는 달리 이제 규제하에 놓이게 되었다.

최근의 한 사례는 이러한 점을 매우 잘 보여준다. 애니미 뮤직비디오(Anime Music Videos, AMVs)라는 디지털 창작장르가 있다. AMVs는 애니메이션 만화와 음악의 리믹스를 뜻한다. 아이들은 수백 또는 수천 시간을 들여 애니메이션 만화와 음악이 완전히 어울리도록 편집하고 또 편집한다. 한마디로 그 결과는 굉장하다. 이것은 내가 지금까지 보아온 것 중 디지털 기술을 가장 창작적으로 활용한 것이다. 이러한 창작의 장르가 작은 것은 아니지만 그렇다고 엄청난 것도 아니다. 기본적으로 한 사이트가 AMVs 활동을 지배한다. 그 사이트는 50만 명 이상의 회원을 가지고 있고 3만 명 정도의 창작자들이 AMV 콘텐츠를 그 사이트에 올리고 있다.

2005년 11월, 아주 저명한 레코드사인 와인드업(Wind-Up) 레코드사가 이 사이트에서 자사 소속 음악가들의 작품을 삭제할 것을 통보하였다. 그것은 3천 개의 비디오들이었으며, 전 세계 지원자들이 적어도 25만 시간을 투자한 것으로, 그러한 작업은 하나의 실질적인 효과를 가져올 것이며, 바로 언더그라운드 예술가들의 작업을 촉진시키게 될 것이다.

법적 관점에서 보면 이 사건은 그다지 복잡한 케이스가 아니다. 아이들이 하는 활동은 애니메이션으로부터 파생적인 작품을 만드는 것이다. 그들은 저작권자의 허락 없이 배경음악의 복제물을 배포하고 있고, 그 음악과 비디오를 결합시킨다. 그러나 문화적 관점에서 본다면 이것은 매우 어려운 사건이다. 이러한 활동을 통해서 표출되는 창작성은 대단하다. 나는 이들의 창작성을 책에 담아 보여줄 수 없다. 하지만 아래 주석을 보면 당신이 볼 수 있는 사례를 알려 줄 수 있다.64) 그것은 비상업적인 아마추어의 창작물이다. 분명한 점은 그것이 법적 제재를 받지 않았던 것들이었다는 것이다. 그런데 이제 그것이 디지털 세계에서 활동하기 때문에 법에 의해 감시와 규제가 이루어지게 된 것이다. 다시 말하자면, 나는 무엇이 옳은 답인지에 대해 강한 확신을 가지고 있다. 그러나 우리는 이러한 충돌이 나타내는 잠재적 모호성을 의식해야 한다.

디지털 기술의 변화로 인하여 이제 법이 디지털 환경에서 모든 창작물의 사용을 규제할 수 있게 되었다. 우리의 삶이 점점 디지털 환경으로 이동함에 따라 법이 문화의 사용을 더욱 더 규제하게 될 것이다. 이것이 우리의 가치와 일치하는가?

그 답변은 현재의 맥락에다가 헌법 제정 당시의 가치관들을 도입시킴으로써 우선 찾아낼 수 있다. 그러한 관점에서 볼 때, 헌법제정 당시의 비전이 지금의 법체계가 허용하는 법적 규제의 수준을 포함하고 있다고 상상하는 것은 대단히 힘들다. 다시 말해, 그렇게 포괄적인 규제의 가능성이 존재하지 않았고, 그에 대한 결정이 전혀 이루어지지 않았다는 사실을 인식한다면 우리는 위와 같은 결론에 문제를 제기하지 않을 수 없다. 그러한 결정이 내려졌을 때, 아마추어 문화는 포괄적이고 새로운 규제장치에 의해서 규제되지만, 그 규제는 전문적인 문화에는 새로운 부를 가져다준다는 점을 인식해야 한다. 어떠한 형태의 문화를 보호할 것인가에 대해서 결정을 내리는 일이 남아 있다. 그러한 결정이 아직 직접적으로 내려지진 않았다. 그것은 우리가 내려야 하는 또 하나의 선택이다.

---

64) 예를 들어, anime music videos, link #64 참조.

8. 완벽함이 제기하는 문제들

위의 세 가지 사례는 공통된 패턴을 드러내고 있다. 그것은 저작권을 넘어서서 멀리까지 영향을 미치게 될 문제이다. 과거에 우리는 특정한 종류의 자유를 즐겼다. 그러나 이 자유는 직접 선택된 것이 아니었다. 그것은 매우 높은 통제비용 때문에 얻게 된 자유였다.[65] 그것은 우리가 공정사용에 관해서 이끌어낸 결론이었다. 통제비용이 높을 때 공정사용의 범위는 넓다. 익명적인 독서에 대해서도 마찬가지이다. 우리가 현실세계에서 익명으로 읽을 수 있는 것은 법이 그런 권리를 보호하기 때문이 아니라 우리가 읽은 것을 추적하는 데 드는 비용이 크기 때문이다. 그리고 그것은 아마추어 문화에 대해서도 마찬가지였다. 규제가 쉽게 그것에 접근할 수 없기 때문에 규제로부터 자유로웠다.

이런 통제의 비용이 줄어들면 자유는 위협받는다. 이런 위협은 우리에게 선택을 요구한다. 우리는 기존의 자유가 침식되는 것을 허용할 것인가, 아니면 원래의 자유를 재창출하기 위해서 다른 제한들을 세워야 하는가?

지적 재산권법은 이런 일반적 논점에 관한 첫 번째 사례이다. 인터넷의 구조가 변할 때, 그 구조는 현실공간의 구조들보다 지적 재산에 훨씬 더 큰 보호를 허용하게 될 것이다. 그리고 더욱 강화된 보호는 우리에게 현실공간에서는 할 필요가 없었던 선택을 강요할 것이다. 그

---

65) 피터 후버(Peter Huber)는 오웰의 《1984》에 대해서 통제의 고비용에 근거해서 반박하고 있다. *Orwell's Revenge: The 1984 Palimpset* (New York: Maxwell Macmillian International, 1994). 그러나 이것은 특히 네트워크의 통제비용이 떨어지면 자유를 확립하기에는 허약한 토대이다. 프랜시스 캐이른크로스(Frances Cairncross, *The Death of Distance: How the Communications Revolution Will change Our Lives* 〔Boston: Harvard Business School Press, 1997〕, 194~95)는 그러한 주장에 적절하게 이의를 제기하고 있다.

구조는 지적 재산에 대한 완벽한 통제를 허용해야 하는가? 아니면 그 구조 속에 일정한 정도의 공적 사용을 보장하는 불완전함을 구축해야 하는가? 아니면 개인의 자유를 위한 특별한 공간을 만들어야 하는가?

이런 물음들을 무시한다고 해서 그것들이 사라지지는 않을 것이다. 이 문제들에 대해서 헌법제정자들이 답변하였다고 얼버무리는 것 또한 해결책이 될 수 없다. 이 맥락에서 우리들은 그 구조가 보호하려는 가치들이 어떤 것인지 판단할 필요가 있을 것이다.

9. 선택들

나는 지적 재산권의 맥락에서 사이버공간이 세 가지의 중요 사항을 선택하도록 할 것이라고 주장하였다. 지적 재산을 완전히 재산화되도록 허용할 것인가(왜냐하면 그것이 바로 지적 재산을 보호하기 위한 완벽한 코드체제가 하게 될 일이기 때문이다), 아니면 이 체제가 덜 효율적인 통제구조 속에 내재하는 익명성을 말살하도록 허용할 것인가. 그리고 지적 재산권의 팽창이 아마추어 문화를 쫓아내도록 허용할 것인가? 헌법제정자들은 이를 선택하지 않았다. 그 선택들은 지금 우리가 해야 하는 것들이다.

다음의 세 가지 맥락에서와 마찬가지로 나는 이 맥락에서 우리가 어떻게 선택해야 하는가에 대한 관점을 갖고 있다. 그러나 나는 법률가이다. 사물이 어떻게 되어야 하는가를 주장할 때 법률가들은 무엇인가 다른 것을 지시하도록, 즉 헌법제정자들, 유엔헌장 혹은 연방의회가 제정한 법률들에 의거하도록 배운다. 만일 이곳에서는 그런 권한이 없다고 말한다면, 나는 마치 침묵을 지켜야 하는 것처럼 느낀다.

그러나 다른 사람들이 어떻게 생각할까 겁이 나서 침묵하는 것이 아니다. 내가 생각하는 바를 말해야 한다고 그들은 주장한다. 그래서 나는 세 가지 응용영역(지적 재산권, 프라이버시, 표현의 자유) 각각에 대해서 선택들이 어떻게 이루어져야 하는가에 대한 나의 견해를 제시할 것이다. 그러나 나는 어떤 강박에서 이 작업을 하며 당신에게 내가 믿는 바를 그저 무시하길 권한다. 그것은 매우 짧고 간략하며 쉽게 무시할 수 있을 것이다. 진정으로 내가 고수하고자 하는 바는 이 책의 균형이며, 가장 중요한 것은 우리가 해야 할 선택이 있다는 논점이다.

(1) 익명성

나는 익명성에 관해서 코헨이 분명히 옳다고 생각하며, 코헨의 정리는 영감을 불러일으킨다. 그 대안이 아무리 효율적이라 하더라도 무엇보다도 우리는 익명성을, 보다 정확하게 말하면 가명성을 보장하도록 사이버공간을 확실하게 설계해야 한다. 만일 코드가 나의 행동을 감시하려고 한다면, 적어도 코드는 그것이 감시하는 것이 "나"라는 사실을 알아서는 안 된다. 만일 코드가 "14AH342BD7"이 이러저러한 것을 읽고 있다는 사실을 안다면 나의 불안은 덜할 것이다. 그러나 만약 그 숫자가 나의 이름과 연결된다면 나는 엄청나게 불안해 할 것이다.

코헨은 명백히 두 번째 근거에 대해서도 옳다. 감시로부터 나오는 모든 장점이 프라이버시를 보호하면서도 성취될 수 있을 것이다. 추적가능성을 깨뜨리기 위한 루틴을 작성하기 위해서는 약간의 코딩이 더 필요할 것이며, 프라이버시의 보호를 보장하기 위해 더 많은 계획이 필요할 것이다. 그러나 이런 규칙들을 전면적으로 구축하는 데 드는 비용은 심각할 정도로 높지 않을 것이다. 지금 프라이버시를 보호하도록 구조화하는 비용이 나중에 갱신하는 것보다 훨씬 저렴할 것이다.

(2) 공유자산

"공유자산"이란 공동체 내의 어느 누구도 다른 사람의 허락 없이 사용할 수 있는 자원을 뜻한다. 그 자원이 어떠한 법적 구속도 받지 않기 때문에 허락이 필요 없을 수도 있다(다른 말로 하자면, 그것은 퍼블릭 도메인이다). 혹은 그 자원의 사용에 대한 허락이 이미 이루어졌기 때문에 허락이 필요하지 않을 수도 있다. 어떠한 경우이든 이러한 자원을 사용하거나 그것을 토대로 새로운 것을 만들기 위해서는 자원에 접근하는 것으로 충분하다.[66]

이런 점에서 저작권법의 범위와 접근에 관한 물음은 과연 우리의 미래가 과거와 같은 방식으로 지적 공유자산을 보호할 것인가 하는 것이다. 다시 말해서, 통제의 마찰이 너무 컸기 때문에 과거에는 그러하였다. 그러나 그런 마찰이 없어진 지금, 우리는 현재까지 존재해온 공유자산을 보존할지 파괴할지 결정해야 한다. 나는 공유자산이 보존되어야 한다고 생각한다.

우리는 공유자산을 유지하도록 사이버공간을 설계하거나 그렇지 않을 수 있다(제퍼슨은 자연이 이미 그 구조를 만들었다고 생각했지만, 그는 코드가 있기 이전에 그 글을 썼다). 우리는 그것이 공유자산을 지니도록 설계해야 한다. 우리의 과거는 설계를 통해서 배제할 수 없는 공유자산을 갖고 있었으며, 이것들은 우리의 문화에 엄청난 가치를 제공했다. 미래의 공유자산이 우리들에게 어떤 가치를 가져다줄 수 있는지를 우리들은 이제 막 깨닫기 시작했다. 지적 재산권 학자들은 사이버공간이 나타나기 오래 전부터 이 사실을 알고 있었으며, 우리가 지금 논의해야 할 많은 쟁점들에 초석을 놓았다.[67] 사이버공간 법에서 가

66) Lessig, *The Future of Ideas: The Fate of the Commons in a Connected World*, 19~23.

67) 기본적 저술로는 David Lange, "Recognizing the Public Domain," *Law and Contemporary Problems* 44 (1981):147 참조. 그러나 이 주장의 토대가 되는 저서가 있다. 예를 들어 Benjamin Kaplan, *An Unhurried View of Copyright* (N.Y.: Columbia University Press, 1967) 참조. 고든은 "Fair Use as Market Failure"에서 법원이 시장을 통해서 달성될 수 없는 무보상적 이전을 가능케 하기 위해선 공정사용을 활용해야 한다고 주장한다. 또한

장 큰 성과는 지적 재산분야에서 나타나고 있다. 광범위한 맥락에서 이 학자들은 지적 공유자산의 실질적 가치를 강력히 옹호해왔다.[68]

Wendy J. Gordon, "On Owning Information: Intellectual Property and Restitutionary Impulse," *Virginia Law Review* 78 (1992) : 149 참조. 고든은 "상상력이 풍부한 작품들이 창조된 것은 분명하지만, 이 작품들 역시 이미 공중에게 널리 퍼져서 광범하게 이용될 수 있는 사실들로 구성되어 있다"고 설명하고 있다. Gordon, "Reality as Artifact: From Feist to Fair Use," *Law and Contemporary Problems* 55 5PG (1992) :93, 96. 또한 그녀는 비평가 및 그 외의 사람들의 접근을 거부할 수 있는 저작권자의 권한에 대해 논의했다. 이에 대해서는 Gordon, "Toward a Jurisprudence of Benefits: The Norms of Copyright and the Problem of Private Censorship," *University of Chicago Law Review* 57 (1990) : 1009 참조; Wendy Gordon, "An Inquiry into the Merits of Copyright: The Challenges of Consistency, Consent, and Encouragement Theory," *Stanford Law Review* 41 (1989) : 1343 참조.

68) 이 책의 초판에서 나는 보일 외에 아오키를 포함하여 나의 이해에 도움을 준 저작들에 대해서 감사를 표했다. Keith Aoki, "Foreword to Innovation and the Information Environment: Interrogating the Entrepreneur," *Oregon Law Review* 75 (1996) :1; "(Intellectual) Property and Sovereignty"에서 아오키는 디지털 정보기술의 성장으로부터 발생하는 전통적인 재산권 개념에 대한 도전에 관해 논의했다. "Authors, Inventors, and Trademark Owners: Private Intellectual Property and the Public Domain"〔*Columbia-VLA Journal of Law and the Arts* 18 (1993) : 1〕에서 그는 지적 재산권법에서 정보의 공적·사적 영역 사이에서 지적 재산법의 경계가 변화하는 모습을 지적하고 있다. 그는 작가를 위한 수많은 배타적 권리가 증가함으로써 공적인 지적 재산권을 사적인 지적 재산권으로 전환시키고 있으며, 다양한 형태로 표현물들을 사회에 유용하게 활용하는 것을 제한하며, 그러한 제한은 미국 저작권 전통의 토대를 이루는 "저작"(*authorship*)의 모델에 적합하지 않다고 주장했다. 그리고 그는 최근 상표법이 상표권자에게 상표에 대한 재산권을 허용할 정도로 확장됨으로써 소비자의 혼동을 방지하려는 랜햄법(Lanham Act)의 목적을 더 이상 촉진하지 못하도록 하고 있다고 주장한다. Benkler, "Free as Air to Common Use"; Yochai Benkler, "Overcoming Agoraphobia: Building the Commons of the Digitally Networked Environment," *Harvard Journal of Law and Technology* 11 (1998) :287; Julie E. Cohen, "Copyright

보일 교수는 그의 뛰어난 저서인 《샤만, 소프트웨어, 우울》에서 이

---

and the Jurisprudence of Self-Help," *Berkeley Technology Law Journal* 13 (1998) : 1089; Julie E. Cohen, "Lochner in Cyberspace: The New Economic Orthodoxy of 'Rights Management'," *Michigan Law Review* 97 (1998) : 462; Julie E. Cohen, "Some Reflections on Copyright Management Systems and Laws Designed to Protect Them," *Berkeley Technology Law Journal* 12 (1997) : 161, 181~82; Julie E. Cohen, "Reverse-Engineering and the Rise of Electronic Vigilantism: Intellectual Property Implication of 'Lock-Out' Programs," *Southern California Law Review* 68 (1995) : 1091. Niva Elkin-Koren, "Contracts in Cyberspace: Rights Without Laws," *Chicago-Kent Law Review* 73 (1998) ; Niva Elkin-Koren, "Copyright Policy and the Limits of Freedom of Contract," *Berkeley Technology Law Journal* 12 (1997) : 93, 107~10 (ProCD 결정에 대한 비판) ; Niva Elkin-Koren, "Cyberlaw and Social Change: A Democratic Approach to Copyright Law in Cyberspace," *Cardozo Arts and Entertainment Law Journal* 14 (1996) : 215; "Copyright Law and Social Dialogue on the Information Superhighway: The Case Against Copyright Liability of Bulletin Board Operators" 〔*Cardozo Arts and Entertainment Law Journal* 13 (1995) : 345, 390~99〕에서 엘킨코렌은 저작권법을 디지털화된 환경에 적용함으로써 야기되는 문제점들을 분석하고 있다. "Goodbye to All That-A Reluctant (and Perhaps Premature) Adieu to a Constitutionally Grounded Discourse of Public Interest in Copyright Law" 〔*Vanderbilt Journal of Transnational Law* 29 (1996) : 595〕에서 피터 재스치는 "지적 공유물"에 대한 공적 접근을 축소시키려는 저작권법상의 입법적·사법적 경향에 대적하기 위해서 새로운 정책에 근거한 논증과 헌법적 근거를 발전시켜야 한다고 역설했다. Peter A. Jaszi, "On the Author Effect: Contemporary Copyright and Collective Creativity," *Cardozo Arts and Entertainment Law Journal* 10 (1992) : 293, 319~20; Peter A. Jaszi, "Toward a Theory of Copyright: The Metamorphoses of 'Authorship'," *Duke Law Journal* (1991) : 455. 저작권의 오용에 관하여는 Lemley, "Beyond Preemption: The Law and Policy of Intellectual Property Licensing," 87 *California Law Review*, 111 (1999) ; Mark A. Lemley, "The Economics of Improvement in Intellectual Property Law," *Texas Law Review* 75 (1997) : 989, 1048~68; 렘리는 "소프트웨어 판매상들이 소비자들로 하여금 저작권법이 요구하는 것보다 더 제한적인 조항에 따르게 할 수 있는 라이선스 조항을 입안

문제를 아주 극적으로 묘사하고 있다.[69] 사이버공간과 비사이버공간

함으로써 지적 재산권으로부터 '이탈하도록' 시도하고 있다"고 지적한다. "Intellectual Property and Shrink-wrap Licenses"〔*Southern California Law Review* 68 (1995) : 1239, 1239〕. 리트만(Jessica Litman)은 현행법이 출판가로 하여금 거래를 라이선스로 전환할 수 있도록 해주는 이 개념을 "의심스러운" 것이라고 특징짓고 있다. 그녀는 2B 조항이 저작권과 저작권법 간의 관계를 '혼동하거나 혼동시키고' 있으며, 새로운 법을 만들어낼 것이라고 비판했다. 그녀는 저작권이 디지털 환경에서 의미가 있는가에 관한 논쟁의 결과가 어떠하든, 저작권의 원칙은 우리의 정보정책에 제공하는 많은 중요한 이익들을 조정하기에 부적합하다고 믿고 있다. "The Tales That Article 2B Tells," *Berkeley Technology Law Journal* 13 (1998) : 931, 938. Jessica Litman, "Reforming Information Law in Copyright's Image," *Dayton Law Review* 22 (1997) : 587, 590. Jessica Litman "Revising Copyright Law for the Information Age," *Oregon Law Review* 75 (1996) : 19; 리트만은 넷상의 많은 행위들이 인터넷의 어떠한 자료도 명시적으로 표현되지 않는 한, 저작권으로부터 자유롭다는 그릇된 전제 위에서 이루어진다고 말했다. "The Exclusive Right to Read," *Cardozo Arts and Entertainment Law Journal* 13 (1994) : 29, 48; 또한 그녀는 '저작'(*authorship*)의 정의에 관한 논쟁이 계속되고 있다고 지적하면서, 저자와 저작권법의 침해에 관한 쟁점들을 일반적으로 개관했다. "Copyright as Myth," *University of Pittsburgh Law Review* 53 (1991) : 235, 235~37〔그녀는 저자를 저작권의 의미로 정의하는데, 저자란 책, 노래, 조각, 건물, 컴퓨터 프로그램, 그림 및 영화 등 저작권이 부여될 수 있는 작품들을 창작한 사람이라고 정의했다(236, n. 5)〕. 리트만은 왜 저작권법이 저작과정(*authorship process*)에 반직관적인가에 대해서 논의했다. 또한 그녀는 공공영역에 관한 폭넓은 정의를 권고했다. "The Public Domain," *Emory Law Journal* 39 (1990) : 965, 969〔독창성은 저작권법의 근본원리이다(974)〕. Neil Weinstock Netanel, "Asserting Copyright's Democratic Principles in the Global Area," *Vanderbilt Law Review* 51 (1998) :217, 232 n. 48, 199 n. 322; Neil Netanel, "Alienability Restrictions and the Enhancement of Author Autonomy in United States and Continental Copyright Law," *Cardozo Arts and Entertainment Law Journal* 12 (1994) :1, 42~43; 네타닐은 민주주의를 고양시킬 수 있는 기능을 통하여 저작권법과 정책을 분석한다. "〔C〕opyright and a Democratic Civil Society," *Yale Law Journal* 106 (1996) :283, 288, 324~36. Margaret Jane Radin and

의 문제들을 함께 묶어 결론지으면서 그는 정보사회에서 우리가 직면

Polk Wagner, "The Myth of Private Ordering: Rediscovering Legal Realism in Cyberspace," *Chicago-Kent Law Review* 73 (1998); Margaret Jane Radin, *Reinterpreting Property* (Chicago: University of Chicago Press, 1993), 56~63. Pamela Samuelson, "Encoding the Law into Digital Libraries," *Communications of the ACM* 41 (1999):13, 13~14; Pamela Samuelson, foreword to "Symposium: Intellectual Property and Contract Law for the Information Age," *California Law Review* 87 (1998): 1; 사뮤엘슨은 소프트웨어나 다른 정보에 관한 라이선스를 가진 자들이 일반적으로 자력구제에 의존할 것이라고 설명했다. *Communications of the ACM* 40 (1997): 13, 16; 유럽에서의 데이터베이스에 대한 비판으로는, J. H. Rechman and Pamela Samuelson, "Intellectual Property Rights in Data?," *Vanderbilt Law Review* 50 (1997): 51, 84~95; Samuelson, "The Copyright Grab," 134; Pamela Samuelson, "Fair Use for Computer Programs and Other Copyrightable Works in Digital Form: The Implications of Sony, Galoob and Sega," *Journal of Intellectual Property Law* 1 (1993): 49 참조.

이 책 초판을 내고 지금 재판을 출간하는 지난 7년간 나는 더 많은 것을 배웠다. 그러나 나는 리스팅 스타일을 복제하기보다는 지적하고자 한다. Jessica Litman, *Digital Copyright: Protecting Intellectual Property on the Internet* (Amherst, N.Y.: Prometheus Books, 2000); Vaidhyanathan, *Copyrights and Copywrongs*; William Fisher, *Promises to Keep: Technology, Law, and the Future of Entertainment* (Stanford: Stanford University Press, 2004), and Benkler, *The Wealth of Networks*.

69) Boyle, *Shamans, Software, and Spleens*. 정보를 사유화 하는 일반적인 흐름에 관한 흥미 있는 연구에 관해서는, Debora J. Halbert, *Intellectual Property in the Information Age: The Politics of Expanding Ownership Rights* (Westport, Conn.: Quorum, 1999). 세쓰 슐만(Seth Shulman)의 *Owning the Future*는 그 스토리에 적절한 드라마를 제공한다(Boston: Houghton Mifflin, 1999). *Internet Publishing and Beyond: The Economics of Digital Information and Intellectual Property* (Brian Kahin and Hal R. Varian, eds., Cambridge, Mass.: MIT Press, 2000) (인터넷 출판과 지적 재산). *A Handbook of Intellectual Property Management: Protecting, Developing and Exploiting Your IP Assets* (Adam Jolly and Jeremy Philpott eds. 〔London: Kogan Page, 2004〕) (지적 재산과 무체 재산).

한 도전, 특히 정치적 도전을 상세히 설명하고 있다.[70] 다른 글에서 그는 정보정책에서 "환경운동"의 필요성을 밝히고 있다. 그것은 모든 정보를 재산화하려는 움직임으로 인해 위험에 놓인 광범위한 가치영역을 사람들이 인식하게 하기 위한 수사이다. 보일의 저서는 다른 많은 이들로 하여금 자유에 관한 의제를 제기하도록 영감을 주었다.[71]

자유가 문화의 사용과 재사용에 대한 법적 규제에 제한을 가할 것이다. 자유는 사용에 대한 완전한 통제에 저항할 것이며, 재사용의 범위를 자유롭게 할 것이다. 자유를 위한 적극적인 보호를 통해서 이전에 갈등을 통해서 확보되었던 자유를 확립하게 될 것이다. 이 자유가 기반하고 있는 가치들에 대한 신념 때문에 그렇게 될 것이며, 자유 그 자체를 가능케 하는 공동체들에 권한을 부여함으로써 자유에 내재한 가치를 드러낼 것이다. 그러나 이 자유는 법의 변화를 통해서 혹은 자발적으로 구축될 수 있다. 즉, 법이 중요한 자유를 촉진하기 위해 재정비될 수 있으며, 아니면 그 재산이 자유를 실현할 수 있도록 재배치될 수 있다.

두 번째 전략은 제 8장에서 말한 자유 소프트웨어 운동(*Free Software Movement*)의 방법이다. 저작권법을 이용하여 스톨맨은 네 종류의 자유소프트웨어의 자유를 보존하는 소프트웨어 라이선스를 개발하였다. 그리고 자유소프트웨어를 수정하고 배포하는 사람들은 수정된 판들도 무료로 배포하도록 의무화하였다. 모든 사람들이 소프트웨어를 사용

70) "우리는 두 방향에서 작가의 관점으로부터 벗어나야 한다. 첫째, 문화적 유산, 민속적 산물, 생물학적 '노하우'에 대해서 일정한 새로운 보호를 인정해야 한다. 둘째, 일반적으로 우리는 '공정사용보호'를 확대하고, 라이선스를 의무화하고, 무엇보다도 재산권의 초기 적용범위를 축소시킴으로써 공적 영역에 대한 인식을 고양하고 그것을 보호해야 한다." Boyle, *Shamans, Software, and Spleens*, 169.

71) James Boyle, "A Politics of Intellectual Property: Environmentalism for the Net?," *Duke Law Journal* 47 (1997): 87.

할 수 있기 때문에 이러한 라이선스는 소프트웨어 공유자산에 영향을 미친다. 그리고 이 소프트웨어 공유자산은 디지털 시대를 추동할 중요한 자원이 될 것이다.

최근에 스톨맨의 아이디어는 사이버공간에서 공유자산을 재구축하려는 이들에 의해 모방되었다. 예를 들면 위키피디아(Wikipedia) 프로젝트는 모든 사람들의 놀라움 속에 수천 명의 자발적인 자원을 통해 놀라운 온라인 백과사전을 구축하였으며, 자원자들은 퍼블릭 위키에 내용을 쓰고 편집하는 일에 기여하였다. 이 결과물은 GPL과 같은 저작권 라이선스를 통하여 영구적으로 보호되며(물론 한정된 시간 동안만 보호될 것이다. 그러나 그런 사소한 문제로 괴롭히지 않았으면 좋겠다), 수정된 본들도 자유롭게 배포되도록 규정하고 있다(제 12장에서 위키피디아에 대해 더 상세히 다룰 것이다).

그리고 크리에이티브 커먼즈(Creative Commons) 역시 효과적인 공적 공유자산을 구축하기 위해 사법(*private law*)을 이용하였다. 또한 스톨맨을 따라 크리에이티브 커먼즈는 저작권 소유자들이 자유롭게 자신의 창작물에 간단한 방법으로 표시할 수 있게 하였다. 그 표시는 작가에게 어느 정도의 권리를 부여하는 라이선스와 같다. 그리고 이것은 사적으로 소유될 것을 공적 권리로 만들었다. 이러한 라이선스들은 비배타적이며 공공의 성격을 갖기 때문에 누구나 사용할 수 있는 창작자원의 공유자산을 구축한다.

내가 크리에이티브 커먼즈를 세우는 데 상당한 시간을 할애하였지만, 나는 여전히 사적 행위만으로는 부족하다고 생각한다. 그러나 이러한 사적 행위가 산출해내는 것으로부터 배울 수 있는 가치가 있다. 그 교훈은 정책 입안자들이 장래에 저작권법을 재구성하는 데 도움이 될 것이다.

제 11 장

프라이버시

제 1부의 결론은 코드가 사이버공간을 더욱 규제가능하게 하며, 제 2부의 결론은 더욱 규제가능한 공간에서 코드가 점차 중요한 규제자가 될 것이라는 것이다. 두 결론 모두 앞 장 이야기의 핵심이었다. 저작권 보유자의 섣부른 우려와 달리, 인터넷은 지적 재산권이 보다 쉽게 보호될 수 있는 공간으로 탈바꿈할 것이다. 앞에서 설명했던 바와 같이, 그러한 보호는 코드를 통해서 이루어질 것이다.

프라이버시는 놀라울 정도로 유사한 스토리이다. 〈스탠포드 로 리뷰〉에 실린 논문에서 조나단 지트레인이 주장한 바와 같이,[1] 프라이버시와 저작권의 문제점은 똑같다. 이들 모두 "우리가" 통제력을 상실해온 "우리의" 데이터와 관련된다. 저작권의 경우 그것은 저작권이 있는 작품의 복제를 구성하는 데이터이다. 프라이버시의 경우 그것은 우

1) Jonathan Zittrain, "What the Publisher Can Teach the Patient: Intellectual Property and Privacy in an Era of Trusted Privication," *Stanford Law Review* 52 (2000), 1201 참조.

리들에 관한 어떤 사실을 나타내는 데이터다. 두 경우 모두 인터넷이 이러한 통제력의 상실을 가져왔다. 저작권의 경우 기술이 콘텐츠의 완벽한 무료 복제를 가능하게 하고, 프라이버시의 경우 이 장에서 살펴보겠지만 기술이 행위를 저렴하고 지속적인 감시를 가능하게 하기 때문이다. 두 경우 모두 정책입안자들이 제기해야 하는 물음은 법과 기술의 어떠한 조합이 적정한 통제수준을 회복시킬 것인가 하는 점이다. 그 수준은 사적 이익과 공적 이익의 균형을 유지해야 한다. 저작권에 대해서는 그 균형점이 앞 장에서 설명한 바와 같다. 이 장에서는 프라이버시의 문제에 관해서 논의해보겠다.

저작권과 프라이버시 간의 큰 차이점은 각각의 문제점에 대한 해결점을 찾는 정치경제학에 있다. 저작권의 경우, 위협받는 이익은 강력하고 잘 조직화되어 있다. 프라이버시의 경우, 문제의 이익이 흩어져 있고 조직화되어 있지 않다. 저작권의 경우 보호의 다른 편에 있는 가치(공유자산이나 퍼블릭 도메인)들은 강력하지도 않고 잘 인식되지 않고 있다. 프라이버시의 경우 보호의 다른 편에 있는 가치들(보안, 테러와의 전쟁)이 강력하고 충분히 인식되고 있다. 이러한 차이점 때문에, 어떤 정치 이론가라도 예상할 수 있듯이, 지난 10년간 저작권에 관련된 문제점을 해결하기 위해 우수한 입법적, 기술적인 변화가 있었다. 반면에 프라이버시의 문제를 해결하려는 노력은 거의 없었다.

그러나 저작권의 경우처럼, 우리는 프라이버시를 보호하는 균형을 되찾을 수 있을 것이다. 보다 사적이고 (그리고 안전한) 디지털 환경을 만들 수 있는 법적, 기술적 변화들이 있다. 우리가 이러한 변화를 실현시킬 수 있는지 여부는 사이버공간에서 규제의 역동성과 프라이버시 가치의 중요성을 어떻게 인식하느냐에 달려 있다.

우리는 프라이버시의 세 가지 측면을 살펴보고, 사이버공간이 이것들을 각기 어떻게 변화시켰는지 살펴 보자. 이 중 두 가지가 이 장의 핵심이 될 것이지만, 그 균형점을 올바르게 산정하는 데 도움이 되는 제 3의 측면부터 시작하겠다.

1. 사생활에서의 프라이버시

"프라이버시"의 전통적인 문제는 당신의 사적 공간을 침입하는 다른 사람들의 능력을 법으로 제한하는 것이었다. 정부가 어떤 권리로 당신의 집에 들어가거나 서류를 수색할 수 있는가? 주거침입법이 정부가 당신의 사생활을 들여다보는 것을 넘어서 다른 이들로부터 어떻게 보호하는가? 이것은 브랜다이스의 슬로건인 "간섭 없이 혼자 있을 수 있는 권리"(*right to be left alone*)의 의미와 같다.[2] 법적 측면에서, 이것은 보호된 공간에 침입하는 다른 이들의 권한에 대한 법적 제한이다.

이러한 법적 제한은 물리적 장벽으로 보완된다. 주거침입법은 밤에 나의 집에 들어오는 것을 불법으로 규정하지만, 그렇다고 해서 내가 문을 닫지 않고 창문을 걸어 잠그지 않겠다는 뜻은 아니다. 다시 말해서, 우리가 향유하는 보호는 규제의 4가지 양식들이 제공하는 보호들의 총합이다. 법은 기술적 보호, 사회규범으로 확립된 보호, 그리고 불법적 침입의 고비용에 의한 보호를 보충한다.

디지털 기술은 이러한 보호들을 변화시켰다. 도청장치의 가격이 현저하게 떨어졌고, 이것은 창문을 통해 당신의 대화를 엿듣는 것이 쉬워졌다는 뜻이다. 다른 한편으로는, 침입을 감시하는 보안기술의 가격 또한 현저히 내렸다는 것이다. 이러한 변화들의 결과를 계산하기는 어렵지만, 그렇다고 해서 핵심가치가 모호해진 것은 아니다. "사생활" 공간이라고 통상적으로 인식되는 공간에서 프라이버시에 대한 기대가 새로운 기술에 의해 도전받는 상태는 아니다. 이러한 종류의 프라이버

2) *Olmstead v. United States*, 277 US 438 (1928).

시는 "잠재적 모호성"을 야기하지 않는다.

2. 공공장소에서의 프라이버시: 감시

두 번째 종류의 프라이버시는 처음에는 모순적으로 보이는 공공장소에서의 프라이버시이다. 내가 거리에 서 있거나 비행기에 탑승하려고 할 때, 나에 관한 데이터를 수집하는 것으로부터 어떤 보호를 받을 수 있을까? 전통적인 답변은 간단했다. 아무것도 없었다. 공공장소에 들어서면, 당신은 다른 사람들이 당신에 대해 알게 된 것을 통제하거나 숨길 수 있는 어떠한 권리도 포기했다. 당신이 제공한 정보는 "공동으로 사용하는 공기처럼 무료"였다.[3] 공공적 맥락에서 수집된 데이터의 사용에 대해 어떠한 법적인 보호장치도 없었다.

그러나 우리가 보고 또 보아왔듯이, 프라이버시 법이 당신을 보호하지 않았다고 해서 당신이 보호되지 않았다는 의미는 아니다. 공공장소에 있는 동안 당신에 대한 정보는, 비록 법적으로 보호되지 않는다 하더라도, 이러한 정보를 수집하고 사용하는 데 드는 고비용에 의해 효과적으로 보호된다. 알력(*friction*)이 프라이버시의 가장 친한 친구이다.

그러나 이러한 알력이 창출해내는 보호를 파악하기 위해서 프라이버시가 타협될 수 있는 두 가지 차원을 구별해야 한다.

누구든지 자신의 생활의 일부가 **감시되는** 측면이 있고, **검색될** 수 있는 측면이 있다. 감시되는 것은 모든 사람의 일상생활의 일부이다. 다른 사람들이 그것을 보거나 주목할 수 있으며, 만일 필요하다면 감시에 적절한 반응을 보일 수도 있다. 내가 거리를 걸을 때 나의 행동은

3) *International News Service v. Associated Press*, 248 U.S. 215, 250 (1918) (브랜다이스 대법관의 반대의견).

감시된다. 만일 내가 중국 서부의 작은 마을의 거리를 걷는다면, 나의 행동은 엄청난 감시를 받을 것이다. 두 경우에 감시는 일시적일 수 있을 것이다. 예를 들어, 만일 내가 코끼리와 함께 걷거나 드레스를 입고 걷는다면 사람들이 주목하겠지만, 아무런 특징도 없이 군중 속에 섞여서 걷고 있다면, 순간적으로 주목받을 수는 있지만 곧 잊혀질 것이다. 중국보다는 샌프란시스코에서 더 빠르게 잊혀질 것이다.

검색가능한 것은 기록으로 남거나, 기록 그 자체인 당신 생활의 일부이다. 당신 일기장의 메모는 당신 생각을 기록으로 남긴다. 당신 집안의 물건은 당신이 소유한 것의 기록이다. 자동응답 전화기의 녹음은 누가 전화를 했고 무엇을 이야기했는지에 대한 기록이다. 당신의 하드드라이브는 당신 그 자체이다. 당신 생활의 이러한 부분은 그다지 일시적인 것이 아니다. 적어도 기술과 법이 허락한다면, 그것들은 검토될 수 있도록 보존될 것이다.

이 두 가지 차원은 각기 기술에 따라 상호작용할 수 있다. 작은 마을에서 나의 모든 행동은 이웃들에 의해 감시될 수 있다. 이 감시는 그들의 기억 속에 기록을 남긴다. 하지만 기록장치 기술의 특성상 정부가 그 기록을 검색하기에는 대단히 비용이 많이 든다. 경찰이 이웃들을 탐문조사할 필요가 있고, 불완전할 수밖에 없는 기록들을 삼각측량을 해서 어떤 부분이 사실이고 사실이 아닌지를 파악해야 한다. 그것은 익숙한 과정이지만, 한계를 갖고 있다. 실종자를 찾기 위한 정보를 얻기 위해 이웃들을 조사하는 것은 쉬울지 모르지만, 만약 정부가 한 이웃의 정치적 견해에 대해서 묻는다면, 저항이 있을 것이라고 우리는 예상할 수 있다. 따라서 이론적으로는 데이터가 존재하지만, 실제로 데이터를 추출하기에는 많은 비용이 든다.

디지털 기술들은 이 균형을 급격하게 변화시킨다. 기술들은 더 많은 행동을 감시할 수 있게 해줄 뿐만 아니라, 검색도 용이하게 한다. 데이터를 수집하는 바로 그 기술이 검색을 가능하게 해주는 방식으로 데이터를 수집한다. 따라서 점차 세상은 언제든지 사건을 재구성하거나 행동을 추적할 수 있는 병렬 프로세서들로 구성된 마을이 되어가고 있다. 몇 가지 익숙한 사례들을 살펴 보자.

(1) 인터넷

제 1부에서 나는 인터넷이 초기에 제공했던 익명성에 대해서 설명했다. 하지만 중요한 사실을 짚고 넘어가도록 하자. "과거"의 상대적 익명성은 이제 사라졌다. 인터넷상에서 당신이 어디를 가든지, IP주소 xxx. xxx. xxx. xxx가 그곳에 왔었던 사실이 기록된다. 쿠키가 설치되도록 허용할 경우 당신이 어디를 가든, 그 쿠키를 동반한 기계가 그곳에 왔었다는 사실이 기록된다. 그 쿠키와 관련된 모든 데이터와 함께 그들은 당신의 마우스 움직임을 통해 당신을 안다. 비즈니스와 광고주들이 더욱 긴밀하게 협력하면서, 당신에 대해서 수집가능한 데이터의 영역은 끝없이 방대해진다.

지금의 넷(*Net*) 구조 하에서 기술적으로 완벽하게 가능한 전제를 살펴 보자. 당신이 신뢰하는 한 기업의 홈페이지에 들어가서, 당신의 사적인 정보, 즉 성명, 주소, 사회보장번호, 즐겨보는 잡지와 텔레비전 프로그램 등을 모두 주어 보라. 그 기업은 당신에게 쿠키를 제공한다. 다음에는 당신이 신뢰하지 않는 사이트로 들어간다. 당신은 이 사이트에 개인정보를 전혀 주지 않기로 결심한다. 하지만 당신은 이 회사들이 수집한 데이터들에 관해서 협력해줄지 알 길이 없다. 그들은 자신들이 만든 쿠키 데이터를 얼마든지 작동시킬 수 있다. 따라서 당신이 일단 당신의 개인정보를 제공했다면, 당신이 방문한 무수한 사이트들이 그것을 알지 못할 기술상의 이유는 없다.

다음 절에서, 다른 사람들에게 능동적으로 제공한 성명, 주소 혹은 사회보장번호와 같은 데이터에 대해서 과연 우리는 프라이버시를 어떻게 생각해야 하는지를 살펴 보자. 하지만 잠시, 내가 "공공장소"를 돌아다닐 때 그들이 수집한 개인정보에 대해 초점을 맞춰 보자. 당신이 개인컴퓨터에 프라이버시 보호프로그램을 설치하거나 쿠키 기능을 억제하는 기능 등의 매우 예외적인 조치를 취하지 않는 한, 당신이 방문한 특정 사이트나 검색한 사실들을 다른 이들이 알 수 없을 것이라고 기대할 근거가 없다. "고객"을 식별하기 위해 설계된 기술의 데이터들은 당신을 역추적할 수 있는 끝없는 데이터의 레이어들을 만들어낸다.

(2) 검색

2006년 1월 구글은 다른 어떤 검색회사도 하지 않았던 일을 수행함으로써 정부를 놀라게 했다. 구글이 정부에게 "노"라고 말한 것이다. 법무부는 연방의회의 가장 최근의 포르노 규제를 방어하기 위해 넷상의 포르노 조사를 시작했다. 법무부는 사람들이 얼마나 자주, 어떤 방법으로 인터넷상의 포르노를 검색하는가에 관한 데이터를 원했다. 특정 기간 동안의 구글 데이터베이스에서 1백만 개의 무작위 검색정보를 제공하도록 구글에 요청했다. 야후나 MSN과 달리, 구글은 거절했다.

나는 사람들이 이 사실을 처음 들었을 때, 과연 그들이 당연한 질문을 했을지 의심스럽다. "구글이 검색기록을 보관하고 있나?" 사실이다. 호기심은 감시되고, 호기심에 대한 검색가능한 데이터베이스를 만들어낸다. 검색기능을 보강하기 위한 방법으로, 구글 및 모든 다른 검색엔진은 검색요청이 들어온 모든 기록을 보관한다.[4] 더욱 곤혹스러운 일은, 구글은 그 검색기록을 특정 IP주소, 그리고 가능하다면 구글 사용자계정과 연결시킨다. 따라서 구글의 데이터베이스 안에는 당신이 gmail 계정에 로그인하고서 검색한 리스트가 있으며, 누군가가 이를 조회요청을 할 수 있도록 존재한다.

---

4) 디클렌 맥컬라프(Declan MCullagh)와 엘리노 밀스(Elinor Mills)는 모든 주요 검색엔진의 실행과정을 수집하고 있다. "Verbatim: Search Firms Surveyed on Privacy," *CNET NEWS*, February 3, 2006, link #65 참조.

정부는 조회요청을 했었다. 그리고 보통의 경우, 정부의 요청은 일상적인 일이다. 정부가 진행 중인 민사사건이나 형사사건의 조사를 위해 관련증거를 갖고 있는 사람들에게 증거제공을 요청할 수 있는 것은 의심의 여지가 없다(한계가 있지만, 사실 거의 의미는 없다). 구글은 증거를 갖고 있고, 정부는 통상적으로 그것을 요구할 수 있는 권리가 있다. 게다가 이 경우 정부는 그 증거를 포르노 수요 패턴을 평가하는 일 외에 어떠한 용도로도 사용하지 않겠다고 분명히 약속했다. 특히, 정부는 의심스러운 검색기록을 추적하지 않겠다고 약속했다. 이는 통상적으로 정부가 원하는 목적대로 사용이 자유롭다는 증거이나, 포르노 검색에 대한 데이터를 얻기 위해서 이 증거를 배제하겠다고 한 것이다.

그렇다면 이 사례가 보여주는 문제점은 무엇인가?

검색엔진이 사용되기 전에는, 어떤 이도 호기심에 대한 기록을 갖고 있지 않았다. 질문의 리스트란 것이 존재하지 않았다. 지금은 그 리스트가 있다. 사람들은 강박적으로 모든 것에 대해서 검색엔진에 질문을 퍼붓는다. 대부분의 질문은 매우 건전하다("버섯과 스튜"). 몇몇은 건전치 못한 내용을 드러내기도 한다("에로틱 사진과 아동"). 이제 이 모든 질문의 리스트가 있으며, 어떤 것은 적어도 범죄의도를 나타내기도 한다. 이 리스트에 대한 정부의 관심은 높아질 것이다. 처음엔 이러한 요구들이 무해하게 보일 것이다. 만일 정부가 사람들이 구글에서 에로틱 사진을 검색하는 횟수만을 센다면, 무엇이 문제 되겠는가? 그런데 정부의 요구가 그렇게 무해한 것은 아니지만, 그것이 매우 유해한 행동(테러나 학대와 관련된 검색)과 연계될 것이다. 그렇다면 과연 누가 이것에 반대할 수 있겠는가?

마지막으로, 범죄행위가 그렇게 유해하지 않더라도 정부는 이 방법이 법을 효과적으로 집행하는 방법이라고 주장할 것이다. "당신이 법 규정이 싫다면, 바꾸시오. 하지만 당신이 바꿀 때까지, 우리는 그 법을 집행하겠다." 그런 진전은 명백하고, 불가피하며, 불가항력적이다.

(3) 전자우편

전자우편은 디지털형태로 저장된 문자 기반의 메시지이다. 그것은 마치 문자화된 전화와 유사하다. 어떤 사람이 다른 사람에게 전자우편을 보내면, 전자우편은 기계에서 기계로 복사되어 전송된다. 그것은 루틴(기계에 의한 결정)이나 사람이 지울 때까지 이 기계들에 보존된다.

많은 전자우편 메시지들의 내용은 일반 전화통화처럼 비계획적이고 별 생각 없이 이뤄지는 친구와의 평범한 대화이다. 그러나 전화와 달리 그 내용은 검색이 가능한 형태로 저장된다. 기업들은 예전에 사적이었던 직원들의 대화를 스캔하는 기술에 수백만 달러를 투자하고 있다. 실시간뿐만 아니라 이전에 나누었던 대화의 내용이 알려질 수 있게 되었다. 고용주들은 "컴퓨터 소유주"[5] 라는 논리로 자신들이 생각하기에 부적절한 내용을 찾아내기 위해 종업원들의 전자우편 검열을 늘려나가고 있다.[6] 이론적으로는 그러한 감시와 수색이 전화나 편지에서도 가능하다. 그러나 실제로 이러한 커뮤니케이션은 모니터되지 않는다. 전화나 일반서신을 검열하는 데는 많은 시간과 경제적 비용이 든다. 다시 말해서 사람의 직접적인 개입이 필요하다. 비용 때문에 대부분의 경우 그렇게 하지 않는다. 다시 말해서 통제비용이 특정한 형태의 자유를 보장하는 결과를 가져온다.

직원 혹은 배우자의 통제가 전자우편 기술의 새로운 주요 사용목적 중 하나이다. 다른 하나는 보다 나은 광고전달이다. 여기서 구글은 새로운 Gmail 서비스를 통해 선두자리를 지키고 있다. Gmail은 당신이

---

5) Stefik, *The Internet Edge*, 20.

6) 정부 역시 이메일 대화에 기웃거릴 수 있다. 그러나 영장이 있어야 한다. 대개는 탐색의 통보가 있어야 한다. 하지만 정부는 그러한 통보를 하기 전에 90일간 유예할 수 있다. US Code Title 18, Section 2705(a)(i) 참조.

전자우편을 읽고 있을 때 광고전달이 가능하다. 여기서 장점은 광고가 전자우편의 내용에 따라 선별된다는 것이다. 당신이 전화통화하는 내용에 따라 광고를 변경시키는 텔레비전을 상상해 보라. 전자우편의 내용이, 어쩌면 당신의 받은 편지함의 내용이, 당신에게 보여주는 것을 결정하는 데 도움을 준다.

이러한 시스템이 원활히 작동하기 위해서, 구글은 당신이 많은 데이터를 구글 서버에 저장하게 할 필요가 있다. 따라서 Gmail에서 실행하기 매우 어려운 일은 구글 Gmail 계정에서 내용을 삭제하는 것이다. Gmail은 당신이 한 번에 하나의 스크린만 삭제할 수 있도록 한다. 하지만 당신의 받은 편지함에 2만여 개의 전자우편이 있다면, 누가 그렇게 시간이 많을까? Gmail이 "전체삭제" 기능을 추가하는 것이 어려운 일일까? 물론 아니다. 구글이기 때문에! 이처럼 영리한 구조를 사용해서 구글은 더 많은 데이터를 보관하도록 유도하고, 이 데이터는 다른 목적을 위한 자원이 된다. 만약 당신이 소송에 연루된다면, 상대편 변호사의 첫 번째 질문은 "Gmail 계정을 갖고 계십니까?"일 것이다. 왜냐하면 당신이 Gmail을 사용하고 있다면, 당신의 삶은 조사를 받기 위해 개방될 준비를 하고 있기 때문이다.

(4) 보이스 메일

만일 전자우편이 영구적인 기록이 된다면, 보이스메일에서는 왜 안 되겠는가? 보이스메일 시스템은 메시지를 보관하고 대화의 커뮤니케이션 속성을 기록한다. 음성인식기술이 향상됨에 따라 음성기록을 조사하는 능력도 향상된다. 보이스메일 시스템이 디지털 시스템으로 바뀌면서, 50달러짜리 집의 전화음성녹음기가 아닌 중앙서버에 내용을 저장하고, 이 중앙서버는 유용한 수색자원이 된다. 이론상으로 정부가 매일 밤 전국 모든 전화국에 저장된 모든 음성기록을 스캔할 수 있다. 이러한 수색 또한 사용자에게 하등의 부담이 되지 않는다. 그 수색은 특정 주제를 대상으로 한정될 수 있으며, 아무도 모르게 뒤에서 작업할 수 있다.

(5) 목소리

그리고 이와 같은 기록을 왜 멈추겠는가? 한 조사결과에 따르면, 국가안보국(NSA)은 매일 6억 5천만 개의 전화통화를 모니터하고 있다.[7] 이 감시는 자동으로 실행된다. 과거에는 외국인에게만 적용되었으나, 현재 시스템은 조사할 만한 근거가 있는 작은 단서를 찾기 위해 엄청난 양의 커뮤니케이션을 모니터하고 있다. 이 시스템은 특정된 지표뿐만 아니라 날씨예보 같은 것을 생산한다. 예를 들어, 소요의 조짐을 보이는 "수다"를 측정하는 기능이 있다. 앞에서도 든 사례들처럼, 이러한 감시는 전화 사용자에게 전혀 부담이 되지 않는다. 전화사용자는 다른 한쪽에서 엿듣고 있다는 사실을 모른다. 대신에 시스템은 배후에서 조용히 작동하며, 실시간으로 모니터되는 커뮤니케이션을 검색한다.

(6) 비디오

지금까지 살펴본 예들에서는 누군가가 기술을 사용하기로 선택하고, 그 기술이 프라이버시를 취약하게 만들었다. 행동을 좀더 간편하게 모니터하고 검색할 수 있도록 기술이 진화하면서 변화가 일어났다.

하지만 똑같은 진화가 네트워크 바깥에서도 일어나고 있다. 사실상 길거리와 같은 전형적인 공공장소에서 일어나고 있다. 이 모니터링은 비디오 기술의 최신 버전의 산물이다. 원래 비디오카메라는 상대적으로 무해한 형태의 모니터링이었다. 모니터링의 산물이 전적으로 사람들의 해석에 달려 있었기 때문에, 비용을 들여 누군가를 감시하도록

---

7) Richard Posner, "Our Domestic Intelligence Crisis," *Washington Post*, December 21, 2005, link #66 참조.

하는 상황은 상대적으로 적었다. 그리고 누군가 실시간으로 지켜보고 있지 않는 한, 이러한 기술은 사후에 유해한 행동을 추적하기 위해 사용된다. 편의점의 비디오카메라가 점원을 살해한 범죄자의 신원확인을 가능하게 하는 데 불만인 사람들은 거의 없다.

그러나 디지털 기술이 비디오를 변화시켰다. 이제 비디오는 단지 기록의 도구가 아닌 정보수집의 도구이다. 앞에서 언급했듯이, 런던에서는 시내에서 주행하는 자동차들을 모니터하기 위해 도시 전역에 카메라를 설치했다. 그것은 비거주자들이 "혼잡구역"에서 주행할 경우 특별통행료를 부과하기 위한 것이다. 카메라는 자동차 번호판을 기록하고 판독해서 해당 자동차에 정확한 통행료가 부과되었는지를 확인한다. 이 시스템의 목적은 런던의 교통혼잡을 최소화하기 위한 것이었다. 그 결과는 특정 시간 및 장소와 연결되어 런던에 진입하는 모든 자동차에 대한 데이터베이스의 생성이다.

그러나 보다 야심적인 비디오 감시는 사람의 얼굴인식이다. 탐파(Tampa)에서 처음 도입되었을 때,[8] 그 기술은 일부 혹독한 언론비평을 받았지만, 정부는 기업들이 전통적으로 익명이 유지되었던 장소에서 신원을 확인할 수 있는 기술을 개발하도록 독려하고 있다. 어느 판매자가 광고하듯이, "얼굴인식 기술은 가장 빠르고 침입을 최소화하는 생명공학기술입니다. … 침입이나 지연이 없으며, 대부분의 경우 인식대상자는 작동 프로세스를 전혀 인지하지 못합니다. 그들은 '감시받고' 있다거나 프라이버시가 침해되었다는 느낌을 받지 않습니다."[9]

---

8) L. Grossman, "Welcome to the Snooper Bowl," *Time*, February 12, 2001, link #67; D. McCullagh, "Call It Super Bowl Face Scan I," *Wired*, February 2, 2001, link #66 참조.

9) C-VIS, "What is Face Recognition Technology?", link #69 참조. 얼굴인식기술이 수정조항 4조를 위반하는 것으로 보아야한다는 주장에 관해서는, Alexander T. Nguyen, "Here's Looking at You, Kid: Has Face-Recognition Technology Completely Outflanked The Fourth Amendment?"

이러한 기술은 아직 신뢰성이 높지 않다. 그러나 개인투자자와 정부로부터 계속해서 지원을 받고 있다. 실제로 정부는 이 기술의 신뢰성을 측정하기 위해 6개월에 한 번씩 평가테스트를 하고 있다.[10] 적어도 언젠가는 카메라를 이용해서 군중 속에 누가 있는지, 누가 기차에 탑승했는지 신원파악을 할 수 있는 날이 올 것이라고 기대하고 있는 누군가가 있음에 틀림없다.

(7) 신체의 일부

범죄자들은 증거를 남긴다. 그들은 대개 그렇게 합리적이지도 않고, 증거를 남기지 않는 것이 매우 어렵기 때문이다. 게다가 기술은 이를 더욱 어렵게 한다. DNA 기술로 인해 범죄자가 흔적을 남기는 것을 피하기 더욱 어려워졌고, 법 집행자에게는 X가 Y를 했는지 여부를 더욱 손쉽게 확신을 가지고 판단할 수 있게 되었다.

몇몇 나라에서는 이 새로운 이점을 이용하기 시작했다. 여기서도 영국이 앞장을 서고 있다.[11] 1995년부터 영국 정부는 주민등록에 포함될 DNA 샘플을 수집하기 시작했다. 이 프로그램은 처음엔 테러리즘과 싸우기 위한 방법의 하나로 진행되었다. 하지만 10년이 지난 지금, 그 기술은 차별적으로 사용되지 않는다.

2005년 12월, 런던의 대중교통을 이용하면서, 나는 다음과 같은 공고 포스터를 보았다:

> 학대, 폭행, 체포. 우리 직원은 당신을 돕기 위해 여기에 있습니다. DLR 직원에게 침을 뱉는 행위는 폭행으로 분류되며 범법행위

Virginia Journal of Law and Technology 7 (2002) : 2.

10) Face Recognition Vendor Test Home Page, link #70 참조.

11) Jeffrey Rosen, *The Naked Crowd: Reclaiming Security and Freedom in an Anxious Age* (New York: Random House, 2004), 34~53.

> 입니다. 타액확인도구가 모든 열차에 구비되어 있으며, 범법자의 신원확인을 위해 국가 DNA 데이터베이스와 대조할 것입니다.

못할 것이 없지 않을까? 침을 뱉는 행위는 무해할 수 있다. 하지만 그것은 모욕이다. 그리고 만일 모욕한 자의 신원확인을 할 수 있는 도구가 존재한다면, 왜 사용하지 않겠는가?

이 모든 사례들에서 볼 수 있는 것처럼, 감시의 목적이 없었거나 제한된 감시능력을 지녔던 기술들이 이제는 모니터링을 위한 전문적인 기술이 되고 있다. 이 기술들의 집합체는 엄청난 범위의 검색이 가능한 데이터를 만들어낸다. 더욱 중요한 점은, 이 기술들이 진화하면서 평범한 사회에 사는 사람이 이러한 감시를 피할 수 있는 길이 근본적으로 없어질 것이다. 검색이 가능한 데이터를 만들기 위한 모니터링은 길거리의 전등처럼 공적 공간의 기본적인 구조가 될 것이다. 한 개인을 추적하는 단순한 능력에서부터 그가 무엇을 하는지 혹은 특정 순간에 무엇을 좋아하는지를 아는 좀더 염려스러운 능력에 이르기까지, 성숙한 데이터 구조는 벤담(Bentham)이 전혀 상상하지도 못한 판옵티콘(*panopticon*)을 만들어낼 것이다.

"오웰"이 당신이 찾고 있는 단어이다. 오웰과의 비교는 항상 무의미하긴 하지만, 그래도 여기서 한번 비교분석을 해보자. 그의 소설 《1984》에서 정부의 목적은 우리 정부가 목표로 하는 그 어떤 것보다 훨씬 더 악의에 차 있었던 것은 분명하지만, 흥미로운 점은 오웰이 그려낸 기술이 최근 기술의 범주와 비교할 때 상대적으로 얼마나 비효율적인가 하는 것이다. 중앙의 장치는 "텔레스크린"으로, 콘텐츠를 전달하고 상대방의 행동을 모니터했다. 그러나 텔레스크린의 미덕은 바로 그것이 무엇을 볼 수 있는지 당신이 알고 있다는 사실이다. 대형화면의 시각이 투명하게 알려졌기 때문에 윈스턴은 어디로 숨어야 하는지하는지 알고 있었다.[12] 대형화면이 볼 수 없는 것을 쉽게 알고, 따라서 당신이 보여주고 싶지 않은 일을 어디서 해야 하는지도 쉽게 알 수 있었다.

우리가 살고 있는 오늘날의 세상은 다르다. 당신은 인터넷에서 당신이 검색하는 것이 감시당하는지를 알 수가 없다. 카메라가 당신의 신원확인을 하려고 하는지 여부도 알 수 없다. 당신의 전화기는 국가안보국이 도청할 때 잡음소리를 내지 않는다. 당신의 전자우편은 누군가에게 해킹을 당했다고 보고하지 않는다. 오늘날의 기술은 《1984》의 기술이 갖고 있었던 고결성이 없다. 그 어떤 기술도 당신에게 당신의 삶이 언제 기록되고 있는지 알려 줄 만큼 품위를 갖추고 있지 않다.

또한 두 번째 차이점이 있다. 《1984》의 설계상 중대한 오류는 행동이 감시되는 상상력에 있었다. 그 소설 속에는 컴퓨터가 없었다. 감시는 수많은 텔레비전들을 지켜보는 감시자들에 의해 이루어졌다. 하지만 감시자들이 자신의 정보를 연결시킬 수 있는 간편한 방법이 없었다. 감시자들의 두뇌를 연결시켜 주는 검색이 없었다. 물론, 감시자가 당신이 대화를 나누지 말아야 할 상대와 대화하거나 들어가지 말아야 할 구역에 있는 것을 인지할 수 있다. 하지만 윈스턴의 삶의 완전한 사진을 갖고 있는 감시자는 한명도 없었다.

이제 이 "불완전함"이 제거될 수 있다. 우리는 모든 것을 감시할 수 있으며, 감시의 산출물을 검색할 수 있다. 오웰도 이것은 상상할 수 없었을 것이다.

나는 공통된 형태를 파악하기 위해 여러 기술들을 조사했다. 각각의

---

12) Lawrence Lessig, "On the Internet and the Benign Invasions of Nineteen Eighty-Four," in *On "Nineteen Eighty-Four": Orwell and Our Future*, Abbott Gleason, Jack Goldsmith, and Martha C. Nussbaum eds. (Princeton: Princeton University Press, 2005), 212.

기술에서 개인은 기술적으로는 공적인 환경에서 행동한다. 그렇다고 해서 프라이버시가 보호될 수 없다는 의미의 "공적"으로 취급되어야 한다는 뜻은 아니다. 나는 아직 이 문제를 거론하지 않았다. 나는 단지 개인이 그가 통제할 수 없는 맥락에서 말이나 이미지를 배출한다는 것이다. 5번가 길을 걷는 것이 가장 뚜렷한 예이다. 편지를 보내는 것도 그 예라고 할 수 있다. 이 두 사례에서 한 개인은 자신이 통제할 수 없는 활동의 흐름선상에 자신을 맡기는 것이다.

여기에서 문제는, "프라이버시"라는 이름 아래 이러한 활동들을 감시할 수 있는 능력에 어떠한 제한을 가할 수 있는가 하는 것이다. 하지만 이 물음은 또한 문제를 너무 확대한다. 여기에서 "감시"란 일반적인 감시를 뜻하는 것이 아니다. 위의 예들이 분명하게 나타내는 특정한 종류의 감시, 즉 "디지털 감시"(*digital surveillance*) 라고 부를 수 있는 것을 뜻한다.

"디지털 감시"는 특정 형태의 인간활동이 어떤 구체적인 규칙에 따라 컴퓨터에 의해 분석되는 과정이다. 이 규칙은 "알카에다를 거론하는 모든 전자우편을 표시하라"고 할 수 있다. 혹은 "딘 주지사를 칭송하는 모든 전자우편을 표시하라"고 할 수도 있다. 여기에서 나는 이러한 감시가 허용되어야 하는지에 대해서 규범적이거나 법률적인 문제를 다루고자 하는 것이 아니다. 이 시점에서 우리는 단지 정의를 내리는 일에 핵심을 두도록 하자. 위의 각 사례에서 중요한 사실은 누군가가 후속평가를 할 수 있도록 컴퓨터가 데이터를 분류한다는 것이다. 검색의 복잡성은 기술적 문제이지만, 그 정확성이 실질적으로 향상되고 있다는 데에는 의심의 여지가 없다.

그렇다면 이러한 형태의 모니터링이 허용되어야 할까?

이러한 방식으로 질문을 던지면, 두 가지 정반대의 반응이 나타난다. 한쪽에서는 프라이버시를 옹호하는 친구들은 새로운 것이 없다고 주장한다. 경찰이 당신의 편지를 읽는 것과 경찰의 컴퓨터가 당신의 전자우편을 읽는 것 사이에 차이점이 없다는 것이다. 둘 모두 정당하고 통상적인 프라이버시의 기대이익이 침해된 것이고, 법은 이 침해로부터 보호해야 한다.

다른 한편, 보안을 옹호하는 친구들은 근본적인 차이점이 있다고 주장한다. 리처드 포스너 판사는 〈워싱턴 포스트〉에 기고한 글에서 부시 정부의 (광범위한[13]) 국내통신의 감시를 옹호하면서, "기계의 데이터 수집과 분석 그 자체가 프라이버시를 침해한다고 할 수 없다"고 했다. 왜? 왜냐하면 데이터를 분석하는 것이 기계이기 때문이다. 기계는 험담을 하지 않는다. 기계는 당신과 동료와의 관계에 관심이 없고, 당신의 정치적 견해로 처벌하지도 않는다. 그것들은 단지 주어진 조건에 따라 작동하는 논리적인 기계이다. 포스너 판사가 주장하듯이, "이러한 최초의 변화는, 프라이버시의 침해와는 거리가 멀 뿐만 아니라(컴퓨터는 지각 있는 존재가 아니다), 정보 기관원이 그 사적 정보를 읽는 것으로부터 대부분 보호한다." 포스너 판사에 의하면, 보안적 혜택과 정보 기관원이 기웃거리는 사태를 막을 수 있기 때문에, 차라리 기계가 우리의 전자우편을 읽게 하는 것이 낫다.

그러나 이 시스템에 어떤 대가가 없다고 가정하는 것은 너무 앞서

13) 우리는 국방부가 미국 영토 내에서 펼쳐지는 국가안보에 대한 위협에 관한 첩보활동에 깊이 관련되어 있음을 알게 되었다. 국방부의 국가안보국은 대외정보감시법(Foreign Intelligence Surveillance Act)의 범위를 넘어서 시민들을 전자 감시했다. 또 다른 펜타곤의 부서인 CIFA (Counter- intelligence Field Activity)는, 월터 핀커스(Walter Pincus)가 최근 〈워싱턴포스트〉에 기고한 글에서 밝힌 바와 같이, 대규모로 국내 첩보활동을 했다. 비록 CIFA의 공식적 임무가 미국 내 군사시설에 대한 공격을 방지하는 것이지만, 그 활동범위는 국내의 안보에 대해서 매우 광범위하다. IDC(Information Dominance Center)와 같은 펜타곤의 부서는 국내 첩보활동을 했으며, 데이터 발굴 프로그램인 Able Danger를 개발하였다. Richard Posner, "Our Domestic Intelligence Crisis," *Washington Post*, December 21, 2005 at A31.

나가는 것이 될 것이다. 만약 우리의 모든 의사소통이 감시되는 세상에 살고 있다면, 우리는 "혼자 남겨져" 있다는 의미를 확실히 의심하게 될 것이다. 그것은 마치 갓난아기가 놀이방에 혼자 있지만, 부모가 옆방에서 조심스럽게 엿듣는 것과 같은 의미에서 간섭 없이 혼자 있는 것이다. 끊임없이 감시하는 세계에 대해서 분명히 다른 무엇인가가 있다. 그리고 이런 종류의 감시가 허용되어야 하는지 설명할 때 그 차이점이 판단되어야 한다. 또한 우리는 "선의"의 현상을 고려해야 한다. 감시시스템은 어떤 이유로 제도화되지만, 다른 이유로 사용되기도 한다. 제프리 로젠은 영국에 자리잡은 감시문화의 남용을 지적했다.[14] 비디오카메라는 여자를 훔쳐보거나 선정적 뉴스를 만들기 위해 사용되곤 한다. 미국에서는 "테러리스트"를 추적할 목적으로 방대한 감시가 시행되었지만, 국내의 환경단체나 전쟁반대단체를 추적하는 데도 사용되었다.[15]

가장 강력한 형태로 이 물음을 재구성해 보자. 알고리즘이 알려져 있었거나 확인가능한 디지털 감시시스템을 상정해 보자. 우리는 무엇이 검색되는지 정확히 알고 있고, 검색대상은 그것이 전부라고 믿고 있다. 이 감시는 방대하고 차별화하지 않는다. 하지만 감시결과를 토대로 어떤 조치가 취해지기 전에, 법원은 행동을 취해야 할 것이다. 기계는 X가 수사대상의 범죄에 연루되었다는 정보를 제공할 것이고, 법원은 그 정보가 체포나 좀더 전통적인 수색의 근거가 될 수 있는지를 결정할 것이다. 마지막으로 우리가 시스템을 가능한 한 보호하기 위해서, 이 감시시스템으로부터 사용될 수 있는 증거는 수사대상의 범죄에 관한 증거일 뿐이다. 예를 들어, 당신이 테러리스트를 찾고 있다

14) Jeffrey Rosen, *The Naked Crowd: Reclaiming Security and Freedom in an Anxious Age* (New York: Random House, 2004), 34~53.

15) American Civil Liberties Union, "The Government is Spying on Americans," link #71 참조.

면, 수집된 증거를 가지고 탈세를 처벌하는 데 사용하지 못한다. 나는 수사대상의 범죄에 대해서 이야기하는 것이 아니라, 단지 우리는 합법적으로 수집된 모든 증거는 그 어떤 법적 목적을 위해서도 이용할 수 있다는 전통적인 규칙을 따르지 않는다는 것이다.

이러한 시스템이 수정조항 제4조의 보호를 침해하는 것일까? 반드시 그런가?

이 질문에 대한 대답은 수정조항 제4조가 보호하는 가치에 대한 당신의 생각에 달려있다. 제 6장에서 설명했듯이, 그 수정조항은 무차별적인 수색과 "일반 영장", 즉 특정인에게 제한되지 않은 수색과 이 수색을 실행한 이들에게 부여되는 면책특권을 방지할 목적으로 제정되었다. 하지만 그 당시의 어느 수색과 마찬가지로 이 수색들은 수색당하는 이들에게 부담을 주었다. 만약 당신이 수정조항 제4조의 가치를 차별적인 수색의 부당한 부담으로부터 보호하는 것으로 본다면, 디지털 감시는 그렇게 중대한 문제를 야기하지 않는다고 볼 수 있다. 앞에서 구성한 예에서 보듯이, 법원이 수색을 승인할 정도로 충분한 증거가 발견되지 않는 한, 수색은 전혀 부담을 주지 않는다.

그러나 우리는 수정조항 제4조가 존엄성을 보호하기 위한 것으로 이해할 수도 있다. 비록 수색이 전혀 부담을 주지 않고 수색당하는 것을 전혀 눈치 채지 못한다고 하더라도, 이 프라이버시 개념은 수색 그 자체가 존엄성을 침해한다고 여긴다. 존엄성 이익은 정부가 수색을 시작하기 전에 타당한 수색근거가 있을 것을 요한다. 이 관점에서 보면, 부당한 수색은 당신의 생활을 방해하든 안 하든 당신의 존엄성을 해치는 것이다.

나는 두 프라이버시 개념이 일상생활에서 비극적일 정도로 서로 충돌하는 것을 워싱턴 D. C. 에서 본 적이 있다. 한 친구와 나는 그 지역 경찰관이 일상적인 순찰을 도는 순찰차에 동승한 적이 있다. 우리가 순찰한 곳은 시에서 가장 가난한 지역이었다. 밤 11시경 우리와 가까운 위치에 주차해 있던 차에서 도난경보가 울린다는 보고가 들어왔다. 우리가 그곳에 도착했을 때, 5명 이상의 경찰관이 청소년 3명을 붙잡고 있었다. 경찰관 3명이 용의자들의 다리를 벌리고, 얼굴을 벽에 짓누른 상태에서 벽에 바짝 붙게 했다. 이 3명은 도난경보가 울렸을 때 그 근처에 있었던 "용의자들"이었다. 정황을 보건대 아직 그들에게는 희망이 있어 보였다. 그때 아주 예외적인 돌발사태가 발생했다. 모두들 놀랐고, 나는 두려웠다(이 상황은 마치 화약통 같았고, 내가 기술하려고 하는 사태는 불씨 같았다).

그들 중 17세가 채 안되어 보이는 한 명이 분노에 차서 홱 돌아서면서 경찰관들에게 소리를 지르기 시작했다. "이 지역에서 무슨 일이 일어나기만 하면 왜 나를 벽에 밀치고 내 머리에 총구를 들이대는 거야. 난 범법행위를 한 적이 한 번도 없는데도 항상 총으로 무장한 경찰들에게 둘러싸이게 되냐구."

한 친구가 돌아서서 그를 진정시키려고 하였다. "진정해, 저 친구들은 자신의 임무를 수행하는 것뿐이야. 몇 분 후면 모든 것이 끝나, 다 좋아질 거야."

"아니야, 그렇지 않아. 난 왜 이렇게 살아야 되는 거지? 난 범죄자가 아니란 말이야. 이렇게 취급받을 이유가 없어. 언젠가는 저 총구가 사고로 발사되고 말 거야. 그러면 난 그 빌어먹을 통계수치가 되는 거야. 그 다음엔 어쩔 거야?"

이때 경찰관들이 개입했고, 그 중 3명이 분개하는 청소년을 벽에 밀어붙이면서 다시금 얼굴을 벽돌에 짓눌렀다. "금방 끝난다. 수색만 끝나면 풀어줄 거야. 진정해."

첫 번째 젊은이의 분노에 찬 목소리가 요구하는 존엄성은 무시되었다. 적정하건 아니건, 최소한의 침해이건 아니건 간에 이러한 경험은 모욕적인 것이다. 반복되면 될수록 더욱더 모욕적으로 느낄 것이다. 스칼리아 대법관은 경찰관이 타당한 혐의점을 발견한 때에는 언제든 개인을 멈춰 세우고 수색하는 "테리 스톱"(*Terry stop*)으로 알려진 경찰의 관행을 헌법제정자들이 합헌으로 간주하였을 것인가에 의문을 제기하였다. 스칼리아 대법관은 다음과 같이 언급하였다. "수정조항 제4조를 채택한 자부심 강한 사람들이 단지 무장하고 위험스럽다는 혐의만으로 그들 스스로 그러한 모욕적인 처사에 복종할 것을 허용하였을지는 … 솔직히 의심스럽다."[16]

그러나 다른 한편으로 최소한의 침해를 옹호하는 주장이 있다. 프라이버시가 부당하고 과도한 침해로부터의 보호를 의미하는 것이라면, 위의 사태는 프라이버시의 침해가 아니었다. 두 번째 소년이 주장했듯이 침해는 최소한의 것이었다. 그것은 빨리 끝났다(그들의 신분이 확인된 후 5분쯤 있다가 우리는 떠났다). 그리고 그것은 합법적인 목적과 타당한 연관성이 있었다. 여기에서 프라이버시는 단순히 부당하고 괴로움을 주는 침해로부터의 보호이고, 그러한 수색은 두 번째 젊은이가 주장하였듯이 (더욱 큰 위험을 또한 감수하게 되는) 분노를 정당화할 수 있을 정도로 부당하고 괴로움을 주는 것은 아니었다.

이 관점에서 보면, 디지털 감시의 해악을 계산하기는 더욱 힘들다. 나는 컴퓨터에 의해 본인에 대한 기록들이 검토되고 있다는 생각만으로도 모욕을 느끼는 이들이 있다고 확신한다. 하지만 대부분은 여기서 매우 다른 형태의 존엄성이 문제가 된다는 것을 인지할 것이다. 앞의 사례에서 든 불행한 소년들과 달리, 이 경우엔 실제 간섭이 일어나지 않는다. 이 소년들의 사례처럼, 아무것도 발견되지 않으면 아무 일도 일어나지 않을 것이다. 그렇다면 무엇이 모욕인가? 그것은 어떻게 표출되는 것일까?

프라이버시의 세 번째 개념은 존엄성을 보장하거나 침해를 최소화하는 것에 관한 것이 아니다. 대신 그것은 정부의 규제권한을 제한하는

---

16) *Minnesota v. Dickerson*, 508 US 366, 381 (1993) (스칼리아 대법관의 동의의견) 참조.

수단으로서의 프라이버시이다. 여기에서 윌리엄 스턴츠의 연구가 한 지침이 될 것이다.[17] 스턴츠는 수정조항 제4조 및 제5조의 실제 목적은 불법행위를 효과적으로 기소하는 데 필요한 증거의 수집을 불가능하게 함으로써 특정 형태의 규제들을 어렵게 하는 것이라고 주장하였다. 이는 우리가 상상하기에 쉽지 않은 생각이다. 왜냐하면 오늘날 세상에는 신용카드 기록, 전화기록, 세븐 일레븐 편의점에 설치된 비디오카메라와 같이 증거물이 될 자료들이 많기 때문에 기소하기 위해 필요한 증거를 구하지 못하는 범죄를 상상하기 힘들다. 그러나 2백 년 전으로 되돌아가 보자. 당시에 유일한 실제 증거는 증언과 물증뿐이었고 증거법은 피고인의 증언을 금지했다. 그 당시 국가가 당신을 "선동죄" 혐의로 처벌하려 한다고 상상해 보자. 선동의 유일한 증거는 당신 생각에 관해 쓴 기록이나 자술한 증언뿐이었을 것이다. 그 두 근거가 제외된다면 선동죄 혐의로 기소하는 것은 사실상 불가능할 것이다.

스턴츠가 주장한 것처럼 이것이 바로 수정조항 제4조와 제5조가 하는 기능이다. 두 조항을 합치면 선동죄 같은 범죄의 증거수집은 불가능하고, 결국 국가가 그것을 기소하려고 시도하는 것은 쓸모없게 된다. 그리고 이는 선동죄뿐만이 아니다. 수정조항 제4조, 제5조, 제6조의 효과는 실제로 가능한 규제의 범위를 제한하는 것이었다. 스턴츠는 다음과 같이 주장하였다. "피임약 사용 금지법이 침실수색을 장려하는 경향이 있는 것과 마찬가지로, 침실수색 금지는 피임약 사용 금지법을 위축시키는 경향이 있다."[18]

그러나 예를 들어, 그러한 수색은 이미 수정조항 제1조에 의해서 제

17) 예를 들어, William J. Stuntz, "Privacy's Problem and the Law of Criminal Procedure," *Michigan Law Review* 93 (1995) : 1016, 1026 참조; 스턴츠는 "The Substantive Origins of Criminal Procedure"에서 수정조항 제4조의 기원에 대해서 논의하고 있다.

18) Stuntz, "Privacy's Problem and the Law of Criminal Procedure," 1026.

한되고 있지 않는가? 선동적인 비방을 처벌하는 법이 언제나 위헌적이지 않았던가? 사실, 제정 당시부터 분명치 않았다. 사실 그것은 너무 불분명했기 때문에 1798년 의회는 '외국인 및 선동에 관한 법'을 통과시켰으며, 실제로 그 법은 선동행위를 직접 처벌하는 것이었다.[19] 많은 이들은 이 법을 위헌이라고 생각했다. 그러나 수정조항 제4조 및 제5조는 실체법들이 합헌이건 아니건 간에 그 법들의 집행을 효과적으로 제한할 수 있었을 것이다.

이 개념에 따르면 프라이버시는 정부의 권한에 대한 실질적인 제한을 의미한다.[20] 이러한 방식으로 이해한다면, 프라이버시는 존엄성 보장이나 침해의 제한보다 더 큰 역할을 하게 된다. 프라이버시가 정부권한의 한계를 결정하게 된다. 만약 이것이 프라이버시의 개념이라면, 디지털 감시는 이에 순응할 수 있을 것이다. 만약 기소하기에 부적절한 범죄가 있다면, 우리는 이 범죄를 검색 알고리즘에서 제외시킬 수 있다. 헌법적 관점에서 어떤 범죄가 알고리즘에서 제외되어야 하는지 결정하기 힘들 것이다. 수정조항 제1조는 이미 리스트에서 선동을 명백하게 제외시킨다. 아마도 그 규칙은 단순히 헌법적 제한을 따르는

---

19) Alien and Sedition of Acts of 1798, Act of June 18, 1798, ch. 59, 1 Stat. 566 (1802년에 폐지), Act of June 25, 1798, ch. 63, 1 Stat. 570 (기간 만료); Act of July 6, 1798, ch. 70, 1 Stat. 577 (기간 만료), Act of July 14, 1798, ch. 77, 1 Stat. 596 (이 법은 대통령에게 국가의 평화와 안전에 위험스럽다고 판단되는 사람을 추방할 수 있는 권한을 부여하였다) (기간 만료). 외국인 및 선동에 관한 법은 비록 기간 만료로 폐지되었지만, *New York Times Co. v. Sullivan*, 376 US 254, 276 (1964)에서 위헌결정을 받았다. 이 법의 역사와 시행 및 영향에 관해서는 Neal Devins, *Constitutional Values* (Baltimore: Johns Hopkins University Press, 1996), on overruling (13); James Morton Smith, *Freedom's Fetters: The Alien and Sedition Laws and American Civil Liberties* (Ithaca, N.Y.: Cornell University Press, 1956) 참조.

20) Stuntz, "Substantive Origins," 395.

것이다.

이제 인지해야 할 주요 논점은 원칙적으로 프라이버시의 세 가지 개념이 사례에 따라 다른 결과를 초래한다는 것이다. 예를 들어 어떤 수색은 침해적인 것은 아니더라도 존엄성을 해칠 수 있을 것이다. 그 경우에 우리는 헌법의 보호를 가장 잘 보장할 수 있는 프라이버시의 개념을 선택해야 할 것이다. 그러나 헌법제정 당시엔 이렇게 서로 다른 프라이버시의 개념들이 대개의 경우 서로 다른 결론을 도출하지 않았을 것이다. 수정조항의 실체적 한계를 넘거나 존엄성의 한계를 넘는 수색은 침해가 되었을 것이다. 헌법제정자들의 반은 존엄성 개념을, 나머지 반은 유용성 개념을 주장하였을지도 모른다. 그러나 모든 수색이 두 가지 모두 위반할 수 있었기 때문에 헌법제정자들은 수정조항 제4조의 보호를 승인할 수 있었을 것이다.

하지만 오늘날엔 그렇지 않다. 오늘날 이 세 개념들은 서로 다른 결과를 야기한다. 유용성 개념은 존엄성과 실체적 개념에 의해서 금지되는 효율적인 수색을 허용할 것이다. 올바른 해석은 (브랜다이스 대법관이 옴스테드 도청 판결에서 사용한 것처럼) 해석을 위한 적합한 개념을 선택하는 데 달려 있다.

이런 의미에서 우리의 본래적 보호는 캐스 선스틴이 "불완전한 이론적 합의"(*incompletely theorized agreement*)[21]라고 칭한 것의 산물이었다. 당시의 기술을 고려한다면 어떤 이론이 헌법문헌의 밑바탕이 된다고 할 만한 근거가 없었다. 세 가지 개념 모두 당시의 기술에 부합하는 것이었다. 그러나 기술이 변화함에 따라 본래의 맥락이 도전받게 되었다. 웜과 같은 기술은 어떤 방해도 하지 않고 수색할 수 있으므로 수정조항 제4조가 무엇을 보호하는 것이냐에 관하여 충돌이 발생한다.

이 충돌은 선스틴의 불완전한 이론적 합의의 또 다른 측면이다. 어

---

21) Cass Sunstein, *Legal Reasoning and Political Conflict* (Oxford University Press, 1996), 35~61.

떤 불완전한 이론적 합의에도 모호성이 잠재되어 있을 것이라고 말할 수 있으며, 그 잠재된 모호성이 드러나는 맥락을 묘사할 수 있다. 예를 들어 기술혁신에 의해 프라이버시의 보호에 관한 잠재적 모호성들이 분명해지고 있다. 이것은 다시 우리로 하여금 선택하도록 압력을 가한다.

어떤 이들은 과거에 이미 헌법에 의해서 그 선택이 이루어졌다고 주장하려고 할 것이다. 이것은 우리 헌법 법리학의 상당 부분을 차지하는 수사(修辭)이지만, 여기에서는 별 도움이 되지 않는다. 나는 헌법 제정자들이 어떠한 침해도 없는 수사가 행해질 수 있는 세상에서 그 수정조항이 무엇을 보호해야 하는지를 해결했다고 생각하지 않는다. 그들은 모든 가능한 세계에 적용될 수 있는 헌법을 제정하지는 않았다. 그들은 자신들의 세계를 위한 헌법을 제정하였다. 그들이 결정할 필요가 없었던 선택이 드러나는 방식에서 그들의 세계와 우리의 세계가 다르기 때문에 우리는 그 선택을 할 필요가 있다.

3. 공공장소에서의 프라이버시 : 데이터

지금까지 우리는 정부에 대한 제한에 관해서 살펴보았다. 정부는 적어도 공공장소에서 이루어지는 우리의 활동들을 감시하기 위해 어떤 권한을 갖고 있어야 하는가? 이것은 사이버공간에 의해서 제기되는 특별한 질문이다. "디지털 감시"에 대해 어떠한 제한이 있어야 할까? 물론 여타의 전통적으로 중요한 질문들이 있다. 하지만 나의 관심은 "디지털 감시"에 맞춰져 있다.

여기에서 나는 프라이버시와 관련된 매우 독특한 세 번째 물음을 생각해보고자 한다. 이 물음은 바로 우리가 다른 이들에게 드러내는 정보를 어떻게 통제해야 하는가이다. 여기에서 문제는 정부의 통제에 있지 않다. 따라서 이 물음은 수정조항 제4조의 범위를 넘어선다. 오히려 이러한 통제의 대상은 나를 관찰하면서 얻은 정보를 수집하거나 나로부터 직접 수집한 사적 주체들이다.

먼저, 이 문제를 현실공간의 관점에서 다시 생각해 보자. 내가 당신의 뒷조사를 위해 사립탐정을 고용했다면, 나는 어느 누구의 권리도 침해하지 않는다. 내가 당신이 다녀간 장소들의 리스트를 만들어 판매하는 것을 제지할 수 있는 길은 없다. 당신은 침해당했다고 생각하고, 법이 이러한 일을 방치하는 것에 대해 무척 화를 낼 것이다. 하지만 전통적으로 법은 이런 형태의 감시비용이 너무나 높기 때문에 이에 대해 크게 우려하지 않았다. 유명인사와 연예인들은 법이 바뀌기를 바라겠지만, 우리 대부분의 경우 그리고 대부분의 역사를 보면, 법이 개입할 필요가 없었다.

인터넷 이전 시대에 내가 기업들이나 다른 이들에게 제공한 정보에 대해서도 똑같은 지적이 있었다. 그들이 그 정보로 무엇을 하든 법적으로 제한이 없었다. 그들은 브로커나 우편광고 회사들에게 팔 수 있었고, 그들이 원하는 대로 정보를 사용할 수 있었다. 이 정보를 가지고 무엇을 하든 실제비용이 높기 때문에 그것을 사용하는 경우가 많지 않았다. 그리고 보다 중요한 점은 그 데이터를 어떻게 사용하든 침해성이 상대적으로 낮았다. 광고우편물이 주를 이뤘고, 실제공간에서의 광고우편물은 심각한 부담이 아니다. 그러나 "디지털 감시"와 함께 극적 변화가 일어났다. 몇몇 사례는 이 변화의 의미를 잘 전해준다.

· 2006년 초 〈시카고 선-타임스〉는 휴대전화의 통화기록을 판매하는 웹사이트가 있다고 보도하였다.[22] AmericaBlog라는 한 블로그가 웨슬리 클락 장군(General Wesley Clark)의 휴대전화 통화기록을

---

22) Frank Main, "Blogger Buys Presidential Candidate's Call List," *Chicago Sun-Times*, January 13, 2006, link #72 참조.

120여 달러로 구매하면서 대다수가 불가능할 것이라고 생각했던 것을 입증했다. 누구라도 한 장의 신용카드를 이용해 누군가의 휴대전화 통화리스트(횟수와 시간을 포함해서)와 같은 매우 사적인 것을 구할 수 있는 것이다. 이 같은 행위는 너무나도 터무니없는 일이어서 실제로 아무도 나서서 변호하는 이가 없었다. 하지만 변호하는 것이 어려운 일은 아니다. 웨슬리 클락은 그의 휴대전화에 "자발적으로" 번호를 눌러 사용했다. 그는 이렇게 자발적으로 그 정보를 휴대전화 회사에 제공했다. 휴대전화 회사는 정보를 판매할 수 있었기 때문에 휴대전화 이용료를 (더욱) 낮게 유지할 수 있었다. 클락은 낮은 가격으로 혜택을 입었다. 그렇다면 도대체 그의 불만은 무엇일까?

· 몇 년 전 나는 AT&T로부터 편지 한 통을 받았다. 그것은 나의 옛 여자 친구 앞으로 보내진 것이었지만 전달되지 못했다. 그 주소는 당시 나의 아파트 주소로 되어 있었다. AT&T는 그녀에게 새 신용카드를 발급하겠다고 하였다. 다소 늦은 것이다. 나와 그녀는 이미 8년 전에 헤어졌다. 그 이후 그녀는 텍사스로 이사갔고, 난 시카고로, 워싱턴으로, 다시 시카고로, 뉴헤이븐으로, 다시 시카고로 그리고 마지막으로 보스턴으로 이사했다. 보스턴에서도 두 번이나 옮겼다. 하지만 나의 역마살도 AT&T를 막지는 못했다. AT&T는 나의 일관성을 신뢰하며, 내가 몇 년 동안 한 번도 보지 못한 여자와 함께 같은 아파트에 살고 있을 것이라고 믿었던 것이다. AT&T는 어떻게 그러한 믿음을 유지할 수 있었을까? 나에 관한 수많은 정보들이 사이버공간에서 떠다닌다. 내가 신용카드, 전화 등을 사용하기 시작한 이후로 나에 관한 정보가 수집되었다. 그 밖의 것들은 누가 알겠냐마는 그 시스템은 끊임없이 이 특별한 정보수집을 업데이트하고 개선하려고 노력하는 것이다. 그 회사는 내가 누구인지 정보를 취합하고, 그 프로필을 사용하여 어떻게 나와 접촉할 것인지를 결정한다.

이 사례들은 단지 빙산의 일각일 뿐이다. 당신이 넷에서 행하는 모든 일들이 데이터를 생성한다. 이 데이터는 쌓이면서 대단한 가치를 갖게 되며, 정부보다는 상거래에서 보다 소중한 가치를 형성한다. 정부는 (평상시에는) 당신이 일정한 법규를 잘 지키는지에 대해서만 관심을 갖는다. 하지만 상거래는 당신이 어떻게 돈을 쓰는지 알아내는 데 민감하고, 데이터가 이 기능을 수행한다. 당신이 무엇을 하고 무슨 말을 하는지에 대한 방대한 양의 데이터를 통해, 직접적이고 효과적인 방법으로 당신에게 마케팅을 할 수 있게 된다. 구글의 Gmail은 당신에게 무엇을 판매할지를 알아내기 위해 당신의 전자우편에 있는 데이터를 분석한다. 아마존(Amazon)은 당신이 어느 화면에 들어가는지를 지켜보고, 어떤 스페셜 추천상품을 내놓을지 판단한다. 적어도 자신들의 이익을 위해서 당신에 관해서 더 많은 것을 알기 원하는 이들의 리스트는 끝이 없다. 그들에게 어떠한 한계 혹은 제한이 있어야 할까?

우리는 정답으로 인도해 줄 명확한 논점에서 시작해야 한다. ① 범죄나 범죄자에 대해 조사하기 위해 X에 관한 데이터를 수집하는 것, ② 단지 X에 관한 사실을 폭로하려는(그의 휴대통화기록과 같이) Y에게 팔기 위해 X에 관한 정보를 수집하는 것, 그리고 ③ X에게 보다 효과적인 마케팅을 하기 위해 X에 관한 데이터를 수집하는 것 사이에는 큰 차이점이 있다. 물론 우리가 어떤 범죄행위를 범죄라고 믿는 것이 타당하다면, ① 의 경우에 X는 원래 처하게 될 상태와 비교해서 더 나빠지지는 않겠지만, ① 과 ② 의 경우 X에게는 더욱 해를 끼치게 된다. ③ 의 경우는, 원칙적으로 당신을 더 좋게 할 수 있다. 그것은 자발적인 거래를 촉진하기 위해서 보다 정확하고 잘 디자인된 광고를 용이하게 해준다. 내가 "원칙적으로"라고 말하는 이유는, 보다 나은 타깃광고가 될 수 있지만 더 많은 광고가 전달될 수 있기 때문이다. 결과적으로, X는 품질이 떨어지는 타깃광고를 적게 받는 것보다 우수한 타깃광고의 홍수 때문에 더 나빠질 수도 있다. 하지만 이런 가능성에도 불구하고, ③의 동기는 ①과 ②의 경우와 다르고, 바로 이 사실이 우리가 어떻게 대응해야 하는가에 영향을 미친다.

그렇다면 먼저 ③에 초점을 맞춰 보자. 이와 같은 "침해"(*invasion*)가 어떠한 해악을 끼치는가? 이 물음에 대해서 팽팽하게 맞서는 논쟁이 펼쳐진다.

"무해"하다는 입장은 당신이 자신에 관한 정보를 공중에게 스스로 드러냈을 때 프라이버시의 균형이 깨어진다고 추정한다. 분명히 닫힌 문 뒤에 있는 정보나 사적 일기에 씌어진 정보는 법에 의해 보호되어야 한다. 그러나 당신이 대중들 앞에 나설 때 혹은 그들 앞에서 거래하거나 물건을 부칠 때, 당신은 프라이버시 권리를 포기하는 것이다. 이제 다른 사람들은 당신의 공개적인 행위에 대한 데이터를 수집하고 그것을 가지고 활용할 수 있는 권리를 갖게 된다. 왜 이 이론가들은 이런 생각에 개의치 않는가? 그 이유는 많다.

첫째, 해악이 사실상 그리 크지 않다. 당신은 당신이 사는 지역의 식료품점에서 할인카드를 받는다. 그리고 그 상점은 당신이 어떤 물건을 구입하는지 정보를 수집한다. 그 정보에 의해 상점은 당신을 위해 다른 상품들을 진열해 놓을 수도 있고, 얼마가 적당한 가격인지를 결정할 수도 있다. 상점은 소비자에게 더 좋은 서비스를 제공하기 위해 다른 할인품목들을 제공하기로 결정할 수도 있다. 이러한 대응은 긍정적인 것이라고 주장한다. 왜냐하면 상점의 비즈니스는 단지 상품을 더욱 효율적으로 팔기 위한 것이기 때문이다.

둘째, 당신이 다른 사람들에게 보여준 것을 그들 보고 무시하라고 요구하는 것은 부당한 의무부과이다. 당신에 관한 정보를 그들이 사용할 수 없다면, 그것은 마치 당신이 그들에게 넘겨준 것들을 포기하라고 그들에게 요구하는 것과 같다. 만약 타인이 당신에 관한 정보를 사용하는 것을 원치 않는다면 그 정보를 그들의 손에 건네주지 말아야 한다.

셋째, 이러한 정보들은 사실 어느 정도 좋은 일을 한다. 나는 나이키 회사가 왜 나를 그들의 신제품을 소개하기에 적합한 사람이라고 생각하는지 이해할 수 없고, 반면에 케즈(Keds)는 왜 나에게 전화광고를 하지 않는지 모르겠다. 두 경우 모두 나에 관한 잘못된 정보 때문일 것이라고 추측된다. 만일 나이키가 나를 보다 잘 파악해서 귀찮게 하지 않고 그냥 내버려둔다면 차라리 그 편이 더 나을 것이다. 만일 정보가 더 잘 수집되고 분류된다면 가능할 것이다.

마지막으로, 일반적으로 회사는 당신에 관하여 무언가를 실제로 알기 위해서 이러한 정보를 수집하는 데 비용을 지출하지는 않는다. 그들은 당신과 같은 유형의 사람들에 대해 알기를 원한다. 그들은 당신의 유형만을 알기 원한다. 원칙적으로 당신이 누구인지를 알지 못한다 하더라도, 당신의 타입을 알게 된다면 그들은 만족할 것이다. 상인이 원하는 것은 차별화하는 방법이다. 단지 사람들 유형의 차이를 알려줄 수 있는 차별화가 그것이다.

그러나 반대 주장 역시 나름의 논점을 갖고 있다. 이 주장은 원래 감시기술이 불완전하기 때문에 보호될 수 있었던 가치들에 주목하면서 시작한다. 이 불완전성은 중요한 실질적 가치들을 보장하는 데 도움을 주었다. 그러한 가치들 중 하나는 무죄추정의 이익이다. 때때로 특별한 상황에서 당신은 유죄로 보이지만 사실은 결백한 경우가 있다. 〈뉴욕 타임스〉에 실린 "빅 브라더를 잊어라"라는 기고문에서 피터 르위스는 다음과 같이 지적하고 있다.

> 감시카메라가 시내 중심부에 있는 맨해튼 호텔 로비에서 매력적이고 젊은 금발의 여성을 뒤쫓는다. 23층으로 올라가기 위해 엘리베이터를 타는 그녀를 변함없는 눈으로 계속 감시한다. 그녀가 복도를 따라 걸어와 내 방문을 두드릴 때 조심스럽게 관찰한다. 나는

> 그 비디오테이프를 보지 못했지만 그래도 우리가 만난 정확한 시간이 화면에 표시되는 디지털 기록을 상상할 수 있다. 누군가가 나중에 최근의 출장기간 동안 아내가 아닌 이 여성이 왜 내 호텔방으로 찾아왔는지 캐내는 데 그 기록이 이용될 수 있을 것이다. 카메라는 후에 우리가 함께 식사하러 가고, 극장으로 향하는 것을 보았다. 텍사스에서 온 중년의 유부남이 그의 딸 정도로밖에 안 보이는 젊고 예쁜 동부 여성과 팔짱을 끼고 가는 것을 보았다.

르위스는 "그녀는 실제로 내 딸이다"라고 밝히고 있다.[23] 이 이야기의 교훈은 이러한 감시된 사실관계의 부담을 말해준다. 부담은 감시당하는 당신에게 주어진다. 첫째, 당신의 결백을 입증해야 한다. 둘째, 이런 모호한 사실을 보았을 만한 모든 이들에게 당신이 결백하다는 점을 확신시켜야 한다. 그러나 이 두 과정은 불완전할 수밖에 없다. 당신이 원하지 않는다 해도 의심은 남게 된다. 당신의 결백을 믿지 않는 사람들은 항상 있게 마련이다. 현대의 감시장치는 이 문제를 더욱 악화시킬 뿐이다. 당신의 생활은 끊임없이 증가하는 기록이 된다. 당신의 행위들은 영원히 저장되며, 언제든지 노출될 수 있도록 개방되어 있으며, 따라서 언제든 정당화를 요구한다.

두 번째 가치는 이러한 현대의 기록저장 능력에서 직접 나온다. 우리 모두는 분리된 공동체들 내에서 또는 별개의 규범적 공간들 사이나 그 안에서 살기를 원한다. 프라이버시나 자신에 관한 정보를 통제할 수 있는 능력이 이러한 바람을 지지한다. 그것은 다양한 공동체들을 가능케 하고, 다른 공동체의 규범을 말살시키는 하나의 지배적인 공동체의 권력을 무력하게 한다. 예를 들어, 견디기 힘든 작은 마을에서 살고 있는 게이 남성을 떠올려 보자.

---

23) Peter H. Lewis, "Forget Big Brother," *New York Times*, March 19, 1998, G1.

최근에 데이비드 브린(David Brin)이 발전시킨 논거와 비교해볼 때 이 논점은 아주 명확해진다.[24] 브린은 프라이버시에 대한 이러한 우려에 반대하는 논거를 제시한다. 그는 프라이버시를 다른 사람들에 대한 정보의 산출과 배포를 방지하는 데 필요한 것으로 정의하는 데 반대한다. 그가 반대하는 이유는 그러한 목적이 불가능하다고 믿기 때문이다. 지니는 이미 마술램프에서 빠져나갔다. 오히려 데이터 수집능력을 보편적으로 가능하도록 보장하는 방법을 찾는 것이 더 낫다고 그는 제안한다. 당신이 나를 감시하는 것을 해결하는 방법은 그 감시를 막는 것이 아니라 내가 당신을 감시하도록 허용하는 것이다. 당신의 감시행위에 대해서 그리고 그 밖의 어떤 것이든 당신이 행한 것에 대해서 당신에게 책임을 지우게 하는 것이다.

이 주장에 대해 두 가지 반응이 있다. 한 가지 반응은 다음과 같이 반문한다. 왜 우리는 선택해야 하는가? 왜 우리는 감시를 통제하고 감시기술의 확산을 억제할 수는 없는가?

다른 반응은 좀더 근본적이다. 브린은 다른 이에게 "책임을 지우는 데" 역감시가 유용하다고 가정한다. 그렇다면 누구의 기준에 따라서? "책임"은 책임을 묻는 공동체에 확신을 가질 때에만 사용할 수 있는 개념이다. 우리가 다양한 공동체들에서 살 때 책임은 한 공동체가 다른 공동체에게 자신의 타당한 관점을 부과하는 수단이 된다. 그 이유는 우리가 하나의 단일한 공동체에서만 사는 것도, 하나의 가치체계만 가지고서 살아나가는 것도 아니기 때문이다. 완전한 책임이 이러한 가치들의 혼합을 손상시킬 수 있기 때문이다.

현재의 감시의 불완전성이 이러한 규범 공동체의 증식을 가능케 한다. 완벽한 기록 없이 살아갈 수 있는 능력은 완전한 지식이 제거해 버릴 수 있는 다양성을 가능케 한다.

---

24) Brin, *The Transparent Society*, 8～15.

세 번째 가치는 정보취합에 대한 우려에서 야기된다. 구글에서 "저당"을 검색하면 저당에 관한 광고가 스크린에 나타난다. 섹스나 차도 마찬가지이다. 광고는 당신이 제시하는 검색에 관련된 것들이다. 데이터는 수집되지만, 단지 검색에 관한 것만은 아니다. 각각의 사이트는 당신에 관한 개인적인 정보를 가능한 한 모두 수집한다.[25] 그리고 당신이 구글 검색을 통해 웹 페이지 이동을 할 때에, 당신이 행한 검색은 다음 사이트와 함께 같이 전달된다.

정보수집은 상업적 웹사이트들의 주된 활동이다. 상업적 웹사이트들의 약 92%가 사용자들에 관한 개인정보를 수집한다. 그리고 이를 다시 집적하고, 분류하고, 활용한다.[26] 오스카 간디(Oscar Gandy)는 이것을 정보를 수집하고 그 정보를 바탕으로 차별화하는 거대 구조인 "판옵틱 분류"(*panoptic sort*)라고 부른다. 우리에게 관심을 갖는 것이 바로 이 차별화라는 것이다.[27]

그러면 그것은 왜 우리에게 관심을 갖게 하는가? 정보의 악용과 같은 중요한 문제들은 제쳐두고, 대신 정보의 일반적인 사용에 초점을 맞추어 보자. 이미 언급한 바와 같이 주요 취지는 단지 시장을 보다 원활하게 하는 것이다. 오늘날 우리가 갖고 있는 것보다 더 정확하고 덜 침해적인 방식으로 사람들의 요구와 취향에 더 잘 맞게 된다. 광고업자는 어떤 것이 수지가 맞고 어떤 것이 그렇지 않은지를 말할 수 있고, 게시판과 방송에서 광고하는 것이 비효율적이며, 대부분의 광고가 특정 대상을 구체적으로 겨냥하는 세상을 상상해 보자. 광고는 그

---

25) 웹 광고의 상태를 적절하게 요약하고 있는 글, 더블크릭사가 어떻게 운영되는지에 관한 논의 그리고 광고회사를 통한 3M사의 프로젝터 판매에 관한 사례 연구에 대해서는, Aquantive, link #73 and 24-7 Real Media, link #74 참조.

26) Federal Trade Commission, "Privacy Online: A Report to Congress," June 1998, n. 107, link #75 참조.

27) Gandy, *The Panoptic Sort*, 1~3 참조.

것이 유용한 정보가 될 사람들에게 전달될 수 있을 것이다. 또한 논의도 그렇게 진행될 것이다. 이것은 의심할 여지없이 차별화이다. 물론 짐 크로우(Jim Crow) 식의 차별은 아니다. 그것은 나를 나이키 광고로부터 구해주는 훌륭한 차별화의 형태이다.

그러나 그러한 정보가 개인에게 어떠한 영향을 주는가 하는 일시적인 관심을 넘어서 정보수집은 그것이 공동체에 어떠한 영향을 미치는지 보다 지속적인 집단적 관심을 일으킨다. 그 관심은 조작에 관한 것이다. 당신은 사람들의 욕망을 통제하는 텔레비전 광고의 힘을 믿지 않을지도 모른다. 텔레비전은 매우 분명하며, 동기 또한 아주 뚜렷하다. 그러나 동기가 분명하지 않을 때 무슨 일이 일어나겠는가? 당신이 우연히 그것들을 원하게 될 때 선택들은 언제 올바른 것처럼 보이는가? 당신이 원하는 것을 당신보다 시스템이 더 빨리 그리고 더 잘 아는 것처럼 보일 때 이런 욕구들이 실제 어디에서 오는지 당신은 어떻게 알 수 있는가?

이런 가능성이 현실성이 있는지 또는 관심대상이 되어야 하는지는 대답하기 어려운 문제이다. 스티븐 존슨(Steven Johnson)은 사실상 이러한 선택의 대행자들이 보다 폭넓은 선택범위와 다양성을, 때로는 혼돈상태를 용이하게 해줄 것이라고 주장한다.[28] 그러나 또 다른 가능성이 있다. 정보수집은 표준이 추출되는 집단을 표준화하기 시작할 것이다. 관찰행위는 피관찰자에게 영향을 미칠 것이다. 그 시스템은 당신이 하는 행동을 관찰하고, 당신을 패턴으로 분류하고, 그 패턴을 토대로 만들어진 취사선택의 형태로 당신에게 되돌아온다. 취사선택은

---

28) Johnson, *Interface Culture*, 192~205. 앤드류 샤피로는 이것을 "피드백 효과"라고 부르지만, 그것이 선택의 범위를 좁히고 있다고 주장한다. Andrew Shapiro, *The Control Revolution: How the Internet is Putting Individuals in Charge and Changing the World We Know* (New York: Public Affairs, 1999), 113 참조.

그 패턴을 강화시킬 것이고, 그 순환은 다시 시작된다.

두 번째 관심은 평등에 관한 것이다. 정보수집은 최근까지 시장에 잠재된 문제를 드러낸다. 19세기 내내 미국에서 주도적이었던 경제사상은 평등의 이념으로 고취되어 있었다. 사적 공간에서 개인들은 평등하다고 여겨졌다. 그들은 동등하게 사고 팔 수 있었다. 평등한 관계로 다른 사람과 관계를 맺을 수 있었다. 개인에 관한 사실들이 알려지기도 했으며, 이 사실들 중 일부는 경제적인 거래에 참여할 그들의 자격을 박탈하기도 하였다. 예를 들어, 과거의 파산경험은 미래에 거래할 수 있는 능력을 제한하기도 했다. 그러나 대체로 상대적으로 익명성이 보장된 공간이 있었고, 경제적인 거래는 그 공간에서 이루어졌다.[29]

시간이 지나면서 이 평등의 공간은 분리를 지향하는 경제구역들로 대체되어 갔다.[30] 그것들은 사회적, 경제적 기준을 근거로 차별을 조장하는 규범들이다.[31] 가장 흔히 드는 예가 바로 구획화이다. 지역법에 의해 사람들이 분리된 공간으로 배치된 것은 20세기에 들어와서 비로소 시작되었다.[32] 처음에 이 법은 인종을 근거로 하였으나, 인종적

---

29) 예를 들어, *McIntyre v. Ohio Elections Commission*, 514 US 334, 341~43 (1995) 참조.

30) Janai S. Nelson, "Residential Zoning Regulations and the Perpetuation of Apartheid," *UCLA Law Review* 43 (1996): 1689, 1693~1704 참조.

31) 사회적·경제적 기준에 기초하여 분리하려는 목적을 가진 법에는 주택을 공급하기 위해 최소 크기의 주택을 규정하는 규정들, 특정지역에서 비전통적인 가족의 거주를 금지하는 독신가족 조례들 그리고 아파트를 제외한 거주 분류와 같은 것들이 포함된다. 이러한 모든 제한들은 저소득층을 위한 주택 공급 비용을 엄청나게 증가시킨다. Ibid., 1699~1700 참조.

32) 1926년에 연방대법원은 지역제를 지방정부의 유효한 권한행사라고 판결하였다. *Village of Euclid v. Ambler Realty Company*, 272 US 365 (1926) (이 판결에서 주정부는 양립할 수 없는 용도를 분리시킬 수 있는 권한을 갖는다고 판시하였다). 20세기에 들어와서야 비로소 자치도시들은 지역결정과 같은 법의 영역을 규제할 수 있는 많은 권한을 갖게 되었다. Richard Briffault,

차별이 무너지자 구획의 기법이 변경되었다.[33]

이러한 법의 사용이 얼마나 열띤 논쟁의 대상이었는지를 회상해 보는 것은 흥미로운 일이다.[34] 많은 사람들에게, 부자건 가난한 사람이건 가진 돈의 액수에 따라 사는 곳이 정해지는 것은 미국인들의 평등이념에 대한 모욕이었다. 물론 당신이 사야만 하는 것이 부동산인 경우에는 항상 그러한 차별이 발생한다. 그러나 도시구획법은 시장에 의해 부과되는 분리에 법적 지원까지 보탠다. 그 결과는 법 속에서 그리고 사회 속에서 사람들간의 차별을 재창조하는 것이다.

우리는 미국을 이러한 차별들을 타파해야 할 공간으로 규정했던 때가 있었다. 역사가인 고든 우드는 이 목적을 미국을 탄생케 한 혁명의 중요한 요인으로 설명하고 있다.[35] 사회적·법적 위계질서는 적으로 규정되었고, 그 지향점은 평등사회였다. 혁명은 사회적 신분의 위계질서와 그들이 획득한 특권에 대한 공격이었다.

모든 사회적 위계질서는 신분을 차별화할 수 있는 정보를 필요로 한

"Our Localism: Part I—The Structure of Local Government Law," *Columbia Law Review* 90 (1990): 1, 8~11, 19 참조.

33) 1917년 대법원은 인종차별적 지역제 규칙이 수정조항 제14조에 반한다고 결정하였다. *Buchanan v. Warley*, 245 US 60 (1917). 그러나 "비배타적인" 지역제의 규제가 거주의 분리를 유지하는 데 사용되었다. 비록 다양한 법과 규칙들이 겉으로는 중립적이고 표면적으로는 재산의 평가절하를 억제하는 경제적 요소에 기초하고 있다고 하더라도, 그것들은 사실상 분리의 결과를 가져왔다. Briffault, "Our Localism," 103~4; Meredith Lee Bryant, "Combating School Resegregation Through Housing: A Need for a Reconceptualization of American Democracy and the Rights It Protects," *Harvard Black Letter Journal* 13 (1997):127, 131~32 참조.

34) Joel Kosman, "Toward an Inclusionary Jurisprudence: A Reconceptualization of Zoning," *Catholic University Law Review* 43 (1993): 59, 77~86, 101~3 참조.

35) Gordon S. Wood, *The Radicalism of the American Revolution* (New York: Alfred A. Knopf, 1992), 5~8, 271~86 참조.

다. 역사적으로 사람들에 관한 충분한 정보를 얻기 위해선 상당히 안정된 사회질서가 요구된다. 세밀한 계층구별을 위해선 지역의 유행과 억양, 풍습, 예절 등에 대한 지식이 필요하다. 예를 들어, 옷을 잘 차려 입은 젊은 남성이 그가 주장하는 대로 신사인지, 아니면 단지 정장을 한 판매원인지 분간할 수 있어야 한다. 이러한 위계질서의 시스템은 상대적으로 유동성이 작은 곳에서 가능했다. 유동성이 증가함에 따라 이런 위계 시스템이 변화하였다. 엄청난 부자와 극빈자들을 제외하고 사회의 유동성과 이동성을 쫓아갈 수 없게 되자 계층을 세밀하게 구분할 수 없게 되었다.

정보수집은 이 모든 것을 변화시킨다. 효율적이고 효과적인 감시시스템은 이 미묘한 계층차별을 다시금 가능케 한다. 저렴하고 효율적인 정보수집 능력은 우리를 과거로 되돌려놓을 것이다. 항공사들의 마일리지 제도를 생각해 보자. 누구나 마일리지 제도의 뚜렷한 특징을 알고 있을 것이다. 항공기를 자주 이용하는 고객들에게는 무료항공권이 주어진다. 이 보상프로그램은 그 자체로는 무해하다. 흥미로운 점은 그 제도가 항공사들에게 서비스를 차별화하는 권한을 부여한다는 것이다. 자주 이용하는 고객이 예약하면 그 예약시스템은 고객 프로필을 기억한다. 이 프로필은 그녀가 어떤 좌석을 선호하는지, 그가 채식주의자인지 등에 관한 정보를 포함할 것이다. 또한 그것은 예약담당자에게 이 고객이 얼마나 자주 항공기를 이용하는지 알려준다. 어떤 항공사들은 이 정보를 토대로 고객들을 차별화할 것이다. 가장 분명한 차별방법은 좌석의 위치이다. 마일리지가 높은 고객에겐 더 좋은 좌석이 주어진다. 그러한 정보는 기내 식사제공에도 영향을 미칠 수 있다. 마일지리가 높은 고객은 우선적 선택권을 갖지만, 마일리지가 적은 고객들은 전혀 선택권을 갖지 못한다.

사회정의의 관점에서 볼 때, 물론 마일리지 제도는 사소한 쟁점사항이다. 그러나 나의 논점은 보다 일반적인 것이다. 마일리지 제도는 신분제도의 재창조를 허용한다. 그 제도는 항공사들이 서비스를 제공하는 데 유용하게 사용할 수 있는 개인정보를 제공한다.[36] 그것은 유동성에 의해서 파괴되었던 정보를 복원하기 때문에 차별화를 가능케 한다. 그 제도들은 익명성의 유익성, 즉 평등의 유익성을 파괴하는 수단이다.

경제학자들은 많은 경우에 이러한 차별화 능력, 사실상 서로 다른 사람들에게 다른 가격으로 상품을 제공할 수 있는 능력은 전체적으로 이익이 된다고 주장할 것이다.[37] 평균적으로 가격차별이 없는 곳보다 있는 곳에서 사람들의 생활형편이 더 나아진다. 따라서 가능한 한 이러한 차별화를 촉진한다면 우리는 더 나아질 것이라고 경제학자들은 말할 것이다.

그러나 이러한 가치들은 방정식의 한쪽 편에 불과하다. 평등의 가치는 그러한 가치들에 반하여 형량된다. 지금 우리들에겐 평등의 가치가 멀리 떨어져 있는 것으로 보일지도 모른다. 그러나 현재 멀리 떨어져 있다고 해서 그것들이 항상 먼 곳에 있었다고 가정해서는 안 된다.

팁에 대해서 생각해 보자. 팁의 관행이 현재 관용적인 것이라고 여겨지는 것만큼이나 19세기에서 20세기로 전환할 무렵에는 그 행위가 모욕인 것으로 여겨졌다. 그것은 자유로운 시민의 존엄성을 침해하는

---

36) Lynne G. Zucker, "Production of Trust: Institutional Source of Economic Structure, 1840~1920," *Research in Organizational Behavior* 8 (1986): 53 참조.

37) 가격 차별화는 동일한 제품에 대해서 다른 가격을 책정할 수 있는 능력이다. 비행기표가 대표적인 예이다. 토요일 밤에 머무를 수 없는 여행객은 동일한 좌석을 수백 달러에 구입하게 된다. 예를 들어, Joseph Gregory Sidak, "Debunking Predatory Innovation," *Columbia Law Review* 83 (1983): 1121, 1132~35; Easterbrook, "Intellectual Property Is Still Property"; Fisher, "Reconstructing the Fair Use Doctrine," 1659; Janusz A. Ordover et al., "Predatory Systems Rivalry: A Reply," *Columbia Law Review* 83 (1983): 1150, 1158~64 참조.

것이었다. 비비에나 첼리저는 다음과 같이 묘사하고 있다.

> 1900년대 초 팁이 점점 대중화되자 그것은 커다란 도덕적, 사회적 논쟁을 야기하였다. 실제로 팁을 주는 행위를 근절하려는 노력이 전국적으로 확산되었다. 주 의회들은 그러한 행위를 처벌가능한 행위르 규정하면서 팁의 관행을 근절시키려고 하였고, 이들 중 일부는 성공적이었다. 셀 수 없는 신문사설과 잡지기사들에서, 에티켓 서적에서, 그리고 법정에서조차 팁은 호기심, 즐거움, 동요 때로는 공공연한 적개심 등이 혼합되어 상세하게 조사되었다. 1907년 정부는 미 해군의 위촉 공무원과 미 해군 명부에 등록된 사람들이 그들의 여행경비 영수증 항목에 팁을 포함시킬 수 있도록 승인함으로써 공식적으로 팁을 허용하였다. 당시 그 결정은 불법적인 부당이득을 승인하는 것이라는 비난을 받았다. 주기적으로 팁반대 연맹을 구성하자는 요구들이 있었다.[38)]

여기에 평등의 관념이 있으며, 그것은 정보수집의 효율성에 의해 오염될 수 있을 것이다. 이 관념은 효율성에 반하여 경중되는 가치이다. 비록 나는 이런 가치가 미국인의 생활에서 상대적으로 약하다고 믿지만, 나는 누구에게 이야기해야 하는가? 중요한 점은 무엇이 강하고 무엇이 약한가 하는 것이 아니라 정보수집 기술이 출현하기 전까지 동면하고 있었던 긴장이나 갈등에 관한 것이다.

이제 그러한 패턴은 익숙할 것이다. 이미 우리는 다른 부분에서 이러한 변화를 살펴보았다. 다시 말해서 코드는 가치들의 충돌을 제거하는 방향으로 변화한다. 차별을 가능케 하는 정보를 습득하는 데 비용이 너무 많이 들었기 때문에 이전에는 상대적인 평등이 가능했던 반면, 지금은 차별화하는 데 기꺼이 지출한다. 비용을 지출하게 하는 차

---

38) Viviana A. Zelizer, *The Social Meaning of Money*, 2d ed. (Princeton: Princeton University Press, 1994), 94~95.

이는 코드의 출현이다. 코드는 변화하고, 행동도 변화하며, 과거의 제도에 잠재되었던 가치도 대체되고 있다. 우리는 그 코드를 지양함으로써 현 세계를 유지하도록 대응할 수도 있다. 우리들은 새로운 세계로 나아가는 것을 방지하는 헌법이나 법률적 제한을 만들어낼 수도 있다. 아니면 새롭게 출현하는 세상과 우리가 근본적이라고 생각하는 가치들이 조화할 수 있는 방법을 찾아낼 수도 있다.

3. 해결방안

나는 인터넷으로 인하여 발생할 수 있는 프라이버시 가치에 대한 두 가지 명백한 위협을 확인하였다. 첫 번째는 무엇보다도 "공공장소"에서의 당신의 행동을 "감시"하는 정부의 능력의 성장이다. 즉, "디지털 감시"로부터의 위협이다. 인터넷 접속에서부터, 전자우편, 전화통화, 그리고 길거리를 걷는 행위까지 디지털 기술은 더욱 완벽하고 부담 없는 수색에 대한 기회를 열어주고 있다.

두 번째 위협은 사적 실체들에 의해 점점 늘어나는 데이터의 집단에서 발생한다. 이 데이터들은 "감시" 보다는 상거래를 촉진하기 위해서 수집된다. 위에서 말한 웨슬리 클락의 휴대전화 통화기록의 판매사례와 같이 어떤 판매자는 데이터를 직접 이용하기도 한다. 어느 판매자는 타깃광고와 같이 데이터를 갖고서 상거래를 유도하려고 한다.

위의 두 가지 위험을 무릅쓰는 것과 달리, 우리는 내가 제 7장에서 언급한 방식에 따라 네 가지 종류의 반응을 상상할 수 있다:

① 법: 위의 위협들에 대응하는 법적 규제를 만들 수 있다. 뒤에서 자세히 검토하겠지만, 일반적인 형태의 모습은 충분히 명백하다. 예를 들어, 법은 대통령이 미국 시민들을 정당한 이유 없이는 감시하지

못하도록 할 수 있다(대통령이 법을 따를 것인가는 별개의 문제이다). 혹은 고객의 명확한 동의 없이는 고객으로부터 수집된 정보의 판매를 금지할 수 있다. 두 개의 사례 모두 법이 직접적으로 행동을 변화시키도록 제재를 가한다. 법의 목적은 개인이 본인 관련 정보를 통제할 수 있는 권한을 높여주거나 약화시킬 수 있다(특정 프라이버시 관련 거래를 불법화하는 등의 예가 있다).

② 사회규범: 관습을 통해 이러한 위협들에 대응할 수도 있다. 기업들 사이의 사회규범이 특정 프라이버시 보호실현을 위해 신뢰를 구축하는 데 도움이 될 수 있다.

③ 시장: 아래에서 더 명확하게 다루게 되겠지만, 시장은 개인의 프라이버시 보호에 이용될 수 있다.

④ 구조/코드: 기술은 프라이버시를 보호하기 위해 사용될 수 있다. 이와 같은 기술은 보통 "프라이버시 증진 기술"(*Privacy Enhancing Technologies*)이라고 불린다. 이 기술들은 사용자들이 자신들과 관련된 정보를 기술적으로 보다 잘 통제할 수 있도록 설계된다.

앞서 반복해서 주장했듯이, 인터넷상의 정책적 문제점을 해결하기 위한 하나의 해답은 없다. 모든 해답에는 적어도 두 가지 양상이 혼합되어야 한다. 아래에서 나는 프라이버시에 대한 두 가지의 위협에 대처하기 위한 혼합체를 설명하고자 한다. 이 혼합이 어떤 이들에게는 분명히 논쟁의 여지가 있을 것이다. 하지만 나의 목적은 이러한 양상들의 숫자판에 어떤 특정한 혼합을 강조하기보다는 나름의 접근방법을 보여주는 것이다. 내가 제안하는 특별한 해답만이 정답이라고 주장하는 것은 아니지만, 사이버공간에서의 해답은 이러한 혼합의 결과물이라고 주장하고자 한다.

(1) 감시

정부는 현재 진행 중인 싸움이 무엇에 관한 것이든 그 싸움에서 가능한 많은 감시를 실행한다. 예를 들어 도청과 같이 감시가 사람에 의해 이루어진다면, 전통적인 법적 제한이 적용될 것이다. 이러한 제한은 비용을 부담시킨다(따라서, 시장의 힘에 의해 가장 중요한 사건으로 한정된다). 그러한 제한은 적어도 약간의 사법심사를 보장한다. 또한 아마도 가장 중요한 점은, 이 제한이 법률시행의 진행절차에 관한 규정을 포함시킨다는 것이다.

그러나 내 생각에 감시가 디지털로 이루어질 때에는 다른 종류의 제한이 적용되어야 한다. 다음의 조건에 해당될 경우에만, "디지털 감시"를 법적으로 허용해야 한다.

① 알고리즘에 허용된 검색의 목적이 기술되어 있다.
② 알고리즘의 기능이 검토되었다.
③ 목적과 기능의 부합이 인증되었다.
④ 사법심사 없이는 이 알고리즘을 토대로 어떤 개인에 대해서도 (사후의 검색을 포함하여) 어떤 조치도 취할 수 없다.
⑤ 매우 제한된 예외를 제외하고는 명시된 목적을 벗어나는 사항에 대해서는 개인에 대한 어떤 조치도 취할 수 없다. 따라서 마약거래에 관한 증거를 찾고 있다면, 신용카드 사기에 관한 기소증거는 발견하였더라도 이를 사용할 수 없다.

이것은 프라이버시를 보호하기 위해 정부에 가해지는 법적 제한들이다. 이 규제들이 적용된다면, 나의 관점에서는 그러한 디지털 감시가 수정조항 제4조와 충돌하지 않는다. 추가적으로, 프라이버시 증진 기술을 개인들도 널리 사용할 수 있어야 한다. 이 기술들은 개인들이 온라인 거래에서 익명을 유지할 수 있도록 한다. 많은 기업들과 사회단체들은 네트워크에 이 기술들이 전파되도록 협력하고 있다. 여기서 익명성이란 추적불가능을 뜻한다. 이와 같은 종류의 추적을 불가능하게 해주는 도구는 개인들이 발송인을 추적할 수 있는 내용이 들어있지 않은 메시지를 전송할 수 있게 한다. 만약 적절하게 도입된다면, 이 메시지를 추적할 수 있는 기술적 방법이 전혀 없을 것이다. 이러한 익명성이 특정한 종류의 커뮤니케이션에서는 필수적이다.

나의 관점에서는, 적어도 세계적으로 너무 많은 정부들이 정치적 억압을 가하고 있는 한, 자유정부들은 이러한 기술들에 대해 보호되는 법적 권리를 인정해야 한다. 나는 이 관점이 논쟁의 여지가 있다는 것을 알고 있다. 좀 덜 극단적인 관점에서는 디지털세계와 현실세계 간의 차이점들을 인정하고,[39] 익명이 아닌 가명의 커뮤니케이션에 대한 권리를 보장해야 한다. 이런 의미에서 가명의 거래는 법원의 간섭이 없는 한 명백하게 또는 직접적으로 개인과 연결되어서는 안 된다. 그러나 그것은 효과적인 지문과 같은 흔적을 갖고 있어 적절한 상황에서 해당기관이 커뮤니케이션의 발신자를 추적할 수 있다.

이 체제 안에서 중요한 문제는 누가 권한을 가져야 하는지 그리고 신원확인을 하기 위해서는 어떤 절차를 밟아야 하는가이다. 내 생각에는 그 권한은 정부가 가져야 한다. 정부는 개인의 신원을 파악하기 위

39) 수잔 브레너는 이 점을 매우 강력하게 지적하고 있다. 그녀는 이 물음을 다음과 같이 구성하고 있다. "수정조항 제4조에 포함된 가치들을 기술에 의해서 만들어지고 지탱되는 맥락으로 전환시키는 것이 과연 타당한가?" Susan Brenner, "The Privacy Privilege: Law Enforcement, Technology and the Constitution," *Journal of Technology Law and Policy* 7 (2002): 123, 162. 이 물음은 단지 익명성이 가치가 있는가 하는 것이 아니다. 분명히 그렇다. 오히려 이 물음은 현실세계의 행위를 다루기 위해서 고안된 권리들이 어떻게 익명성의 정도가 훨씬 큰 세계에 적용될 수 있는가 하는 것이다. Ibid., 139~40. "기술이 익명으로 남아 있을 권리가 실행되는 경험적 환경의 외형을 바꾸기 때문에 그것은 혼자 있을 권리의 측면과 효과적인 법집행의 필요성 간에 긴장을 야기한다." Ibid., 144.

해서 사법절차를 밟아야 한다. 그리고 집행자는 자체적으로 추적할 수 있는 기술적 능력을 보유해서는 안 된다. 다시 말해서, 그 누구도 이러한 균형을 좋아하지는 않을 것이다. 프라이버시 옹호자들은 감시를 위임하는 것에 대해 격노할 것이다. 하지만 나는 정교한 감시기술을 통해 사람이 침해하는 건수를 줄일 수 있다면, 그것이 사실상 효과적인 프라이버시 보호를 증대시킬 것이라는 포스너 판사의 견해에 동의한다. 마찬가지로, 보안 옹호자들은 누구나 익명의 기술을 사용할 수 있다는 사실에 경악할 것이다. 누군가 나에게 "마약상의 암호화된 전자우편 통신을 여는 것이 얼마나 어려운지 알고 있습니까?"라고 물은 적이 있다.

대답은 아니오이다. 나는 현실적으로 가늠이 안 된다. 하지만 나는 마약과의 전쟁보다는 민주주의의 발전에 더 관심이 많다. 민주주의를 가능케 하는 기술이 마약과의 전쟁에도 기여할 것이다. 좀더 과감하게 표현하면, 버마에서 아웅산 수지가 민주주의를 위해 압력을 가하게 하는 기술은 알카에다가 미국과 맞선 테러전쟁을 지속할 수 있도록 할 것이다. 나도 그 사실을 충분히 인지하고 있다. 나는 이것이 다른 이들을 덜 극단적인 쪽으로 유도할 것이라 생각한다. 하지만 나는 가명성의 보호 이상으로 나아가지 않는 선에서 감시와의 타협을 권하고자 한다.

(2) 데이터의 통제

데이터의 유출이나 부정사용을 통제하는 문제는 더욱 복잡하고 모호하다. 많은 사람들이 반대할 만한 개인정보의 사용이 이루어지고 있다. 하지만 많은 사람들이라는 의미가 모든 사람이라는 것은 아니다. 어떤 이들은 특정한 업체에 제한된 데이터를 제공하는 데 아주 만족한다. 하지만 그 데이터가 적절하게 사용된다고 신뢰할 수 있다면, 더

많은 이들이 만족하게 될 것이다. 여기서 해결책은 양상들의 혼합이다. 이번에는 기술부터 살펴 보자.[40]

제 4장에서 자세히 기술한 바와 같이, 인터넷에 신원 층위를 구축하려는 새로운 움직임이 있다. 나의 관점에서, 우리는 신원 층위를 PET(*Private Enhancing Technology*)로 보아야 한다. 왜냐하면 이것이 개인들이 자신에 대해서 제공하는 정보를 보다 효과적으로 관리할 수 있도록 해주기 때문이다. 또한 개인들이 웹사이트와 다른 이들이 기꺼이 받아들일 수 있는 신뢰할 만한 가명의 신원증명서를 갖게 해준다. 따라서 어떤 사이트가 내가 18세 이상인지, 미국 시민권자인지, 혹은 대학교 도서관 홈페이지에 접속권한이 있는지를 알아야 할 때, 이 기술은 다른 정보를 제시하지 않고서도 해당 데이터를 인증해줄 수 있다. 우리가 상상할 수 있는 정보기술의 변화들 중에서, 바로 이것이 네트워크 공간에 흘러들어가는 과다하고도 불필요한 데이터를 줄일 수 있는 가장 효과적인 방법일 것이다.

데이터사용의 통제기능을 높일 수 있는 두 번째 PET는 P3P(*Platform for Privacy Preferences*)라고 불리는 프로토콜이다.[41] P3P는

---

40) Shawn C. Helms, "Translating Privacy Values with Technology," *Boston University Journal of Science and Technology Law* 7 (2001): 288, 314. "우리는 프라이버시를 향상시키는 기술을 발전시키고 이행함으로써 '코드'를 통한 인터넷상에서의 익명성의 전환에 접근해야 한다."

41) 윌리엄 맥거버란이 말하는 바와 같이, 프라이버시의 옹호에 가장 중요한 인물 중 한 명인 마크 로텐버그(Marc Rotenberg)는 P3P를 PET로 보지 않는다. "왜냐하면 로텐버그는 PET를 본래 사적인 데이터의 이동을 감소시키는 기술로 정의하기 때문이다." William McGeveran, "Programmed Privacy Promises: P3P and Web Privacy Law," *New York University Law Review* 76 (2001): 1813, 1826~27 n. 80. 나는 맥거버란의 견해에 찬성한다. P3P는 PET이다. 만일 프라이버시가 당신에 관한 정보를 어떻게 공개하느냐에 관한 통제라면, 비록 PET가 사적 데이터의 이동을 감소시키지 않더라도 (그러한 감소가 개인의 선호와 일치하는 한) 그러한 통제력을 향상시키는 기술

기계가 읽을 수 있는(*machine-readable*) 개인의 프라이버시 수준을 설정할 수 있도록 해준다. 즉, 어떤 사이트가 개인의 프라이버시 수준에 만족하지 않을 때 개인이 자동으로 인지할 수 있게 해준다. 만약 당신이 P3P를 통한 프라이버시 정책을 명시한 사이트에 들어갔는데, 그 사이트의 정책이 당신의 설정과 일치하지 않을 경우, 당신이나 그 사이트가 불일치에 따른 문제점을 인지하게 된다. 따라서 이 기술은 프라이버시 수준 설정의 불일치를 확인시켜주며, 이 인지기능이 바로 개인의 프라이버시를 보호하는 첫 번째 단계이다.

이 전략의 핵심은 이러한 선택들을 기계가 읽을 수 있도록 하는 것이다. 만약 당신이 구글을 통해 "프라이버시 정책"을 검색한다면, 25억 건수에 달하는 결과가 나올 것이다. 그리고 주요 결과물을 클릭해 보면, 그것이 가장 난해한 법률텍스트들임을 알게 될 것이다. 이러한 정책들은 정책 문제를 어떻게 다루어야 할 것인가에 대해서 인터넷 세상 이전의 관점에서 쓰여진 것들이다. 정부는 인터넷상의 프라이버시 문제를 해결하도록 압력을 받았고, 그 해결책은 모든 곳에 "프라이버시 정책"을 부착하도록 의무화시키는 것이었다. 하지만 어느 누가 이 정책들을 읽을까? 설령 읽는다 하더라도, 그 많은 웹사이트들의 차이점을 기억할 수 있을까? 당신은 아마존과 구글의 정책의 차이점을 알고 있는가?

정부의 실책은 컴퓨터가 이 정책들을 인지할 수 있도록 의무화하지 않았다는 점이다. 왜냐하면 만약 우리에게 인간과 컴퓨터가 모두 인지

이 PET이기 때문이다. 만일 PET가 선택을 가능하게 하지 못한다면, 그것은 잘못된 PET가 될 것이라는 점은 의심의 여지가 없다. 그러나 그것은 소비자 이외에 다른 사람의 선택을 가능하게 하지 못한다고 해서 잘못된 PET는 아니다. 사회규범이 어떻게 데이터 프라이버시의 관행을 변화시키도록 형성되는가에 관한 훌륭한 설명으로는, Steven A. Hetcher, "Norm Proselytizers Create a Privacy Entitlement in Cyberspace," *Berkeley Technology Law Journal* 16 (2001) : 877. 참조.

할 수 있는 프라이버시정책 문서를 갖춘 25억 개의 사이트가 있었다면, P3P와 같은 PET의 발전을 장려하는 기반을 갖추게 될 것이기 때문이다. 하지만 정부가 법안을 제정하는 전통적인 방법 이상으로 생각하지 못했기 때문에, 법률 텍스트뿐만 아니라 코드의 변경을 의무화시키는 것을 생각하지 못했기 때문에, 지금 우리는 그러한 기반을 갖고 있지 않다. 나의 관점에서는 이것이 핵심적인 부분으로 생각된다.

그러나 이 기술들만 가지고서는 넷상의 프라이버시 문제를 해결하지 못한다. 이 기술들을 보완하는 법적인 규제가 필요하다는 것은 두말할 나위가 없다. 하지만 이 규제는 세 가지의 매우 다른 것들로 구성된다. 첫 번째는 실체법으로서 프라이버시 보호의 범위를 정하는 법이다. 두 번째 종류는 절차적인, 즉 프라이버시 관련 행위들을 다루는데 공정한 절차들을 규정하는 법이다. 세 번째는 프라이버시가 어떻게 존중되어야 하는지에 관하여 개인들과 기업들 간에 실행가능한 합의를 하게 해주는 권능부여적인 법이다.

① 선택의 제한

어떤 법률들은 개인의 자유를 제한하기 위해 만들어진다. 노동법이 특정한 종류의 노동계약을 금지하거나 소비자보호법이 특정한 신용거래를 금지하는 것처럼, 이러한 종류의 프라이버시 법은 개인들이 자신의 프라이버시의 일정한 부분을 포기하는 자유를 제한할 것이다. 이러한 제한의 동기는 실체적이거나 절차적일 수 있다. 개인들이 선택해서는 안 되는 것들에 대한 실체적인 판단을 반영한다는 점에서 실체적일 수 있으며, 개인들이 선택해야 할 상황에 직면했을 때 그들이 나중에 후회하게 될 방식으로 선택할 것이라는 견해를 반영한다는 점에서 절차적일 수 있다. 어느 경우든, 이러한 형태의 프라이버시 규제는 공동체 내에서 프라이버시를 약화시키는 것으로 간주되는 거래를 차단하는 역할을 한다.

② 프라이버시 보호절차

프라이버시 실무에 관하여 가장 중요한 규범구조는 자동화 데이터 체계에 관한 건강·교육·복지 권고위원회(Health, Education, Welfare—HEW Advisory Committee on Automated Data Systems)에 의해서 30년 전에 윤곽이 잡혔다. 이 보고서는 "공정한 정보 실무를 위한 코드"(*Code of Fair Information Practices*)를 규정하게 된 다섯 가지 원칙을 세웠다.[42] 이 원칙들은 다음과 같다.

① 개인의 데이터를 기록·보존하는 시스템은 어떤 것이든 그 존재여부가 공개되어야 한다.
② 개인은 자신에 관하여 어떤 정보가 기록되어 있는지, 어떻게 사용되는지를 알 수 있어야 한다.
③ 개인은 특정 목적으로 획득된 그에 관한 정보가 본인의 동의 없이 다른 목적으로 사용되는 것을 방지할 수 있어야 한다.
④ 개인은 그를 인지할 수 있는 정보 기록을 정정하거나 변경할 수 있어야 한다.
⑤ 개인의 신상 데이터의 기록을 생산·관리·사용·배포하는 조직체는 지정된 목적을 위한 데이터의 신뢰성을 보장하고, 데이터의 오용을 방지하도록 예방책을 강구해야 한다.

이 원칙들은 중요한 실체적 가치를 표현하고 있다. 예를 들어, 원래의 동의범위를 벗어나는 데이터 사용을 금지하거나, 데이터를 수집하는 시스템의 신뢰성을 보장하도록 한다. 그러나 이 원칙들은 개인의 특정한 목적으로 자신의 정보를 제공하는 선택권에 대해서는 관여하지 않는다. 이런 점에서 개인의 자율성을 증진시키며, 바로 이러한 정신

42) U.S. Department of Health, Education and Welfare, Secretary's Advisory Committee on Automated Personal Data Systems, Records, Computers, and the Rights of Citizens 8 (1973) 참조. link #76에서 인용.

이 연방과 주 차원에서 제정되어온 상대적으로 빈약하고 임시방편의 프라이버시 입법을 주도해왔다.43)

③ 프라이버시 선택을 위한 규칙들

그렇지만 프라이버시에 있어 현실적인 난관은 디지털 시대에 의미 있는 선택을 가능하게 할 수 있는 방법이 무엇인가 하는 것이다. 이 문제에 대해서 지금까지 미국 정부의 방책은 텍스트로 쓰여진 프라이버시 정책약관을 의무화시키는 것이었으며, 그것은 가장 완벽한 부작위의 사례이다. 이해할 수 없는 단어들로 웹페이지를 어수선하게 한다고 해서 소비자들이 인터넷 서핑을 할 때 유익한 선택을 할 수 있는 권한을 부여하지는 않을 것이다. 오히려 소비자들이 사이트를 옮겨 다니면서 어떤 권리들을 넘겨주고 있는지를 이해하려는 노력조차 하지 않게 만든다.

다음의 조건이 충족된다면, P3P가 도움이 될 것이다. ① 웹의 전 영역으로 이 기술을 확산시키려는 강력한 추진력이 있어야 한다. ② P3P의 기반구조에 표현된 내용들이 시행될 수 있어야 한다. 두 가지 요건 모두 법적 효력이 필수적이다.

이 책의 초판에서, ①과 ②를 모두 충족시킬 수 있는 전략을 제시하였다. 다시 말해서, 재산권을 통해 개인데이터를 보호하는 것이다. 저작권과 마찬가지로 프라이버시 재산권은 이러한 재산권을 사용하려는 이들에게는 적절한 동의를 보장하는 강력한 동기를 부여할 것이다. 이후에 그 내용은 적절한 기술을 통해 (법률 제정을 통해서) 전달될 것이다. 그러나 그러한 동의 없이 프라이버시 재산을 사용하는 자는 프라이버시 해적이 될 것이다. 사실상, 저작권을 보호하는 동일한 도구들도 프라이버시를 보호하는 데 사용될 수 있을 것이다.

---

43) Ibid.

이 해결책은 내가 프라이버시의 중요한 특징이라고 믿는 바를, 즉 사람들은 프라이버시의 가치를 다르게 평가한다는 점을 인정한다.[44)] 이 해결책은 이처럼 다양한 가치들을 존중한다. 나에게는 내 전화번호가 손쉽게 알려지지 않는 것이 매우 중요할 수도 있지만, 당신은 전혀 상관하지 않을 수도 있다. 개인들에게 다를 수 있는 자유, 아주 다른 주관적 가치를 갖거나 존중하는 자유를 부여하는 법적 도구를 사용하는 것이 법의 추정적 우선권(*presumptive preference*)이라고 할 때, 여기에서 우리가 사용하는 도구는 재산권이라고 볼 수 있다. 재산권 시스템은 법적으로 존중되는 가치의 차이들을 허용하도록 설계되어 있다. 만약 당신의 셰비노바(Chevy Nova) 자동차를 1만 달러 이하로는 팔지 않겠다면, 법은 당신을 뒷받침할 것이다.

미국의 법적 전통에서 이에 대립되는 법적 권리는 "책임규칙"(*liability rule*)이라고 불린다.[45)] 책임규칙은 권원을 보호하지만, 보다 덜 개인적인 차원에서의 보호이다. 만약 당신이 책임규칙에 의해 보호되는 자원이 있다면, 나는 주가 지정한 가격을 지불하는 한 그 자원을 가질 수 있다. 그 가격은 당신이 가치를 두는 것보다 높거나 낮을 수 있다. 하지만 핵심은, 어쨌거나 내가 그 자원을 가질 권리가 있다는 것이다.

---

44) 스트라이레비츠(Lior Jacob Strahilevitz)는 이러한 근본적으로 "경험적인" 물음을 훌륭하게 탐구하고 있다. "A Social Networks Theory of Privacy," *University of Chicago Law Review* 72 (2005): 919, 921.

45) Guido Calabresi and A. Douglas Melamed, "Property Rules, Liability Rules, and Inalienability: One View of the Cathedral," *Harvard Law Review* 85 (1972): 1089, 1105~6. "재산권 규칙들은 권리의 가치가 아니라 최초의 권리를 누가 가져야 하는가에 관하여 집단적인 결정을 수반한다. … 책임규칙들은 국가간섭의 추가적인 단계를 수반한다. 그것은 권리를 보호할 뿐만 아니라, 당사자들이 아니라 오히려 국가의 관련기관에 의해서 결정되는 가치에 근거해서 이전이나 폐기가 허용된다"(1092).

저작권법의 사례가 그 논점을 좀더 명확하게 해줄 것이다. 파생적 저작권(*derivative right*)은 저작권이 부여된 작품 위에 형성되는 권리이다. 전통적인 예를 들면 번역본이나 소설을 영화로 제작하는 것이다. 저작권법은 저작권자에게 파생적 저작권에 대한 재산권을 부여한다. 따라서 당신이 존 그리샴(John Grisham)의 최신소설을 토대로 영화제작을 원한다면, 당신은 그리샴이 부르는 가격을 지불해야 한다. 만약 지불하지 않은 채 영화를 제작한다면, 당신은 그리샴의 권리를 침해한 것이다.

작곡가가 보유한 파생적 저작권의 경우는 다르다. 작곡자가 그의 노래를 레코딩하는 것을 허락할 때에는, 일정한 절차에 따라 정해진 비용을 지불하면 누구든지 그 노래를 녹음할 권리가 있다. 따라서 그리샴은 단 하나의 제작사에게 그의 소설을 토대로 영화를 제작할 수 있는 권리를 줄 수 있지만, 비틀즈는 누구든지 비용을 지불한 자에게 비틀즈 그룹 멤버가 작곡한 노래를 녹음할 수 있도록 허용해야 한다. 즉, 소설의 파생적 저작권은 재산법에 따라 보호되지만, 레코딩의 파생권리는 책임규칙에 따라 보호된다.

법적으로 재산권이 아닌 책임규칙을 적용하는 이유는 다양하다. 그러나 일반적 법원리에 따른다면, 적어도 우리는 협상의 "거래비용"이 낮고 충돌되는 공공의 가치가 없는 경우에는 재산법 규칙을 이용해야 한다.[46] 내 생각으로는 P3P와 같은 기술을 통해서 재산법 규칙이 적용되기에 충분할 정도로 거래비용을 줄일 수 있다. 그렇게 되면 재산권 규칙은 사람들이 프라이버시에 대해서 아무리 다양한 견해를 갖고 있다 하더라도 그 권리를 강화시켜 줄 것이다. 어떤 이들은 자신의 권리를 포기할 수 있고, 어떤 이들은 확고하게 지키게 될 것이다.

내가 재산권을 밀어붙이는 또 하나의 이유가 있다. 사람들이 이 권

46) Ibid.

리를 재산권으로 받아들이면, 프라이버시 보호가 더욱 강해질 것이라고 생각한다. 사람들은 이 권리를 소유하고, 보호할 필요가 있다. 재산화하는 것이 우리가 보호를 확인하고 가능케 하는 전통적인 방법이다. 만약 우리가 저작권을 지키듯이 프라이버시를 보호하는 데 조금이라도 열정을 쏟는다면, 프라이버시 보호에 진전이 있을 것이다.

하지만 재산권을 주장하는 나의 제안은 내가 존경하는 비평가들에 의해 철저하게 거절당했다.[47] 나는 그들 비판의 핵심적 내용에 동의하지 않는다. 닐 리처드가 강력하게 제시한 이유들 중 나는 특히 프라이버시의 재산화가 수정조항 제1조와 충돌한다는 주장에 동의하지 않는다.[48] 어쨌거나 윌리엄 맥거버란은 비평가들에게 활력을 불어넣었던 우려를 일으키지 않고서 내가 추구하는 바와 동일한 목표에 도달할 수 있는 대안을 제시하였다.[49]

이 대안에 따르면, P3P 프로토콜을 이용해 웹사이트가 제시하는 동

---

47) Mark A. Lemley, "Private Property," *Stanford Law Review* 52 (2000): 1545, 1547; Paul M. Schwartz, "Beyond Lessig's Code for Internet Privacy: Cyberspace Filter, Privacy-Control, and Fair Information Practices," *Wisconsin Law Review* 2000 (2000): 743; Julie E. Cohen, "DRM and Privacy," *Berkeley Technology Law Journal* 18 (2003): 575, 577; Marc Rotenberg, "Fair Information Practices and the Architecture of Privacy: (What Larry Doesn't Get)," *Stanford Technology Law Review* (2001): 1, 89~90. 앤드류 샤피로(Andrew Shapiro)는 다음에서 유사한 생각을 다뤘다. *The Control Revolution*, 158~65 참조.

48) Neil M. Richards, "Reconciling Data Privacy and the First Amendment," *UCLA Law Review* 52 (2005): 1148, 116. 리처드는 매우 명석한 유진 볼로크(Eugene Volokh)를 수정조항 제1조가 프라이버시 재산권을 제한한다는 견해의 가장 강력한 지지자로 분류하고 있다. 그러나 프라이버시를 통제하는 일련의 규칙들에 관해서 리처드가 주장하는 포괄적인 견해는 볼로크의 입장과 달리 매우 설득력이 있다.

49) William McGeveran, "Programmed Privacy Promises: P3P and Web Privacy Law," *New York University Law Review* 76 (2001): 1813, 1843.

의절차는 구속력 있는 청약이며, 만일 웹사이트 이용자가 승낙할 경우 구속력 있는 계약이 된다.[50] 이 대안을 컴퓨터가 인지할 수 있는 프라이버시 정책의 의무화와 함께 병행한다면, ① P3P를 확산시키고, ② P3P를 통해 이루어지는 것들을 효과적인 법으로 만들 수 있을 것이다. 그러나 이 제안은 내가 각주에서 설명할 이유들로 인해 여전히 재산법 규칙보다는 약할 것이다.[51] 또한 이 제안은 슈링크 랩(*shrink-wrap*) 문화를 조장하게 될 것이며, 그것은 그 자체의 문제점을 안고 있다. 하지만 나의 목적에 비추어 볼 때, 이 해결책은 유용한 타협점이다.

다시금 사이버 법의 역동성을 그려 보자면, 우리는 특정 종류의 기술(P3P)을 장려하기 위해 법을 이용한다. 그리고 이 기술은 사이버공간에서 개인들이 원하는 것들을 보다 잘 얻을 수 있게 해준다. 법은 프라이버시 정책을 특정한 방법으로 표현되도록 의무화하고 이에 대해서 계약이 체결된 것으로 추정하는 것이다. 바로 프라이버시 정책을 완벽하게 하기 위해서 법이 코드를 돕는다.

물론 그렇다고 해서 우리에게 프라이버시에 대한 보호가 없다고 말하는 것은 아니다. 우리가 이미 살펴보았듯이 연방법 이외의 다른 법들이 있으며, 법 이외에 다른 규제자들이 있다. 경우에 따라 이 규제자들이 법보다 프라이버시를 더욱 효과적으로 보호할 수 있다. 그러나 내 생각에 이 규제들이 보호하지 못하는 경우에는 법이 필요하다.

---

50) 그러나 계약에 대한 중요한 제약은 그것이 “당사자 관계 내에” 있는 사람들만 구속한다는 것이다. 따라서 내가 당신에게 판매한 책을 당신이 어떻게 사용할 것인지에 관하여 당신과 합의한 내용(예를 들어, 특정 날짜 이전에는 책을 펼쳐보지 않기로 한 약속)이 우연히 그 책을 구해서 읽은 다른 사람들을 구속하지는 않는다.

51) 위에서 설명한 것처럼, 그 취약점은 “당사자”에 관한 관점과 연결된다. 재물과 함께 자동적으로 이동하는 재산법의 규칙과 달리 합의에 의해서 만들어진 규칙은 그 합의가 유효할 때에만 효력이 있다.

4. 프라이버시와 지적 재산권과의 비교

앞 절에서 나의 주장에 수긍하지 못한 독자는 다음과 같은 질문들을 던지게 될 것이다. "당신이 이곳에서 인정하는 바로 그 제도를 앞 절에서는 거부하지 않았는가? 당신은 지적 재산권의 완전한 매매를 용이하게 하는 구조를 거부하지 않았느냐? 당신이 이번 절에서 만들어낸 구조가 바로 그러한 구조 아닌가?"

이러한 지적은 정확한 것이다. 지적 재산권과 관련해서 문제를 제기했던 구조와 본질적으로 똑같은 구조를 여기에서는 인정했다. 두 제도 모두 정보를 거래하기 위한 제도이며, 정보를 "실제 재산처럼" 다룬다. 그러나 지적 재산권에 관하여 나는 완전히 사유화되는 소유권 제도에 반대하였고, 프라이버시에 관하여는 그 제도에 찬성한다. 왜 이런 차이가 생기는가?

이는 맥락에 따라 정보를 알려주거나, 알려주어야 할 저변에 깔린 가치들이 다르기 때문이다. 지적 재산권의 경우, 우리의 편향은 자유를 위한 것이었다. 정보가 원하는 것이 무엇인지 누가 알겠는가.[52] 정보가 무엇을 원하든 간에 우리는 법이 지적 재산권의 소유자와 맺는 거래를 가능한 협의로 해석해야 한다. 우리는 지적 재산권에서의 소유권에 대해 꺼리는 태도를 가져야 하며, 정보체제를 확립하고 유지하는데 필요한 한도 내에서만 소유권을 지지해야 한다.

그러나 개인에 대한 (적어도 특정한 종류의) 정보는 다르게 취급되어야 한다. 당신은 개인적 또는 사적 정보에 관하여 법과 타협하지는 않는다. 법은 당신에게 이러한 사실들을 공개하는 대가로 독점적 권리를 부여하는 것이 아니다. 그것은 프라이버시에서 독특한 것이다. 개인

52) Barlow, "The Economy of Ideas," *Wired* (March 1994), link #77 ("정보는 자유롭기를 원한다") 참조.

들은 그 자신에 관한 정보를 통제할 수 있어야 한다. 우리는 그들에게 그렇게 할 수 있는 제도와 권리를 부여함으로써 그러한 정보를 보호할 수 있도록 기꺼이 도와주어야 한다. 우리는 평온에 가치를 두거나 그것을 원한다. 따라서 사적 정보에 대한 통제권을 부여함으로써 그러한 평온을 가능케 하는 제도는 공적 가치와 조화를 이룬다. 그것은 공공기관이 지원해야 하는 제도인 것이다.

동일한 결론을 내는 두 번째의 보다 이해하기 쉬운 방법이 있다. 지적 재산은 한 번 창조되면 사라지지 않는다. 더 많은 사람들이 사용할수록, 사회에 돌아가는 이익이 많아진다. 따라서 지적 재산에 대한 편향은 적절하게도 공유와 자유를 향해 있다. 이와 달리 프라이버시는 사라질 수 있다. 사람들에게 다른 사람의 프라이버시를 유린할 수 있는 권한을 주면 줄수록, 프라이버시는 점점 적어진다. 이런 점에서 프라이버시는 지적 재산보다는 부동산과 비슷하다. 단 한 명의 침해행위로 프라이버시를 파괴할 수는 없지만, 침해행위가 쌓이면 프라이버시의 가치도 그만큼 줄어든다.

이 결론은 중요한 제약을 받는다. 이 중 두 가지만 여기에서 설명하겠다.

첫째, 나의 체제에서는 어떠한 것도 개인들이 팔 수 있는 데이터의 종류나 살 수 있는 프라이버시의 종류에 대해서 최종적이거나 완벽한 통제권을 개인에게 부여하지 않는다는 점이다. P3P체제는 원칙적으로 개인적 통제뿐만 아니라 프라이버시 권리에 대한 상위의 통제도 가능하게 할 것이다. 예를 들어, 만일 우리가 관할권에 기초하여 개인의 신분을 확인하는 제도 내에서 살고 있다면, P3P체제에서의 거래는 그 관할권의 규칙에 근거하여 제한될 수 있을 것이다.

둘째, 그러한 체제 내에서는 모든 종류의 사적 정보를 보호해야 할 이유가 없으며, 그 체제 내의 어떠한 것도 아직까지는 어떤 것이 "사적" 정보로 간주되어야 하는지 아닌지를 우리에게 알려주지 못한다.

당신에 관한 사실들 중 숨길 수 없는 정보들도 있을 것이다. 더욱 중요한 점은 당신 자신에 관한 것일지라도 만들어내는 것이 허용되지 않는 주장들도 있을 수 있다("저는 변호사입니다" 또는 "연락주세요. 저는 의사입니다"). 당신이 다른 사람에게 해를 끼치거나 사기행위를 할 수 있도록 허용되지 않을 것이다. 이러한 제한은 지적 재산권의 공정한 사용과 유사한 것이다. 그것은 프라이버시가 보호될 수 있는 공간에 대한 한계이다.

나는 프라이버시에 관하여 고양이는 이미 가방 밖으로 빠져나왔다고 주장하면서 이 장을 시작하였다. 우리들은 이미 자신에 관해서 다른 사람들이 알고 있는 것을 통제할 수 있는 권한을 개인들에게 부여하지 않는 구조를 갖고 있다. 문제는 그것에 대응하여 우리가 할 수 있는 일이 무엇인가 하는 점이다.

나의 대응은 코드를 주목하라는 것이었다. 우리는 구조 내에 — 사람이 아닌 기계에 의해 — 선택할 수 있는 기능을 만들어야 한다. 개인들이 보호하길 원하는 프라이버시가 무엇인지 자신들의 컴퓨터에 입력시킬 수 있도록, 그 구조에서는 프라이버시에 관하여 컴퓨터와 컴퓨터 간의 협상이 가능해져야 한다.

그러면 우리는 어떻게 그것을 가능케 할 것인가? 어떻게 이 구조가 만들어질 수 있을까? 개인들은 자신의 프라이버시를 보호해주는 사이버공간을 원하겠지만, 무엇이 사이버공간으로 하여금 그런 구조를 구축하도록 압력을 가하는 역할을 할 것인가?

시장은 아니다. 상거래의 힘은 그러한 변화의 뒤에 놓여 있질 않다. 보이지 않는 손은 정말로 볼 수가 없다. 구조들이 이러한 목적을 지향할 수 있도록 집단적인 행동이 취해져야 한다. 집단행동은 정치가 존재하는 이유이다. 자유방임적 태도로는 해낼 수 없을 것이다.

제 12 장

표현의 자유

자유로운 표현의 권리는 공짜로 말할 권리가 아니다. 텔레비전에 자유롭게 접근할 권리나 당신이 말한 것에 대해 다른 사람들이 당신을 싫어하지 못하게 하는 권리도 아니다. 엄격히 말해서, 즉 법적으로 말하면 미국에서 표현의 자유는 적어도 어떤(아마도 대부분의) 표현에 대한 정부의 보복적인 형벌로부터 자유로울 수 있는 권리를 뜻한다. 만약 당신이 대통령을 협박한다면 감옥에 들어가겠으나, 대통령을 비판한다고 해서 감옥에 가지는 않는다. 인종차별을 조장한다고 해서 벌금을 물리진 못한다. 물론 실제로 그런 일을 하면 당신은 기피인물이 될 것이다. 공공장소에서 어떤 이야기를 해도 아무도 당신을 막진 않는다. 물론 FM 송출기 앞에서 말하는 것은 차단될 수도 있다. 미국에서의 언론은 복잡하고 때론 뒤엉켜서 보호되지만, 헌법적 보호는 정부로부터의 보호이다.

그럼에도 불구하고, 오직 정부만을 염두에 두는 표현의 자유에 대한 헌법적 고찰만으로는 대단히 불완전하다. 두 사회가 정부의 보복으로부터 보호해주는 수정조항 제1조(표현의 자유 조항)를 똑같이 가지고 있을 수는 있다. 하지만 만일 한 사회에서는 반대자가 관용되는데 다른 사회에서는 기피를 당한다면, 두 사회는 표현의 자유 측면에서 매우 다른 사회라고 보아야 할 것이다. 정부 이상의 것이 표현을 제약하기도, 보호하기도 한다. 이 권리에 대한 완전한 해명을 위해선 부담과 보호의 전 영역을 반드시 살펴보아야 한다.

예를 들어, 제 7장에서 소개한 4가지 양식과 같이 차별에 맞서 보호를 요구할 수 있는 장애인의 "권리"를 생각해 보자. 법률상으로는 장애인들이 보호를 받지만, 사회규범에 의해서는 그렇지 못하다. 시장은 상품제공으로 장애인들을 돕지만 장애인들이 모든 대가를 지불한다. 그리고 법이 개입하기 전에는, 구조는 장애인들을 사회에 통합시키기 위해 거의 도움을 주지 않았다(계단을 생각해 보라). 이 4가지 양식들로 짜여진 망은 특정 맥락 하에서 장애인들이 갖고 있는 권리 혹은 보호를 기술하고 있다. 예컨대, 건축구조에 규제를 가하여 장애인들이 더 잘 적응하도록 하는 것이다. 그러나 어떤 식의 권리든, 우리는 혼합된 양식들을 이용해서 얼마나 그 "권리"가 잘(혹은 잘못) 보호되는지 설명할 수 있다.

제 7장의 용어를 사용한다면, 이것들은 보호와 동시에 규제의 양식들이다. 즉 이것들은 행동에 대한 제약으로서 그리고 다른 제약들로부터의 보호장치로서 기능할 수 있다. 다음의 그림이 이 점을 잘 포착하고 있다.

규제대상이 중앙에 놓여 있다(제 7장 이래의 가엾은 도트). 이제 그 개체를 둘러싸고 보호막이 생성되어 있으며, 그 보호막은 법/사회규범/시장/구조의 망이다. 이 보호막은 다른 경우 같았으면 네 양식들이 개체에게 가했을지도 모를 제약들을 제한하고 있다. 나는 방패영역을 넷으로 구분하지 않았는데, 그 이유는 제약의 양식들과 보호의 양식들이 반드시 일대일 짝을 이루지는 않기 때문이다. 보호자로서의 법과 제약자로서의 법이 충돌할 경우 헌법이 일반법률을 무효화시킨다.

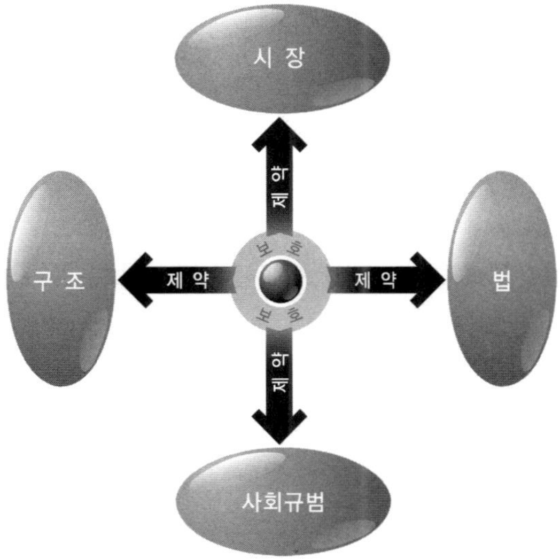

이 양식들은 어우러져서 작용한다. 어떤 것은 다른 것들의 가치를 깎아내리기도 한다. 그 의미는 보호의 총합이 각 부분들보다 덜 중요한 것처럼 보일 수도 있다는 것이다. 마약과의 전쟁을 치르는 최근 상황에서 마약의 비범죄화를 촉구하는 "권리"를 예로 들어 보자. 법은 당신이 마약의 비범죄화를 옹호할 권리를 보호해준다. 조지 소로스처럼 당신이 마리화나의 비범죄화 캠페인을 시작하거나, 노벨상 수상자인 경제학자 밀턴 프리드먼이나 리처드 포스너 연방고등법원 판사처럼 이를 제안하는 저술활동을 한다고 해서 정부가 당신을 감금할 수는 없을 것이다. 만약 수정조항 제1조가 의미하는 바가 있다면, 그것은 정부가 법률개정에 관한 표현을 범죄시할 수 없음을 의미한다.

하지만 법적인 보호를 받는다고 해서 내가 마약의 합법화를 촉구하는데 그 결과로부터 아무런 피해를 받지 않는 것은 아니다. 나의 이웃들은 나의 생각에 놀라고 분명 그들 중 몇몇은 나를 피할 것이다. 시장도 반드시 나의 주장에 지지를 보내지는 않을 것이다. (아마) 마약 합법화의 선전문구를 텔레비전에 방영하기 위해 시간대를 사는 것은 결정적으로 불가능하다. 텔레비전 방송국들은 방송광고를 취사선택할 권리를 (어느 정도 제한이 있지만) 갖고 있다. 마약 합법화 주장은 분명히 엄청난 논란의 소재로 받아들여질 것이다.[1] 방송국들 또한 마약과의 전쟁에서 적극적 투사인 FCC로부터 감시를 받는다. 설사 광고가 허용된다고 하더라도 나는 조지 소로스가 아니다. 그런 캠페인에 돈을 쏟을 만큼 많은 돈을 갖고 있는 것도 아니다. 그저 지역 방송국의 비인기 시간대에 몇 장면 정도 내보낼 수 있을 뿐, 황금시간대에 방송네트워크에 캠페인을 내보낼 능력은 없다.

마지막으로, 구조 역시 나의 발언을 보호해주지 않을 것이다. 적어도 미국에는 당신이 많은 사람들로부터 미치광이나 성가신 사람으로 취급받지 않고 대중들 앞에서 중요한 공적인 문제들에 대해 연설할 만한 곳이 거의 없다. 도시마다 연설장소가 있지도 않으며, 마을에는 대체로 공회당이 없다. 이 점에서는 "오프라인 미국"은 "온라인 미국"과 개인이 공적 사안을 놓고 다양한 청중에게 다가갈 수 있도록 설계되지 않았다는 점에서 매우 닮았다. 오로지 전문가들, 정치가, 교수, 명망가, 언론인 그리고 사회운동가들만이 공적 사안에 대해 미국인들에게 의견을 밝힐 수 있다. 이들 대부분은 단일 사안에 국한된 전문가들이다. 나머지 우리들은 단지 듣기만 하든지 아니면 사회적 광인의 수용소로 유배되든지 둘 중 하나를 선택할 뿐이다.

따라서 논쟁이 될 만한 발언에 대한 효과적인 보호는 협의의 법적 관점이 제시하는 것보다 훨씬 더 제한적이다. 다시 말해서 법 이상의 것이 요구되는 상황에서 반대자가 될 권리는 예상보다 훨씬 보호를 받지 못한다.

이제 이 사례를 사이버공간에 적용해 보자. 사이버공간에서 마약의

---

1) 47 CFR §73. 658 (e) (1998) 참조; Herbert J. Rotfeld et al., "Television Station Standards for Acceptable Advertising," *Journal of Consumer Affairs* 24 (1990): 392 참조.

합법화를 옹호할 권리는 어떻게 보호될 수 있는가? 물론 여기에서도 법은 적어도 미국에서는 마약을 옹호할 권리를 보호한다. 하지만 이러한 주장이 다른 나라에서는 불법으로 판단될 가능성이 높으며, 그 나라 "내에" 있는 사이버공간에서 그런 발언은 형사소추를 당할 수도 있다. 예컨대 나치당을 지지하는 발언은 미국에서는 합법적이나 독일에서는 그렇지 않다.[2] 독일 공간에서는 사이버공간에서 그런 발언을 하는 것도 책임을 지게 될 것이다.

그러므로 법은 불완전한 보호장치이다. 그러면 사회규범들이 표현의 보호에 도움이 되는가? 사이버공간의 상대적 익명성과 성장세로 인하여 사회규범은 제대로 기능하지 못한다. 서로 친숙한 사이버공간에서조차 이들은 반대자가 수천 마일 떨어진 곳에 살고 있다는 사실을 알게 될 경우 (혹은 믿거나 원할 때에는) 반대의견에 더 관용적일 것이다.

시장은 표현의 주요한 보호를 제공한다. 현실공간에 비해 사이버공간에서 표현에 대한 시장의 제약은 미약하다. 제이크 베이커가 어떻게 그렇게 쉽게 지난 10년 동안 출간된 모든 법서의 독자층보다 더 큰 잠재적 독자층을 가진 출판가가 되었는지 상기해 보라. 수백만이 무엇에 관한 것이든 자신의 입장을 자유롭게 표현하게 하는 5천만 이상의 블로그들을 보라. 저렴한 출판비용은 출판이 더 이상 표현의 장애물이 될 수 없음을 의미한다. 에벤 모그렌(Eben Moglen)이 지적하듯이, "과연 21세기에 출판해보지 못한 시인이 있을까?"

하지만 사이버공간에서 표현의 보호장치 리스트의 맨 위에 있는 것이 구조이다. 상대적 익명성, 탈중앙적 분배구조, 다중 접속점, 지리적 연결성의 불필요, 콘텐츠를 식별해 낼 시스템의 부재, 암호도구 등,[3] 이 모든 인터넷 프로토콜의 특성과 그 영향력은 사이버공간에서

2) Strafgesetzbuch(StGB) §§130~31, reprinted in German Criminal Law, Vol. 1, edited by Gerold Harfst, translated by Otto A. Schmidt (Würzburg: Harfst Verlag, 1989), 75~76 참조.

표현의 통제를 어렵게 만든다. 구조야말로 사이버공간에서 표현에 대한 진정한 보호자이다. 그것이 사이버공간의 진정한 수정조항 제1조이다. 이 조항은 결코 어느 지역의 법률이 아니다.[4)]

이것이 무엇을 의미하는지 잠시 생각해 보자. 60년이 넘게 미국은 특정 정치 이데올로기를 세계에 수출하였는데, 그 핵심은 '표현의 자유'란 관념이었다. 많은 이들이 이 관념을 비난하였는데, 일부는 너무 지나치다고, 일부는 아직 부족하다며 비난한다. 압제적인 정권들, 중국과 북한은 이를 직접 거부했다. 관대한 정권들, 프랑스나 헝가리는 문화적 부패라며 불평을 해댔다. 평등주의 정권들, 스칸디나비아 국가들은 부자들만이 발언권을 가지며 포르노를 억압하는 곳이 어찌 자유로울 수 있느냐며 이 관념에 의문을 제기했다.

이 논쟁은 오랫동안 정치적 단계에서 계속되었다. 그러나 이제 어둠으로 뒤덮인 밤처럼 우리는 지금까지 우리의 이데올로기가 뻗어나간 것보다 훨씬 더 강력한 수정조항 제1조를 이들 나라의 영토 내에 구축

---

3) 이것들은 산업계뿐만 아니라 특히 사이버펑크들에 의해서 만들어졌다. 코드 제작자들은 인터넷상의 프라이버시를 위한 도구들을 만드는 데 전념하였다. 에릭 휴즈(Eric Hughes)가 작성한 "A Cypherpunk's Manifesto"〔in *Applied Cryptography*, 2d ed., by Bruce Schneier (New York: Willey, 1996), 609〕에 의하면, "우리 사이버펑크들은 익명적 시스템을 만드는 데 전력을 기울이고 있다. 우리는 암호, 익명으로 우편을 발송하는 시스템, 디지털 부호 그리고 전자화폐를 이용하여 우리의 프라이버시를 방어하고 있다. 사이버펑크는 코드를 작성한다. 우리는 누군가가 프라이버시를 보호하기 위해 소프트웨어를 작성해야 한다는 것을 알고 있다. 또한 만약 우리가 그것을 할 수 없다면 프라이버시를 지킬 수 없기 때문에 우리는 그것을 작성하려고 한다. 우리는 우리의 동료인 사이버펑크들이 프라이버시를 보호할 수 있는 소프트웨어를 만들도록 우리의 코드를 공표한다. 우리의 코드는 전 세계 누구든 자유롭게 사용할 수 있다."

4) 존 페리 발로우는 "사이버공간에서 수정조항 1조는 지역적 조례이다"라는 새로운 문화관념(*meme*)을 유포시켰다. "Leaving the Physical World," link #78.

되는 커뮤니케이션 구조로 휘감고 있다. 그 나라의 국민들이 잠에서 깨어나 발견하게 된 것은 전화선이 자유로운 표현의 도구이며, 자신들의 국경 너머로 핍박받는 사실들을 전자메일로 전달할 수 있으며, 간단한 모뎀으로 독점 국영방송의 영상이 아닌 다른 영상을 전달받을 수 있다는 사실들이었다. 우리는 인터넷의 구조를 통해 법전으로 된 수정조항 제1조보다 더 극단적인 수정조항 제1조를 전 세계로 수출하는 것이다.

이 장은 사이버공간뿐만 아니라 현실공간에서의 표현의 규제와 보호에 관한 것이다. 나의 목적은 구조와 구조가 가능하게 하는 자유간의 관계 및 그 구조를 건설하는 데 법의 중요성에 관해 고민하는 것이다. 그리고 어떻게 이 자유가 확립되는지, 사이버공간의 구조들 내에서 헌법적 정치를 당신이 이해할 수 있도록 돕는 것이다.

내가 "정치"라 부르는 이유는 이 건축이 아직 끝나지 않았기 때문이다. 내가 (수차례 반복해서) 주장했듯이, 사이버공간에는 단 한 개의 구조만 있는 것이 아니며 그 설계에 주어지거나 필연적인 구조는 없다. 제 1세대 인터넷은 통제의 벽을 무너뜨려 왔다. 그러나 제 2세대의 구조도 그러할 것이라고 믿어야 할 근거가 없으며, 통제의 구조 위에 구축되지 말란 법도 없다. 달리 말해, 초기에 범람했던 자유가 단명하지 않을 것이라고 생각해야 할 근거도 없다. 그리고 확실히 마치 그러한 시대가 발생하지 않을 것처럼 행동해야 할 정당성도 없다.

이미 우리는 이러한 재건축의 단초들을 볼 수 있다. (이미) 그 구조는 이전에 현실-공간의 구조가 규제했던 것들을 다시 규제할 수 있도록 재구성되고 있다. 이미 넷(*Net*)은 자유에서 통제로 변화해가고 있다.

재규제로 나아가는 몇몇 조치들은 불가피하며, 때론 후퇴도 피할 수 없다. 이러한 변화가 완성되기 전에 우리는 넷이 현재 제공하는 자유를 이해해야 하며, 우리가 어떤 자유를 지킬 것인지 결정해야 한다.

단지 보존하는 데 그쳐서도 안 된다. 아마도 지금의 인터넷 구조는 미국 건국 이래 표현의 자유의 가장 소중한 모델일 것이다. 이 모델에는 전자우편과 웹 페이지 이상의 의미가 담겨 있다. 건국의 아버지들이 헌법을 인준한 지 200여 년이 지난 지금에야 비로소 넷은 우리들에게 수정조항 제1조가 의미하는 바가 무엇인지 가르쳐주고 있다. 만일 우리가 이 의미를 진지하게 받아들인다면, 수정조항 제1조는 오프라인에서의 언론구조 역시 아주 급진적으로 재구성할 것을 요구할 것이다.[5]

그러나 이 모두는 성급하게 앞질러 간 이야기일 수 있다. 이 장의 나머지 부분에서 나는 사이버공간 상의 네 가지 상이한 표현의 자유를 다루고자 한다. 각각의 이야기에서 나는 "표현의 자유"가 어떻게 규제되는지 살펴보고자 한다.

이 이야기들 모두가 똑같은 헌법적 의미를 담고 있진 않다. 그러나 이 이야기들 모두가 이 책의 핵심적인 논점의 역동성을 잘 보여준다. 기술이 어떻게 법과 상호작용해서 새로운 정책을 만들어내는가?

---

5) 아니면, 수정조항 제1조의 원칙에 대한 우리의 이해가 전자 미디어에 대한 그 역사에 충분히 집중하지 못한 것이 아닌가 싶다. Marvin Ammori, "Another Worthy Tradition: notes to chapter twelve 383 How the Free Speech Curriculum Ignores Electronic Media and Distorts Free Speech Doctrine," *Missouri Law Review* 70 (2005), 59.

1. 표현의 규제자: 출판

프로이드 아브람스(Floyd Abrams)는 미국에서 수정조항 제1조의 선도적인 변호사 중 한 명이다. 1971년 그는 고든 & 카힐 로펌의 젊은 파트너 변호사였다.[6] 6월 14일 월요일 늦은 밤, 그는 〈뉴욕 타임스〉의 사내 변호사인 제임스 굿데일(James Goodale)로부터 전화를 받았다. 굿데일은 아브람스에게 예일 법대교수인 알렉산더 비클(Alexander Bickel)과 공동으로 바로 다음날 법원에 제출할 소송에 〈뉴욕 타임스〉의 변호를 맡아달라는 요청을 받았다.

그 당시 〈뉴욕 타임스〉는 오늘날 우리가 "펜타곤 페이퍼"(Pentagon Paper)르 알고 있는 문서에 관한 보도를 즉시 중단하고, 모든 자료들을 국방성으로 반환하라는 정부의 지시를 거부한 터였다.[7] 이 문건들은 대부분 미 국방성의 〈베트남 정책에 관한 미국의 정책결정 내력서〉라는 보고서에서 나온 것들로, 베트남전쟁 중 미국 정부의 정책을 평가해 놓은 것이었다.[8] 그 보고서의 평가는 대단히 부정적이었으며, 결론은 참담할 정도였다. 그 보고서는 정부를 극단적일 정도로 심하게 혹평하였으며, 전쟁에서 승리할 수 없을 것이라고 밝히고 있었다. 그 문건들은 전쟁에 승산이 없다고 판단한 누군가에 의해서 〈뉴욕 타임스〉에 전해졌다. 그는 국방성에 근무하고 있었으며, 이 보고서를 작성하는 데 도움을 주었다. 그 누군가는 처음에 전쟁을 반대하진 않았지만 시간이 지나면서 베트남전쟁을 불가능하다고 생각하게 되었다. 그가 바로 다니엘 엘스버그(Daniel Ellsberg)이다. 엘스버그는 랜드

---

6) David Rudenstine, *The Day the Presses Stopped: A History of the Pentagon Papers Case* (Berkeley: University of California Press, 1996), 101, 139 참조.

7) Ibid., 100.

8) Ibid., 2 참조.

(RAND) 연구소의 금고에서 보고서 15개 원본 중 하나를 몰래 가지고 나와 그곳에서 떨어진 복사집으로 가지고 갔다. 거기에서 그는 동료인 앤토니 러소(Anthony Russo)와 함께 수 주간에 걸쳐서 그 보고서를 복사했다.[9] 엘스버그는 그 문건을 의회 의사록에 실어 공중에게 알리려고 했으나, 실패하자 〈뉴욕 타임스〉가 이를 보도해 줄 것이란 희망으로 〈뉴욕 타임스〉 기자인 닐 쉬핸(Neil Sheehan)과 접촉했다. 엘스버그는 자신의 그런 행위가 범죄라는 사실을 알고 있었으나, 그에게는 베트남 전쟁 그 자체가 범죄였다. 그의 의도는 미국 국민들에게 베트남전이 어떤 종류의 범죄인지를 깨닫게 하는 것이었다.

두 달 반 동안 〈뉴욕 타임스〉 편집위원들은 그 문건을 놓고 고심하였다. 그 와중에 그 문건이 진짜인지, 내용은 정확한 것인지 검증하는데 심혈을 기울였다. 광범위한 검토 끝에 편집위원들은 그 문건이 진짜라고 결정짓고, 1971년 6월 13일 일요일자 신문에 기사와 발췌문으로 씌어진 열 개의 연재 시리즈 중 첫째 편을 싣기로 결정하였다.[10]

첫 번째 편이 선 보인 지 하루가 지난 월요일 오후, 법무장관 존 미첼(John Mitchell)은 〈뉴욕 타임스〉 앞으로 다음과 같은 내용의 전보를 보냈다.

> 나는 귀사가 이런 종류의 정보를 더 이상 보도하지 않을 것과 이 문건들을 국방성으로 반송했다는 사실을 본인에게 통보해 줄 것을 정중히 요청하는 바입니다.[11]

---

9) Ibid., 2, 42 참조.

10) Ibid., 47~63.

11) Sanford J. Ungar, *The Papers and the Papers: An Account of the Legal and Political Battle over the Pentagon Papers* (New York: Columbia University Press, 1989), 120; Rudenstine, *The Day the Presses Stopped*, 92에서 인용.

〈뉴욕 타임스〉가 이에 굴복하지 않자 정부는 그 문건에 관한 이야기와 발췌한 내용들을 계속해서 보도하는 것을 중지시키기 위해 소장을 법원에 제출하였다.[12] 정부측 주장은 간단했다. 이 문건들은 정부 기밀사항을 담고 있으며, 정부가 점유하던 것인데 도난을 당했고, 이를 보도하면 무수한 미군 병사들이 위험에 처할 수 있으며, 미국이 세계인들의 눈총을 받아 난처해진다는 것이었다. 이런 난처한 상황은 결코 과장된 것이 아니며, 난처한 입장 때문에 평화협상을 하는 데 미국의 협상력이 떨어질 것이라고 주장하였다. 계속적인 보도로 인해 발생할 해악 때문에 법원은 반드시 이를 중단시키는 조치를 취해야 한다는 것이었다.

이와 같은 주장이 선례가 없는 것은 아니었다. 과거 법원들은 특히 전쟁상황에서 생명을 위태롭게 할 문건의 보도를 중단시킨 적이 있었다. 예컨대, *Near v. Minnesota* 사건에서 대법원은 "정부가 징집활동에 대한 방해행위나 군부대의 숫자, 위치 및 부대이동 일자를 보도하는 행위를 금지할 수 있다는 데 아무도 의심을 품지 않는다"고 판시하였다.[13]

그러나 이 문제는 쉽사리 해결되지 않았다. 선례에 맞서 분명한 논리가 점차 힘을 얻어가고 있었다. 만약 수정조항 제1조가 의미하는 바가 있다면, 그것은 정부가 일반적으로 사전제한 권한을 행사하지 못한다는 것을 의미했다.[14] "사전제한"(*prior restraint*) 이란 정부가 불법간

12) Rudenstine, *The Day the Presses Stopped*, 105, 참조.

13) *Near v. Minnesota*, 283 US 697, 716(1931); *United States v. Noriega*, 917 F2d 1543 (11th Cir 1990)〔법원은 피고와 그의 변호인의 대화를 오디오테이프로 녹음하는 것은 피고의 공정한 재판을 받을 권리를 침해할 우려가 있다는 이유로 그러한 사용을 사전제한(*prior restraint*) 임을 인정하였다〕(대법관 마샬의 반대의견).

14) 예를 들어, *Organization for a Better Austin v. Keefe*, 402 US 415, 418~19 (1971); *Bantam Books, Inc. v. Sullivan*, 372 US 58, 70 (1963); *Near*

행을 이유로 출간한 자를 사후에 형사처벌하는 것이 아니라 법원에게 특정 내용물의 출판을 정지시켜 줄 것을 요청하는 경우를 말한다. 그러한 권한은 표현의 자유 체제에 매우 심각한 위험을 야기한다고 받아들여지고 있다.[15] 법무장관 미첼은 법원이 그러한 사전제한을 행사해 줄 것을 요청한 것이었다.

법원은 이 문제로 진통을 겪었으나 아주 신속하게 해결했다. 진통의 원인은 치러야 할 대가가 너무나도 컸기 때문이었다.[16] 하지만 문제

---

v. Minnesota, 283 US 697, 713~14 참조.

15) 캐드린 설리번과 제럴드 군터는 기준 논점을 다음과 같이 요약하였다. "① 공무원이 사후처벌이라는 성가신 장치보다는 사전에 간단하게 펜을 한 번 놀려서 언론을 제한하는 것이 훨씬 쉽다. … ② 검열관들은 검열을 선호하는 직업적인 편견을 갖게 될 것이며, 따라서 그들은 정부의 이익을 체계적으로 과대평가하고 표현의 자유를 과소평가하게 될 것이다. ③ 검열관들은 재판관들보다 더 비공식적으로 운영을 하며, 발언자들에게 절차적 보호를 제대로 제공하지 못한다. ④ 사전에 억압된 표현은 결코 아이디어 시장에 도달하지 못한다. ⑤ 표현이 사전에 억압되면, 그 행위로부터 나온다고 추정되는 해악을 측정할 수 있는 경험적 증거가 전혀 없다." Kathleen M. Sullivan and Gerald Gunther, *First Amendment Law* (New York: Foundation Press, 1999), 339~40. Thomas Emerson, "The Doctrine of Prior Restraint," *Law and Contemporary Problems* 20 (1955): 648에서 인용. 프레데릭 샤우어는 이 평범한 이론에 대해 훌륭한 비교 평가를 하였다. Frederick Schauer, "Fear, Risk, and the First Amendment: Unraveling the 'Chilling Effects'," *Boston Law Review* 58 (1978): 685, 725~30 참조.

16) 스튜어트 대법관은 비클(Bickel) 교수에게 폭로로 인하여 백여 명의 젊은이들이 나이가 19세이고, 낮은 징병등급(*low draft number*)을 받았다는 이유만으로 그들에게 사형을 선고하는 결과를 낳게 될지도 모를 사안에 관해서 물었다. "우리는 어떻게 해야 합니까?" 비클 교수는 "그런 사안의 경우에 자신의 인도주의적 성향이 수정조항 제1조에 대한 다소 모호한 집착을 극복한다"라고 대답하였다. *May It Please the Court: The Most Significant Oral Arguments Made Before the Supreme Court Since 1995*, edited by Peter Irons and Stephanic Guitton (New York: Free Press, 1993), 173.

를 해결하면서 법원은 분명하고도 확고하게 정부측 의견을 배척하였다. 법원의 결정문에는 "헌법은 〈뉴욕타임스〉에 사전제한의 위협을 받지 않고서 보도할 권리를 부여한다"고 적혀 있었다.

펜타곤 페이퍼 사건은 수정조항 제1조의 고전이다. 헌법이 얼마나 막강할 수 있는지를 힘껏 상기시켜 주는 사례였다. 그러나 고전도 나이를 먹는가. 이 책의 초판이 나올 한 연설에서, 아브람스는 믿기 어려운 질문을 던졌다. 이 사건이 앞으로도 정말 중요할까? 아니면 테크놀로지가 수정조항 제1조의 보장을 불필요한 것으로 만들어버렸나?

아브람스의 질문은 다음과 같은 논점을 상기시킨다. 출판 정지 명령을 내리기 위해서 정부는 "회복불가능한 손해"(*irreparable harm*)를 입증해야만 한다. 즉, 그 손해가 너무나 막중하고 회복할 수 없을 정도이기 때문에 법원이 개입하여 그러한 사태를 방지해 줄 것을 입증해야 하는 것이다.[17] 그러나 그 입증은 아직 발생하지도 않은 보도에 의존한다. 만약 펜타곤 페이퍼가 이미 〈시카고 트리뷴〉 지에 보도되었다면, 정부는 〈뉴욕타임스〉가 그 문건을 보도하는 것에 대해 이를 금지할 아무런 급박한 이해관계를 주장할 수 없게 된다. 사후적인 보도금지 조치는 마치 이미 가방에서 나와 버린 고양이를 다시 들여보낼 수

---

17) 동의의견에서, 포터 스튜어트(Potter Stewart) 대법관은 그가 "〔펜타곤 페이퍼〕의 폭로가 국가나 국민에게 직접적이고, 즉각적이며, 회복불가능한 손해를 확실하게 야기할 것이라고 말할" 수 없기 때문에 사전제한은 무효라고 기술하였다. *New York Times v. United States*, 403 US 713, 730 (1971) (전원합의체 판결) 참조. 이 기준은 종종 법원의 지위를 숙고하게 한다; Laurence H. Tribe, *American Constitutional Law* (Meneola, N. Y. : Foundation Press, 1978), 731; 또한 Morton H. Halperin and Daniel N. Hoffman, *Top Secret: National Security and the Right to Know* (Washington, D. C. : New Republic Books, 1977), 147 n. 22; *Alderman v. Philadelphia Housing Authority*, 496 F2d 164, 170 (3d Cir 1974), cert. denied, 419 US 844 (1974) ("압도적 증거"에 의해 그것이 "본질적으로 정부에 중대한 이익이 된다"는 것이 밝혀져야 한다) 참조.

없는 것과 같다.

이 논점은 〈뉴욕 타임스〉 사건에 뒤이어 발생한 사건에서 명백해졌다. 이 사건은 법학교수에 의해서 창작될 수 있을 법한 것이었다. 〈프로그레시브〉(*The Progressive*) 라는 (한 좌익) 잡지사가 1970년대 후반 하워드 모랜드에게 수소폭탄 작동법에 관한 원고를 청탁하였다. 〈프로그레시브〉는 에너지성에다 먼저 그 원고를 제출하였는데, 이에 대해 정부는 그 원고의 발간을 막기 위해 가처분신청을 했다. 정부측 주장은 강경했다. 폭탄제조 비밀을 전 세계에 전파시킴으로써 테러리스트가 어떤 도시든 초토화시킬 가능성이 있다는 것이었다. 1979년 3월 26일 위스콘신 주 서부지원의 로버트 워렌(Robert Waren) 판사는 정부측 주장에 동의하면서, 〈프로그레시브〉 지가 문제의 원고를 보도하지 못하도록 가처분명령을 내렸다.[18)]

펜타곤 페이퍼 사건과 달리 이 사건은 연방대법원까지 가진 않았다. 그 대신 이 사건이 들끓게 된 것은 의심할 나위 없이 사건을 심리한 1심판사가 그 원고가 커다란 해악을 야기할 것이라고 판시했기 때문이다. 그 판사는 심리를 진행하면서 고심한 끝에 그 잡지 출판을 중단시켰다. 그는 약 두 달 반가량 고심하였다. 잡지사는 항소에 이어 대법원에까지 상소했다. 매 심급마다 잡지사는 조속히 심리를 해달라고 요청하였지만 어느 법정도 개입하지 않았다.

이 사태가 진행되는 와중에 처크 핸슨(Chuck Hansen)이라는 한 컴퓨터 프로그래머가 "당신 스스로 수소폭탄을 설계하라"는 콘테스트를 개최하였고, 수소폭탄 작동방식에 관해 그가 이해하고 있는 바를 상세히 써놓은 18쪽짜리 책자를 배포시켰다. 1979년 9월 16일 위스콘신 매디슨에 있는 프레스 커넥션이 그 책자를 발간하였다. 그제야 정부는

---

18) *United States v. Progressive, Inc.*, 467 FRupp 990 (WSWis 1979) ; L. A. Powe Jr. "The H-Bomb Injunction," *University of Colorado Law Review* 61 (1990) : 55, 56 참조.

실익이 없어졌음을 인정하고는 소를 취하하였다. 정부측이 주장했던 긴급한 이해관계는 일단 비밀이 새어나가는 순간 바로 끝나버렸다.[19]

이런 일련의 사태가 함축하는 바를 주목하라. 펜타곤 페이퍼 사건이 시사하는 바는 보도행위에 대한 실제적인 제약이 있을 경우에만 헌법적 보호의 필요성이 인정된다는 것이다. 보도행위는 신문사를 필요로 하고, 신문사는 정부에 의해 처벌을 받을 수 있다. 그러나 만약 출판될 사실이나 핵심사항이 다른 곳에서 미리 발표되면 헌법적 보호의 필요성이 사라져 버린다. 한 부라도 출판되는 순간 출판을 억제하는 행동은 더 이상 법적으로 정당화되지 못한다.

그래서 아브람스는 아직도 그 사례가 중요하냐고 묻고 있는 것이다. 과연 펜타곤 페이퍼 사건의 헌법적 보호가 여전히 필수적인가?

놀랍게도, 프로이드 아브람스는 그렇지 않다는 의견이다.[20] 오늘날에는 법원으로 하여금 출판을 억제하는 조치를 청구할 만큼 정부측에 급박한 이해관계가 존재하지 않는다는 것을 확실하게 하는 방법이 있다. 만일 현 시점에서 〈뉴욕 타임스〉가 펜타곤 페이퍼를 보도하고자 한다면, 〈뉴욕 타임스〉는 그 문건을 유즈넷 뉴스그룹, 아니면 백만 개의 블로그 중 하나에 흘려보냄으로써 그 문건들이 이미 보도되어 버렸음을 기정사실화 할 수 있다. 유즈넷에서는 자사의 신문보다도 훨씬 빨리 배포되므로 그 문건은 전 세계에 걸쳐 수백만의 지점에서 보도될 것이다. 유즈넷 시스템의 구조가 모든 이들에게 익명으로 신속하게 보도할 수 있는 권한을 부여해주고 있기 때문에 굳이 헌법적으로 보호받

19) 〈밀워키 센티널〉과 〈퓨전〉 지는 유사한 개념을 다루는 기사를 실은 적이 있다. A. DeVolpi et al., *Born Secret*: *The H-Bomb, The Progressive Case, and National Security* (New York: Pergamon Press, 1981), 102, 106; Howard Morland, *The Secret That Exploded* (New York: Random House, 1981), 223, 225~26 참조.

20) Floyd Abrams, "First Amendment Postcards from the Edge of Cyberspace," *St. John's Journal of Legal Commentary* 11 (1996): 693, 699 참조.

을 필요성은 사라지게 된다.

아브람스가 주장하는 것처럼 넷의 구조는 헌법적 보호의 필요성을 없애버린다. 나아가 넷은 정보에 대한 강력한 통제가 더 이상 제 기능을 발휘하지 못하도록 보장함으로써 헌법이 행하는 것과 마찬가지로 사전검열의 위협으로부터 방어해준다. 펜타곤 페이퍼의 보도를 통해서 하고자 했던 바를 넷이 해준다. 진실이 은폐된 채로 남아 있어서는 안 된다는 것을 확실하게 해주는 것이다.

그러나 이 이야기엔 또 다른 측면이 있다.

1996년 7월 17일 TWA 항공기 800편이 뉴욕주 센터 모리헤스 남쪽 해안으로부터 약 10마일 가량 떨어진 공중에서 추락해서 230명이 사망한 사고가 발생했다. 사고 직후 미국 정부는 국가항공안전위원회(National Transportation Safety Board, NTSB) 역사상 최대 규모의 항공기 사고조사단을 발족시켜 추락의 원인을 캐내는 데 2,700만 달러를 썼는데, 결국엔 기체결함으로 매듭지었다.[21]

하지만 인터넷의 관점은 이것이 아니었다. 처음부터 아군에 의한 오발 탓이라는 소문이 나돌았다. 많은 증인들이 비행기가 떨어지기 직전 비행기 쪽으로 강한 빛이 발사된 것을 목격했다고 증언했다. 또한 충돌지점에서 70마일 떨어진 해군기지에서 미사일 성능시험이 실시 중이었다는 이야기도 나돌았다.[22] 미국 역사상 최악의 민간 항공기 재난사건의 하나인 이 사고에 국가가 개입되었다는 사실을 정부가 숨기고 있다는 커버기사가 보도되었다고 넷은 주장했다.

---

21) 국가항공안전위원회의 의장인 짐 홀은 후에 연료탱크의 폭발은 충돌로 인해 발생한 것이라고 확인한 조사내용을 공표하였다; "Statement of Jim Hall, Chairman, National Transportation Safety Board," July 16, 1998, http://www.ntsb.gov(1999년 5월 30일 방문) 참조.

22) Robert E. Kessler, "TWA Probe: Submarines off Long Island/Sources: But No Link to Crash of Jetline," *Newsday*, March 22, 1997, A8 참조.

정부는 이들 보도를 부인하였으나 정부가 부인하면 할수록 넷상에는 더 많은 반대증거들이 등장했다.[23] 지상에 있던 목격자들이 미사일을 보았다는 반박보도가 나왔다. 넷의 보도자들은 이러한 기사들이 정부에 의해 억압당하고 있다고 주장했다. 증인들은 침묵을 강요당했다. 그러고 나서 그 이야기의 최종 결정판으로 한 보도기사는 미군의 사격이 TWA 800기를 격추시켰음을 시사하는 증거들을 대면서, 실제로 뭔가 음모가 존재한다고 주장하였다. 소문에 의하면 그 기사는 정부측 내부인사에 의해서 제공되었다고 한다.[24] 존 F. 케네디 대통령의 언론담당 비서였던 피에르 살린저(Pierre Salinger)는 이 사실을 믿고 있었다. 프랑스에서 가진 한 인터뷰에서 살린저는 자신의 정부가 사건의 진실을 은폐하고 있으며, 자신이 그 증거를 가지고 있다고 공표하였다.

나는 이 사건을 잘 기억한다. 그의 기사를 듣고 난 직후 나는 동료와 이야기를 나누고 있었다. 미국의 톱 로스쿨 중 한 대학의 저명한 헌법교수인 그에게 나는 살린저의 보도를 상세하게 전해 주었다. 우리는 무엇을 믿어야 할지 난감했다. 신뢰성에 관한 재빠른 직관이 번득였다. 살린저는 바보가 아니었지만 분명히 그의 이야기는 어수룩했다.

나중에 밝혀진 바에 의하면 살린저는 넷에 푹 빠져 있었다. 그는 프로이드 아브람스가 제시한 속설의 이면에 의해 속은 것이다. 누구나 출판할 수 있는 세상에서 무엇을 믿어야 할지 가려내기란 쉽지 않은 일이다. 왜냐하면 출판사는 편집자이기도 하며, 편집자는 무엇을 출

---

23) 예를 들어 James Sanders, *The Downing of TWA Flight 800* (New York: Kensington Publishing, 1997), 131~37; Accuracy in Media et al., "TWA 800-Missile Website Roadmap," link #81; Mark K. Anderson, "Friendly Ire," link #81; Ian W. Goddard, "TWA Flight 800 and Facts Pertaining to U. S. Navy Culpability," link #82 참조.

24) Sanders, *The Downing of TWA Flight 800*, 29~30, 75, 70~79, 171~73 참조.

판할지를 결정하기 때문이다. 그 결정은 적어도 그것이 진실인가 라는 질문에 의해서 도출된다. 진술은 그 스스로를 검증할 수 없다. 우리는 세상에서 일어나는 사실을 전달하는 진술로부터 그 진술이 진실인지 여부를 언제든 가려낼 수는 없다.[25] 그래서 세상에 대한 우리의 지식과 경험 외에 우리는 신뢰성을 구축하는 평판(*reputation*)의 구조에 의존해야만 한다. 무언가 출판될 때 우리는 출판사와 그 출판물의 내용을 연관짓는다. 만약 〈뉴욕타임스〉가 외계인들이 대통령을 납치했다는 기사를 싣는다면, 그 기사는 〈내셔널 인콰이어러〉 잡지에 실렸을 때와는 전혀 다르게 독자에게 다가올 것이다.

새로운 기술이 등장할 때 우리는 방향감각을 잃어버리기 쉽다. 이는 전혀 새로운 현상이 아니다. 포니(*phony*)란 말은 전화발명 이후 등장했다고 한다. 포니는 얼굴을 맞대는 의사소통에만 젖어 있던 사람들을 상대로 전화를 이용해서 속이는 사기꾼들을 일컬었다. 우리는 사이버 공간에서도 이와 똑같은 불확실성을 예상해야 하며, 이와 마찬가지로 처음에는 신뢰성에 대한 기대가 흔들릴 것이란 사실도 예상해야 한다.

아브람스의 주장은 우리가 당연시할 수 없는 넷의 특성에 의존하고 있다. 만약 넷에 대한 신뢰가 있다면 펜타곤 페이퍼 사건이 갖는 중요성은 줄어들게 될 것이다. 그러나 넷에 실린 언론에 대한 신뢰가 부족하다면 다시금 헌법에 의한 보호의 중요성이 커진다.

하지만 "신뢰성"이란 것은 입법이나 코드로 해결될 수 있는 성질의 것이 아니다. 신뢰성은 독자들이 신뢰할 수 없는 것들로부터 신뢰할 수 있는 것들을 가려내도록 도와주는 신뢰의 제도들에서 나오는 것이다. TWA 여객기 사건은 중대한 문제를 제기한다. 어떻게 하면 우리는 우둔한 상태에 빠지지 않도록 이 공간에 신뢰성을 다시 구축할 수 있을까?[26]

---

25) 물론 우리는 그것이 잘못되었다고 말할 수 있다.

26) 이 논쟁에 관한 CBS의 최초 기사에 관해서는, link #83 참조; CBS ac-

이 책의 초판에서는 이 물음을 오직 가설적으로 설명할 수 있었다. 하지만 그 후, 우리는 그 물음에 대한 답변이 분명해지는 것을 목격하기 시작했다. 블로그가 바로 핵심답변이다.

인터넷상에는 5천만 개 이상의 웹로그들이 존재한다. 그것들은 매우 다르고 아무것도 아닌 것이 쓰여져 있기도 해서 이 많은 블로그들을 하나로 설명한다는 것이 거의 불가능하다. 그리고 이런 역동성을 겉만 보고 판단하는 것은 옳지 않다. 또한 이 역동성이 구축하는 권위의 구조는 아주 새로운 것이기도 하다.

좋게 말해 블로그들은 일종의 아마추어 저널리즘이다. 여기서 "아마추어"란 이류거나 열등하다는 의미가 아니다. 돈을 목적으로 하지 않고 단지 자신이 좋아서 그 일을 하는 사람들을 뜻한다. 이 저널리스트들은 정치적 관점이나 어떤 흥미의 관점에서 세상에 대해 기술한다. 그러나 이들 모두는 자신의 주장을 이끌어내기 위해 여러 작가들의 글을 혼합하기도 하고, 새로운 것을 추가하기도 한다. 이 공간의 윤리는 점수를 매기고 논평을 하는 링크이다. 그리고 이 링크가 "공정하고 균형이 잡히지" 않으면, 혹독할 정도로 격론이 벌어진다.

블로그들은 순위가 매겨진다. 테크노라티(Technorati) 같은 서비스 업체들은 꾸준히 블로그스페이스의 수를 세고, 누가 누구에 연결되어 있는지, 어떤 블로그들이 가장 큰 신뢰를 받고 있는지를 지켜보고 있다. 그리고 이 순위는 아이디어들을 정리해주는 생각의 경제에 기여한다. 블로거들은 다른 이들의 인용을 통해서 권위를 얻으며, 그 권위가 관심을 모은다. 이것은 미디어 기업의 CEO나 편집인이 아닌 대단히 다양한 층의 기여자들에 의해서 확립된 평판체계이다.

그리고 이 아마추어 저널리스트들은 영향을 미친다. TWA 800편이 추락했을 당시, 어떤 신뢰의 구조도 거치지 않은 여러 음모론이 있었

---

knowledgment of mistake: link #84 참조.

다. 그러나 지금은 신뢰의 구조가 존재한다. 댄 래더(Dan Rather)가 CBS의 〈60 minutes〉에 대통령이 저지른 사기행위를 폭로하려고 편지를 보냈을 때, 블로그들 사이에선 24시간 만에 이 미디어 기업의 증거가 거짓이란 걸 알아내었다. 그런데 놀라운 사실은 CBS가 블로그들이 알아낸 사실을 인정하는 데 거의 2주나 걸렸다는 것이다.[27] 여러 블로그들의 협력이 진실을 규명하였고, 그 과정에서 거대한 미디어 기업이 수모를 당해야 했다. 그러나 미디어 기업의 행동과 달리, 그들은 넷이 어떻게 성숙할 수 있는가를 잘 보여주었다.

이 협력은 과정의 개런티 말고는 다른 개런티가 있지 않았다. 위키피디아(Wikipedia)는 협력체계가 가장 뛰어난 과정을 통해서 만들어졌다. 위키피디아는 온라인상의 무료 백과사전인데, 오직 자원자들에 의해서 만들어진다. 2001년 초에 시작하여 수천 명의 지원자들은 지금까지 2백만 개 이상의 항목들을 만들어내었다. 반 정도의 항목들이 영어로 되어 있고, 9개의 언어로 구성되어 있다(Klingon 판본은 포함하지 않음).

위키피디아가 지향하는 바는 중립성이다. 자원자들이 편집하고 또 편집해 원고를 중립적으로 만든다. 때로는 이러한 노력이 좌절된다. 논쟁의 여지가 있는 토픽들은 격렬한 논쟁을 불러일으키지만, 주된 부분은 믿기지 않을 정도로 성공적이다. 지금까지 쓰여진 것 중 가장 쓸모가 있고 많이 사용되는 백과사전이 단지 자원자들의 노력으로 수백만의 협력을 통해서 창출된 것이다.

하지만 위키피디아에 나타난 결과물에 오류가 없을 것이라고 장담할 수는 없다. 또한 당연히 그 누구도 그보다 더한 보장을 하지 못한

27) Howard Kurtz, "Rather Admits 'Mistake in Judgment'," *Washington Post*, September 21, 2004, A01. ("… 미디어 분석가들이 그 신뢰성을 치명적으로 훼손하는 행위라고 지적했고, 거의 두 주간 지속되었던 네트워크의 저널리스트적인 행동을 방어하는 일을 끝냈다.")

다. 무작위로 위키피디아와 브리태니커(Britannica) 백과사전에서 단어들을 골라 비교해본 연구결과에 따르면, 브리태니커에도 위키피디아만큼의 오류가 있었다.[28] 그러나 위키피디아는 브리태니커와 달리 악의적인 위험에 노출되어 있다. 2005년 5월에 존 세이건탈러 시니어(John Seigenthaler Sr.)에 관한 자료가 장난꾼에 의해 손상되었다. 많은 사람들이 그 표제어를 보지 않았기 때문에 그 오류가 발견되고 수정되기까지 4개월이나 걸렸다. 세이건탈러는 언짢았다. 비난받아야 할 것은 위키피디아의 구조라고 불평하였다.

위키피디아의 구조는 다를 수도 있다. 하지만 여기서의 교훈은 이러한 실패가 아니라 위키피디아의 실로 놀랄 정도의 엄청난 성공이다. 광범위한 주제들에 관한 진실에 세계의 많은 사람들이 이처럼 집중하고 협력했던 전례가 없었다. 그것은 과학에서 잘 행해진다. 과학은 여러 분야의 다른 동료 논평(*peer review*)을 통해 결과를 검토한다. 하지만 피어 리뷰 역시 결과를 보증하진 못한다. 한 예로 한국의 황우석 박사가 인간 줄기세포 복제를 가능하게 할 기술을 발견했다고 공표하였을 때, 한국 사람들은 이를 믿었다. 그 이유는 "피어 리뷰" 저널이 그것을 발표했기 때문이었다. 하지만 믿든, 믿지 못하든 그 저널들은 틀렸다. 황우석 박사는 사기를 쳤고 줄기세포를 복제하지도 않았고, 세상의 주목을 끌 만한 어떠한 것도 해내지 못했다.

블로그들은 위키피디아처럼 진실규명을 위한 협력체제를 갖추고 있지 않다. 위키피디아에선 매 순간 투표가 기록되지만, 블로그에서는 어느 특정한 주장이나 순간에 대한 투표가 항상 집계되지 않는다. 하지만 기록되지 않더라도, 블로그의 독자들은 진실을 규명하는 법을 배운다. 사고현장의 증인들처럼, 독자들은 다양한 견해들로부터 무엇이 진실인지를 알아낸다. 캐스 선스틴(Cass Sunstein)은 블로거들 사이의

28) Jim Giles, "Internet Encyclopedias Go Head to Head," news@nature.com, December 12, 2005, link #85 참조.

규범이 내부의 다양한 인용을 포함할 정도로 진화하지 못하고 있다고 우려를 표명한다.[29] 그것이 사실일지 모른다. 하지만 정상적인 읽기 관행이 무엇이든 간에 블로그 세계의 다양성은 어떤 주요 쟁점이 등장하면 독자들에게 매우 폭넓은 관점들을 제공한다. 영향력을 꾸준히 늘려가는 성숙된 평판체제와 연결된다면 많은 사람들이 형성하는 교정작업을 통해서 극단적인 견해들을 쉽게 균형잡을 수 있다는 말이다.

완벽하지는 않지만 적어도 다른 방식으로 제어되는 신뢰성이 등장할 수 있다. NBC는 그 보도에 대한 댓글이 증가하기 때문에 뉴스의 한계를 걱정해야만 한다. 블로그들은 한계가 없다. 그들은 아마추어들이다. 평판들이 양쪽 모두를 제약하고 두 형태의 저널리즘 간의 경쟁은 서로를 발전시킨다. 우리는 5년 전보다 표현의 자유에 더 좋은 환경을 가지고 있다. 독자와 작가 모두를 안내하는 평판의 기술에 의해 규제받는 블로그들은 상업용 언론들을 조율한다.

오류는 남을 것이다. 사람들이 저마다 선호하는 사례가 있듯이, 나에겐 앨 고어(Al Gore)가 인터넷을 발명했다는 황당한 이야기가 있다. 이 이야기는 1999년 5월 9일 CNN의 인터뷰에서 비롯되었다. 고어와 브래들리(Bradley)의 다른 점이 무엇이냐는 질문에서 고어는 다음과 같이 대답했다.

> 내가 미국 의회에 상원의원으로 있을 당시, 나는 인터넷을 발명하는 데 앞장섰다. 나는 미국의 경제성장과 환경보호, 그리고 교육체제의 개선에 중요한 것으로 판명된 법안들의 발의를 주도했다.[30]

---

29) Cass Sunstein, *Infortopia: How Many Minds Produce Knowledge* (New York: Oxford University Press, 2006) 참조.

30) Seth Finkelstein, Al Gore "invented the Internet"—resources, transcript: Vice President Gore on CNN's *Late Edition* (last updated Fri April 28, 2006), link #86 참조.

이 맥락에서 명백히 알 수 있듯이, 고어는 자신이 인터넷 기술을 발명한 것이 아니라, 그가 "미국에 전반적인 영향을 끼칠 수 있는 인터넷 관련 법안을 발의하였다"라고 말하고 있다. 그러나 위 기사는 "고어가 인터넷을 발명했다"는 주장으로 바뀌었다. 그 결과 인터넷 저널리스트 디클렌 맥컬라프(Declan McCullagh)는 2주 후 그 기사를 다음과 같이 인용하였다. "부통령 앨 고어는 그 자신이 인터넷을 발명했다는 과장된 주장을 하였다." 맥컬라프의 글은 명백히 거짓인 채로 남아 있다. 2003년에 칩 헬스(Chip Health)와 조나단 벤더(Jonathan Bendor)는 미디어와 관련한 위 사례를 연구한 후, "고어의 진술을 잘못 해석한 위 사례가, 주류 정치담론 영역에서 광범위하게 진실을 지배하고 있다. 이 같은 현상은 아이디어의 자유시장 이론의 명백한 실책이며, 우리는 그 결과를 상세하게 기록하였다"고 결론내렸다.[31)]

이 사례를 교정하는 방법은 간단하다. 즉, 인터넷을 이용하여 거짓을 기록하는 것이다. 컴퓨터 프로그래머이며 검열반대 소프트웨어 전문가인 세쓰 핑켈스타인은 최초의 인터뷰 기록과 그것에 관한 후속 보도기사를 모으는 인터넷 홈페이지를 발명하였다.[32)] 그의 홈페이지는 인터넷이 변화할 수 있는 최상의 모델이다. 그러나 그러한 덕목은 인터넷을 벗어나서는 그리 많이 나아가지 못했다.

31) Ibid.

32) Ibid.

2. 표현의 규제자: 스팸과 포르노

표현의 자유를 옹호하는 모든 논의를 위해서, 사실상 우리는 적어도 몇몇 맥락에서는 약간의 건전한 규제가 필요하다고 생각한다. 심지어 보다 많은 이들이, 오늘날 표현의 규제강도는 1996년의 그것보다 더욱 강해져야 한다고 주장하기도 한다. 이러한 변화는 인터넷상에서 그 자체의 존재만으로도 재앙이 되어 버린 두 가지 범주의 표현물 때문이다. 스팸과 포르노가 그것이다.

나는 "스팸"을 동의받지 않은 채 대량으로 발송되는 상업적 이메일이라고 정의한다. "부동의(不(同意)"는 발신인과 수신인 간에 아무런 관계가 없다는 것을 의미한다. "상업적"이란 정치적 이메일을 포함하지 않는다. 또한 "이메일"은 전자우편에 한정되지 않고, 블로그를 포함하는 사이버공간에서 상호작용을 일으키는 모든 매체를 포괄한다. 마지막으로 "대량발송"은 발신인이 지정한 숫자만큼 한꺼번에 발송되는 것을 의미한다.

"포르노"는 음란물(하드코어 포르노—옮긴이)과 아동 포르노가 아닌 미국 연방대법원이 성적 의도가 명백히 드러난 표현물로서 "미성년자에게 유해한 것"이라고 규정한 것을 의미한다.[33] 포르노는 적어도 아동

33) *Ginsburg v. New York*, 390 US 629 (1968). 음란은 헌법적으로 보호되는 표현이 아니다. 그리고 연방법은 음란물의 운반을 금지하고 있다; 18 USCA §1462 (1984), amended by 18 USCA §1462 (Supp 1999). *Miller v. California*에서 대법원은 음란성의 기준에 관하여 다음과 같이 기술하였다. ① "현재 사회의 기준에 적용되는 통상인"이 작품을 전반적으로 호색적 관심을 다룬 것이라고 생각하는지의 여부; ② 작품이 공공연하게 주법에 의해 특별하게 정의된 성적 행위를 기술하거나 묘사하고 있는지의 여부; ③ 전반적으로 작품이 진지하게 문학적, 예술적, 정치적 또는 과학적 가치를 다루고 있는지의 여부. *Miller v. California*, 413 US 15, 24 (1973) (5-4 decision), rehearing denied, 414 US 881 (1973) 참조. 반면 포르노는 수

이 아닌 성인들에게는 합법적으로 허용된 성적 표현의 영역에 포함된다. 음란물과 아동 포르노는 누구에게도 허용되지 않는다.

포르노와 스팸, 이 두 종류의 표현은 매우 다르다. 그러나 각각에 적용되는 규제방식은 유사하다. 어느 것도 규제에 의해서 금지되어서는 안 된다. 세상에는 스팸메일을 받고 기뻐하는 사람도 있고, 기질적으로 포르노 보는 것을 좋아하는 사람도 있다. 그러나 이 두 종류의 표현물에 대해서 접속을 차단하는 권한을 원하는 사람들이 있다. 우리들 대부분은 스팸메일에 관심을 가지지만, 부모들은 포르노에 관심을 보인다. 이것은 일종의 "표현의 규제"에 대한 바람이다. 문제는 법이 그것을 어떻게 지지할 것인지 그리고 규제를 할 것인가 말 것인가 하는 것이다.

나는 규제법안이 적절한 구조를 갖춘 경우, 표현의 규제에 찬성한다. 규제반대론자들은 내게 "어떻게 그렇게 쉽게 표현의 규제를 포용할 수 있는지? 당신은 표현의 자유의 중요성을 망각한 것은 아닌지?" 물을 지도 모른다.

그러나 이러한 형태의 표현 규제를 옹호하는 사람들은 이 책을 조심스럽게 읽었다면, 검열부과에 대해서 즉시 답변을 제시할 수 있을 것이다. 제 7장의 내용을 상기해 보면, 스팸과 포르노는 현실공간에서 끊임없이 규제를 받아왔다는 것이 명백하다. 단지 사이버공간에서 문제되는 것은 이 같은 현실공간의 규제효과를 가상공간에서도 똑같이

정조항 제1조에 의해 보호된다. 그러나 포르노에 대한 규제가 명확한 이익들을 촉진시키기 위한 최소한의 제한적 수단인 경우, 어린이들을 해로운 것들로부터 보호하기 위한 주의 이익을 증진시키기 위해서 포르노는 규제될 수 있다. *Ginsberg v. New York*, 390 US 629, 637~40 (1968) 참조. 아동포르노는 아동에 대한 성적 착취를 금지하고자 하는 주의 강력한 관심 때문에 비록 그것이 밀러 기준에 의할 때 음란물에 해당하지 않는다고 할지라도 음란물로서 금지될 수 있다. 18 USCA § 2252 (1984), amended by 18 USCA § 2252 (Supp 1999).

얻을 수 있는지 여부이다.

(1) 현실공간의 규제 : 스팸과 포르노

우선 현실공간에서의 스팸 문제를 살펴 보자. 제7장에서 살펴본 바와 같이, 현실공간에서 스팸에 대한 규제는 매우 광범위하다. 이러한 규제는 4가지 규제법칙에 기초한다고 이해할 수 있다.

① 사기와 허위표시에 대한 법적 규제는 현실공간에서 대량메일 발송자들의 행위를 제한한다. 이들간의 경쟁은 엄격히 규제된다(Publisher's Clearing House Sweepstakes 사건에서 피고들의 주장을 읽어 보라). ② 현실공간에서 사회규범은 대량우편을 규제한다. 어떤 물품이 광고하기에 적당한지에 대한 일반관념이 존재하고, 그 범위를 벗어난 광고는 대부분 의도한 바대로의 성과를 거두지 못한다. ③ 시장이 현실공간에서 대량우편을 규제한다. 현실공간에서 우편발송에는 많은 비용이 든다. 이것은 대량우편을 발송하기 전에 그 효과를 충분히 고려해야 함을 의미한다. 이러한 이유로 현실공간에서 대량우편발송이 급격히 감소된다. ④ 사회구조 역시 현실공간에서 대량우편에 제한을 가한다. 현실에서 우리는 하루에 한 번 우편물을 수령한다. 실제 수령한 우편물로부터 광고메일을 분류하는 것은 매우 쉽다. 심지어 광고메일을 실제로 뜯어 열어보지 않고 간단하게 폐기할 수 있다. 현실공간에서 스팸에 대한 부담은 그렇게 큰 것이 아니다.

이러한 요소들은 함께 작용하여 현실세계에서 스팸의 확산을 제한한다. 물론 우리들이 바라는 것보다는 많지만, 스팸발송자들이 원하는 것보다는 적은 양의 스팸이 존재한다. 결국 이 네 가지 제약요인들이 스팸의 제작 여부를 제한한다.

포르노에 대해서도 이와 유사하게 말할 수 있다.

현실공간에서 포르노그래피는 광범위하게 규제된다. 다시 강조하지만, 이는 음란물이나 아동 포르노에 한정되는 것이 아니라, 연방대법원이 "미성년자들에게 유해한" 성적으로 노골적인 표현물을 말한다. 음란물과 아동 포르노 역시 규제된다. 그러나 이것들에 대한 규제는 다르다. 음란물과 아동 포르노는 (미국에서) 현실공간에서 모든 사람들에게 금지되며, 포르노는 단지 미성년자들에게만 금지된다.

우리들은 네 가지의 규제양식을 통해서 포르노의 규제를 이해할 수 있다. 네 양식 모두 공통된 목표를 지향한다. 아동들에게서 포르노를 떼어 놓지만, 성인들에게 접속을 허용하는 것이다.

먼저, 법규범이 이러한 규제를 시행한다. 많은 주의 법들은 아동들에 대한 포르노 판매를 금지한다.[34] 적어도 1968년 연방대법원이 *Ginsberg v. New York* 사건[35]을 판결한 이래 그러한 규제가 지속적으로 유지되어 왔다. 주 정부는 포르노 판매상들에게 성인들에게만 판매할 수 있도록 의무화할 수 있으며, 구매자의 신분증을 확인하도록 의무화할 수 있다. 그러나 법뿐만 아니라 사회규범도 규제한다. 사회규범은 포르노 판매를 전반적으로 제한한다. 사회의 대부분은 포르노 소비자들을 경멸하며 이러한 경멸이 그 판매를 금지한다. 또한 이러한 사회규범들이 아동으로부터 포르노를 격리시키는 정책을 지지한다. 포르노 판매상들은 자신들을 부패한 사람들로 생각하고 싶어하지 않는다. 청소년들에게 포르노를 파는 것은 보편적으로 부패한 것으로 받아들여진다. 바로 이 점이 판매상들에 대한 중요한 제약이다. 시장 역시 포르노를 아동들로부터 떼어놓는다. 현실세계에서 포르노는 돈이 든다. 청소년들은 많은 돈을 갖고 있지 않다. 판매자들은 지불할 수 있는 능력을 토대로 차별화하기 때문에 청소년들이 포르노를 구매하지

34) *Reno v. ACLU*, 521 US 844, 887 n. 2. 동의의견에서 오코너 대법관은 그러한 법을 가진 주를 목록으로 작성하였는데 그러한 주는 40여 개 이상이 된다.

35) *Ginsberg v. New York*, 390 US 629 (1968) 참조.

못하도록 협조한다.

그러나 법, 시장, 사회규범의 규제들은 이것들을 가능하게 하는 또 다른 규제를 전제한다. 현실공간 구조에 의한 규제. 현실공간에서 당신이 어린이란 사실을 숨기기란 매우 어렵다. 물론 그가 시도를 할 수 있겠지만 그렇게 용이한 것은 아니다. 결국 청소년들이 자신의 나이를 속일 수 없고, 대개의 경우 포르노는 대면상태에서 팔리기 때문에 현실공간의 구조는 법과 사회규범이 그 효과를 발휘하는 데 비교적 저렴한 비용이 든다. 이처럼 현실공간에서의 규제장치들은 포르노가 청소년들에게 배포되는 것을 통제하는 데 효과가 있다. 규제가 완벽하지는 않다(정말 그러한 것들을 원하는 청소년은 그것을 구할 수 있다). 그러나 규제가 효과적이기 위해서 반드시 완벽할 필요는 없다. 이러한 규제장치들이 일반적으로 포르노를 이용하지 못하게 하는 것으로 충분하다.

(2) 사이버공간의 규제 : 스팸과 포르노

사이버공간에서 스팸과 포르노는 다르게 규제된다. 다시 말해서 이와 동일한 네 가지 양식들이 사이버공간에서 스팸과 포르노를 다르게 제한하거나 가능하게 한다. 첫 번째 차이점은 시장이다. 현실공간에서는 포르노에 돈이 든다. 하지만 사이버공간에선 돈이 그렇게 많이 들지 않는다. 만약 현실공간에서 〈이웃집 처녀〉라는 그림을 100만 부 배포하려고 한다면, 그 배포비용이 적게 잡아도 100만 달러는 들 것이다. 사이버공간에서 배포는 사실상 공짜다. 당신이 사이버공간에 접속할 수 있고 스캐너를 보유하고 있다면 〈이웃집 처녀〉 그림 한 장을 스캔한 뒤 그 디지털 이미지를 유즈넷에 올리면 단지 인터넷 접속비용만 물고서도 수백만 명의 사람들에게 배포할 수 있을 것이다. 이러한 공급시장이 있기 때문에 현실공간보다 사이버공간에 훨씬 많은 포르노물이 제작될 수 있다. 뿐만 아니라 사이버공간에는 수요시장도 존재한다. 사이버 공간의 포르노물은 자주 그리고 무수한 곳에서 공짜로 획득할 수 있다. 예컨대 상업적 포르노사이트가 아니라 유즈넷을 통해서도 얻을 수 있다.

포르노물의 제작비용이 매우 낮아짐에 따라, 현실공간보다 사이버 공간에서 훨씬 더 많은 양의 포르노물이 생산 및 공급되고 있다. 실제로 현실공간에서 볼 수 없는 온갖 종류의 포르노물, 예컨대 아마추어 포르노, 비상업적 목적의 포르노물 등이 가상공간에는 존재한다. 이러한 유형의 포르노물은 현실공간에서는 살아남기 어려운 것들이다.

포르노물에 대한 수요는 존재한다. 사이버공간에서 포르노물은 종종 쉽게 그리고 많은 사이트에서 공짜로 얻을 수 있다. 수많은 상업적 사이트들이 고객을 유인하기 위해 포르노물을 공짜로 이용할 수 있게 제공한다. 심지어 포르노물은 유즈넷과 같은 비상업적 사이트를 통해서 더 많이 제공되기도 한다. 이처럼 저렴한 가격이 더 많은 수요를 창출하고 있다.

적어도 미국에서는 포르노물에 대한 수요-공급시장의 많은 부분이 헌법적으로 보호된다. 미국의 성인들은 포르노물에 접근할 수 있는 헌법상 권리를 가진다. 미국정부는 포르노물에 접근할 수 있는 권리에 불합리한 제한을 가하는 어떠한 조치도 취할 수 없다. 그러나 미국에는 헌법상 보호받지 못하는 또 다른 포르노 시장도 존재한다. 미국정부는 미성년자들이 포르노물에 접근하는 것을 차단할 수 있는 권한을 가진다. 그러나 앞 장에서 검토한 바와 같이 규제가 성공하려면, 미성년자임을 비교적 쉽게 파악할 수 있는 기제를 갖추어야 한다. 그러나 이 책 전반에 걸쳐 살펴본 바와 같이, 사이버공간은 그러한 구조적 특성을 갖고 있지 못하다. 아동들이 사이버공간에서 자신들이 아동임을 쉽게 숨길 수 있는 그런 문제가 아니다. 사이버공간에서는 누구도 자기신분을 위장할 필요가 없다. 당신은 아무런 신분증 없이도 들어갈 수 있으며, 당신이 밝히기 원하는 것만 밝히면 된다. 심지어 그것조차 확실하게 인증될 수 없다. 따라서 사이버공간에 있는 아동은 자기가 미성년자임을 굳이 밝힐 필요가 없다. 아무도 Jon이 Jonny인지 알 필요가 없다. 결국 사이버공간의 구조는 규제가 작동하는 데 필요한 최소한의 정보를 제공하지 않다.

그 결과 사이버공간에서 선택적으로 아동들에게만 포르노 사이트에의 접근을 차단하려는 각종 규제책들이 성공하지 못하고 있다. 규제책들은 현실공간에서 제대로 작동하지 못하는 이유와는 전혀 다른 이유로 제대로 작동하지 않는다. 현실공간에서는 법률을 위반하거나, 이를 준수하려는 의도가 전혀 없는 포르노물의 판매업자들도 있다. 그러나 사이버공간에서는 판매업자들이 법률을 준수하려고 해도, 그 법률에 따를 수 없다. 사이버공간의 구조 자체가 법률을 준수하게끔 하는 도구를 제공하지 않기 때문이다.

스팸에 대해서도 이와 유사하게 말할 수 있다. 스팸은 하나의 경제활동이다. 사람들은 돈을 벌기 위해 스팸을 보낸다. 현실공간의 각종 알력들이 그러한 욕구를 억압한다. 현실공간에서 스팸발송에 소요되는 비용은 그로 인해 얻게 되는 막대한 반대급부가 예상될 경우에만 발송되는 것을 의미한다. 앞에서 지적한 바와 같이 법과 사회규범은 또 다른 제한의 층위를 부가하는 것이다. 그러나 가장 중요한 억제책은 비용이다. 그러나 사이버공간에서 의사소통의 효율성은 스팸을 발송하는 데 드는 비용을 현격히 감소시켰다. 비용감소는 스팸 발송량을 급격히 증가시켰고, 스팸을 발송하는 것이 합리적이기도 하다. 만약 당신이 0.01%의 이익을 얻을 수 있더라도, 스팸발송에 소요되는 비용이 제로(0)에 가깝다면, 당신은 여전히 돈을 벌게 될 것이다. 따라서 포르노물에 대한 규제와 마찬가지로, 스팸 규제에 대한 사이버 규제책 역시 전혀 다른 행위규제를 의미한다. 현실공간에서 포르노와 스팸은 적절하게 규제되고 있다. 그러나 사이버공간에서는 그 구조상의 차이로 인해 전혀 효과적으로 규제되고 있지 못하다.

이 절의 서두에서 던진 물음은 다음과 같다. 과연 스팸과 포르노물을 적어도 현실공간에서 규제하는 정도만큼 규제할 수 있는 방법이 있는가?

(3) 넷(*Net*)상 포르노물에 대한 규제

저작권 문제를 잠시 제쳐두고, 넷상에서 발생할 수 있는 표현에 대한 모든 규제책 중에서, 미국 연방의회는 포르노에 대한 규제를 최우선 순위로 삼아왔다. 그러나 그러한 숙원은 아직 성공을 거두지 못했다. 연방의회는 2개의 주요한 법안을 통과시켰다. 그러나 첫 번째 법안은 완전히 폐기되었다. 두 번째 법안은 법정 다툼을 통해서 계속해서 난타당하고 있다.

첫 번째 법안은 공포의 산물이었다. 넷이 대중적 관심을 끌 바로 그 무렵, 넷의 아주 꼴사나운 부분이 제일 먼저 눈에 띄게 되었다. 그것은 넷상에서 입수할 수 있는 섹스물의 비정상적인 성장세였다. 이에 대한 우려가 1995년 초 미국 전역으로 확대되었다.[36] 그 원천은 넷의 일반 사용자가 폭발적으로 증가하였고, 이와 함께 어린이 사용자가 늘어났으며, 사람들이 포르노라 부르는 것들을 넷을 통해 입수하기가 훨씬 쉬워졌을 뿐만 아니라 그 양도 엄청날 정도로 급증한 데 있었다. 대단히 논쟁적인 (그리고 상당한 결함을 담고 있는) 연구논문이 조지타운 법학지에 실렸는데, 그 논문은 넷이 포르노로 뒤덮여 있다고 보고하였다.[37] 〈타임〉 지는 인터넷에서 포르노를 접하기가 얼마나 쉬운지

---

36) Blake T. Bilstad, "Obscenity and Indecency in a Digital Age: The Legal and Political Implications of Cybersmut, Virtual Pornography, and the Communications Decency Act of 1996," *Santa Clara Computer and High Technology Law Journal* 13 (1997): 321, 336~37 참조.

37) Marty Rimm, "Marketing Pornography on the Information Superhigh-

를 커버스토리로 다루었다.[38] 상원과 하원 의원들은 "사이버 음란물"을 규제하는 조치를 취하라는 대중들의 요구로 집중포격을 받았다.

1996년 의회는 통신품위법(Communication Decency Act)으로 이에 응했다. 이 법은 아주 멍청한 법으로 수정조항 제1조 위에서 스스로를 꼼짝달싹 못하게 만들었다. 이 법은 넷을 통해 미성년자나 미성년자가 볼 수 있는 곳에 "저속한"(*indecent*) 내용물을 전송하는 행위를 중범죄로 처벌한다고 규정하였다. 하지만 이 법은 넷상의 발언자에게 다음과 같은 방어방법을 허용하였는데, 그것은 아동들을 저속한 내용물로부터 격리시키기 위해 선의의 "적정하고 효과적인"(*reasonable, effective*) 조치를 취하였다면 "저속한" 내용의 언사를 해도 무방하다는 것이었다.[39]

통신품위법에는 적어도 세 가지 문제점이 있었다. 그중 어느 하나만으로도 이 법의 운명을 사멸시키기에 충분한 것이었다.[40] 첫째는 이 법이 다루는 표현의 범위이다. "저속한 말"은 의회가 적어도 방송의 맥락이 아니면 규제력을 행사할 수 있는 표현의 범주가 아니다.[41] 내가

---

ways: A Survey of 917, 410 Images, Descriptions, Short Stories, and Animations Downloaded 8.5 Million Times by Consumers in over 2,000 Cities in Forty Countries, Provinces, and Territories," *Georgetown University Law Journal* 83 (1995): 1849. 고드윈은 림 논문의 전체 역사를 기술하면서 "오도된"(*misleading*) 그리고 "허위"(*false*) 표시의 가장 중요한 문제점과 결과들 및 그것의 점진적인 사멸에 관해서 설명하였다. *Cyber-Rights*, 206~59 참조; 또한 Jonathan Wallace and Mark Mangan, *Sex, Law, and Cyberspace* (New York: M&T Books, 1996), ch. 6 참조.

38) Philip Elmer-DeWitt, "On a Screen Near You: Cyberporn-It's Popular, Pervasive, and Surprisingly Perverse, According to the First Survey of Online Erotica-And There's No Easy way to Stamp It Out," *Time*, July 3, 1995 참조.

39) 47 USCA §223(e)(5)(A)(Supp 1999).

40) 그 법은 (최소한 부분적으로) 폐지되었다. 521 US 844(1997); Eugene Volokh, "Freedom of Speech, Shielding Children, and Transcending Balancing," *Supreme Court Review* 1997(1997): 141 참조.

이미 설명한 바와 같이, 의회는 "미성년자에게 유해한" 표현이나 긴즈버그식의 표현을 규제하는 것은 가능하다. 그러나 그것은 "저속하다"고 불리는 표현과는 전혀 다른 것이다. 따라서 이 법률에 가해진 첫 번째 공격은 이 법이 지나치게 규제의 범위를 확대했다는 것이었다.

두 번째 문제점은 모호함이다. 방어수단을 허용하는 형식은 분명했다. 즉, 아동들을 격리시키는 장치를 갖추는 한, 저속한 표현이 허용될 것이다. 그러나 당시 아동들을 포르노로부터 차단하는 장치들은 상대적으로 미숙했고, 어떤 것들은 가격이 매우 비쌌다. 이 법률을 충족시키기 위해서 사용될 기술이 매우 효과가 있어야 하는지, 아니면 당시의 주어진 기술수준에서 적정한 효과가 있으면 되는 것인지 불분명했다. 만약 이 규정의 취지가 전자라면, 고도의 효과적인 장벽은 엄청나게 비싸기 때문에 방어수단들은 전혀 방어일 수가 없을 것이다. 반면 적정하게 효과적인 장벽은 그렇게 비싸지 않을 것이다.

세 번째 문제점은 정부 자신의 태도였다. 1997년 대법원에서 정부는 이 사안을 변호하면서 규제될 표현의 범위를 좁히거나 방어수단의 범위를 확대하는 등의 노력을 거의 하지 않았다. 정부는 의회가 갖다 붙인 치유불가능할 정도로 모호하고 지나치게 광범위한 규정에 연연했고, 기술이 어떻게 방어수단을 제공할 수 있는가에 대한 이해의 빈약함만 드러냈다. 대법원이 이 사건을 심리할 당시 신원확인 시스템이 인터넷상의 발언자들에게 큰 부담을 발생시키지 않으면서 이 법조항의 요건을 충족시킬 수 있는 방법이 전혀 없는 것처럼 보였다.

---

41) *Federal Communications Commission v. Pacifica Foundation*, 438 US 726, 748-50 (1978) (다수 의견) 참조. 비록 퍼시피카가 강하게 비판을 받았지만, 조나단 와인버그가 지적하는 것처럼 퍼시피카는 방송의 맥락에서 지속적으로 영향을 미칠 것이다. Steven H. Shiffrin, *The First Amendment, Democracy, and Romance* (Cambridge, Mass. : Harvard University Press, 1990), 80 참조, Jonathan Weinberg, "Cable 텔레비전, Indecency, and the Court," *Columbia-VLA Journal of Law and the Arts* 21 (1997) : 95.

연방의회는 포르노물로부터 아동들을 보호하기 위해서 두 번째 법률안을 통과시킴으로써 재빨리 대응했다. 1998년 온라인 아동보호법(Child Online Protection Act, COPA, 이하 아동보호법이라 함)이 그것이다.[42] 이 법률은 헌법상의 요구조건을 보다 잘 충족시키고 있다. 이 법은 미성년자에게 유해한 표현을 규제하는 것을 목표로 하고 있다. 그것은 상업적 사이트들이 홈페이지 방문자의 나이를 확인할 수 있는 조건하에 포르노물의 제공을 허용하고 있다. 그러나 2003년 6월 연방대법원은 그 법의 집행을 금지하였다.[43]

통신품위법과 아동보호법은 정당하고 중요한 관심사에 대한 대응이다. 부모들이 이러한 종류의 표현물로부터 자신의 아이들을 보호할 권리를 가지는 것은 당연하다. 연방의회가 이 같은 보호조치를 통해 부모들을 돕기를 희망하는 것 역시 충분히 이해될 수 있다. 그러나 의회가 제정한 위 두 법률은 위헌적이다. 혹자가 이야기하듯, 의회가 부모들을 도울 다른 방법이 없었기 때문이 아니라, 의회가 부모들을 도와주었던 특정한 방법이 정당한 표현에 필요 이상으로 부담을 주었기 때문이다.

그러나 나의 관점에서 볼 때, 의회가 통과시킨 두 법률은 포르노물로부터 아동들을 보호하는 효과를 지닌 완벽할 정도로 합헌적이다.

통신품위법과 아동보호법이 어떠한 것인지 살펴보기 위해서는, 그 법률들로부터 약간 떨어져, 이러한 표현을 규제할 수 있는 정당한 목적이 무엇인지를 확인할 필요가 있다.

Ginsberg v. New York 판결[44] 이래 성인은 권리를 가지나 아동들은 가질 수 없는 표현의 종류가 있다는 사실이 당연하게 받아들여져 왔

---

42) *Ashcroft v. ACLU*, 540 U.S. 1072 (2003). Child Online Privacy Protection Act of 1998, Title 16, section 1401.

43) *Ashcroft v. ACLU*, 540 U.S. 1072(2003).

44) *Ginsberg v. New York*, 390 U.S. 629(1968).

다. 각 주들은 그러한 표현이 적절한 사용자에게 전달될 수 있도록 보장하기 위해서 규제할 수 있었다. 개념상 그러한 규제를 적용하기 이전에 다음의 두 가지 질문에 답변해야 한다.

(1) 화자는 표현이 "미성년자에게 유해하다"는 의미에서 "규제가능한" 표현을 발화하고 있는가?
(2) 청자는 그가 미성년자라는 의미에서 이 표현을 사용할 자격이 있는가?

그리고 이 물음들에 대한 답변에 대해서 규제의 논리는 다음과 같다.

만약
(표현 == 규제가능한)
그리고
(화자 == 미성년자)
그러면
접속차단

이제 청자와 화자의 관계에 있어서, 화자가 제 1번 질문에 답하는 데 우월한 지위에 있는 것이 명백하다. 시청자는 그 표현을 맞닥뜨리기 전까지는 그 표현이 미성년자에게 유해한지 아닌지를 알 수 없다. 만약 청자가 미성년자라면 그때는 이미 늦은 것이다. 그리고 청자와 화자의 관계에 있어서, 청자가 제 2번 질문에 답변하는 데 우월한 지위를 점하는 게 분명하다. 특히 인터넷 공간에서는 화자가 청자의 나이를 확인하는 게 매우 성가신 일이다. 자신의 나이를 가장 저렴하게 알 수 있는 사람은 청자이다.

통신품위법과 아동보호법은 제 1번 질문에 답변하는 부담을 화자에게 지우고 있고, 제 2번 질문의 답변의무는 화자와 청자 모두에게 부담시키고 있다. 화자는 자신의 표현물이 규제가능한 범주에 속하는지를 결정해야만 하고, 화자와 청자 모두는 청자의 나이를 확인하는 데 협력해야만 한다. 만약 화자가 위 의무를 이행하지 않았고 청자가 미성년자일 경우, 화자는 중범죄를 저지르는 것이다.

현실공간에서의 법률도 이와 동일한 방식으로 의무를 부과한다. 만약 당신이 뉴욕에서 포르노물을 판매하고 싶다면, 당신은 판매하고자 하는 포르노물의 내용이 "미성년자에게 유해한지" 여부와 구매자가 미성년자인지 여부를 판단할 필요가 있다. 그러나 현실공간과 사이버공간은 적어도 제 2번 질문에 답변하는 데 소요되는 비용의 측면에서 매우 다르다. 현실공간에서 제 2번 질문에 답변하는 것은 거의 자동적이다(다시 말해 아이들은 자신이 아동임을 숨기는 게 어렵다.) 답변이 자동적이지 않은 경우라도 (예컨대, 운전면허증과 같은) 저렴한 신원확인 시스템이 이용된다. 그러나 사이버공간에서는 어떠한 의무적인 신원확인 시스템도 화자와 청자 모두에게 부담이 된다. 특히 온라인 아동보호법 하에서는, 화자는 신용카드결제 시스템을 구축할 의무를 부담해야 하며, 청자는 헌법상 보호받는 표현물에 접근하기 위해서는 신용카드 정보를 포르노업자에게 제공해야만 한다.

통신품위법과 아동보호법은 필수적인 것처럼 보이지만 실제는 그렇지 않은 성격을 가지고 있다. 두 법률은 청취할 수 있는 헌법상 권리를 가지는 사람들을 포함하여, 모든 이들에게 규제의 부담을 부과한다. 즉, 두 법률은 헌법상 차단되는 것은 아동이지만, 모든 사람들에게 신분증을 제시하도록 요구한다.

통신품위법과 아동보호법 상 부과되는 부담과 다른 규제체제를 비교해 보자. (그 콘텐츠가 미성년자에게 해로운지 여부를 묻는) 제 1번 질문의 부담을 화자에게, (청자가 미성년자인지를 묻는) 제 2번 질문의 부담을 청자에게 지운다.

규제체제의 한 해석은 화자에게 단순하고 명백히 효과가 없을 뿐만 아니라 불공정하다. 어느 웹사이트의 접근차단 방식은 "이 홈페이지의 콘텐츠는 미성년자에게 유해합니다. 만약 당신이 미성년자라면 이곳을 클릭하세요"라는 형태로 나타난다. 이 체제는 연령확인 의무를 아동들에게 부과하고 있다. 그러나 아동들의 사이트 접근을 실제 차단하는 효과는 거의 없는 게 분명하다. 그리고 이 체제는 화자에게 불공정할 수도 있다. 화자는 어쩌면 "미성년자에게 해로운" 콘텐츠를 가지고 있을지 모르지만, 그렇다고 해서 그러한 내용을 제공하는 모든 사람들을 포르노업자라고 할 수는 없기 때문이다. 따라서 이처럼 투명한 차단이 어떤 사람들에겐 오명을 씌우는 것이다. 만약 덜 부담스러운 신분확인 시스템이 가능하다면, 그러한 방식으로 오명을 씌우는 규제는 위헌이 될 것이다.

그렇다면 효과적으로 작동할 수 있는 대안은 무엇인가?

나는 특정한 사례를 들어 그러한 시스템을 설명해보고자 한다. 여러분이 이 사례를 검토하고 나면, 그 논점을 보다 쉽게 이해할 수 있을 것이다. 여러분들은 모두 애플의 매킨토시 컴퓨터를 알 것이다. 현재의 모든 운영체제와 마찬가지로 매킨토시 컴퓨터는 컴퓨터 사용자들이 특정 컴퓨터에 대해 "계정"을 만들 수 있도록 허용한다. 나는 (비록 3살밖에 안되지만 기꺼이 장래를 대비하는 마음으로) 내 아들 윌렘(Willem)을 위하여 계정을 만들었다. 내가 윌렘의 계정을 만들 때, 그 계정을 "부모 통제"(*parental controls*) 모드로 설정했다. 이것은 아들이 사용할 프로그램과 접근하게 될 인터넷 사이트를 세세하게 지정할 수 있음을 의미한다. "부모 통제" 모드 하에서 이러한 설정을 바꾸는 것은 불가능하다. 설정을 바꾸려면 관리자 패스워드가 필요하다. 패스워드가 계속 비밀로 유지되는 한, 아이들이 컴퓨터를 통해서 접하는 세계는 부모가 지정하는 접근영역에 한정된다.

내가 선택한 컴퓨터 프로그램 중 하나이며, 흔히 아동모드 브라우저(*kids-mode-browsing*, KMB)라고 불리는 브라우저라고 생각해 보자.

이 브라우저는 특별한 표시를 통해 방문한 홈페이지를 감시하도록 프로그래밍 되어 있다. 이 표시를 "미성년자에게 해로운" 표시 또는 줄여서 〈H2M〉(*harmful to minors*)이라고 해보자. 특정한 표시(웹사이트 상의 언어로는 태그)는 화자가 미성년자에게 해롭다고 간주하는 콘텐츠를 괄호로 묶는다. 아동모드 브라우저는 〈H2M〉 태그가 달린 콘텐츠를 보여주지 않을 것이다. 따라서 예컨대 "~ ~ ~ 〈H2M〉 this 〈/H2M〉 ~ ~ ~"라는 표시가 붙은 웹페이지는 아동모드 브라우저 화면에 "~ ~ ~ ~ ~ ~"로 나타나게 된다.

만약 월드와이드웹의 세계가 〈H2M〉 태그로 표시되어 있고, 브라우저 제작자가 〈H2M〉 필터링 기능을 브라우저 프로그램에 추가한다면, 부모들은 자신의 아이들이 〈H2M〉 표시가 되어 있는 콘텐츠에 접근하지 못하도록 컴퓨터를 환경설정할 수 있게 된다. 부모통제 모드를 가능하게 만드는 이 정책의 목표는 헌법적 권한을 지닌 화자에게 최소한의 부담만 지우고서 성취될 수 있다.

그렇다면 우리는 어떻게 수많은 웹사이트에 미성년자에게 해로운 내용의 콘텐츠에 〈H2M〉 태그를 표시할 수 있을까?

이것이 정부의 역할이다. 통신품위법이나 아동보호법과 달리 이 시스템을 작동시키는데 필요한 규제는 단지 화자들이 자신의 콘텐츠에 표시하면 간단하다. 화자들은 사이트 접근을 차단할 필요가 없고, 이용자의 연령을 확인하지 않아도 된다. 모든 화자들은 미성년자에게 해롭다고 여겨지는 콘텐츠에 적절한 태그를 붙이기만 하면 된다.

게다가 이러한 태그는 어떤 웹사이트가 포르노 사이트라고 일반 공중에 알려지는 그런 표시가 아니다. 그것은 우리가 인터넷상에 .sex 혹은 .xxx 따위의 도메인을 새롭게 만들자는 어리석거나 아둔한 제안이 아니다. 사람들은 인터넷상 성인물을 찾기 위해 홍등가를 찾아 배회할 필요가 없다. 대신에 성인물을 보고 싶지 않거나 성인물 콘텐츠를 직접 차단하기를 원하는 평범한 일반인들에게는 〈H2M〉 태그가 보이지 않을 것이다.

정부가 이 법안을 입안하면, 브라우저 제작자들은 자기 브라우저에 이처럼 매우 간단한 필터링 기술을 적용하는 인센티브를 얻게 될 것이다. 실제 누구나 자신이 원하는 기술을 브라우저에 추가할 수 있는 모질라(Mozilla) 브라우저를 보면 이와 같은 개량된 브라우저를 만드는데 들어간 비용은 지극히 소소했다. 또한 정부가 이러한 법률을 제정하고 브라우저 제작자들이 〈H2M〉 태그를 인식하는 브라우저를 개발하게 되면, 부모들은 아이들이 인터넷을 통해 접속하는 사이트를 통제할 수 있는 플랫폼을 선택하게 될 가능성이 매우 높다.

따라서 이 해결책에 의하면, 위 법은 "미성년자에게 해로운" 내용을 지닌 사이트들이 자신들의 구조(〈H2M〉 태그를 부가)를 변경시키는 인센티브(불복할 경우 벌금부과)를 창출하게 되며, 그것은 브라우저 제작자들이 자신들의 프로그램 코드에 필터링을 추가토록 하는 새로운 시장을 만들어낼 것이다. 그 결과 부모들은 자신의 아동들을 보호할 수 있을 것이다. 이 해결책에 의해서 발생하는 부담은 오직 화자에게 주어진다. 하지만 포르노 사이트를 이용하는 합법적인 이용자에게는 전혀 부담이 없다. 그 이용자들에게는 기존에 이용했던 방식에 아무런 변화도 생기지 않을 것이다. 〈H2M〉 태그를 인식하는 브라우저가 아니라면 〈H2M〉 태그는 이용자에게 보이지 않기 때문이다.

그렇다면 화자에게 그러한 의무를 부담시키는 것이 위헌적이지는 않을까? 만약 현실공간에서 화자에게 미성년자에게 해로운 내용물로부터 아동들을 격리시키도록 요청하는 것이 합헌적이라면, 왜 그것이 위헌적인지를 이해하기 힘들다. 의심할 여지없이 일정한 의무는 존재한다. 그러나 문제는 부담이 존재하는지 아닌지의 여부가 아니다. 헌법에서 문제가 되는 것은 중요한 공익을 달성하기 위한 보다 덜 부담을 주는 해결책이 존재하는지 여부이다.

그렇다면 외국 사이트들은 어떻게 처리할 것인가? 미국 정부는 러시아에서 발생하는 사건을 규제할 수 없다. 실제로 이러한 주장은 우리들이 생각하는 만큼 사실이 아니다. 다음 장에서 살펴보겠지만, 미국정부가 외국에 대해서 간섭할 수 있고 효과적으로 통제하는 많은 사례들이 있다. 그럼에도 불구하고 독자 여러분들은 여전히 다른 나라들이 미국의 규제법률을 따르지 않을 수 있다는 점을 걱정할 것이다. 법률을 준수하지 않는 외국의 웹사이트를 폐쇄하기 위해 미 해병대를 파견할 것 같지는 않기 때문에 당신은 외국의 사이트들이 미국법을 준수하지 않을까 걱정할지도 모르겠다. 확실히 그러한 주장은 일리가 있다. 그러나 부모들이 걱정하는 것만큼 내가 앞서 이야기한 것처럼 사이트의 콘텐츠를 지리적으로 필터링하게 만드는 시장이 이미 존재한다. 〈H2M〉 필터링 기능을 가지는 브라우저는 원칙적으로 미국 내 사이트들에만 접근할 수 있도록 해주는 IP지도 서비스에 가입할 수 있다.

그러나 아이들이 이러한 제한을 빠져나가지 않을까? 물론 몇몇 아이들은 빠져나갈 것이다. 그러나 규제법안의 성공의 척도는, 미사일 추적 소프트웨어 프로그램에 반대하는 것과 마찬가지로 100%의 찬성을 의미하는 게 아니다.[45] 입법자들이 던지는 질문은 그 법안이 현실상황을 보다 낫게 만들 수 있는지 여부이다. 〈H2M〉 콘텐츠에 접근하는 행위를 실질적으로 차단하는 것은 매우 중요한 진전이며, 그것은 법안을 충분히 의미 있게 만들 것이다. 그런데 부모와 도서관들은 왜 이처럼 간단한 필터링 프로그램을 자신들의 컴퓨터에 설치하는 규제방법에 의지하지 않는 것일까? 자발적으로 필터링 프로그램을 설치하는 데 굳이 새로운 법률이 필요 없다. 따라서 부모들은 자기 목적을 달성하기 위하여 국가가 지원하는 검열기제를 굳이 사용하지 않아도 된다.

---

45) 규제가 비효과적일 때 정부의 규제능력을 제한할 수 있는 수정조항 제1조의 법원칙이 존재한다. *Reno v. ACLU*, 929 F. Supp 824, 848 (D. Pa. 1996). 이 판결에서 법원은 이러한 규제가 어떻게 외국의 관할권에서 작동하지 않는지에 대해서 설명하고 있다.

내가 배제하기 위해서 가장 열심히 노력한 것이 바로 이런 관점이다. 왜냐하면 사이버 법 이전의 법적 인식이 사이버공간에서의 규제문제에 가지고 들어온 실책이 그 안에 구축되기 때문이다.

첫째, "검열"이라는 단어를 살펴 보자. 검열규제는 부모들에게 하나의 중요한 선택의 기회를 제공한다. 부모들의 선택권은 그동안 공익으로 여겨졌다. 부모들이 이 선택권을 행사하기 때문에 이런 콘텐츠에 접근할 수 없는 아동들이 그것을 "검열"이라고 부를 수도 있다. 그러나 부모들의 선택권에 검열이라는 용어를 사용하는 것은 매우 적절치 못하다. 만일 이러한 형태의 접근을 차단하는 정당한 이유가 있다면, 그러한 행위는 표현의 규제일 뿐이지, 굳이 그것을 검열로 부를 이유가 없다.

둘째, "자발적 필터링"을 검토해 보자. 만약 자발적 필터링이 바로 그 목적(H2M 표현 차단)을 달성하는 것이라면, 나는 그것에 전적으로 찬성할 것이다. 그러나 대부분의 사람들은 자발적이지 않다. 사적인 필터링 프로그램 설치가 정부의 규제보다 약한 제한수단이라는 근거를 토대로 통신품위법을 좌초시킨 소송에서 승소한 직후, 미국 시민자유연대(American Civil Liberities Union, ACLU)는 매우 강력하게 다음과 주장하였다.

> 백악관이 인터넷 사용자들에게 표현의 등급을 스스로 평가하도록 독려하고, 산업계 지도자들로 하여금 "부적절한 표현물"을 차단하기 위한 기술을 개발하고 배치하도록 촉구하기 위해 정상회담을 소집하였을 때 법은 거의 연기조차 나지 않았다. 물론 이 회담은 자발적으로 이루어졌다. 백악관은 이 회담을 소집하는 데 누구에게도 압력을 가하지 않았다고 주장하였다. 그러나 ACLU와 다른 단체들은 백악관의 방침에 적잖이 놀랐다. 게다가 물의를 일으키는 표현을 보다 쉽게 차단하거나 보이지 않게 하는 기술적 장치에 대해서

> 전혀 개의치 않는 의욕에 경계심을 갖지 않을 수 없었다. … 우리의 경계심을 불러일으킨 것은 어떤 새로운 제안이나 공표가 아니었다. 오히려 사이트의 등급을 매기고 차단하는 체제가 장기적으로 인터넷에 어떠한 영향을 미치게 될 것인가를 검토하지 못한 실책에 기인한 것이었다.[46]

ACLU의 관심은 분명하다. 시장이 만들어내는 필터들은 국가가 가지고 있는 정당한 이익보다 훨씬 광범위하게 걸러낼 뿐만 아니라 완전히 불투명한 방식으로 그러한 일을 수행한다. 완전히 잘못된 이유로 (단지 필터를 비판한다는 이유를 포함하여) 필터에 포함될 수 있다는 무시무시한 이야기들이 많이 있다.[47] 그리고 여러분이 필터링에 의해 부당하게 차단될 때, 당신이 할 수 있는 일은 그렇게 많지 않다. 필터링은 단지 특정한 효과를 필요로 할 때만 권장되는 목록에 불과하다. 여러분은 자기 고객들을 경쟁사에 빼돌렸다는 이유만으로 (레스토랑 순위를 매김하는) Zagat 사이트를 상대로 소송을 제기할 수는 없다.

나의 주장은 필터링을 금지해야 한다거나 부모들이 〈H2M〉 표현물에 대한 접근 차단권 이상으로 권한을 가져서는 안 된다는 것이 아니다. 나의 논점은 우리가 사적인 행동에만 의지한다면 정부가 지혜롭고 효율적으로 행동했을 때보다 더 많은 표현이 차단될 것이라는 점이다.

그리고 이 논점이 나의 비판을 구성해준다. 서두에서 내가 주장한 바와 같이 우리의 초점은 표현을 규제하는 정부의 역할이 아니라 말할 자유에 있어야 한다. 따라서 특정한 표현의 문제에 관한 2개의 해결책

---

46) Ann Beeson and Chris Hansen, "Fahrenheit 451.2: Is Cyberspace Burning?" American Civil Liberties Union White Paper, 2002. 3. 17.

47) 이 모든 여과장치들은 블랙리스트를 사용하여 작동되지는 않는다. 리스팅 방식보다는 알고리즘 방식을 사용하여 필터링하는 프로그램의 예로는 PixAlert의 SafeScreen과 LTU Technology의 ImageSeeker이다. ImageSeeker는 FBI와 DHS에 의해 아동포르노를 조사하는 데 사용되고 있다.

이 있다. 하나는 정부를 참여시키고 표현을 좁게 제약하며, 다른 하나는 정부를 포함시키지 않고 표현을 폭넓게 제한한다. 헌법적 가치는 우리들이 첫 번째 방법을 선호하게 한다. 수정조항 제1조의 가치는 비록 직접적으로 적용되는 것은 아니지만 부담스럽지 않고 책임 있는 표현의 규제 시스템을 선호하도록 이끌어야 한다. 그리고 그 시스템 내에서 정부의 작위 또는 부작위를 통해서 정부가 제약해야 할 정당한 이익이 있는 표현을 제한하도록 해야 한다. 이를 달리 표현하면, 정부가 개입한다고 해서 그 해결책을 반드시 부적절하거나 권리보호에 위반되는 것이라고 평가해서는 안 된다.

시장이 지금까지 생산해낸 사적 필터들은 고가이고 필터링 범위가 매우 포괄적이다. 그것들은 표현을 규제하는 국가의 이익을 넘어서 콘텐츠를 차단한다. 보다 덜 제한하는 대안이 없기 때문에 그것들은 보조금을 지급받고 있다.

공적 요구에 따라 개발된 필터들은(〈H2M〉 태그가 효과적으로 수행할 수 있는 것들) 국가의 정당한 관심에 한정하여 규제대상으로 삼는다. 그리고 만약 태그에 관하여 논쟁이 발생한 경우, 예컨대 유방암에 관한 정보를 가지고 있는 웹사이트에 〈H2M〉 태그를 붙이라고 검사가 요구하면, 그 웹사이트는 적어도 그 요구와 다툴 기회를 갖는다. 만약 필터링 프로그램이 사적으로 개발된 것이라면, 법적 수단을 통해서 다툴 기회가 없다. 이 경우 표현의 자유를 위한 활동가들이 할 수 있는 일은 ACLU의 탄원서처럼 널리 읽혀지지 않는 글을 쓰는 것이다.

주요 인권단체들이 표현의 자유 가치에 대한 사적 침해를 인식하는데 너무 오래 걸렸다. 인권의 전통은 직접적으로 정부의 행위에만 초점이 맞춰져 있다. 나는 정부의 잘못된 행동으로부터 그렇게 큰 위험이 발생하지 않는다고 주장하려는 것이 아니다. 그러나 사인의 잘못된 행위로부터 표현의 자유를 침해할 위험이 있다. 정부의 위협을 사적 위협에 대비해서 보지 않으려는 고정관념은 수정조항 제1조가 보장하는 가치에 기여하지 못한다. 사인에 의한 기본권 침해행위가 존재하지 않는다는 고정관념은 더 이상 수정조항 제1조가 지향하는 가치를 보호하지 못한다.

그렇다면 PICS와 같은 공적 필터링 기술은 어떠한가? PICS는 여러분이 선별한 비밀 콘텐츠 목록문제를 배제하는 해결책이 될 수 없는가?

PICS는 인터넷 콘텐츠 선별을 위한 월드와이드웹 컨소시엄 플랫폼의 머리글자이다. 우리는 프라이버시를 다룬 장에서 이미 PICS의 친족을(실제로는 그 소산임) 살펴보았다. PICS처럼 P3P는 넷상의 콘텐츠를 등급매기고 여과시키는 프로토콜이다. 프라이버시 관련 맥락에서 콘텐츠는 프라이버시 관행에 관한 주장들로 이루어져 있으며, 그 체제는 개인들이 그 관행들과 협상하는 데 도움을 주도록 고안된 것이었다.

온라인상의 표현에서도 아이디어는 거의 똑같다. PICS는 여과의 문제를 두 부분으로 나누는데, 그것은 우선 라벨을 붙이고(콘텐츠 등급매기기), 그 다음에 필터링을(등급을 토대로 차단하기) 하는 것이다. 그것은 소프트웨어의 저작자들이 등급에 따라 여과할 수 있는 소프트웨어를 만들어내기 위해 경쟁할 것이며, 콘텐츠 제공업자와 등급 결정기관들은 경쟁적으로 콘텐츠에 등급을 매기게 될 것이라는 아이디어였다. 그러면 사용자들은 자신이 사용할 여과 소프트웨어와 등급체계를 선택할 것이다. 예컨대 당신이 기독교 우익단체의 등급을 원한다면 그 등급체계를 택할 수 있을 것이다. 만일 내가 무신론 좌파의 등급을 원한다면 그것을 선택할 수 있을 것이다. 우리가 원하는 등급분류체계를 택함으로써 우리는 그 소프트웨어가 여과시켜 주길 원하는 콘텐츠를 골라낼 수 있을 것이다.

이러한 체제는 몇 가지 전제조건을 필요로 한다. 첫째, 소프트웨어 제작자들은 내용물을 여과시키기에 적합하게 코드를 작성해야 한다(이것은 이미 완성되었다. 넷스케이프와 마이크로소프트 모두 PICS 호환 여과장치를 각자의 브라우저 내에 장착하고 있다). 둘째, 등급심사 기관들이 적극적으로 넷을 등급 매겨야 한다. 물론 이 일이 만만한 작업은 아니다. 심사기관들은 아주 서서히 이러한 과제를 받아들이고 있다. 셋째, 상이한 등급체계들 사이에 쉽게 전환되는 방식으로 넷의 등급을 매기는 심사기관들은 그렇지 못한 등급기관들보다 경쟁상의 우위를 점하게 될 것이다. 예컨대 그들은 대만 정부에 등급체계를 팔 수도 있고, "정부"와 같은 IBM을 위해 조금 다른 등급체계를 손쉽게 개발할 수도 있을 것이다.

이 서 가정이 모두 사실이라면 무수한 등급이 넷에 적용될 수 있을 것이다. 제작자들이 예견했던 것처럼 PICS는 등급체계 및 여과장치들 사이에서 중립을 지킬 수 있을 것이다. 그리고 이 시스템은 넷상의 콘텐츠에 등급을 매기는 언어와 등급 매겨진 내용물의 이용법에 대한 결정을 컴퓨터 간에 이뤄지게 하는 언어만을 제공할 것이다.[48]

중립성은 좋은 말처럼 들린다. 마치 정책입안자들이 터득해야 하는 관념처럼 들린다. 당신의 말이 나의 말은 아니다. 우리 모두 자유롭게 말하고 원하는 대로 듣는다. 우리는 그런 자유를 보호할 체제를 수립해야 하며, PICS가 바로 그런 체제로 보인다.

---

48) Paul Resnick, "PICS-Interest@w3.org, Moving On," January 20 1999, link #89; Paul Resnick, "Filtering Information on the Internet," *Scientific American* 106 (March 1997), link #90; Paul Resnick, "PICS and Intellectual Freedom FAQ," link #91; Paul Resnick and Jim Miller, "PICS: Internet Access Controls Without Censorship," Communications of the ACM 39(1996): 87, link #92; Jim Miller, Paul Resnick et al., "PICS 1.1 Rating Services and Rating Systems—and Their Machine-Readable Descriptions," October 31, 1996, link #93; Tim Krauskopf, Paul Resnick et al., "PICS 1.1 Label Distribution—Label Syntax and Communication Protocols," October 31, 1996, link #94; Christopher Evans, Paul Resnick et al., "W3C Recommendation: PICS Rules 1.1, REC-PICS, Rules-971229," December 29, 1997, link #95 참조.

그러나 PICS는 우리가 원하는 것 이상의 "중립성"을 갖고 있다. PICS는 수평적으로 중립적이다. 그것은 등급체계의 범위로부터 개인들이 원하는 것을 선택하게 해준다. 뿐만 아니라, 그것은 수직적으로도 중립적이다. 그것은 여과장치를 배분의 사슬고리 중 어느 단계에도 위치시킬 수 있게 해준다. 처음에 이 체계에 위임했던 사람들 대부분은 사용자의 컴퓨터에 장착된 PICS가 사용자의 의도대로 여과작용을 할 것이라고 생각했다. 하지만 PICS 설계 어디에도 ISP들이 콘텐츠를 여과하는 것을 방지하는 것은 없었다. 따라서 여과작용은 배분의 연쇄고리 중 어느 단계에서도 작동될 수 있다. 사용자, 사용자에게 접속권을 부여한 회사, 인터넷서비스 제공업자, 심지어 사용자가 거주하는 관할기관에 이르기까지. PICS의 설계상 어떤 것도 그러한 여과장치들이 설치되어 작동하고 있다는 사실을 스스로 공표할 것을 요구하지 않는다. PICS 같은 구조 내에 있는 여과작용은 눈에 보이지 않을 수 있다. 실제로 보이지 않고 구동시키는 것이 그 설계의 주요 부분이기도 하다.[49]

비록 이 프로토콜은 완전히 사적이지만, 바로 이러한 점 때문에 수정조항 제1조를 지키고 싶어하는 사람들에게 경종을 울린다. (아마도) 의도하지 않은 결과이겠지만, PICS 체제는 그 여과작용이 불투명할 뿐만 아니라 여과장치 기술시장을 만들어냄으로써 긴스버그식 표현 이상의 것까지 과도하게 여과해버린다. 물론 이것이 바로 통신품위법에 대한 ACLU의 정당한 반대사유였다. 그러나 여기에서 그 공동체의 취향과 유사한 취향을 지닌 시장이 여과작용을 조장한다. 한 공동체의 사회규범들이 여과장치에 장착되면 긴스버그식의 협소한 여과기준보다 훨씬 광범위한 범위의 여과가 행해지게 된다. 여과체제는 사용자들이 원하는 만큼 광범위하게 또는 관계자들이 원하는 만큼 더 상층부분

---

49) Jonathan Weinberg, "Rating the Net," *Hasting Communications and Entertainment Law Journal* 19 (1997) : 453, 478 n. 108 참조.

까지도 확장될 수 있다.

H2M+KMB 대안 솔루션은 훨씬 협소하다. 그것은 표현의 사적인 구역설정을 가능하게 해준다. 그러나 발신자들이 수신자들을 막을 아무런 동기가 없을 것이다. 발화자의 동기는 보다 많은 수신자들을 확보하는 것이다. 수신자들을 여과할 유일한 요건이 있다면, 그것은 헌법적으로 부과되는 긴스버그식 표현의 요건일 것이다. 이 요건들은 정부에 의해서 부과되기 때문에 헌법에 비추어 심사될 수 있으며, 만약 지나치게 제한했다 판단되면 정부는 이를 저지할 수 있을 것이다.

따라서 이 체제들을 일반화하는 데 차이점이 있다. 여과체제는 어떤 종류의 표현이라도 여과하는 데 사용될 수 있는 구조를 설치할 것이며, 여과하려는 욕구가 헌법이 정해놓은 최소한을 넘어설 가능성이 존재한다. 반면 구획체제는 이처럼 일반적인 목적을 갖지 않는 차단구조를 설치할 것이다.

어떤 체제를 선호해야 하는가?

각 체제에 내재된 가치들에 주목하라. 두 방식 모두 특정한 문제들에 대한 일반적인 해결책이다. 여과체제는 긴스버그식 표현에만 자신을 제한하지 않는다. 어떤 인터넷 콘텐츠라도 등급을 매기고 걸러내는 데 사용될 수 있다. 그리고 구획체제도 원칙적으로 오직 긴스버그식 표현만을 위한 구획설정에 한정되지 않는다. 〈H2M〉 kids-ID의 구획방식은 사용자의 무수한 속성들, 나이뿐만 아니라 국적, 신용도 등을 확인하는 데 사용될 수 있다. 아동신분 구획방식은 다른 아동보호체제를 발전시키는 데 이용될 수 있다. 두 방식 모두 넷상의 포르노라는 구체적인 사안을 훨씬 넘어서는 응용체제를 갖추고 있는 것이다.

적어도 이론상으론 그렇다. 그러나 우리는 그 문제를 넘어서 해결책을 확대해야 하는 동기가 무엇인지 물어보아야 한다. 그리고 이러한 해결책의 확대가 어떤 저항에 부딪칠 것인가?

이제 우리는 두 체제 간의 중요한 차이점을 살펴보아야 한다. 만일 당신이 소지한 신분증 때문에 접근이 저지된다면 당신은 그 이유를 알고 싶을 것이다. 당신이 특정 사이트에 들어올 수 없다는 이야기를 듣는다면 그러한 배척요구는 적어도 진입을 배척당하는 자에 의해 검토되어야 한다. 때로는 그러한 배척이 정당한 것이지만, 그렇지 못한 경우 그것은 항의받게 된다. 그런데 구획방식은 스스로를 제한하는 체제를 자체 내에 설치한다. 어떤 사이트도 거절당하는 자가 그 사실을 알지 못하는 한 그를 막아서는 안 된다.[50]

여과방식은 이와 다르다. 당신이 문제의 콘텐츠를 볼 수 없다면 무엇이 차단되는지 알 수가 없다. 적어도 이론상으론 콘텐츠는 상위단계 어디에선가 PICS에 의해 여과될 수 있으며, 당신은 이런 일이 벌어진다는 사실을 반드시 알지 못할 것이다. PICS 설계상 어떤 것도 구획 방식이 행하듯이 차단된다는 사실을 요구하지 않는다. 따라서 위로부터의 여과가 훨씬 더 손쉬우며 더 불투명할 뿐만 아니라 비용도 덜 든다.

여과과정의 구성요소들을 분리해 보면 이러한 사실이 더욱 분명하게 드러난다. 여과방식의 두 구성요소를 상기해 보자. 콘텐츠에 라벨 붙이기, 그리고 라벨에 따라 차단하기가 그것이다. 우리는 두 구성요소 중 라벨 붙이기가 더 위험하다고 주장할 수 있다. 만약 콘텐츠에 라벨이 붙으면 접근을 봉쇄하지 않더라도 누가 무엇을 가져갔는지 감시가 가능할 것이다. 그것은 차단보다 더 심각한 문제를 야기할 가능성이 높은데, 왜냐하면 차단은 적어도 사용자에게 통보를 하기 때문이다.

만일 전체적인 여과작용과 특히 상위단계에서의 여과작용에 대해서 이의를 제기할 근거를 갖고 있다면, 위와 같은 가능성들은 우리를 곤혹스럽게 할 것이다. 나는 우리들이 당연히 그래야 한다고 믿는다. 그러나 나의 우려는 우리 헌법의 과거사에 잠재해 있는 또 다른 모호성

50) 물론 이러한 주장은 지나치게 강하다. 그 사이트는 마치 사용자가 접속한 것처럼 보이게 하여 기만적으로 접속을 차단할 수 있다. 그러나 실제 그 사용자는 자신이 접속을 했다고 믿고 있는 것에 접속한 것이 아니다.

에서 나오는 것임을 고백하지 않을 수 없다.

여과에도 부인할 수 없는 가치가 있다. 우리는 자신들이 수행하는 것보다 더 많은 것들을 여과한다. 대체로 만일 우리들이 여과장치를 선택할 수 있다면 다른 이들이 우리를 대신해서 선택해 주는 것보다는 더 나을 것이다. 만약 내가 〈월스트리트 저널〉보다 〈뉴욕 타임스〉를 읽는다면, 나는 두 신문사가 여과과정을 통해 생성해낸 가치들에 대한 판단에 따라 두 여과장치 중 하나를 선택하는 것이다. 분명히 어떤 사안이건 이러한 선택에는 아무 문제가 없다.

또한 여과되지 않은 것을 직면하는 것도 가치가 있다. 우리는 개인적으로 빈곤이나 불평등의 문제들을 피하길 원할 수도 있으며, 우리의 우주에서 이런 사실들을 무시하길 바랄 수도 있다. 그러나 사회의 관점에서 보면, 시민들이 자기들 문제가 아닌 것들에 대해서 무관심할 수 있다면 그것은 참으로 끔찍한 일일 것이다. 이 시민들이 바로 그 문제들을 해결할 수 있는 지도자들을 선출해야 한다.[51)]

현실공간에서는 이런 문제를 그렇게 심각하게 염려할 필요는 없다. 왜냐하면 대체로 여과장치가 불완전하기 때문이다. 아무리 내가 노숙자들을 무시하고 싶어도 은행에 가려면 길거리에서 노숙자들을 마주쳐야 한다. 아무리 내가 불평등함에 대해 무관심하려 해도 공항에 가려

---

51) 리처드 포드는 관할권의 경계가 인종분리와 불평등을 영속화시키고 있다고 주장한다. Richard Thompson Ford, "The Boundaries of Race: Political Geography in Legal Analysis," *Harvard Law Review* 107 (1994): 1841, 1844 참조; 제럴드 프룩은 대학이 스스로 주위의 빈곤으로부터 분리할 수 있는 경계를 바로 세울 수 있는 방법을 설명하면서 대학이 이 경계를 비판해야 한다고 주장한다. Gerald E. Flug, "Universities and Cities," *Connecticut Law Review* 30 (1998): 1199, 1200 참조; 라니 귀니어는 상대방의 입장에 대한 관심과 인식을 요구하는 교차-인종적 참여 민주주의(*cross-racial participatory democracy*)를 역설하고 있다. Lani Guinier, "More Democracy," *University of Chicago Legal Forum* 1995 (1995): 1, 3 참조.

면 미국이란 나라가 얼마나 불평등한 곳인지 상기시켜 주는 이웃들을 지나가지 않으면 안 된다. 내가 생각조차 하기 싫은 모든 종류의 이슈들이 나를 압박한다. 현실에서는 나의 여과적 선택에도 불구하고 그런 이슈들이 나의 관심을 요구한다.

물론 이것이 모든 사람들에게 적용되는 것은 아니다. 진짜 부자들은 그들이 보고 싶지 않은 것들로부터 자신들을 차단할 수 있다. 19세기 영국의 대저택에 있는 집사를 생각해 보라. 그는 자기 주인을 난처하지 않게 하려고 문 앞에서 손님을 맞아 돌려보낸다. 그 저택의 주인들은 완벽하게 여과된 삶을 살았다. 그리고 지금도 일부는 그렇게 살고 있다. 하지만 우리들 대다수는 그렇지 못하다. 우린 다른 이들의 문제에 직면해야 하며, 그 문제들이 우리 사회에 미치는 바에 대해서 생각해야 한다. 이러한 문제에 노출됨으로써 우리는 더욱 훌륭한 시민들로 성숙하게 된다.[52] 만일 다른 사람들이 직면하는 문제에 대해서 어느 정도 공감한다면, 우리는 그들에게 영향을 미칠 사안들에 대해서 더 심사숙고한 뒤 투표를 할 수 있을 것이다.

만약 여과장치의 불완전함이 사라져 버린다면 어떤 일이 일어날까? 모든 사람들이 집사를 두게 되는 것과 같은 결과가 빚어진다면 어떻게 될까? 과연 그러한 세상은 수정조항 제1조의 가치들과 일치하는 것일까?

어떤 이는 그렇지 못할 것이라고 믿는다. 예컨대 캐스 선스틴은 그 자신이 수정조항 제1조의 "매디슨적"(Madisonian) 개념이라고 지칭한

---

52) *Regents of the University of California v. Bakke*, 438 US 265, 312 (1978) 참조〔대법관 포웰(Lewis F. Powell)은 *Keyishian v. Board of Regents*, 385 US 589, 603 (1967) 판결을 인용하면서, "국가의 장래는 '정부의 선택에 의한 교육이 아니라, 수많은 의견들로부터' 진실을 발견할 수 있도록 아이디어들의 확실한 교류가 폭넓게 이루어지는 곳에서 교육을 받은 지도자에게 달려 있다"고 판시하였다〕.

것을 헌법 기초자들이 채택하였다고 강력하게 주장한다.[53] "매디슨적" 개념이란 우리가 이해하는 표현의 혼합물이 단지 개인적인 선택의 기능에 불과하다는 관념을 거부한다는 것이다.[54] 선스틴의 주장에 의하면, 이 개념은 만일 우리가 시민으로서 역할을 하려면 우리가 이해할 필요가 있는 범주의 사안들에 노출되도록 보장할 것을 요구한다. 그러므로 이 개념은 소비자의 선택을 으뜸패로 하는 어떠한 구조도 거부한다. 선택이 매디슨의 체제에서 나쁜 것은 아니지만, 그렇다고 문제의 결말은 아니다. 풀도 이와 매우 유사한 지적을 하고 있다.

> 만약 청중들이 갈수록 개별 이해관계를 가진 소집단으로 분열된다면 그것은 무엇을 의미할까? 만약 국민의 열정과 관심을 요구하는 의제가 더 이상 효과적으로 매스미디어에 의해 대중의 마음을 사로잡지 못한다면 이것은 무엇을 의미할까? 그러한 현상은 대중의 순응주의가 제기하는 문제와 정반대되는 문제를 사회에 야기한다. 민주사회의 응집력과 효과적인 기능은 모든 사람들이 참여하는 일종의 공공광장에 달려 있으며, 사람들이 해결책에 대해서 아무리 많은 주장을 개진하더라도 그곳에서 문제의 공동의제들을 다룬다.[55]

제프리 스톤과 같은 학자들은 반대 입장에 서 있다. 스톤은 헌법제정자들이 채택한 표현의 자유의 개념에는 어디에도 그러한 온정주의적 이상을 찾아볼 수 없다고 강력하게 주장한다.[56] 그 수정조항은 단지

---

53) Sunstein, *Democracy and the Problem of Free Speech*, xvi-xx; Fiss, *The Irony of Free Speech*, 3, 37-38 참조; 선스틴의 입장에 대한 앤드류 샤피로의 설득력 있는 분석이 넷의 실재에 더 적합하다. *The Control Revolution*, 107~12 참조.

54) Sunstein, *Democracy and the Problem of Free Speech*, xvi-xx.

55) Ithiel de Sola Pool, *Technologies Without Boundaries: On Telecommunications in a Global Age*, edited by Eli M. Noam (Cambridge, Mass.: Harvard University Press, 1990), 15.

사적 선택에 대한 국가의 통제를 금지하는 데에만 관심을 갖는다는 것이다. 이 체제하에서 개인의 선택을 가능케 하는 것은 아무 문제가 되지 않기 때문에, 어느 것도 완벽한 여과장치가 아니다.

시카고대학의 훌륭한 법학교수들간의 논쟁은 또 다른 잠재적 모호성을 드러낸다. 그리고 다른 모호성에서도 마찬가지지만 나는 우리들이 매디슨에 호소한다고 해서 성공할 수 있다고 생각하지 않는다. 선스틴에게 선스틴식으로 이의를 제기한다면, 제정자들의 수정조항 제1조는 불완전하게 이론화된 합의였다. 그리고 그 조항은 완벽한 여과의 문제를 다루지 않았다고 솔직하게 고백하는 편이 더 나을 것이다. 제정자들은 PICS가 가능하게 하는 세상을 상상할 수 없었다. 확실히 그들은 그러한 세상에서 수정조항 제1조의 적용범위에 관해서 합의하지 않았다. 만약 둘 중 하나를 지지해야 한다면 우리는 그 가치들이 이미 채택되었다고 주장하기보다는 우리가 채택하길 원하는 가치들을 옹호함으로써 그렇게 해야 할 것이다.

그렇다면 우리는 어떤 가치들을 선택해야 하는가? 나의 생각은 완벽한 여과장치를 선택해서는 안 된다는 것이다.[57] 우리는 가장 효율적

---

56) Geoffrey R. Stone, "Imagining a Free Press," *Michigan Law Review* 90 (1992): 1246, 1264 참조.

57) 댄 헌터는 이것은 우리의 선택이 아니라고 주장한다. Dan Hunter, "Philippic. com," *California Law Review* 90 (2002): 611. 그레그 러플린은 우려가 과장되었다고 확신한다. Gregory K. Laughlin, "Sex, Lies, and Library Cards: The First Amendment Implications of the Use of Software Filters to Control Access to Internet Pornography in Public Libraries," *Drake Law Review* 51 (2003) 213, 267~68 n. 287. 필터링을 촉진하기 위한 가장 최근의 의회의 시도를 보기 위해서는, Susan P. Crawford, Symposium, "Law and the Information Society, Panel V: Responsibility and Liability on the Internet, Shortness of Vision: Regulatory Ambition in the Digital Age," *Fordham Law Review* 74 (2005): 1, 6. 의회를 통과한 후속 정보유통차단은 아동인터넷보호법(Children's Internet Protection Act,

인 검열체제를 설계해서는 안 된다. 적어도 우리는 보이지 않는 상층의 여과장치를 허용하는 방식으로 설계해서도 안 된다. 뿐만 아니라 전 세계적인 경향이 과도하게 표현을 여과시키고 있는 한, 완벽한 여과장치를 선택해서는 안 된다. 만약 정부가 통제해야 할 이해관계가 있는 표현이 존재한다면 그 통제를 사용자들에게 분명히 해야 한다. 규제가 투명할 때 비로소 정치적인 대응이 가능하다.

따라서 나는 중요한 공적 가치가 최소한으로 변형된 체제에 표를 던질 것이다. 아동들로 하여금 스스로를 밝히게 하는 구획체제는 결과적으로 모든 표현에 라벨을 붙이도록 요구하는 여과체제보다 덜 변형적이다. 구획체제는 덜 변형적일 뿐만 아니라 다른 규제들을 덜 허용한다. 그 체제는 현존하는 넷의 구조에 가장 작은 변화를 요구하며, 훨씬 더 강력한 규제로 쉽사리 일반화되지 않는다.

비록 구획체제는 사적 선택만을 요구하는 여과체제와 달리 법률의 힘을 필요로 하지만 나는 구획체제를 선택할 것이다. 만약 정부가 법과 구조의 혼합을 변화시키기 위해 압력을 가한다면 나는 그것이 어떤 맥락에서는 법으로, 어떤 맥락에서는 사회규범으로 압력을 가하든 개의치 않는다. 나의 관점에서 문제는 결과이지 수단이 아니다. 이 변화

CIPA)이었으며, 그것은 도서관들로 하여금 연방기금 지원을 받기 위해서는 인터넷에 접속할 수 있는 모든 컴퓨터에 필터링 소프트웨어를 설치하도록 요구하였다. 2000년에 제정된 이 법안의 목표는 유해한 영상에 대한 청소년들의 접근을 차단하는 필터를 도서관이 사용하는 데 기금을 지원하는 조건이었다. 3년 뒤인 2003년 6월 23일 연방대법원은 설치된 필터들에 의해서 차단된 합법적인 사이트들에 대해서 성인이 도서관에 차단을 풀어달라고 요청할 수 있어야 한다는 두 명의 대법관의 의견과 함께 CIPA를 합헌으로 판결하였다. 비록 CDA와의 연계성이 분명하였지만, 연방 기금과 연계함으로써 대법관들이 달리 판단할 수 있었다. CDA는 보호받아야 할 표현을 걸러내는 기술을 사용하여 온라인상에서 음란물을 삭제하려는 의회의 시도였다. 유럽의 한 논평자는 CIPA를 이전에는 인터넷 접속을 규제하려는 정부의 시도에 대해서 비판적이었던 미국 법체계의 "중요한 전환"으로 규정하였다.

들로 인해 생겨날 체제가 과연 자유로운 표현의 가치들을 보호하는가?

다른 이들은 법과 사적 행위의 구분에 과도하게 사로잡혀 있다. 그들은 국가에 의한 규제는 어느 것이든 수상쩍게 바라보며, 사적 행위자들에 의한 규제는 헌법심사의 범위를 벗어나 있는 것으로 본다. 그리고 묘하게도 대체로 헌법은 그들 편에 서 있다.

그러나 내가 바로 앞에서 암시했고 앞으로 더욱 변호하겠지만, 나는 법률가들이 긋는 경계에 사로잡혀서는 안 된다고 생각한다. 우리의 물음은 사이버공간이 보호하길 원하는 가치들이어야 한다. 법률가들은 그 방법을 궁리해낼 것이다.

나의 "비일관성"을 계속하여 노트에 기록해온 성난 회의론자는 이 시점에서 다시금 나를 괴롭히고 싶을 것이다. 앞 장에서 나는 본질적으로 PICS의 구조인 프라이버시 구조를 옹호했다. P3P는 PICS처럼 콘텐츠에 관해서 컴퓨터 간의 교섭을 가능하게 하는 것이다. P3P에서 콘텐츠는 프라이버시 관행에 관한 규칙들이며, PICS에서 그것은 콘텐츠에 관한 규칙이다. 그런데 어째서 나는 전자에는 반대하면서 후자에는 찬성하느냐고 그 회의론자는 물을 것이다. 대답은 전과 동일하다. 표현의 자유의 가치는 프라이버시의 가치와 다르다. 우리가 표현에 대해서 부여하길 원하는 통제는 프라이버시에 대한 것보다 약하다. 우리가 지적 재산에 대한 통제력의 일부를 제한한 것과 마찬가지 이유로 표현에 대한 통제력 일부를 제한해야 한다. 표현의 맥락에서 아주 작은 산만함이나 알력은 가치이지 비용이 아니다.

그러면 내가 다르다고 말했기 때문에 이 가치들이 다른 것인가? 아니다. 그것들은 우리가 다르다고 말할 때에만 다른 것이다. 현실공간에서 우리는 그것들은 다르게 취급한다. 그리고 내가 주장하는 핵심은 사이버공간에서 우리가 그것들을 어떻게 취급하기를 원하는지 선택하자는 것이다.

(4) 스팸의 규제

스팸은 아마도 넷상에서 가장 이론화된 문제일 것이다. 어떻게 이 문제를 가장 잘 다룰 수 있는지 설명하는 많은 책들이 있다. 많은 책들이 발전된 베이신 필터 기술로부터 이메일 시스템의 대규모 재설계에 이르기까지, 스팸을 걸러내는 독창적인 기술적 아이디어를 담고 있다. 그러나 변호사로서 내게 가장 놀라운 점(또한 《코드》의 저자로서 가장 실망스러운 점)은 실제 모든 작업들은 스팸의 문제를 다룰 수 있는 중요한 도구를 무시하고 있다는 것이다. 이것은 그들이 베이신 필터나 최신의 학습기법과 관련된 법의 가치를 심사숙고하고서 법이 다른 기술들보다 가치가 적다고 결론짓기 때문이 아니다. 그들은 법이 무가치하다고 추정하며, 마치 스팸을 사람들이 원하거나 생각하는 바와 전혀 관계없이 자신들의 삶을 살아가는 조류 독감의 일종인 것처럼 생각한다.

이것은 사실상 무엇이 규제전략인가에 관해서 극단적인 부작위이다. 내가 이 책 전반에 걸쳐서 주장했던 것처럼, 사이버공간에서 바람직한 정책의 핵심은 하나의 특효책이 아닌 양식들의 적정한 혼합이다. 코드 하나로 스팸의 문제점을 해결할 수 있다는 생각은 어리석다. 코드는 항상 코드화될 뿐이고 교묘하게 법률을 회피하는 사람들이 달리 인센티브를 받지 않는 한 그들은 그것을 계속 코드화할 것이다. 법은 보상을 바꾸는 도구이고 또한 이러한 상황에 사용되는 도구이어야 한다.

대부분의 사람들은 스팸 발송자들이 스팸필터를 회피하는 것보다는 법을 더 잘 회피할 것이라고 생각하기 때문에 법이 중요한 역할을 할 수 없을 것이라고 생각한다. 그러나 이러한 생각은 스팸에 관한 중요한 사실을 무시하는 것이다. "스팸"은 바이러스가 아니다. 적어도 내가 "스팸"에 관해 이야기할 때에는 바이러스에 관해 이야기하는 것이 아니다. 여기에서 나의 대상은 상업거래를 유도하는 것을 목표로 하는 의사소통이다. 이러한 거래들의 대부분 — 노화를 막는 약, 체중감량 알약 — 은 우스꽝스럽다. 이러한 거래의 일부는 재고의 특가세일, 또는 신용카드를 개설하라는 광고 등 매우 합법적이다. 그러나 이 모든 거래는 결국 당신으로부터 무엇인가, 즉 돈을 얻고자 하는 것이다. 만일 그들이 당신으로부터 돈을 벌고자 한다면, 당신의 돈을 받는 누군가가 항상 있어야 한다. 그 누군가는 규제의 목표가 될 수 있다.

그렇다면 그러한 규제는 어떠해야 하는가?

포르노에서와 같이 여기에서의 목표는 우리가 이른바 "합의에 의한 의사소통"이라고 부를 수 있는 것을 보장하도록 규제하는 것이어야 한다. 즉, 규제의 유일한 목적은 합의에 의하지 않은 소통을 금지하는 것이며, 합의에 의한 소통을 가능하게 하는 것이다. 나는 모든 표현의 맥락에서 목적이 타당하다고 믿지 않는다. 그러나 한정된 전파대역 자원과 청자가 부담하게 되는 표현의 비용을 고려할 때, 사적 이메일 또는 블로그와 같은 맥락에서 수신을 원하지 않는 상업 커뮤니케이션을 개인들로 하여금 차단할 수 있도록 규제하는 것은 아주 적절한 것이다.

그렇다면 그것은 어떻게 실현될 수 있는가?

오늘날 스팸메일의 공급에 효과가 있는 유일한 양식은 코드이다. 기술자들은 스팸을 차단하는 기술을 고안하는 뛰어난 재능을 보여주었다. 이 기술들은 메시지의 내용에 따라 촉발되는 것과 발송자의 행위에 의해 촉발되는 것, 두 종류가 있다.

콘텐츠에 집중하는 기술은 메시지의 내용이 무엇인지 알아낼 수 있도록 설계된 필터링 기술의 배열이다. 조나단 치아르스키가 묘사한 대로 이 기술들은 눈부실 정도로 향상되었다. 초기의 필터링 기술의 오답률은 대략 10%정도였던 것에 비해 현재의 신기술은 99.50%~99.95%의 정확성을 약속한다.[58]

---

58) Jonathan Zdziarski, "Ending Spam: Bayesian Content Filtering and the Art of Statistical Language Classification" 31 (2005) 그리고 DSPAM과 비

그러나 이 기술들과 관련하여 가장 중요한 문제는 그들이 생산해내는 무기경쟁이다.[59] 만일 필터가 발견하기만 한다면, 스팸발송자는 네트워크 관리자가 스팸을 막기 위해 사용하는 필터에 똑같이 접근할 수 있다.[60] 따라서 그들은 필터를 무력화시킬 때까지 메시지 내용을 바꿀 수 있다. 그러면 필터 설계자들은 필터를 바꿀 수밖에 없다. 일부는 잘 작동하지만 일부는 그렇지 못하다. 결과적으로 필터는 과도하게 차단하거나 충분하게 차단하지 못하게 된다.

스팸을 차단하는 코드에 기초한 두 번째 기술은 발송자의 이메일 실행에 초점을 맞춘다. 그것은 이메일을 발송한 사람을 의미하는 것이 아니라, 수신자에게 메시지를 보내는 "서버"를 의미한다. 많은 수의 네트워크 자경단원들(*vigilantes*) (이들은 법적 규제 없이 세상에서 좋은 일을 하는 사람들이다)은 좋은 서버와 나쁜 서버의 목록을 작성해왔다. 블랙리스트들은 이메일 서버가 이메일을 보낼지 말지 결정하는 데 사용하는 명확한 규칙들을 조사함으로써 만들어진다. 자경단원들의 규칙에 다르지 않는 서버들은 결국 블랙리스트에 오르고, 블랙리스트에 등록하는 사람들은 그러한 서버들로부터 오는 이메일을 차단한다.

만약 서버의 오용을 피할 수 있는 최선의 방안에 관하여 합의가 이루어진다면, 이러한 시스템은 환상적일 것이다. 그러나 이러한 합의는 아직 성사되지 않았다. 대신 어떻게 스팸을 관리할 것인가에 관해서 사람들 사이에 신념의 차이가 있을 뿐이다.[61] 그러나 이러한 차이

교. link #96 참조.

59) Zdziarski, Ibid., 25.

60) Ibid., 31, 그러나 많은 도구들이 오픈 소스이거나 무료 소프트웨어이기 때문에, Bayesian 필터링에 대해서 유사한 지적이 있을 수 있다. 예를 들어, DSPAM은 GPL의 라이선스를 갖고 있다.

61) 이것은 호혜적이다. 치아르스키(Zdziarski)는 네트워크의 블랙리스트를 작성하기 전에 적절한 절차를 따르지 않는 관리자들에 대해서 훨씬 더 비판적이다. Ibid., 28.

는 보이콧에 의해 진압되곤 한다. 네트워크에서 보이콧은 대단히 효과적이다. 만약 100명의 수신자 중 5명이 네트워크 관리자가 이메일서버에 채택한 규칙 때문에 당신의 메일을 받지 못했다면, 당신은 서버의 규칙이 ― 아무리 민감하더라도 ― 바뀔 것이라고 확신할 수 있을 것이다. 그리고 종종 블랙리스트에 포함시키는 결정에 이의를 제기할 수 없다. 포르노를 사적으로 걸러내는 기술처럼, 블랙리스트에 잘못 포함된 것에 대해서 법적 구제책이 없는 것 같다. 따라서 많은 이메일 서비스들이 블랙리스트 규칙을 따르지 않기 때문에 효과적으로 기능할 수 없다.

만약 이러한 기술들이 실제로 스팸을 막기 위해 작동한다면, 나는 그것들을 받아들일 것이다. 나는 부분적으로 과정이 생략된 블랙리스트의 차단으로 곤란을 겪었고, 스팸이 아닌 이메일이 스팸으로 취급되는 바람에 개인적으로 낭패를 보기도 하고 대가를 치러야 했다. 그러나 시스템이 일반적으로 작동한다면 이러한 대가는 수용할 만하다.

그러나 그렇지만은 않다. 스팸의 양이 증가하기 시작했다. 라두카투(Raducatu) 그룹은 2007년까지 전체 이메일의 70%가 스팸이 될 것이라고 예언했다.[62] 스팸의 증가속도가 떨어진다는 증거가 있지만, 스팸의 오염이 완화될 것이라는 희망적인 증거도 없다.[63] 연방 입법부의 유일한 대응인 반(反)스팸메일법(CAN-SPAM Act)은 많은 혁신적인 국가의 솔루션을 선점하였지만 어떤 실효적인 효과를 내지 못하

---

62) Arik Hesseldahl, *U.S. Congress Makes No Progress on Spam*, Dec. 26, 2003, available at link #97. Todd Bishop, Software Notebook: Is Gates' prediction on spam a bust? *Seattle Post-Intelligencer* (1/23/06). 여기에서 성공의 평가는 대단히 다르다. 마이크로소프트는 이메일 인박스로부터 95%의 스팸메일을 차단한다고 평가한다.

63) Jonathan Zdziarski, *Ending Spam: Bayesian Content Filtering and the Art of Statistical Language Classification* (San Francisco: No Starch Press, 2005) 23.

고 있다.[64)]

이러한 기술들이 스팸을 막지 못할 뿐만 아니라, 적어도 나의 관점에서[65)] 스팸이 아닌 합법적인 대량우편까지 막고 있다. 가장 중요한 예가 정치적 이메일이다. 이메일의 큰 덕목 중 하나는 사회적, 정치적 의사소통의 비용을 줄이는 것이다. 그것은 정치적 표현을 위한 기회를 확대시켜준다. 그러나 스팸을 차단하는 기술들은 이처럼 중요한 사회적 표현들에 대한 세금으로 나타나고 있다. 그것들은 인터넷이 초기에 제시했던 중요한 약속을 효과적으로 제거하고 있는 것이다.

그러므로 코드만을 이용한 규제가 실패했고 네트워크가 원래 기여해온 중요한 가치에 실질적으로 해를 입히고 있기 때문에, 우리는 규제만을 코드화하는 대안을 고려해야 한다. 그리고 한 번 더 강조하지

---

64) CAN-SPAM Act of 2003, Public Law 108-187 (2003). 유럽의 법률을 개관하기 위해서는, D. I. Cojocarasu, *Anti-spam Legislation Between Privacy and Commercial Interest: An Overview of the European Union Legislation Regarding the E-mail Spam* (Oslo: University of Oslo, 2006) 참조. 내 생각에 우리들은 스팸을 "요구하지 않은 대량 상업용 이메일"이라고 정의한다. 각각의 요소는 필요하다. 요구하지 않았다는 것은 그러한 이메일을 받겠다는 동의가 없었음을 의미한다. 만일 동의가 있었다면, 그러한 요구는 제거되었을 것이다. 대량이란 그것이 친구들에게 혹은 소규모 집단들 내에서 배포가 규제되도록 의도되지 않았음을 의미한다. Cf. Sonia Arrison, "Canning Spam: An Economic Solution to Unwanted Email" 9 (Pacific Research Institute, Feb. 2004). 상업적이란 그것이 사회적 혹은 정치적 이메일을 규제하지 않는다는 것을 의미한다. 그리고 이메일이란 블로그 스팸을 포함하여 단순한 이메일 이상을 의미한다.

65) 내 생각에, 의회가 정치적 표현을 달리 취급하고, 이러한 표현을 단순한 "스팸"의 규제로부터 면제하는 것이 허용되어야 한다. 그 이유는 이러한 표현이 특별한 가치가 있기 때문만 아니라, 보다 중요한 것은 정치적 표현의 남용이 자연스럽게 규제되기 때문이다. 만일 내가 당신의 표를 얻고자 한다면, 나는 스팸으로 당신을 괴롭히지 않을 것이다. 그렇지만 만일 내가 당신에게 비아그라를 팔려고 한다면, 당신을 귀찮게 하는 것이 별로 문제가 되지 않을 것이다.

만 문제는 어떤 양식들의 조합이 합법적인 규제의 목적을 가장 잘 달성할 수 있는가이다.

다음의 물음에서부터 시작해 보자. 왜 스팸은 관리하기가 그렇게 어려운가? 간단한 이유는 분류되지 않은 상태로 오기 때문이다. 수취한 이메일을 열기 전까지는 스팸인지 아닌지 알 수 있는 간단한 방법이 없다. 그것은 우연이 아니다. 스팸발송자들은 만약 당신이 스팸인지 안다면 읽지 않을 것이라는 사실을 잘 알고 있다. 그래서 당신이 받은 이메일이 스팸이 아니라고 생각하도록 가능한 모든 조취를 취한다.

우리가 이 문제를 해결할 수 있는지 잠시 생각해 보자. 스팸에 표시를 하도록 요구하는 법이 있고 이 법이 집행된다고 생각해 보자. 물론 이것은 상상하기조차 어렵다는 것을 알지만, 잠시 나와 함께 참아 보자. 만약 제목란에 〔ADV〕와 같은 특정한 표시가 붙어서 스팸메일이 온다면 어떤 일이 발생할까?[66] 이미 우리는 어떤 일이 발생할지 알고 있다. 모두 또는 대다수는 이메일 클라이언트나 서비스 제목란에 〔ADV〕가 붙은 모든 메일을 차단해달라고 요구할 것이다. 이메일 역사상 영광스러운 순간이 될 것이고, 스팸이 생기기 이전의 시대로 복귀할 것이다.

그러나 규제의 궁극적인 결과가 언제나 처음에 의도한 결과대로 되

---

66) 정부의 반스팸메일법이 주법을 선제하기 전에 대부분의 주에서 이것이 법이었다. 그러나 이런 법률들은 내가 여기에서 제시한 구제책을 갖고 있지 않았기 때문에, 그들은 내가 여기에서 주장한 것들과는 직접적으로 관계가 없다. "Subject Line Labeling as a Weapon Against Spam," A CAN- SPAM Act Report of Congress (FTC June 2005). 이러한 해결책은 정보공개의 부담을 수신인에게 전환시키기 위한 목적으로 취해지는 일반적인 형태 중의 하나일 뿐이다. 보다 복잡한 제안을 보기 위해서는, Theodore Loder, Marshall Van Alstyne, and Rick Wash (2006), "An Economic Response to Unsolicited Communication", *Advances in Economic Analysis and Policy* Vol. 6, No. 1, Article 2, available at link #98.

는 것은 아니다. 그리고 이러한 종류의 규제에서 분명한 것은 처음에 의도한 결과가 일시적 현상이 될 것이라는 점이다. 만약 메일 수신함에 들어있는 불필요한 문서들 중 가치가 있는 것이 있다면, 이러한 초기 차단이 수신함에 도달하게 하는 다른 방법들을 찾아내는 인센티브가 될 것이다. 그리고 우리는 수많은 다른 방법들을 생각할 수 있다.

(1) 발송자들은 그런 이메일을 받는 것을 선택하는 수신자들을 모집할 수 있다. 그러한 선택은 이메일을 불필요한 것에서 필요한 것으로 변화시킨다. 그것은 더 이상 스팸이 아니다.
(2) 발송자들은 제목란에 다른 태그를 추가할 수 있다. 예를 들어, 만일 이 스팸이 여행에 관한 스팸일 경우, 태그는 〔ADV〕〔Travel〕로 될 수 있다. 그러면 수신자들은 Travel 이메일을 제외하고 모든 ADV를 차단하도록 그들의 필터를 수정할 수 있다.
(3) 발송자들이 메일을 받는 수신자들에게 지불할 수도 있다. 누군가 제안한 것처럼, 페니나 그 이상의 가치 있는 첨부물과 함께 이메일을 보낼 수 있다. 수신자들은 돈과 함께 오는 이메일을 제외하고 모든 ADV를 차단하도록 선택할 수 있다.

이와 같이 수정된 결과들의 핵심은 수신자들이 상업적 이메일을 속임수가 아닌 선택에 의해 수신한다는 것이다. 최초의 규제로부터 이러한 진화는 합의적 의사소통을 장려함으로써 이루어질 수 있는 더 많은 의사소통을 장려할 수 있다. 규제가 준수될 것이라고 가정한다면, 합의에 의하지 않은 소통은 제거될 것이다. 따라서 분류의 규칙이 지켜진다는 전제하에서 나는 단 한 페이지로 스팸의 문제점을 해결할 수 있다. 물론 그것은 불가능한 전제이긴 하다. 그 효과가 자신의 시장을 현저하게 위축시킨다면 어떤 스팸발송자가 이 규제에 따르겠는가?

이 문제에 답하기 위해서는 바이러스나 악의적인 프로그램과 달리 스팸에 관한 명백한 논점으로 되돌아가야 한다. 스팸 발송자들은 돈을 벌기 위해 사업을 한다. 돈을 추구하는 자들은 상대적으로 규제하기 쉬운 것으로 판명되었다. 만약 규제의 목표가 돈과 관련된다면, 당신은 그의 인센티브를 변경시킴으로써 그들의 행동을 통제할 수 있을 것이다. 만약 규제를 무시해서 치러야 하는 비용이 규제를 따르는 비용보다 더 크다면, 스팸 발송자들은 규제에 따를 것이다. 규제를 따른다는 것은 스팸행위의 변화를 의미하거나 다른 직업을 얻는 것을 의미한다. 어느 것이든 경제적 인센티브를 바꿈으로써, 스팸행위를 바꿀 수 있다.

그렇다면 어떻게 법을 통해서 스팸 발송자들의 인센티브를 바꿀 수 있을까? 스팸 발송자들이 법에 관심을 갖게 될 것이라고 믿을 만한 어떤 근거가 있는가?

사람들이 이러한 질문을 던지는 이유는 정부들이 스팸 발송자들을 기소하는 데 시간을 거의 소비하지 않는다는 사실을 아주 잘 알고 있기 때문이다. 정부들은 이것 말고도 할 일이 많다. 스팸을 범죄화하는 법조차도 많은 스팸 발송자들을 위협하지 못하는 것 같다. 그러나 여기에서 우리에게 필요한 것은 환상적으로 정교한 스팸필터를 장착할 때 코드제작자들이 생각하는 법을 적용하는 데 요구되는 일종의 독창성이다. 만약 정부에 의해 적용된 법률이 스팸 발송자들의 인센티브를 바꾸지 못한다면, 우리는 스팸 발송자들이 두려워하게 될 방식으로 적용되는 법을 찾아야 한다.

그러한 혁신 중 하나는 잘 규제된 보상시스템이다. 법은 스팸이 라벨을 달도록 요구한다. 그것이 유일한 의무사항이다. 그러나 라벨을 달지 않은 스팸에 대한 벌칙은 국가의 기소나 보상시스템을 통한 기소이다. 연방통신위원회는 충분한 수의 보상금 사냥꾼들을 모집하기 위해 그 수치를 정할 수 있다. 동의하지 않은 이메일을 보낸 당사자를 밝히는 데 1위를 하거나 5위 이내의 사람들에게 보상금을 지불할 수 있을 것이다. 하지만 보상금 사냥꾼들은 어떻게 그 작업을 수행할 수 있는가? 그들이 해야 할 첫 번째 일은 규제가 지켜지는지를 확인하는 것이다. 이 대답의 한 부분은 간단하지만, 다른 부분은 좀 복잡하다. 라벨이 달려있는지를 확인하는 일은 쉽지만, 과연 그 이메일이 상업적 이메일인지를 판단하는 것은 훨씬 더 복잡한 판단이 요구된다.

보상금 사냥꾼이 규제를 위반하였다고 확신이 든다면, 그는 책임당사자를 색출해내야 한다. 그리고 여기서 핵심은 현재까지 유일하게 의회에 통과된 스팸 관련법안인 반스팸메일 법에 상원의원 존 맥케인이 도입한 아이디어를 따르는 것이다. 그것은 바로 이메일을 보낸 사람이나 스팸메일을 통해 광고하는 광고주에게 책임을 지우는 것이다.

99%의 경우 스팸 발송자를 찾기는 불가능에 가까울 것이다. 스팸 발송자들이 자신의 정보를 숨기기 위해 사용하는 기술들은 매우 정교하다.[67] 하지만 스팸메일의 광고주들의 경우는 다르다. 스팸메일이 제 기능을 하려면 내가 돈을 지불할 누군가가 있어야 한다. 만약 그 구조가 너무 복잡하다면, 스팸메일은 수익을 낼 수가 없게 되어버린다. 그렇다면 대체 어떻게 광고주를 찾을 것인가?

여기서 신용카드 시장이 도움이 될 것이다. 신용조회 시 항상 거부되는 카드를 "보상금 사냥꾼 신용카드"라고 하고, 이러한 신용카드를 상정해 보자. 하지만 이 카드가 사용될 때마다 거래과정에 표시를 해놓아서 신용카드 소유자는 누가 지급을 요청하는지 확인할 수 있다. 이 카드의 유일한 목적은 부정행위를 찾아서 확인하는 것이다. 신용카드 회사는 이 카드에 특별요금을 부과할 수 있을 것이다. 그들은 분명히 자신들이 충분한 수익을 올릴 만큼 요구할 것이다. 보상금 사냥꾼들은 이 카드를 가지고서 누구에게 돈이 들어가는지에 관한 유용한 자료를 모을 수 있을 것이고, 이 자료들을 이용해서 보상금을 받을 수

67) Spammer-X, Jeffrey Polsuns and Stu Sjouwerman, *Inside the Spam Cartel: Trade Secrets from the Dark Side* (New York: Syngress Publishing, 2004) 참조.

있을 것이다.

그러나 만약 누군가가 다른 사람을 해치려는 목적으로 악용한다면 어떻게 막을 것인가? 예를 들어 나는 나의 경쟁자인 에이젝스 세탁소를 매우 싫어한다고 해보자. 그래서 나는 스패머를 고용해서 에이젝스 세탁소의 이름으로 캘리포니아 전 주민에게 특별행사기간에 관한 스팸을 보낼 것이다. 그런 뒤 나는 에이젝스 이름의 계좌를 개설하고 보상금 사냥꾼 카드를 이용해서 에이젝스를 몰아붙일 것이다. 그리고 나서 나는 연방통신위원회를 찾아가서 보상금을 받게 되며, 연방통신위원회는 에이젝스에게 상당한 벌금을 부과한다. 그러면 에이젝스는 결국 도산할 것이다.

이것이 바로 사냥꾼 시스템의 실질적인 문제이다. 하지만 이 역시 인센티브를 주의 깊게 선정하면 해결될 수 있다. 가장 확실한 방법은 이런 사기에 대해 사형을 선고할 수 있게 하는 것이다(만약 사형이 아니라 하더라도 중형을 내리는 것이다). 둘째로는 이 스팸조항으로 기소된 개인이나 회사들이 자신들은 스팸메일을 보내거나 보내도록 누군가를 고용한 적이 없다는 서약을 하게 하는 것이다. 그리고 이 서약을 하고 나면 모든 처벌에 대한 책임을 벗을 수 있다. 하지만 그것이 허위로 밝혀질 경우 훨씬 더 강력한 처벌, 개인과 회사의 자산에 대한 몰수를 포함하는 처벌을 내리는 것이다. 이런 서약에 한 번 서명한 회사는 의심받기 쉽다. 그러나 한 번 이상 그러한 서약에 서명한 회사나 개인은 정부의 조사대상이 될 것이다. 이 단계에서는 스패머들이 더 이상 스팸메일 발송으로 돈을 벌 수 없는 지경에 이를 것이다.

다시 강조하지만, 이 해결책은 혼합된 규제양식의 전략이다. **법**은 스팸의 **코드** 일부를 수정하기 위해 인센티브를 창출한다(이제는 라벨이 부착되어 온다). 이 법규는 **시장**과 **사회규범**에 바탕을 둔 인센티브의 복합적인 결합을 통해서 집행된다. 그 인센티브는 보상금 신용카드를 생산해내는 인센티브일 뿐만 아니라 재정적이고 규범적인(사람들은 실제 스팸 발송자들의 행위를 나쁘다고 생각한다) 보상금 사냥꾼이 되고자 하는 인센티브이다. 만약 제대로 돌아간다면 이러한 규제양식들의 조합은 스패머들이 받는 인센티브를 바꾸게 될 것이다. 그리고 그 변화는 대부분의 스패머들을 몰아내기에 충분할 것이다.

물론 이 전략에도 한계는 존재한다. 외국의 사이트에는 적용되지 않을 것이다. 또한 이데올로기적(혹은 병적인) 관심을 가지고 있는 스패머들 역시 영향받지 않을 것이다. 그러나 이런 스패머들은 서두에서 언급한 것처럼 코드의 해결책으로 처리될 수 있다. 일단 상업적인 이유로 보내지는 엄청난 스팸들이 제거되면, 다른 사례들은 좀더 직접적인 대응으로 다루어질 수 있다.

이 장이 매우 길어졌는데 몇 가지 중요한 논점이 있다. 첫째로는 관점에 관한 것이다. 규제가 과연 "표현 또는 언론의 자유를 침해" 하는 것인가에 관한 것인데 우리에게는 비교를 하기 위한 기준점이 필요하다. 내가 이 절에서 언급한 규제들은 현실세계에서 효과적으로 적용될 만한 규제이고, 내가 보기에는 표현의 자유를 "침해"하지 않는다.

둘째, 이 사례들은 아무것도 하지 않는 것이 규제하는 것보다 더 심하게 표현의 자유 가치를 더욱 열악하게 할 수 있음을 보여준다. 포르노 유통에 대해서 아무 법적 규제가 없다면, 그것은 오히려 포르노를 다루는 조악한 코드 규제를 양산하게 될 것이다. 스팸메일에 대한 효과적인 법적 규제가 없다면, 이메일을 망가뜨리는 코드를 확산시킬 것이다. 다시 말해 적절한 법규가 없으면 나쁜 코드를 산출해낸다. 포크 와그너가 지적한 바와 같이 "법과 소프트웨어 모두 규제의 조건을 규정한다. 법이 적다고 해서 반드시 더 많은 자유가 보장되는 것은 아니다."[68] 코드와 법이 모두 규제자(비록 다른 종류의 규제자이지만)인 것처럼 우리는 어떤 종류의 것이든 나쁜 규제를 피해야 한다.

---

68) R. Polk Wagner, "On Software Regulation," *Southern California Law Review* 78 (2005): 457, 516.

셋째로, 이 사례들은 사이버공간의 규제에는 항상 혼합된 양식의 전략이 필요하다는 사실을 잘 보여준다. 동부연안 코드든 서부연안 코드든 하나의 특효약은 존재하지 않는다. 오히려 테크닉의 혼합규제가 있으며, 특정한 규제목적을 달성하기 위해서는 이 양식들 간의 균형이 이루어져야 한다. 포크와그너가 지적했듯이 문제는 평형의 유지이다. 그러나 법은 특정 정책을 증진시키는 균형점을 보장하도록 그 혼합체를 조정하는 데 중요한 역할을 한다.

빈틈없는 규제를 통해서 우리는 규제의 괴리를 채우는 파괴적인 코드 중심의 규제를 피할 수 있을 것이다. 이로써 표현의 자유를 더욱 향상시키게 될 것이다.

3. 표현의 규제 : 자유 문화

표현의 자유와 사이버공간의 특별한 관계를 살펴볼 수 있는 세 번째 맥락은 제 10장에서 나온다. 이미 언급했듯이 저작권법의 구조와 디지털 네트워크의 구조 간의 상호작용은 저작권의 영역 내에서 어떤 입법도 예상하지 못했던 놀라운 창조력의 폭발을 불러왔다.

이런 변화의 요소는 간단하다. 저작권법은 최소한의 "복제물"을 규제한다. 디지털 네트워크는 "복제물"을 생산하는 기능을 한다. 디지털 환경에서는 복제하지 않고는 어떤 것도 사용할 수 없다. 따라서 이론상으로는 디지털 환경에서는 창작물을 사용할 때마다 저작권법을 촉발시킨다. 이는 현실세계의 삶으로부터 엄청난 변화를 가져온다. 현실에서는 저작권법에 저촉되는 일 없이 창작물을 "사용"할 수 있다. 당신이 친구들에게 농담을 전달하는 경우는 저작권법에 저촉되지 않는데, 그 이유는 어떤 "복제물"도 만들어지지 않으며 친구들에게 이야기한 것은 공공장소에서의 공연이 아니기 때문이다. 또 당신이 친구에게 당신의 책을 빌려주더라도 저작권법이 문제되지 않는다. 당신이 책을 읽더라도 저작권법은 전혀 신경을 쓰지 않는다. 사실 현실공간에서 모든 일상적인 문화의 사용은 저작권의 규제로부터 자유롭다. 저작권법은 단지 일반적이지 않은 사용, 즉 "출판"이나 공공장소에서의 공연 같은 것을 대상으로 한다.

통상적인 사용과 통상적이지 않은 사용의 괴리는 복제기술이 민주화되면서 줄어들기 시작했다. 제록스사가 첫 번째였고 카세트테이프레코더가 뒤를 이었다. 하지만 이런 기술들은 예외적인 경우였지 결코 주류를 이루지 않았다. 이 기술들은 저작권과 관련된 논란을 불러일으키긴 했지만, 저작권을 일상생활의 중심부로 이전시키지는 않았다.

디지털 기술이 그 일을 해냈다. 일상생활이 점점 더 인터넷으로 옮겨오면서 더 많은 일상생활이 저작권의 지배를 받게 되었다. 현실공간에서는 규제 없이 자유롭던 활동들이 사이버공간 상에서는 저작권의 규제를 받게 된 것이다. 이전에는 저작권의 규제와 전혀 싸울 필요가 없었던 창작활동이 이제는 비상식적이고 비효율적인 소유 시스템인 저작권 때문에 많은 장애물들을 치워야 한다. 창작활동의 상당한 부분이 자유 문화에서 허가제 문화로 바뀌었다. 표현의 자유가치의 문제는 과연 그 확장된 규제가 제지되지 않은 채 허용되어야 하는가이다. 나는 이 문제에 관해 내 자신의 입장을 가지고 있다.[69] 내가 놀람을 금치 못하는 것은 한편으로는 법원이 다수에게 곤혹스러운 성적 표현물 생산비용이 올라가는 것을 회피하려고 하면서,[70] 다른 한편으로는 저작권법이 창조적이고 비판적인 표현을 창작하는 비용을 올리는 것에 대해서는 아주 무감각하다는 점이다.

그러나 여기에서 우리의 목적을 위해 우리는 다시 한 번 우리 헌법

---

69) Lessig, *Free Culture: The Nature and Future of Creativity*, xiii~xvi.

70) Yochai Benkler, "Net Regulation: Taking Stock and Looking Forward," *University of Colorado Law Review* 71 (2000), 1203, 1249.

의 전통 속에 있는 잠재된 모호함을 보아야 한다. 대법원이 말하듯, 수정조항 제1조는 저작권의 범위에 중요한 한계를 지운다. 그중에는 적어도 저작권은 "아이디어"를 규제해서는 안 되며 "공정사용"에 복종해야 한다는 필수요건이 있다. 그러나 "전통적인 수정조항 제1조의 안전장치"는 저작권이 규칙이 아니고 예외적이었던 맥락에서 만들어졌다. 우리는 아직까지 창작물을 사용할 때마다 저작권의 통제를 받아야 하는 전통을 가지고 있지 않다. 디지털 기술이 그러한 세상을 만들어냈다. 하지만 세계의 대부분은 아직 그 사실을 인식하지 못하고 있다.

그렇다면 이 세계에서 수정조항 제1조의 가치는 어떻게 되어야 하는가? 한 견해는 수정조항 제1조는 이 세계에서 "아이디어/표현"의 경계를 최소한 보호하고, "공정사용"을 보장해주는 것 이외에는 아무런 역할이 없다는 것이다. 이 견해에 의하면 이 최소한의 조건만 보장되면 창작활동에 대한 의회의 규제범위는 절대적이다. 물리적인 형태로 환원되는 어떠한 창작행위도 독점적인 저작권의 지배를 받게 된다. 그리고 디지털 환경에서 모든 창작행위가 물리적인 형태로 환원된다면, 이 견해는 디지털 세상의 모든 것이 저작권의 적용 대상이 된다는 것을 의미한다.

이에 대한 반론은 저작권의 무제한적 확장을 거부한다. 독점적인 저작권은 일부 상업적 용도나 혹은 "증진, 진보"시키는 데 필요한 경우에는 의미가 있지만, 대다수의 창작물에 저작권법의 부담을 지울 정당한 근거가 없다는 것이다. 비디오북 과제물을 만드는 아이가 책의 원저자로부터 분명한 허락을 얻거나, 자신이 좋아하는 음악가들의 혼합물을 만드는 친구들이 음반사의 승낙을 받지 않고서는 이러한 작업을 할 수 없다면, 그것은 저작권의 범위를 정당한 목적 이상으로 확대시키는 것이다. 그러나 분명한 것은 헌법 기초자들은 두 견해 사이에서 어떠한 선택도 하지 않았다는 점이다. 그들은 창작물의 매 사용 시마다 (효과적으로) 저작권으로 통제되어야 하는 상황을 맞닥뜨린 적이 없었다.

1790년에는 어떠한 통제도 극히 부담스러운 일이었을 것이다. 그리고 확신하건대, 독점에 대한 그들의 강한 혐오와 그들이 제정한 매우 제한적인 지적 재산권 조항으로 미뤄볼 때, 그들이 어떤 견해를 지지했을지 나는 확신을 가지고 있다. 그러나 지금 결정해야 할 선택이 있다면 그것은 그들이 결정하지 않았던 선택이다. 표현의 자유가치로 이처럼 급격하게 증가하는 저작권의 규제범위를 제한할 것인가의 선택은 우리의 몫이다.

4. 표현의 규제자 : 배포

지금까지 구조에 관한 나의 주장들은 사이버공간의 구조에 관한 것이었다. 이 마지막 이야기에서 나는 그 경계들을 약간 흐트리고자 한다. 나는 방송규제에 관해서 중요한 것을 보여주기 위해서 사이버공간의 구조를 이용하고자 한다.

연방통신위원회(Federal Communications Commission)는 언론을 규제한다. 내가 샌프란시스코에 있는 98.6 MHz의 FM 라디오에서 정치연설을 방송한다면, FCC는 나를 형사고발할지도 모른다.[71] 샌프란시스코에서 98.6 주파수로 방송하려면 허가를 얻어야 하는데, 나는 그런 허가를 받지도 않았고, 허가 없이 방송하면 그것은 범죄다. 헌법에서 "의회는 언론 및 출판의 자유를 제한하는 … 어떠한 법도 만들어서는 안 된다"고 밝히고 있음에도 불구하고 그 행위는 범죄이다. "무엇 때문에?"

---

71) *United States v. Dunifer*, 219 F. 3d 1004 (9th Cir. 2000). (FCC는 해적라디오 방송국이었던 Free Radio Berkeley를 폐쇄함) ; *United States v. Any & All Radio Station Transmission Equip.*, 2004 U. S. Dist Lexis 24899 (D. N. Y. 2004) ; *United States v.Szoka*, 260 F3d 516 (6th Cir. 2001). 47 CFR 73. 277 (1998) 참조.

그 대답은 방송기술을 관리하는 미국 법리의 핵심에 뿌리깊이 놓여 있는 전제에 근거하고 있다. 즉, 오직 제한된 범위의 주파수만 방송에 이용될 수 있으며, 방송을 가능하게 하는 유일한 방법은 사용자들에게 그 주파수대를 쪼개서 할당하는 것이다. 그 사용자들만이 할당된 주파수를 특정 지역에서만 사용할 수 있는 자격을 갖는다. 이런 할당이 없다면 대혼란이 일어날 것이고, 그런 상황에서는 어떤 방송도 불가능해질 것이다.

이러한 견해는 1927년 의회가 라디오법을 통과시키고 난 뒤 처음으로 헌법 무대에 등장하였다.[72] 1926년 상무부장관 허버트 후버(Herbert Hoover)는 다수의 연방 항소법원들이 그가 방송을 통제할 권한이 없다고 판결한 뒤에 규제관행을 포기했다. 만일 그에게 그런 권한이 없다면 보이지 않는 손이 통제하게 될 것이라고 그는 말했다. 하지만 후버는 보이지 않는 손과는 전혀 친숙하지 않은 사람이었다. 그는 연방관할권을 철회하면서 앞으로 어떤 사태가(대혼란) 일어날지를 예견했으며, 어떤 이들은 그가 자신이 예상했던 사태를 발생시키는 데 조력했다고 지적하기도 한다. 그는 방송국끼리 서로 잡아먹고, 결국 방송은 진흙탕이 될 것이라고 말했다. 뭔가 혼란사태가 일어나자 후버는 새로운 연방규제책을 정당화하기 위해서 이 사태를 이용했다.[73]

그러자 의회는 FCC에게 광범위하고도 적극적인 방법으로 규제할 수 있는 권한을 부여함으로써 이 사태를 수습하였다. 오직 허가받은

---

72) 47 USCA 81~119 (1927) (1934년의 통신법에 의해 폐지됨).

73) *Red Lion Broadcasting Company v. Federal Communications Commission*, 395 US 367, 375~77 (1969); *National Broadcasting Company v. United States*, 319 US 190, 212~13 (1943). 토마스 헤즐렛은 FCC 규제의 필요성이 등장한 역사적 배경에 관한 프랑크퍼터의 입장에 대해서 설득력 있는 비판을 하고 있다. Thomas W. Hazlett, "Physical Scarcity, Rent Seeking, and the First Amendment," *Columbia Law Review* 97 (1997): 905, 933~34.

사람만 방송할 수 있으며, 그가 방송한 것은 그들이 받은 허가에 의해서 통제될 것이다. 또한 그들은 공공이익에 부합되는 것만을 말할 수 있었으며, 그들의 취재원을 상대 방송국들과 공유하도록 했다. 한마디로 방송은 소련이 경제를 규제했던 것과 똑같은 방식으로 규제되어야 한다고 의회는 말했다.[74] 우리에겐 아무런 선택의 여지도 없었다. 이 체제를 지지하면서 펠릭스 프랭크퍼터(Felix Frankfurter) 판사가 말한 것처럼 소련식의 규제는 방송의 "속성"에 의해서 강제되었다.[75]

그러나 처음부터 많은 회의가 있었다. 주파수대가 규제되어야 한다는 것보다는 그것을 규제하는 수단에 대한 회의였다. 중앙의 정부기구가 재산을 할당하는 것이 과연 필요한가? 회의주의자들은 커먼로에 의거하는 것이 연방정부가 직접 개입하는 것보다 더 좋지 않은가 라고 주장하기도 했다. 또한 정부가 직접 개입하지 말고 주파수를 거래가 가능한 재산권으로 만들자는 의견도 있었다. 로널드 코스는 주파수를 허가하는 것이 아니라 경매에 붙이자는 의견을 주장한 가장 유명한 사람이다.[76] 코스의 아이디어는 50년이 지나서야 채택되었다. 이제야 비로소 FCC는 상당량의 방송 주파수대를 경매에 붙이기 시작했다. 올해 들어 FCC는 UHF텔레비전 주파수를 포함하여 주요 주파수를 판매하기로 입장을 정리하였다.

FCC가 주파수를 할당하든 주파수에 재산권을 부여하든 어느 경우든 정부의 역할이 있다. 이 역할은 FCC가 주파수를 할당할 때 가장 커질 것이다. 주파수가 자산으로 전환되면 연방통신위원회는 단지 재산권이 설정하는 경계만 집행하면 된다. 그래서 그것은 정부가 누구를

---

74) *Turner Broadcasting System, Inc. v. FCC*, 512 US 622, 637~38 (1997); Huber, *Law and Disorder in Cyberspace.*

75) *National Broadcasting Company, Inc v. Columbia Broadcasting System*, 213.

76) Ronald H. Coase, "The Federal Communications Commission," *Journal of Law and Economics* 2 (1959): 1.

가장 선호하는지를 결정하기보다는 훨씬 수월한 정부의 조치가 될 것이다.

그러나 이러한 형태의 정부규제는 모두 건국 당시의 "언론"과 매우 다른 "언론"(적어도 주파수를 사용하는 언론)을 만들어낸다. 1791년의 "언론"은 〈뉴욕 타임스〉나 〈월스트리트 저널〉이 아니었다. 당시의 언론은 수백만의 구독자를 가진 거대한 사익의 조직체로 구성되지 않았다. 오히려 당시 언론은 오늘날의 인터넷과 더욱 흡사했다. 인쇄비용은 낮았으며, 독자층이 얇았다. 식견이 있는 사람은 누구든 출판가가 될 수 있었고, 실제로 엄청나게 많은 출판사가 있었다. 헌법이 '표현'의 자유를 말할 때, 헌법이 염두에 두고 있던 구조는 인터넷 구조인 것이다.[77]

그러나 주파수 허가제와 주파수 자산화는 매우 상이한 시장을 창출한다. 어느 쪽을 택하든 그 대가는 진입장벽이 되어버린다. 그것은 마치 "신문출판 허가"가 있어야 신문을 낼 수 있는 것과 같은 상황이다. 만약 허가증이 비싸다면 소수만 신문을 출간할 수 있을 것이다.[78]

물론 수정조항 제1조 하에서는 정부가 신문출간을 허가제로 만드는 것은 (적어도 허가가 비싸고 언론을 공격대상으로 삼는 경우는) 상상조차 불가능할 것이다. 그 이유는 우리 모두가 정부의 인위적인 장벽이 아니라 경쟁을 통해 진정 가치 있는 매체가 살아남기를 바라는 강한 통찰력을 갖고 있기 때문이다. 그리고 우리는 정부가 신문시장을 "합리화"시킬 필요가 없는 것도 직관적으로 알고 있다. 사람들은 정부의 도움 없이도 경쟁하는 신문들 중에서 선택할 능력이 있다.

그렇다면 주파수에 대해서도 동일한 논리가 적용되는 것인가? 우리

---

77) Paul Starr, *The Creation of Media: Political Origins of Modern Communications* (Basic Books, 2004), 25~46.

78) Yochai Benkler, "Net Regulation: Taking Stock and Looking Forward," *University of Colorado Law Review* 71 (2000), 1203.

대부분은 “주파수”가 어떻게 작동하는지를 전혀 모른다. FM 및 AM 라디오에서 듣는 이상한 소리와 불안정한 수신상태는 마치 방송국과 수신기 사이에 특별한 마법이 작용한다고 믿게 만든다. 그러한 마법이 없다면 라디오 전파는 서로 “간섭을 하게” 된다. 이런 충돌과 그로 인해 야기될 혼란을 피하기 위해 뭔가 특별한 협력이 필요하다고 생각한다. 이 견해에 의하면 라디오 전파는 섬세하고 보이지 않는 비행기 같아서 재앙을 피하기 위해서는 지상관제탑의 조심스러운 도움이 필요하다. 그러나 우리들 대부분이 라디오에 대해서 생각하고 있는 바는 사실이 아니다. 라디오 전파는 나비와 달라서 연방정부의 보호를 필요로 하지 않는다. 인터넷을 사용하는 모두에게 아주 친숙한 기술이 입증하고 있듯이, 사실 주파수 허가제건 주파수 자산화건 근거가 거의 없다. 보이지 않는 손만으로도 충분히 가능한 것이다.

그 방법에 대한 힌트를 얻기 위해서는 두 맥락, 모든 이들이 낯익은 것 중 적어도 한 맥락을 살펴 보라. 의심의 여지없이 라디오 전파는 음파와는 매우 다르다. 그렇지만 여기에서 우리의 목적을 위해서 다음의 유추가 유용하다. 당신이 파티에 갔다고 해보자. 방 안에는 50명의 사람이 있고 그들은 모두 대화를 나누고 있다. 그들 각각이 음파를 만들어낸다. 그러나 비록 그 많은 스피커가 제각기 다른 음파를 만들어 내더라도, 우리는 옆 사람과 대화하는 데 아무런 불편함을 느끼지 못한다. 누군가 소리를 지르지 않는 한, 우리가 듣는 데 아무 문제가 없다. 일반적으로 말하자면 파티는 (적어도 초저녁까지는) 똑똑한 화자와 그 말에 귀기울이는 청자들로 구성되기 때문에 방안의 모든 이들이 아무 불편함 없이 대화할 수 있다.

라디오 역시 송수신기가 비슷한 지능을 갖출 수 있다면 이와 유사하게 작동할 수 있다. 보통의 FM이나 AM 라디오가 가지고 있는 멍청한 수신기가 아니라 똑똑한 라디오는 어느 것을 들을 것이며 의사소통할지를 파티장에서 사람들이 대화에 집중하도록 습득하는 것처럼 잘

해낼 수 있을 것이다. 이에 대한 최상의 증거는 내가 주파수의 기능에 대한 믿음을 몰아내기 위해 준비한 두 번째 사례이다. 그것은 바로 "WiFi"인데, 이것은 일반적으로 컴퓨터들이 허가 받지 않은 주파수대를 함께 "공유하도록" 해주는 프로토콜의 대중적인 명칭이다. 가장 널리 쓰이는 주파수는 2.5GHz와 5GHz대이다. WiFi는 다수의 컴퓨터들이 이 주파수대를 이용해 통신할 수 있도록 해준다.

이 책을 읽는 대부분의 독자는 WiFi 기술에 별다른 의문을 품지 않을 것이다. 나는 수업 때마다 그것을 본다. 강의실을 가득 채운 학생들이 대부분 랩탑 컴퓨터를 가지고 인터넷으로 아무도 모를 무엇인가에 열중하고 있는 모습을 본다. 각자의 컴퓨터에 있는 프로토콜은 좁은 주파수대를 "공유"할 수 있게 해준다. 마치 사람들이 칵테일파티에서 대화할 수 있도록 보장하기 위해서 정부가 필요 없듯이, 어떤 컴퓨터가 언제 어떻게 말할 수 있는지를 지시하는 정부나 규제자가 없다.

물론 이 예들은 작고 제한적이다. 하지만 요즘에는 이 기술의 습득을 가능한 널리 퍼뜨리는 데 전념하는 산업도 존재한다. 일부 이론가들은 라디오 주파수의 용량을 최대화하는 초광대역 기술을 사용하는 모델들 위에 모든 주파수를 가장 효율적으로 사용하는 시스템을 구축할 수 있다고 믿고 있다. 그러나 주파수를 자유롭게 사용하는 세상에 비관적인 사람들조차도 주파수 할당제는 주파수가 실제 어떻게 작동하는지 제대로 모르는 사람들의 주장이라는 것에 동의한다.

이 잘못된 전제의 가장 확실한 예는 바로 주파수 사용에 필수적인 제한을 가하기 위해 만든 제도들이다. 이 전제들은 주파수가 자산이 될 수 있다는 아이디어에 의해 강화되고 있다. 우리가 갖고 있는 이미지는 주파수가 지나치게 방임될 수 있는 자원이라는 것이다. 마치 너무 많은 소들이 목축지에서 방목되듯이 사용자가 너무 많아서 채널을 막을 수 있다는 것이다.

물론 밀집현상은 주파수 사용에서 일어날 수도 있는 현상이다. 그러나 다시 한 번 강조하지만 우리가 인식해야 할 중요한 논점은 밀집현상은 어디까지나 설계구조의 문제이다. WiFi 네트워크는 당연히 정체될 수 있다. 하지만 주파수를 "공유하는" 다른 구조는 반드시 그렇지 않다. 사실 이런 구조하에서 더 많은 사용자들은 용량을 떨어뜨리는 것이 아니라 오히려 증가시킨다.[79] 이런 시스템을 가능하게 하는 핵심적 요소는 모든 수신기를 주파수 구조에서 중심점이 되게 한다. 사용자들은 다른 사람의 방송 소비자가 아니라 오히려 수신자들이 방송 송출자이다. 비트토렌트(BitTorrent) 같은 P2P 기술이 콘텐츠 분배 이용을 분담하도록 사용자들의 대역폭을 이용하듯이, 특정한 그물 네트워크의 주파수 구조 내에서 사용자들은 네트워크의 주파수 용량을 증가시킬 수 있다. 이런 구조에서는 주파수를 사용하는 사람들이 많을수록 다른 사람들이 사용할 수 있는 주파수가 더 많아지며, 그것은 공유지의 비극이 아니라 희극을 만들어 낸다.

이러한 그물 시스템의 기본 구조는 시스템 내에 있는 모든 컴퓨터가 송수신기 역할을 동시에 할 수 있게 한다. 물론 이것은 이미 이 컴퓨터들의 모습이다. WiFi 네트워크에 연결된 컴퓨터는 방송 중계탑으로부터 전송을 받고 보낸다. 하지만 이 구조는 '일 대 다'의 방송구조이다. 그물구조는 이와 조금 다르며 각각의 라디오는 그물 내의 다른 라디오에 데이터 패킷을 전송할 수 있다. 다시 말해서 각각은 네트워크 내에서 중계기가 되는 것이다. 그리고 새로운 중계기가 추가될 때마다 전체 네트워크의 능력은 증가한다. 이것은 인터넷과 매우 흡사한 구조이다. 기계들은 주소를 가지고 있으며 넷으로부터 보내진 패킷을 수집한다.[80] 당신의 기계는 다른 모든 기계들과 넷을 공유하게 되지만,

79) 예를 들어, 사용자가 증가함에 따라 용량이 증가하는 바이러스와 같은 그물조직의 네트워크를 설계하려는 MIT의 연구를 참고하시오. Collaborative (Viral) Wireless Networks, link #99 참조.

80) 이더넷은 이처럼 매우 효과적으로 작동한다. 이더넷 네트워크 상에서 데이

넷은 이 공유자산을 공유하는 프로토콜을 갖고 있다. 따라서 이 프로토콜에 동의를 하면 더 이상의 규제는 필요가 없다.

내가 이 절에서 제기한 물음을 파악하기 위해서 우리는 기술적인 문제를 더 이상 깊이 다룰 필요가 없다. 만약 기술이 주파수 허가제나, 주파수 자산화 없이 라디오가 주파수를 공유할 수 있게 한다면, 과연 정부가 둘 중 하나의 규제를 적용하려는 것이 어떻게 정당화될 수 있겠는가. 아니면 이 절의 초반부와 결부시켜 보면, 주파수 사용자가 정부의 협력 없이 주파수를 사용할 수 있다면, 주파수에 재산 시스템을 부과하는 것이 정부가 신문에 출판권을 부과하는 것보다 더 정당화될 수 있는 이유는 무엇인가?

물론 공유가 가능한 구조란 정부의 규제로부터 완벽히 자유로워짐을 뜻하는 것이 아니다. 예를 들어 정부는 인증받은 기기만 네트워크에서 사용할 수 있다고 규정할 수도 있다(연방통신위원회는 이미 주파수의 범위 내에서 방송할 수 있는 기기에 대해 규정하고 있다). 정부는 그물구조를 증가시키기 위한 기술개발을 촉진시키거나 송신기의 성능에 불법방해와 같은 제한을 부과할 수도 있다. 그러나 이런 단순한 규제들 외에 정부는 주파수 사용자에 대한 제한을 두려고 하지 않을 것이다. 특히 정부는 돈을 지불하지 않거나 허가받지 않은 사람들이 주파수를 사용하는 것을 막지 않을 것이다.

이제 우리는 주파수에 관하여 두 가지 구조를 갖게 되었다. 하나는 주파수가 할당되는 것이고, 다른 하나는 (신문시장처럼) 주파수가 공유되는 것이다. 그렇다면 과연 어느 것이 수정조항 제1조의 설계와 더

터는 그 네트워크에 연결된 각각의 기계 속으로 흘러들어 간다. 각각의 기계는 데이터를 탐지하고 기계에 지정된 정보에 주의를 기울인다. 이러한 과정은 보안에 확실한 결점을 만들어낸다. '탐지자'(*sniffer*)는 '무차별적인 방식'을 취할 수 있고, 다른 기계에 지정된 전송 패킷들을 읽게 된다. Loshin, *TCP/IP Clearly Explained*, 44~46 참조.

일치하는가?

이제 마지막으로 해석의 사례를 들어 보자. 우리는 미국 건국 당시의 구조와 기능적으로 동등한 구조 그리고 소련 건국 당시의 구조에 상응하는 구조 사이에서 선택을 한다. 한 구조는 권력을 분산시키고 표현을 촉진하는 반면, 다른 구조는 권력을 집중시키고 표현의 비용을 높인다. 두 가지 선택 가운데 미국의 제정자들은 하나를 택하였다. 국가는 직접이건 간접이건 말하는 이에게 허가하는 일을 해서는 안 된다. 그러나 그것이 바로 주파수대 할당이 허용하는 임무인 것이다.

나는 나의 동료 요차이 벤클러와 함께[81] 제정자들의 헌법원문을 충실하게 읽는다면 주파수대역 할당체제를 무너뜨리게 될 것이라고 주장해왔다.[82] 또한 헌법을 충실하게 읽는다면 그토록 강력하게 권력을 집중시키는 구조를 거부하게 될 것이다. 제정자들이 채택했던 언론의 모델은 인터넷 모델이었다. 분산되고, 탈중앙적이며, 자유와 다양성이 만개하는 언론이 그것이다. 물론 우리가 과연 충실한 독해를 할 것인지 선택해야 한다. 충실한 해석—번역은 그 자체의 규범적 증거를 제시하지 않는다. 그러나 만일 충실성이 우리의 목표라면, 이것이 답

---

81) Yochai Benkler and Lawrence Lessig, "Net Gains," *New Republic*, December 14. 1998 참조.

82) 이러한 논거를 기초 지은 사람은 엘리 노암이 분명하다. Eli Noam, "Spectrum Auctions: Yesterday's Heresy, Today's Orthodoxy, Tomorrow's Anachronism-Taking the Next Step to Open Spectrum Access," *Journal of Law and Economics* 41 (1998): 765 참조. 벤클러는 (비판적인 방식으로 나의 견해에 입각한다면) 그것에 공유의 가치를 첨가시킴으로써 흥미를 돋구었다. 기술적인 목적이 아니라 그것과 유사한 정치적 목적에 대한 매우 설득력 있는 주장에 관해서는 Eben Moglen, "The Invisible Barbecue," *Columbia Law Review* 97 (1997): 945 참조. 모글렌은 "Great Barbecue"에서 텔레커뮤니케이션 권리를 분할하는 사회정치적 결과에 대한 논쟁이 부족하다고 지적하면서 철도산업과 관련된 특권이나 이익을 할당했던 미국의 금권시대(*Gilded Age*)와 비교하였다.

변이다.

5. 표현의 문제가 주는 교훈

이 책의 초반부에서 내가 제약의 양식들이라고 기술했던 것을 이 장에서는 보호의 양식들로 기술하였다. 제약의 양식들이 개인을 위협하는 창(권력들)으로 사용될 수 있다면, 보호의 양식들은 방패(권리들)로 사용될 수 있다.

이론적으로 우리는 네 가지 양식들이 표현을 보호하는 방법에 대해서 생각해볼 수도 있겠지만, 여기에서 나는 구조에 초점을 맞추었다. 어떤 구조들이 어떤 표현을 보호하는가? 구조가 바뀌면 그것에 의해 보호되던 표현의 종류를 어떻게 변화시키는가?

나는 포괄하려고 시도하지 않았다. 그러나 구조와 표현 간의 관계를 글로벌하게 전달하고, 특정한 구조하에서 무엇이 허용되고 어떤 구조들이 허용되는가를 생각해보기 위해서 헌법적 가치들을 사용하는 관점을 밀고 나갔다. 우리의 현실공간의 헌법은 사이버공간의 헌법에 그 가치들을 전달해야 한다. 적어도 그것은 헌법적 가치들과 모순되는 방향으로 사이버공간을 건설하려는 국가의 시도들을 제한해야 한다.

제 13 장
막간

잠시 멈추고 바로 앞의 세 장을 되돌아보자. 각 장에서 제기되는 물음들에는 하나의 패턴이 있다. 그것은 어떻게 해서 세 물음들이 동일한 것인지를 이해하는 방법이다.

어떤 점에서 각각의 장들은 다음과 같은 질문을 던진다. 정보에 대한 통제를 어느 정도까지 허용해야 하는가? 이러한 통제는 누가 행사하도록 해야 하는가? 지적 재산권을 보호하는 코드와 공정사용 간에, 프라이버시를 보호하도록 시장을 건설하려는 코드와 시장과 관계없이 개인에 관한 사실을 보도할 권리 간에 전쟁이 벌어지고 있다. 그리고 완벽한 여과과정을 보장하는 코드를 택할 것인지, 아니면 누가 무엇을 입수하는지에 간섭하지 않는 구조를 택할 것인지 전쟁이 벌어지고 있다. 각각의 사안들에서 규제와 비규제 간의 균형을 요구한다.

각 사안에 대한 나의 입장이 다양한 것처럼 보일지도 모르겠다. 지적 재산권에 관해서, 나는 읽는 것을 추적하는 코드에 반대하며 지적 공유를 위한 폭넓은 공간을 보장하는 코드에 찬성한다. 프라이버시 맥락에서 나는 개인들에게 선택권을 부여하는 코드에 찬성한다. 개인은 암호화하도록 선택할 수도 있고, 어떤 개인정보가 타인들에 의해 수집되어도 좋은지를 표명하는 선택을 할 수도 있다. 코드는 그 선택을 가능하게 할 것이고, 법은 그러한 코드를 장려할 수도 있다. 그러나 표현의 자유의 맥락에서 나는 완벽하게 언론을 검열하는 코드에 반대한다. 표현의 자유 측면에서 완벽한 선택권을 허용하는 것은 너무나도 위험한 일이다. 물론 보다 나은 선택이 더 좋은 것이다. 따라서 평판이 좋은 시스템에 권한을 부여하는 코드가 좋은 것이고, 방송의 합법적인 범위를 넓혀주는 코드가 좋을 것이다.

세 사안 모두에서 나의 목적은 중앙집중화된 선택구조에 반대하는 것이다. 그러나 여과의 맥락에서는 지나치게 개인화된 구조에 반대하는 것이다. 당신은 이러한 선택들이 일관성이 있느냐고 물을 것이다. 나는 그렇다고 생각한다. 당신이 동의하는지 여부는 중요하지 않다. 당신은 다른 방식의 균형이 의미가 있다고 생각할지도 모른다. 아마 지적 재산권이나 여과에 대해서는 규제를 더욱 강화하고 프라이버시에 대해서는 규제가 적은 것을 선호할지도 모른다. 나의 진정한 관심은 이러한 이익형량의 필요성과 언제든 균형이 요구되는 주장 속에 함축된 가치들의 필요성을 전달하는 데 있다. 공익과 사익의 충돌은 항상 존재하며, 나의 권리는 언제든지 공익과 비교형량되어야 한다. 어느 한쪽이 얼마만큼 보장될 것인지에 관해서 항상 선택해야 한다. 이러한 문제들은 본질적으로 공법의 문제이다. 즉 헌법적 가치들을 구체적으로 어떻게 배치할 것인가? 구체적인 사실관계 속에서 어떻게 균형이 이루어질 수 있을까?

어떤 불균형에 대해서 누가 책임을 져야 하는지를 밝히는 작업을 등한히 하면서 이 점을 강조해왔다. 여과장치들이 너무 많다거나, 프라이버시가 충분치 않다거나 또는 지적 재산권에 대한 통제가 너무 많다고 생각하는 사람들이 있다. 그러나 이 문제들은 정부가 그 불균형에 책임이 있지 않는 한 공적 관심사가 아니다. 미국에서 헌법적 가치는 단지 국가행위가 확장되는 만큼 확장된다. 물론 나는 국가행위가 이러한 맥락들로 어떻게 확장되는지를 보여주지 않았다.

그럴 의향도 없다. 내 견해로는 미국의 전통은 적어도 헌법적 가치가 어디까지 확장되어야 하는가에 관하여 모호성을 드러내고 있다. 정부만이 유일한 규제자인 세상에서는 헌법적 권위를 국가행위로 한정시키는 것이 의미가 있다. 그러나 규제의 양식이 다양화되면 헌법적 가치의 범위를 한정시킬 이유가 없다. 헌법제정자들은 이 문제에 대해서 선택하지 않았다. 코드를 이용한 규제에 헌법적 가치를 불어넣지 못할 이유가 없다. 이 영역에서의 삶이 왜 전통적으로 헌법이 부여해온 한계와 보호로부터 단절되어야 하는지 어떠한 논증도 확립된 적이 없다.

코드는 지금까지 내가 강조한 개인의 권리와 집단적 권리 간의 균형을 깨뜨리고 있다. 다음 장에서는 다른 균형이 이루어지고 있다. 그것은 코드에 의해서 나타나는 균형이다. 그러나 이것은 국가와 개인 간의 균형이 아니라 국가와 사이버공간구조의 내적인 규제들간의 균형이다. 이제 전통적인 주권이 위협을 받고 있다. 과연 우리는 어떻게 그 전통을 코드가 법인 세상에 적합하도록 해석할 것인가?

제 4 부

주권들의 경합

주권 그 자체는 매우 중요하게 받아들여진다. 특히 사이버공간에서는 더욱 그렇다. 개별 주권자는 그 자체의 고유영역이라는 강한 의미를 가지며, 때로는 그 의미가 다른 영역에서의 지배로 해석되기도 한다. 보다 많은 사람들이 온라인으로 이동함에 따라, 표현이나 행동을 통제하려는 한 주권이 다른 주권과 충돌하는 사태가 많아질 것이다. 그러한 충돌을 통해서 우리들은 인터넷이 가장 중요한 특성인 생성력을 갖고 있다는 사실을 알게 될 것이다.

나는 이러한 충돌의 문제에 두 단계로 접근하려고 한다. 제 4부의 첫 번째 장에서는 충돌의 문제와 관계없이 주권의 문제를 다룬다. 주권은 무엇을 의미하는가? 그것이 어떻게 명백해지는가? 다음 장에서는 주권 간의 충돌로 인하여 발생하게 될 특별한 역동성에 초점을 맞출 것이다. 나는 그러한 충돌이 인터넷의 구조를 이미 낯익은 특정 형태로 전환하도록 압력을 가할 것이라는 점을 지적할 것이다.

제 14 장

주권

베트남은 공산주의 국가이다. 이제 거의 남아 있지 않은 몇몇 공산국가들 중 하나이고, 그곳의 공산주의는 냉전을 야기하였던 공산주의와는 완전히 다르다. 그럼에도 불구하고 베트남은 여전히 호치민 당서기를 통해서 국가의 정체성을 맑스와 레닌에 연결시키고 있는 주권국가이다. 미국은 공산주의 국가가 아니다. 베트남에게는 패했지만 냉전의 승리자인 미국은 스스로를 맑스와 레닌의 이데올로기에 반대하는 국가로 규정하는 국가이다. 베트남은 국가의 이념을 국가를 소멸시키는 데 기여하는 것으로 규정하고 있다. 미국은 자유에 봉사하는 축소된 국가를 그 이상으로 하고 있다. 통제는 공산주의 모델이요, 자유는 미국의 모델이다.

아니면 우리들은 그와 비슷하게 생각한다.

나는 공산주의 국가들에 어느 정도 매력을 느끼고 있음을 고백한다. 1980년대 초반 나는 입국이 허가된 유럽의 공산국가들을 모두 여행하였다. 1996년 여름에는 내내 베트남을 여행하며 보냈다. 혼자서, 이메일도 없이, 나는 나의 어린 시절 미국이 수출했던 냉전의 희생양이

되어버린 그 나라를 이해하려고 해보았다. 나는 세계 도처의 많은 곳을 다녀보았지만, 이곳보다 더 볼 만한 곳은 가보지 못했다. 누구나 항상 그들의 용서에 압도된다. 어떤 미국인이라도 베트남인들의 따뜻함과 환영에 압도되지 않을 수 없을 것이다. 만일 우리가 전쟁에서 "이겼더라면", 아마도 우리는 그렇게 쉽게 용서하지 못했을 것이다. 그러나 용서는 분명 승자에게서 나올 수 있는 것이 명백하다.

나는 용서를 이해하기 위해 그곳에 간 것이 아니라 그 나라가 어떻게 운영되는지를 배우기 원했다. 베트남이 시민들을 어떻게 통제하는지, 국가가 어떻게 지속적으로 규제하는지, 그리고 마지막까지 남은 공산국가의 하나로서 어떤 특징을 갖고 있는지 알고 싶었다. 그래서 나는 변호사들, 사업가들, 그리고 베트남에서 새롭게 등장하고 있는 넷〔"넷남"(NetNam)〕의 운영자들과 대화를 나누는 데 많은 시간을 할애했다. 아주 빠르게 놀라운 영상이 떠올랐다.

비록 베트남 국가는 국가의 권한이 거의 제한을 받지 않는 "공산주의" 이데올로기를 신봉하고 있고, 개인적인 선이나 자유보다는 공동선을 그 이상으로 하고 있으며, 서방국가 사람들이 생각하는 자유가 문서상으로는 없지만, 나는 베트남인들이 일상생활 속에서 미국인들보다 훨씬 "규제"를 덜 받고 있다는 느낌을 피할 수 없었다. 물론 모든 사람들이 그런 것은 아니다. 정치적 반대자들이 국가권력을 아주 강하게 느끼고 있음은 의심할 여지가 없다. 그러나 나는 보통 사람들, 예를 들어 자그마한 가게를 경영하는 많은 사람들은 자신들의 일상생활에서 정부가 행사할 수 있는 통제를 거의 의식하지 않는 것처럼 느꼈다. 그들은 4분기마다 자신의 임금을 중앙정부에 보고하지 않으며, 미국에서처럼 효율적인 규제에 따라 살아간다는 것이 어떤 것인지를 이해하지 못한다. 그곳의 생활은 놀라울 정도로 정부통제로부터 자유롭다. 만일 닉슨이 전쟁에서 승리하였다면 상황이 어떻게 달라졌을지 상상하기가 매우 힘들었다. 포르노가 금지되고 히피들이 괴롭힘을 당하지만, 대부분의 사람들과 영업활동들은 정부로부터 직접적이건 효과적이건 거의 규제를 받지 않았다.

(만일 당신이 한 어설픈 인류학자가 대략적으로 관찰한 것을 사실로 받아들인다면) 이 사실을 이해하기 어렵지 않을 것이다. 베트남의 서적에 관한 "법"은 미국의 "법"보다 더 강압적이고 광범위한 규제일 수도 있고 그렇지 않을 수도 있다. 그러나 베트남의 생활구조상 분명히 국가에 의한 실제적인 규제는 불가능하다. 그곳에는 통제의 하부구조가 존재하지 않는다. 어떠한 하부구조도 거의 존재하지 않는다. 비록 국가의 규제규범들이 있지만 이를 실행할 구조가 없는 것이다. 미국보다 베트남에 규제규범들이 더 많다고 할지라도(솔직히 정말 그런지도 의심스럽지만), 베트남에는 실질적인 "자유"가 있다.

이것은 완벽할 정도로 이치에 맞는다. 규제의 권력은 이데올로기의 작용 못지않게 구조의 작용이다. 구조는 규제를 억제할 뿐만 아니라 가능하게 한다. 정부가 갖고 있는 권한을 이해하려면 정부가 어떤 구조 속에서 통치하는지 이해해야만 한다. 앞의 장들은 모두 바로 이 점에 관한 것이었다. 우리는 주권이라는 개념, 즉 행위를 규제하거나 통제하는 주권자의 권한이라는 관념을 가질 수 있다. 그러나 그 권한은 특정한 맥락에서 이해될 때 의미를 갖는다. 국가권력은 "절대적"이다. 그러나 만일 구조가 규제를 뒷받침하지 못하면 국가의 실질적인 권한은 아주 미약할 것이다. 다른 한편, 국가권력은 제한될 수 있지만 만일 통제장치들이 아주 효율적이라면 이렇게 제한된 권력은 그 제한의 경계를 넘어 극단적으로 확대될 수 있다. 국가의 규제능력을 이해하기 위해서는 다음과 같이 질문해야 한다. 그 국가의 하부구조가 규제의 구조를 얼마나 잘 뒷받침하고 있는가?

이것은 우리가 사이버공간, 그곳의 주권을 이해하기 위한 첫 번째 단계로서 질문해보아야 할 문제이다. 주권자는 사이버공간에서 삶을 규제하기 위해 어떤 권한을 가져야 하는가? 규제의 형태는 어떻게 그 권한을 조력 또는 제한하는가?

우리는 세 부분(이번 장의 주제는 그중의 두 부분임)으로 나누어 이 문제를 생각해 볼 것이다. 첫째, 사이버공간 내의 주권의 성격은 무엇인가? 그것은 프랑스의 주권과는 어떻게 다른가? 둘째, 무엇이 사이버공간의 주권을 제한하는가? 그리고 셋째, 다음 절의 주제이기도 한, 행동의 결과를 사이버공간에서도 현실세계 못지않게 통제하기 위해서, 주권들은 사이버공간을 규제하기 위해 어떻게 상호작용 할 것인가? 그들은 어떻게 경합할 것인가?

1. 공간의 주권 : 규칙들

당신이 새로운 캐릭터로 MMOG(*Massively Multiplayer Online Game*)인 세컨드 라이프(Second Life)의 세계로 들어가면, 세컨드 라이프의 규칙들이 당신에게 설명된다. 이 규칙들의 일부는 이동하는 방법, 하늘을 나는 방법과 같이 당신이 세컨드 라이프에서 돌아다니기 위해 필요한 기법들이다. 규칙들 중 일부는 당신이 무엇을 할 수 있고 없는지를 말해주는 규범적인 명령들이다.

그 소개창을 보면, 이 제약들이 설정되어 있음을 알 수 있다. 신이 세컨드 라이프를 만들지는 않았다. 어떤 누구도 자신이 한 일에 대해서 혼동하지 않는다. 또한 이 공간에 들어가는 사람은 그 구조의 한 가지 중요한 특성이 코드를 통한 설정이라는 사실을 쉽게 인지할 수 있을 것이다. 당신이 날 수 있는 것은 코드제작자의 선택이다. 당신이 어디로 날아갈 수 있는가도 그의 선택이다. 당신이 누군가와 우연히 만났을 때, 등장하는 경고상자도 그의 선택이다. 당신이 원하지 않는 사람들로부터 인스턴트 메시지를 통한 대화를 종료할 수 있는 것도 코드제작자의 선택이다. 이곳에는 만들어진 선택들이 있다는 것을 모르는 사람은 아무도 없다. 사이버공간 세계의 중요한 부분이 코드를 통해서 만들어진다는 것을 모두가 인정한다. 세컨드 라이프의 CEO인 필립 로즈데일(Philip Rosedale)은 나에게 "가상세계에서의 신은 무엇인가? 당신의 유일한 신은 코드이다"[1] 라고 이야기했다.

내가 서두에서 말했던 바와 같이, 이제 우리는 많이 통제하는 공간과 적게 통제하는 공간을 구별해야 한다. 세컨드 라이프와 같은 공간은 그곳에서 활동하는 사람들의 삶을 많이 통제한다. 실제로 그곳에서 활동하는 목적은 누구나 거기에 있다는 느낌을 창조하는 것이다. 게다가 이러한 것들은 내가 사이버공간라고 부르는 공간들이다.

사이버공간은 청구비용을 지불하는(*bill-paying*) 웹사이트나 당신의 이메일을 보유하는 사이트에서의 생활과는 매우 다르다. 코드는 이러한 것들을 통제한다. 그러나 그러한 사이트들의 통제나 주권은 세컨드 라이프의 통제와는 전혀 다르다. 세컨드 라이프나 내가 일반적으로 사이버공간라고 정의했던 곳에서, 통제는 유비쿼터스적이다. 청구비용을 지불하는 웹사이트나 내가 인터넷이라고 부르는 곳에서 통제는 지나가는 것이며, 일시적인 것이다.

흥미롭게도 우리가 이미 살펴본 중요한 역동적인 변화가 있으며, 그것은 엄격하기보다는 좀 느슨하게 통제하는 공간들이다. 이것은 코드 통제가 가능한 경우에 선호되는 통제방식이다.

청구비용을 지불하는 웹사이트에 대해서 다시 생각해 보자. 예금주의 승인 없이 누군가의 은행계좌에 접속해서 그 계좌로부터 자금을 이체하는 것은 법에 위반되는 것이다. 그러나 어떤 은행도 단순히 그 규칙을 집행하기 위해 법에만 의존하지는 않을 것이다. 모든 은행은 당신이 청구비용을 지불하는 웹사이트에 접속할 때, 당신이 누구인지를 인증하기 위해 일련의 복잡한 코드를 부가한다. 정책목표가 코드화 되

1) Audio Tape: Interview with Philip Rosedale 2(1/13/06) (transcript on file with author).

는 경우에, 그때 코딩에 대한 유일한 한계는 코드의 한계비용 대 부가된 통제의 한계이익이다.

그러나 세컨드 라이프처럼 통제가 많은 환경에서, 사회적 행위를 안내하기 위한 코드사용에는 한계가 있다. 다시 말해서 때로는 보다 좋은 코드가 공동체를 약화시킬 수 있다. 세컨드 라이프 사(社)의 로즈데일이 말하는 것처럼,

> 어떤 점에서 세컨드 라이프의 어려움은 혜택에 있다. 왜냐하면 당신은 배워야 하기 때문이다. 그리고 가르치는 행위는 교사와 학생 모두에게 매우 큰 이익이다. … 〔우리가〕 계속하고 있는 이 같은 형태의 멘토링은 참으로 현실세계가 우리에게 많은 부분 제공하지 못하는 심리적으로 매력적인 관계이다.[2)]

보다 좋은 코드가 공동체를 약화시키는 두 번째 방법이 더 중요하다. 세컨드 라이프에서는 사람들을 쉽게 분리시킬 수 없다. 로즈데일이 설명한 바에 따르면,

> 세컨드 라이프에서는, 기본적으로 어떠한 지역할당이 없다. 이것이 의미하는 바는 이웃끼리의 분쟁이 빈번하다는 것이다. 그러나 학습의 관점에서 보면, 이것은 실질적으로 실제현실이다. 나는 사람들로부터 다음과 같은 이메일을 받는다. "음, 저는 제 이웃과 사이좋게 지낼 수 없었어요. 그 결과, 분쟁을 해결하는 방법에 대해서 매우 빨리 많이 배웠어요. 어떻게 좋은 이웃이 되는지." … 현실세계에서는 … 법이 너무 많기 때문에 … 당신이 실제로 이웃들과 이야기할 필요가 없다. 〔그 대신에〕 다만 당신이 〔어떤 것을〕 할 수 있거나 할 수 없다고 말해주는 법이 있을 뿐이다 … 〔가상세계에서는〕 매우 이례적인 경우에만 현실세계가 제공하는 방법으로 의사소통하

2) Ibid., 4~6.

고 상호작용할 수 있는 기회가 있다.[3]

따라서 코드는 단순히 모든 문제들을 제거하지 않는다. 그것은 이웃이 쓰레기를 버려야 할 수고를 덜어주지도 않는다. 이처럼 코드는 공동체를 건설하는 것을 돕는다. 만약 코드가 동일한 결과를 산출해낸다면, 자동적으로는 형성되지 않았을 유대감이 상호작용을 통해서 형성된다. 최적의 디자인은 플레이어들이 해결하도록 어느 정도의 문제를 남겨놓는다. 왜냐하면 그 해결책이 코드화될 수 없을 뿐만 아니라 해결책을 코딩하는데 부수적인 비용이 발생하기 때문이다.

그럼에도 불구하고, 여전히 여러 양식 중에서 한 가지 양식을 선택하는 것은 이러한 가상공간에서의 주권자이다. 거래는 복잡하다. 결과가 완벽할 정도로 능률적이라고 해서 항상 완벽하게 효과적인 것은 아니다. 그러나 여전히 방법의 선택은 남아있다.

2. 공간의 주권 : 규칙 선택하기

그렇다면 그 선택은 어떻게 이뤄지는가? 또는 보다 직접적으로, 민주주의는 어떻게 되는가? 현실공간에서, 오직 민주적일 때만 주권이 정당하다는 것은 규칙이다. 우리는 거의 (대부분의) 비민주적 체제를 견디지 못한다. 현실공간에서의 삶을 위한 일반 규범은 궁극적으로 국민들이 지배하는 것이다.

그러나 사이버공간 상에서 한 가지 매우 흥미로운 미개발(*non-development*)은 카스트로노바가 지적하는 것처럼, "누구도 합성된 세계에서 민주주의를 전혀 발견할 수 없다는 것이다."[4] 한 가지 실제 예외

3) Ibid., 5.

는 “사막의 이야기”(A Tale in the Desert) 라고 불리는 세계이다.[5] 민주주의가 사이버공간나 인터넷에서 붕괴된 것은 아니다. 오히려 민주주의는 그 공간의 “주인”이 주권자라고 하는 매우 강한 규칙에 대한 드문 예외사항이다. 그리고 카스트로노바의 관점에서 볼 때, 주인은 대개 매우 좋은 주권자가 아니다.

> 결국 내가 아는 바로는, 좋은 정부의 제도를 발전시켜 나갔던 세상은 없었다. 무정부 상태가 모든 세상을 지배한다.[6]

이것은 통합된 관점이 사이버공간 내에서 중요하지 않다는 의미가 아니다. 실제로, 그러한 관점은 지금과 같은 인터넷의 핵심적 측면에 중요하다. 링크를 통해 명백히 드러나는 것처럼, 일종의 투표가 검색엔진을 좌우한다. 내가 이미 묘사했던 것처럼, 테크노라티(Technorati) 도 블로그들을 분류하는 데 동일한 방법에 의존한다. 그리고 슬래쉬도트(Slashdot) 와 같이 중요한 사이트들은 어떤 논평을 상위에 올릴 것인지를 결정하기 위해 랭킹이나 에디터들의 투표를 정기적으로 이용한다. 이러한 것들은 모두 민주주의와 유사하다. 그렇다고 해서 그것이 민주주의는 아니다. 민주주의는 특정 공간을 지배하게 될 규칙을 선택하는 사람들의 실천이다. 위키피디아와 “사막의 이야기”를 제외하고는 인민의 지배에 의해 운영되는 주요 인터넷이나 사이버공간 제도는 거의 없다.

그렇다면 이러한 민주주의의 괴리를 어떻게 설명할 수 있는가? 그리고 우리는 그것이 바뀌기를 기대해야 하는가?

자치의 역사는 특정 형식을 갖고 있으며, 그것은 두 가지의 중요한

4) Castronova, *Synthetic Worlds*, 207.

5) Ibid., 216.

6) Ibid., 213.

불확정적인 특성을 갖고 있다. 건국 이전에 사람들의 생활은 지정학적 토대에 기반을 두었다. 국가는 물리적 공간에 위치하고 있는 사회였으며 단일 주권자에게 충성하였다. 다음 장에서 보다 포괄적으로 살펴보겠지만, 미 공화정에 대한 개념상의 혁명은 시민들이 두 개의 주권을 가질 수 있다는 것이었다. 좀더 정확하게 표현하면 그들은 (궁극적인 최고의 주권자로서) 서로 다른 두 대표자에게 자신들의 주권을 부여할 수 있었다. 하나는 주정부이고, 다른 하나는 연방정부이다. 단일한 지리적 위치에서 살고 있는 개인들은 양 정부의 시민이 될 수 있었다. 그것이 건국선언문의 이념이었으며, 수정조항 제14조는 다음과 같이 명시하고 있다. "미국에서 태어났거나 귀화한 모든 사람은 그들이 거주하는 주와 연방의 시민이며, 그 관할권에 종속된다."

이러한 의미에서 시민권은 당신이 어느 공동체의 시민이든 자치에 참여할 권리를 의미하는 것은 아니었다.[7] 오늘날에도 예를 들어, 어린이들은 시민이지만 투표권이 없다. 하지만 시민권은 시민적·정치적 사회의 구성원으로 인정된 이들에게 부여되는 자격이다. 이것은 그들이 구성원으로 있는 정치적 공동체를 통치하는 데 참여할 권리이다. 나는 미국 시민으로서 연방선거에 참여할 권리를 가지고 있으며, 캘리포니아 주민으로서 캘리포니아 주 선거에 참여할 수 있는 권리를 가지고 있다. 나는 동시에 두 개의 권리를 가지고 있는 것이다.

이 단계에서는 자격권과 지리적 위치 간의 관계가 의미 있다. 그러나 유동성이 증가함에 따라 지리적 위치와 시민권 사이의 한때 명백했

---

7) Judith N. Shklar, *American Citizenship: The Quest for Inclusion* (Cambridge, Mass: Harvard University Press, 1991), 25~62; James A. Gardner, "Liberty, Community, and the Constitutional Structure of Political Influence: A Reconsideration of the Right to Vote," *University of Pennsylvania Law Review* 145 (1997): 893; *Quiet Revolution in the South*, edited by Chandler Davidson and Bernard Grofman (Princeton, N.J.: Princeton University Press, 1994): 21~36 참조.

던 연결이 점점 불분명해졌다. 나는 샌프란시스코에 살지만, 팔로 알토(Palo Alto)에서 일한다. 규칙은 나에게 샌프란시스코에서의 완전한 참정권을 부여하지만, 팔로 알토에서는 전혀 그렇지 않다. 왜 그래야 하는가?

정치이론가들은 자주 이 문제를 지적해 왔다.[8] 리처드 포드와 라니 귀니어 같은 학자들은 지리적으로 직접 연결되지 않은 형태의 자치를 가능하게 하는 매우 설득력 있는 대안적 자치개념을 발전시켜 왔다. 그러한 대안의 하나로, 유권자들은 (일정한 한계 내에서) 자신들이 투표하는 공동체를 선택한다. 따라서 만약 내가 팔로 알토의 미래에 참여하는 것이 샌프란시스코의 미래에 참여하는 것보다 더 중요하다고 생각한다면, 비록 내가 샌프란시스코에 살고 있더라도 나는 팔로 알토에서 투표할 권리를 갖게 될 것이다.

우리가 지리와 사이버공간 간의 연계성을 고려할 때 이러한 복합성이 확대된다. 비록 내가 일하는 공동체에서 투표할 권리를 가져야 하지만, 내가 플레이하는 공동체에서 투표할 권리도 가져야 하는가? 왜 현실공간의 시민들이 사이버의 장소들이나 그 구조들을 통제할 권한을 가질 필요가 있는가? 당신은 쇼핑센터에서 생활의 대부분을 보낼 수도 있다. 그렇다고 어느 누구도 당신에게 쇼핑센터의 구조를 통제할 권리가 있다고 말하지는 않을 것이다. 혹은 주말마다 디즈니월드에 가서

---

8) Lani Guinier, *The Tyranny of the Majority: Fundamental Fairness in Representative Democracy* (New York: Free Press, 1994); Richard Thompson Ford, "Beyond Borders: A Partial Response to Richard Briffault," *Stanford Law Review* 48 (1996): 1173; Richard Thompson Ford, "Geography and Sovereignty: Jurisdictional Formation and Racial Segregation," *Stanford Law Review* 60 (1993): 253; Jerry Frug, "Decentering Decentralization," *University of Chicago Law Review* 60 (1993); Jerry Frug, "The Geography of Community," *Stanford Law Review* 48 (1996): 1047 참조.

즐길 수도 있다. 그렇다고 해서 당신이 디즈니월드를 규제할 권리를 가지고 있다고 주장하면 이상할 것이다. 그렇다면 왜 사이버공간은 당신이 살고 투표하는 지역보다 쇼핑몰이나 테마파크와 더 유사하면 안 되는가?

쇼핑몰이나 디즈니월드와 당신의 관계는 소비자와 상인의 관계이다. 만일 당신이 쇠고기 두 장-스페셜 소스-양상추-치즈-피클-양파-참깨가 뿌려진 빵을 싫어한다면, 버거킹으로 갈 수 있다. 맥도날드는 당신이 자사의 햄버거를 지지하게 할 의무는 없다. 만일 당신이 그 지역 쇼핑몰이 마음에 들지 않으면 다른 곳으로 갈 수 있다. 이 회사들에 대해서 당신이 갖고 있는 권한은 그곳에서 나가버릴 수 있는 능력이다. 그들은 당신의 관심을 끌기 위해, 당신을 고객으로 만들기 위해, 당신의 환심을 얻기 위해 경쟁한다. 만일 그들이 잘한다면, 당신은 그들의 단골손님이 될 것이다. 만일 마음에 들지 않는다면, 당신은 다른 곳으로 갈 것이다. 그런 경쟁은 이러한 제도들을 규율하는 데 매우 중요하다. 이러한 시스템을 움직이는 것은 당신을 단골손님으로 만들 수 있는 잠재적 요인들간의 경쟁이다.

우리 생활 속에서 이러한 상인-주권(*merchant-sovereign*)의 요소가 매우 중요하다. 그것은 우리가 대부분의 시간을 보내는 곳이기 때문이다. 대다수 사람들은 자신들의 생활 속에서 투표로 얻을 수 있는 것들보다 이러한 것들에 더 만족한다. 어떤 의미에서는 이 모든 공간들이 주권자가 된다. 그들은 모두 우리에게 규칙을 부과한다. 그러나 상인-주권에 관하여 우리가 의존할 수 있는 수단은 다른 곳에서 거래를 하는 것이다.

하지만 우리 삶에 상인-주권의 부분이 전부는 아니다. 우리의 삶에는 시민-주권(*citizen-sovereign*)의 부분이 있다. 어떤 국가도 자국민들에게 "당신은 이곳에서 투표권이 없다. 만일 그것이 마음에 들지 않으면 떠나라"고 하지 않는다. 정부와의 관계에서 우리의 역할은 의결권을 가진 주주의 역할이다. 우리는 정부(민주적이라고 할 만한 정부라면)를 조직하는 데 참여할 권리가 있다.

이 말은 정부에만 해당되는 것이 아니다. 대학의 교수들에게 대학의 중대사안에 대한 투표권을 부여하지 않는 대학은 이상한 대학일 것이다(종업원들에게 고용과 관련된 사안에 대해 투표권을 부여하는 회사가 이상한 회사이지만). 구성원들에게 그 단체의 활동에 대한 통제권을 부여하지 않는 사교클럽은 이상한 단체일 것이다. 비민주적 정부가 존재하는 것과 마찬가지로 그러한 사교클럽도 존재하지만. 심지어 교회도 그 구성원들에게 어떻게 구성원들을 지배할 것인가에 대해 상당 부분 결정하도록 허용하고 있다. 이러한 제도들에서 우리는 구성원이지 소비자가 아니다. 이러한 제도들은 소비자들에게 그들을 지배할 수 있는 규칙에 대한 통제권을 부여한다. 이런 의미에서 이런 제도들은 시민-주권적이다.

그러므로 기술적인(*descriptive*) 문제로서, 사이버공간은 아직 시민-주권에 의해 지배되지(심지어 넓게 자리 잡히지도) 않고 있다. 우리가 지금까지 보아온 주권들은 모두 상인-주권자들이다. 그리고 이것은 인터넷의 등장과 함께 더욱 명확해지고 있다. 사이트가 주권적인 한, 그것들은 대부분 상인-주권자들이다. 그들과 우리의 관계는 맥도날드와 우리의 관계와 같다.

어떤 이론가들은 두 가지 다른 모델의 구분을 무너뜨리고 하나로 통합하려고 시도하였다. 어떤 이들은 구성원 모델을 모든 사회생활 분야, 직장, 쇼핑몰, 지역의 선술집에 적용하려고 시도하였다.[9] 다른 이들은 소비자 모델을 모든 사회생활 분야에 적용하려고 하였다. 예를 들어, 찰스 티보의 추종자들은 정부들 간의 경쟁을 우리가 치약을 선택하는 맥락에서 설명하려고 하였다.[10] 하지만 비록 이러한 선택들을

9) Michael Walzer, *Spheres of Justice: A Defense of Pluralism and Equality* (New York: Basic Books, 1983) 참조.

왜 다르게 취급해야 하는지 그 정당성을 완벽하게 표현할 수 없다 하더라도, 상이한 영역들을 하나로 통합한다는 것은 착각이다. 치약 디자인에 찬반투표를 해야 한다면 지옥이나 다름없을 것이고, 만약 우리가 마음에 들지 않는 정부에 반대할 수 있는 방법이 다른 나라로 이사가는 것뿐이라면 그것은 폭정이나 다름없다.

그러나 사이버공간이 단지 상인-주권자의 관계로만 구성되어 있다면, 그건 문제가 아닌가? 상인-주권자의 관계에 대한 첫 번째 옹호는 데이비드 포스트의 글과 그가 데이비드 존슨과 공저로 쓴 글로부터 발전되었다.[11] 지금의 논의에는 포스트의 논문 "무정부, 국가 및 인터넷"이 가장 적합하다. 포스트는 사이버공간의 공동체들은 "규칙-세트"들 그리고 인터넷에 의해 통제된다고 주장한다. 우리는 이러한 규칙-세트가, 구조 속에 내장되어 있든 아니면 일종의 법률형태로 공포되든 상관없이, 특정장소에서 행위를 제한하는 필수요건으로 이해할 수 있

10) Charles M. Tiebout, "A Pure Theory of Local Expenditures," *Journal of Political Economy* 64 (1995) : 416; Clayton P. Gillette, *Local Government Law: Cases and Materials* (Boston: Little, Brown, 1994), 382; Vicki Been, "Exit as a Constraint on Land Use Exactions: Rethinking the Unconstitutional Conditions Doctrine," *Columbia Law Review* 91 (1991) : 473, 514~28 참조.

11) David G. Post, "Governing Cyberspace," *Wayne Law Review* 43 (1996) : 155; David Post, "The New Electronic Federalism," *American Lawyer* (October 1996) : 93; David G. Post, "The 'Unsettled Paradox': The Internet, the State, and the Consent of the Governed," *Indiana Journal of Global Legal Studies* 5 (1998) : 521, 539; David R. Johnson and Kevin A. Marks, "Mapping Electronic Data Communications onto Existing Legal Metaphors: Should We Let Our Conscience (and Our Contracts) Be Our Guide?," *Villanova Law Review* 38 (1993) : 487; Johnson and Post, "Law and Borders"; David G. Post, "Anarchy, State, and the Internet: An Essay on Law-Making in Cyberspace," *Journal of Online Law* (1995) : article 3, link #100 참조.

다. 사이버공간의 세계는 이러한 규칙의 세트들로 구성되었다고 포스트는 주장한다. 개인은 여러 규칙의 세트들 중 어떤 규칙-세트에 들어갈 것인지 선택할 것이다. 규칙-세트들이 우리의 관심을 끌기 위해 경쟁하게 될 때 사이버공간의 세계는 고객유치를 위한 주권자들의 경쟁으로 규정될 것이다.

포스트의 설명은 기술적으로 정확하다. 포스트의 주장에 의하면, 그것은 규범적으로도 추천된다. 주권자는 우리가 독점금지법에서 기업의 시장지배력을 파악하는 것과 동일한 방식으로 이해되어야 한다. 독점금지 전문법률가들과 경제학자들은 "시장지배력"을 자사에 유리하게 가격을 올릴 수 있는 기업의 능력으로 이해한다. 완전경쟁시장에서 시장지배력이 없는 기업이란 가격인상 시 판매의 손실이 너무 커서 시장가격을 올릴 수 없는 기업을 의미한다.[12] 시장지배력을 갖춘 기업은 가격을 인상하고서도 이익을 낼 수 있다. 시장지배력을 갖춘 기업은 경쟁시장의 가격보다 훨씬 높은 상품가격을 소비자들이 받아들이게 할 수 있는 능력을 갖고 있다.

우리는 정부에 대해 이와 유사하게 작용하는 제약을 상상해볼 수 있다. 주권자도 기업들처럼 그 정도는 해낼 수 있다. 주권자가 더욱 억압적이 되거나 가혹하게 규제를 가할수록 다른 주권자나 다른 규칙-세트들이 경쟁자가 되어간다. 어떤 순간이 되면 시민들은 규제의 부담을 견디기보다는 떠나버리는 쪽을 택하는 것이 훨씬 쉬워지게 된다.[13] 다시 말해서 법에 순응하기보다는 법을 회피해 버리는 것이 더 쉽다.

현실공간에서는 그러한 이동에는 비용이 많이 들기 때문에 주권자들은 적어도 단기적으로는 많은 일들을 해낼 수 있다. 그러나 사이버공간에서는 이동이 그리 어렵지 않다. 만일 MMOG들의 규칙-세트가

---

12) Phillip E. Areeda et al., *Antitrust Law*, Vol. 2A (Boston: Little, Brown, 1995), 85~87 참조.

13) Post, "Anarchy, State, and the Internet," 29~30 참조.

마음에 들지 않으면, 게임을 바꿔버릴 수 있다. 만약 어떤 인터넷 포털 상의 광고량이 마음에 들지 않으면 2초 내에 기본 포털을 바꿀 수 있다. 당신의 집을 떠나지 않고도 사이버공간의 생활에 참여할 수 있다. 만약 당신이 참여한 집단이 당신이 원하는 만큼 대우해주지 않는다면 떠날 수 있다. 사이버공간에서는 경쟁의 압력이 더욱 크기 때문에 정부나 다른 규칙-세트의 보급자들이 경쟁시장의 기업처럼 행동해야 한다.

이것은 거버넌스에 있어 핵심적이고 흥미로운 개념이다. 그것은 사이버공간 내의 거버넌스를 기술하기 때문에 핵심적이고, 아마도 현실공간에서 시민-주권의 목적과 한계를 보여주기 때문에 흥미롭다. 그것은 자발적 참여자들의 세계, 즉 규칙들이 강요되는 세계가 아니라 선택되는 세계이다. 그것은 어느 특정 정부의 불만족스런 권력(*uncontented-to-power*)을 최소화하고, 정부가 시민들을 위한 경쟁자의 입장이 되도록 만드는 세계이다. 그것은 맥도날드 사나 코카콜라 사와 같은 정부이다. 호감을 주려고 애쓰며 반감을 두려워한다.

그러나 이러한 견해에 회의적인 이유들이 있다. 먼저 이탈비용이 현실공간보다 사이버공간에서 저렴하다는 주장을 살펴보자. 당신이 다른 ISP나 인터넷 포털로 바꿀 때, 당신은 의심의 여지없이 다른 "규칙들"을 직면하게 될 것이다. 그리고 이러한 규칙들은 반드시 당신의 관심을 끌기 위해 경쟁할 것이다. 이것은 어떤 음식점이나 쇼핑몰에서 다른 음식점이나 쇼핑몰로 옮겨가는 것과 똑같다. 서로 경쟁하는 규칙-세트들이다. 규칙-세트는 당신이 ISP를 선택할 때 고려하는 사항들 중 하나이다. 그리고 이러한 규칙-세트 사이의 이동이 간편한 이상 이러한 이동은 분명 규칙-세트들 간의 경쟁의 원천이다. 물론 어떤 ISP들은 이러한 이동을 어렵게 만들려고 할 것이다. 예를 들어, 만일 당신이 10년 동안 AOL의 회원이었고 옮기겠다고 결정하면, AOL은 당신의 이메일을 보내는 단순한 능력을 제공함으로써 쉽사리 변경하지 못하도록 할 것이다. 그러나 사람들이 이러한 제한이 AOL에 의해 부과되고 있다는 사실을 알게 되면, 그들은 다른 ISP를 선택할 것이다. 만약 경쟁이 현실화된다면, 규칙-세트는 경쟁할 것이다.

그러나 공동체들은 다르다. MMOG(*Massively Multiplayer Online Game*)들 간의 "경쟁"을 생각해 보자. 당신은 MMOG 게임에 참여하여 그 공동체에서 한 캐릭터를 만들어 내는 데 수개월이 걸린다. 또한 당신이 지어온 건물이나 획득해온 무기 같은 재산을 모은다. 둘 다 일종의 자산이다. 당신이 발전시켜온 일련의 관계들은 사회적 자산이다. 따라서 당신이 가지고 있는 모든 것은 물리적 자산이다.

만일 당신이 선택한 MMOG에서의 삶에 만족하지 못하게 되면, 당신은 떠날 수 있다. 그러나 떠나면 손실이 크다. 게임에 따라 당신이 건설한 사회적 자산을 이전할 수 없고, 물리적 자산 역시 이전할 수 없게 될 것이다. 여러 가지 빈번한 비행 프로그램에 참여하는 것을 선택하는 것처럼, 다른 MMOG에 참여하는 선택은 특정 자산을 낭비하는 결정이다. 그리고 그것은 이러한 규칙-세트들 간의 경쟁을 약화시킬 것이다.

내가 이 점을 과장하려는 의도는 전혀 없다. 실제 MMOG 내에 자산을 팔 수 있는 시장이 형성되고, 게임의 성격이 표준화됨에 따라 일부에서는 한 게임에서 다른 게임으로 이동하는 것이 훨씬 쉬워졌다고 주장한다. 마찬가지로 현실공간에서도 사회적 자산을 한 공동체에서 다른 공동체로 쉽게 이전할 수 없다. 비록 당신이 새로 이사 간 집에서 친구들과 관계를 가질 수 있지만, 그들은 대체 불가능하다. 그러나 현실세계에서 물리적 자산들은 이전할 수 있다. 나는 항상 필요하지 않은 것을 팔 수 있고, 내가 원하는 곳으로 언제든 이동할 수 있다. 그러나 MMOG에서는 항상 그렇지는 않다.

역설적으로 현실공간보다 사이버공간에서 공동체를 바꾸는 것이 더 힘들다고 말할 수 있을 것이다. 그 이유는 한 사이버 공동체에서 다른 공동체로 옮길 때에는 모든 것을 포기해야만 하기 때문이다. 반면 현실공간에서는 많은 것을 함께 가지고 갈 수 있다.[14] 단기적 관점에서 보면 현실공간의 공동체들보다는 사이버공간의 공동체들이 (사회적 자산에 관해서) 자신의 시민들에 대해서 더 많은 권력을 가질 수 있을 것이다. 이것이 사이버공간에서 경쟁하는 규칙-세트들의 모습이며, 이는 포스트가 시사하는 것보다 훨씬 복잡하다. 경쟁에 대한 압박은 잠재적으로 더 커질 것이다. 그것은 시민-주권으로 전환하려는 사이버공간 공동체의 욕구를 자극할 것이다. 그러나 그러한 전환의 증거는 아직 많지 않다.

두 번째는 보다 근본적인 회의주의이다. 비록 사이버공간을 시장의 모델로, 현실공간에서 우리가 치약과 관계를 맺는 방식으로 사이버공간의 여러 공간들과 관계를 맺도록 구성할 수 있다 하더라도 그렇게 해서는 안 되는 강력한 이유가 있다. 삶이 온라인으로 이동하고, X, Y 그리고 Z 주의 주민들이 사이버공간상에서 A, B 그리고 C와 상호작용하게 될 때, 이 사이버공간들은 민주주의 내에서 (이상적으로) 발전하는 형태의 책임과 배려를 발전시킬 필요가 있다. 아니면, 만일 사이버공간이 스스로의 정당한 주권자로 간주되기를 원하고 독립과 존중의 조치를 받을 만하다면, 그것은 보다 분명하게 시민-주권자가 되어야 한다.

이와 같은 역동적인 현상은 현실세계에서도 일어난다. 사람들이 어떻게 사는지를 통제하는 의미에서 "주권적"이 아니라, 그 제도들 내에서 사람들이 어떻게 행동해야 하는지를 통제하는 의미에서 주권적인 많은 제도들이 있다. 대학, 사교 클럽, 교회 그리고 기업들이 정부로부터 일종의 자치권을 얻은 제도들이다. 이러한 자치권은 강할 수도

14) 《코드》 초판이 출간된 이래, 이 점이 더욱 의문시되어왔다. 한 게임에서 다른 게임으로 효과적으로 이동할 수 있는 능력이 증가해왔다. 다시 말해서 현실공간과 사이버공간은 점점 비슷해지고 있다.

약할 수도 있다. 나의 제안은 그 제도가 시민-주권의 가치를 반영하면 할수록 자치권은 더 강해진다는 것이다.

이러한 종류의 주권은 면책원칙을 통해서 법에 표현된다. 기업은 일정한 면책권을 가지는데, 그것은 특정한 기업형태에 적합한지에 달려 있다. 교회는 일정한 면책권을 갖는다. 그러나 그 거버넌스가 점점 이질적이 될 때, 그 권한은 도전을 받는다. 만약 사이버공간의 공동체들이 상인-주권의 가치보다 시민-주권의 가치를 더 반영하게 되면, 그 공동체들도 보다 빠르게 유사한 면책권을 획득하게 될 것이다. 공동체가 더 많은 책임을 질수록, 현실세계의 정부는 면책권과 같은 원리를 통해 그 법규범의 적용을 늦출 것이다.

이처럼 성숙되기 위해서는 앞으로 가야할 길이 멀다. 그것은 독립적이거나 보완적인 공동체인 사이버공간 공동체의 구성원들이 얼마나 자기인식을 높이느냐에 달려 있다. 또한 비공동체 구성원들 사이에 이 공동체에는 독특한 무엇인가가 있다는 인식이 얼마나 높아지는가에 달려 있다. 어떤 이들은 이러한 사태가 일어날 것이라는데 낙관적이다. 댄 헌터와 그렉 라스토우카는 다음과 같이 서술하고 있다.

> 법원은 가상세계가 그 자체의 특유한 공동체 규범, 법 및 권리들을 가지고 있으며, 우리의 관할권으로부터 분리된 관할권이라는 사실을 인식할 필요가 있을 것이다. 사이보그 거주민들은 이 권리들이 현실세계의 법정과 가상세계 마법사들에 의해서 인정되어야 한다고 요구하겠지만, 그들은 가상세계에서 그들 스스로 이러한 권리들을 인정할 필요가 있을 것이다.[15)]

우리는 우리의 역사에서 이와 유사한 진보를 보아왔다. 미합중국

15) F. Gregory Lastowka and Dan Hunter, "The Laws of Virtual Worlds," *California Law Review* 92 (2004) : 1, 73.

(United States)이 말 그대로 "주들의 연합"(*united states*)이었던 시절 주도적인 정치적 실재는 지방정부였고, 뉴욕과 버지니아 간에 문화와 가치의 실질적 차이가 존재하였던 시절이 있었다. 이러한 차이에도 불구하고, 1789년에 모든 주들은 상대적으로 연약한 연방정부를 출범시키기 위해 연합하였다. 이 정부는 최소한의 제한된 정부였다. 정부는 협소하고 엄격하게 명시된 목적들을 가지고 있었다. 연방정부는 그 한계를 넘을 수 없었다. 이러한 한계들은 미국이 제한된 공동체라는 점에서 의미가 있었다. 그 당시 주들이 하나의 국가로서 공유하는 것은 거의 없었다. 그들은 세계에서 가장 강한 군대를 쳐부수는 역사를 공유했으며, 끝이 보이지 않는 대륙을 가로질러 확장하려는 목적을 공유했다.[16] 그러나 그들은 사회적·정치적 생활을 공유하지는 않았다. 생활은 지역적이었고, 교역은 상대적으로 드물었다. 그런 세계에서는 연방정부가 제한적일 수밖에 없음은 당연했다.

그럼에도 불구하고 분명하게 밝히고 해결되어야 할 국가적인 문제들이 존재했다. 예를 들어, 노예제는 비록 그 관행이 몇몇 주에만 한정되었다 할지라도 국가 전체의 문제가 되었다. 노예제의 허용여부를 지역규범에 맡겨두어야 할 것인지에 관해서는 헌법제정 당시에도 논란이 있었다. 그러나 연방헌법은 그 문제에 관해서 절충안에 기초하여 제정되었다. 1808년까지는 연방의회가 노예 "수입"문제를 제기하는 것이 허용되지 않았다.[17] 그 이후부터 의회는 이 문제를 제기할 수 있었

16) 미국 역사의 초창기에는 적어도 전체 지역의 3/4이 이러한 역사를 갖고 있었다. Fisher, *Albion's Seed*, 827~28.

17) 미국 헌법 제5조는 다음과 같이 규정하고 있다. "1808년 이전에 이루어지는 수정은 어떠한 방법으로도 제1조 제9절의 제1항과 제4항을 변경할 수 없다." 이 조항들은 다음과 같이 규정하고 있다. "① 연방의회는 기존의 각 주 중 어느 주가 허용함이 적당하다고 인정하는 사람들(흑인 노예 — 옮긴이)의 이주 또는 입국을 1808년 이전에는 금지하지 못한다. 다만, 이러한 사람들의 입국에 대하여 1인당 10달러를 초과하지 아니하는 한도 내에서 입국세를

고, 사람들도 점차 그래야 한다고 주장하였다. 그러나 노예제도는 존속되었으며, 미국의 도덕적 위상에 오점이 되었다. 의회는 최소한 준주(準州) 내에서는 노예제도를 폐지할 수 있었다. 어떤 이들은 남부 주들에서도 그렇게 할 수 있어야 한다고 주장했다.

미국에서 노예제를 청산해야 할 의회의 소명에 대해서 반대하는 사람들엔 두 부류가 있었다. 한 부류는 노예제도를 지지했으며, 그것이 남부 삶에 핵심이라고 믿었다. 여기에서 나의 관심대상은 이들이 아니다. 나의 주요 대상은 바로 두 번째 부류이다. 그들은 노예제는 지역적인 문제이지 국가적인 문제가 아니라고 완벽할 정도로 논리정연하고 솔직하게 주장했다. 헌법제정자들은 그 사안을 국가적 문제가 아니라고 보았으며, 연방정부는 그 사안에 간섭해서는 안 된다고 생각했다.

아무리 그 주장이 1791년이나 1828년경엔 진실일 수 있었다 하더라도 시간이 지나갈수록 점차 설득력을 잃어갔다. 국가가 점점 사회적·경제적으로 통합되어 감에 따라 "나는 우선적으로 버지니아 시민이다"라고 말하는 것은 설득력이 떨어졌고, 전체로서의 국가의 시민이라는 중요성이 고조되었다.[18]

이런 변화는 몇몇 정치적 결정에 의한 것이 아니라 경제적·사회적 현실이 변화한 결과였다. 국가 공동체의 구성원이라는 의식은 우리의 국가 시민권을 부인하는 것이 불가능해질 때까지 높아졌다. 수정조항 제14조는 이를 헌법에 삽입하였으며, 경제적·사회적 교류가 그것을 완전히 현실화하였다. 이러한 변화가 자리를 잡으면서 노예제와 같은 사안이 지역적 문제라는 주장은 불합리한 것이 되었다.

바로 이와 똑같은 과정이 지금 국제적으로 일어나고 있으며, 사이버

부과할 수 있다." 그리고 "④ 인두세나 그 밖의 직접세는 앞서 규정한 인구조사 또는 산정에 비례하지 아니하는 한, 이를 부과하지 못한다."

18) John F. Kennedy, *Profiles in Courage* (New York: Harper, 1956), ch. 3 참조.

공간이 중요한 기여를 하고 있다. 물론 그 과정은 2차 세계대전이 끝난 뒤부터 서서히 추진력을 얻어왔지만, 인터넷은 엄청날 정도로 그 추세를 가속시켰다. 일반 시민들이 국제적으로 연결되고, 이전에는 할 수 없었던 국제거래들을 할 수 있게 되었다. 개별 국가를 뛰어넘는 공동체의 존재를 점차 거부할 수 없는 추세가 되어가고 있다.

사이버공간에서 국제적인 공동체가 발전함에 따라 그 시민들은 이 국제적인 공간에서 중립적 위치를 지키기가 점차 어려워진다는 사실을 깨닫게 될 것이다. 1791년 당시의 전형적인 한 시민이 버지니아의 노예제도는 메인에 사는 시민과는 무관하다고 말할 수 있었던 것처럼, 1991년에 싱가포르의 언론통제가 미국인과는 무관하다고 말할 수 있을지도 모른다. 그러나 19세기를 거치면서 노예제의 지역적 타당성에 대한 주장이 설득력을 잃어갔던 것처럼, 21세기에는 넷(*Net*)상의 언론에 대한 주장도 마찬가지가 될 것이다. 사이버공간은 국제적 공동체이다. 그곳에는 그 공동체가 해결해야 할 헌법적 문제가 존재한다. 우리는 이 국제적 공간에서 벗어날 수 없으며, 그 문제들을 지역적 사안이라고 말할 수 없다.

적어도 우리는 1995년의 인터넷을 가지고 이 국제적 공간에 효과적으로 침투했다고 말할 수는 없을 것이다. 우리는 표현의 자유와 상당한 정도의 프라이버시를 놀랄 정도로 촉진시키는 구조를 세계 속에 주입했다. 그것은 암호화를 가능케 하는 프로토콜을 통하여 의사소통을 보호하고, 검열에 대항하는 프로토콜을 통하여 자유로운 의사소통을 촉진하는 구조였다. 그것이 바로 넷이 세상에 제공했던, 우리가 세상에 제공했던 표현의 구조였다.

지금 우리는 그 구조를 변화시키고 있다. 과거와는 다른 방식으로 상거래를 가능케 하고 있으며, 암호화의 규제를 심사숙고하고 있으며, 신원과 내용통제를 용이하도록 추진하고 있다. 우리는 넷의 가치를 재구성하고 있다. 문제는 넷 구조의 재구성에 있어 과연 우리 스스로 중립성을 지킬 수 있는가 하는 점이다.

나는 우리가 그렇게 할 수 있거나 할 수 있을 거라고 생각하지 않는다. 1861년에 노예문제에 대해서 미국인들이 중립적 위치를 유지하기 힘들었던 것만큼이나 넷이 중앙집중적인 언론통제를 할 수 있도록 해야 하는가의 문제에 대해서 우리는 중립성을 유지하기 힘들다. 우리는 전 세계에서 펼쳐지는 정치적 전쟁의 한 당사자임을 인정하여야 한다. 또한 국적에 관계없이 모든 인간에게 보장되어야 할 권리가 무엇인지 명확한 관점을 갖고 있어야 한다는 점을 인식하여야 한다. 그리고 넷에 의해 열리는 새로운 정치공간에서 이러한 견해들을 표명할 준비를 해야 한다는 점을 염두에 두어야 한다. 나는 세계정부를 주장하고 있는 것이 아니다. 사실 다음 장에서 그런 생각이 불가능하다는 것을 핵심적으로 논의할 것이다. 그 대신 나의 주장은 우리가 이 구조 속에 구축하고 있는 정치에 관하여 책임을 져야 한다는 것이다. 왜냐하면 이 구조는 그 공간에서 생활하는 공동체를 지배하는 주권자이기 때문이다. 우리는 그곳에서의 삶의 구조에 대한 정치를 숙고해야 한다.

나는 우리가 사이버공간에서 코드 그 자체를 일종의 규제체계로 이해해야 하며, 그 코드는 때때로 법의 규제체계와 경쟁적일 수 있다고 주장해왔다. 예를 들어 우리는 저작권법이 신뢰받고 있는 제도의 규범체계와 어떻게 모순되는지를 살펴보았다. 나의 주장은 이들을 서로 경쟁하는 두 개의 규범체계라고 이해해야 한다는 것이다. 우리에게는 둘 중에서 선택할 수 있는 방법이 필요하다. 다시 말해서 어느 것을 우선해야 하는지 판단할 수 있는 방법이 필요하다.

코드에 의해서 규제되는 이 체계가 발전할 때 그 체계에는 자체의 규범이 포함될 것이다. 그 규범들은 구조 속에서 또는 그 체계가 부과하는 규칙들 속에서 표명될 것이다. 법학 및 경제학의 예측이 옳다면, 이러한 규범들은 의심할 여지없이 효율적이고 정의로울 것이다. 그러나 정의가 효율성을 쫓아가지 않는 한, 그것들은 효율적이기는 하지만 정의롭지는 못할 것이다. 문제는 어떻게 그 갭을 극복할 것인가 하는 것이다.

코드와 법 간의 경쟁에는 중요한 패턴이 있다. 법이 국제관계를 규제할 때 그것은 지속적인 협상의 결과물이다. 국가들은 법으로써 어떻게 규제할 것인지, 사적 질서에 어떤 규범을 부과할 것인지 합의에 도달해야 한다. 특히 사이버공간과 관련될 때 이러한 합의는 매우 중요하다. 그것은 전 세계의 국가들이 이 공간에 대해서 공통된 인식을 갖고서 그 규제들을 다루기 위한 공동전략을 발전시킬 것을 요구한다.

제 15 장

주권들의 경쟁

1. 갈 등

주권의 권한에 대한 두 가지 이야기가 있다. 하나는 당신이 들어봤을 법한 것이고, 다른 하나는 그렇지 않을 것이다.

(1) 프랑스인 보호하기

프랑스인들은 나치를 싫어한다(그리고 이 문장에 "더 이상"이라는 단어를 붙이라는 당신의 혹평에 저항할 것이다. 하지만 기억하라, 프랑스인들이 아니었다면 미국은 나라가 없었을지도 모른다). 프랑스 법은 나치가 다시 일어나는 것을 허용하지 않는다. 독일과 마찬가지로 프랑스에서 나치당을 조장하거나 관련물품을 파는 행위는 범죄행위이다. 프랑스인들은 나치사상이 유럽에서 다시 되살아나지 않게 하기 위하여 경계를 늦추지 않고 있다. 이 점에서 프랑스 법은 미국 법과 다르다. 수정조항 제1조는 정치선전을 제한하는 어떠한 견해도 차단한다. 미국에서는 공화당의 배지를 파는 것을 제한할 수 없는 것처럼 나치 관련

물품을 파는 것 역시 막을 수 없다. 표현의 자유란 어떤 정치유산에 대한 견해를 가졌다는 사실만으로 그 정치유산을 받아들인 것이라고 섣불리 결정할 수 없다는 것을 의미한다.

야후는 미국 회사이다. 1999년에 야후는 프랑스에 지사를 세웠는데 야후 프랑스에 경매사이트를 개설하였다.[1] 이베이처럼 이 사이트는 개인들로 하여금 경매에 내어놓을 물품들을 목록에 올리게 하였다. 이 사이트가 개설된 지 얼마 지나지 않아, 프랑스 법에 저촉되는 나치 관련물품들이 프랑스 야후 경매사이트에서 판매목록에 나타나기 시작하였다. 프랑스인들 일부는 이와 같은 현상을 반기지 않았다. 2000년에 야후를 상대로 소송이 제기되었으며 이는 야후 측에 나치 관련물품 경매목록을 삭제하거나 나치 관련물품에 대한 접근을 차단할 것을 요구하였다.[2]

이번에는 야후가 반대의사를 표시하였다. 야후 측은 이런 현상이 인터넷상의 일이라고 주장하였다. 인터넷은 글로벌 매체이고 야후 사이트에서 프랑스 시민들만 차단할 방법은 없다고 주장하였다. 그리고 한 나라의 법이 세계의 법으로 되는 것은 말이 되지 않는 일이다. 만일 모든 국가가 전 세계의 모든 웹사이트에 대하여 각자 자국의 법을 집행하게 된다면 이는 질서를 매우 혼란스럽게 할 것이다. 프랑스는 인

---

1) 이 소송의 내용은 *Yahoo! Inc. v. La Ligue le Racisme*, 433 F.3d 1199 (9th Cir. 2006) 참조. Jack Goldsmith and Timothy Wu, *Who Controls the Internet: Illusions of a Borderless World*; Michael Geist, "Is There a There There? Towards Greater Certainty for Internet Jurisdiction," 16 *Berkeley Technology Law Journal* 1345 (2001). 갈등에 관한 논평과 갈등의 중요성에 관해서는 Marc H. Greenberg, "A Return to Lilliput: The LICRA v. Yahoo! Case and the Regulation of Online Content in the World Market," *Berkeley Technology Law Journal* 18 (2003): 1191 참조.

2) *Yahoo! Inc. v. La Ligue Contre le Racisme*, 433 F.3d 1199, 1202 (9th Cir. 2006).

터넷 세계에서는 프랑스의 법이 절대적이지 않다는 사실을 인식해야 할 것이다. 제 9 연방항소법원은 야후의 주장을 다음과 같이 요약하였다. "야후는 수정조항 제1조가 보장한 광범위한 표현의 자유를 부여한 판례를 인터넷에 적용하기를 주장하고 있으나 그것은 다른 국가의 법을 위반할 수도 있다."[3]

프랑스 판사 장 자크 고메즈는 야후 측 주장에 동의하지 않았다. 그는 2000년 5월 판결에서 야후가 나치 물품목록을 삭제하거나 프랑스인들의 접속을 차단할 것을 요구하였다.[4] 이어 11월 두 번째 재판에서, 프랑스 법원은 야후가 3개월 내에 이를 이행할 것과 지연되는 기간 동안 하루에 10만 프랑을 벌금으로 내도록 하였다.[5]

네티즌들은 이에 대해 분개하였다. 수많은 웹사이트에서 프랑스 법원의 결정에 대한 비판이 끊이지 않았고, 많은 언론에서 이런 추세를 뒤따랐다. 프랑스는 아무데서나 인터넷을 사용하는 아무에게나 자국의 법을 강제함으로써 인터넷상에서 "표현의 자유"를 파괴하였다. 카토 연구소의 아담 티어러는 다음과 같이 논평하였다.

> 다행스럽게도, 미국인들이 영국인, 프랑스인, 독일인 및 다른 국가의 국민들보다 더 언론의 자유를 중요하게 여기는 것 같다. 그렇다면 미국은 수정조항 제1조에 보장한 언론의 자유를 자기 나라에서 자유롭게 표현할 권리를 박탈당한 수천만의 사람들에게 인터넷상에서 제공함으로써, 전 세계에서 언론자유의 보호자가 될 수 있을 것이다.[6]

---

3) Ibid., 1223.

4) "프랑스는 인터넷상의 나찌 경매를 금지한다," BBC NEWS, 2000년 5월 23일, link #101 참조.

5) *Yahoo! Inc. v. La Ligue Contre le Racisme*, 443 F.3d 1109, 1203 (9th Cir. 2006).

6) Adam D. Thierer, "Web Restrictions Unlikely to Muzzle Neo-Nazi

(2) 할리우드 보호하기

2000년, 정기간행물 사업자인 빌 크레이그는 토론토에 iCraveTV라는 월드와이드웹을 개설하였다. iCraveTV는 인터넷망을 통해서 일반 텔레비전을 전송하는 웹사이트였다. 그 당시 법해석에 따르면, 캐나다 법에서는 iCraveTV는 허가 없이도 텔레비전방송을 인터넷망을 통해 전송할 수 있었다.[7] 캐나다 법에 따르면, 방송내용 자체를 변형하는 것이 아니라면, 방송이 미칠 수 있는 영역을 확장하기 위해 어떤 기술도 사용할 수 있었다.[8] 크레이그는 서버를 구입하여, 스트리밍을 시작하고, 홍보를 하여 런칭시킨 후, 고객이 오는 것을 기다렸다. 그러자 수많은 고객이 몰려왔다. 크레이그의 서비스는 즉시 성공을 거두었고 크레이그가 텔레비전을 갈망했던 이상의 많은 것이 있는 것처럼 보였다.

크레이그는 사업을 시작한 지 얼마 되지 않아, 모든 사람들이 자신의 생각을 좋아하는 것이 아니라는 사실을 깨닫게 되었다. 특히, 미국 저작권자들은 크레이그가 만든 무료 텔레비전사업에 그렇게 민감한 반응을 보이지 않았다. 인터넷으로 텔레비전방송을 재상영하는 것이 캐나다에서는 무료이지만 미국에서는 그렇지 않았다. 미국의 저작권법은 엄격하게 재방송하는 권리를 규제하고 있기 때문에 크레이그는 미국의 규범을 충족시키지 못하였다.

iCraveTV는 미국거주 이용자들의 접근을 차단하는 방법을 선택하였다. 아무도 이 방법이 성공할 것이라 예상하지 못하였다. 처음에

Speech," Cato Institute Web Site (Jan 15, 2001) (link #102 참조).

7) link #103 참조. John Borland, "BroadcastersWin Battle Against iCraveTV.com," *CNET NEWS*, Jan. 28, 2000, link #104 참조.

8) Michael Geist, "Is There a There There? Towards Greater Certainty for Internet Jurisdiction," *Berkeley Technology Law Journal* 16 (2001): 1345.

iCraveTV는 캐나다인만 사이트에 접속할 것을 단순하게 경고하는 차원에 그쳤다. 이후 iCraveTV는 지역코드 차단설정을 사이트에 적용시켰다. 사이트에 들어오려면 구체적인 지역코드를 입력해야 했다. 만약에 캐나다 지역코드가 아닌 경우에는 사이트에 접속할 수 없었다. 그러나 캐나다의 지역코드를 찾는 것은 어려운 일이 아니었다(예를 들어, iCraveTV의 전화번호가 웹사이트 화면에 명시되어 있었다).

하지만 크레이그는 그가 미국인들 자신의 위법한 행위까지 규율할 필요는 없다고 생각하였다. 캐나다에서는 누가 텔레비전방송을 재생하더라도 법을 위반하는 것이 아니었다. 왜 그는 자신이 미국 법에 위반하는지 여부까지 걱정해야 한단 말인가?

미국 변호인단은 재빠르게 크레이그가 이 문제를 심각하게 고려할 필요가 있음을 주지시켰다. 피츠버그에서 접수된 소송에 따르면, (몇 명의 다른 소송 당사자들과 함께) 내셔널 풋볼 리그(NFL)는 iCraveTV가 미국 저작권법을 침해하였다고 주장하였다. 캐나다에서는 인터넷을 통해서 텔레비전을 재생하는 것이 적법한지 모르지만 미국에서는 위법행위다. 그러므로 미국인들이 이 캐나다 사이트에 접속할 수 있는 만큼 그들은 미국 법을 위반하는 것이었다. 그리고 이 캐나다 사이트는 미국인들도 접속할 수 있었기 때문에 미국 법을 위반하는 것이었다. NFL은 피츠버그 법원에 이 캐나다 서버를 중지시킬 것을 요구하였다.

미국 피츠버그 법원 판사인 도널드 지글러(Donald Ziegler)는 광범위한 사실확인 작업에 착수하였다. 2000년 2월 8일, 법원은 iCraveTV의 영업금지명령을 내렸다. 법원은 iCraveTV에게 90일 이내에 미국거주자들을 차단할 기술이 있다는 사실을 입증할 것을 요구하였다. iCraveTV는 이를 약속하였고, 제 4장에서 언급한 IP기술을 이용하여 98%의 미국 거주자들을 차단할 수 있었다. 그러나 98%는 미국 법원에게 만족스러운 수치가 아니었다. 어떤 미국인이라도 iCraveTV에 접속할 수 있다면, iCraveTV는 미국 법을 위반하는 것이었다. iCraveTV는 100% 성공을 장담할 수 없었다. 고메즈 판사의 프랑스 판결과 달리, 인터넷상에서는 이 결정을 비난하는 여론이 별로 형성되지 않았다. 이 결정을 비판하는 수천 개의 웹사이트도 없었고, 이에 대해 의문을 제기하는 사설도 별로 없었다. 거의 아무도 이를 알아차리지 못하였다.

(3) 서로에 대한 무지함

야후 프랑스 사건과 iCraveTV 사건은 동일한 문제점을 제기하고 있다. 각 사건에서 볼 수 있듯이 한 국가에서는 합법적인 행위(나치 물품을 미국에서 파는 것, 캐나다에서 인터넷을 통해 무료로 텔레비전방송을 재생하는 것)가 다른 나라에서는 불법적인 행위(나치 관련 물품을 프랑스에서 파는 것, 무료로 텔레비전방송을 미국에서 재생하는 것)일 수 있다. 두 사건에서 공통적으로 보여지듯이, 법이 침해된 국가의 판사는 위반을 금지하기 위하여 그의 권한을 행사하였다.(고메즈 판사는 야후가 나치 물품목록을 삭제하거나 프랑스에서 접근하는 것을 차단할 것을 요구하였고, 지글러 판사는 iCraveTV이 웹사이트에서 텔레비전방송하는 서비스를 삭제하거나 미국인들의 접속을 차단할 것을 요구하였다). 하지만 한 사건에서는 이러한 조치가 “검열”이라고 비판을 받았고, 다른 사건에서는 거의 인식조차 되지 않았다.

이것은 서로에 대한 무지함이다. 우리는 남의 잘못은 잘 보면서 자신의 잘못은 깨닫지 못한다. 미국인에겐 나치즘에 대한 표현을 차단하는 것은 “검열”이다. 그리고 그러한 표현이 프랑스에서는 합법적이지 않다는 이유로 미국에서도 검열되어야 한다고 요구하는 것은 모욕적이고 침해적인 것이다. 그러나 무료 텔레비전방송이 미국에서 불법적이라는 이유로 이를 캐나다에서도 차단하는 것은 왜 “검열”(*censorship*)이 아닌가? 두 사건에서, 한 국가에서 합법적인 표현행위가 타국의 법원에 의해 금지되었다. 미국은 무료 텔레비전이 미국에서 불법이라는 이유로, 캐나다인들이 무료 텔레비전방송을 시청하는 것을 차단하였다. 프랑스인들은 나치 관련 물품이 프랑스에서 불법이라는 이유로, 미국인들이 야후 경매사이트에서 나치 관련 물품을 구매하는 것을 금지하였다.

어떤 측면에서 보면 iCraveTV 사건이 야후 사건보다 더욱 심각하다. 야후 사건에서 법원은 야후가 프랑스인들을 차단하는 데 기술적인 수단을 취할 수 있는지의 여부에 관한 증거를 고려하였다.[9] 조엘 라이덴버그가 강조하는 것처럼 프랑스인들을 나치 관련물품들로부터 차단할 수 있는 합당한 기술적 수단이 존재한다는 사실이 책임의 출발점이었다.[10] 비록 기술적 수단들이 완벽하지 않았으나, 법원은 대략 90% 이상의 프랑스 사용자들을 확인할 수 있을 것이라고 추정하였다.[11] 하지만 iCraveTV 사건에서는 기술적 수단이 98%에 가까운 효과를 보장했음에도 불구하고, 법원은 이를 충분치 않다고 판단하였다. 미국 법원의 제한 정도가 프랑스 법원보다 훨씬 더 강한 것이다.

미국인들만 맹목적이라고 할 수는 없다. 나는 이 사건들을 빌미로 미국인들을 트집잡으려는 것이 아니다. 다만, 이 사건들을 통해서 일반적인 교훈을 도출해낼 수 있다. 인터넷상에서 규제하고 싶은 내용(contents)이 없는 나라는 존재하지 않을 것이다. 국가들은 각기 통제

---

9) *Yahoo! Inc. v. La Ligue Contre le Racisme*, 433 F.3d 1199 (9th Cir. 2006).

10) 라이덴버그는 미국 하급심에서 제시된 프랑스의 판결에 대한 해석이 잘못되었다고 지적하고 있다. Joel R. Reidenberg, "Technology and Internet Jurisdiction," *University of Pennsylvania Law Review* 153 (2005): 1951, 1959.

11) *Yahoo! Inc. v. La Ligue Contre le Racisme*, 433 F3d 1199, 1203 (9th Cir. 2006).

하고 싶은 것들이 있다. 그러한 것들은 국가마다 다를 것이다. 프랑스는 나치즘에 대한 표현을 규제하고 싶을 것이다. 미국인들은 포르노물을 규제하려고 할 것이다. 독일인들은 둘 다 규제하려 할 것이다. 스웨덴 사람들은 둘 다 규제하지 않을 것이다.

이 장은 중첩적인 통제욕구를 다루고 있다. 인터넷상에서 이와 같이 혼재된 각 국가의 통제욕구를 어떻게 조정할 것인가? 어떤 규범이 적용되어야 하는가? 무정부 상태 혹은 전제주의를 피할 방법이 있는가? 가장 제약적인 규범체계가 우리들에게 남겨진 자유를 결정할 것인가?

이제 어떤 논의가 진행될 것인지 충분히 거론되었다고 생각한다. 나는 이 문제를 본격적으로 다루겠다. 하지만 먼저 우리는 왜 사이버공간에서 규제가 발생하는지 그 이유를 분명하게 짚고 넘어갈 필요가 있다. 우리는 정부가 가지고 있는 관심을 인식하고 얼마나 그 관심이 강한지 혹은 약한지 판단해야 한다. 더욱 중요한 점은 네트워크의 구조가 그 관심을 실현 가능케 하기 위해 어떻게 변해왔는지를 인식하는 것이다. 잭 골드스미스와 팀 우는 다음과 같이 지적하고 있다.

> 야후의 주장은 국경 없는 인터넷이라는 1990년대의 비전에 근거하고 있었다. 10년도 채 되지 않아, 이 비전은 인터넷의 실재에 의해 빠르게 대체되고 있으며, 인터넷은 국경에 의하여 분열되고 그것을 반영하고 있다. 인터넷은 세상을 평평하게 하기 보다는 많은 측면에서 지역적 조건을 따르고 있다.[12]

---

12) Jack Goldsmith and Timothy Wu, *Who Controls the Internet: Illusions of a Borderless World* (2006), 41.

2. 사이버공간 "내에" 존재한다는 것

사이버공간은 하나의 장소이다.[13] 그곳에는 사람들이 살고 있다. 그들이 현실공간에서 경험하는 온갖 종류의 것들을 그곳에서도 경험한다. 그들은 최첨단 컴퓨터게임을 즐기는 고립된 매니아들처럼 이러한 경험을 하는 것이 아니다. 그들은 집단 내에서, 공동체 내에서, 낯선 사람들 사이에서, 알고 지내는 사람들이거나 좋아하거나 사랑하는 사람들 사이에서 그것들을 경험한다. 그들이 그곳, 사이버공간에 있지만, 동시에 이곳에도 있다. 그들은 포테이토칩을 먹으며, 울려대는 전화소리도 무시한 채 컴퓨터 스크린 앞에 있다. 그들은 남편들이 잠든 늦은 밤, 아래층 컴퓨터 앞에 앉아 있다. 그들은 직장, 사이버 카페, 혹은 컴퓨터 랩에 있다. 그들은 이곳에 있으면서 그곳에서도 살아간다. 그리고 하루 중 어느 순간 전원플러그를 뽑고 오직 이곳에만 있기도 한다. 그들은 컴퓨터 앞에서 일어나 약간 멍한 상태로 돌아선다. 현실르 돌아온 것이다.

그러면 사이버공간에 있는 동안 그들은 어디에 있는 것일까?

우리는 하나를 선택하려는 욕구가 있다. 우리는 사이버공간이든 현실공간이든 어느 한 곳에 존재한다고 말하길 원한다. 우리는 어느 공간이 책임져야 하는지 알기를 원하기 때문에 이러한 욕구를 갖게 되는

---

13) 사이버공간이 하나의 "장소"(*place*)인가에 관하여 풍부하지만, 때로는 불필요한 논쟁이 일어난다. 나는 여전히 그 용어가 유용하다고 믿고 있으며, 후버는 부분적이지만 나의 견해를 지지하고 있다. Dan Hunter, "Cyberspace as Place and the Tragedy of the Digital Anti-commons," *California Law Review* 91 (2003) : 439. 매디슨은 장소라는 은유가 놓치고 있는 중요한 관점을 부가하고 있다. Michael J. Madison, "Rights of Access and the Shape of the Internet," *Boston College Law Review* 44 (2003) : 433. 렘리 역시 중요한 관점을 제시한다. Lemley, "Place and Cyberspace," *California Law Review* 91 (2003) : 521.

것이다. 그들에 대해 어느 공간이 관할권을 갖는가? 어느 공간이 지배하는가?

대답은 두 공간 모두이다. 언제 사이버공간에 있든 그는 현실공간에도 존재한다. 어떤 사람이 사이버공간의 어떤 공동체 규범에 복종하더라도 언제나 현실공간의 공동체 내에서 생활하는 것이다. 만약 당신이 사이버공간에 있다면, 당신은 항상 두 곳에 있으면서 두 곳의 규범의 적용을 받는다. 법에서 문제되는 것은 두 공간의 규범을 적용받는 주체가 두 곳에 동시에 존재할 때 두 공간의 규범들을 어떻게 적용할 것인가를 해결하는 것이다.

제이크 베이커(Jake Baker)에 대해서 다시 생각해 보자. 제이크의 문제는 다른 규범이 적용되는 다른 장소로 가버렸다는 데 있는 것이 아니다. 문제는 그가 미시간대학 기숙사방과 넷(*Net*)상에 동시에 존재하고 있었다는 점이다. 그는 기숙사에서 예의범절을 따랐고, 사이버공간에서는 음란의 규범을 따랐다. 그는 한 의자에 앉아서 두 종류의 규범을 따랐다. 그렇다면 어느 규범이 적용될 것인가? 현실공간의 정부는 두 공동체 사이의 충돌을 어떻게 처리할 것인가?

몇몇 사례가 도움을 줄 수 있을 것이다. 일반적으로 당신이 유럽을 방문할 때 연방정부와 동행하는 것은 아니다. 유럽에 있는 동안 당신은 미국인들에게 적용되는 규범들에 따라 행동하지 않아도 된다. 독일에서 당신은 대체로 독일 법의 지배를 받는다. 미국은 그곳에서의 당신 행위를 규제할 만한 이유가, 적어도 당신이 그곳에 있는 한, 거의 없다. 그러나 때때로 미국 정부는 외국에 있는 미국 시민들을 규제할 이유가 있다. 이러한 경우에 국제법상 이를 금지시킬 수 있는 것은 아무것도 없다.[14] 예를 들면, 어린아이에 대한 변태성 행위가 규제되지 않는 곳들이 있다. 한동안 그곳은 전 세계로부터 변태성욕자들을 위한

---

14) Restatement (Third) of Foreign Relations Law (1986), 402(2) and comment (e)를 참조.

여행지가 되었다. 1994년 미국 정부는 미성년자와의 성행위가 허용되는 관할권일지라도 미성년자와 성행위를 하면 처벌할 수 있는 법률을 통과시켰다.[15] 그 법률은 어떻게 정당화될 수 있었을까? 분명히 의회는 만일 외국에서 그러한 행위를 하는 사람이라면 국내에서도 그런 짓을 할 가능성이 더욱 높다고 판단하였다. 만약 그들이 그러한 행위를 허용하는 규범을 갖고 있는 사회를 방문하고 나면, 그러한 규범들을 국내로 갖고 들어올 확률이 높은 것이다. 결국 미국 정부는 대체로 외국에서의 당신의 행위에 대해서 거의 관심을 갖지 않지만, 다른 나라에서 행한 행위가 국내에서의 당신의 삶에 영향을 미칠 때에는 관심을 갖기 시작한다.

물론 이러한 규제는 예외적이지만, 그 이유는 현실공간에서는 대안적인 공동체나 외국의 공동체로 이전하는 것이 예외적이기 때문이다. 현실공간에서 발생하는 삶의 마찰은 외국문화의 규범이 우리에게 흘러들어 올 가능성을 희박하게 만든다. 우리와 외국문화 사이의 격차가 너무 크기 때문에 양쪽 모두에서 생활할 여유가 있는 사람은 극히 드물다. 그러나 넷은 이것을 변화시킨다. 베이커 사건이 보여주듯이 그리고 앞으로 다른 많은 사건들에서도 제기될 것이지만, 사이버공간에서는 이처럼 상이한 공동체들이 더 이상 다른 어떤 곳에 있는 것이 아니다. 그 공동체들을 집으로, 심지어 집 안으로 불러올 수 있다. 현실공간의 공동체들은 그들을 보호하는 데 필요한 마찰이라는 완충장치를 더 이상 갖고 있지 않다. 또 다른 공동체가 그 공동체 주민들이 자신의 거실을 떠나지 않고서도 그들의 관심을 사로잡을 수 있다. 사람들

---

15) Child Sexual Abuse Prevention Act, 18 USC 2423(b) (1994). Margaret A. Healy, "Prosecuting Child Sex Tourists at Home: Do Laws in Sweden, Australia, and the United States Safeguard the Rights of Children as Mandated by International Law?," *Fordham International Law Journal* 18 (1995): 1852, 1902~12 참조.

은 동시에 두 곳에 있을 수 있다. 하나가 다른 것에 영향을 미친다.

에드워드 카스트로노바의 표현을 빌리자면 "가상의 세계가 중요해지는 이유는 그 안에서 일어나는 일들이 그 바깥 세계에 영향을 줄 수 있기 때문이다."[16] 정부가 직면한 문제는 이러한 영향을 어느 범위까지 허용하는가 하는 것이다.

이 물음은 서로 다른 3가지 요소들로 구성된다 — 두 가지는 오래된 것이고 하나는 새로운 것이다. 오래된 이야기는 정부가 자국의 문화와 사람들에게 미치는 외국의 영향을 어느 정도의 범위까지 허용할 것인가에 관한 것이다. 한때 고립되었던 문화는 침입을 막는 장벽이 무너지게 되면 곧 침략 당한다. 위성방송을 통해 유럽인들의 거실로 쏟아져 들어오는 미국의 문화적 침투를 중단하라는 유럽인들의 항변을 생각해 보라.[17] 아니면 이보다 훨씬 극단적인 중동의 경우를 생각해 보라. 이 지역에서는 외국문화의 영향으로부터 자신들의 문화를 보호하기 위해 오랫동안 싸워왔고, 인터넷이 보편화되자 그 싸움은 더욱 난관에 봉착하였다.

두 번째 오래된 이야기는 정부가 자국의 관습 및 법규와 불일치하는 타국가의 관습 및 법규로부터 자국민들을 보호할 수 있을 것인가 또는 어떻게 보호할 것인가에 관한 문제이다. 예를 들어, 프랑스의 저작권법은 프랑스 작가들의 도덕적 권리를 강하게 보호한다. 만약 프랑스 작가가 미국 출판사와 계약하였는데, 그 계약이 그의 "도덕적 권리"를 적절하게 보호하지 못한다면, 프랑스 정부는 어떻게 대응해야 하는가?

그러나 세 번째 이야기는 — 새로운 것인데 — 자국민들이 집에 있으면서도 외국문화 속에 살 수 있게 됨에 따라 발생하는 문제들에 관한

16) Castronova, *Synthetic Worlds* (2005), 7.

17) Bill Grantham, "America the Menace: France's Feud With Hollywood," *World Policy Journal* 15, 2 (Summer 1998): 58; Chip Walker, "Can TV Save the Planet?," *American Demographics* (May 1996): 42 참조.

것이다. 이것은 단순히 외국의 텔레비전 프로그램을 시청하는 것과는 다른 것이다. 텔레비전이 제공하는 대체물은 상상을 위한 대체물일 뿐이다. 하지만 사이버공간에서의 생활은 텔레비전과 달리 상호작용을 하므로 단순히 보는 것 이상을 제공한다. 사이버공간은 대안적 삶의 방식을 제공한다(적어도 몇몇 사이버공간들은 그러하다).

이 장에서 내가 초점을 두고 논의하고자 하는 바는 문화적 제국주의라고 일컬어지는 첫 번째 문제가 아니다. 오히려, 두 번째, 세 번째에서 제시된 갈등요소들에 관한 것이다. 서로 다른 정부의 규범들 간의 충돌이 언제나 있어왔던 것은 사실이다. 그러한 충돌들은 지역적 분쟁으로 이어지기도 했다. 사이버공간은 이 논의에서 세 번째 국면을 초래했다. 과거에 예외로 취급되었던 것이 규칙으로 될 것이다. 일반적으로 행위는 하나의 관할권 또는 상호 협조적인 두 개의 관할권 내에서 통제되었다. 그러나 이제는 비협조적인 다수의 관할권들 내에서 체계적으로 통제될 것이다. 법은 어떻게 이 문제를 해결할 수 있을까?

사이버공간의 통합성은 이러한 갈등의 발생빈도를 증가시킬 것이다. 이전에는 발생한 적이 없었던 갈등도 유발시킬 것이다. 다른 관할권에서 온 개인들이 한 공간에서 함께 살아가면서 동시에 다른 관할권에 현실적으로 존재하는 것이다.

이 물음은 두 극단주의자들 간에 격렬한 논쟁을 불러일으켰다. 한쪽 극단에 데이비드 포스트와 데이비드 존슨의 주장이 놓여 있다. 존슨과 포스트는 (사이버공간에서는 서로 다른 모든 맥락에 영향을 미치기 때문에) 행위가 다수 관할권들의 규제에 종속된다는 것은 곧 대부분의 행위들이 어디에서도 규제에 종속되지 않는다는 의미로 추정되어야 한다고 주장한다. 즉, 사이버공간을 제외하고는 어디에서도 규제되지 않는다는 것이다.[18] 그 이외의 어떠한 해결책들도 일관성이 부족하기 때문에 불합리하다고 주장한다. 그러한 불합리성을 받아들이기보다는 훨씬 더 의미 있는 것을 받아들여야 한다는 것이다. 마치 밀란 쿤데라가 제시하듯이 사이버공간의 삶은 그 밖의 어딘가에서의 삶이다.

양측의 주장들이 부분적으로는 옳지만, 내 생각엔 양쪽 모두 오류를 범하고 있다. 존슨과 포스트가 주장한대로, 무언가 새로운 것이 있는 것은 사실이다.[19] 그러나 그 새로운 것은 종류의 차이가 아니라 정도의 차이일 뿐이다. 또한 골드스미스와 우가 주장한 것처럼 이런 형태의 논쟁이 항상 있었다는 것도 사실이다. 그러나 이런 수준의 충돌을 겪은 적은 없다. 사람들이 실제로 동시에 두 장소에서 살고 있다고 말할 수 있었던 시대는 없었다. 두 장소 간에 어떠한 상위의 원리도 갖추지 못한 채, 그것이 바로 앞으로 우리가 직면하게 될 과제이다.

이러한 이중성은 문제가 있다. 왜냐하면 이 문제들을 해결하기 위해 기존에 사용했던 법적 도구들은 시민들간의 갈등을 다루려고 고안된 것이 아니기 때문이다. 그 법적 도구들은 제도들간의 충돌이나 비교적 복잡한 행위주체들간의 충돌을 다루기 위해 고안되었다. 그것은 기업과 기업 간의 관계, 기업과 정부와의 관계를 다루기 위해 만들어진 규칙들이다. 그것들은 사인간의 분쟁을 다루기 위해 만들어진 것이 아니다.

---

18) 예컨대, David R. Johnson and David Post, "Law and Borders: The Rise of Law in Cyberspace," *Stanford Law Review* 48 (1996): 1379~80 참조.

19) Jack Goldsmith and Timothy Wu, *Who Controls the Internet*. Jack L. Goldsmith, "Against Cyberanarchy," *University of Chicago Law Review* 65 (1998): 1199; Jack L. Goldsmith, "The Internet and the Abiding Significance of Territorial Sovereignty," *Indiana Journal of Global Legal Studies* 5 (1998): 475; David Johnston, Sunny Handa, and Charles Morgan, *Cyberlaw: What You Need to Know About Doing Business Online* (Toronto: Stoddart, 1997), ch. 10. 스테인은 사이버공간에서 관할권의 문제는 현실공간의 국제법에서 발견되는 것들과 유사하다고 주장한다("The Unexceptional Problem of Jurisdiction in Cyberspace," *The International Lawyer* 32 [1998]: 1167).

제시카 리트만은 저작권에 관한 저서에서 이와 유사한 지적을 하고 있다.[20] 리트만은 지난 세기에는 저작권이 발행인과 저자 사이에 이루어지는 협상으로 상당히 잘 운영되었다고 주장한다. 법률은 주로 개인보다는 기관들에게 적용되는 것이 이상적이었다. 개인들은 실제로 출판행위를 하지 않았기 때문에 사실상 저작권의 영역 밖에 있었다. 인터넷은 이 모든 것을 바꾸어놓았다. 이제는 모든 사람이 출판인이 될 수 있다. 리트만에 의하면 (내가 보기에는 설득력이 있는데) 저작권법이 개인들에게 적용된다고 해서 반드시 효과적으로 기능한다고 할 수는 없다는 것이다.[21] 기관들에 적용되는 이상적인 법률이 반드시 개인들에게도 이상적인 것은 아니다. 개인들이 출판인인 세상에 적합하려면 저작권법은 재편되어야 할 것이다.

주권들간의 충돌문제도 마찬가지이다. 이러한 충돌문제를 다루는 법률들은 당사자들이 반복적인 행위자인 경우, 예를 들면 두 곳에서 사업을 해야 하는 기업들이나 두 곳을 지속적으로 왕래하는 개인들인 경우에 잘 작동한다. 이런 사람들은 자신들이 살고 있는 제한된 범위의 맥락에 행동을 맞추도록 조치를 취할 수 있으며, 현행 법률들은 그들이 그 목표에 도달하는 데 도움을 준다. 그러나 누구든 다국적인이 될 수 있는 세계에서도 이러한 규칙들의 혼합이 (저작권의 경우와 마찬가지로) 가장 효과적인 것은 아니다.

이러한 변화에 대한 해결책은 모든 것이 동일하다거나 모든 것은 다르다는 주장으로부터 나오지 않을 것이다. 그 이상의 작업들이 요구된다. 많은 시민들이 서로 다른 두 장소에서 생활하고, 그 장소 중 하나가 특정 주권의 관할권 내에만 있는 것이 아닐 때 한 주권은 다른 주권들에 대해서 어떤 특권을 요구할 수 있으며 이 주권들은 사이버공간

20) Jessica Litman, "The Exclusive Right to Read," *Cardozo Arts and Entertainment Law Journal* 13 (1994): 29 참조.

21) Ibid.

에 어떤 요구를 할 수 있는가?

이 물음에는 아직 해답이 없다. 이것은 미국 헌정사에 잠재된 또 하나의 모호성이다. 또한 이 문제에 해답을 제시해줄 수 있는 국제헌법적 계기도 존재하지 않는다. 설령 해결책이 있더라도 이 문제에 대한 해답은 아닐 것이다. 건국 초기에 보통사람들은 비타협적인 복수의 관할권 내에서 일상생활을 영위하지 않았다. 이것은 새로운 것이다.

3. 가능한 해결방안들

자국 시민들이 어떻게 행동하기를 원하는지 정부들간에 갈등이 있을 것은 명백하다. 아직 확실하지 않은 점은 이러한 갈등들을 어떻게 해결할 것인가이다. 다음 절에서 나는 세 가지 다른 전략들을 제시하겠다. 첫 번째는 초기 인터넷이 지향하는 꿈이었다. 두 번째는 현재 다수의 국가들에게서 보이는 현실이다. 세 번째는 우리가 점차 맞이하게 될 세상이다.

(1) 법규범이 없었던 시절

1996년 2월 8일 그레이트풀 데드의 작사가이자 전자 프런티어 재단의 공동설립자인 존 페리 발로우는 그 재단의 웹사이트에서 아래와 같은 선언문을 게재하였다.

> 산업사회의 정부들이여, 철강과 살집으로 이루어진 욕심 많은 거대한 괴물아, 나는 영혼의 새로운 고향인 사이버공간에서 왔다. 미래를 대신하여, 과거의 너에게 우리를 내버려둘 것을 요청한다. 너는 우리에게 환영받지 못한다. 우리가 모여 있는 이곳에 너는 어떠한

주권도 없다. 우리는 선출한 정부도 없고, 앞으로도 없을 것이다. 그래서 나는 자유가 말하는 것 이외에는 어떤 우월한 권위가 너에게 없다는 것을 알리고 싶다. 나는 네가 우리에게 부과하려는 독재정치로부터 우리가 지금 건설하는 글로벌 사회공간은 자연적으로 독립해 있음을 선포한다. 너는 더 이상 우리를 통치할 도덕적 권리가 없으며, 우리가 너를 두려워할 어떠한 집행방법조차 갖추고 있지 못하다.

정부들은 통치받는 자들의 동의로부터 자신들의 정당한 권력을 끌어낸다. 너는 우리로부터 동의를 간청한 적도 없고 받은 적도 없다. 우리는 너를 초대한 적이 없다. 너는 우리를 모르며 우리의 세계를 알지도 못한다. 사이버공간은 너의 영역 안에 있지 않다. 사이버공간을 공공사업처럼 건설할 수 있을 것이라고 생각하지 말라. 그것은 본성에서 기인한 것이요, 우리의 집단적 행동들을 통해서 성장한 것이다. 너는 우리의 심오하고 참여적인 대화에 동참한 적도 없으며, 우리 시장의 부를 창조하지도 않았다. 너는 우리의 문화나 윤리규범 또는 네가 내리는 명령보다 훨씬 우리 사회를 질서정연하게 하는 불문율을 모른다.

너는 우리에게 네가 해결해야 할 문제들이 있다고 주장한다. 너는 이 주장을 통해서 우리의 영역에 침투할 구실을 만들고 있다. 그러나 이러한 문제들은 존재하지 않는다. 실제 갈등이 있고 폐단이 존재한다면 우리가 그것들을 찾아내어 우리의 방법으로 해결할 것이다. 우리는 우리 자신의 사회계약을 만들고 있다. 이러한 거버넌스는 우리 세계의 조건에 따라 형성될 것이지 너희들의 방식을 따르지 않을 것이다. 우리의 세계는 다르다.

사이버공간은 거래, 관계설정, 사상 등으로 구성되며, 그것들은 우리의 의사소통망 안에서 영속적인 웨이브처럼 배치되어 있다. 우리 세계는 어디에나 존재하며 동시에 아무 곳에도 존재하지 않는다. 하지만 그곳은 사람이 신체적으로 거주하는 곳이 아니다. 우리는 인종, 경제력, 군사력, 출생신분 등에 따른 특권이나 편견의식이 없이 누구든 동참하게 될 세계를 만들고 있다. 우리는 누구든 어디에서건 설령 그것이 특이하더라도, 침묵을 지키거나 사회 통념에 일치하도록 강요당할 것이란 두려움 없이 자신의 신념을 표현할 수 있는 세상을 만들고 있다.

너의 재산, 표현, 신원, 이동, 그리고 맥락에 관한 법적 개념이 우리에게 적용되지 않는다. 그것들은 물질에 기초하는데 이곳에는 물질이 없다. 우리의 아이덴티티는 신체가 없으며, 너와 달리 우리는 물리적 강제에 의해 받아들일 수 없다. 우리는 윤리, 계몽된 자기이익, 공공복지로부터 우리의 거버넌스가 형성될 것이라고 믿는다. 우리의 신원은 너희 관할권 중 여러 곳에 흩어질 수 있다. 우리가 만들어내는 문화들이 일반적으로 인정하게 될 유일한 법은 황금률이다. 우리는 그 기반 위에 특별한 해결책을 마련할 수 있기를 희망한다. 그러나 우리는 네가 부과하려고 시도하는 해결책을 받아들일 수 없다.

미국에서 너는 통신개혁법(Telecommunication Reform Act)을 제정하였는데, 그것은 너의 헌법을 부인하고 제퍼슨, 워싱턴, 밀, 매디슨, 토크빌, 브랜다이스의 꿈을 모욕하는 것이다. 이제 이러한 꿈들은 우리 안에서 새롭게 다시 태어나야 한다.

너는 너의 자녀들을 두려워한다. 왜냐하면 그들은 네가 앞으로 항상 이민자가 될 세상의 원주민이기 때문이다. 네가 그들을 두려워하기에, 너는 부모의 의무감을 가지고 너의 관료주의를 신뢰할 뿐이다. 너는 너무 겁이 많아서 스스로를 직면하지 못한다. 우리의 세계에서는 가장 저열한 것에서부터 가장 고상한 것까지 휴머니티에 대한 모든 감정과 표현이 비트의 글로벌 대화의 일부이다. 우리는 우리를 질식시키는 공기와 날갯짓을 칠 수 있는 공기를 분리할 수 없지 않은가. 중국, 독일, 프랑스, 러시아, 싱가포르, 이탈리아, 그리고 미국에서 너희들은 자유의 바이러스를 쫓아내려고 사이버공간에 파수꾼을 세우려 한다. 이런 조치들은 잠시나마 효력이 있겠지만, 곧 비트매체에 묻혀 더 이상 제대로 작동하지 못할 것이다.

너의 진부한 정보산업은 미국이나 다른 곳에서 법을 제정하여 스스로를 영속시키려 할 것이다. 자기만의 표현의 자유를 전 세계에 주장하면서 이러한 법은 다른 산업사회의 생산품과 마찬가지로 철제품보다 더 나을 것조차 없는 아이디어를 나타낼 뿐이다. 우리 세계에서는 인간이 생각해낼 수 있는 것은 재생되고 비용을 들이지 않고 무한하게 분배될 수 있다. 생각과 사상은 더 이상 그것을 전달하기 위해서 제조공장의 도움을 필요로 하지 않는다.

나날이 증가하는 적대적이고 식민적인 수단들이 우리를, 낯설고 은밀하게 권력을 행사하는 권위에 도전해야 했던, 자유와 자치를 사랑하던 사람들과 같은 처지에 놓았다. 비록 우리의 신체는 너의 통치 아래 있는 것을 인정하지만, 우리의 가상적 존재는 너의 주권으로부터 면제되어 있음을 선언하지 않을 수 없다. 우리는 지구 전역으로 우리들 자신을 확산시킬 것이고 아무도 우리의 사상을 구속하지 못할 것이다. 우리는 사이버공간 안에 정신의 문명을 건설할 것이다. 너의 정부들이 이전에 만들어놓은 세계보다 훨씬 인간적이고 공정한 세계가 될 것이다.[22]

10년 전에 사이버공간의 이상을 반영한 이보다 더 나은 문서는 없다. 어떤 규범이 "우리의 신체"를 지배하든 이 공간에서 우리의 "가상적 자아"를 통치할 수 있는 정부는 없다. 발로우는 이 "가상적 자아들"은 현실공간의 주권으로부터 면제된다고 선언하였다. 현실공간의 주권자들이 이곳에서도 통제력을 행사하려고 한다면, 그들은 실패할 것이다. 발로우가 다보스(Davos) 회의에서 그의 선언을 발표하였지만, 세계의 정부들은 귀 기울이지 않았다. 바로 그날, 대통령은 통신품위법(Communications Decency Act of 1996)에 서명하였다.[23] 비록 연방

---

22) John Perry Barlow, "A Declaration of the Independence of Cyberspace" (1996), link #105 참조.

23) Communications Decency Act, PL 104-104, 110 Stat. 56 (1996).

대법원이 이 법을 격침시켰지만 이로써 "가상적 자아들"에 대한 규제의 종말을 고한 것은 아니었다. 미국 의회에서 제정된 일련의 입법들은 세계 각국의 입법 움직임과 맞물려 발생하였다. 이러한 흐름은 증가하였다. 한 연구결과에 따르면, 네트워크 세계를 규제하려는 이러한 입법 움직임은 처음에는 서서히 진행되다가, 비약적으로 증가하였다.[24] 초반기에 이러한 규제들은 "기술을 이용하여 넷과 관계없는 정부의 목표달성에 이바지하도록", 두 번째는 "네트워크 인프라의 향상을 위하여", 세 번째는 "정보에 대한 직접적인 규제의 필요성으로 인하여"를 지향해왔다.[25]

발로우의 이상이 현실화되지 않은 이유들은 되돌아보면 분명하다. 그러나 그 당시에는 그것들이 제대로 인식되지 못하였다. 법은 정치적 행동의 결과로 제정된다. 또한 그들은 정치적 행동을 통해서만 멈출 수 있다. 사상이나 아름다운 문장은 정치적 행동이 아니다. 의회가 아이들을 네트워크로부터 보호해달라는 흥분한 부모들의 요구에 직면했을 때, 저명한 음악가가 네트워크상에서 자신의 음악저작권 침해에 대해서 분노했을 때, 심각한 얼굴로 네트워크상 범죄의 위험성에 대해서 이야기하는 공무원들을 보았을 때, 그레이트풀 데드의 서정시인의 은유도 그러한 움직임을 막을 수는 없다. 발로우의 측에서도 정치적 행동이 있어야 했다. 하지만 정치적 행동이야말로, 아직 사이버공간이 준비하지 못했던 부분이다.

---

24) Yochai Benkler, "Net Regulation: Taking Stock and Looking Forward," *University of Colorado Law Review* 71 (2000): 1203, 1206~07 (15 in 101; 23 in 102; 34 in 103; 66 in 104; 275 in 105; 348 for first session of 106).

25) Ibid., 1203, 1232, 1234, 1237.

(2) 하나의 법에 의한 통치

법이 존재하지 않는 세계와 반대되는 경우는 하나의 법이 통치하는 세계이다. 그것은 하나의 정부가 모든 영역에 걸쳐서 하나의 법을 집행하여 통치하는 세계이다(또는 모든 정부가 협력하는 경우도 상상할 수 있지만, 그러한 아이디어는 생각하는 것조차 너무 터무니없는 것 같아 언급하지 않겠다).

마이클 가이스트가 확신 있게 주장하는 것처럼, 현재 그러한 일들이 일어나고 있다. 그는 다음과 같이 주장한다. "정부들은 국내법이 국내영역 안에 한정된다는 사실을 인정하고 싶어 하지 않는다. 그들은 노골적으로 영토 밖에 적용되는 입법에 눈을 돌리고 있다."[26] 이 부분 역시 안타깝게도, 미국이 선두주자의 역할을 하고 있다. 미국은 적절한 네트워크 행동양식에 대한 관점을 갖고 있다. 미국은 그들의 견해를 국경 바깥의 범위까지 집행할 권리를 주장하고, 미국의 법이 타 지역의 법과 충돌하는지 여부에 관계없이, 타국가의 시민들에게도 그 법을 적용한다. 예를 들면, FTC는 아동온라인프라이버시보호법(Child Online Privacy Protection Act)을 집행할 책임을 부여받았다. 그리고 가이스트에 따르면, "그 위원회의 입법지침은 의심의 여지없이 웹사이트들이 아동들에 대한 프라이버시 정책에서 그 법률에 복종할 것을 기대한다."[27] 그렇다면 미국의 법무부도 DMCA가 기술의 "수입"을 언급하고 있다는 이유로, 그것이 국외의 영역까지 적용된다고 주장하는 것인가?[28] 또한 미국의 테러대책법(USA Patriot Act)을 보면 "명백한 국

26) Michael Geist, "Cyberlaw 2.0," *Boston College Law Review* 44 (2003): 323, 332. 이와 유사한 관점에 대해서는, Matthew Fagin, "Regulating Speech Across Borders: Technology vs. Values," *Michigan Telecommunications Technology Law Review* 9 (2003): 395.

27) Geist, Ibid., 343.

외-영역"(*expressly extra-territorial*)이라는 조항이 있는데, 예를 들면, "보호대상인 컴퓨터"의 적용범위 대상을 확장하여 "미국의 주간에, 외국과의 상거래나 통신에 영향을 미치는 미국 영토 바깥에 설치된 컴퓨터"까지 포함시키고 있다.[29]

물론, 가이스트의 주장은 미국이 인터넷을 완벽하게 통제했다는 것은 아니다. 미국이 네트워크상의 범죄 또는 미국 법에 위반하는 행위들을 중지시켰다고 주장할 사람은 아무도 없다. 하지만 이론상으로는 미국의 기소를 작동시키는 데에는 아무런 제한이 없다. 미국이 발전시킨 이론에 따르면, 미국이 영향력을 미칠 수 없는 행위나 장소는 없다(비록 국제법이 미국을 생각 이상으로 통제하고 있다고 많은 사람들이 믿고 있지만).[30] 미국의 이러한 지배가 영원히 지속될 수도 있다. 그러나 나는 이에 대해 의심한다. 세계 각국의 많은 정부들이 점점 미국을 견제하고 있다. 2005년에 몇몇 정부들이 미국의 영향력으로부터 ICANN(Internet Corporation for Assigned Names and Numbers)의 통제권을 떼어내려고 시도했다. 이러한 거부 움직임은 건전한 정도의 주권적 자존감과 더불어, 모든 국가의 이익 간에 균형을 맞추는 규범체계를 만들어 나가는 데 박차를 가할 것이다.

(3) 다수의 법들 의한 통치(그리고 그것을 실현 가능케 하는 기술)

그렇다면, 보다 잘 균형을 이룬 규범체계는 어떤 것일까?

이 장의 초반부에 언급한 갈등으로 되돌아가 보자. 프랑스 정부는 자국의 시민들이 나치 관련물품을 사는 것을 원하지 않으며, 미국은

---

28) Ibid., 338.

29) Ibid., 344~45.

30) Patricia L. Bellia, "Chasing Bits Across Borders," *University of Chicago Legal Forum* 35, 100 (2001).

자국 시민들이 "무료" 텔레비전을 보는 것을 원하지 않는다. 다른 한편으로, 프랑스는 "무료" 텔레비전을 보는 것에 반대하지 않으며 미국 정부는 헌법적으로 미국인들이 나치 물품을 구매하는 것을 막을 권한이 없다. 프랑스가 원하는 것을 주고, 미국이 원하는 것을 주는 것이 방법일까?

이것은 단지 프랑스와 미국에만 국한된 이슈가 아니다. 빅터 마이어 숀버거와 테리 포스터는 표현의 규제에 대해서 다음과 같이 기술하고 있다.

> 국내적으로 인터넷상에서의 표현의 자유를 제한하는 것은 미국에서뿐만 아니라 전 세계적으로 공통된 일이다. 개별국가들은 자신들의 국익의 범주 내에 속한다고 생각하는 것을 보호하려는 의도를 가지고 있으며 특정한 형태의 표현을 규제하려고 한다. 왜냐하면 그 내용이 국가의 복지와 시민의 도덕관념에 비추어 비난할 만하거나 적대적이라고 생각하기 때문이다.[31)]

그렇다면 이 문제를 해결하기 위한 일반적인 해결방안이 (적어도 정부의 눈에) 있을까?

첫째, 내가 제 4장에서 말했던 신원확인 레이어와 같은 것이 확실하게 기반을 잡는 것을 상상해 보라. 그리고 신원확인 레이어가 의미하는 것이 개인들이 (다른 정보를 노출시키지 않고 쉽게) 시민권을 인증할 수 있는 것이라고 상상해 보라. 그러면 당신이 웹에서 돌아다닐 때에 당신과 함께 붙어 다니는 것은 암호화된 신분으로서, 적어도 어느 정부가 당신에게 주권을 행사하는지 나타낼 수 있을 것이다.

---

31) Viktor Mayer-Schönberger and Teree E. Foster, *A Regulatory Web: Free Speech and the Global Information Infrastructure*, 3 Mich. Telecomm. Tech. L. Rev. 45, 45 (1997).

둘째, 국제회의를 열어서 각 정부가 자국민들이 다른 곳에 있을 때에도 그들에게 적용하고 싶어하는 규범들로 채워진 목록을 작성한다고 상상해 보자. 그래서 예를 들어 프랑스는 나치 물품을 차단시키고 싶어 하고, 미국은 18세 이하 누구나 포르노에 접근하는 것을 차단하고 싶어 한다. 그 규범목록은 공적인 것이 되고, 네트워크의 어느 서버에서라도 이용가능해질 것이다.

마지막으로 각 정부들이 그들의 관할권 내에 있는 서버에 그 규범목록에 제시된 규범들을 준수할 것을 요구한다고 상상해 보자. 만일 당신이 나치 물품을 팔고 있는데 그 웹사이트에 프랑스인이 접속한다면, 당신은 그녀를 차단해야 할 것이다. 하지만 그녀가 미국인이라면 그녀는 사이트에 접속하여 이용할 수 있다. 그렇게 되면 각 나라는 타국의 이용자들을 그 나라가 원하는 방향으로 제한할 수 있을 것이다. 하지만 자국민은 그 나라가 보장한 범위 내라면 이용의 자유를 누릴 수 있을 것이다. 이러한 세계는 지역규범을 사이버공간의 삶에 접목시킨 것이다.

구체적인 예를 들어 명확히 해보자. 인터넷 도박이 좋은 사례이다.[32] 미네소타 주는 도박에 대해 엄격한 정책을 가지고 있다.[33] 주의회는 미네소타 주민들의 도박을 금지하고 그 주의 법무장관은 엄격하게 입법부의 판단을 집행하고 있다. 주 안에 있는 도박 사이트들을 폐쇄하는 것은 물론 미네소타를 벗어난 곳에 있는 도박 사이트에 대해서도 만일 미네소타 주민에게 도박을 허용하면 법적 조치를 취하겠다고 위협하면서 엄격하게 정책을 시행한다.

---

32) 나는 이 사례를 주의 차원에서 기술하고 있다. 그러나 내가 생각하고 있는 체제는 미국의 주들이 아니라 국민국가들의 차원에서 작동할 수 있을 것이다.

33) Minnesota Statute 609.75, subd. 2~3, 609.755(1) (1994). 미네소타 주법은 허가를 받은 자선적인 도박이나 주의 복권과 같이 주에 의해서 규제를 받는 활동을 제외하고는 내기를 하는 것을 경범죄로 규정하고 있다.

이러한 위협은, 물론 일부에서는 논란이 있겠지만, 인터넷상에서의 도박에는 전혀 영향을 미치지 못하며, 인터넷상에서 미네소타인들의 도박행위에 아무런 영향력을 미치지 못한다.[34] 보랄의 이야기가 좋은 예가 될 것이다. 미네소타 주에 있는 도박 사이트를 상상해 보라. 미네소타 주가 도박을 불법으로 규정하면 서버를 미네소타 밖으로 이동시키면 된다. 미네소타 주민의 입장에서는 그러한 변화가 아무런 소용이 없다. 서버가 미니애폴리스에 있든, 시카고에 있든 접속하는 것이 쉬운 것은 마찬가지이다. 따라서 도박 사이트는 쉽게 이동하여 미네소타 고객을 계속 유치할 수 있다.

만일 미네소타 주정부가 시카고 서버의 주인을 기소하겠다고 가정해 보자. 미네소타의 법무장관이 일리노이 주 법원을 설득하여 시카고에 있는 불법 서버업체를 기소하는 것은 어렵지 않을 것이다(만일 서버의 행위들이 사실상 불법이라고 입증할 수 있다고 가정한다면). 그렇게 되면, 불법도박 서버는 시카고에서 케이맨(Cayman)으로 옮기면 되는데 미네소타는 이들을 기소하는 것이 한층 어려워질 것이고 미네소타 주민들이 접속하는 데 여전히 별로 어렵지 않을 것이다. 미네소타가 어떤 조치를 취하든 네트워크가 시민들로 하여금 정부를 좌절시키는데 일조하는 것처럼 보인다. 네트워크는 지리적 위치와는 상관없기 때문에 지리적으로 제한된 정부들이 그들의 법을 집행하는 것을 실질적으로 불가능하게 한다.

그러나 내가 앞에 언급하였던 신원확인 레이어가 있어서 모든 사람들이 자동적으로 (또한 손쉽게) 그들의 국적을 인증받을 수 있다고 생각해 보자. 어떤 사이트에 접속할 때, 그 사이트가 당신의 ID를 체크할 것이다. 그렇게 되면, 도박 사이트는 그 사이트 이용에 적합한 ID

34) Scott M. Montpas, "Gambling Online: For a Hundred Dollars, I Bet You Government Regulation Will Not Stop the Newest Form of Gambling," *University of Dayton Law Review* 22 (1996): 163.

를 소지하였는지 여부에 따라 접속을 허용할 것이다. 만일 당신이 미네소타 주민이고 사용하려는 웹사이트가 도박 사이트라면, 그들은 당신을 접속하지 못하게 할 것이다. 이러한 절차는 보이지 않게 일어나며, 기계들 사이에서 이루어진다. 이용자들이 알 수 있는 것은 접속가능하다는 사실과 접속이 차단된다면 왜 그런가하는 것이다.[35]

이 이야기에서는 미네소타 주의 이익이 존중되고 있다(보호받고 있다). 미네소타 주민들은 도박을 할 수 없다. 그러나 미네소타의 이러한 규범은 타 주에서 온 사람들의 도박행위까지 결정할 수는 없다. 미네소타 주민들만 이 규제에 의해서 도박을 할 수 없다. 이것은 하나의 주 차원에서, 하나의 문제를 통제하는 것을 보여준다. 그런데 다른 주들은 왜 미네소타에 협조하는 것일까? 왜 다른 관할권에서도 미네소타의 규제를 실행시켜 주는 것일까?

만일 규제에 관한 문제만 걸려 있다면 타 주들이 그렇게 하지 않았을 것이다. 하지만 실상은 그렇지 않다. 미네소타는 주민들을 도박으로부터 보호하고 싶어 한다. 그러나 뉴욕은 사생활정보 남용으로부터 그들의 주민들을 지키고 싶어 한다. 유럽연합의 경우 뉴욕과 목표가 같을 수도 있으며, 유타 주의 경우는 미네소타와 같은 목표를 가지고 있을 수도 있다. 각 주는 특정한 행동을 통제하는 각자의 이해관계가 있고, 규제되는 행위들이 다르다. 그러나 문제의 핵심은 미네소타로 하여금 규제목적을 달성하게 해주는 그 구조가 다른 주들이 자신들의 규제목적을 달성하게 하는데 조력할 수 있다는 것이다. 그리고 이러한 점이 관할권들 사이에 일종의 상호교환(*quid pro quo*)이 될 수 있다.

협약은 다음과 같을 것이다. 각 주는 그 관할권 내에 있는 서버들에게 타 주의 주민들에게는 그 주의 법을 적용하도록 약속하며, 대신 자기 주의 법을 다른 관할권에서 집행할 수 있도록 하는 것이다. 뉴욕

35) 아니면 적어도 그것은 이처럼 기능할 수 있을 것이다. 그 설계에 의거해서 그것은 더 많은 것을 공개할 수 있을 것이다.

주는 미네소타 주민이 뉴욕에 있는 도박 사이트를 이용하는 것을 금지하고, 미네소타 주는 뉴욕 주민이 사생활 침해 사이트를 이용하는 것을 금지한다. 유타 주는 유럽연합 주민이 사생활 침해 서버를 이용하지 못하게 하고, 그 대가로 유럽연합은 유타 시민들이 유럽의 도박 사이트를 이용하지 못하게 하는 것이다.

사실상 이러한 구조는 주(州) 사이의 도박을 규제하는 데 이미 도입된 구조다. 연방법에 따르면, 이용자가 도박을 허용하는 주에서 또 다른 도박을 허용하는 주로 접속하는 것이 아니라면 주(州) 간의 인터넷 도박은 허용되지 않는다.[36] 만일 이용자가 도박을 제한하는 주에서 또는 도박을 제한하는 주로 접속했다면 그 사람은 연방법을 위반한 것이다.

동일한 구조가 인터넷에서의 행위를 각 지역별로 규제하는 데 사용될 수 있다. 거주 지역을 인정하는 간단한 방법을 통해서 서버들이 어느 지역 주민인가에 따라 차별할 수 있고 연방 차원에서 그러한 지역적 차별을 허용한다면, 각 지역규범이 인터넷상의 행위를 통제하는 구조를 상상할 수 있을 것이다. 그리고 이러한 일이 미국 내에서 일어날 수 있다면, 일반적으로 국가 간에도 발생할 수 있다. 지역 법을 적용하려는 관심은 국내적으로뿐만 아니라 국제적으로도 마찬가지이다. 이러한 방식으로 이용자 ID가 많은 인터넷에서는 국제적인 지역을 활성화하고 이러한 구조를 통하여 국제적인 통제를 할 수 있을 것이다.

그러한 규범체계는 지리적 구획을 인터넷으로 불러들여오는 것이다. 이것은 국경 없이 설계된 네트워크에 다시금 국경을 부과하게 될 것이다. 헝가리와 태국의 통치권자에게 지금은 할 수 없는, 즉 자신들의 의사대로 시민을 통제할 수 있는 권한을 부여하게 될 것이다. 미국 혹

36) 18 USC 1955 〔비즈니스의 규제조장에서, 주간 "불법적인 도박"(*illegal gambling*)의 개념을, 도박을 불법으로 하고 있는 주에서 행해지는 도박으로 규정하고 있음〕.

은 스웨덴의 시민들은 그들의 정부가 허용하는 만큼 자유로울 것이다.

원래 네트워크상에 주어진 자유를 애호하던 사람들에게 이러한 규범체계는 악몽 같을 것이다. 그것은 인터넷의 초기구조가 창출한 자유를 제거하고, 통제를 피하기 위해 고안되었던 공간에 다시금 통제권력을 복원시키는 것이기 때문이다. 나 또한 초기 네트워크 구조가 가지고 있던 자유를 사랑한다. 하지만 나는 내가 선호하는 그 정책으로 가는 지름길에 회의적이 되었다. 그것은 민주주의의 후원 없이도 특정한 결과를 생산해내는 구조를 의미하는데 나는 이 체제를 비난하고 싶지는 않다. 물론, 어떤 민주정부도 비민주 정부의 의사가 지역규범목록에 반영되는 것을 허용하지 않을 것이다. 우리는 전체주의 체계가 그들의 시민들을 억압하는 것에 협조해서는 안 된다. 그러나 민주주의 공동체 안에서, 그러한 규범체제는 민주주의를 촉진하는 데 일조할 수 있다. 만약 자유에 대한 제약에 사람들이 분개한다면, 그들이 결집하여 그것을 제거하도록 하자.

물론 민주사회의 구성원들은 자신들이 사용할 표현들을 선택할 자유가 있다. 그러나 나는 그들이 기술적인 트릭을 통해 자유를 얻기보다는 민주적 수단을 통해서 요구함으로써 자유를 얻기를 선호한다.

하지만 당신 혹은 내가 이러한 규범체제를 좋아하는지 아닌지와 상관없이 나의 주장은 하나의 예견이다. 이러한 규범체제는 정부들이 받아들이지 않을 두 가지 결과의 자연스러운 절충안이다. 각 정부들은 현실세계의 법이 사이버공간에 영향을 미치지 않는 세계를 받아들이지 않을 것이고, 또한 어떤 정부의 법 혹은 소수의 큰 정부들이 전 세계를 지배하는 것을 받아들이지 않을 것이다. 이러한 규범체제는 각 정부에게 그들의 시민을 규제할 권한을 준다. 어떠한 정부도 그 이상을 실행할 수 있는 권리는 없다.

비록 중대한 저항과 불쾌감의 표출이 있더라도 넷상에서 이러한 균형상태가 이미 사적으로 이루어지고 있다. 앞에서 말했듯이, 2005년

1월에 구글은 중국정부에게 세계 그 어떤 존재에게도 제공하지 않았던 것을 주었다. 바로 중국정부가 그 나라 인민들이 보는 것을 원치 않는 콘텐츠를 차단하는 구글 검색엔진이다.[37] Google.cn에서 "민주주의"나 "인권" 등의 단어를 검색하면 Google.com에서 찾아지는 동일한 내용을 그곳에서는 찾을 수 없을 것이다(위키피디아도 중국에 있는 검색엔진에서 검색이 차단되는 단어목록을 갖고 있다).[38] 그러므로, 구글은 중국정부가 추구하는 가치관에 따라 중국인들을 위해 인터넷을 효과적으로 재편하였다.

나는 그 동기(이윤)를 이해한다. 그 정당화를 충분히 이해한다(그것은 중국을 빠른 속도로 실제 민주주의로 나아가게 할 것이다). 그러나 여러분이 공산주의 국가인 중국의 맥락에서 이러한 균형이 옳다고 생각할지 모르지만, 우리가 민주국가들 사이의 협정을 기술할 때에는 더 많은 정당화의 사유가 요구될 것이다. 내 생각에는 중국정부가 저널리스트들에게 취하고 있는 조치는 옳지 않다. 만일 중국 출판사가 이 책을 중국에서 출판하는 데 이 문단을 삭제할 것을 조건으로 내세운다면, 분명히 나는 그렇게 하지 않을 것이다. 하지만 나는 프랑스나 이탈리아가 부과한 규제에 대해서는 다른 생각을 갖고 있다.

이러한 구조의 중요한 결과 중 하나는, 아마도 이것은 반대할 충분한 근거가 되겠지만, 통제를 더욱 용이하게 할 것이라는 점이다. 통제하기 쉬워질수록 통제는 많아진다. 하지만 이것은 우리가 지금까지 수없이 보았던 비용과 규제의지 간의 거래이다. 정부에 부과되는 비용이

37) 위에서 기술한 바와 같이(제5장 주 38 참조), 6개월 내에 구글의 창시자 중 한 명이 후자의 생각을 갖게 되었다. Clive Thompson, "Google's China Problem (And China's Google Problem)," *New York Times*, April 23, 2006, Section 6, p. 64.

38) Wikipedia, "List of Words Censored by Search Engines in Mainland China," link #106 참조.

우리에게는 자유이다. 규제에 들어가는 비용이 높을수록, 집행될 가능성은 낮아진다. 자유는 값비싼 규제에 달려 있다. 자유는 알력과 함께 한다. 그러나 통제하기가 쉬워지거나 규제비용이 저렴해질수록 이 임시적인 자유가 위험에 처해진다. 우리는 더 많은 통제를 예상할 수 있다. 이 사례들에서 우리가 자유를 보존하고 싶다면, 우리는 이에 대해 확실한 논거를 개발할 필요가 있다. 우리는 네트워크상에서 신원에 근거한 규제를 예방하기 위해 이러한 적극적인 논증이 필요하다. 내가 이 책의 뒷부분에서 설명하는 바와 같이 국가들이 관할권 특유의 규제를 용이하게 해주는 체제를 수용하려는 강력한 욕구가 있으며, 동시에 규제비용이 허락하는 중요한 이유가 있다. 우리는 그러한 규제가 더욱 많아질 것을 예상해야 한다. 바로 가까운 때에.

요약하자면 그 결과는 개인 이용자들의 자격요건에 근거하여 사이버공간을 구획설정하게 될 것이다. 그것은 아직까지 누구도 상상하지 못했던 사이버공간에 대한 통제를 가능하게 할 것이다. 사이버공간은 규제불가능한 공간에서 인증의 정도에 따라 가장 규제가능한 공간으로 될 것이다.

제 5 부

대응책들

제 1부에서의 논점은 초기 인터넷의 통제불가능성이 사라질 것이라는 점이었다. 구조는 인터넷상에서 행위를 다시금 통제할 수 있도록 구조를 발전시킬 것이다. 제 2부에서는 통제의 한 측면인 기술에 관하여 살펴보았다. 코드가 점차 통제의 중요한 부분이 될 것이고, 그것은 제재를 통해서 법이 성취했던 통제력을 직접 행사한다. 제 3부에서는 변화하고 있는 기술이 우리들이 신봉하는 가치들을 모호하게 만들고 있는 3개의 맥락들을 다루었다. 이것을 잠재적 모호성이라고 불렀다. 우리들이 지적재산권, 프라이버시 또는 표현의 자유를 어떻게 지킬 것인가는 헌법 제정자들이 결정하지 않았던 근본적인 선택에 달려있을 것이다. 제 4부에서는 관할권과의 충돌을 기술하였다. 이 문제는 다시금 제 1부로 회귀한다. 지리적 영역을 국경 없는 인터넷으로 되돌아가는 이때 정부는 넷을 좀더 통제 가능하도록 압력을 가할 것이다.

4부에 걸쳐서 나의 주된 목적은 이미 언급했지만 명백한 인식을 강조하는 것이었다. 네트워크를 어떻게 진화시켜야 하는지 결정해야 한다. 이 결정은 근본적으로 네트워크에 어떤 가치들이 확립되는가에 영향을 미칠 것이다.

제 5부의 물음은 과연 우리가 그러한 선택을 할 수 있는가 하는 것이다. 나의 주장은 우리에게 그런 능력이 없다는 것이다. 원칙에 관한 문제들을 몽땅 사법부로 넘겨줘 버리고, 입법과정이 온통 뇌물로 얼룩져 있는 상황에서, 우리는 어떤 유용한 결

정도 내릴 수 없는 절체절명의 순간에 직면해 있는 것이다. 우리는 이 시대의 정치적 방종에 만취되어 경계를 소홀히 해왔다. 우리가 기껏 할 수 있는 일은 깨어날 때까지 기다리며 버티는 수밖에 없다.

제16장

당면한 문제들

사이버공간이 어떠해야 하는가 결정하게 될 선택이 남아있다. 내 생각에 미국인들은 그런 선택을 할 수 있는 능력을 상실하였다. 그 능력을 상실한 데에는 세 가지 이유가 있다. 첫 번째 이유는 법원이 안고 있는 한계와 관련이 있고, 두 번째는 우리가 입법부에서 확인했던 한계와 관련이 있다. 그리고 세 번째는 코드에 관한 우리 사고방식의 한계와 관련된다. 설령 선택할 수밖에 없는 상황에 직면하더라도 선택하지 못할 것이다. 우리들은 이 공간이 어떻게 구성되어야 하는지를 결정해야 할 가장 중요한 시점에 서 있다. 하지만 우리는 그러한 결정을 내리고 평가하는 제도나 경험을 갖고 있지 못하다.

이 장에서 나는 이러한 문제들을 기술하고, 특히 17장에서는 이들을 해결할 수 있는 세 가지 방안을 모색하고자 한다. 어떤 것도 완벽하지는 않지만 시사점을 줄 수 있을 것이다. 사이버 공간이 초래하는 문제들은 단지 사이버 공간만의 문제가 아니다. 그것은 지금 우리가 해결해야 할, 아니면 다시 숙고해야 할 현실공간의 문제들로서 사이버 공간이 우리에게 드러내주고 있는 것이다.

1. 법원의 문제점

헌법에는 두 가지 유형이 있는데, 하나는 성문헌법(*codifying constitution*)이라 불리고, 다른 하나는 변혁헌법(*transformative constitution*)이라고 불린다. 성문헌법은 그것이 제정된 나라의 헌법문화나 법문화의 본질적인 것들을 미래의 변화로부터 보존하려고 한다. 변혁헌법 혹은 수정헌법(*amendment*)은 성문헌법과는 다르다. 변혁헌법은 그 헌법을 제정한 헌법문화나 법문화의 본질적인 것을 변화시키려 한다. 미래의 삶을 다르게 형성하고 문화의 영역들을 재창조하는 것이다. 성문법체제의 상징은 돛대에 묶인 율리시스이며, 변혁헌법의 상징은 혁명의 프랑스이다.

미국헌법은 두 체제를 모두 가지고 있다. 10개 조문의 수정조항이 제정되기 전인 1789년의 헌법은 변혁헌법이었다. 그것은 새로운 정부형태에 "생기를 불어넣었고", 국가를 탄생시켰다.[1] 권리장전인 1791년의 헌법은 성문헌법이다. 헌법의 새로운 배경과 달리 그것은 미래의 변화에 대해서 특정한 가치들을 지키려고 하였다.[2] 그러나 시민전쟁 직후의 수정조항들은 변혁헌법이었다. 그것들은 미국의 사회문화와 법문화의 일부를 재구성하기 위한 것이었으며, 미국의 정신에서 불평등의 전통을 떼어내고 평등의 전통과 실천으로 대체하기 위한 것이었다.[3]

---

1) *Missouri v. Holland*, 252 US 416, 433(1920).

2) 예를 들어 Jack N. Rakove, *Original Meanings: Politics and Ideas in the Making of the Constitution* (New York: Alfred A. Knopf, 1996), 289~90 참조; 권리장전에 대한 또 다른 이해를 위해서는, Akhil Reed Amar, "The Bill of Rights as a Constitution" *Yale Law Journal* 100 (1991): 1131 참조.

3) 그렇다고 남북전쟁 수정조항에서 윤곽을 잡은 평등의 측면이 과거 우리 헌법사에 되풀이되어 나타났다는 점을 부인하는 것이 아니다. 물론 노예폐지론자들은 독립선언문의 평등 내용을 매우 강조하였다. 예를 들어 Trisha

확실히 두 체제 중에서 변혁헌법을 실현하는 것이 더욱 힘들다. 성문법체제는 적어도 그 자체에 관성을 갖고 있지만, 변혁법체제는 싸워야 한다. 성문법체제에는 자아확인의 계기가 있지만, 변혁법체제에는 늘 자기불신이 따라다니며, 정해진 목표에 의해 손상되기 쉽다. 입헌의 계기들이 사라지면 헌법의 명령을 이행할 책임이 있는 법원과 같은 기관들은 점점 불어나는 정치적 저항에 직면한다. 순간적인 계몽의 빛에도 불구하고, 국민들은 유지하거나 다시 낡은 관행으로 되돌아가고, 법원은 저항하는 것이 얼마나 힘든 일인지 깨닫게 된다.

미국의 헌법 역사는 이러한 패턴을 잘 보여주고 있다. 시민전쟁 직후 아즈 예외적인 시기에 시민의 평등을 천명한 세 수정조항이 우리 헌법의 정신에 각인되었다. 그러나 이 시기는 1875년경쯤 지나갔다. 국민들은 평등을 위한 투쟁을 포기했고, 산업혁명의 흥분에 휩싸였다. 그 이후 흑백분리를 강요하는 법이 지지되었으며,[4] 흑인들의 투표권은 부인되었다.[5] 그리고 새로운 형태의 노예제도를 시행하는 법이 허용되었다.[6] 불평등이 지속된 지 백여 년이 지난 후에야 연방대법원은 시민전쟁의 수정조항들을 다시 채택하였다. 1954년에 *Brown v. Board of Education*의 판결이 나오고 나서야 비로소 법원들은 시민전쟁의 수

Olson, "The Natural Law Foundation of the Privileges or Immunities Clause of the Fourteenth Amendment," *Arkansas Law Review* 48 (1995): 347, 364 참조. 하지만 비록 제2차 세계대전 이후 독일의 경우처럼 단지 과거의 일부만을 불러내서 다시 확립한 것이지만, 그 수정조항은 변혁적일 수 있다.

4) *Plessy v. Ferguson*, 163 US 537 (1896) 참조.

5) A. Leon Higginbotham Jr., "Racism in American and South African Courts: Similarities and Differences," *New York University Law Review* 65 (1990): 479, 495~96 참조.

6) 이 법률들은 강제노역으로 채무를 변제하는 것을 허용하였다; *Bailey v. Alabama*, 219 US 219 (1911) [동 법률들은 수정조항 제13조 아래에서 채무강제예속노동법(*peonage laws*)을 승인하였다] 참조.

정조항들이 갖고 있는 변혁적 이념을 인식하게 되었다.[7]

누구든 20세기에 법원이 보여온 우유부단함을 비판할 수 있을 것이다. 그러나 나는 그 근본원인을 이해하는 것이 더욱 중요하다고 생각한다. 법원은 정치적 맥락에서 작용한다. 법원들은 정치적 맥락에서 가장 허약한 저항의 부서이다. 일시적으로 법원은 보다 강력하게 원칙을 고수할 수 있지만, 그 시간은 지나갈 것이다. 만일 세상이 인종차별적인 방법들의 잘못된 점을 인식하지 못한다면, 헌법 텍스트에 강력하게 진술된 원칙은 단지 법원에게 저항할 수 있는 자유만 허용할 것이다. 비록 "모든 사람들"이 믿는 바가 기본적인 헌법의 원문에 모순되더라도 법원은 "모든 사람들"이 옳다고 믿는 것에 구속될 것이다.

성문헌법을 유지하는 일은 훨씬 쉽다. 여기에는 텍스트가 확립해야 하는 전통이 있기 때문이다. 만일 이 전통이 오래 지속된다면 그것이 확고하게 남아있을 것이라고 기대할 수 있다.

하지만 성문헌법조차 어려움에 직면한다. 성문화되었음에도 불구하고 국가의 열망이 매우 강력해지면 법원이 할 수 있는 일은 거의 없다. 표현의 자유를 보장하는 수정조항 제1조의 명확성에도 불구하고, 공산주의와 무정부주의를 표방하면, 정부가 처벌할 수 있었다.[8] 무죄추정과 평등의 원칙을 규정한 수정조항이 있음에도 불구하고, 일본이 진주만을 공격하였을 때 정부는 미국 서부해안의 모든 일본계 미국인들을 집단수용소에 가둘 수 있었다.[9] 이것이 민주제도 내에 있는 법원의 현실이다. 우리 법률가들은 법원을 마치 세력들 위에 군림하고 있는 것처럼 생각하면서 법원을 낭만적으로 묘사하곤 한다. 하지만 법원은 결코 완벽할 정도로 혹은 지속적으로 그런 적이 없었다. 법원은

---

7) *Brown v. Board of Education*, 347 US 483 (1954).

8) 예를 들어 *Dennis v. United States*, 341 US 494 (1951) (법원은 공산당의 특정 행위를 금지하는 스미스법에 따라 유죄를 선고하였다) 참조.

9) *Korematsu v. United States*, 323 US 214 (1944) 참조.

중요한 정치적 제약에 구속된다. 법원은 민주주의 내의 한 기관일 뿐이다. 민주주의 내의 어떤 기관도 오랫동안 국민들의 적일 수는 없다.

이러한 배경에 비추어서 우리는 제 3부와 제 4부에서 제기된 문제들을 생각해야 한다. 각각의 사례에 대해서 나는 사이버 공간이 포용해야 할 가치들을 우리들이 선택할 필요가 있다고 주장하였다. 이 문제들은 어떤 명확한 헌법원문이나 전통에 의해서 해결되지 않는다. 그 문제들은 우리의 전통적인 성문헌법 부분에 영향을 미칠 뿐만 아니라 잠재적 모호성을 안고 있다. 이미 오래전에 확립되어 단지 인용하기만 하면 되는 형태의 선례가 없다는 점에서 그 문제들에 대한 "답"은 없다. 답은 찾아지는 것이 아니라 결정되어야 하며, 발견되는 것이 아니라 만들어져야 하며, 보고되는 것이 아니라 선택되어야 하는 것이다. 이러한 현실 때문에 미국 법원들은 어려움에 직면한다. 우리는 얼 워렌(Earl Warren) 법원의 영향력 하에 살고 있다. 많은 사람들은(물론 나는 이들에 속하지 않지만) 워렌 법원이 서툰 사법적극주의를 표방한 사법부였고, 그것은 헌법을 "만들어냈을" 뿐만 아니라 정치체계와 법체계에 법원 자체의 "사사로운 가치들"을 부과하였다고 생각한다. 많은 이들은 렌퀴스트(Rehnquist) 법원이 이러한 구시대의 사법적극주의에 균형을 이루었다고 평가한다.

내가 보기에 이런 견해는 잘못된 것이다. 워렌 법원은 해석의 충실성 원칙과 모순되는 의미에서의 "사법적극주의"가 아니었으며, 렌퀴스트 법원과 워렌 법원 간에 큰 차이가 없다. 문제는 어떤 주장이 진실이냐 보다는 사람들이 어떻게 믿느냐 이다. 우리는 과거를 사법적극주의로 특징지으며 이러한 사법적극주의는 잘못된 것이라고 믿는다.

적어도 우리는 법원에 대해서 왜곡된 인식을 갖고 있다. 워렌 법원의 반대자들은 보수주의자들이 아니다. 어떤 자유주의자들은 그 법정이 사법적으로 행동하지 않았다고 믿는다.[10] 이 반대론자들은 워렌 법원이 헌법을 찾은 것이 아니라 만든 것이라고 믿는다. 워렌 법원을 이끈 것은 다수의 호응을 이끌어낼 수 있느냐 하는 것이었다.

법원이 법률 텍스트로부터 명백하고도 분명하게 판결을 이끌어내지 못하는 것처럼 보일 때 어떤 법원도 "워렌 법원"과 같은 위험을 감수하게 된다. 판결이 정치적으로 보일 때 법원은 상처받기 쉽다. 역사의 배경과는 달리, 미국 연방대법원은 특히 이러한 비난에 노출되기 쉽다. 그리고 그 결정이 정치적으로 보일 때 대법원은 그러한 반응을 느낄 것이다.

나는 법원이 보복을 두려워한다는 것을 지적하려는 것이 아니다. 우리 법원은 헌법체제 내에서 안전하다.[11] 법원이 외견상 정치적인 결정에 반응을 느끼는 것은 법원 자체가 갖고 있는 고유한 역할의 이미지 때문이다. 법원의 입장에서 그 역할은 "정치적"인 것이 아니다. 즉

---

10) 예를 들어 John Hart Ely, *Democracy and Distrust: A Theory of Judicial Review* (Cambridge, Mass.: Harvard University Press, 1980) 참조.

11) 나는 미국 사법제도의 안전성(*security*)을 과장하였다. 최근 지방법원판사 해럴드 바이어(Harold Baer)와 관련된 사건은 특히 마약과의 전쟁이라는 배경에서 계속된 불안전성을 보여준다. 바이어는 80파운드의 마약을 발견한 조사 내용을 완전히 무시하고선 형사피고인을 석방하였다; Don Van Natta Jr., "Judge's Drug Ruling Likely to Stand," *New York Times*, January 28, 1996, 27. 그 결정에 대해 로버트 돌(Robert Dole) 대통령 후보가 비난하였다. 그는 바이어의 탄핵을 요구하였다; Katharine Q. Seelye, "A Get Tough Message at California's Death Row," *New York Times*, March 24, 1996, 29. 당시 클린턴 대통령은 여론에 편승하여 만약에 바이어가 그의 결정을 번복하지 않으면 그의 사임을 요청하겠다고 공표했다; Alison Mitchell, "Clinton Pressing Judge to Relent," *New York Times*, March 22, 1996, 1. 바이어는 그의 결정을 번복하였다; Don Van Natta Jr., "Under Pressure, Federal Judge Reverses Decision in Drug Case," *New York Times*, April 2, 1996, 1. 존 뉴맨(Jon Newman) 제2순회 항소법원장은 다른 판사들과 같이 바이어에 대한 돌의 비판을 비난하였고, 그가 "너무 극단적이었다"고 주장하였다. Don Van Natta Jr., "Judges Defend a Colleague from Attacks," *New York Times*, March 29, 1996, B1. 소련의 시민들은 그 패턴을 인식하게 될 것이다.

근본적인 언명이 변하기 전까지는 그것을 유지하는 기관이라는 관념이 법원의 이미지인 것이다.[12)]

그러나 잠재적 모호성의 사안들처럼 보존해야 할 어떤 근본적인 공약이 없을 경우에는 어떤 해석적 시도도 그 이상으로 보일 것이다. 그리고 법원이 단순히 제정자의 공약을 보존하는 것 이상의 일을 하는 것처럼 보일 경우 법원은 다른 기관들에 의해 합헌적으로 결정된 판단을 이행하기보다는[13)] 오히려 적합한 헌법체제에 관한 법원 자체의 견해를 확증하는 것처럼 행동한다는 인식이 형성된다. 한마디로 말해서 그것은 "정치적으로" 행동하는 것처럼 보인다.

그렇다면 여기에서 "정치적"(*political*) 이란 무엇을 의미하는가? 그것은 단순히 법원이 가치나 정책결정을 해서는 안 된다는 것을 의미하는 것이 아니다. 법원이 사건을 결정하는 데 가치들이 부적절한 근거라는 주장도 아니다. 이와는 반대로 정치적 과정을 통해서 적절하게 승인된 가치선택이나 정책선택은 사법적 집행에 적합하다는 것이다. 잠재적 모호성의 사안에서 선택하는 경우, 문제는 그 사안들이 정치적 과정에서 적절하게 승인된 것으로 보이지 않는다는 데 있다. 그 사안들은 가치들을 반영한다. 그러나 그 가치들은 헌법으로부터 도출된 것처럼 보이지 않는다. 따라서 "정치적"이란 말은 명백하게 승인되지 않았고 현재 쟁점이 되는 판단을 의미한다.[14)] 어떤 판결의 토대가 중대한 논쟁의 대상으로 비치고, 헌법이 이 논쟁에 대해서 명확한 입장을 취하고 있다고 믿을 만한 이유가 없을 때 그 해석의 결과를 집행하는 것은 그

---

12) 법원이 자신의 역할을 어떻게 인식하고 있는가에 대해서는 Lessig, "Translating Federalism".

13) Robert H. Bork, *The Antitrust Paradox: A Policy at War with Itself* (New York: Basic Books, 1978), 83.

14) 예를 들어 Felix Frankfurter, *The Commerce Clause Under Marshall, Taney, and Waite* (Chapel Hill: University of North Carolina Press, 1937): 82 참조.

맥락에서 정치적으로 보일 것이다.[15)]

사이버공간은 이러한 문제들을 압축적으로 제기할 것이다. 형성적 가치가 어느 정도 명확하고 확실하게 해석될 수 있을 때, 법원은 제정자의 언명이라는 이름으로 지금의 다수에 저항하는 방식으로 행동할 수 있다. 하지만 모호성이 잠재해 있고 선택이 진정한 선택으로 보일 때 해석만으론 충분치 않을 것이다. 나의 주장은 법원이 그러한 선택을 위한 장이 못될 것이라는 것이다.

물론 법원이 통신품위법을 성공적으로 무너뜨린 것을 감안할 때[16)] 나의 주장이 지나치게 비관적인 것처럼 보일지도 모른다. 그러나 그 사안 자체는 불안정성을 노출하고 있다. 나는 그 불안정성이 결국 수동성으로 환원될까봐 두렵다. 하위법원들은 판결문에서 마치 자신들이 사이버공간의 속성에 관한 사실들을 "발견하고" 있는 것처럼 말하였다. 그 "발견"을 토대로 헌법적 판단을 결정하였고, 하위법원들은 확고한 확신을 가지고 자신들의 발견을 표명하였다.

대체로 이러한 발견은 1996년 당시 사이버공간의 상황에 대해서는 대단히 탁월한 설명이었다. 하지만 그들은 우리에게 사이버공간이 어디로 나아가고 있는지, 어떻게 되어야 하는지에 관해서는 아무 것도 말해주지 않았다. 법원은 마치 우리에게 사이버공간의 속성에 대해서 이야기해주고 있는 것처럼 말하였다. 그러나 우리가 살펴본 바와 같이 사이버공간에는 어떤 고유의 본질이 없다. 그것은 설계된 대로 존재한다. 사이버공간의 구역을 획정하려는 의회의 노력을 무너뜨리면서 법원은 우리에게 사이버공간이 무엇인가를 말하고 있는 것이 아니라, 그

---

15) 논쟁의 근거와 정치적 판단 사이의 관계는 이것이 제시하는 것보다 훨씬 복잡하다. 이에 대한 포괄적인 논의로서 Lawrence Lessig, "Fidelity and Constraint," *Fordham Law Review* 65 (1997) : 1365 참조.

16) *ACLU v. Reno*, 929 FSupp 824 (EDPa 1996) ; *Shea v. Reno*, 930 FSupp 916 (SDNY 1996).

것이 무엇이 되어야 하는가를 말하고 있었다. 그들은 사이버공간의 속성을 찾은 것이 아니라 만들고 있었다. 그들의 결정들은 사이버공간이 어떻게 될 것인지에 대해서 일말의 책임을 지는 태도였다.

처음에는 이런 식으로 보이지 않을 것이다. 우리가 새로운 것에 직면할 때 무엇이 자연적인가 또는 그것의 소여는 무엇인가 그리고 어떤 부분이 변할 수 있는가를 아는 것은 어렵다. 하지만 시간이 지나면 법원들은 사이버공간에 "본질적인" 것이 거의 없다는 사실을 깨닫게 될 것이다. 그들이 한 판결문에서 발견으로써 표현하였던 사이버공간구조의 한계들은 나중에 "설계의 선택들"로 인식될 것이다. "불가능"했던 것이 나중에 가능하게 되며, 그 가능성 안에서 변화가 일어날 때 법원들은 정말로 사이버공간이 무엇인지 말할 수 없다는 사실을 느끼게 될 것이다. 그들은 자신들의 발견이 그들이 발견한 것에 영향을 준다는 사실을 깨닫게 될 것이다. 그들은 자신들이 사이버공간의 변화에 부분적으로 책임이 있다는 사실을 인식하게 될 것이다.

이것이 바로 헌법에 적용된 하이젠베르크(Heisenberg)의 불확정성의 원리이다. 법원들이 다른 분야에서 그런 것처럼 이 사실을 알아차릴 때 그들은 점차 정치영역에 양보하게 될 것이다. 만일 이러한 판단들이 정책에 관한 것이라면 그들은 판사가 아닌 정책결정자로 남게 될 것이다.[17] 이 점에 대해서 판사들을 비난하기는 힘들 것이다. 사실 어떤 사안들에서는 그들의 양보가 존중되어야 한다.[18] 하지만 그 결과를 과소평가해서는 안 된다. 앞으로 입법부는 비교적 법원에 의해 구속받지 않고 행동할 것이다. 우리가 헌법적이라고 부를 수 있는 가치들은 헌법에 규정되어 있든 아니든 단지 입법부가 그것들을 심사하

---

17) 이에 대한 논의로, Lessig, "Fidelity and Constraint."

18) 대공황의 위기 중에 의회에 대한 법원의 복종이 현명한 것이었다는 주장도 있다. 예를 들어 Sunstein, *Democracy and the Problem of Free Speech*, 39 참조.

기로 선택할 경우에만 입법부를 구속할 것이다.

우리가 입법부에 무엇을 기대할 수 있는지 살펴보기 전에 헌법이 사이버공간 안으로 들어올 때 법원이 안고 있는 또 다른 문제, 즉 우리의 헌법 전통이 직면하는 문제를 고찰해 보자. 이것이 바로 "국가행위"(*state action*)의 문제이다.

구조가 사이버공간을 구성한다. 구조들은 다양하며, 여러 형태로 정치적 가치들을 포함하고 있다. 이 가치들 중 몇몇은 헌법상 중대한 의미를 갖고 있다. 하지만 대부분 그리고 다행스럽게도 이러한 구조들은 사적 소유이다. 그것들은 대학이나 기업에 의해서 구축되며, 더 이상 국방성이 지원하지 않는 통신망에서 수행된다. 그것들은 사적이므로 전통적으로 헌법심사의 범위 밖에 있다. 프라이버시, 접근권, 익명권, 평등권의 헌법가치들이 새로운 세계와 문제를 일으킬 필요는 없다. 왜냐하면 이러한 세계는 "사적"이고, 헌법은 단지 "국가행위"에만 관계하기 때문이다. 왜 그래야 하는지 나에게는 불분명하다. 만약 코드가 법으로 기능한다면 우리는 루이지애나를 구입한 이래 가장 중요한 새로운 관할권을 창조해내고 있는 것이다. 그러나 우리는 헌법심사 영역 밖에 그것을 구축하고 있다. 사실 우리는 헌법이 그것을 지배하지 못하게끔 구축하고 있다. 마치 우리가 헌법 전통에 의해 각인된 가치들로부터 구속받기를 원하지 않는 것처럼.

지금까지 나는 이 책에서 되도록 사적/공적 구분에 의존하지 않으려고 했다. 당신은 내가 그것을 무시하였다고 말할지 모르지만,[19] 내가 무시한 이유는 그것이 의미가 없어서가 아니라 사이버공간의 규제에 그 구분을 어떻게 적용할지를 모르기 때문이다. 국가행위의 개념 그 자체가 잠재적 모호성을 안고 있으며, 나는 우리가 그것을 해결할 수

---

19) 반대입장 중 가장 명쾌한 진술에 관해서는, Charles Fried, "Book Review: Perfect Freedom or Perfect Control?," *Harvard Law Review* 114 (2000): 606.

있는 명확한 방법을 갖고 있다고 생각하지 않는다.

그 도호성은 이러하다. 헌법은 기본적 구조가 마련되었을 때 작성되었다. 헌법 제정자들은 자연의 법칙, 경제의 법칙, 인간의 "자연법"을 발견하였다. 그 법들은 정부나 사람에 의해서 만들어진 것이 아니었다. 물론 이 구조들은 구속적이었고, 그것들의 제약이 바로 "규제"였다. 하지만 그 구조들이 자의식적인 통제수단으로 이용될 수 있는 범위는 제한되어 있었다. 도시계획은 제한되지 않았지만[20] 공간을 배치하는 일 외에 이미 현실공간에 확립된 환경 지배규칙들에 대해서 제정자들이 할 수 있는 일은 거의 없었다.

그러나 사이버공간은 다른 구조들을 갖고 있다. 이 구조들의 규제력은 그렇게 제한되지 않는다. 사람들이 이미 알고 있는 그 환경에서는 엄청난 형태의 통제력이 구축될 수 있다. 어떤 데이터가 수집될 수 있는지, 어떤 익명성이 가능한지, 어떤 접근이 부여되는지, 어떤 표현이 가능하게 될지, 이 모든 것들은 "사실들"이 아니라 선택들이다. 이것들은 발견되는 것이 아니라 설계되는 것이다.

그러므로 우리의 맥락은 매우 다르다. 어떤 맥락에서 헌법심사의 범위가 제한된다고 해서 다른 맥락에서도 당연히 그와 비슷하게 제한된다는 것을 보장할 수 없다. 물론 제한될 수도 있지만 우리는 매우 다른 맥락에서 헌법심사가 제한된다는 사실로부터 그 맥락에서도 제한되어야 한다는 논리를 이끌어낼 수는 없다.

우리는 제정자들로부터 국가행위의 한계에 관해서 어떠한 답변도 듣지 못한다. 무엇이 우리의 헌법 전통을 보다 의미 있게 할 것인지 우리 자신이 결정해야 한다. 과연 이러한 통제의 구조, 기능적으로 법에 상응하는 것이 헌법심사의 범위 밖에서 발전하도록 허용하는 것이 우리의 전통에 더욱 충실한 것인가? 아니면, 사적 규제의 구조에 헌법

20) 피셔의 *Albion's Seed*는 미국의 도시계획이 어떻게 유럽의 방식을 따랐는지를 보여주고 있다.

심사를 확대하고 우리의 전통 속에 있는 근본적인 가치들을 보존하는 것이 더 충실한 것인가?

이 물음들은 어려운 것들이다. 그렇지만 다른 헌법체제에서는 이러한 물음들을 제기하는 것이 그다지 어려운 일이 아니라는 사실을 염두에 둘 필요가 있다. 예를 들어, 독일의 전통에서는 사적인 권력구조가 궁극적으로 근본적인 헌법가치들에 반할 때 억제되어야 한다는 원칙이 큰 물의를 일으키지 않는다.[21] 물론 독일의 전통이 미국의 전통은 아니다. 그러나 그들이 이러한 견해를 인정해왔다는 사실은 우리가 모든 것을 헌법 논쟁으로 전환시키지 않고서도 헌법적으로 제한할 수 있는 공간을 만들 수 있음을 시사한다. 모든 사적 계약을 연방사건으로 전환시키지 않고서도 적정한 판단이 가능하다.

그럼에도 불구하고 적어도 법원이 자의식적으로 국가행위의 한계를 넘어가는 일은 미국 헌법에서는 혁명적인 사태가 될 것이다. 학자들은 미국 법을 대대적으로 바꾸지 않고서 그것이 어떻게 가능한지 윤곽을 그려왔다. 그러나 어떤 이들은 미국 헌법을 바꾸지 않는 한 그것은 불가능하다고 주장한다.[22]

그러나 국가행위 원칙을 무시하자는 이유는 법을 급진적으로 다시 만든다는 것이 아니라 이 새로운 공간에서 법을 어떻게 만들어야 하는가에 대해서 보다 명확한 의미를 제시한다는 데 있다. 폴 버만이 지적하는 것처럼 국가행위 원칙을 무시하자는 근거는 다음과 같다.

---

21) David P. Currie, *The Constitution of the Federal Republic of Germany* (Chicago: University of Chicago Press, 1994), 182~87. 또한 Dawn C. Nunziato, "The Death of the Public Forum in Cyberspace," *Berkeley Technology Law Journal* 20 (2005):1115, 1170 n. 2 참조〔희석방지법(*anti-dilution law*)에 대한 수정조항 제1조의 심사를 기술하고 있음〕.

22) Charles Fried, "Book Review: Perfect Freedom or Perfect Control?," *Harvard Law Review* 114 (2000): 606.

> 그러한 문제들이 해결된다 하더라도, 적어도 우리는 실질적인 헌법적 물음과 씨름하고, 가치들간의 충돌을 명확히 해야 할 것이다. 이와 반대로 국가행위 원칙은 문제의 행위가 사적인 것이고, 헌법적 논쟁에 적합하지 않은 주제라고 주장하면서 그 논의를 테이블 밖으로 밀쳐놓을 것이다. 만일 누군가 그러한 담론 자체가 문화적 가치를 갖고 있다고 믿는다면, 국가행위 원칙의 적용은 비싼 대가를 치르게 될 것이다.[23]

우리는 계속해서 그 대가를 치르게 될 것이다.

이처럼 두 방향에서 법원들은 곤경에 처하게 된다. 우리는 이러한 법원의 행위를 창조적이라고 볼 수 없으며, 법원의 헌법심사의 범위가 위축되어 왔으며(내가 보기에는 인위적으로), 결국 사이버공간 법의 가장 중요한 측면인 코드를 그 심사에서 배제하였다. 우리가 어디로 나아가야 하는가를 결정하고 이 공간이 포함할 가치들을 선택해야 할 때 우리의 법원들이 그러한 선택을 내릴 수 있으리라고 기대할 수 없다.

2. 입법부의 문제점

서방의 민주단체들이 지원하고 과거 소련에 속했던 그루지야에서 열린 회의에서 한 아일랜드 출신 변호사가 사법심사제도(법원이 의회의 행위를 제어할 수 있는 제도)의 어떤 점이 그렇게 탁월한지를 그루지야 사람들에게 설명하려고 하였다. 그는 열변을 토하면서 "사법심사는 탁월한 제도이다. 법원이 의회의 행동을 제어할 때마다 국민들은 당연

---

23) Paul Schiff Berman, "Cyberspace and the State Action Debate: The Cultural Value of Applying Constitutional Norms to 'Private' Regulation," *University of Colorado Law Review* 71 (2000): 1263, 1269.

히 법원에 동조하면서 의회에 반대한다. 사람들은 의회가 단지 정치적일 뿐이라고 믿고 있으며, 대법원은 '원칙에 입각한다'고 생각한다." 새내기 민주당원인 나의 그루지야 친구가 묻기를 "그렇다면 왜 민주주의체제에서는 국민들이 비민주적인 제도에 충성하고, 민주제도에 의해서 배척당하는가?" 이 물음에 대해서 아일랜드 변호사는 "당신은 아직 민주주의를 이해하지 못하고 있다"고 답변했다.

우리가 사이버 공간에서의 통치문제를 생각할 때, 특히 제3부에서 제기되었던 선택의 문제들을 생각해볼 때 허탈감을 느끼기 쉽다. 사이버 공간을 통치한다는 생각은 불가능할 정도로 힘든 일처럼 보인다. 사이버공간은 누구인가? 그것은 어디에서 투표하는가? 바로 이러한 생각이 사이버 공간 그 자체와는 상극이다.

그러나 우리의 문제는 사이버공간 내의 지배방식(*governance*)에 있는 것이 아니다. 우리의 문제는 지배 그 자체의 문제이다. 사이버공간이 제기하는 일련의 딜레마들이 존재하는 것이 아니라 이미 익숙한 현대 통치의 딜레마들이 새로운 장소에서 존재할 뿐이다. 어떤 점들은 다르다. 통치의 대상이 다르고, 국제적 이해관계의 범위가 다르다. 하지만 통치의 난관은 이러한 대상의 차이에서 유래하는 것이 아니라 통치에 대해서 우리가 안고 있는 문제에서 나오는 것이다.

이 책을 통해서 나는 사이버공간이 보여주게 될 선택들을 확인하려고 하였다. 나는 바로 그 구조들을 장악할 수 있으며, 누가 장악하느냐에 따라 그것들이 다양한 방식으로 나타나게 될 것이라고 주장했다. 그리고 이러한 선택들 중 몇몇은 집단적으로 이루어질 것이 분명하다. 다시 말해서 우리가 집단적으로 이 공간에서 어떻게 살아갈 것인가에 관해서는 집단적으로 선택해야 한다. 어떤 사람들은 이러한 집단적인 선택이 통치의 문제라고 생각한다. 그러나 어느 누구도 정부가 이러한 선택들을 하는 것을 원하지 않을 것이다. 정부는 우리가 안고 있는 어떤 문제에 대해서도 해결책이 아닌 것 같다. 우리는 왜 그러한지 이해해야 한다. 우리는 우리 속에 있는 그 아일랜드 법률가를 인식해야 한다.

우리는 원리에 관해서 회의적인 것이 아니다. 우리들 대부분은 자유지상주의자가 아니다. 우리가 반정부적일 수 있지만, 대부분 사적 행위를 규제해야 할 집단적 가치들이 있다고 믿고 있다("집단적"이란 모든 개인들이 따로 행동하면 개인활동이 협력된 것보다 적은 가치를 생산한다는 것을 뜻한다). 또한 우리는 집단적 가치들이 새로 등장하는 기술세계를 규제해야 한다는 생각에도 찬동한다. 문제는 우리가 그것이 어떻게 또는 누구에 의해서 규제되어야 하는지를 모른다는 데 있다. 그리고 우리가 두려워하는 것은 포용해야 할 가치들이 옳은 것이 아닐 수도 있다는 데 있다.

그 아일랜드 변호사처럼 우리는 정부에 신물이 나있다. 우리는 민주적 절차의 산물들에 대해서도 심각할 정도로 회의적이다. 옳든 그르든, 우리는 이러한 절차들이 집단적 가치들보다는 개인적 가치들에 더욱 밀접한 개별이익들에 사로잡혀 왔다고 믿고 있다. 비록 우리는 집단적 판단을 위한 역할이 있다고 믿지만, 인터넷처럼 중요한 것의 설계는 정부의 손에 맡겨야 한다는 주장에 의해서 압도당한다.

이러한 지적들을 보여주는 사례들은 무수히 많으며, 그 패턴이 흥미롭다. 정부가 사이버공간에서의 정부의 역할을 직접 기술한 문서에 나타난 일관된 메시지는 무조건 정부가 손을 떼야 한다는 것이다. 인터넷 상거래 영역에서 상거래는 자체적으로 해결해야 한다고 정부는 주장한다. 물론 이와 동시에 정부는 지적 재산권의 보호를 강화하기 위해 온갖 종류의 법률들을 통과시키고 있다. 또한 정부는 번창하는 상거래와는 별도로 "저속한" 콘텐츠를 통제하는 데 대단히 적극적이다.

이 점을 가장 잘 보여주는 사례는 정부가 도메인 네임 시스템 관리를 통제하는 일에서 완전히 손을 뗀 것이다. 한동안 정부는 지속적으로 도메인 네임 시스템을 관리하거나 통제할 수 있는 최선의 방책을 궁리했다.[24] 원래 정부는 그 임무를 국립과학재단 산하에 두고서 도

급계약을 통해 처음엔 고(故) 존 포스텔(Jon Postel)이 조직했던 캘리포니아의 비영리단체에 주었고, 그 다음엔 민간 영리법인인 네트워크 솔루션스에 부여하였다.

그런데 1998년 계약기간이 만료되었고, 1년 동안 정부는 어떻게 해야 할지 진지하게 고민하였다. 마침내 1998년 6월 정부는 백서를 발간하였다. 이 백서에서 정부는 인터넷 전체의 집단적인 이익에 기여할 수 있고 도메인 네임 시스템의 관리와 관련된 정책문제들을 결정하는 데 책임질 수 있는 비영리법인의 설립을 제안하였다. 결국 정책결정권이 정부로부터 정부의 통제권 밖에 있는 조직으로 옮겨졌다. 1998년에 ICANN이 창설됨으로써 그 정책은 실행에 옮겨졌다. 그 웹페이지에 따르면,

> ICANN은 인터넷 운용의 안정성을 유지하고 경쟁을 촉진하며, 전 세계 인터넷 공동체들의 의견을 수용하고, 합의 지향적인 과정을 통해서 그 임무에 적합한 정책을 개발하는 데 기여할 것이다. 공익 및 비영리단체인 ICANN은 인터넷 도메인 네임 체계와 그 사용자들의 협력을 관리하고 감시하는 데 책임을 지는 국제기구이다.[25)]

나의 그루지야 친구가 제기했던 물음들을 다시 한 번 생각해 보자. "비영리법인이 집단적인 이익에 공헌하겠는가?" 그것은 바로 정부가 해야 할 일이 아닌가? 전형적인 이해관계인들로 구성된 위원회? 그것은 의회의 모습이 아닌가? 사실 나의 그루지야 친구는 이러한 법인구조와 정부 간의 현저한 차이점 하나를 목격하게 될 것이다. 법인구조

---

24) A. Michael Froomkin, "The Collision of Trademarks, Domain Names, and Due Process in Cyberspace," *Communications of the ACM* 44 (2001): 91. Jonathan Weinberg, "ICANN and the Problem of Legitimacy," *Duke Law Journal* 50 (2000): 187.

25) Internet Corporation for Assigned Names and Numbers, link #107 참조.

에는 끊임없는 선거의 요구가 없다는 것이다.

이것은 사실상 독립된 기관이 행사하는 정책결정이다. 그러나 그것은 완전히 민주적인 절차 밖에 놓여 있는 것이다. 그렇다면 이것은 우리에게 무엇을 말해주고 있는가? 우리들이 아무 생각 없이 정책결정권을 민주적인 절차 밖에 있는 기관에 부여할 때 그것은 무엇을 의미하는가?

첫째, 그것은 우리들 대부분이 일반정부의 산출물에 대해 느끼는 감상적인 체념을 반영한다. 우리는 대의정부의 산물들은 단순한 이익 이상의 어떤 것이라는 이념에 대한 믿음을 상실해왔다. 마샬 대법관이 그의 연방대법원 마지막 판결문 도입부에서 언급한 내용을 원용하면, 토의민주주의(*deliberate democracy*)의 성향은 이성이 아닌 권력이기 때문이다.[26] 우리는 정부가 수행할 것이라는 관념을 상실했고, 그 절망감이 너무나도 깊기 때문에 정부조차도 사이버공간의 관리에 일정한 역할을 해야 한다고 생각하지 않는다.

나는 이러한 체념을 이해하지만 그것은 우리가 극복해야 할 것이다. 우리는 그 원인을 고립시키고 결과로부터 분리시켜야 한다. 정부를 혐오한다고 하더라도 집단적인 가치들의 이념이 싫기 때문이 아니다. 정부를 싫어하는 것은 우리 자신의 정부에 신물이 났기 때문이다. 우리는 정부의 배신과 속임수에 지쳐버렸으며, 그러한 정부를 통제해야 할 관심도 상실하게 되었다. 그러나 우리는 그런 체념을 극복할 수 있는 방법을 찾아야 한다.

정부가 제대로 역할을 수행하지 못하는 중요한 원인은 정부가 선출되는 방법에 의해서 제기되는 부패이다. 나는 많은 개발도상 국가로부터 에너지를 짜내는 전통적인 의미로 "부패"라는 단어를 사용하는 것이 아니다. 나는 의원들이 뇌물을 받는다고 믿지 않는다(물론 캘리포

---

26) *Payne v. Tennessee*, 501 US 808, 844 (1991) (마샬 대법관의 반대의견).

니아의 랜디 커닝햄을 제외하고).[27] 나는 그들의 동기가 불순하다고 생각하지 않는다. 그들은 자신들이 거주하는 세상에서 최선의 노력을 하고 있다. 그러나 문제는 그들의 세상이다.

그 세계에서 돈은 관심사를 지배한다. 하원의원이 되려면 당신은 입후보해야 한다. 2004년에 당신이 현역의원이 없는 선거구에서 입후보하게 되었다면, 당신은 평균 1,086,437달러를 써야 한다. 만약 당신이 이긴다면, 당신은 1,442,216달러를 쓴다. 2004년에 현역의원과 겨루었다면 당신이 패할 확률은 97.5%이다(단지 여덟 명의 도전자들만이 승리했다). 2004년에 상원의원 선거에서는, 단지 한 명의 도전자만 현역 상원의원을 이겼다. 의원들의 평균 재임기간은 미국에서 연방대법관의 재임기간과 거의 비슷하다.[28]

이 돈을 마련하기 위해서, 연방의회의 의원들은 부자들을 만족시키기 위해서 시간을 보내야만 한다. 이를 위해 그들은 부자들의 문제들을 들어주며 때때로 그 문제들을 해결하기 위해 입법을 한다. 정치자금을 거두기 위해 그들이 얼마나 많은 시간을 사용하는지 당신이 알기 전까지 그것은 그렇게 유해한 것이 아니다. 상원의원인 홀링스는 상원의원직 3분의 1에 해당하는 시간을 기금 마련하는데 사용한다고 말한다.[29] 그것은 대단히 저평가된 것일 것이다.[30] 이제 그러한 관행이

---

27) Wikipedia, "Duke Cunningham," link #108 참조.

28) 연방대법관들의 평균 재임기간은 15년이다. link #109 참조. 109대 의회의 상원의원의 평균 재임기간은 12.1년이었으며, 하원의원의 경우는 9.3년이었다. link #109 참조. 선거 캠페인의 비용 수치는 link #110에서 가져왔다.

29) Ernest F. Hollings, "Stop the Money Chase," *Washington Post*, Page B07, Feb. 19, 2006, link #112 참조.

30) Peter Francia and Paul Herrnson, "The Impact of Public Finance Laws on Fundraising in State Legislative Elections," 31 *American Politics Research* 5 (September 2003). 이 논문은 홀링스가 말한 수치를 확인해준다.

얼마나 불합리한지 생각해 보자. 의원들은 우리를 위해 일을 한다. 식당 종업원들이 그들의 시간 중 33%를 일을 준비하는 데 쓰면, 그들은 해고될 것이다. 그러나 그러한 일이 워싱턴에서 벌어지고 있다. 의원들은 대부분의 시간을 의회에 남아 있기 위해 돈을 거두는 데 쓴다. 이것이 진정 우리가 의원들에게 지불하는 목적인가?

여기에서 문제는 의원들이 그들의 임무를 수행하지 않는 데 있는 것이 아니다. 문제는 돈을 거두어야 할 필요에 의해서 그들의 일이 왜곡된다는 데 있다. 정치자금 모금에 가장 손쉬운 대상은 로비스트들의 고객들이며, 로비스트들은 자신의 고객들에게 유리하게 법을 고치는 방법에 관해서 많은 아이디어들을 갖고 있다.

그래서 의회가 바뀌고, 법은 경제계에서 가장 파워가 강한 이들에게 혜택을 주도록 변경된다. 이것은 자본주의라기보다는 로비주의(*lobbyism*)이다. 우리 경제는 소수에게 혜택을 주는 법과 소수에게 혜택을 주는 권력 간의 결합체로 정의된다. 로비주의를 깨기 위해서, 당신은 의원들의 관심을 끌 수 있는 방법이 필요하다. 그러나 시스템이 바뀔 때까지, 그들의 주의를 끌 수 있는 유일한 방법은 돈이다. 이것은 순환이다. 민주주의에 대해서 그 결과는 매우 나쁜 것이다. 의회는 소수 집단이 원하는 것만을 본다. 그리고 그들이 본 것은 진실과는 아무런 관련성이 없다.

선택해야 할 것이 있다면 선택이 이루어질 것이다. 문제는 누구에 의해서 선택되는가 하는 것이다. 만일 사이버공간이 어떻게 발전해야 할 것인지를 결정해야 한다면 그 결정이 이루어질 것이다. 문제는 누구에 의해서 결정되는가 하는 것이다. 이러한 선택들이 (타인들, 즉 이해관계가 많은 사람들에 의해서) 이뤄질 때, 우리는 그저 방관한 채 아무 일도 하지 않을 수 있다. 아니면 다시금 집단적으로 그리고 책임 있는 선택이 이뤄지는 세상을 상상해볼 수 있다.

3. 코드의 문제점

(이 책의 초판이 발간될 무렵 하버드대학교 워크숍에서) 케네디스쿨에서 강의하는 컴퓨터과학자인 진 캠프(Jean Camp)는 내가 핵심에서 벗어났다고 지적하였다. 그녀의 지적은 "코드가 법이다"거나 "코드가 규제한다"는 것이 문제가 아니라는 것이다. 문제는 "코드가 규제하는 방식에 대하여 우리가 대화를 나눈 적이 없었다"는 것이다. 그러고 나서 그녀는 청중들에게 "당신들 모두 마이크로 워드로 작성된 문서에 고유의 식별번호를 내장하는 문제에 관해서 펼쳤던 논쟁이 마음에 들었는가? 만족스러웠는가?"[31] 라고 물었다.

그녀의 아이러니는 중요한 통찰력과 동시에 흥미로운 오류를 담고 있었다. 물론 컴퓨터과학자에게 코드는 법이다. 그리고 코드가 법이라면 분명 우리가 물어야 할 물음은, 누가 법제정자인가? 우리를 규제하는 이 법을 누가 작성하는가? 이러한 규제를 정하는 데 우리는 어떠한 역할을 하는가? 우리는 그 규제를 알기 위해 어떤 권리를 갖는가? 그리고 우리는 그것을 저지하는 데 어떻게 간여할 수 있는가?

코드의 규제를 생각하고 생기를 불어넣는 사람들에게는 그 모든 것이 완벽할 정도로 명백하다. 그러나 법률가들에게 캠프 그리고 나는 이 책 전반을 통해서 아주 기본적인 오류를 범해왔다. 비행기의 설계가 법이 아닌 것처럼 코드는 법이 아니다. 건물들이 규제하지 않는 것처럼 코드는 규제하지 않는다. 텔레비전이 공적인 것이 아니듯이 코드 역시 공적인 것이 아니다. 사적 행위가 아닌 공적 규제에는 논쟁하고 결정할 수 있는 기회가 필요하다.

캠프의 착오는 좋은 것이다. 그것은 지금 우리들이 더 많이 범해야

31) 1999년 몇몇 MS-Word버전의 워드문서 속에 고유 식별자를 끼워 넣었음이 밝혀졌다. 마이크로소프트 사는 나중에 그 식별자 데이터를 삭제하는 업그레이드제품을 제공하였다.

할 착오이다. 코드가 사적이고 미국 법전(U. S. Code)과 다르다고 해서 유사점이 없다는 것은 아니다. “동부연안 코드”, 즉 법은 개인들이 특정한 방식으로 행동하도록 설득할 목적으로 그들이 가진 선택권을 가능하게 하기도 하고 제한하기도 하면서 규제한다. “서부연안 코드”도 마찬가지이다. 동부연안 코드는 그 코드가 요구하는 규칙들에서 일탈하려는 사람들에게 비용을 증가시킴으로써 규제한다. 서부연안 코드도 똑같다. 동부연안 코드가 더 우세하며 훨씬 광범위한 생활영역을 규제하고 통제한다고 주장할 수 있지만, 그것은 정도의 차이이지 유(*kind*)의 차이는 아니다. 그것은 방치되어서는 안 되며, 우리가 관심을 갖고 비교·형량해야 할 원천이다.

물론 법과 코드 사이에는 차이가 있다. 나는 모든 것들이 반드시 공적이어야 한다거나, 사생활의 모든 측면을 헌법이 규제해야 한다고 생각하지 않는다. 러시 림보(Rush Limbaugh) 라디오 토크쇼를 끌 때 그것을 헌법적인 사안이라고 생각하지 않는다. 그러나 차이가 있다고 해서 지금의 헌법적 사고가 창출해내는 만큼 드라마틱하거나 절대적이진 않을 것이다. 우리 법률가들이 진 캠프(Jean Camps) 같은 사람들이 공법의 가치들을 코드에 적용할 때, 우리 법률가들이 그들에게 “잘못”을 저지르고 있다고 하면, 착각하고 있는 사람은 그들이 아니라 바로 우리들이다. 코드를 이러한 공적 가치의 제약요소들에 근거하여 심사해야할 것인가는 물음이지 결론이 아니다. 그것은 정의(*definition*)가 아니라 논증에 의해서 결정되어야 한다.

물론 이것이 쉽지는 않을 것이다. 코드는 기술적인 것이고, 법원이 그러한 기술적인 문제를 평가할 위치에 있지도 않다. 그렇다 하더라도 실패와 시도조차 하지 않는 것과는 다르다. 미국 법의 형식주의는 이러한 통제구조를 헌법심사 영역 밖에다 위치시키며, 선택을 저해하는 제 3의 병리이다. 법원들은 무기력하고, 입법부는 절망적이며, 코드는 접근이 금지되어 있다. 이것이 지금 우리들이 처한 조건이다. 이러한 요인들의 결합은 행동을 취하기엔 너무나도 치명적이다. 그것은 어떠한 바람직한 조처도 무력하게 하는 혼성체인 것이다.

제 17 장
대응방안들

우리는 계획을 세워야 한다. 나는 변화하는 사이버공간이 제시할 선택에 대해서, 그리고 이러한 선택들에 대응하는 우리의 무능력에 대해서 암울한 이야기를 하였다. 나는 그 무능력을 지금 우리의 법 및 정치 문화의 세 가지 특징과 연결지어 설명하였다. 이 짧은 장에서 세 가지 대응방안을 다뤄보려고 한다. 이 대응방안들은 밑그림에 지나지 않는다. 하지만 그것들은 우리가 이뤄내야 할 변화의 본질을 제시하기에 충분할 것이다.

1. 사법부의 대응방안

나는 법원이 주저하는 것은 신중하기 때문이라고 이해해야 한다고 말해왔다. 가능성이 매우 다양하고 규칙이 명확하게 정립되지 않았을 때, 어떤 정책이 최선인가를 결정할 때 법원이 법원 본연의 모습을 보여주기는 힘든 일이다.[1]

물론 나는 일반적으로 신중함의 이념에 찬동하지만 우리는 그 분별력을 움직일 필요가 있다. 즉 신중함을 맥락에 위치시키고 그 범위를 제한할 필요가 있다. 우리는 판사가 직면하는 곤경의 근원을 분리시켜야 한다. 때로는 사이버공간에서 발생하는 헌법 문제를 최종적으로 확고하거나 영구적인 것으로 결정하기 전에 어느 정도 주저하는 것이 적절할 것이다. 그러나 다른 경우들에는 판사, 특히 하위법원의 판사들은 보다 확고한 의지가 있어야 한다. 왜냐하면 이들이 사법부의 다수를 차지하고 있으며, 이들 중 상당수는 비범할 정도의 능력과 독창성을 지녔기 때문이다. 비록 이들의 판결이 일시적이거나 제한된 범위 내에서 다루는 것이라 하더라도, 이들의 목소리는 무언가 우리에게 가르쳐줄 것이다.

단순한 해석의 경우, 즉 모호성이 잠재되어 있지 않고 우리의 전통이 명백하게 말해주는 것처럼 보이는 경우에 판사들은 새로운 맥락에서도 자유의 본래 가치를 유지할 수 있는 논증을 확고하게 발전시켜야 한다. 이러한 경우에 사법적극주의를 위한 중요한 공간이 열리게 된다. 판사들은 우리의 가치들을 확인하고 옹호하여야 한다. 그 이유는 이러한 가치들이 옳기 때문만은 아니다. 가치들을 무시할 수 있는 경우는 오직 그 가치들이 법원이 아닌 국민들에 의해서 거부되었을 때에만 가능하기 때문이다.

번역(*translation*)이 그렇게 간단치 않은 경우, 즉 잠재적인 모호성이 있는 경우에 판사들, 특히 하위법원의 판사들은 다른 역할을 갖는다. 이런 경우에 판사들은, 특히 하위법원의 판사들은 불만을 토로해야 한다. 그들은 이러한 변화들이 제기한 문제들에 관해서 말해야 한다. 그 사안들에서 충돌하는 문제의 가치들을 밝혀야 한다. 비록 특정사안에

1) 데보라 헬만은 법원이 분명한 정치적 이유로 선례를 파기할 때, 법원이 발생시키는 불법비용을 설명하고 있다. Deborah Hellman, "The Importance of Appearing Principled," *Arizona Law Review* 37 (1995): 1107.

서 판사들이 채택해야 하는 결정이 순응적이거나 수동적이라 하더라도, 그 결정은 마지못해 순응하는 태도를 가져야 한다. 이러한 사건들이 신중함을 요하는 것은 당연하다. 그러나 그 판결의 수동성을 정당화하고 권리청구의 기각을 보상하기 위해서 판사들은 이 사안들이 제기한 충돌을 법문화 앞에 펼쳐 놓아야 한다. 판단하기 어려운 사안들을 위해 어설픈 법을 만들 필요는 없지만 그렇다고 마치 쉬운 사안처럼 다루어도 안 된다.

이것이 바로 모호성이 잠재된 문제에 대한 가장 간단한 대응방법이다. 하지만 이것은 불완전하다. 이러한 대응은 우리를 헌법적 가치문제에 직면하게 하며, 선택하도록 압력을 가한다. 문제들을 해결하기 위해서는 더 나은 해결책이 필요할 것이다. 가치문제에 대한 최종적인 선택이 결코 법원의 임무가 될 수는 없지만, 이러한 문제점들을 제기함으로써 다른 기관들이 그 문제들을 결정하도록 촉구할 수는 있다.

이것은 20년 전에 지금은 판사이지만 당시에는 교수였던 귀도 캘러브레시에 의해 윤곽이 잡힌 제 2의 관찰론(*the doctrine of a second look*)에 깔려있는 사상이다.[2] 간단히 말하면 그 사상은 다음과 같다. 연방대법원이 미결정 상태이지만 가치의 근본적 문제들에 직면하였을 때 대법원은 가치들의 충돌에 대해서 개방적인 태도를 가져야 하며, 헌법에 의해서 명백하게 해결되지 않을 수 있음을 인정하여야 한다. 그럼에도 불구하고 법원은 해결방안에 대해 가장 민주적인 심사를 이끌어 낼 수 있는 방법으로 문제를 해결해 나가야 한다. 만일 그 해결방안이 적절한 심사를 이끌어낸다면 법원은 그 심사의 결과를 고수해야 한다.

2) Guido Calabresi, *A Common Law for the Age of Statutes* (Cambridge, Mass.: Harvard University Press, 1982), 16~32; Guido Calabresi, "The Supreme Court, 1990 Term-Foreword: Antidiscrimination Constitutional Accountability (What the Bork-Brennan Debate Ignores)," *Harvard Law Review* 105 (1991): 80, 83, 103~7, 119~20.

그러한 경우에 법원이 해야 할 가장 중요한 일은 민주주의가 최종적으로 결정하도록 보장하는 것이다. 법원의 임무는 그 가치들을 민주당의 견해로 대체하는 것이 아니다.

많은 사람들이 이러한 해결책을 비웃는다.[3] 그들은 헌법제정자들이 대법원을 세우고 사법심사를 허용하였을 당시 이러한 점들을 전혀 고려하지 않았던 것이 분명하다고 주장한다. 물론 헌법제정자들은 이를 염두에 두지 않았다. 제2의 관찰론은 헌법제정자들이 고려했던 문제들을 위해서 고안된 것이 아니다. 잠재적 모호성의 문제에 대한 대응방안으로서 그 이론은 스스로 잠재적 모호성을 드러내고 있다.

물론 우리는 이러한 모호성을 부인할 수도 있다. 헌법제정자들이 잠재적 모호성에 대해서 법원이 아무런 판단도 하지 말도록 규정하였다고 주장할 수도 있다. 그러한 경우들에는 민주적인 절차를 통해 잘못된 적용을 수정하거나, 변화된 환경에 개입할 수 있도록 헌법 제5조를 규정하고 있다는 것이다. 이것이 그들의 견해라 해도 무방할 것이다. 그러나 나는 사이버공간에 헌법적 가치를 적용하는 데서 발생하는 일련의 문제점들에 대해서 어떻게 하면 가장 잘 대처할 수 있는지를 밝혀줄 수 있을 만큼 그 취지가 명확하다고 생각하지 않는다. 오히려 나는 수동성을 약화시키는 쪽보다는 무해한 사법적극주의 쪽을 지지할 것이다. 그것이 바로 우리에게 필요하지만 아직껏 시작한 적이 없는 보다 광범위한 대화를 통해서 법원이 수행해야 할 작은 역할이다.

---

3) 아니면 거의 그것에 가깝다. Richard A. Posner, *The Problems of Jurisprudence* (Cambridge, Mass. : Harvard University Press, 1990), 300~301 참조.

2. 코드에 대한 대응방안

두 번째 도전은 코드의 법에 직면하는 것이다. 즉, 코드의 규제력을 어떻게 보아야 하는지를 해결하는 것이다. 코드를 통해서 부과되는 규제가 헌법규범을 충족시킬 수 있는 세상으로 나아가게 하려는 수많은 견해들이 있다.

여기에서의 논의는 다시금 공개코드와 연결된다. 제 8장에서 공개코드가 정부규제에 대해 일종의 억제작용을 한다고 기술하면서, 정부가 공개코드 내에 규제장치를 숨기기는 어렵지만, 공개코드를 채택한 사람들이 정부의 규제를 무력화시키는 것은 보다 용이하다고 지적하였다. 폐쇄형 코드로부터 공개코드로의 이동은 규제가능한 것으로부터 규제가능성이 덜한 쪽으로의 이동이었다. 당신이 정부의 권력을 무력화시키려고 마음먹지 않는 한 이러한 변화가 무조건 좋은 것은 아니다. 그러나 공개코드가 부과할지도 모르는 제약에는 두 가지 종류가 있다. 그렇다고 하나는 확실히 좋은 것이고, 다른 하나는 반드시 끔찍한 것은 아니다. 첫 번째 제약은 규제는 알려져야 한다는 투명성이다. 두 번째 제약은 저항이다. 규제가 알려지면 저항하기가 훨씬 쉬울 것이다. 두 번째 제약이 반드시 첫 번째 제약에 수반될 필요도 없으며, 이를 약화시킬 필요도 없다. 코드가 개방되면 코드의 규제를 무력화시키기는 훨씬 용이할 것이다. 하지만 규제가 적법하다면 국가는 규제가 무력화되지 않도록 요구할 수 있다. 국가가 원한다면 국가는 불복종하는 사람들을 처벌할 수 있을 것이다.

안전벨트의 규제와 비교해 보자. 한동안 연방정부는 새 차에 자동안전벨트를 의무적으로 설치하도록 하였다. 이것은 코드의 규제였다. 사람들이 안전벨트를 착용하도록 강제하기 위해서는 코드를 규제함으로써 자동차를 더욱 안전하게 만들 수 있었을 것이다. 많은 사람들이 안전벨트를 싫어했으며, 어떤 이들은 안전벨트가 작동하지 않도록 조작하기도 하였다. 자동안전벨트의 장점은 그 규제가 투명하다는 점이다. 안전벨트가 부가한 규칙에 누가 책임을 져야 하는지 아무도 의심하지 않았다. 만일 사람들이 안전벨트를 작동하지 않도록 하였을 때 국가가 맘에 들지 않았다면 그들을 처벌하는 법을 통과시킬 수 있었다. 그러나 정부는 그렇게 하지 않았다. 그 이유는 할 수 없었기 때문이 아니라 정치적 비용이 너무 높았기 때문이었을 것이다. 정치가 정부의 규제를 억제하였던 것이다.

이것이 바로 우리가 사이버공간에서 코드의 규제에 대해 기대할 수 있는 최상의 방법이다. 투명성과 효과성 사이에 균형점이 존재한다. 공개코드의 맥락에서 코드규제는 더욱 투명하지만 덜 구속적이다. 규제목적을 달성하려는 정부의 권한은 공개코드에 의해 제한될 것이다.

그러나 이점도 있다. 비공개코드는 정부가 규제를 은폐하고 부당한 규제목적을 달성하는 것을 보다 용이하게 한다. 따라서 비공개코드의 경우 정부의 목적을 쉽게 좌절시킬 수 없다. 오히려 공개성과 권력, 규칙의 투명성과 사람들의 복종 사이에 흥정이 이루어진다. 여기에서 정부의 권한에 대한 중요한 견제는 정부가 부과하는 규칙들이 투명하게 부과되었을 때에만 복종하겠다고 주장하는 것이다.

그렇다면 우리는 비공개코드보다는 공개코드를 지지해야 한다는 것을 의미하는가? 아니면 비공개코드를 금지시켜야 한다는 것을 의미하는 것인가? 아니다. 위의 관찰로부터 비공개코드를 금지해야 한다거나 세상에 공개코드만을 허용해야 한다는 결론이 도출되는 것이 아니다. 그 관찰들은 어떠한 규제코드에 대해서건 우리가 주장해야 할 가치들을 지적해 준다. 만일 코드가 입법자라면 그것은 입법 고유의 가치들을 포함해야 한다.

이 가치들의 핵심은 투명성이다. 코드규제는 적어도 법적 규제만큼 투명해야 한다. 공개코드는 그 투명성을 제공할 것이다. 모든 사람들에게 제공되는 것도(모든 사람이 코드를 읽는 것이 아니라), 완벽하게 제공되는 것도 아니지만(엉터리로 만들어진 코드는 곧잘 그 기능을 숨긴다), 비공개코드보다는 훨씬 완전한 투명성을 제공할 것이다.

어떤 비공개코드는 이러한 투명성을 제공할 것이다. 만약 자동차 점화플러그를 구입해서 자동차에 끼우는 것처럼 소비자들이 자신의 시스템에 끼울 수 있도록 부품들을 규격품으로 분리해 놓는다면, 구성부품들의 코드가 비공개라 하더라도 최종 제품의 기능과 규제는 공개적일 것이다.[4] 부품화된 구조는 공개코드 구조만큼 투명할 것이다. 따라서 코드가 공개되지 않고도 투명성이 확보될 수 있을 것이다.

(헌법적 가치의 관점에서 볼 때) 최상의 코드는 규격화되고 공개된 것이다. 규격화는 저급한 부품을 양질의 부품으로 대체하는 것을 보장한다. 그리고 경쟁의 관점에서 볼 때 규격화는 코드 프로젝트에서 개발경쟁을 더욱 촉진할 것이다. 하지만 어떤 코드는 공개코드로 만들어지면 생산될 수 없고, 때로는 비공개코드가 적자생존을 위해 필연적일 수밖에 없다는 주장도 설득력이 있다. 그렇다면 조립시스템이라는 절충안은 두 세계의 가장 좋은 장점들, 즉 기능의 투명성과 더불어 어느 정도의 경쟁적 혜택을 허용할 것이다. 나는 투명한 코드에 내포된 헌법적 가치들 때문에 이를 옹호해왔다. 나는 규제자로서의 코드에 반대하거나 규제 그 자체에 대해서 반대한 것이 아니다. 우리가 규제에 대해 투명성을 강력히 요구하고, 그러한 투명성을 증진시킬 수 있도록 코드 구조에 압력을 가해야 한다고 주장한 것이다.

현재 법은 이런 일을 하지 않는다. 사실 마크 렘리와 데이비드 오브린이 주장하는 것처럼 소프트웨어를 보호하는 기존의 저작권 체제는 소프트웨어가 규격화된 구조에서 벗어나 발전하도록 조장하는 경향이

---

4) 나에게 이러한 사실을 알려준 빅터 마이어숀버거에게 감사한다. 할 에이블슨(Hal Abelson)은 구성부품들이 공개되지 않았음을 입증해야 할 것이라고 지적한다. 그렇지 않으면 부품은 트로이의 목마처럼 기능할 것이다. 외관상으론 보이는 것과 실제 작용이 달라질 수 있다.

있다.[5] 이 법은 투명 코드보다는 불투명 코드를 선호한다. 법은 코드의 기능을 명확하게 하기보다는 오히려 코드를 은폐하려는 인센티브를 조성한다.

많은 사람들은 현재 법의 인센티브들이 비효율적이라고 주장한다. 그들은 소프트웨어의 생산에서 경쟁을 줄이려고 한다는 것이다.[6] 이 주장이 옳을 수도 있다. 그러나 훨씬 더 왜곡된 것이 합헌으로 인정되고 있다. 지금의 법은 가능한 한 많은 지적 공유자산들을 개인화하려는 인센티브를 형성한다. 그것은 공개성이나 투명성에는 적대적으로 작용하며, 사실상 거대한 비밀정부를 만들어내는 데 협조적이다. 여기가 바로 구체적인 법적 변화가 이루어져야 할 곳이다. 비공개가 최선인가 아니면 공개가 최선인가 하는 문제를 해결하지 않고도 우리는 적어도 비공개코드로 하여금 보다 많은 투명성을 조성하는 방향으로 나아가도록 촉구할 수 있다. 하지만 무력한 기존 법이 변화에 거슬러 작용하며, 소프트웨어 제작자들에게 무제한적인 보호조건들을 제공한다. 그곳엔 정치가 존재하지 않는다.

---

5) Mark A. Lemley and David W. O'Brien, "Encouraging Software Reuse," *Stanford Law Review* 49 (1997): 255.

6) 저작권법이 소프트웨어 발전에 끼친 손해에 대한 탁월한 설명으로, Mark Haynes, "Black Holes of Innovation in the Software Arts," *Berkeley Technology Law Journal* 14 (1999): 503 참조. David McGowan, "Legal Implications of Open Source Software," *Illinois University Law Review* 241 (2001) 참조.

3. 민주주의의 대응방안

당시 상원의원이었던 존 F. 케네디는 그의 유명한 저서인 《용기 있는 사람들》에서 다니엘 웹스터(Daniel Webster)에 관한 이야기를 하고 있다. 웹스터는 국가를 분열시킬 지도 모른다고 생각했던 협정에 대해 격론이 벌어지고 있던 와중에 상원 회의장에서 말하길, "대통령 각하, 저는 오늘 매사추세츠 주민이나, 북부사람으로서가 아니라 미국인의 한 사람으로서 … 얘기하고 싶습니다"[7] 라고 하였다.

웹스터가 이 말을 했던 1850년 당시 "매사추세츠 사람으로서가 아니라"는 말은 오늘날 우리가 잊고 있는 중요한 의미를 갖고 있다. 우리에게 웹스터의 진술은 정말로 평범하게 보인다. 그가 미국인이 아니면 무엇이겠는가? 그는 어떻게 달리 말할 수 있었겠는가?

그러나 이러한 말들은 미국에서 새로운 시대의 절정기에 나왔다. 그것은 미국인들의 관심이 주의 시민으로부터 국가의 시민으로 바뀌던 시기에 나왔다. 웹스터는 당신을 주와는 다른 한 국가의 구성원으로 동일시할 수 있었던 바로 그 시점에서 말했던 것이다.

이미 언급한 바와 같이 건국 당시 미국(United States: 경쟁적 개념 그 자체인)의 시민들은 먼저 특정 주들의 시민들이었다. 그들의 삶은 자신들이 살고 있는 주에 의해서 결정되었기 때문에 자신이 속한 주에 충성하였다. 다른 주들은 지금 우리가 티벳에 대해서 느끼는 만큼 먼 곳이었다. 사실 그 당시 남부 캘리포니아 주민이 메인 주를 방문하는 것보다는 오늘날 우리가 티벳을 가는 편이 훨씬 쉬었는지도 모른다.

물론 시간이 지나면서 상황은 변하였다. 시민전쟁으로까지 발전된 분열시기, 재통합을 위한 분투시기, 그리고 뒤이어 일어난 산업혁명기에 스스로를 미국인으로 인식하는 시민의식이 시민들 사이에 성장하

7) Kennedy, *Profiles in Courage*, 71.

였다. 그러한 국가적 변혁과 투쟁 속에서 국민의 정체성이 태어났다. 시민들이 타 주의 시민들과 연계되었을 때 비로소 국가가 탄생하였던 것이다. 이러한 전환의 순간들은 쉽게 잊혀지며, 그러한 일들은 단지 과거에만 일어나는 것으로 곧잘 생각한다. 하지만 오늘날 유럽에서 "유럽인"이라는 인식이 변하고 있는 것을 누구도 부인할 수 없는 것처럼, "미국인"이라는 의식이 19세기에 변하였다는 사실을 아무도 부인할 수 없을 것이다. 국가는 국민들이 공통된 정치문화 속에 있는 자신을 경험할 때 형성되는 것이다. 이러한 변화는 오늘날 우리에게도 계속되고 있다.

지금 우리는 1850년 웹스터가 서 있었던 시기보다 몇 년 전의 시점에 서 있는 것과 같다. 우리는 "나는 세계의 시민으로 이야기한다"고 말할 수 있는 시기 바로 직전에 서 있다. 평범한 사람들도 "미치광이"라고 생각하지 않을 그런 시점에 말이다. 매사추세츠의 시민들이 노예제의 영향을 느끼고, 버지니아 시민들이 자유를 향한 질주로부터 영향을 받게 된 것처럼 우리는 평범한 시민들이 다른 정부의 규제효과를 느끼게 될 바로 그 시점에 서 있다. 니콜라스 네그로폰테가 쓴 것처럼 "오늘날 국가들의 규모는 부적절하다. 지역적이라고 하기엔 너무 크고, 세계적이라고 하기엔 너무 작다."[8] 이러한 부적합성이 문제될 것이다.

미국 시민인 우리들이 특정 관할권의 일부가 아니라 모든 관할권에 복종해야 하는 공간에서 더 많은 시간과 돈을 쓰게 될 때, 우리는 점차 그곳에서의 우리의 지위를 묻게 될 것이다. 미국의 다른 지역의 삶에 대해서 말할 수 있는 자격, 즉 웹스터가 미국인으로서 느꼈던 자격을 우리는 느끼기 시작할 것이다. 그것은 우리들이 세계 곳곳의 삶에 대해서 말할 수 있는 자격이 될 것이며, 외교적인 관계를 넘어 보통

8) Nicholas Negroponte, *Being Digital* (New York: Alfred A. Knopf, 1995), 18, 238.

사람들의 마음속까지 이르는 방대한 관심의 공동체가 존재한다는 감정에 근거할 것이다.

그렇다면 우리는 무엇을 해야 하는가? 우리가 세계의 일부로 느끼게 될 때 과연 그 세계가 우리를 규제할 것인가? 그 세계가 어떻게 우리를 규제하며, 우리가 그 세계를 어떻게 규제할 것인지를 선택해야 할 때 과연 우리는 어떻게 해야 하는가?

바로 앞 장 말미에서 내가 기술했던 정부에 대한 염증이 전혀 근거 없는 것은 아니다. 그것은 민주주의의 이념이 죽었기 때문이 아니다. 우리는 여전히 민주주의자이다. 다만 민주주의가 만들어 놓은 것들을 좋아하지 않을 뿐이다. 그리고 우리는 우리가 갖고 있는 것을 사이버 공간과 같은 새로운 영역으로 확장하여 상상할 수가 없다. 만약 그 공간에 우리들에게 익숙한 정부의 남용이나 배신과 같은 것들이 존재한다면 오히려 그러한 것들이 없는 것이 더 나을 것이다.

여기에는 두 가지 문제점이 있는데, 그중 이 책의 논지와 밀접한 관련이 있는 문제점에 대해서 심도 있게 논의하겠다. 다른 하나는 마지막 장에서 언급하겠다. 그것은 정치적 영향력이 돈에 의해 좌지우지되는 제도의 근본적인 부패이다. 그것은 선거자금의 부패, 즉 사람들의 부패가 아니라 절차의 부패이다. 더욱이 건강한 정신을 가진 국회의원들조차도 선거에 이기려면 끊임없이 치솟는 선거자금을 모금하는 데 더 많은 시간을 허비하지 않으면 안 된다. 이것이 바로 선거비용의 확대경쟁이며, 우리 연방대법원은 헌법이 그것을 인정한다고 유효판결을 내렸다. 이 문제가 해결될 때까지, 나는 우리의 민주주의가 앞으로 생산해내는 것에 대해 비관적이다.

물론 세부적인 사항까지 다룬다면 대단히 힘들겠지만, 이 문제의 해결책은 확실하다. 공직 선거에 대한 공적 자금을 지출해야 한다. 2004년 연방선거의 총비용은 40억 달러였다.[9] 같은 해 우리는 국방비로 3,840억 달러, 이라크전에 660억 달러를 지출했다.[10] 당신이 국방비

지출과 이라크전쟁에 대해서 어떻게 생각하든 위의 세 가지 지출의 목적은 같은 것이다. 즉 민주주의를 보전하고 증진시키는 것이다. 다른 두 경우보다 민주주의에 더 확실하고 긍정적인 효과가 있는 정책과는 전혀 무관한 선거기금에 기부하고 있는 것이 사실 아닌가?

그러나 이처럼 민주주의가 실패하는 데에는 두 번째 이유가 있는데, 그것은 기묘할 정도로 반(反)직관적이다. 정부가 대중의 의견을 무시하기 때문이 아니라 오히려 너무 많이 듣기 때문에 발생하는 현상이다. 유권자의 모든 환상이 투표에 반영되고, 이러한 투표는 다시금 민주주의의 맥박을 뛰게 한다. 하지만 투표를 통해 전달되는 메시지가 민주주의의 메시지는 아니다. 투표의 횟수와 영향력이 증가된다고 해서 곧 그 중요성이 곧 높아지는 것은 아니다. 하루 동안 치러지는 투표는 아주 쉽기 때문에 대통령은 하룻밤 사이에 치러진 투표에 근거하여 정책을 결정한다.

이것은 부분적으로는 기술의 문제이다. 투표는 우리가 이제 막 이해하기 시작한 기술과 민주주의의 상호작용을 의미한다. 대중의 의견을 모니터하는 비용이 떨어지고, 지속적으로 대중을 모니터하는 기계가 만들어지면서 정부가 고려해야 할 모든 문제들에 대해서 "국민들"의 생각이 무엇인지 끊임없이 데이터의 흐름을 산출해내고 있다.

어떤 코드는 모니터 기계를 완벽하게 한다. 이 코드는 완벽한 표본선택을 자동화하고, 그 결과를 데이터베이스로 구축하게 해주고, 접속절차를 간편하게 해준다. 하지만 우리는 과연 완벽한 모니터링이 옳은 것인지에 대해서 좀처럼 이의를 제기하지 않는다.

지금 국민들이 갖고 있는 경향을 완벽하게 반영하는 것이 우리가 갖

9) Center for Responsive Politics, "'04 Elections Expected to Cost Nearly $4 Billion," October 21, 2004, link #114 참조.

10) Chris Edwards, "Bush's Overspending Problem," CATO Institute, February 6, 2003, link #115 참조.

고 있는 민주주의의 이상은 (적어도 헌법적으로는) 결코 아니었다. 우리의 헌법제정자들은 국민들의 견해를 조정하는 구조를 설계하는 데 열중하였다. 민주주의는 국민들의 격앙된 발언 이상의 것이었다. 그것은 신중하고 성찰적이며 헌법에 의해 부과된 제한들에 의해 균형을 이루는 것이었다.

그러나 제 3부에서 제시한 논거와 일관성을 유지하기 위해서 나는 적어도 이 문제에는 잠재적 모호성이 있다고 말해야 할 것 같다. 선거비용이 매우 높고, 의사소통이 복잡했던 시대에는 비록 선거를 드물게 치렀어도 민주주의가 잘 유지될 수 있었다. 그럼에도 불구하고 우리들은 과연 헌법제정자들이 완벽하고 지속적인 여론조사를 가능하게 하는 기술에 어떻게 대응하였을 것인지는 알 수가 없다.

국민들의 일시적인 충동에 회의적인 데에는 또 다른 중요한 이유가 있다. 일시적인 경향은 의심스럽다. 국민들이 교육을 받지 못했거나 올바른 판단을 내릴 수 없기 때문도, 민주주의가 망해야 되기 때문도 아니다. 때로는 그것이 무지의 산물인 경우가 있기 때문이다. 국민들은 종종 그릇된 정보나 편파적인 정보에 근거한 견해를 가지고 있다. 그들은 자신들의 판단이 특별한 주목을 받지 못하거나 고려되지 않고 있다는 사실을 알게 되었을 때, 그 잘못된 견해를 판단처럼 되풀이할 뿐이다.

기술은 이러한 종류의 판단을 장려한다. 뉴스보도가 대폭 증가하면서 우리들은 과거 어느 때보다도 세상에 대한 광범위한 정보에 노출된다. 이러한 노출은 우리의 판단에 확신을 심어준다. 동티모르에 대해 전혀 들어본 적이 없었다면, 이에 관한 질문을 받았을 때 사람들은 당연히 "모르겠는데요"라고 말할 것이다. 그러나 텔레비전에서 10초 정도, 혹은 웹 포털 뉴스 페이지에서 30줄 정도 보았다면 그들이 이전에 갖지 못했던 혼란을 가져다줄 것이다. 그들은 거기에 거의 어떠한 가치도 더하지 않은 채 전달된 것을 되풀이할 것이다.

이러한 문제점에 대한 해결책은 뉴스를 줄이거나 여론조사를 금지시키는 것이 아니다. 그 해결책은 보다 나은 형태의 여론조사이다. 정부는 그릇된 여론조사 데이터에 반응한다. 왜냐하면 그것이 우리가 갖고 있는 유일한 데이터이기 때문이다. 그러나 이러한 여론조사만이 가능한 것은 아니다. 순간적인 여론조사의 결함을 보완하고, 보다 신중하며 안정적인 판단을 이끌어낼 수 있는 여론조사 기법들이 있다.

제임스 피쉬킨에 의해 고안된 "신중한"(*deliberative*) 여론조사가 한 예이다.[11] 그의 여론조사는 순간적 흥분보다는 평균을 추구한다. 주말 동안에 한꺼번에 사람들의 표본을 만든다. 이들은 사회의 각 분야를 대표하며, 여론조사 전에 이들이 주요 의제에 대해서 자신들이 알고 있음을 확신할 수 있도록 도움을 주는 정보를 제공받는다. 여론조사의 주제를 사전에 숙지한 다음, 이들은 작은 배심단으로 나눠지고, 이틀 정도 문제의 토픽에 대해 논쟁을 벌이고, 그것을 해결하는 가장 좋은 방안에 관해 의견을 교환한다. 마지막으로 자신들의 견해를 제시하고, 이 단계에서 그들의 반응이 여론조사의 "결과"가 되는 것이다.

이 시스템의 커다란 장점은 정보가 제공될 뿐만 아니라 그 과정에서 신중한 검토가 이루어진다는 것이다. 그 결과들은 시민들 간의 토론을 통해서 추론된 것이다. 사람들에게 그저 한 표 던지라고 부추기는 것이 아니다. 이들은 자신들의 투표에 근거를 제시하며 그 근거들은 설득력을 지닐 수도, 그렇지 않을 수도 있을 것이다.

우리는 이러한 절차가 확대되어 일반화되는 것을 상상하거나 꿈꿀

---

11) 예를 들어 James S. Fishkin, *The Voice of the People* (New Haven, Conn.: Yale University Press, 1995). 사이버공간이 이 평범한 프로젝트를 어떻게 향상시킬 수 있는가에 관한 훌륭한 논문으로는, Beth Simone Noveck, "Designing Deliberative Democracy in Cyberspace: The Role of the Cyber-Lawyer," *Boston University Journal of Science and Technology Law* 9 (2003): 1 참조.

수 있을 것이다. 우리는 그것이 정치생활의 요체가 되는 것을 상상할 수 있을 것이다. 만약 그렇게 된다면 그것은 일시적인 경향에 의존하고 끊임없이 이해관계에 사로잡혀 있는 정부에 대한 견제세력으로서 훌륭하게 역할을 수행할 수 있을 것이다. 그것은 현재 우리가 갖고 있는 절차의 치유책이 될 것이며, 희망을 가져다줄 것이다.

사이버공간은 이 절차들을 가능하게 할 것이며, 분명히 그 절차를 더욱 필수적인 것으로 만들 것이다. 신중한 포럼을 만들기 위해 공간 구조를 이용하는 것을 상상해볼 수 있다. 그 포럼은 피쉬킨의 여론조사를 수행하는 데 사용될 수 있을 것이다. 그러나 나의 일관된 메시지는 사이버공간은 그 필요성을 훨씬 긴급하게 요구한다는 것이다.[12)]

논거들이 집계되는 절차에 하나의 매직(*magic*)이 있다. 물론 그 절차는 전문가들이 지배하거나 단지 똑똑한 사람들만 투표하는 절차가 아니라 권력이 논거에 맞게 설정되는 절차이다. 시민들이 논거들을 제시하고 권력이 그 논거들에 의해 제한된다는 사실을 이해하는 과정 속에 매직이 있다.

이것이 바로 토크빌이 미국의 놀라운 배심제도를 소개하면서 묘사했던 매직이다. 배심원으로 봉사하는 시민들은 종종 사회적·정치적 삶에 중대한 결과를 가져오는 결정을 내리는 데 분별력 있고 설득력 있는 논거를 제시해야 한다. 1835년에 쓴 글에서 토크빌은 배심원제

---

12) 헨리 페리트 학장은 소중한 민주주의 이상에 근거하여 인터넷의 맥락에서 '자기 규제'(*self-regulation*)가 어떠해야 할 것인지에 관해서 아주 잘 묘사하고 있다. Henry H. Perritt Jr., "Cyberspace Self-government: Town Hall Democracy of Rediscovered Royalism?," *Berkeley Technology Law Journal* 12 (1997): 413 참조. 그가 기술하는 것처럼 자기 지배(*self-governance*)의 가능성은 넷의 구조적인 특징에 의존한다. 물론 이러한 것들이 모두 민주주의를 지지하는 방식으로 발전하는 것은 아니다. 사피로는 민주주의의 도구와 '자동화 정치"(*push-button politics*)에 관해서 논의하고 있다. Shapiro, *The Control Revolution*, 150~57, 217~30 참조.

에 대해서 다음과 같이 말하고 있다.

> 배심원은 … 판사의 정신과 모든 시민의 마음이 상호소통하는 데 기여한다. 이러한 정신은 배심원단에 참여하는 관습과 더불어 자유주의 제도들을 위한 가장 견실한 준비이다. 그 제도는 모든 계층의 사람들에게 법원의 판결에 대한 존경심과 권리의 관념을 스며들게 한다. … 그것은 사람들에게 형평을 행하라고 가르치며, 모든 사람들은 그 자신이 판단받는 것처럼 그의 이웃을 판단하라고 배운다. … 배심제도는 모든 사람들에게 자신의 행동에 대한 책임 앞에서 물러서지 말라고 가르치며, 그렇게 당당한 자신감이 없이는 어떠한 정치적 덕목도 존재할 수 없다는 점을 가르쳐준다. 그것은 시민들 각자에게 일종의 치안판사의 지위를 부여한다. 그것은 시민들 모두가 사회를 위해 이행해야 할 의무와 자신들이 정부에서 맡는 역할을 느끼게 한다. 배심제도는 사람들이 의무적으로 자신의 일보다는 다른 사람의 일에 관심을 돌리게 함으로써 사회를 녹슬게 하는 사적 이기심을 벗겨낸다.[13)]

하지만 나에게 이러한 이상을 심어준 사람은 토크빌이나 이론가들이 아니었다. 처음으로 내가 이러한 사상의 힘을 깨닫게 해준 사람은 어느 변호사였다. 그는 위스콘신 매디슨 출신 변호사인 나의 삼촌, 리처드 케이츠(Richard Cates)였다.

우리는 일반인들이 변호사들을 헐뜯는 시대에 살고 있다. 확실히 변호사들이 부분적으로는 이에 대한 책임이 있다. 그러나 나는 그것을 받아들일 수 없다. 먹고 살기 위해서 내가 대학에서 법학도들을 가르치는 것이 아니기 때문만은 아니다. 내가 그것을 받아들일 수 없는 이유는 나의 삼촌이 왜 그가 변호사가 되었는가를 설명하면서 그려준 영상이 내 기억 속에 깊이 새겨져 있기 때문이다. 1974년 그는 워싱턴에

---

13) Tocqueville, *Democracy in America*, vol. 1, 284~85.

서 막 돌아왔다. 워싱턴에서 그는 하원 탄핵위원회에서 일하였다. 힐러리 로드햄과 함께 일하였지만 클린턴이 아닌 닉슨의 탄핵위원회였다. 나는 그에게 모든 사실을 말해 달라고 졸랐다. 나는 그 싸움에 대해 듣고 싶었다. 그것은 우리 집에서 논의할 만한 주제는 아니었다. 나의 부모님은 공화당원이었다. 물론 나의 삼촌은 그렇지 않았지만.

나의 삼촌의 임무는 의원들에게 그 사건의 사실관계를 설명하는 것이었다. 먼저 수집된 모든 사실들을 파악하고 나서 그것을 위원회 소속의원들에게 설명하는 일이었다. 그에게 들은 이야기 중 잊을 수 없는 것들이 많지만, 가장 흥미를 돋우는 부분은 사실 탄핵과 관련된 것이 아니었다. 삼촌은 자기 직업의 핵심인 하원과 소송의뢰인들에 관해서 나에게 모두 설명해주었다.

> 변호사가 하는 일, 훌륭한 변호사가 하는 일은 제도가 운영되도록 하는 것이다. 그것은 허풍이나 편법행위 또는 전략이나 전술이 아니다. 그것들보다 훨씬 단순한 것이다. 훌륭한 변호사가 하는 일은 설득력 있는 이야기를 하는 것이다. 진실을 숨기거나 감정을 흥분시키는 것이 아니라 이성을 사용하여 이야기를 통해서 설득하는 것이다.

이러한 절차가 작동할 때, 그것은 설득을 경험하는 사람들에게 무엇인가를 제공한다. 어떤 사람들은 자신들의 삶에서 처음으로 이성에 의해서 권력이 제한되는 것을 목격하게 될 것이다. 투표, 부, 지인에 의해서가 아니라 설득력 있는 논증에 의해서. 이것은 매우 드문 기적이지만, 우리의 시스템이 갖고 있는 매직이다.

이러한 법률가 상은 무엇이 최선인지를 결정하는 전문가들의 엘리트주의나 흥분한 군중들에게 적을 때려눕히라고 선동하는 포퓰리즘도 아니다. 그것은 이미 배심원들에게 익숙한 그러한 상이다. 지금 우리의 민주주의가 놓치고 있는 것이 바로 이 평범한 법률가 상이다. 신중함, 이해 및 공동체의 건설과정 등을 통해서 어떻게 나아갈 것인지에 관해서 판단을 내리는 것이다.

이 중 몇몇을 지금의 민주제도 내에 다시 확립할 수 있을 것이다. 우리가 보다 많은 제도들을 확립할수록 일시적인 충동의 중요성이 줄게 될 것이다. 일시적 충동의 중요성이 감소할 때 우리는 1791년 우리들을 혁명가로 만들어주었던 바로 그 전통에 다시금 믿음을 갖게 될 것이다. 그것은 신중함과 국민을 존중하는 정부, 귀족주의의 싸구려 장신구로 치장한 부패에 대항하는 정부 형태에 대한 약속이다.

제 18 장

디클렌이 얻지 못하는 것

디클렌 맥컬라프(Declan McCullagh)는 유선 뉴스방송국에 근무하는 작가이다. 그는 메일링리스트를 운영한다. 그 리스트를 통해서 그는 구독자들에게 자신이 전송하기로 결정한 게시문을 보내주며, 회원간의 토론을 유발하기도 한다. 그 리스트는 원래 "검열과의 전투"(*Fight Censorship*)라고 불렸다. 초창기에 그 리스트는 넷을 "검열"하려는 정부의 시도에 저항하기 위해 조직을 원했던 수많은 회원들을 끌어들였다.

그러나 지금 디클렌은 검열에 관한 토론 외에 다른 목적으로 이 리스트를 이용하고 있다. 그의 생각에 구독자들이 즐길 것으로 보이는 다른 뉴스들을 리스트에 게시한다. 그래서 디클렌은 넷으로부터 포르노를 제거하려는 시도들에 관한 뉴스뿐만 아니라 연방수사국의 도청, 사생활을 보호하려는 노력 혹은 독점금지법을 강행하려는 정부의 시도들에 관한 보도를 포함하고 있다. 나는 그 구독자이고 게시판을 즐겨 읽는다.

디클렌의 정치는 분명하다. 그는 젊고 영리한 자유지상주의자이다. 정부와 관련된 어떤 제안에 대해서건 그의 첫 반응은 냉소적이다. 최근 한 메시지에서 그는 스팸팩스를 금지하는 법을 위반한 영국의 한 제공자에 관한 이야기를 다루었다. 그는 이 사건이 스팸메일을 규제하는 법이 부질없는 일임을 입증하는 것이라고 주장하였다. 다른 한편, 그는 언론의 자유를 국제적으로 보호하는 법안을 통과시키려는 국경없는 기자들의 시도를 비판하였다.[1] 디클렌의 게시판에는 하나의 일관된 주제가 있다. 넷을 내버려둬라. 그리고 때로는 비록 강력하지만 이 단순한 주장에 이의를 제기하는 사람들을 조롱하며 독선적인 냉소를 보낸다.

나는 얼마동안 디클렌의 리스트를 지켜보았다. 오래 전에 나는 잠시 리스트의 토론부분을 본 적이 있다. 그리고 세월을 보내면서 나는 디클렌으로부터 배움의 기쁨을 얻었다, 하나의 단순한 메시지가 토론을 지배했다. 디클렌이 계속해서 주장하기를, 문제는 정부의 간섭을 초래한 "시장의 실패"가 있었는가가 아니라, "정부의 실책"이 있었는가 하는 것이다. 최근 국경 없는 기자들에 관한 게시판에 올린 글에서 그는 "줄리언 페인(Julien Pain)은 시장실패의 명백한 사례들을 밝힐 수 있지만, 정부실책의 사례들은 파악할 수 없다고 지적했다. 그리고 디클렌이 다른 두 번째 질문을 통해서 얻은 결론은 우리가 할 수 없는 것은 아무것도 없다"는 것이다.

디클렌의 질문은 아주 훌륭한 계보를 갖고 있다. 그것은 로널드 코스가 노벨상을 목표로 작업하면서 맨 처음 제기했던 질문이었다. 피구(Pigou)와 같은 경제학자들은 시장이 제공할 수 없는 재화들을 확인했다. 그것으로 정부가 개입해야 한다는 사실을 피구가 입증하는 데 충분했다. 그러나 코스가 말하기를,

> 개인들의 선택이 이루어지는 맥락에서 사회적 배치를 선택해야 하

---

1) Declan McCullagh, "Reporters Without Borders calls for regulation of U.S. Internet companies," link #116 참조.

> 는 경우, 기존 시스템의 변화로 인하여 몇몇 선택에서는 향상된 결과를 가져오지만, 다른 사람들에게는 상태를 더욱 악화시킬 수 있다는 점을 염두에 두어야 한다. 더욱이 우리는 새 시스템으로 이전하는 데 드는 비용뿐만 아니라 다양한 사회제도들(시장이든 정부기관의 기능이든)을 운용하는 데 드는 비용을 고려해야 한다. 사회제도들을 고안해내고 선택하는 경우에, 우리는 전체 효과를 고려해야 한다.[2)]

코스는 그의 작업에 하나의 원칙을 갖고 있었다. 그 원칙은 이론에서만 그쳐서는 안 된다는 것이었다. 이론적 통찰력은 진보에 중요하다. 그러나 실생활과 관련해서 그 이론을 검증하는 것 또한 중요하다. 그러나 이것은 일단의 자유지상주의자들의 세계와는 충돌을 일으킨다.

우리는 만일 정부가 자유지상주의자들에 의해서 만들어진다면, 이 세상이 어떻게 될 것인지 숙고할 수 있을 것이다. 물론 정부가 존재할 것이다. 자유지상주의자들은 무정부주의자들이 아니다. 그리고 그러한 변화의 결과가 반직관적이라는 것은 의심할 나위가 없다. 그것은 통계가 예측하는 것만큼 나쁘지는 않을 것이다. 그렇지만 과연 자유지상주의자들이 약속하는 것만큼 좋을지는 의문이다.

그러나 현실은 우리는 결코 자유지상주의의 땅에서 살게 되지 않을 것이란 점이다. 따라서 우리가 던져야 하는 질문은 규제가 지배하는 세상에서 살아간다면 규제에 대해서 어떤 태도를 가져야 하는가이다. 그러한 세상에서 우리들의 반응은 마치 모든 규제에 대해서 반대하는 것처럼 행동해야 하는가? 만일 이것이 우리의 대응이라면, 그러한 태도는 효과가 있을 것이다. 그러한 태도가 모든 규제를 막지 못할 것이다. 그러나 특정한 형태의 규제는 막을 수 있을 것이다. 그렇지만 그

2) Ronald Coase, "The Problem of Social Cost," *Journal of Law and Economics* (October 1960).

것은 다른 형태의 규제, 예를 들어 아주 강력한 특수 이익에 혜택을 주는 규제를 막지 못할 것이 확실하다.

다음의 분명한 사례를 살펴 보자.

경제학자들은 스팸으로 인한 부담 때문에 경제가 수십억 달러를 낭비한다고 추정한다. 일례로 페리스 리서치(Ferris Research)는 한 달에 사용자 당 9달러에서 10달러의 비용(생산성을 포함해서)을 낭비한다고 한다. 이것은 스팸을 막는 데 1년에 90억 달러를 쓴다는 것을 의미한다.[3] 이 비용은 인터넷에서 이 메일을 사용하는 데 지불하는 모든 이들에 의해서 발생한다. 그 비용은 메시지가 걸러지거나 무시되는 관계로 메시지가 중간에 없어지는 간접비용을 포함하지 않는다(이 수치는 스팸메일의 혜택을 전혀 고려하지 않고 있다. 나는 그 혜택에 대해서 설명하지 않을 것이기 때문에 여기에서는 언급하지 않겠다).

또한 경제학자들은 인터넷상에서 저작권이 있는 콘텐츠(소프트웨어를 제외한)에 대한 "해적행위"가 콘텐츠 산업에 미치는 비용을 산출해 내려고 노력해왔다. 어떤 이들은 이런 비용은 사실상 매우 낮다고 추정한다. 펠릭스 오버홀저와 콜만 스트럼프는 파일공유가 판매에 미치는 영향은 통계적으로 볼 때 거의 제로에 가깝다고 결론을 내렸다.[4] 다른 통계는 실제 판매손실이 있으나 그렇게 엄청난 것은 아니라고 한다. 2003년에는 복잡한 모델을 이용하여 P2P 파일공유로 인한 매출손실을 측정했던 데이빗 블랙번은 해당산업의 손해가 3억 3천만 달러에 이른다고 결론을 내렸다.[5] 이 수치는 RIAA가 "모든 종류의 해적행위"

---

3) "Study: Spam Costs Businesses $13 Billion," CNN.COM, January 5, 2003, link #117 참조.

4) Felix Oberholzer and Koleman Strumpf, "The Effect of File Sharing on Record Sales: An Empirical Analysis" 3 (Working Paper 2004).

5) David Blackburn, "On-line Piracy and Recorded Music Sales" (Harvard University, Job Market Paper, 2004).

로부터 발생한 연간 총비용으로 추정한 42억 달러에는 못 미친다.[6]

이 수치들을 둘러싸고 논쟁이 벌어지고 있다. 이 논쟁에서 한 가지 분명한 사실은 해적행위에 의한 손실이 스팸에 의한 손실보다 확실히 적다는 점이다. 사실은 스팸의 총비용은(소비자들과 회사들을 합할 경우) 레코드 산업의 연간 총매출을 초과한다.[7]

그렇다면 의회가 이 두 문제들 각각에 대해서 대응해온 것을 고려하면서 이러한 손실의 차이를 어떻게 측정해야 할까?

지난 10년 동안 의회는 스팸의 문제를 해결하기 위해 단 하나의 법률안, 반스팸메일법(CAN-SPAM Act of 2003)을 통과시켰다. 이 기간 동안 의회는 또한 저작권과 관련된 24개의 법률안을 통과시켰다.[8] 이

---

6) Recording Industry Association of America Home Page, "Issues — Anti-Piracy: Old as the Barbary Coast, New as the Internet," link #118 참조.

7) David Blackburn, "On-line Piracy and Recorded Music Sales" (Harvard University, Job Market Paper, 2004), link #119 참조.

8) Family Entertainment and Copyright Act of 2005 (P.L. 109-9), 2005년 4월 27일 발효됨. (Title 17에 2319B조를 추가함. 이 법은 허락 없이 영화관에서 영화 또는 제17편에서 보호하는 어떠한 종류의 오디오비주얼 작품을 복제하는 행위를 징역형에 처할 수 있는 범죄로 규정하고 있다); Intellectual Property Protection and Courts Amendment Act of 2004 (P.L. 108-482), 2004년 12월 23일 발효됨. 1946년의 상표법 개정(이 법은 온라인상에서 저작권이나 상표권을 침해하거나 범죄를 저지르기 위해 사용된 인터넷 주소와 관련하여 도메인 네임의 등록권자에게 의도적으로 허위정보를 제출한 개인들에 대해서 민·형사상의 처벌을 강화하도록 규정하고 있다); Satellite Home Viewer Extension and Reauthorization Act of 2004 (Consolidated Appropriations Act, 2005, P.L. 108-447에 포함됨), 2004년 12월 8일 발효됨(공중파 방송을 자신의 구독자들에게 재송출하는 위성방송업자들에게 법적으로 허용된 라이선스 기간을 5년 연장하여 주었으며, 저작권 119조의 상당부분을 수정하였다. SHVERA는 저작국에 두 가지의 연구와 그 결과를 상·하원 법사위에 보고하도록 명령하였다. 2005년 12월 31일 제출된 보고서에 따르면, 저작국으로 하여금 119조의 몇몇 조항을 검토하도록 요구하였으며, 필요하다

런 법률안 모두가 "해적행위"와 직접 관련된 것은 아니다. 그러나 이

면 119조와 122조가 위성방송업자들에 의해서 송출되는 프로그램의 저작권자들에게 어떤 영향을 미치는지 파악해야 한다고 지적하였다); Individuals with Disabilities Education Improvement Act of 2004 (P.L. 108-446), 2004년 12월 3일 발효됨(Title 17의 121조를 수정함. "NIMAS"〔National Instructional Materials Accessibility Center〕를 설립하고, 그 센터를 통해서 오디오 또는 디지털 텍스트를 시각장애인들이 자유롭게 이용할 수 있도록 규정함); Copyright Royalty and Distribution Reform Act of 2004 (P.L. 108-419) 2004년 11월 30일에 발효됨(저작권법을 수정하여, 저작국이 Copyright Royalty Tribunal Reform Act of 1993에 따라 저작권 중재 로열티심사제도를 바꾸도록 하였으며, 3명의 저작권 로열티 심사관들과 함께 법률상의 라이선스 로열티 비율을 조정하고 저작 로열티의 배당을 감독하도록 하였음); Small Webcaster Settlement Act of 2002 (P.L. 107-321), 2002년 12월 4일 제정됨(전자디지털 기술에 의해서 송출된 사운드 레코딩에 대해서 연주로열티권리를 보장하도록 저작권을 수정하였다); Technology, Education, and Copyright Harmonization Act of 2002 (P.L. 107-273, Subtitle C of the notes to chapter eighteen 395 21st Century Department of Justice Appropriations Authorization Act), 2002년 11월 2일 제정됨. (원거리 교육을 목적으로 저작권이 있는 작품의 사용과 관련된 규정을 도입하였음); Intellectual Property and High Technology Technical Amendments Act of 2002 (P.L. 107-273, Subtitle B of the 21st Century Department of Justice Appropriations Authorization Act), 2002년 11월 2일 제정됨(Title 17과 Satellite Home Viewer Improvement Act of 1999로 알려진 IP and Communications Omnibus Reform Act of 1999를 약간 수정함); Work Made for Hire and Copyright Corrections Act of 2000 (P.L. 106-379), 2000년 10월 27일 제정됨(Title 17에 규정된 작품들의 정의를 수정하였음); Digital Theft Deterrence and Copyright Damages Improvement Act of 1999 (P.L. 106-160), 1999년 12월 9일 제정됨(Title 17의 제5장을 수정하여 저작권 침해에 대한 법률상의 손해배상액을 상향 조정하였음); Satellite Home Viewer Improvement Act of 1999 (P.L. 106-113), 1999년 11월 29일 제정됨. (Title 17의 12장과 13장을 수정함); Copyright Amendments and Amendments to the Vessel Hull Design Protection Act (P.L. 106-44), 1999년 8월 5일 제정됨(Title 17의 기술적인 부분을 수정함); Vessel Hull Design Protection Act (P.L. 105-304, Title V of the Digital Millennium Copyright Act), enact-

법률안들은 모두 디지털 시대의 저작물을 보호하기 위한 것이다.

이러한 패턴이 우연적인 것이 아니다. 미국과 같은 정치세계에서는 특정 세력에게 혜택이 있을 때 입법이 이루어진다. 만일 그 세력이 반대한다면, 입법이 되지 않는다. 두 경우에서 규제의 결핍과 규제의 남용은 이런 관점에서 명쾌하게 설명된다. 록 가수들이 로비를 했기 때문에 저작권에 관한 24개의 법안이 상정되었다. 메일 송신인들의 반대

---

ed October 28, 1998(선박의 설계 보호를 도입함); Computer Maintenance Competition Assurance Act (P.L. 105-304, Title III of the Digital Millennium Copyright Act), 1998년 10월 28일 제정됨(Title 17의 117조를 수정함); Online Copyright Infringement Liability Limitation Act (P.L. 105-304, Title III of the Digital Millennium Copyright Act), 1998년 10월 28일 제정됨(Title 17에 512조를 추가함); WIPO Copyright and Performances and Phonograms Treaties Implementation Act of 1998 (P.L. 105-304, Title I of the Digital Millennium Copyright Act), 1998년 10월 28일 제정됨(Title 17에 12장을 새로 추가하였으며, 그것은 CR보호시스템의 우회를 금지하였고, CR관리정보의 보호를 규정함); Digital Millennium Copyright Act (P.L. 105-304), 1998년 10월 28일 제정됨; Fairness in Music Licensing Act of 1998 (P.L. 105-298), 1998년 10월 27일 제정됨(110조를 수정하고 513조를 추가함으로써 음식서비스와 음료시설물에 대한 음악라이선스를 면제하도록 함); Sonny Bono Copyright Term Extension Act (P.L. 105-298, Title I), 1998년 10월 27일 제정됨(저작권 보호기간을 거의 모든 작품에 대해서 작가의 생애에 70년을 더하도록 확장하였음); No Electronic Theft (NET) Act (P.L. 105-147), enacted December 16, 1997; Copyright Amendments and Amendments to Semiconductor Chip Protection act of 1984 (P.L. 105-80), 1997년 11월 13일 제정됨(Title 17의 일부 조항을 기술적으로 수정함); Legislative Branch Appropriations Act (P.L. 104-197), 1996년 9월 16일 제정됨(121조를 새로 추가하여 시각장애인과 신체장애인들을 위한 특별한 형태의 문어적 작품들에 대해서 배타적 저작권을 제한함); Anticounterfeiting Consumer Protection Act of 1996 (P.L. 104-153), 1996년 7월 2일 제정됨(Title 17의 603조와 2318조를 수정함); Digital Performance Right in Sound Recordings Act of 1995 (104-39), 1995년 11월 1일 제정됨(Title 17의 114조와 115조를 수정함).

증언으로 인해 스팸에 관해서는 하나의 법률안만이 상정되었다.

이런 현실을 고려할 때, 나는 자유지상주의자들이 "시장 실패" 와 "정부 실패"를 보완하는 제 3의 중대한 실패를 인식할 필요가 있음을 제기하고자 한다. "시장 실패"는 시장이 상품을 효율적으로 제공할 수 없을 때 일어난다. "정부 실패"는 정부가 "시장 실패"를 효과적으로 예상하지 못했을 때 일어난다. 그리고 "자유지상주의자의 실패"는 자유방임의 압력으로 인하여 무규제가 아니라 가장 강력한 이익집단에 의해서 규제가 이루어질 때 발생한다.

나는 비록 정부에 대해 회의를 느끼지만, 디클렌처럼 자유지상주의자는 아니다. 그러나 우리는 회의주의를 비참여로 번역할 수 없다. 우리는 인터넷이 어떻게 발전하는지 그리고 어떤 가치들이 내재되어야 하는지에 영향을 미치는 많은 선택들을 갖고 있다. 그러한 선택의 하나로 정부를 배제하는 태도는 정부를 중단시키는 것이 아니라, 단지 정부가 옳은 선택을 하지 못하게 할 것이다.

내 생각으로는 정부는 최소한 사인의 행위가 다음과 같은 반사회적인 결과를 초래할 때, 개입해야 한다. 단견적인 행동이 장기적인 해악을 야기할 때, 간섭하지 않음으로써 중대한 헌법적 가치들과 중요한 개인의 권리들이 침해 받을 때, 우리들이 근본적이라고 믿는 가치들을 위협하는 삶의 형태가 나타날 때, 옳은 편에서 간섭하지 못하고 오히려 잘못된 편에 대한 간섭만을 강화시키고 있다는 사실을 깨달았을 때, 정부가 개입해야 한다. 하지만 그러한 개입은 제한되어야 한다. 정부실패에 대한 자각을 끌어내어 옳은 생각들이 결집될 수 있어야 한다. 그리고 옳은 것을 방어하는 행동은 사태가 잘못 진행된다고 해서 멈춰져서는 안 된다. 사이버공간의 자유와 자유가 촉발시키는 가치들을 믿는 이들이 그러한 자유를 가장 잘 보존할 수 있는 방안에 대해서 정부에 참여하는 것을 거부할 때, 그것은 자유를 약화시킬 것이다.

무위주의(*do-nothingism*)는 해결책이 아니다. 무엇인가를 할 수 있고, 해야만 한다. 나는 이 점을 주장했지만, 그렇게 큰 희망을 갖지는 않는다. 오늘날 우리의 정치문화에서 디클렌류가 주류를 이루고 있기 때문에 그들 주변에서 어떤 방법도 찾을 수 없다는 점을 나는 고백할 수밖에 없다. 나는 작은 발걸음을 그려왔다. 그것들은 매우 작아 보인다. 나는 다른 이상을 기술하였고, 그것은 매우 이질적으로 보인다. 무언가 다른 것이 행해질 수 있다고 약속했지만, 내가 알고 있는 어떤 정부기관에 의한 것이 아니다.

적어도 지금은 디클렌류가 승리할 것인지 나는 의심스럽다. 우리는 코드에 기초한 환경적 재앙들, 사생활의 상실, 검열필터에 의한 검열, 지적 공유자산의 소멸 등과 같은 재앙들을 마치 인간이 아닌 신에 의해서 형성된 것처럼 다뤄야 할 것이다. 우리는 프라이버시와 표현의 자유의 중요한 측면들이 새롭게 등장하는 원형감옥의 구조에 의해서 말소되는 것을 지켜보게 될 것이다. 우리는 현대의 제퍼슨주의자들처럼 우리 자신이 자연이라는 사실을 망각한 채 그러한 재앙을 초래한 자연에 관해서 말하게 될 것이다. 다양한 사회생활 영역에서 우리는 넷을 이질적인 것의 산물, 즉 우리가 어떤 것도 지시할 수 없기 때문에 관리할 수 없는 것의 산물로 여기게 될 것이다. 그것이 우리의 삶에 침투하고 변형시킬 때 그저 받아들여야만 하는 어떤 것이다.

어떤 이들은 지금이야말로 흥분의 시대라고 말한다. 그러나 그것은 한 10대가 담력을 시험하기 위해 핸들에서 손을 뗀 채 고속도로를 질주하는 흥분이다. 우리가 할 수 있는 선택들이 있지만, 우리는 할 수 있는 일이 아무것도 없는 체한다. 우리는 그런 체하기를 선택한다. 그리고 우리는 눈을 감고 있다. 우리는 이러한 자연을 만든다. 그리고 나서 우리가 만들어낸 이 자연에 의해 구속된다.

그것은 방관자의 시대이다. 우리는 우리가 알 수 없는 것에 대해 흥분하고 있다. 우리는 사물들을 보이지 않는 손에 내맡기는 데 자부심을 느낀다. 우리는 외면한 채 그 손이 보이지 않는다고 한다.

그러나 지금은 문화적으로 혁명적인 기술이 우연하게 나타나는 위대한 시대가 아니다. 소련이 자신들의 혁명에 대해서 전혀 준비가 되어 있지 못한 것처럼, 우리도 이 혁명에 전혀 준비가 되어 있지 못하다. 소련인들처럼 우리들은 혁명에 사로잡혀 왔다. 하지만 그들과 달리 우리는 잃을 것이 있다.

추 록

제 7장에서 나는 4가지의 양식이 어떻게 다른 방식으로 제약하는지를 간략하게 서술하였다. 이 추록에서 나는 그 논증을 확장시키고자 한다. 나는 이 양식들, 법, 시장, 사회규범 및 구조가 어떻게 상호작용하면서 규제하는지에 관한 보다 명확한 이해를 제공하고자 한다. 이 책의 논증을 위해서 그러한 이해가 유용하지만, 반드시 필요한 것은 아니다. 따라서 내가 여기에서 기술하는 것은 관심을 갖고 있고 시간적 여유가 있는 사람들을 위한 것이다. 다른 글에서 나는 이러한 접근방법을 "신 시카고 학파"라고 불렀다.[1]

법이란 제재의 위협에 의해서 뒷받침되는 명령이다. 법은 살인을 저지르지 말라고 명령한다. 만일 당신이 그러한 일을 저지른다면 혹독한 형벌을 가하겠다고 위협한다. 아니면 코카인을 거래하지 말라고 명령한다. 만일 이를 어기면 잔인한 처벌을 가하겠다고 위협하기도 한다. 양자의 경우에 법의 모습은 대단히 단순하고 직설적이다. 이 일을 하지 말라, 그렇지 않으면.

그러나 법은 명령이나 협박의 집합 이상인 것은 분명하다.[2] 법은 특정한 행위들을 명령할 뿐만 아니라 공동체의 가치들을 표현한다. 예

1) Lessig, "The New Chicago School," 661.

2) H. L. A. Hart, *The Concept of Law*, 2d ed. (New York: Oxford University Press, 1994), 6~13, 27~33 참조.

를 들어 마틴 루터 킹 목사의 탄생을 기리기 위해 공휴일로 정하는 경우가 그러하다.[3] 그리고 법은 헌법 제1조에서 상원과는 별도로 하원을 구성하는 경우처럼 통치구조들을 구성하거나 규제한다. 또한 법은 권리장전처럼 개인들이 그들의 정부에 대해서 촉구할 수 있는 권리들을 확립한다. 이 모든 것들이 법의 사례들이다. 내가 한 종류의 법에만 집중적으로 초점을 맞춘다고 해서 다른 종류의 법들의 중요성을 무시하는 것이 아니다. 여전히 이러한 법의 개별적인 측면이 법제정자 혹은 주권의 관할권 내에 있는 개인들에 대한 명확한 제약을 제공한다. 그 제약은 객관적으로 처벌의 위협이다.

사회규범들은 다르게 제약한다. 여기에서 사회규범이라는 말로 내가 의미하고자 하는 바는 조직되거나 중앙집권적인 국가의 행위를 통해서가 아니라 공동체 구성원들이 상호간에 부과하는 가볍고 때로는 강력한 숱한 제재들을 통해서 부과되는 규범적 제약들이다. 그렇다고 해서 행동의 패턴을 이야기하는 것이 아니다. 대부분의 사람들은 7시와 8시 사이에 자동차를 몰고 일터로 나가지만, 이것이 규범은 아니다. 규범은 사회적으로 두드러진 행동, 즉 당신을 사회적으로 비정상으로 규정하는 일탈행위를 지배한다.[4]

삶은 이러한 사회규범들로 채워지고, 구성되며, 규정된다. 이러한 규범 중 몇몇은 가치를 지니고 있지만, 많은 것들은 그렇지 못하다. 다른 사람들의 봉사에 대해서 감사하는 것은 하나의 사회규범이다. 감사하지 않으면 당신은 "버릇이 없다"고 규정될 것이며, 당신은 추방에

---

3) 일례로 일리노이주 법은 다음과 같이 규정하고 있다. "매년 1월 셋째 주 월요일은 마틴 루터 킹 목사의 탄생일로서 주의 공휴일이다. 해마다 주지사는 마틴 루터 킹 목사의 탄생일 전 10일 내에 공휴일을 선포하고 킹 목사와 그의 업적을 기념하는 공식 행사를 기획하여야 한다." 5 Illinois Comprehensive Statutes Annotated 490/65 (West 1998).

4) Robert Cooter, "Expressive Law and Economics," *Journal of Legal Studies* 27 (1998) : 585 참조.

서 비난에 이르는 다양한 형태의 사회적 제재에 직면하게 된다. 기내에서 옆 좌석에 앉은 사람에게 정중하게 이야기하는 것이나, 서행할 때 우측차선을 이용해야 하는 것은 규범이다. 규범들은 사람들이 일터에 나갈 때 정장차림을 하지 않도록 제지하기도 하며, 규칙적으로 목욕하도록 조장하기도 한다. 일상생활은 우리들이 어떻게 행동해야 하는가에 관한 무수한 명령들로 채워진다. 사회화된 보통 사람에게는 이러한 명령들이 개인적 행동에 대한 제약들의 상당 부분을 차지한다.

사회규범은 법과 마찬가지로 효과적인 규칙들이다. 사회규범의 특징은 그 제재의 메커니즘과 원천에 있다. 사회규범들은 국가가 아닌 공동체에 의해서 부과된다. 이 규범들은 위반행위가 발생한 이후에 객관적으로 그 제약이 부과된다는 점에서 법과 비슷하다.

시장의 제약은 이와 다르다. 시장은 가격을 통해서 제한한다. 가격은 어떤 재화가 한 사람에서 다른 사람으로 이전될 수 있는 시점을 나타낸다. 만일 당신이 스타벅스 커피를 마시고 싶다면, 점원에게 4달러를 주어야 한다. 그 제약(4달러)은 당신이 원하는 이익(커피)과 일치한다. 물론 당신은 그 이익에 대해서 나중에 갚겠다고 흥정할 수도 있다. "오늘 햄버거 값은 화요일에 지불할게"라는 약속처럼. 그러나 당신이 혜택을 받는 순간 의무가 발생한다. 당신이 시장에 머무르는 한 이러한 동시성이 유지된다. 법이나 사회규범과 달리 시장의 제약은 당신이 원하는 혜택을 취한 이후에 부과되지 않는다. 그것은 동시에 부과된다.

그렇다고 해서 시장의 거래들이 법이나 사회규범의 거래로 전환될 수 없다고 말하는 것은 아니다. 사실 시장의 거래들은 법이나 사회규범의 맥락 밖에 존재하지 않는다. 당신은 당신의 커피 값을 지불해야 한다. 그렇지 않으면 절도죄가 적용될 것이다. 시장의 어떠한 것도 웨이터에게 팁을 주라고 요구하지는 않는다. 그러나 당신이 팁을 주지 않는다면 당신의 인색함을 규제하는 사회규범이 개입할 것이다. 시장의 제약이 존재할 수 있는 이유는 구매와 판매할 수 있는 것들을 규정하는 정교한 법과 사회규범의 배경이 있기 때문이며, 물건들을 팔고 사는 데 필요한 재산법과 계약법이 있기 때문이다. 그러나 이러한 법과 사회규범들이 전제된다고 하더라도 시장은 여전히 고유한 방법으로 제한한다.

우리의 최종적인 양식의 제약은 그렇게 우연적이거나 의존적이 아니다. 그것은 구조의 제약이며, 세계가 존재하는 방식 혹은 그 세계의 특별한 측면들이 존재하는 방식에 의한 제약이다. 건축가들은 그것을 조립환경(*built environment*)이라고 부른다. 자신의 이름을 세상에 드러내지 않는 이들은 그것을 자신들 주변을 에워싼 세계로 인식한다.

분명히 어떤 구조의 제약들은 우리가 만들어낸 것이고["건축"(*architecture*)이라는 의미에서], 어떤 것들은 그렇지 않다. 문은 방을 폐쇄시킨다. 문이 잠겨 있을 때 당신은 들어갈 수가 없다. 이 제약들은 법이나 사회규범과 다르게 기능한다. 당신은 그 제약을 무시할 수 없으며, 그 결과를 나중에 겪을 수도 없다. 물론 당신은 문을 부숴버리거나 자물쇠를 뽑아냄으로써 그 문이 부과하는 제약을 극복할 수 있다. 그러나 그 문은 비록 절대적은 아니지만 여전히 제약을 가한다.

그런데 어떤 구조적 제약들은 절대적이다. 〈스타 트랙〉 영화와 달리 우리들은 워프(*warp*) 속도로 여행할 수 없다. 물론 우리들은 빠르게 여행할 수 있으며, 기술이 지금보다 더 빠르게 여행하는 것을 가능하게 할 것이다. 그럼에도 불구하고 우리들이 여행할 수 있는 속도에는 한계가 있다는 사실을 믿기에 충분한 이유가 있다. 한때 유행했던 티셔츠에 새겨진 문구처럼, "1초에 186,282마일. 이것은 그저 멋진 아이디어가 아니다. 이것은 법이다".

그러나 절대적이건 아니건, 인위적이건 아니건 우리는 이 제약들을 하나의 단일한 종(*class*), 즉 구조의 제약이나 현실공간의 코드로 생각할 수 있다. 이 종을 통일시키는 것은 제약의 작용원리이다. 이 제약은 어떤 개인이나 집단이 부과하는 것이 아니다. 적어도 직접적으로 부과되는 것이 아니다. 개인들은 궁극적으로 대부분의 제약에 책임이 없다. 실제적인 수행과정에서 제약은 스스로 처리한다. 법이 실행되기 위해선 경찰, 검찰 그리고 법원이 필요하지만, 자물쇠는 그렇지 않다. 사회규범들은 개인들이 예의에 어긋나는 행위에 신경을 쓰고 그에 따라 행동할 것을 요구하지만, 지구의 중력은 그렇지 않다. 구조의 제약들은 법, 사회규범, 시장의 제약들이 작동하는 방식과는 다르게 스스로 실행된다.

이러한 구조의 특징, 자율적 수행(*self-execution*)은 그것의 규제역할을 이해하는 데 매우 중요하다. 특히 부적절하고 부당한 규제를 이해하는 데 중요하다. 예를 들어 우리가 현실공간 코드의 자동적인 제약을 통해서 수행할 수 있는 한, 지속적으로 존속하는 기관이나 개인들의 충성심 혹은 신뢰성에 의존할 필요가 없다. 만일 기계가 그 일을 수행하게 할 수 있다면 부적절한 일이 일어날 것이란 사실을 훨씬 더 잘 확신할 수 있을 것이다.

핵미사일의 발사가 좋은 사례이다. 초창기 설계에서는 격납고에 있는 승무원이 미사일들을 발사하도록 되어 있었다. 이들은 자신들이 관리하는 미사일을 발사하도록 명령을 받으면 그 명령에 따를 것이다. 물론 법이 그 명령을 뒷받침한다. 발사명령에 불복종하는 승무원들은 군사법정에 회부될 것이다.[5] 그런데 이 시스템을 시험하면서 군대는 그 시스템의 신빙성이 떨어진다는 사실을 발견했다. 발사결정은 언제든 한 개인이 내리는 판단에 의해서 체크되며, 그 개인이 명령에 복종할 것인가 말 것인가를 결정한다. 분명히 이 시스템은 모든 미사일들

5) Cf. Paul N. Bracken, *The Command and Control of Nuclear Forces* (New Haven, Conn.: Yale University Press, 1983), 179~237; Christopher Chant and Ian Hogg, *The Nuclear War File* (London: Ebury Press, 1983), 68~115.

이 대통령의 책상 위에 부착되어 있는 단 하나의 버튼에 통신망으로 연결되어 있는 시스템보다 훨씬 신뢰성이 떨어진다. 물론 우리들은 제 2의 점검이 나름의 가치가 있다고 믿을 수도 있다. 즉 군인의 대리행위가 발사명령에 대한 점검 역할을 할 수 있는 것이다.[6)]

이 사례는 구조적인 제약들이 갖고 있는 자동적인 속성이 가져올 수 있는 중대한 결과를 잘 보여주고 있다. 법, 사회규범, 시장은 판단에 의해 점검되는 제약들이다. 이것들은 어떤 사람이나 집단이 그렇게 하도록 선택할 때에만 집행된다. 그러나 구조적 제약들은 한 번 설정되면 누군가 그것을 정지시킬 때까지 영향을 미친다.

따라서 행위의 주체가 4가지 제약들 간의 두드러진 차이점이다. 제약의 시간성, 그것이 언제 부과되느냐는 두 번째 문제이다.

여기에서 두 대립적인 관점을 구분할 필요가 있다. 하나는 객관적 관점으로, 제약이 부과될 때 이를 준수하는 사람의 관점이고, 다른 하나는 주관적 관점으로, 제약을 경험하는 사람의 관점이다. 지금까지 이 단일모델에서 작용하는 4가지 제약들을 객관적 관점에서 기술해왔다. 이 관점에서 볼 때 그 제약들은 매우 다르지만 주관적 관점에서는 다를 이유가 없다.

객관적 관점에서 그것은 지불을 먼저 요구하는 제약이냐 아니면 당신이 먼저 사용해 본 후에 지불하게 하는 제약이냐의 차이이다. 구조와 시장은 선불을 요구하며, 법과 사회규범은 먼저 사용해보도록 한다. 예를 들어 주말에 집을 비운 이웃의 에어컨이 설치된 집에 당신이 접근하는 것을 금지하는 제약들을 생각해 보자. 법은 당신을 제약할 것이다. 만일 당신이 자물쇠를 부수고 그 집에 들어간다면 당신은 무

6) 다른 한편 군대는 어떠한 미사일 발사 결정도 그리 간단치 않다는 사실을 확신시키기 위해서 시스템 내에 미사일 발사능력을 제어하는 기술적인 제동장치를 구축하였다. Daniel Ford, *The Button: The Nuclear Trigger—Does It Work?* (London: Allen & Unwin, 1985), 118~21 참조.

단침입이 될 것이다. 사회규범 역시 당신을 제약한다. 당신의 이웃집에 침입하는 것은 상린의 법도에 어긋나는 것이다. 그러나 이 제약들은 모두 당신이 그 집을 침입한 이후에 부과될 것이다. 이 제약들은 당신이 훗날 갚아야 할 대가이다.[7] 구조적 제약은 그 집 문에 달린 자물쇠이다. 자물쇠는 당신이 그 집에 들어가려고 할 때 당신을 제지한다. 시장 역시 이와 동일한 방식으로 당신이 에어컨을 소유하는 것을 제약한다. 시장은 당신에게 에어컨 한 대를 제공하기 전에 먼저 돈을 요구한다. 객관적 관점에서 볼 때, 이와 같이 제약을 두 범주로 구분하게 하는 것은 시간성, 즉 언제 제재가 부과되느냐 하는 것이다.

그러나 주관적 관점에서는 이러한 차이들이 모두 사라질 수 있다. 주관적으로 당신은 사회규범을 위반하기 오래 전부터 이미 그 제약을 느낄 수 있다. 당신이 이웃집에 침입하려는 순간 그러한 행위를 금지하는 제약을 느낄 수 있다. 객관적 관점에서 제약의 시간성이 어떠하든 당신은 그 제약을 다르게 경험할 수 있다. 어떤 제약이 객관적으로는 사후에 부과되지만, 주관적으로는 사전에 경험될 수도 있다.

이러한 논지는 사회규범에만 한정되는 것이 아니다. 어린이와 불을 생각해 보자. 불은 어느 정도 현실공간의 코드이다. 불이 부과하는 제약은 위반하는 순간 그 결과를 느낀다. 어린이는 불꽃 근처에 자신의

---

7) "사회적 의미의 현상과 통약불가능성은 (개인적이고 집단적인) 합리적 선택을 제한한다. 일반적으로 말해서 양적 수치를 사용하여 사람들이 설정한 목적이나 목표에 핵심적인 의미의 차원을 말살해버리고, 제품들을 동일 단위로 계량할 수 있는 것으로 취급하는 것은 불합리하다. 예를 들어, 학문공동체 내에서 훌륭한 동료가 되기를 바라는 사람에게 그의 논문에 대한 논평 대신에 장학금을 주는 것은 불합리하다. 사회규범의 배경에 반하여 존중의 의미를 담고 있는 논평의 중요성이 돈에 의해 재생산될 수는 없다. 심지어 대체를 시도하려는 것 자체가 그 사람이 자신의 동료를 그들의 관계에 적합한 방식으로 평가하지 않고 있다는 것을 의미한다." Dan M. Kahan, "Punishment Incommensurability," *Buffalo Criminal Law Review* 1 (1998) : 691~695.

손가락을 갖다 대는 순간 처음으로 이것을 배운다. 다음부터 그 어린이는 자신의 손을 불에 갖다 대기 전에 불의 제약을 내면화할 것이다. 한 번 불에 데면, 그 어린이는 두 번 다시는 불꽃 근처에 자신의 손을 갖다 대지 않을 것이다.[8)]

우리는 이러한 변화를 어린이의 행동에 대한 주관적 제약의 발달과정으로 기술할 수 있다. 그리고 우리들은 이런 관념이 다른 제약들에 어떻게 확장되는지 알 수 있다. 주식시장을 생각해 보자. 주식을 많이 사지 않는 사람들에겐 주식을 구입할 때 요구되는 주식가격의 객관적 제약만 느낄 것이다. 그러나 주기적으로 주식시장을 경험하는 사람들, 즉 시장의 흐름에 민감한 사람들에겐 시장의 제약들이 매우 다를 것이다. 그런 사람들은 그 제약들을 자신들의 행동을 통제하거나 제한하는 제 2의 자연으로 인식하게 된다. 증권거래소 마룻바닥에 앉아 있는 증권중개인들을 생각해 보자. 그 환경에서 탁월한 중개인이 되려면 주식시장을 "자신의 손바닥처럼" 알고 있어야 하며, 시장이 제 2의 자연이

---

8) 쿠터를 비롯한 많은 학자들은 규범이 다른 제약과는 달리 그것이 내재화되었기 때문에 특별하다고 주장한다; Robert D. Cooter, "Decentralized Law for a Complex Economy: The Structural Approach to Adjudicating in the New Law Merchant," *University of Pennsylvania Law Review* 144 (1996): 1643, 1662; Robert D. Cooter, "The Theory of Market Modernization of Law," *International Review Law and Economics* 16 (1996): 141, 153 참조. 내재화 과정을 통해서 쿠터는 어린아이와 불 사이에 발생하는 것과 동일한 형태의 주관성을 설명한다. 제약은 객관적인 사후의 제약으로부터 주관적인 사전 제약으로 이동한다. 개인들은 행동하기 전에 저항을 느낄 수 있을 정도로 그 규범은 그의 일부가 된다. 따라서 그러한 저항은 그가 행동하기 전에 그의 행위를 통제한다. 일단 규범이 내재화되면, 규범은 더 이상 강제로 시행될 필요가 없어진다. 말하자면 규범의 강제력은 내부로 이동하여 개인의 주관적 관점 내에서 계속 유지된다. 내 견해로는 우리는 동일한 방식으로 기능하는 각각의 제약을 알아야 한다. 우리는 내재화의 과정을 통해서 제약을 주관적으로 설명하게 된다. 물론 어떤 내재화의 동기는 다른 동기들보다 훨씬 강할지도 모른다. 그러나 그것은 단지 차이일 뿐이다.

될 정도가 되어야 한다. 우리가 사용하는 용어로 표현하면, 이 중개인은 주관적으로 시장을 자신의 일부가 되게 해야 한다.

각 제약들은 주관적 측면과 객관적 측면을 갖고 있다. 법은 객관적으로 사후적이지만, 법이 특정한 방향으로 우리를 지시한다는 사실만 가지고도 우리들 대부분이 그것을 주관적 제약으로 받아들이기에 충분하다〔내가 거짓으로 세금보고를 하지 않도록 제약하는 것은 감옥이라는 객관적 위협이 아니다. 오히려 나는 세금에 관해서 법의 제약을 주관적으로 만들었다. 국세청(IRS)이여, 정직하라. 이것은 사실이다〕. 주관적 제약으로서 그것은 우리가 행동하기 전에 우리들을 제약한다.

이미 완전한 성인이고 매우 건실한 사람들에게 모든 객관적 제약들은 행동에 앞서 주관적으로 영향을 미친다. 이들은 행동하기 전에 현실공간의 코드, 법, 사회규범, 시장의 제약들을 생각한다. 아직 성숙하지 못하거나 완전히 격리된 사람들에게 객관적 제약들은 주관적으로 별 효력이 없을 것이다. 이들은 머드에 들어오고 난 뒤에 머드의 제약들을 배우게 된다. 그리고 빵을 훔치고 나서 법의 처벌을 알게 된다. 이들은 결혼식이 끝날 무렵 식장에 나타나서는 친구들의 웃음거리가 된다는 사실을 알게 된다. 그리고 사탕을 사는 데 모든 돈을 허비하고 나서 시장의 희소성의 제약을 깨닫게 된다. 이 두 유형은 극단적인 형태를 나타낸다. 그러나 대부분의 사람들은 그 중간 어딘가에 있을 것이다.

제약은 주관적일수록 행위를 규제하는 데 더욱 효과적이다. 어떤 제약을 주관적인 것으로 만들려면 노고가 필요하다. 한 개인은 그것을 자신의 일부로 만들려고 선택해야 한다. 그 규범이 주관적으로 되는 만큼 그것이 규제하는 행동을 동시에 구속한다.

이러한 논점은 한편으론 법과 사회규범, 다른 한편으론 현실공간 코드, 이 둘 사이의 최종적인 차이점에도 적용된다. 법과 사회규범은 주관적일수록 더욱 효과적이다. 그러나 이 규범들은 최소한의 주관성만 효력을 발휘해도 충분하다. 제약을 받는 사람은 그 제약을 알고 있어야 한다. 사람들이 그 존재 사실을 알지 못하는 법의 위반행위로 그들을 비밀스럽게 처벌하는 법은 처벌대상이 되는 행위를 규제하는 데 효력을 발휘하지 못할 것이다.[9)]

그렇지만 구조에서는 이와 다르다. 구조는 어떤 주관성이 없어도 제약할 수 있다. 도둑이 자물쇠로 문이 잠겨 있다는 사실을 알든 모르든 관계없이 그 자물쇠는 도둑을 제약한다. 두 지역 간의 거리는 각 지역에 있는 사람이 그 제약을 이해하든 못하든 상관없이 두 지역 간의 교류를 제약한다. 이 논점은 행위주체에 관한 논점에서 추론되는 당연한 결과이다. 어떤 제약이 한 행위주체에 의해서 부과될 필요가 없는 것과 같이 그 주체는 그것을 인식할 필요가 없다.

따라서 구조적 제약들은 그것들이 작동하고 있다는 사실을 행위주체가 알든 모르든 관계없이 작용한다. 반면 법과 사회규범은 주체가 그것들에 관해서 무엇인가 알고 있어야만 작용한다. 만일 그 주체가 이 규범들을 내면화하면, 순응할 때의 기대비용이 일탈로 얻는 이익을 초과하든 아니든 이 규범들은 규제할 수 있을 것이다. 법과 사회규범은 내면화될수록 더욱 코드처럼 될 수 있다. 그러나 내면화는 노고를 필요로 한다.

비록 나는 건축가들을 연상시키는 언어를 사용했지만, 나의 언어는 건축가들의 언어가 아니다. 그것은 몰래 가져온 것이며, 왜곡되기도 한 것이다. 나는 건축학자가 아니다. 다만 나는 건축으로부터 조립환경과 그 환경이 창출해내는 실천들 간의 관계에 관한 그들의 통찰력을 빌려온 것뿐이다.[10)] 건축가들이든 나 자신이든 누구도 이 관계가 고

9) Dan M. Kahan, "Ignorance of Law Is an Excuse-But Only for the Virtuous," *Michigan Law Review* 96 (1997) : 127 참조.

10) 예를 들어 Schuster et al., *Preserving the Built Heritage*; Peter Katz, *The New Urbanism: Toward an Architecture of Community* (New York:

정되어 있다고 여기지 않는다. 구조 X는 행동 Y를 결정하지 않는다. 오히려 이러한 형식들은 언제든 변할 수 있는 영향력이다. 구조들이 변화될 때 영향을 받는 행동도 변화할 것이다.

마이클 소르킨처럼 나는 "의미들은 형식들에 부여되며, 사회생활의 환경이 그것을 채울 수 있도록 조력할 수 있다"고 믿는다. 그의 저서 《지역코드: 북위 42도에 있는 한 도시의 헌법》에서 그는 법과 건축(건축 코드들) 간의 모호성과 이 둘이 형성할 수 있는 헌법을 포함하여 내가 기술하고 있는 모델의 각 특징을 제시하고 있다. 이들 코드가 지닌 내용의 원천이 무엇이든 "이것들의 결과는 만들어진 것"이라고 그는 서술하고 있다.[11] 이것이 바로 초점을 맞춰야 할 특징이다.

나의 제안은 만일 우리가 규제자들을 상대화한다면, 다른 양식들이 어떻게 규제하는지, 그것들이 어떻게 법에 복종하는지를 이해한다면, 우리가 법에 부과하는 제약들을 통해서뿐만 아니라 자유가 어떻게 구성될 수 있는지 알게 될 것이라는 것이다. 자유는 아무리 개인적 선택이 제한된다 하더라도 그 선택을 위한 공간을 보장하는 구조들에 의해서 구축된다.

지금 우리는 규제구조들에 간섭할 수 있는 권력이 전대미문의 상태로 높아질 수 있는 시기로 접어들고 있다. 따라서 이 권력에 대해서 무엇을 할 수 있는지를 알아야 하는 것은 피할 수 없는 명령이다. 보다 중요한 것은 무엇을 해서는 안 되는지를 이해하는 것이다.

McGraw-Hill, 1994); Duany and Plater-Zyberk, *Towns and Town-Making Principles* 참조.

11) Michael Sorkin, *Local Code: The Constitution of a City at 42°N Latitude* (New York: Princeton Architectural Press, 1993), 11, 127.

찾아보기

(용 어)

ㅁ·ㅂ

ㅅ

ㅇ

ㅈ

ㅊ · ㅋ · ㅌ

찾아보기

(인 명)

ㅂ

ㅅ

ㅇ

ㅈ · ㅊ

ㅋ

ㅌ · ㅍ

ㅎ